铜川市地情丛书

宜君年鉴

（2019）

《宜君年鉴》编纂委员会　编

陈斌涛　主编

九州出版社
JIUZHOUPRESS

图书在版编目（CIP）数据

宜君年鉴.2019／《宜君年鉴》编纂委员会编；陈斌涛主编.--北京：九州出版社，2019.12

ISBN 978－7－5108－8804－5

Ⅰ.①宜… Ⅱ.①宜…②陈… Ⅲ.①宜君县—2019—年鉴 Ⅳ.①Z524.14

中国版本图书馆CIP数据核字（2019）第297115号

宜君年鉴.2019

作　　者	《宜君年鉴》编纂委员会 编　陈斌涛 主编
责任编辑	周弘博
出版发行	九州出版社
地　　址	北京市西城区阜外大街甲35号（100037）
发行电话	（010）68992190/3/5/6
网　　址	www.jiuzhoupress.com
印　　刷	三河市华东印刷有限公司
开　　本	880毫米×1230毫米　16开
印　　张	22
字　　数	599千字
版　　次	2023年12月第1版
印　　次	2023年12月第1次印刷
书　　号	ISBN 978－7－5108－8804－5
定　　价	180.00元

《宜君年鉴》编纂委员会

《宜君年鉴》编辑部

供稿人员名单

（排名不分前后）

王　浩　许文凯　王力明　焦文娟　王张军　任光波　张晓燕

蔡利娜　赵　旖　杨　平　李丹婷　赵军玲　杨文龙　李　丹

刘旭刚　雷润娟　王　芹　田　村　安昱霖　白　乐　王艳艳

庞高侠　张娟莉　屈晓宜　李鹏辉　张　娜　王君霞　王德强

石子萍　王　琨　贺玉凤　李同军　杨　丽　张　勇　曹　蕊

刘　鑫　张　卉　李　琳　焦文革　张　婷　程娟娟　王　玲

樊全林　焦翠娟　郭玉霞　任再旺　杨金枝　田小凤　孙海鸣

杨东利　余贤珍　张　涛　李　辉　陈梦楠　刘文霞　邱小权

杨艳玲

编辑说明

一、《宜君年鉴》是在中共宜君县委领导下，由宜君县人民政府主持编纂、按年度连续出版，具有政府公报性质的地方综合资料文献，旨在全面系统、准确记载宜君县自然、政治、经济、文化和社会等领域的基本情况。为社会各界了解认识和研究宜君发展提供基本资料。

二、《宜君年鉴》2019 卷承载 2018 年的内容，所收集的资料均以 2018 年 12 月 31 日为限。本书出版前全县所发生的大事、要事、特事、图片，以及类目“特载”收录的内容，时限将有所下延。

三、《宜君年鉴》2019 卷采用条目体结构，分类目、分目和条目 3 个层次。基本单位条目是资料信息的载体。全书共有类目 26 个，分目 151 个，条目 1036 个。

四、为了丰富《宜君年鉴》承载“文献资料”的功能，本书设立“宜君论坛”类目，收录关于宜君经济、社会、生态建设改革和发展、理论与实践等方面的文章。

五、《宜君年鉴》2019 卷记载单位的名称，第一次为全称，后用习惯称呼；计量单位使用、金额表达方式均未严格采用国际通用标准。

六、《宜君年鉴》2019 卷收录的领导名单均以 2018 年底在职为限；收录登载光荣榜的单位个人，均以 2018 年受到市委、市政府及其以上表彰为限。

七、《宜君年鉴》2019 卷所用的编辑资料已通过编写单位审核，凡涉及宜君县经济和社会发展全局的数据，均以县统计局提供的资料为依据。

八、《宜君年鉴》2019 卷得到了全县各部门、各单位，乡镇街道及省、市驻宜单位鼎力支持，在此谨表谢意。由于编辑经验不足，水平有限，疏漏和错误在所难免，敬请广大读者指评指正。

目　录

特 载

巩固脱贫成效 推进乡村振兴 奋力推动宜君经济社会高质量发展

——在中国共产党宜君县第十六届代表大会第三次会议上的报告

(2019年1月9日)

刘 冲

各位代表，同志们：

中国共产党宜君县第十六届代表大会第三次会议，是在深入学习贯彻习近平新时代中国特色社会主义思想和党的十九大、十九届二中、三中全会精神，圆满完成2018年各项目标任务，统筹谋划2019年工作，努力实现追赶超越，全力打赢脱贫攻坚战的关键时期召开的一次重要会议。主要任务是：以习近平新时代中国特色社会主义思想为指导，深入贯彻落实党的十九大、十九届二中、三中全会和中央经济工作会议精神及省市委全会各项决策部署，突出全面从严管党治党，以省市委巡视巡察反馈意见整改为抓手，以改促干，统一思想，凝心聚力，巩固脱贫攻坚成效，全力实施乡村振兴战略，奋力推动宜君经济社会高质量发展。

一、苦干实干抓发展，追赶超越步伐坚实

2018年，县委团结和带领全县干部群众，以习近平新时代中国特色社会主义思想引领发展，全面贯彻党的十九大和省市委全会精神，紧扣“五位一体”总体布局和“四个全面”战略布局，认真贯彻新发展理念和中央、省、市、决策部署，围绕追赶超越“五个扎实”要求和“五新战略”任务落实，用脱贫攻坚统揽经济社会发展全局，埋头苦干，经济社会发展质量持续提高，全面从严管党治党更加有力，圆满完成了各项目标任务。预计全年固定资产投资增长18%，地方财政收入增长13.56%，社会消费品零售总额增长11.5%，服务业增加值增长10%，GDP增长6%，农林牧渔业增加值增长5%，规模以上工业增加值增长3.2%，城镇和农村居民人均可支配收入分别增长8.4%、9%。主要做了以下工作：

（一）围绕思想政治建设，激发干事创业精气神。县委把加强政治建设摆在首位，把学懂弄通做实党的十九大精神贯穿全年工作始终，认真落实抓首要、大学习、促发展要求，县委常委带头

宣讲，创新载体形式，努力在新思想新理念入脑入心、指导实践上见实效。组织县委理论学习中心组专题学习24次、“周三夜校”22期、专题培训3期、巡回宣讲20场次，举办全县科级领导干部专题轮训班，邀请梁家河村党总支书记石春阳作专题辅导，在全县形成了学习宣传贯彻十九大精神，同心同向、共谋发展的浓厚氛围。同时，把“两个维护”作为最高政治原则，结合推进“两学一做”学习教育常态化制度化，深入学习贯彻习近平新时代中国特色社会主义思想，以习近平总书记来陕视察重要讲话、给照金北梁红军小学学生回信精神和《习近平谈治国理政》《习近平扶贫论述摘编》等为重点，扎实开展研讨交流；认真学习习近平总书记关于秦岭北麓西安境内违建别墅问题的重要指示批示和关于加强政治建设、生态文明建设的重要论述，扎实开展习近平总书记重要指示批示贯彻落实情况“回头看”，以及县处级领导干部“讲政治、敢担当、改作风”专题教育，对标排查抓整改，严明政治纪律和政治规矩，持续提高全县各级党组织及党员领导干部的政治能力和政治担当，教育全县党员干部牢固树立政治意识、大局意识、核心意识、看齐意识，坚决维护习近平总书记核心地位、坚决维护党中央权威和集中统一领导，坚决贯彻落实党中央重大决策部署，始终在思想上政治上行动上同以习近平同志为核心的党中央保持高度一致。

（二）围绕脱贫摘帽目标，全力打赢脱贫攻坚战。县委全面落实习近平总书记“三个着力”重要指示，紧盯“577”退出指标，以实施产业发展、扶贫扶志等“十大提升”工程为抓手，持续夯实三级书记责任，突出工作重点，强化投入保障，注重精准施策，加强协调调度，苦干实干抓落实。剩余的35个贫困村全部退出，脱贫1107户2813人，全县贫困发生率降至1.2%。工作推进中，总结推广了宜馨超市添动力、宜民讲习所提素质、宜农股“一股三带”等励志和产业扶贫特色做法，健康、金融、就业扶贫等也受到了社会各界的广泛关注。全年累计投入6000余万元，完善了基础设施和公共服务建设项目，群众生产生活条件持续改善。驻村干部“暖心工程”实现贫困村全覆盖。通过生态、光伏扶贫等，构建了县有主导产业引领、镇有特色产业支撑、村有集体经济保障、户有长短项目稳定收入的四重叠加扶贫格局，建成了60个产业扶贫基地、4个扶贫工厂、15个扶贫车间、6个旅游扶贫示范区。整合涉农资金2.93亿元，实现所有贫困村集体经济和贫困对象产业全覆盖，有需求贫困户获贷率100%。通过转移就业、设立公益专岗和特设公岗等措施，确保全县有劳动能力贫困户每户有一人稳定就业。通过易地扶贫搬迁和危房改造，全县安全住房率达到99.78%。落实从学前教育直至大学毕业就业“一条龙”教育扶持计划，适龄儿童全部就近入学。贫困对象享受生态脱贫政策433户1392人。细化慢性病免费供药和医疗专家上门咨询服务，贫困人口参加新型农村合作医疗和大病保险比例100%。为1298户2508名贫困对象发放低保和五保金1023.33万元。社会扶贫深入推进，中央定点扶贫、苏陕扶贫协作和省级“两联一包”持续深化。

（三）围绕贯彻新发展理念，推动经济发展提质量。注重加强县委对经济工作的领导，在补短板强弱项促提升上下功夫，经济发展稳中有进。项目建设扎实有效。把项目建设作为推动县域经济跨越发展的原动力，鲁能光伏发电、国华风电、哈妹兔业等重点项目相继投产，方舟制药新厂厂房主体建成，启动实施光伏领跑、合凤高速等项目。45个重点项目完成固定资产投资30.43亿元。杨凌“农高会”、第三届“丝博会”等签约项目30个，涉及资金107.6亿元，开工率85.1%。工业结构持续优化。传统工业基础稳固，预计生产原煤、精洗煤216.4万吨，白酒1766千升、核桃乳2987吨、医药制剂623吨。新兴工业发展较快，认定“科技型中小企业”4家，新增规上工业企业7家。工业园区承载力持续增强，铭山油库、油气勘探开发等进展顺利。营商环境显著提升。简化企业开办和注销程序，采用“互联网＋工商登记”模式，推行微信办照、口述办照。在全市率先实行“登记＋交易＋缴税＋交费”不动产登记一体化办理服务模式，税务大厅实现“一窗通办”和全程“网上办”，全年新注册市场主体3341户、增长333％。全域旅游取得新成效。深入推进全域旅游战略，编制《宜君县全域旅游提升规划》，淌泥河村被评为省级乡村旅游示范村。三产融合步伐加快，创建AAA级景区1个、市级乡村旅游示范村1个。全年接待游客180万人次，旅游综合收入12亿元；培育限上商贸企业14家，服务业增加值占GDP比重27％。

（四）围绕实施乡村振兴战略，全面提高“三农”工作水平。紧扣乡村振兴总要求，聚焦乡村“产业振兴、人才振兴、文化振兴、生态振兴、组织振兴”，紧贴县情编制《宜君县乡村振兴战略规划纲要（2018—2022年）》，抓重点、盯关键，联镇包村夯责任，统筹谋划细安排，精准发力促落实。全面推进传统产业提质增效“33”工程和特色产业“双十双千”振兴计划，粮食总产19.08万吨，新建鲜干果经济林0.87万亩，肉兔、生猪养殖和食用菌、中药材种植效果初显。皇姑庄核桃基地获“第三批国家级核桃示范基地”称号，宜君农产品获杨凌农高会“后稷奖”4项、“后稷特别奖”2项，全市扶贫产品交易会获得区县唯一优秀奖。市级美丽乡村花溪谷示范片区及31个美丽乡村创建完成投资2.38亿元。组织开展首届“宜君英才”评选等活动，强化实施乡村振兴战略人才保障。扎实开展农村环境卫生综合整治和“大棚房”问题清理整治，农村人居环境显著改善。

（五）围绕绿色可持续发展，扎实改善城乡人居环境。县委更加重视生态文明建设和环境保护，推进绿色发展，倡导绿色生活，坚定不移推进生态立县战略。生态环境建设更加有力。深化“绿水青山就是金山银山”理念，黄土高原综合治理示范县建设项目等林业重点工程扎实推进，建成了“南竹北移”种质资源试验基地，完成造林绿化4.95万亩，荣获“省级森林城市”称号。全力打好“蓝天、碧水、净土、青山”保卫战，健全了县乡河湖警长体系，狠抓环保突出问题整治，全年空气质量综合指数在关中地区67个区县排名第一。秀美山城建管水平不断提升。抢抓全省县域城镇建设专项资金支持机遇，加快推进县城总体规划修编，启动交通、医养、文体综合体及210国道县城过境线等建设，规划设计高铁片区建设，拉大县城框架、优化城市布局，完成了保障性住房、宜阳南街中街及南山公园路“白改黑”等工程。

（六）围绕提高群众幸福指数，用力保障和改善民生。县委坚守以人民为中心的发展思想不动摇，全力发展社会事业，不断提升保障和改善民生水平。社会事业全面进步。教育均衡化、文化普惠化、医疗便民化、就业大众化、保障兜底化扎实推进。省级标准化高中创建通过验收，高考本科上线率为历史最好，全县普惠性幼儿园占比100％，荣获全省学生营养改善计划管理工作示范县和科技特派员工作组织管理先进县。国家公共文化服务体系示范区创建全部达标，民间艺术研究院入选省非遗生产性保护示范单位，农村电影特色放映模式在全国推广。医药卫生体制改革、疾病预防控制“八大行动”有力有效，县人民医院门诊综合楼项目主体建成，标准化村级卫生室实现全覆盖。省级食品安全示范县通过复验。积极促进大众创业、万众创新，被认定为全省农民工返乡创业示范县。社会大局和谐稳定。紧抓平安、法治宜君建设，县乡村三级综治维稳中心实现全覆盖，创建县级应急示范点3个，有力促进了治理能力提升，2018年度平安指数位列全省区县级第四。深入推进司法体制综合配套改革、公安和司法行政机关改革，全面实施“七五”普法，全市首个县级社会治理网格化综合管理中心、首个综合执法智能化管理中心建成投用，扫黑除恶专项斗争取得阶段性成效。扎实开展道路安全三项攻坚行动和食品安全专项整治活动，实现生产安全、安全生产。深化改革坚定有力。国家监察、城市执法体制改革等任务全面完成。深入推进简政放权，完成了县级政务服务目录和办事指南编制。创新开展全国首单苹果价格期货保险试点，实现政策性农业保险全覆盖。纪念改革开放 40 周年系列活动有序开展，更多群众共享改革成果。“宜君县积极打造农村普惠金融综合示范区”被评为全省优秀改革案例，省委深改办通报表彰。

（七）围绕提高党的建设质量，深入推进全面从严治党。县委认真履行管党治党主体责任，不断把全面从严治党推向纵深，营造良好的政治生态。意识形态工作责任制落地更实。高筑思想防线，严格落实责任，意识形态安全可控。强化宣传引导，注重策划挖掘，1646 篇稿件在省市主流媒体宣传报道，脱贫攻坚宣传稿件数量居全市第一，“五好新风助脱贫”登上陕西广播电视台全国“两会”特别报道，宜馨超市添动力、宜民讲习所提素质等经验全省推广。深入推进社会主义核心价值观“六进”及进农村“十个一”工作，宜君文艺品牌持续放大。基层党组织组织力显著提升。完善落实基层党建“10＋1”措施，创新推行党员“政治生日”、农村党建工作站“四连驱动”、支部书记谈党建等工作，严格执行《基层党建问责办法》，健全抓党建“四个清单”，有效提升了基层党组织的政治功能和服务功能，实现非公企业及社会组织党的组织和党的工作全覆盖。打造城市党建“三变模式”，智慧党建平台试运行。圆满完成“两委”换届工作，村级领导班子结构明显优化。扎实开展干部作风大提升工程，严格落实“四支队伍”管理制度，建成驻村干部“暖心工程”88 个，有力促进了基层组织力提升。领导班子和干部队伍建设不断加强。认真贯彻《关于进一步激励广大干部新时代新担当新作为的意见》和锻造高素质专业化干部队伍要求，以“三项机制”明导向，精选严管干部。大力引进和培养复合型人才，管好用好乡土人才，选派优秀年轻干部赴省外挂职锻炼，广大干部干事激情持续迸发。党风廉政建设扎实有力。从严落实“两个责任”，持续拧紧责任链条。加大执纪审查力度，扎实开展违反中央八项规定及其实施细则精神问题、扶贫领域腐败和作风问题及强化扫黑除恶、生态环境保护、优化营商环境监督执纪问责等工作。加强监察巡察，畅通监督渠道，着力转变监督执纪理念，始终保持惩治腐败高压态势。纪检监察机关全年共处置问题线索 282 件，立案 215 件，党纪政务处分 185 人。加强警示教育，扎实开展冯新柱案“以案促改”工作，持之以恒正风肃纪、净化政治生态。全力配合保障完成了省委巡视及市委巡察工作，有力有序抓整改，确保巡视巡察效应在宜君充分体现。民主政治建设持续深化。不断加强和改进党的领导，支持人大、政协依法行使职权，强化学习调研和党外人士培养锻炼，引导非公经济人士参与经济社会建设，召开了全县民营经济发展座谈会，对台和侨务工作不断加强，党管武装工作坚定有力，档案、史志、工青妇等人民团体工作扎实有效，凝心聚力服务经济社会发展作用高效发挥。

各位代表、同志们，2018 年县委充分发挥统揽全局、协调各方领导作用，经济社会发展和党的建设各项工作取得了较好成效。这是上级党委和政府坚强领导、精心指导的结果，是县委和全县人民团结奋斗、苦干实干的结果，也是社会各界鼎力支持的结果。在此，我代表县委向全县干部群众和关心支持宜君发展的各界人士，表示衷心的感谢！

过去的发展实践，也为我们干好今后工作积累了一些经验。一是牢固树立“四个意识”、坚决做到“两个维护”是干好工作的基础。只有坚定不移学习贯彻习近平新时代中国特色社会主义思想，持之以恒学懂弄通做实党的十九大精神，不断增强“四个意识”，坚定“四个自信”，始终践行“两个维护”，不折不扣落实党中央和省市委各项决策部署，才能在决战脱贫攻坚、推进乡村振兴、实现追赶超越的道路上把准方向、理清思路、定实措施、干出成效。二是低调务实不张扬、撸起袖子加油干是干好工作的根本。只有县委常委会班子做表率，充分发挥县委统揽全局、协调各方的领导作用，讲政治、敢担当、改作风、善作为，才能引领全县上下心往一处想、劲往一处使、拧成一股绳、下好“一盘棋”，精准发力干实事、干成事。三是作风建设永远在路上，纠“四风”改作风是干好工作的关键。只有不断把全面从严治党推向纵深，时刻把纪律规矩挺在前面，把讲政治作为干好工作的前提，持之以恒正风肃纪，坚守以人民为中心的发展思想，弘扬功成不必在我和功成必定有我的作风，不断激发心齐气顺风正劲足的干事创业正能量，才能敢打必胜、善作善成。

二、认清形势理思路，科学把握宜君发展新要求

2019年是新中国成立70周年，是全面建成小康社会重要之年，也是我县巩固提升脱贫成效，全力推进乡村振兴，推动经济社会高质量发展，为同步够格建成小康社会打下坚实基础的关键之年。近期召开的中央经济工作会议、省委十三届四次全会和市委十二届五次全会就做好2019年工作明确了思路，进行了全面安排部署，我们要认真学习领会，认清形势，把握规律，科学研判宜君发展的新要求。就我县来讲，新能源等项目的相继落地和投产，夯实了县域工业发展的基础，高铁时代的到来，增强了宜君发展的区位和对外开放优势，脱贫攻坚的扎实推进，也打牢了乡村振兴的基础，干部作风的持续转变，有效凝聚了干事创业合力，这些都为我们做好全年工作创造了良好环境。

但我们也要清醒地认识到存在的不足：一是项目整体规模小，支撑作用不足，现有储备建设用地等与企业需求有差距，项目落地慢。二是企业融资成本较高，存在金融机构少，思维理念不新，适合企业的信贷金融产品单一等问题，营商环境、开放意识等方面还需进一步解放思想。三是农副产品深加工缺乏大的龙头企业带动，省级涉农龙头企业培育慢，新型农业经营主体自身发展动力不足，存在规模小、组织化程度低，示范引领能力不强等问题，农产品附加值不高。四是财政刚性支出较大，城乡公共服务、环境整治等仍需大量投入，财政资金有限，压力较大。五是推动意识形态责任制层层压紧压实，基层党组织建设及优秀年轻干部选拔使用工作还需持续加强，干部作风不严不实等问题不同程度存在。这些问题都需要引起高度重视，下功夫予以解决。

基于上述认识、问题和对经济发展形势的把握，县委提出，2019年全县工作的总体思路是：以习近平新时代中国特色社会主义思想为指导，全面贯彻党的十九大和十九届二中、三中全会及中央经济工作会议精神，统筹推进“五位一体”总体布局，协调推进“四个全面”战略布局，认真落实省委十三届四次全会、市委十二届五次全会各项决策部署，坚持稳中求进工作总基调，坚持新发展理念，坚持推动高质量发展，坚持以供给侧结构性改革为主线，紧扣追赶超越和“五个扎实”要求，全面落实“五新”战略任务，大力发展“三个经济”，继续打好三大攻坚战，统筹推进稳增长、促改革、调结构、惠民生、防风险工作，以省委巡视、市委巡察反馈意见整改为抓手，以改促干促提升，全面从严治党，巩固脱贫攻坚成效，全力推进乡村振兴，增强群众获得感、幸福感、安全感，保持经济持续健康发展和社会大局稳定，以优异成绩庆祝中华人民共和国成立70周年。预期目标是：GDP增长7.6%，固定资产投资增长15%，地方财政收入增长9%，农林牧渔业增加值增长5%，规模以上工业增加值增长7%，服务业增加值增长9.5%，社会消费品零售总额增长13.5%，城镇和农村居民人均可支配收入分别增长8.3%、9.1%。

三、统筹谋划重实干，推动宜君经济社会高

质量发展

谋好才能干好，谋好更要干好。县委将不断加强对经济工作的领导，切实发挥把方向、管大局、做决策、促落实作用，按照中央、省、市、经济工作部署，以贯彻落实市委《关于全面深化改革扩大开放推动新时代高质量发展的决定》为抓手，定期分析研判，准确把握经济形势，谋划好符合县域实际的发展路径，紧抓重点领域、关键环节，常态化协调解决突出问题，增强善谋的本领，提高会干的能力，锤炼实干的作风，推动县域经济社会发展质量提升。

（一）扎实推进乡村振兴，巩固脱贫攻坚成效。认真落实全县《关于打赢脱贫攻坚战三年行动的实施意见》，坚持抓提升与防返贫并重、长效产业与管理制度同步的原则，扎实推进产业、就业和扶志扶智等工作，统筹推进贫困村与非贫困村、贫困户与非贫困户发展，不断改善农村生产生活条件，提升农村公共服务水平，确保实现稳定脱贫。把实施乡村振兴战略作为新时代“三农”工作的总抓手，按照乡村振兴总要求，准确把握用乡村振兴保脱贫成果巩固、以“三变”改革促乡村振兴重点，突出产业结构和布局调整，实施好《宜君县乡村振兴战略规划纲要（2018—2022年）》。细化2019年重点工作任务，加快乡村振兴项目策划和包装，加大宣传力度，确保高点开局。立足资源优势，突出片区先行，提升传统产业，培育特色产业，做强做优一镇一业，推进产业振兴。坚持人与自然和谐共生，认真学习贯彻习近平总书记关于“千村示范、万村整治”工作的重要指示，深入推进农村人居环境整治，扎实做好“厕所革命”、垃圾污水处理、村容村貌整治等重点工作，完善镇村基础设施，推进生态振兴。紧抓精神文明建设，推动协调发展，深入开展群众性精神文明创建活动，持续开展激发内生动力十二项活动，弘扬文明新风尚，推进文化振兴。做好村级组织工作人员选聘工作，引进和培养复合型人才，注重培养能工巧匠和技术能手，管好用好乡土人才，为乡村发展提供强有力的智力支持和人才保障，推进人才振兴。健全乡村治理体系，配强村级干部队伍，加强学习教育培训，持续优化班子年龄、知识结构，提升能力素养和服务本领，发挥“四支队伍”职能作用，筑牢基层堡垒，推进组织振兴。

（二）扎实优化营商环境，努力做强县域经济。全面深化改革扩大开放，加快市场化改革，找准发力点，切实提高枢纽经济、门户经济、流动经济发展成效；深化“放管服”改革，优化审批程序，持续用力优化提升营商环境；着力解决民营企业融资难融资贵等问题，推动民营经济持续健康发展。狠抓项目建设和招商引资，强化要素保障，做好跟踪服务，加快推进通用机场、西延高铁宜君段等项目建设和油气资源、油页岩项目投产达效步伐。实施好光伏、热电联产等重点项目，努力打造关中重要新能源基地。按照“满足需要、适度超前、节约用地”的理念，不断拉大工业园区框架，强化水电路气讯等要素保障，修订完善园区规划，切实提升园区承载力。持续用力实施全域旅游战略，扎实推进省级旅游示范县创建，推动实施智慧旅游综合项目，完善配套设施，延伸产业链条，促进产业深度融合发展。

（三）扎实办好民生实事，加快和谐宜君建设。坚持教育优质均衡发展，持续巩固省级标准化高中创建和帮扶办学成果，强化教师队伍建设，办好人民满意教育。大力实施综合文化惠民项目，不断完善公共文化服务体系，提升服务效能，让群众共享文化成果。持续推进医药卫生体制改革，加强中医药、疾病预防控制、基本公共卫生服务项目精细化管理等服务能力建设，启动实施“健康宜君2030”战略，建立全民健康服务体系。深入开展大众创业、万众创新，不断完善劳动和社会保障体系。认真学习贯彻《中国共产党政法工作条例》，深化平安、法治宜君建设，扎实开展扫黑除恶专项斗争，统筹推进社会治安综合治理、信访维稳防邪、政法队伍建设等工作，打造“三秦最安全县城”。

（四）扎实抓好环境保护，提升城乡发展水平。认真研学习近平生态文明思想，牢固树立“绿水青山就是金山银山”理念，深刻汲取秦岭北麓违建别墅问题教训，坚持生态立县战略不动摇，扎实推进生态文明建设和环境保护。坚决打好污染防治攻坚战，坚持“党政同责、一岗双责”，常态化抓好督察巡察和大气污染防治，坚持依法治理土壤污染，抓好山水林田湖草系统治理和国家生态文明示范县创建，加强桥山山体保护，严格落实“河湖警长制”，推进绿色发展，倡导绿色生活，呵护好宜君的青山绿水好空气。注重城乡统筹发展、城景互促互融，细化县城功能分区，加快县医院门诊综合楼、交通综合体、210国道县城过境线工程进度，加快龟山片区、哭泉镇、五里镇、太安镇棚户区改造步伐，建设秀美山城、优美小镇。

（五）扎实全面深化改革，增强发展活力动力。深入学习贯彻习近平总书记在庆祝改革开放40周年大会上的重要讲话，增强改革开放定力，对标中央要求，紧跟省市委改革步伐，着力在经济体制改革、社会民生体制改革等重点领域和环节求突破，充分发挥改革在经济社会发展中的推动作用，提高改革效能，务求改革实效。提高政治站位，统一思想认识，加强组织领导，搞好上下衔接，严明纪律规矩，扎实推进党政群和事业单位机构改革，确保如期完成机构改革任务。持续抓好农村“普惠金融”、公立医院、家事审判等试点改革，深化农村改革，承接好上级各项改革任务，积极探索符合我县实际的自主改革，实现重点改革有突破，自主改革有特色，试点改革有亮点。

四、从严治党强保障，持续凝聚干事创业合力

做好2019年各项工作，关键在党的全面领导，重在干部。县委坚持以习近平新时代中国特色社会主义思想和党的十九大精神为指导，按照新时代党的建设总要求，认真落实市委“塑心铸魂”“强基固本”“实干担当”“清风润廉”“领航聚力”五大行动部署，不断把全面从严治党推向纵深，持续净化政治生态，为推动高质量发展聚合力、添动力、强保障。

（一）旗帜鲜明讲政治。政治建设是党的根本性建设，必须抓紧抓牢，强化政治责任，不断增强政治敏锐性和鉴别力，坚决做到党中央提倡的坚决响应、党中央决定的坚决执行、党中央禁止的坚决不做。结合推进“两学一做”学习教育常态化制度化及“不忘初心、牢记使命”主题教育，综合运用中心组学习、“周三夜校”“三会一课”等方式，深入学习习近平新时代中国特色社会主义思想和党的十九大精神，持续强化政治能力和政治担当。扎实开展“讲政治、敢担当、改作风”专题教育，认真贯彻落实中央办公厅《通报》精神，深刻汲取秦岭北麓违建别墅问题教训，深入开展习近平总书记重要指示批示贯彻落实情况“回头看”，强化纪律规矩意识，严肃党内政治生活，发扬党的优良作风，坚决整治“四风”，担当作为，抢抓机遇、化解矛盾、破解难题，在全力以赴做好改革发展稳定各项工作的具体实践中，持续增强“四个意识”、坚定“四个自信”、践行“两个维护”。

（二）严格落实意识形态工作责任制。深刻领会习近平总书记关于宣传思想工作的重要思想，坚定文化自信，坚持守正创新，以贯彻落实县委《关于加强新时代宜君宣传思想工作的实施意见》为抓手，扛实举旗帜、聚民心、育新人、兴文化、展形象使命任务，为推动县域追赶超越塑心铸魂。持续夯实意识形态工作责任，严格落实“十条措施”，巩固一级抓一级、层层抓落实的工作格局。提高网络舆情管控水平，确保网络意识形态安全。牢牢把握正确舆论导向，建成县融媒体中心，拓展载体，精心组织宣传，为县域经济社会发展营造良好氛围。培育和践行社会主义核心价值观，

加快建设新时代文明实践中心，加大农村精神文明建设力度，开展好道德实践活动，树立良好社会风气。抓好文艺精品创作，提升公共文化服务水平，传承好革命老区红色基因，激发内生动力，推动文化产业高质量发展。

（三）锻造高素质专业化干部队伍。全面贯彻新时代党的组织路线，坚持德才兼备，突出政治标准，凸显以德为先，以“五个是否”为第一标准衡量干部，拓宽用人视野，用好“三项机制”，树立敢于担当、注重实绩、实干苦干的用人导向，发现和挖掘使用一批有实践经历的优秀年轻干部，切实让忠诚干净担当、专业能力强、能适应新形势的干部得到重用和褒奖。坚持严管与厚爱结合、激励和约束并重，激励干部新时代新担当新作为，强化对各级干部的日常监管，规范考核检查，让基层干部腾出更多时间抓落实，在锻造高素质专业化干部队伍上见实效。

（四）提升基层党组织建设质量。认真学习贯彻全国全省全市组织工作会议精神，严格落实《中国共产党支部工作条例（试行）》《中国共产党农村基层组织工作条例》，持续抓好基层党建“10＋1”措施、农村党建工作站“四连驱动”、支部书记谈党建等特色工作，健全抓党建“四个清单”，提升基层党组织政治功能和服务功能。选好用好党建指导员、专职党组织书记和党务工作者，进一步充实村级党组织党务工作力量。持续放大“红旗经验”效应，着力构建“智慧党建”模式，管好用好智慧党建平台，常态化开展干部作风整治，不断优化村级班子队伍，改善驻村干部工作和生活条件，更好地发挥基层组织和党员在脱贫攻坚、基层治理及乡村振兴中的重要作用。

（五）持续推进作风建设。扛实“两个责任”，从严落实“一岗双责”要求，严格执行《中国共产党廉洁自律准则》《中国共产党纪律处分条例》，认真落实中央八项规定及其实施细则精神和县委常委会《实施办法》，精准运用“四种形态”，加强对领导干部全覆盖、常态化监督管理，抓好县委关于推进风清气正政治生态建设和杜绝违规收送礼金、规范执行财经纪律、规范执行工程建设领域管理规定专项行动《实施方案》落实，集中整治官僚主义、形式主义，严查重处顶风违纪的人和事，让正风肃纪、筑牢底线成为自觉、落地更实。深化冯新柱案“以案促改”工作，健全长效机制，坚决消除冯新柱案恶劣影响，坚决肃清冯新柱遗毒。持续抓好“庸懒散慢虚”问题整治，扎实做好省委巡视、市委巡察反馈意见整改工作，扛实责任、完善措施，转变工作作风，以立行立改、真改实改的坚决态度扎实推进各项整改任务落实，助推各项工作上台阶、提水平。

（六）加强民主政治建设。坚持党的全面领导，严格执行县级四大班子主要领导定期会商通报重大问题制度，坚持民主集中制，着力完善领导班子集体议事和决策机制，做到重大问题集中讨论、重大事项集中决策，保持议事决策言路畅通、公正透明。不断强化民主政治建设，加强党对人大、政协、统一战线、人民武装及群团工作的全面领导，支持人大、政协依法行使职权、开展工作，不断提升档案、史志工作科学化、规范化、数字化水平，为宜君经济社会发展做出更大贡献。

各位代表、同志们，思路已经明确，完成全年目标任务需要担当实干。让我们更加紧密地团结在以习近平同志为核心的党中央周围，在省市委的坚强领导下，锐意进取，埋头苦干，为推动宜君经济社会高质量发展、奋力实现追赶超越而不懈奋斗！

政府工作报告

——2019年1月23日在宜君县第十七届人民代表大会第三次会议上

宜君县人民政府县长　曹全虎

各位代表：

现在，我代表县人民政府向大会报告工作，请予审议。并请县政协各位委员和其他列席人员提出意见。

一、2018年工作回顾

过去的一年，我们坚持以习近平新时代中国特色社会主义思想为指引，深入贯彻党的十九大精神，在县委的坚强领导和县人大、县政协的监督支持下，团结带领全县人民聚焦脱贫攻坚，奋力追赶超越，圆满完成了县十七届人大二次会议确定的各项任务。

（一）脱贫攻坚战果丰硕。坚持把打赢脱贫攻坚战作为第一使命，深入推进“十大提升”工程和精神风貌大提升“十二项”活动，展现“新作为”、兑现“硬承诺”，顺利通过了市级核查。启动建设60个产业扶贫基地、15个扶贫车间、4个扶贫工厂，光伏扶贫实现了贫困村光伏电站全省首个并网发电，形成了县有主导产业引领、镇有特色产业支撑、村有集体经济保障、户有长短项目结合的产业扶贫大格局。教育、健康、生态、就业扶贫和兜底保障等政策全面兑现，免费供药1.1万人次，12个易地扶贫搬迁集中安置点交付使用，1449名贫困群众实现转移就业、1410户困难群众搬进了新居。中央定点扶贫、苏陕扶贫、三大帮扶、社会扶贫活力激发。驻村干部“暖心工程”实现贫困村全覆盖。普惠金融被世界银行确定为全球倡议项目，“宜馨超市”“宜民讲习所”经验在全省推广，“五好新风助脱贫”被陕西电视台全国“两会”栏目专题报道，我县荣获全省脱贫攻坚工作先进县、全省科技特派员工作组织管理先进县和全市扶贫产品交易会区县唯一优秀奖。

（二）经济运行稳中向好。不断优化营商环境，在全市率先实行“登记、交易、缴税、缴费”不动产登记一体化办理服务模式，免费为新注册企业刻制公章，285个事项“全程网上办”，新注册市场主体3341户，同比增长333%。云梦风电、鲁能光伏并网发电，现代医药产业园厂房主体建成，45个重点项目完成年度计划。积极组织参加“农高会”“厦洽会”、陕粤港澳经济合作等专题招商活动，高标准举办“丝博会”宜君专场，全年签约项目30个，到位资金28.5亿元，较去年增长38.6%，项目实施率100%、开工率85.1%。地方财政收入增长13.56%，预计固定资产投资增长18%，GDP增长6%。

（三）产业发展质效双增。始终把稳增长、调结构作为应对压力、促进转型的有效抓手，深入开展“双百双千”行动，工业产品稳中有升，国华风电、哈妹兔业等重点项目相继投产达效，全省最大的500兆瓦光伏技术领跑基地开工建设，新增规上工业企业7家，认定“科技型中小企业”4家，在陕西股权交易中心成功挂牌企业4家，园区基础设施全面加强，服务功能日趋完善，预计规模以上工业增加值增长3.2%。全面推进传统产业提质增效“33”工程和特色产业“双十双千”振兴计划，粮食总产19.08万吨，中药材3.2万亩，新栽鲜干果经济林0.87万亩。皇姑庄核桃基地被命名为“第三批国家级核桃示范基地”，黄埔寨村被确定为省级“三变”改革示范村，马庄村入选省级美丽宜居示范村，预计农林牧渔业增加值增长5%，农村居民人均可支配收入9698元，增长9%。持续推进全域旅游战略，旱作梯田、花溪谷等生态旅游项目建成投用，长城保护利用高峰论坛等活动成功举办，淌泥河村被评为省级旅游示范村。推广“线上＋线下”营销模式，群众在家门口就能感受到“互联网＋”带来的实惠与便捷。培育限上商贸企业14家，预计社会消费品零售总额增长11.5%、服务业增加值增长10%。

（四）城乡品位大幅跃升。将县城作为全域旅游的核心景区来打造，800套保障性住房交付使用，建成农产品交易市场，清风园广场、宜白路、云梦山和花溪谷旅游路投入使用，宜阳南街至南山公园路“白改黑”工程全面完工，龟山片区棚改、老街改造工程进展顺利。9个农村污水处理工程全面竣工，乡镇气化工程全部建成投用，新建及提升改造农村供水107处，哭泉镇、五里镇棚改步伐加快。以“三全、六有、六净”为目标，扎实推进“三堆六乱”治理、土坯房拆除，“厕所革命”“五净一规范”示范创建成效显著，创建“达标乡道”“最美乡道”“示范乡道”“精品乡道”31个，全县农村面貌极大改善。完成花溪谷示范片区及31个示范村创建任务，美丽乡村建设走在全市前列。

（五）生态环境不断优化。严守耕地和基本农田保护红线，耕地保有量56.11万亩、永久基本农田保护32.05万亩，大力实施天然林资源保护、三北防护林、退耕还林等重点工程，扎实开展山水林田湖生态修复，造林4.95万亩、治理水土流失60平方公里，荣获省级森林城市和陕甘两省子午岭护林联防先进单位。全力打好“蓝天、碧水、净土、青山”四场保卫战，科学划定禁养区、禁燃区和限制区，完成煤改气844户、煤改电8320户、清洁煤替代1283户，落实河湖警长制，西河饮用水水质达标率98%以上，赵塬等5个村荣获“市级生态村”。全年环境空气质量优良天数达到295天，同比增加22天，空气质量综合指数在关中67个区县中排名第一。

（六）群众福祉显著增进。坚持将新增财力的80%用于改善民生，转移农村劳动力就业1.2万人，新增就业639人，城镇登记失业率控制在3.2%以内，被认定为“陕西省农民工返乡创业示范县”。省级标准化高中通过验收，帮扶办学成效明显，第三幼儿园等5所学校建成投用，全县学生喝上了净化水、寄宿学生洗上了热水澡，900名学生享受到助学贷款，217名大学新生获得资助，无一名学生因贫困而辍学。全民健身运动、文化活动深入开展，公共文化服务体系示范区走在全市前列，我县荣获全国“双服务”文化建设先进集体，入选“陕西省民间文化艺术之乡”。县人民医院门诊综合楼主体建成，标准化村卫生室、家庭医生签约服务全覆盖，医学类专业人才队伍不断加强，分级诊疗体系进一步健全。坚持应保尽保、应兜尽兜，为全县9.7万人全部购买一元民生保险，不折不扣落实好民生实事，持续筑牢民生保障网。预计城镇居民人均可支配收入29325元，增长8.4%。

（七）社会大局和谐稳定。认真落实“党政同责、一岗双责”，扎实推进道路交通、煤矿、危化品安全三项攻坚行动，实现安全生产和生产安全。创建“明厨亮灶”餐饮店165家、特色店33家、放心消费单位11家，省级食品安全示范县复审通过验收。积极化解金融风险，推进阳光信访、法制信访、责任信访，矛盾纠纷化解率达到95%、信访事项办结率实现100%。全市首个县级社会治理网格化管理中心、智能化执法管理中心建成投用，扫黑除恶专项斗争取得阶段性成效。淌泥河村被授予“全国民主法治示范村”，再次荣获全国信访工作“三无县”，2018年度平安指数位列全省区县级第四，公众安全感排名全市第一。

（八）自身建设持续加强。公布“四办”清单798项、“最多跑一次”614项、“双随机一公开”监管制度全面落实，城市管理执法、卫生计生综合执法及税务、盐业、国有林场体制改革全面完成。坚持集体学法常态化，“七五”普法深入开展，法治政府全面加强。主动公开信息678条，办理人大代表建议11件，政协委员提案14件、建议35件。落实党风廉政建设责任制，营造了风清气正的政务环境。

各位代表，这些成绩的取得，是以习近平同志为核心的党中央坚强领导、科学决策的结果，是县委统揽全局、协调各方的结果，也是县人大、县政协有效监督、鼎力支持的结果，更是全县广大干部群众求真务实、埋头苦干、攻坚克难、锐意进取的结果。在此，我代表县人民政府，向各位人大代表、政协委员、老领导、老同志，向各民主党派、工商联、无党派人士和各人民团体、驻宜各单位以及所有关心支持宜君建设的同志们、朋友们，表示衷心的感谢。

回顾过去的一年，更令我们为之动容的是：全县广大党员干部聚焦脱贫攻坚，不叫苦、不喊累、不懈怠，一大批干部、第一书记长期扎根基层，舍小家、顾大家，甚至带病忘我工作，付出了太多。在这里，我代表县政府，向全县扶贫干部和他们的家人们致以崇高的敬意。

面对经济发展新常态、追赶超越新要求，我们也清醒地看到，在经济社会发展中还存在不少困难和问题，主要是：产业结构还需持续优化，经济增长的内生动力还需进一步增强，乡村振兴任重而道远，住房、教育、医疗等基本公共服务与人民群众期待还有差距，“放管服”改革还存在不到位的问题，部分干部担当意识不强，不想为、不会为、不敢为的“亚健康”状态不同程度存在。对此，我们一定强化目标导向和问题导向，不回避矛盾，不推卸责任，一个一个地研究破解，一项一项地跟踪落实，一步一步地奋力推进。

二、2019年政府主要工作任务

新时代开启新征程，新使命呼唤新作为。2019年是新中国成立70周年，是全面建成小康社会的关键一年，也是实现“十三五”规划、推进高质量发展的重要一年。近年来，习近平总书记关于高质量发展的重要论述，为我国经济发展指明了方向，具有很强的时代意义、理论意义和实践意义，围绕宜君高质量发展，如何进一步激发可持续发展的动力，找到转型升级的着力点，增强发展的后劲，提升人民群众的幸福感，是我们深入思考的重大课题，也是一场拼智力、拼活力、拼耐力的接力赛。围绕高质量发展，我们要把握新定位。习近平总书记指出：“绿色生态是最大财富、最大优势、最大品牌，一定要保护好，做好治山理水、显山露水的文章，走出一条经济发展和生态文明水平提高相辅相成、相得益彰的路子”。走绿色可持续发展之路也是市委、市政府多年来对宜君的科学定位和明确要求。我们务必立足实际，依托好山、好水、好空气，大力发展绿色工业、绿色农业、绿色旅游业，打好生态牌、走好绿色路，努力把宜君打造为县域经济绿色可持续转型发展的先行区。围绕高质量发展，我们要把握新方向。习近平总书记指出：“我们所做的一切都是为人民谋幸福、为民族谋复兴”。人们对美好生活的向往能够得到满足就是最实在的幸福。为了让生活在宜君土地上的人民更幸福、更有尊严，我们必须把造福人民作为最大政绩，按照小县也要办大民生的执政情怀，以发展为了人民、发展依靠人民、发展成果让人民共享为出发点，扎实践行习近平总书记关于生活、人民、团结、和平、平安、健康、蓝天、精神、劳动、共享的“十谈幸福”论述精神，全力推进旅游、文化、体育、健康、养老“五大幸福产业”发展，让宜君百姓在好收入中提升幸福、在好环境中享受幸福、在好心情中品味幸福、在好身体中体验幸福，努力把宜君打造为幸福产业发展的示范区。围绕高质量发展，我们要把握新路径。高铁之路就是幸福之路，宜君站的设立，将我县融入西安半小时经济圈和“长三角”“京津冀”“珠三角”一日经济圈，其强大的集聚效应、共振效应、产业效应，让我们的“朋友圈”越来越广，成为县域经济社会发展的“强力发动机”，加之通用机场的规划建设，极大地缩短了对外时空距离，让宜君百姓的幸福感更有温度、更接地气。我们要在发展变化中捕捉新机遇，在扬长避短中增创新优势，在不断完善中寻求新突破，努力推动全县经济社会发展实现新的更大跨越。

今年，县政府工作的总体要求是：以习近平新时代中国特色社会主义思想为指导，全面贯彻党的十九大和十九届二中、三中全会精神及县十六届三次党代会精神，聚焦“七个坚持”和“六稳”方针，围绕追赶超越“五个扎实”要求和“五新”战略任务、“三个经济”重大部署，坚持绿色可持续发展，扭住“四大重点”，建设“四大基地”，推进“四化惠民”，打响“两个品牌”，抓实“三项改革”，努力建设生态品质优良、健康功能齐备的县域经济绿色转型发展先行区和幸福产业发展示范区，实现更高质量、更有效率、更加公平、更可持续的追赶超越。

各位代表，基于对宏观政策的把握、当前形势的分析和宜君实际的考量，今年全县主要预期目标为：预计 GDP 增长 7.6%，固定资产投资增长 15%，地方财政收入增长 9%，农林牧渔业增加值增长 5%，规模以上工业增加值增长 7%，服务业增加值增长 9.5%，社会消费品零售总额增长 13.5%，城镇、农村居民人均可支配收入分别增长 8.3%和 9.1%。

真抓才能攻坚克难，实干才能梦想成真。围绕实现高质量发展目标，我们有机遇、有条件、有潜力，但也有挑战、有难度、有压力，必须坚定信心不动摇，咬定目标不放松，着力抓好五方面工作：

（一）扭住“四大重点”，建设宜居宜业“幸福家园”。决战贫困，上下同心者胜。我们将巩固脱贫成效，聚焦乡村振兴，推进秀美山城，努力建设幸福生活的美好家园、避暑康养的理想乐园。

高标准巩固脱贫成效。坚持脱贫不脱政策、不脱帮扶、不脱责任，尽锐出战，攻坚冲刺，落实打赢脱贫攻坚战三年行动，持续推进脱贫攻坚“十大提升”工程和精神风貌大提升“十二项”活动。狠抓产业、就业扶贫，扎实做好“两推进、两完善”，做到“搬得出、稳得住、能致富、可融入”。积极改善人居环境，努力实现“净序美”。突出扶志扶智，健全益贫带贫机制，打好政策补丁。强化医疗教育文化惠民，夯实兜底保障，推进扶贫领域矛盾化解。健全防范返贫预警机制，切实用好外在推力，激发内生动力，形成攻坚合力，实现物质、精神“双脱贫”，确保小康路上不落一户、不掉一人。

高起点推进乡村振兴。编制《乡村布局规划》《乡村建设规划》，实施《乡村振兴战略规划纲要》。完成 30 个市级美丽乡村创建任务，加快实现“一村一品，一乡一业”。积极培育新型农业经营主体 20 个和省级产业化龙头企业，开展农业专业技术培训 2 万人次，培育职业农民 150 人，建成县乡产权交易平台，实现村级集体经济组织全覆盖。扎实开展第三次国土调查、农村房地一体调查，完成搬迁后旧宅基地腾退复垦，建设高标准农田 1.2 万亩。积极创建省级“四好农村路”示范县，提升农村供水工程 12 处，农业机械化率达到 80%。深入推进“厕所革命”，改厕 2300 户，持续开展垃圾、污水专项整治“清洁乡村”行动，村庄 95%的生活垃圾、70%的生活污水有效治理。推进新民风建设，广泛开展农村“十星级文明户”“文明家庭”等创建活动，让群众养成好习惯、形成好风气。创新互联网＋、旅游＋、美丽乡村＋模式，高标准通过国家级电子商务进农村综合示范县验收，使电子商务成为乡村振兴的新引擎。

高品质统筹城乡发展。人人幸福、城市幸福始终是我们经营城市的出发点和落脚点。积极配合西延高铁宜君段、通用机场项目建设。以打造“六大经济板块”为抓手，修编县城总体规划，编制高铁片区和东环线规划。完成老街道路广场、宜阳北街“白改黑”、教场片区棚改房屋征迁、恒大小学路、县城生活垃圾填埋场及王家坪水库坝体主体工程。加快龟山棚改、交通综合体、210 国道县城过境线项目建设。推动高铁引线、创业大厦、县城建筑垃圾填埋场、华泰盛世文化商业综合体、胜达名都小区、永兴小区建设。推进宜君新城建设和县城环境提升工程，实施路、水、电、讯升级改造，积极探索城市停车智能诱导系统，提升县城管理水平，确保第二轮国家卫生县城高标准通过复审，加快彭镇国家级卫生城镇创建及哭泉、太安、五里镇3个乡镇棚改建设步伐，实施3个镇区垃圾污水处理项目，让城乡的底色更靓、品质更高。

高质量筑牢发展根基。始终把项目建设作为发展的“生命线”，围绕健康产业、清洁能源、基础设施等重点领域，建立5A推进机制，实施市、县级重点项目48个。启动玉华酒业新厂建设，培育工业旅游示范点1个，加大核桃乳等健康产品营销力度，延伸产业链条，提高附加值。抓好工业园区规划延伸，建成标准化厂房，启动彭宜公路建设和污水处理厂建设，扩大园区面积，提升承载空间。强化政策扶持，大力发展“飞地经济”，引进企业3家以上，构筑产业转移“强磁场”。

（二）建设“四大基地”，打造富民强县“幸福产业”。以建设“四大产业基地”为抓手，突出“双轮驱动”，推进幸福产业，让发展的质量更好、效益更高、结构更优。

建设现代农业基地。坚持质量兴农、绿色兴农、特色兴农，抓好传统产业提质增效“33”工程和特色产业“双十双千”振兴计划。围绕规划建设30万亩优质苹果基地，出台支持意见，推广“海升”模式，新建高标准苹果双矮园0.5万亩、标准化管理5万亩，新栽干杂果经济林0.4万亩、高钙养心菜0.5万亩，核桃综合管理2万亩，建成洛河西岸花椒经济林带，巩固提升10个县级、50个镇级扶贫生态农业基地，启动尧生苹果、榆树湾蔬菜、九寺中药材、山岔高寒有机水稻等生态农业示范片区建设。实施优质苹果、核桃、高钙养心菜加工项目，建设现代果蔬仓储物流园，使现代农业成为农民增收的“聚宝盆”和“摇钱树”。

建设避暑康养基地。突出健康旅游先导，优环境、树品牌、聚人气。持续深化全域旅游战略，编制完成《宜君县全域旅游提升规划》，推进第三批省级旅游示范县创建，实施智慧旅游综合项目、战国魏长城遗址保护、博物馆展示长廊等工程，加强云梦山基础设施、旱作梯田、花溪谷和娑罗树景区建设，推进天阶酒店建设，全力创建AAAA级景区、市级旅游示范村、特色标准化星级农家乐和深呼吸小城，大力发展民宿经济，宜阳街办、五里镇、太安镇、哭泉镇各建成1个集脱贫巩固、乡村振兴、民宿旅游为一体的三产融合康养示范村。积极培育文化、体育、养老等幸福产业，实施33个村文化器材配备，完成电影放映2260场、村级文艺演出360场以上、政府购买文化服务演出60场，开展广场舞等全民健身运动，举办马拉松比赛等活动，加快中心敬老院提升改造，加强敬老服务管理中心配套建设，“一站式”满足健康休闲需求，实现全域景观化。

建设中医药种植加工基地。认真落实《中医药产业发展奖补办法》，实施中药材规范化种植、中药材规模化加工、中医药康养体系、中医药技术示范引领“四大工程”，大力发展党参、黄芩、丹参、大艾等道地中药材，年内达到4万亩以上。申报党参地理标志保护，启动中医药健康产业园建设，做大现代医药产业园，建成集“名医坐诊、中药理疗、康养体验”为一体的彭祖养生馆，积极引进医药企业，带动产业发展。

建设新兴能源基地。全力支持500兆瓦的光伏技术领跑基地建设，实现并网发电，加快风电项目建设步伐。完成油井增产压裂15口、天然气勘探评价井2口、评价油水井12口，油气当量3.5万吨以上，新建LNG加气站1个。加快油页岩综合循环利用、热电联产、铭山油库、鼎兴精洗煤等重点项目建设步伐，推动能源产业健康发展。

（三）推进“惠民四化”，提升人民群众“幸福指数”。始终把人民对美好生活的向往作为奋斗目标，不断增进民生福祉，使广大人民群众获得感、幸福感、安全感更加充实、更有保障、更可持续。

推进创业大众化。大力弘扬劳模精神、工匠精神，深入开展大众创业、万众创新，不断完善劳动和社会保障体系，重点解决好高校毕业生、零就业家庭、退役军人、农民工等重点人群就业问题，毛绒创意玩具加工厂建成投产。新增城镇就业500人、转移农村劳动力9000人。

推进教育均衡化。坚持教育优先发展，完成恒大（第三）小学、第二中学综合楼、雷塬中心幼儿园主体建设，高级中学体育馆建成投用。实施第三期学前教育行动计划，巩固省级标准化高中创建成果，借力西安83中、大丰对口帮扶，办好人民满意教育。

推进医疗便民化。全面推进“健康宜君2030”规划纲要实施，启动8类“健康细胞”示范建设。持续深化医改和公立医院改革，县人民医院综合楼、龙山骨科医院建成投用。加强疾病预防控制、居民签约及基本卫生服务项目精细化管理，促进城乡医疗服务能力提升。

推进监管标准化。严格落实企业主体责任，全面实施“雪亮工程”，持续推进“放心消费”创建、防范化解金融风险、扫黑除恶专项斗争行动、重点行业领域安全生产大检查、农特产品及旅游市场规范。实施“七五”普法，开展法律“六进”活动，强化信访维稳、矛盾纠纷排查化解、食品药品安全智慧监管等各项工作，打造“三秦最安全县城”，让全县人民真正体会到幸福之城的幸福味道。

习近平总书记指出：“人民群众什么方面感觉不幸福、不快乐、不满意，我们就在哪方面下功夫”。尽管政府财力紧张，我们仍将紧扣宜君百姓所思所想所盼，聚焦群众痛点难点堵点，继续办好十件惠民实事，要坚持一件接着一件办，一年接着一年干，努力把民生实事办到群众的心坎上，让每一个宜君人的生活更平安、更和谐、更幸福。

（四）打响“两个品牌”，擦亮生态文明“幸福名片”。绿水青山好空气就是最普惠的幸福。牢固树立抓环境就是抓发展、谋幸福的理念，坚持打好“蓝天、碧水、净土、青山”四场保卫战，让良好生态成为最普惠的民生福祉。

持续厚植“宜君绿”。统筹推进生态保护修复、造林绿化攻坚、森林质量提升、绿色产业富民“四大工程”，深入推进绿盾行动，严厉打击私开滥垦行为，扎实落实河湖警长制，抓好清洁小流域建设，实施山水林田湖生态修复，治理水土流失50平方公里、造林绿化4万亩，努力使我们的“生态品牌”更靓、“绿色版图”更广。

精心呵护“宜君蓝”。以创建国家生态文明建设示范县为契机，强化生态保护红线、环境质量底线、资源利用上线和环境准入负面清单管理，加强农村面源污染治理，开展清洁家园、清洁田园、清洁水源活动，打好“减煤、控车、抑尘、治源、增绿、禁燃”组合拳，新建空气质量自动监测站，全面向污染宣战，确保空气质量持续领跑“关中最优”。

（五）抓实“三项改革”，营造发展环境“幸福之地”。以打造投资福地、政策洼地、开放高地为目标，竭诚为创业者提供最优越的环境、最优惠的政策、最优质的服务，努力交出一份为发展加力、让人民受益的改革答卷。

围绕“优”字抓营商。深化“放管服”改革，着力在减环节、优流程、压时限、提效率上下功夫。开展全国第四次经济普查。坚持“两个毫不动摇”，支持非公经济发展，从源头上为企业“松绑”，真正让企业在宜君投资放心、经营安心、生活舒心。

围绕“转”字抓职能。推进机构改革，深化事业单位改革，抓好国有企业改革，持续简政放权，做好各类清单事项“晾晒”。加快社会信用体系建设，建立健全失信联合惩戒机制。深入开展减证便民专项行动，推进政务服务联网通办，使政府权力运行更加透明、群众和企业办事更加便捷。

围绕“扩”字抓开放。坚持招商选资，持续扩大对外开放，力争签约项目20个以上、亿元以上项目5个，新开发入库项目5个，实际利用市域外资金13亿元以上。

三、全面加强政府自身建设

各位代表！新时代、新征程，对政府工作提出了更高的要求。我们要不忘初心、牢记使命，不断提高政府治理能力，努力建设人民满意政府。

加强政治建设。旗帜鲜明讲政治，增强“四个意识”、坚定“四个自信”，做到“两个维护”，自觉用习近平新时代中国特色社会主义思想武装头脑、指导实践、推动工作。开展好“讲政治、敢担当、改作风”专题教育。

坚持依法行政。深化法治政府建设，自觉运用法治思维和法治方式推进工作。加强对行政权力的制约和监督，依法接受人大及其常委会的监督，主动接受人民政协的民主监督，接受社会和舆论监督。加强政府内部层级监督，完善政府规章制度，扎紧制度笼子，让权力在阳光下运行。把诚信施政作为重要准则，说到做到、一诺千金，建设诚信政府。

增强履职本领。硬肩膀才能挑起重担子，新时代担当新使命，既要政治过硬，也要本领高强、勇于担当。要深入推动学习型政府建设，打牢全面、系统、专业的知识根底，提高适应新时代、落实新要求的专业化能力。直面矛盾问题，做到敢担事、会做事、做成事。

强化勤政为民。坚持以人民为中心的发展思想，始终把宜君百姓的烦心事、揪心事和他们的安危冷暖放在心上，多到距城远、条件差的偏远村组去，多到收入低、难事多的贫困群众家中去，秉持“建功必须有我”的担当，抱定“功成不必在我”的境界，坚持一心为民的情怀，多做打基础利长远的事，多做给老百姓雪中送炭，解难题、得实惠的事，珍惜岗位、埋头苦干不张扬，久久为功求实效，真正用我们的辛苦指数换得老百姓的幸福指数。

各位代表，历史车轮滚滚向前，时代潮流浩浩荡荡。习近平总书记指出“幸福都是奋斗出来的”，实干收获希望，奋斗创造未来。让我们紧密团结在以习近平同志为核心的党中央周围，在县委的正确领导下，不忘初心，牢记使命，以高质量发展的新业绩向新中国成立70周年献礼！

附件1

2019年县政府向全县人民承诺的惠民实事

1. 围绕办人民满意教育，实施“设施改善、教师培训、文化育人、科学保教、膳食营养”五大提升工程，将县实验幼儿园办成全市最好的幼儿园，将乡镇幼儿园办成全市农村一流的幼儿园。

2. 继续为全县所有学生购买人身保险，完成雷塬中心幼儿园、第二中学综合楼建设，恒大（第三）小学投入使用，让城乡教育更均衡。

3. 为县城生产经营及公共场所等1500余名从业人员免费开展预防性健康检查，不断提高公共卫生健康保障水平。

4. 做好4500余名农村妇女“两癌”筛查及救助，开展残疾人精准康复服务活动，有康复需求的残疾人签约医生覆盖率达到100%，让妇女和残疾人得到及时、有效的医疗服务。

5. 县人民医院门诊综合楼投入使用，建成集“名医坐诊、中药理疗、康养体验”为一体的彭祖养生馆，让人民群众享受到更好的中西医健康服务。

6. 围绕“老有所养”，加快中心敬老院提升改造、敬老服务管理中心配套建设，推进养老服务机构星级评定，让老年人安享晚年。

7. 实施安全饮水提升工程，推进西河山水林田湖治理及农村生态修复，积极创建省级“四好农村路”示范县，让城乡居民用水更安全、出行更顺畅。

8. 开展大众创业、万众创新，推动创业大厦建设，新增城镇就业500人、转移农村劳动力9000人，让群众收入持续增加。

9. 完成电影放映2260场、村级文艺演出360场以上、购买文化服务演出60场，让群众精神文化生活更加丰富多彩。

10. 持续推进“厕所革命”，完成改厕2300户，实现农村无害化卫生厕所全覆盖，建成县城生活垃圾填埋场，开展垃圾、污水专项整治“清洁乡村”行动，让广大居民生活环境更加整洁、舒适。

附件 2

名词注释

1. “四个意识”：指政治意识、大局意识、核心意识和看齐意识。

2. “四个自信”：指道路自信、理论自信、制度自信和文化自信。

3. “两个维护”：指坚决维护习近平总书记党中央的核心、全党的核心地位，坚决维护党中央权威和集中统一领导。

4. “七个坚持”：指坚持加强党对经济工作的集中统一领导，坚持以人民为中心的发展思想，坚持适应把握引领经济发展新常态，坚持使市场在资源配置中起决定性作用、更好发挥政府作用，坚持适应我国经济发展主要矛盾变化完善宏观调控，坚持问题导向部署经济发展新战略，坚持正确工作策略和方法。

5. “六稳”：指稳就业、稳金融、稳外贸、稳外资、稳投资、稳预期。

6. “三个经济”：指枢纽经济、门户经济、流动经济。

7. “飞地经济”：指两个相互独立、经济发展存在落差的行政地区打破原有行政区划限制，通过跨空间的行政管理和经济开发，实现两地资源互补、经济协调发展的一种区域经济合作模式。

8. “海升”模式：指全球范围内优选品种、引进适生苗木，利用精准的水肥管理系统、全新的机械化配套系统、国际标准的检测系统进行种植生产，实现低成本、高产出、高品质、高收益的发展目标。

9. “雪亮工程”：指以县、乡、村三级综治中心为指挥平台、以综治信息化为支撑、以网格化管理为基础、以公共安全视频监控联网应用为重点的“群众性治安防控工程”。

10. “双轮驱动”：指主导产业转型升级和结构跃升服务引领。

11. “六大经济板块”：指打造上城民俗民宿经济板块、主城区商贸经济板块、城北物流经济板块、休闲避暑经济板块、高铁枢纽经济板块、国际康养经济板块。

12. “十大提升”：指干部作风、基础设施、产业发展、农村环境、精神风貌、社会扶贫、健康扶贫、金融扶贫、苏陕扶贫协作、“三大帮扶体系”大提升工程。

13. 精神风貌“十二项大提升”活动：指宜馨超市添动力、五好新风助脱贫、表彰脱贫增荣誉、道德讲堂树榜样、家庭文化育大德、公益亲为我争先、诚信评级树形象、红白理事会减负担、公益宣传造氛围、细说变化颂党恩、文化惠民倡新风、宜民讲习所提素质活动。

14. 传统产业提质增效“33”工程：指从2018年起，每年创建优质高产玉米种植、苹果和核桃管理示范园不低于5万亩，到2020年实现全县优质高产玉米种植和苹果、核桃管理示范园创建各30万亩。

15. 特色产业“双十双千”振兴计划：按照

种、养、加一体化产业发展思路，加快生猪、中药材、肉兔、食用菌四大特色产业振兴，力争到2020年，全县发展生猪10万头、中药材10万亩、肉兔1000万只、食用菌1000万袋，四大特色产业基地基本形成，全部有龙头企业并达到省级以上标准，各产业品种繁育、技术队伍、加工销售等产业化水平明显提高。

16. “三全、六有、六净”：指乡镇工作制度全、管理体系全、设施设备全，村达到有广场、有花园、有路灯、有垃圾集中收集转运点、有无害化公厕、有通村客运，户达到院外净、院内净、卧室净、厨房净、厕所净、个人卫生净。

17. “五净一规范”：指院内净、卧室净、厨房净、厕所净、个人卫生净，院内物品摆放规范。

宜君地情概况

自然与人文地理

【位置面积】 位于黄土高原陕北南缘，子午岭山系东南隅。东濒洛河与洛川县相望，东南隔雁门山与白水县毗邻，西南被印台区凤凰山系环抱，北与黄陵县接壤。境域地势西南高、东北低，呈阶梯状。地理坐标为北纬 35°7′34″～35°34′58″、东经 108°54′37″～109°28′46″。东西相距 51.90 千米，南北跨径 50.30 千米，总面积 1531 平方千米。海拔最低处位于雷塬综合服务中心的烧锅村，海拔为 622.6 米，最高处为庙山主峰，海拔为 1734.2 米。

【地质地貌】 地处渭北山地和陕北盆地的交汇处，属黄土高原南缘的残原区，横跨两个地质构造单元。全县重峦叠嶂，丘陵连绵，沟谷纵横，地势相差悬殊，地形呈现丘陵山区风貌景观。在地形和地质构造方面，天然分为黄土残塬沟壑区、黄土梁峁丘陵区、土石中山丘陵区三种地貌类型。

【常年气候】 属温带大陆性季风气候区。境内地貌差异大，气候要素存在明显的地域差异，呈现冬长夏短，冬寒夏凉，冬春干燥，夏秋雨多，四季分明的特点。西部有明显的小气候特征。多年平均日照时数为 2412.4 小时/年，年日照百分率为 54％。年平均气温 8.9℃，东西差异 2.6℃。年平均无霜期为 3 月 29 日至 10 月 17 日。年平均降水 709.3 毫米，7 月达到高峰，12 月处在最低点。年均降水天数（指日降水≥0.1 毫米天数）为 104.3 天，其中降雪 24.4 天。年均风速 3.1 米/秒。

残原沟壑区：残原沟壑区大部分位于县境东部，东濒洛河，西接丘陵梁峁，南到雁门土石山区，北邻黄陵县东南塬，包括尧生镇、五里镇、彭镇、雷塬综合服务中心的大部。由西向东排列依次是武家塬、赵家塬、拔头塬、刘家塬、雷声塬、西村塬、云辉塬、南寨地塬、尧生塬、八丈塬、杨柳塬，另外有桐塬、北古寨塬和县口塬、梁塬，共 15 个小塬，面积 392 平方千米，占全县总面积的 26％。

梁峁丘陵区：介于东部残塬和宜君梁之间，为黄土梁峁丘陵区。本区域东西窄狭，平均宽约 20 千米，南北长约 60 千米，横跨棋盘川、寺天梁、五里镇川、三节岭、白渠河、宜君梁及彭村川、庙儿梁，居县境中部，为山丘向残塬的过渡地区。包括彭镇、宜阳街道、棋盘镇、云梦乡等乡镇的部分地区，面积 599.01 平方千米，海拔高度 868～1450 米，占全县总面积的 40％。

中山丘陵区：中山丘陵区位于宜君县境西部和南部，西与黄陵县建庄林区相连，西南接铜川市印台区北山，东到宜君梁，属桥山林区东南缘，包括太安镇、哭泉镇的全部及云梦乡、彭镇、宜阳街道、棋盘镇的山地部分。总面积510.04平方千米，占全县面积的34%。

【主要山脉】 山系属子午岭余脉，均由西南走向东北，从南到北横亘境内较大的山岭有6道。

焦坪至雁门山岭：西连铜川印台区凤凰山，向东尾落于洛河川，凌越太安镇、哭泉镇、棋盘镇、云梦乡、雷塬综合服务中心，长约70千米，为洛河、渭河水系之分水岭。海拔1300～1400米，庙山、云梦山为其高峰，海拔分别为1734米、1535米。

寺天梁：南连庙山，向东尾落于棋盘川，凌越棋盘镇、雷塬综合服务中心，长约30千米。北有分支红砖梁和牛虎岭，直接尧生、西村诸塬。

宜君梁：南连庙山，北向接偏桥塬，凌越哭泉镇、宜阳街道、彭镇，长约40千米。高峰为县城南山峁，海拔1510米。从南山峁向东有分支三节岭，直接五里镇西塬。

高楼洼梁：西与焦坪—雁门山岭连成犄角之势，向东北尾落于清河川，凌越太安镇、宜阳街道西部山区，长约25千米。北有分支景丰梁。

庙儿梁：西连财神梁，向东北尾落于黄陵沮河川，凌越太安镇、彭镇，长约40千米。

财神梁：西与铜川印台区凤凰山相连，向东北尾落于黄陵沮河川，长约50千米，是宜君西部与黄陵县的分界线。海拔1200～1300米，最高点财神庙海拔1537米。梁上林木茂密，和庙儿梁一起与桥山林区天然构成一体。

【河流水系】 河流分洛河、渭河两个水系。主要河流有洛河、雷塬河、五里镇河、清河、山岔河，均属于洛河水系。武家河、淌泥河属渭河水系。

洛河：客水，发源于陕北定边县，由西村综合服务中心白沟峁入县境，南流至雷塬综合中心的烧锅村入白水县，县境内长度37.50千米，是宜君县东缘与洛川的界河。河床深陷，比降1/350，平均流量12.60立方米/秒，多跌水、流急滩险。

雷塬河：发源于庙山北麓，流经棋盘镇至雷塬综合中心境内与五里镇的张家河、棋盘镇的芝麻河两条小河汇合，向东流入洛河。主流长49.70千米，河床比降1/150，平均流量0.56立方米/秒。

五里镇河：上游为官庄川和韦家河二条河流，分别发源于哭泉镇的虎口湾和马武庄，至福地水库汇合入榆五川，至西村咀头村与黄陵五交河汇合入洛河。流经哭泉镇、棋盘镇、宜阳街道、五里镇、西村综合服务中心5个乡镇，主流长50.20千米。河床比降1/150，平均流量0.57立方米/秒。

清河：包括西河、玉华河。玉华河发源于铜川印台区凤凰山东麓，流经马场川至彭村；西河源于太安镇焦坪村后沟，流经榆树湾村、秦家河村、西河村，两条河流至彭村合二为一，形成清河，向东北流入黄陵沮河。县境内总长102.50千米。河床比降1/150，平均流量0.61立方米/秒。

山岔河：发源于彭镇葛沟村与后安村，流经原山岔乡全境，至黄陵王庄科与清河汇合流入沮河。主河道长26千米，河床比降1/150，平均流量0.22立方米/秒。

武家河、淌泥河：分别发源于云梦山和哭泉梁，向南归于铜川漆水河。

【土质土壤】 土壤类型有8个土类，17个亚类，46个土属，103个土种。土壤总面积14.79万公顷，占土地面积15.02万公顷的98.47%。主要以褐土和黄土性土为主。土质基本为微碱性，硝化作用较强，可以提高土壤中氮、钾、硫、镁、钙等营养物质的转化，适宜于多种作物生长。

【森林资源】 全县林业用地面积101926.2公顷，有林地39150.5公顷，经济林（含农田经济林）2126.40公顷，疏林431.3公顷，灌木林地3246.4公顷。森林覆盖率为52.00%，林木绿化率53.54%，植被覆盖率91.80%，

是渭北地区的一块绿洲。主要树种有油松、国槐、刺槐、侧柏、山杨、白桦、杜梨、苹果、

核桃、柿子。

【野生动物资源】 野生动物种类较少，尤其森林兽类更少，啮齿类动物相对较多。已发现的野生脊椎动物有 5 纲、23 目、59 科、111 属、163 种（亚种）。兽类主要有：野兔、中华鼢鼠（瞎老鼠）、狼、狐、黄鼬（黄鼠狼）、獾、水獭、金钱豹、豹猫（山狸子）、野猪、狍（羊鹿、黄羊）等 20 多种；鸟类主要有：黑鹳、苍鹭、金雕、环颈鸡（野鸡）、原鸽（野鸽）、大杜鹃，长耳鸮（猫头鹰）、家燕、黑枕黄鹂、红嘴山鸦、红嘴蓝鹊、灰喜鹊、金翅、麻雀、绿啄木鸟等五十多种。

【中药材资源】 中草药资源较丰富，分布广泛。查明有 4 大类 172 种。其根茎类 55 种，花草叶类 48 种，籽实类和其他类 69 种，主要有：连翘、酸枣、山桃仁、毛柏子、黄芩、柴胡、远志、川龙薯芋、生地、党参、丹参、防风、茵陈等。其中连翘主产地在宜君县南棋盘一带；酸枣仁主要产地在雷塬东南及洛河沿岸一带；山桃仁主产地为宜阳街道、太安镇，柏仁主产地为彭镇的山岔一带，名牌产品为党参，粗壮个大、色亮味浓，被誉为“宜党”。

【矿产资源】 西部山区矿藏丰富，现已探知的矿藏有煤炭、油页岩、石油、天然气、石灰石、铁、砂及高岭土等八种。其中煤炭、石油、油页岩储量较大。煤炭储量为 1965 万吨，石油储量为 2000～4000 万吨，油页岩储量为 4.46 亿吨。

【建置沿革】 前秦永兴二年（358），设置宜君护军。北魏太武帝太平真君七年（446），撤销宜君护军，设置宜君县，属雍州北地郡。孝庄帝永安元年（528），分北地郡置宜君郡。北魏时期，分泥阳县置石堡县，属东秦州中部郡。西魏文帝大统五年（539），宜君县迁入今耀州区的石柱乡故县村。隋开皇三年（583），石堡县并入宜君县。隋义宁二年（618），在华原县（今铜川市耀州区）置宜君郡，隶属宜君、同官（今铜川市）、华原 3 县。唐武德元年（618），改宜君郡为宜州（治所华原），宜君县归属该州。唐贞观十七年（643）六月，撤宜州，宜君县改属雍州。贞观二十年（646），宜君县治所由石柱乡故县村迁入今玉华宫附近。唐龙朔三年（663），宜君改属坊州。唐天宝十二年（753），在宜君县西部置升平县（今黄陵县建庄川内）。五代后梁开平元年至龙德三年（907—923），宜君县置从玉华宫附近迁至今县城龟山之上。宋熙宁元年（1068），降升平县为镇，复入宜君县属。元至元二年（1265），废坊州，宜君县改属延安路鄜州。明洪武二年（1369），县丞王文辅在宜君下城西北角修建宜君县府。明弘治（1488—1505）年间，县丞李相复又增修。清顺治十二年（1655），知县郑名于龟山之巅修建县署。同治九年（1862—1874），县署一度被迫北迁至今黄陵县店头镇仓村。民国十一年（1922）七月，县署被迫又迁至店头镇仓村，至民国十四年（1925）再迁回龟山原址。民国十七年（1928），宜君县公署改名宜君县政府。1948 年 3 月 10 日，宜君解放，建立宜君县人民政府，属陕甘宁边区黄龙分区。1950 年，改属陕西省延安专区（后更名延安地区行署）。1958 年宜君和黄陵合并为黄陵县。1961 年 9 月 15 日，恢复宜君县制。1983 年 9 月，宜君县划归铜川市管辖。

【行政区划】 县辖五里镇（西村综合服务中心）、彭镇、太安镇、棋盘镇、尧生镇（雷塬综合服务中心）、哭泉镇、云梦乡、宜阳街道，共 6 个镇、1 个乡、1 个街道，117 个村委会，629 个村民小组，732 个自然村，2 个社区。

【历史名人】 杨素蕴（1630—1689），石堡村人。清顺治九年（1652）中进士，初任直隶大名府东明县知县。后历任四川道、川北道、湖广提学道、军务参议道、下荆南道、山西提学道御史职务。继被举荐为通政司参议、都察院右副都循史，奉天府丞、顺天府尹，安徽和湖北等省巡抚。著有《见山楼文集》《见山楼诗集》《京兆奏议》《抚楚治略》《谷城水运纪略》以及《曲徒录》等。

强自修（1903—1988），彭镇西云阳村人，年轻时就开始阅读马列主义著作和其他进步书籍，从中受到很大启发，终于找到革命道路。他 1935 年秋进入陕北苏区，第二年春天加入中国共产党。先后担任黄龙地委书记，中共兰州市委书记，中共甘肃省委副书记、书记，甘肃省政协副主席、省人大常委会副主任。1949 年 9 月强自修到北京参加了第一次全国人民政治协商会议，10 月 1 日，登上天安门城楼，亲眼看到了第一面五星红旗在天安门升起

【风景名胜】 地处中华民族发祥地黄河流域的中部，属黄帝核心文化圈。境内有仰韶、龙山、半坡文化遗址、彭祖故里、北魏石窟、姜女泪泉、战国魏长城遗址、云梦山道教圣地、龟山文化园等人文古迹。宜君生态优美，风光秀丽，有福地湖、太安森林公园、龙山公园、哭泉梯田、花溪谷等自然风景名胜区以及六郎关城、宜君驿与城北公园等景观景点。

人口与人口密度

【人口】 据公安部门人口经济年报资料显示。到 2018 年末，全县户籍人口 90129 人，其中农业人口 56975 人，非农业人口 331548 人。当年出生人口 984 人，当年死亡人口 715 人。据人口变动抽样调查推算，宜君县 2018 年常住人口 9.01 万人，出生率 9.32‰，死亡率 6.88‰，自然减少率 2.44‰，户籍人口中，男性 48032 人，占 53.29%，女性人口 42097 人，占 46.71%。性别比为 114。

【人口密度】 2018 年全县人口密度为每平方公里 62 人。其中，人口密度最大的是宜阳街道，每平方公里 127 人，人口密度最小的是尧生镇，每平方公里 44 人。

气候与天气

【气候情况】 2018 年年平均气温为 10.3℃，较常年值偏高 0.6℃，年极端最高 31.1℃，出现在 6 月 6 日，年极端最低－17.0℃，出现在 1 月 29 日，年总降水量为 718.2mm，较常年值偏多 6.2%，年日照总时数为 2270.0 小时，较常年值偏少 119.2 小时。总体气温偏高，降水偏多，日照偏少。1 月降水偏多，2 月降水偏少，3—4 月降水偏多，5 月降水偏少，6—7 月降水偏多，对农作物及经济林果的生长影响不大；8 月降水偏多，21—22 日的暴雨天气使十个乡镇有不同程度受灾；9—10 月降水偏少；11 月降水偏多，12 月无有效降水。全年气候对人民生活、农作物生长等影响不大。

【主要天气事件及灾情】 2018 年 1 月 2 日—7 日出现暴雪、降温天气过程，致使出现灾情，共造成直接经济损失 257.44 万元；4 月 6 日—7 日出现寒潮天气过程，对农作物及经济林果的生长不利；8 月 21 日—22 日出现暴雨天气过程，其中 22 日降雨量 71.3 毫米，致使全县乡镇（街道）有不同程度的受灾，造成直接经济损失 1224.19 万元；12 月无有效降水，对人们的生活及农作物越冬较为不利。

2018 年国民经济和社会发展计划执行情况

【县城经济重要指标】 2018 年，全县地区生产总值 30.56 亿元，增长 5.9%；地方财政收入 2.1 亿元，增长 13.56%；固定资产投资增长 18.8%；农林牧渔业增加值 6.34 亿元，增长

3.3%；规上工业增加值增长3.3%；服务业增加值11.52亿元；增长9.9%；社会消费品零售总额8.82亿元，增长10.9%；城镇居民人均可支配收入32611元，增长8.5%；农村居民人均可支配收入9096元，增长9.2%。化学需氧量、二氧化硫、氨氮和氮氧化物排放量完成示下达消减任务，单位生产总值综合能耗完成市下达任务。

【经济运行总体平稳】 1. 农业稳步增长。编制《宜君县乡村振兴规划纲要》，实施传统产业提质增效“33”工程和特色产业“双十双千”振兴计划。粮食种植面积39.29万亩，总产量15.9万吨；新栽鲜干果经济林0.87万亩，苹果、核桃产量分别达到11.03万吨和1.52万吨；累计种植中药材3.2万亩（其中建成千亩基地3个，百亩基地28个）。建成全市“最美果园”5个，新建生猪育肥场9个，现代肉兔科技扶贫示范项目一期建成，存栏1.4万只，出栏10万只；3个食用菌产业扶贫基地全部建成，在全市扶贫产业交易会上荣获唯一优秀奖。棋盘镇黄埔寨村被确定为省级“三变改革”示范村，马庄村入选省级美丽宜居示范村。2. 工业总体平稳。鼓励企业做大做强，出台《宜君县工业经济和商贸服务业发展支持办法（试行）》，培育规上工业企业7户，认定“科技型中小企业”4家，在陕西股权交易中心挂牌企业4家。传统产业原煤、石油、医药、白酒、核桃乳产值实现稳步增长；新能源、医药产业发展迅速，风电、光伏发电总装机已达到164.8兆瓦，光伏应用（技术）领跑基地建设项目完成投资1.5亿元，现代医药产业园已基本建成，铭山油库完成年度建设任务，马泉油页岩已点火试生产；科技工业园区水、电、路、气、讯等基础设施日趋完善。3. 现代服务业蓬勃发展。印发《宜君县提升企业跨境贸易和投资环境便利化行动实施方案》，培育限额以上商贸企业14户，培训电子商务人员4419人次，建成1500平方米县级物流运营中心，被商务部确定为全国电子商务进农村综合示范县。以创建省级旅游示范县为契机，加快旱作梯田、福地湖、云梦山、战国魏长城遗址等重点景区建设进度。创建省级乡村旅游示范村1个，市级乡村旅游示范村1个。举办长城保护利用高峰论坛、旱作梯田旅游季启动仪式、花溪谷景区开园仪式等宣传活动；赴西安、上海参加旅游专场推介会2场。全年累计接待游客180万人次，同比增长17.8%；实现旅游综合收入12亿元，同比增长39%.

【有效投资不断扩大】 2018年，固定资产投资增长18%。营商环境不断优化，在全市率先实现“登记交易、缴税、缴费”不动产登记一体化办理模式，285个事项“全程网上办”，新注册市场主体3341户，同比增长333%。杨凌“农高会”、第三届“丝博会”共签约各类项目30个，涉及资金107.6亿元，到位资金28.5亿元，开工率85.1%，招商引资成效明显。全年共安排重点项目45个，预计完成投资30.43亿元。18个市级重点项目中贫困村光伏、鲁能光伏、2018年美丽乡村建设、现代肉兔科技扶贫示范项目一期4个项目建成；现代医药产业园、洁亿达煤炭精选、鼎兴煤炭精洗、哭泉梯田美丽乡村片区、龟山棚改、旅游体验区、新城移民（脱贫）搬迁、王坪水库、境内油气勘探、动漫花溪谷景区排水工程、五里镇棚改等13个项目稳定推进，210国道县城过境公路工程正在开展前期工作。27个县级重点项目中5个建成，22个正在实施，重点项目推进顺利。项目谋划储备取得新突破，谋划储备宜君大数据产业园、宜君彭祖通用机场等项目，对项目库中的项目实行动态管理，做到及时更改新和调整。项目库已储备重点项目113个，总投资200亿元。

【城乡统筹全面推进】 “秀美山城”建设步伐加快，抢抓全省县域城镇建设专项资金支持机遇，县城总体规划修编和重点片区详规编制启动，完成农产品交易市场、清风园广场、宜阳南街中街及南山公园路“白改黑”宜白路改建等工程；龟山片区棚改项目顺利实施；交通综合体、医养综合体、文体综合体及210国道改线稳步推进；

800套保障性住房全部交付，弱电入地3.7公里，新增燃气用户90户；实现餐厨垃圾分类处理，生活垃圾处理率达到95.6%，餐饮店油烟净化设备安装率93%，城市承载力进一步提升。乡村公共设施进一步完善，9个农村污水处理工程全部竣工，乡镇气化工程建成投用，新建农村安全饮水工程19处，水质提升工程88处，全县农村自来水普及率达到96.08%．哭泉镇、五里镇、太安镇棚改项目积极推进，赵塬等5个村荣获“市级生态村”，创建“达标乡道”“最美乡道”“示范乡道”“精品乡道”31个，“三堆六乱”治理和土坯房拆除，“厕所革命”成效显著，美丽乡村花溪谷示范片区31个示范村创建任务全面完成。

【生态环境持续向优】 系统开展山水林田湖生态环境保护修复工程，福地湖项目区及周边生态保护与修复工程完成90%；西河流域山水林田湖生态保护修复项目市上已批复。全力打好“蓝天、碧水、净土、青山”四场保卫战，建成了洁仪达标准化洁净煤配送中心和9个配送点，完成煤改电8320户、煤改气844户、洁净煤替代1283户，清洁能源公交车实现县城全覆盖，通村班车和出租车全部油改气，全年空气质量优良天数达到295天，同比增加22天，位居关中67个县区之首。全面落实三级河湖警长制，西河饮用水水质达标98%以上，地表水断面水质全部达标。以全国农业污染源普查为契机，对家庭农场、养殖专业合作社进行清查，建立监测点5个；实施天然林资源保护、三北防护林、退耕还林等重点工程，造林4.95万亩，完成重点区域绿化9253亩，荣获省级森林城市和陕甘两省子午岭护林联防先进单位，治理水土流失60平方公里。

【社会民生持续改善】 申报发明专利6件，荣获全省科技特派员工作组织管理先进县；第三幼儿园等5所学校建成投用，创建成市级示范幼儿园、一类幼儿园、二类幼儿园各2所，普惠性幼儿园占比达到100%；荣获陕西省“学生营养改善计划管理工作示范县”，中考成绩继续位居全市第一，省级标准化高中通过评估验收，启动西安83中与县高级中学第二轮帮扶，高考本科上线率创力史最高，900名学生享受助学贷款，217名大学新生获得资助，无因贫辍学学生。国家公共文化服务体系示范区创建通过验收，宜君荣获全国“双服务”文化建设先进集体，入选“陕西省民间文化艺术之乡”，县文化馆、图书馆达到三级标准，在全市率先实现基层综合性文化服务中心达标100%，文化市场和网络环境抽查合格率达90%以上。持续推进医药卫生体制改革，分级诊疗体系进一步健全，县人民医院门诊综合楼主体建成，标准化村级卫生室、家庭医生签约全覆盖，两孩政策稳步实施，母亲健康工程、各类计生政策全部兑现。开展道路安全三项攻坚行动，省级食品安全示范县通过验收，创建放心消费单位11家、特色店33家、“名厨亮灶”餐饮店165家。新增城镇就业639人，城镇登记失业率控制在3.2%以内，农村劳动力转移就业1.2万人，被省人社厅认定为“农民工返乡创业示范县”。建成了全市首个县级社会治理网络化综合管理中心和综合执法智能化管理中心。

【脱贫攻坚成效显著】 全县上下围绕脱贫摘帽目标，深入推进“十大提升”工程和“十二项大提升”活动，各项退出指标全部达标。产业扶贫成效明显，建成了60个产业扶贫基地、4个扶贫工厂、15个扶贫车间、6个扶贫旅游示范区，村级集体经济组织实现全覆盖。教育、健康、生态扶贫和兜底保障等政策全面实施，学前教育至大学毕业就业“一条龙教育扶贫”稳步推进；建档立卡贫困人口参加新农合和大病保险率100%，家庭医生签约服务覆盖面100%，慢性病患者免费供药1.1万人次；12个易地扶贫搬迁集中安置点交付使用，1410户困难群众全部入住，贫困劳动力转移就业1449人，“暖心工程”贫困村全部覆盖，为291名干部常年驻村解决了后顾之忧。中央重点扶贫、苏陕扶贫、三大帮扶、社会扶贫深入推进，“宜馨超市”“宜民讲习所”经验全省推广，

"五好新风助脱贫"被陕西省电视台全国"两会"栏目专题报道，普惠金融被世界银联确定为全球倡议项目。

精神文明建设

【巩固省级文明县城创建成果】 2018年，宜君县坚持"以人为本、全民参与、协调联动、齐抓共建、创新思路"方法，制定印发了《关于加强宜君县巩固省级文明县城创建成果宣传工作的通知》，对照《陕西省文明县城测评体系》分解目标任务，夯实工作责任，建立创文义务监督员队伍，发放《市民文明手册》300余本，创文宣传资料1000余份。加强督查，实地检查创文宣传、窗口单位服务、县域环境整顿等工作情况。按照铜川市委、市政府创建全国文明城市工作动员部署会议精神，扎实做好创建全国未成年人思想道德建设工作先进市相关工作，成立以县委常委、宣传部部长为组长的领导小组，制定印发《宜君县创建全国未成年人思想道德建设工作先进市工作方案》《关于建立宜君县未成年人思想道德建设工作联席会议制度的通知》《宜君县未成年人思想道德建设工作责任分工手册》，转发《关于铜川市创建全国未成年人思想道德建设先进市工作实行责任清单管理的通知》，召开全县工作推进会、创未资料培训会，积极营造校园内外创建全国文明城市、创建全国未成年人思想道德建设先进市氛围。积极开展创建全省农村精神文明建设先进县，制定印发《宜君县创建全省农村精神文明建设先进县行动方案》，以"美丽乡村·文明家园"建设为抓手，结合脱贫攻坚，在农村大力开展"宜馨超市添动力""五好新风助脱贫"等十二项精神风貌提升活动，重点抓好移风易俗、家风家训、"十星级文明户"评选、"好媳妇、好公婆"评选、乡规民约再造、道德讲堂等活动，着力提升村民科学文化素养，丰富群众精神文化生活，改善村民生产生活环境，促进社会主义核心价值观在全县农村落地生根。

【开展群众性精神文明建设】 高度重视农村环境综合整治工作，结合"五净一规范""厕所革命""美丽乡村·文明家园"建设等，增投入、强保障、严考核，落实"一把手"责任"一把手"交账责任制，发挥"四支队伍"作用，系统整治反复抓，推进路域和城乡人居环境大改善、大提升。围绕"三个倡导"，把学习宣传践行社会主义核心价值观融入精神文明建设全过程。加大社会主义核心价值观、中国梦、六德工程、时代楷模等公益广告的宣传力度，设置植入式公益广告一处，公益广告牌3000余块，并坚持 利用LED显示屏滚动播放公益广告。全县中、小学校，开展创建全国文明城市、创建全国未成年人思想道德建设先进市、社会主义核心价值观、中华优秀传统文化为主要内容宣传教育，激发青少年爱党爱国，弘扬传统美德热情。脱贫攻坚激发贫困群众内生动力，重点抓好社会主义核心价值观进农村"十个一"建设，在开办道德讲堂、开设善行义举榜上出新招出实效。丰富形式，创新载体，强化群众性精神文明创建活动。集中表彰2017年申创成功的22个县级文明单位（文明村镇、文明校园、文明社区），4个精神文明建设先进乡镇、6个精神文明建设先进单位、10名精神文明建设先进个人、10名优秀志愿者和15名未成年人思想道德建设先进工作者。选树先进典型，开展各类推选表彰活动。筹备开展第五届宜君县道德模范评选表彰活动，表彰各类道德模范30名。李建平获"中国好人"称号；李建平、孙小军、靳康鹏3人获"陕西好人"称号。加强未成年人思想道德建设工作。积极配合中央电视台做好2018年"全国最美孝心少年"寻找拍摄工作，棋盘镇中学李新颖同学荣获"2018年度全国最美孝心少年"荣誉称号；选送3名乡村少年宫辅导教师参加全省乡村学校少年宫辅导员培训班，进一步提升宜君乡村学校少年宫辅导员能力和水平。在“我们的节日”活动中，企事业单位和部门深入中小学校、幼儿园及留守儿童家中，为孩子们送去节日礼物和美好祝福。10月23日，神华宜君新能源有限责任公司，为云梦乡中心小学47名贫困学生、留守儿童送去了文具书包。持续推进学雷锋志愿服务活动，明确“扶贫帮困”“服务社区”“环境整治”主题，“传承雷锋精神 志愿服务在宜君”。在学雷锋志愿服务活动月启动仪式上，30多个单位300多名志愿者参加了活动。发放各类宣传资料1500余份，展出剪纸、文明交通宣传牌30余块。宜君“新青年志愿服务队”“尽点心志愿服务队”，农业、卫生等系统“志愿服务队”根据业务特点，开展志愿服务。“宜心讲堂”志愿服务队总队、分队深入乡镇街道办道德讲堂，宣讲十九大精神及惠农政策和扶贫知识百余次，助力脱贫攻坚工作，打造宜君志愿服务品牌。

【扶志扶智助力脱贫攻坚】 立足县情积极作为，将扶志扶智与“美丽乡村·文明家园”建设、创建全省农村精神文明建设先进县工作相结合，创新载体、真抓实干，开展系列激发贫困群众内生动力活动，为有效改变贫困群众“等靠要”思想、为脱贫攻坚提供道德支撑和思想保证。着力推进核心价值观进农村“十个一”工作。针对部分贫困群众“依赖思想严重”“不愿脱贫、不敢脱贫、不会脱贫、不能脱贫”的思想痼疾，主动外出“寻医问药”，学习兰考经验。制定印发《宜君县2018年精神风貌大提升十二项工程工作实施方案》，创设“宜馨超市添动力”“宜民讲习所提素质”“公益宣传造氛围”“五好新风助脱贫”等载体，创新激发内生动力，助力脱贫攻坚宜君新模式，得到省、市领导认可。扶志启智，闭环推进，针对部分贫困群众“思想贫困”根源，宜君县把“扶志气”作为首要任务。以“五好新风助脱贫”鞭策群众。在所有贫困群众家中悬挂“五好新风助脱贫”标牌，标牌上有脱贫愿望好、明理感恩好、文明风尚好、致富效果好、示范带动好五个奖项。标牌设有温度计，让群众知冷知热。奖项每季度动态调整，五项达标者为“五好脱贫户”。全县117个行政村，3757户10846人参与此项活动，涌现出“五好脱贫户”400余户，为贫困户树立标杆。活动被陕西广播电视台《全国两会特别报道》进行专门报道。立足弘扬时代新风，把立德作为脱贫支撑点，倡导“四美”，浸润群众品德，促进乡风文明。开展“家庭文化育大德”活动，倡导家庭美，采取政府购买服务的方式，与文化公司签订协议，组织开展家文化培训，在各村微信群推送文明礼仪，帮助群众挖掘悬挂家风家训，表彰好媳妇、好公婆、好孝子，让家家和睦。开展“道德讲堂树榜样”活动，倡导品德美，由县委宣传部统一策划，每季度围绕一个主题开展道德讲堂，再由“宜心讲堂志愿服务队”把讲堂内容送到各村，弘扬传统文化，推广新风美德。2018年，“宜心讲堂”志愿服务队开展活动209场次，为全县人民送去国家方针大计、支农惠农政策、道德文明新风等文化大餐，传播知识，凝聚人心。开展“诚信评级树形象”活动，倡导诚信美。开展“红白理事会减负担”活动，倡导节俭美。开展“宜民讲习所提素质”活动，做精视频“教材”，“教材”内容包括唱歌曲、看微电影、听讲课三个环节，歌曲突出宜君地域特色，激发群众自豪感和幸福感；微电影围绕脱贫攻坚、乡风文明、传统美德等内容，以宜君人、宜君事为素材，让群众看着亲切、看得明白；讲课以讲思想、讲文明、讲政策、讲国情（县情）、讲文化、讲法律、讲卫生、讲技能“八讲”为主要内容，充实群众生活。做活授课方式，建立县乡村三级“宜民讲习所”128个，县政府网站、“宜民讲习所”“宜君发布”等微信公众号及时上传视频；县电视台开办专栏播放视频；县域内各类电子屏反复播放，扩大收看覆盖面。做好组织管理，“宜民讲习所”统一标识，分设教室、分级管理，统一授课、同步受教。年终对每位在册学员进行测评，评选“新时代新农民”，已经开展六期，教育效果良好。

着力在氛围营造上下大气力，让群众在潜移默化中自主脱贫。开展“文化惠民倡新风”活动，统筹各类文艺演出资源，实现每村每年举办两场以上文艺演出活动，用丰富生动的文艺节目感染人。开展“细说变化颂党恩”活动，利用“七一”、元旦等重要节假日，由“四支队伍”负责，组织返乡群众、贫困群众、非贫困群众代表和全体党员等召开座谈会，让群众通过看村组变化、谈自身想法等方式，感念党和政府的关怀之恩、帮扶干部的关心之情、社会各界的关爱大义，从而达到明理感恩、合力攻坚的目的。开展“公益宣传造氛围”活动，统一拟定群众看得懂、接地气的标语，统一设计模板，引导村民向上向善。实现扶志扶智助力脱贫目标。

中国共产党宜君县委员会

组织机构及领导人名录

中共宜君县委员会

书　记　刘　冲

副书记　曹全虎

　　王复安（2018 年 11 月离任）

　　李艳利（女，2018 年 11 月任职）

　　谷　啸（挂职）

常务委员　郭　怡（女）

　　王益利　郭海军　王　斌

　　王海峰

　　张　涛（2018 年 11 月任职）

　　张林海（挂职）

　　韩　轶

　　朱　伟（2018 年 11 月任职）

县委办公室

主　任　宋　亮

副主任、督查室主任　王剑锋

副主任　张　雯（女）

县国家保密局长　李永强

县委机要局长　彭顺清

县关工办主任　祖卫国

县委督查室副主任

　张海波（2018 年 11 月任职）

县委深改办副主任　贺负清

县委办信息综合室主任

　张海波（2018 年 11 月离任）

　刘　哲（2018 年 11 月任职）

县委工作概述

【概况】 2018 年，县委团结和带领全县干部群众，以习近平新时代中国特色社会主义思想引领发展，全面贯彻党的十九大和省市委全会精神，紧扣“五位一体”总体布局和“四个全面”战略布局，认真贯彻新发展理念和中央、省、市、决策部署，围绕追赶超越“五个扎实”要求和“五新战略”任务落实，用脱贫攻坚统揽经济社会发展全局，埋头苦干，经济社会发展质量持续提高，全面从严管党治党更加有力，圆满完成了各项目标任务。

【县域经济】 全年 GDP 增长 5.9%，固定资产投资增长 18.8%，地方财政收入增长 13.56%，社会消费品零售总额增长 10.9%，服务业增加值增长 9.9%，农林牧渔业增加值增长 3.3%，规模以上工业增加值增长3.3%，城镇和农村居民人均可支配收入分别增长8.5%、9.2%。

【脱贫攻坚】 县委全面落实习近平总书记“三个着力”重要指示，紧盯“577”退出指标，以实施产业发展、扶贫扶志等“十大提升”工程为抓手，持续夯实三级书记责任，突出工作重点，强化投入保障，注重精准施策，加强协调调度，苦干实干抓落实。剩余的35个贫困村全部退出，脱贫1107户2813人，全县贫困发生率降至1.19%。工作推进中，总结推广宜馨超市添动力、宜民讲习所提素质、宜农股“一股三带”等励志和产业扶贫特色做法，健康、金融、就业扶贫等受到社会各界的广泛关注。全年累计投入6000余万元，完善基础设施和公共服务建设项目，群众生产生活条件持续改善。驻村干部“暖心工程”实现贫困村全覆盖。通过生态、光伏扶贫等，构建县有主导产业引领、镇有特色产业支撑、村有集体经济保障、户有长短项目稳定收入的四重叠加扶贫格局，建成60个产业扶贫基地、4个扶贫工厂、15个扶贫车间、6个旅游扶贫示范区。整合涉农资金2.93亿元，实现所有贫困村集体经济和贫困对象产业全覆盖，有需求贫困户获贷率100%。通过转移就业、设立公益专岗和特设公岗等措施，确保全县有劳动能力贫困户每户有一人稳定就业。通过易地扶贫搬迁和危房改造，全县安全住房率达到99.78%。落实从学前教育直至大学毕业就业“一条龙”教育扶持计划，适龄儿童全部就近入学。贫困对象享受生态脱贫政策433户1392人。细化慢性病免费供药和医疗专家上门咨询服务，贫困人口参加新型农村合作医疗和大病保险比例100%。为1298户2508名贫困对象发放低保和五保金1023.33万元。社会扶贫深入推进，中央定点扶贫、苏陕扶贫协作和省级“两联一包”持续深化。

【乡村振兴】 紧扣乡村振兴总要求，聚焦乡村“产业振兴、人才振兴、文化振兴、生态振兴、组织振兴”，紧贴县情编制《宜君县乡村振兴战略规划纲要（2018—2022年）》，抓重点、盯关键，联镇包村夯责任，统筹谋划细安排，精准发力促落实。全面推进传统产业提质增效“33”工程和特色产业“双十双千”振兴计划，粮食总产19.08万吨，新建鲜干果经济林0.87万亩，肉兔、生猪养殖和食用菌、中药材种植效果初显。皇姑庄核桃基地获“第三批国家级核桃示范基地”称号，宜君农产品获杨凌农高会“后稷奖”4项、“后稷特别奖”2项，全市扶贫产品交易会获得区县唯一优秀奖。市级美丽乡村花溪谷示范片区及31个美丽乡村创建完成投资2.38亿元。组织开展首届“宜君英才”评选等活动，强化实施乡村振兴战略人才保障。扎实开展农村环境卫生综合整治和“大棚房”问题清理整治，农村人居环境显著改善。

【城乡发展】 更加重视生态文明建设和环境保护，推进绿色发展，倡导绿色生活，坚定不移推进生态立县战略。生态环境建设更加有力。深化“绿水青山就是金山银山”理念，黄土高原综合治理示范县建设项目等林业重点工程扎实推进，建成“南竹北移”种质资源试验基地，完成造林绿化4.95万亩，荣获“省级森林城市”称号。全力打好“蓝天、碧水、净土、青山”保卫战，健全县乡河湖警长体系，狠抓环保突出问题整治，全年空气质量综合指数在关中地区67个区县排名第一。秀美山城建管水平不断提升。抢抓全省县域城镇建设专项资金支持机遇，加快推进县城总体规划修编，启动交通、医养、文体综合体及210国道县城过境线等建设，规划设计高铁片区建设，拉大县城框架、优化城市布局，完成保障性住房、宜阳南街中街及南山公园路“白改黑”等工程。

【民生保障】 坚守以人民为中心的发展思想不动摇，全力发展社会事业，不断提升保障和改善民生水平。社会事业全面进步。教育均衡化、文化普惠化、医疗便民化、就业大众化、保障兜底化扎实推进。省级标准化高中创建通过验收，高考本科上线率为历史最好，全县普惠性幼儿园占比100%，荣获全省学生营养改善计划管理工作示范县和科技特派员工作组织管理先进县。国家公共文化服务体系示范区创建全部达标，民间艺术研究院入选省非遗生产性保护示范单位，农村电影特色放映模式在全国推广。医药卫生体制改革、疾病预防控制“八大行动”有力有效，县人民医院门诊综合楼项目主体建成，标准化村级卫生室实现全覆盖。省级食品安全示范县通过复验。积极促进大众创业、万众创新，被认定为全省农民工返乡创业示范县。社会大局和谐稳定。紧抓平安、法治宜君建设，县乡村三级综治维稳中心实现全覆盖，创建县级应急示范点3个，有力促进了治理能力提升，2018年度平安指数位列全省区县级第四。深入推进司法体制综合配套改革、公安和司法行政机关改革，全面实施“七五”普法，全市首个县级社会治理网格化综合管理中心、首个综合执法智能化管理中心建成投用，扫黑除恶专项斗争取得阶段性成效。扎实开展道路安全三项攻坚行动和食品安全专项整治活动，实现生产安全、安全生产。

【改革工作】 国家监察、城市执法体制改革等任务全面完成。深入推进简政放权，完成县级政务服务目录和办事指南编制。创新开展全国首单苹果价格期货保险试点，实现政策性农业保险全覆盖。纪念改革开放40周年系列活动有序开展，更多群众共享改革成果。“宜君县积极打造农村普惠金融综合示范区”被评为全省优秀改革案例，省委深改办通报表彰。

【党的建设】 县委认真履行管党治党主体责任，不断把全面从严治党推向纵深，把加强政治建设摆在首位，把学懂弄通做实党的十九大精神贯穿全年工作始终，认真落实抓首要、大学习、促发展要求，县委常委带头宣讲，创新载体形式，努力在新思想新理念入脑入心、指导实践上见实效。组织县委理论学习中心组专题学习24次、“周三夜校”22期、专题培训3期、巡回宣讲20场次，举办全县科级领导干部专题轮训班，邀请梁家河村党总支书记石春阳做专题辅导，在全县形成了学习宣传贯彻十九大精神，同心同向、共谋发展的浓厚氛围。把“两个维护”作为最高政治原则，结合推进“两学一做”学习教育常态化制度化，深入学习贯彻习近平新时代中国特色社会主义思想，以习近平总书记来陕视察重要讲话、给照金北梁红军小学学生回信精神和《习近平谈治国理政》《习近平扶贫论述摘编》等为重点，扎实开展研讨交流；认真学习习近平总书记关于秦岭北麓西安境内违建别墅问题的重要指示批示和关于加强政治建设、生态文明建设的重要论述，扎实开展习近平总书记重要指示批示贯彻落实情况“回头看”，以及县处级领导干部“讲政治、敢担当、改作风”专题教育，对标排查抓整改，严明政治纪律和政治规矩，持续提高全县各级党组织及党员领导干部的政治能力和政治担当，教育全县党员干部牢固树立政治意识、大局意识、核心意识、看齐意识，坚决维护习近平总书记核心地位、坚决维护党中央权威和集中统一领导，坚决贯彻落实党中央重大决策部署，始终在思想上政治上行动上同以习近平同志为核心的党中央保持高度一致。意识形态工作责任制落地更实。高筑思想防线，严格落实责任，意识形态安全可控。强化宣传引导，注重策划挖掘，1646篇稿件在省市主流媒体宣传报道，脱贫攻坚宣传稿件数量居全市第一，“五好新风助脱贫”登上陕西广播电视台全国“两会”特别报道，宜馨超市添动力、宜民讲习所提素质等经验全省推广。深入推进社会主义核心价值观“六进”及进农村“十个一”工作，文艺品牌持续放大。基层党组织组织力显著提升。完善落实基层党建“10＋1”措施，创新推行党员“政治生日”、农村党建工作站“四连驱动”、支部书记谈党建等工作，严格执行《基层党建问责办法》，健全抓党建“四个清单”，有效提升基层党组织的政治功能和服务功能，实现非公企业及社会组织党的组织和党的工作全覆盖。打造城市党建“三变模式”，智慧党建平台试运行。圆满完成“两委”换届工作，村级领导班子结构明显优化。扎实开展干部作风大提升工程，严格落实“四支队伍”管理制度，建成驻村干部“暖心工程”88个，促进基层组织力提升。领导班子和干部队伍建设不断加强。认真贯彻《关于进一步激励广大干部新时代新担当新作为的意见》和锻造高素质专业化干部队伍要求，以“三项机制”明导向，精选严管干部。大力引进和培养复合型人才，管好用好乡土人才，选派优秀年轻干部赴省外挂职锻炼，广大干部干事激情持续迸发。党风廉政建设扎实有力。从严落实“两个责任”，持续拧紧责任链条。加大执纪审查力度，扎实开展违反中央八项规定及其实施细则精神问题、扶贫领域腐败和作风问题及强化扫黑除恶、生态环境保护、优化营商环境监督执纪问责等工作。加强监察巡察，畅通监督渠道，着力转变监督执纪理念，始终保持惩治腐败高压态势。纪检监察机关全年共处置问题线索282件，立案215件，党纪政务处分185人。加强警示教育，扎实开展冯新柱案“以案促改”工作，持之以恒正风肃纪、净化政治生态。全力配合保障完成省委巡视及市委巡察工作，有力有序抓整改，确保巡视巡察效应在宜君充分体现。民主政治建设持续深化。不断加强和改进党的领导，支持人大、政协依法行使职权，强化学习调研和党外人士培养锻炼，引导非公经济人士参与经济社会建设，召开全县民营经济发展座谈会，对台和侨务工作不断加强，党管武装工作坚定有力，档案、史志、工青妇等人民团体工作扎实有效，凝心聚力服务经济社会发展作用高效发挥。

重要会议

【中共宜君县第十六届代表大会第二次会议】

1月8日上午，中国共产党宜君县第十六届代表大会第二次会议开幕，县委书记刘冲代表中共宜君县第十六届委员会向大会作了题为《决战脱贫攻坚 加速追赶超越奋力谱写新时代宜君绿色持续发展新篇章》的报告。大会由县委副书记、县长曹全虎主持。全体代表出席会议，市委基层办、党建办副主任张强、市纪委第四纪检监察室主任郭永乾应邀指导会议。县上领导刘冲、曹全虎、王复安、谷啸、李宏林、王东平、郭怡、李艳利、王益利、郭海军、王斌、张林海、王海峰在主席台前排就座，其他县委委员及候补委员在主席台就座。大会应到代表218名，实到代表195名，符合规定人数。刘冲所作的工作报告共分为：2017年主要工作和成效；紧扣新时代，贯彻新理念，谱写追赶超越新篇章；把握新思想，对标新要求，坚定不移全面从严治党三大部分。刘冲说，2017年，宜君县委团结和带领全县干部群众，认真学习贯彻习近平新时代中国特色社会主义思想，突出迎接十九大召开和学习宣传贯彻十九大精神主线，紧扣“五位一体”总体布局、“四个全面”战略布局和“五个扎实”要求，以新发展理念为引领，认真落实省第十三次党代会和市第十二次党代会精神，按照县第十六次党代会部署，围绕追赶超越、脱贫攻坚真抓实干，经济社会发展和党的建设科学化水平持续提升。一是脱贫攻坚工作扎实有效。坚持以脱贫攻坚统揽经济社会发展全局，认真贯彻中央和省市部署要求，围绕“1234”行动纲领，以“四大提升”为目标，立足精准识别、精准帮扶、精准退出，强化措施抓落实、严格督查促进度、标本兼治建机制，干部作风更加务实过硬，完成了504户1704人脱贫和15个贫困村退出任务。二是经济持续健康发展。重点项目建设成效较好，农业产业化水平不断提高，工业经济运行平稳，全域旅游快速发展。三是城乡建设变化大。生态环境建设更加有力，秀美山城建管水平大幅提升，美丽乡村建设成效明显。四是民生保障实惠多。社会事业快速发展，法治平安建设成果丰硕。五是改革任务落地实。主动对标中央和省市要求，坚持整体推进与重点突破、战略性目标与现实任务、规定动作与主动创新相结合，积极谋划、精准发力，各项改革任务落地实、成效大。六是管党治党水平不断提升。学习宣传贯彻党的十九大精神有力有效，意识形态工作责任制高效落实，基层党建工作实现新提升，领导班子和干部队伍建设不断加强，党风廉政建设持续发力，民主政治建设显著加强。刘冲在报告中指出，过去的发展实践，为我们干好今后工作积累了一些经验。一是加强自身建设、提高执政本领是打硬仗、干成事的根本。二是民主务实、凝心聚力是打硬仗、干成事的基础。三是作风过硬、挺纪在前是打硬仗、干成事的关键。刘冲最后说，新时代、新使命、新目标、新征程，要有新气象，更要有新作为。让我们更加紧密地团结在以习近平同志为核心的党中央周围，在省、市委的坚强领导下，紧盯目标，苦干扎实干，在决战决胜脱贫攻坚、奋力追赶超越的实践中，把宜君的各项工作干得更加出彩。大会以书面印发《县纪委工作报告》、县委常委会班子成员、县纪委副书记《述职报告》，《2017年度党费收缴使用和管理情况的报告》《县十六次党代会提案办理情况的报告》，提请代表审议。1月9日，中国共产党宜君县第十六届代表大会第二次会议召开第二次大会，听取乡镇（街道）党委书记及部门党（工）委书记一年来抓基层党建工作情况，县委书记刘冲进行现场点评，县委副书记、县长曹全虎主持大会。市委基层办、党建办副主任张强应邀指导会议。宜阳街道党委书记于亚军、太安镇党委书记李辉、县住建局党工委书记朱维平、县交通运输局党工委书记马景祥等9人先后述职发言，刘冲就进一步抓好基层党建工作，刘冲强调，一要学习贯彻十九大精神，把准基层党建工作方向。各级党组织要把学习宣传贯彻党的十九大精神贯穿到政治、组织、班子和队伍建设全过程，精准谋划2018年基层党建工作，切实增强政治功能、政治担当、政治意识，引导广大党员牢固树立“四个意识”，增强“四个自信”，在政治立场、政治方向、政治原则、政治道路上同以习近平同志为核心的党中央保持高度一致；在推进项目建设、脱贫攻坚、乡村振兴、补齐民生短板等重点工作任务面前，以实实在在的成效检验我们的政治担当。二要突出各领域特色，提升党建工作整体水平。在农村，要围绕乡村振兴战略，持续实施“能人回引”工程，抓好村级组织换届工作，加大抓党建促脱贫力度，深入推进“冲在一线、干在实处”行动，要持续推进“党建工作站”建设，提升试点成效。在非公企业和社会组织，要深入推进“评星晋级”活动，巩固提升“两个覆盖”成果。在街道、社区，要健全完善联席会议机制，创新开展在职党员进社区志愿服务活动，全面增强社区服务功能。在机关，要持续开展学习型、服务型、创新型党组织创建活动，以机关党员干部的新形象、新作风彰显机关党建新成效。在中小学、医院、国企，要注重发挥党组织政治功能，创新方法载体，实现党建与业务工作的深度融合。三要认真履行第一责任，增强党建工作实效。各级党组织书记要进一步扛起扛实主体责任，时刻牢记党委书记抓党建工作的第一责任，把该管的工作管好，该抓的工作抓好。要在党建述职中互相学习，共同提高，坚决杜绝低标准和差不多思想，树立党建旗帜意识，聚焦主责主业、聚焦重点难点，切实把抓好基层党建作为促进脱贫攻坚、推动经济社会发展、实现追赶超越的基础工程来抓，着力打造宜君党建品牌，促进全县党建工作全面提升、全面过硬，为宜君经济社会各项事业发展提供坚实支撑和有力保证。随后，会议对各乡镇（街道）、部门党（工）委书记抓基层党建工作、县委常委班子及成员和县纪委副书记的履职情况、党风廉政建设情况进行了测评。张强在讲话中对宜君县基层党建工作给予肯定，并指出了基层党建工作存在的问题，对宜君进一步落实党建工作责任制、做好基层党建工作提出了明确要求。下午3时，中国共产党宜君县第十六届代表大会第二次会议召开第三次大会，大会由刘冲同志主持。会议举手表决通过《县委工作报告决议》《县纪委工作报告决议》《县十六次党代会代表提案办理情况报告的决议》。刘冲在讲话中指出，大会以习近平新时代中国特色社会主义思想为指导，认真学习贯彻党的十九大和省市全委会精神，全面总结 2017 年工作，系统安排 2018 年工作，各位代表和与会同志深入讨论、积极发言，达到了统一思想明思路、求真务实定措施、凝心聚力鼓干劲的目的。会议在《国际歌》声中闭幕。

【宜君县脱贫攻坚暨乡村振兴工作会议】 3 月 19 日，宜君县脱贫攻坚暨乡村振兴工作会议在县综合文艺中心五楼会议室召开。县委书记刘冲出席会议并讲话，县委副书记、县长曹全虎主持会议。县人大常委会主任李宏林，县政协主席王东平等其他在宜县级领导，县级八办两组相关人员，县级国家机关各工作部门、直属机构，各人民团体，中省驻宜各单位，县科技工业园区管委会，各乡镇（街道）党政正职、党委副书记、纪委书记、组织员及分管农业和扶贫工作的同志，各行政村的党支部书记、第一书记，县农业、林业、水务、扶贫下属单位负责人和脱贫攻坚指挥部全体干部，受表彰的先进集体和个人，共 450 余人参加会议。会上，副县长朱伟就全县脱贫攻坚和农业农村工作进行安排部署，县委副书记、政法委书记王复安宣读《关于 2017 年度农业农村暨脱贫攻坚工作先进集体和先进个人的表彰决定》，并对先进集体和先进个人进行了颁奖。县卫计局局长张晓军、五里镇党委书记陈伟、棋盘镇黄埔寨村党支部书记姜超恒、雷塬综合服务中心皇后村党支部副书记高国红、农村工作先进工作者代表杨邦民、脱贫攻坚优秀干部代表郭涛分别进行交流发言。刘冲强调，脱贫攻坚是全面建成小康社会和实现乡村振兴的补短板工程。2017 年以来，通过全县上下的辛苦努力，主要短板已经补齐，主要工作已经到位，特别是干部作风和基础设施变化较大。2018 年宜君县“脱贫摘帽”是省、市依据工作基础和大势大局决定的，也是必须完成的任务，没有退路。全县各级干部要提高政治站位，清醒认识脱贫攻坚面临形势和任务。认真学习贯彻习近平总书记关于脱贫攻坚系列重要讲话和中央、省市安排部署，坚持问题导向，统一思想、凝聚共识，紧扣“十大提升”重点任务，倒排工期，苦干实干打硬仗，确保 6 月底前所有指标全面达标。要在抓干部住村上见成效，从严从实转作风。要围绕移民建房、中心村建房和配套设施建设、危房改造验收发证等，抓好遗留问题解决及基础设施新项目开工。要重视发展特色产业，紧抓农村“三变”改革，积累壮大集体经济，增加群众收入。要抓整治、抓改厕、抓习惯养成，用长效机制优化农村环境。要规范提升“宜馨超市”“五好新风助脱贫”等激发内生动力做法，在扶志扶智上创新突破。要注重向非贫困户延伸，使群众有病都能在医院治疗，切实提升健康扶贫成效。刘冲要求，要抓住重点关键，扎实推进乡村振兴战略实施。推进乡村振兴与实现“中国梦”是一脉相承的。要处理好与脱贫攻坚的关系，按照党的十九大对实施乡村振兴战略的系统部署和中央农村工作会、中央一号文件，以及《农村人居环境整治三年行动方案》的具体安排，准确把握不吊高胃口、不降低标准要求，实现乡村振兴与脱贫攻坚协调推进。要扎实推进产业振兴，调整产业结构、延伸产业链条，注重一二三产融合发展，确保提质增效、农民增收。要扎实推进人才振兴，人才是发展的核心，要加强镇村干部教育培训，做实村级组织工作人员选聘工作，注重培养能工巧匠和技术能手，壮大乡土人才队伍。要扎实推进文化振兴，突出培育文明乡风、良好家风、淳朴民风重点，持续完善好做法，在经常看、经常评、经常比中抓提升，提高乡村社会文明程度。要扎实推进生态振兴，下功夫做好农村改厕和饮水设施、乡村公路管护，以及垃圾清运、保洁员管理等工作，用制度管出常态长效和好习惯，实现家富人和村美。要扎实推进组织振兴，加强换届后村“两委”班子培训，注重提升支部书记能力素养和服务本领，发挥好第一书记、驻村工作队职能作用，商量干事、团结干事，创新自治、法治、德治办法，真正使村级组织在推进乡村振兴中发挥主体作用，着力把基层党组织建设成为宣传党的主张、贯彻党的决定、领导基层治理、团结动员群众、推动改革发展的坚强战斗堡垒。刘冲强调，抓好脱贫攻坚及乡村振兴重点工作，关键在干，重在苦干实干加巧干。要夯责任、强担当。县级领导带头担实政治责任，抓好牵头任务和包联镇村工作落实，深调研、勤调度，每月向常委会汇报承担任务进展情况，工作成效纳入“十分制”考评，严格兑现结果。各乡镇党政主要负责同志日调度、夜研判，保证天天推进，进度心中有数，工作成效作为能上能下依据。要进一步明确住村人员和第一书记等工作职责，确保真正发挥好作用。要严督查、转作风。紧盯重点任务落实，特别是工作不严不实等问题，整合力量、灵活形式，督深查实，跟踪问效，倒查责任，推进整体作风转变。要强考核、严问责。重视日常考核，结果为王，重奖重罚、依规办事，兑现“三项机制”。盯住干部住村、作风漂浮、措施不力等重点，提醒谈话与问责追责并用，及时通报典型案例，警醒干部、正风肃纪，努力为决战决胜脱贫攻坚、推进乡村振兴多做贡献多出力。曹全虎要求，一要围绕一个“快”字，做到思想高度统一。进一步提高对脱贫攻坚工作的认识，更新思想观念，抓住当前有利时期，加快发展现代农业，促进全县农业农村工作再上新台阶。二要突出一个“细”字，抓实抓好当前各项工作。要切实做好春耕备耕农业生产各项准备工作，强力推进农村产权制度改革和“三变”改革工作。要抓好安全饮水工程、农村公路、移民搬迁、农村环境整治、改厕等农村基础设施建设，着力推进乡村振兴战略的实施。三要体现一个“严”字，严督实查保成效。各乡镇、各部门要围绕既定的目标和任务，对号入座，细化分解，迅速安排，抓好落实。要强化目标管理，严格督查考评，凝聚工作合力，坚决打好打赢脱贫攻坚战，强力推动乡村振兴战略实施，确保全县经济社会发展取得新成效。

【宜君县脱贫攻坚整改提升百日会战动员大会】 6月29日，宜君县召开脱贫攻坚整改提升百日会战动员大会，县委书记刘冲出席会议并讲话，县委副书记、县长曹全虎主持会议，县人大常委会主任李宏林，县政协主席王东平及全体在宜县级领导；各包扶单位主要负责同志；各乡镇（街道）党委书记、乡镇长、街道办主任，综合服务中心主任，各乡镇分管扶贫工作同志；各村驻村工作队队长、第一书记，各村党支部书记、村委会主任；县脱贫攻坚指挥部办公室、县扶贫局、“两办”督查室及“四支队伍”管理办公室全体人员参加会议。会上，县政府副县长朱伟就宜君县脱贫攻坚整改提升百日会战工作进行安排部署。县委常委、组织部部长王益利就贫困村驻村工作队人员选派及管理工作作安排。雷塬综合服务中心、县农业局主要负责同志作表态发言。星星坡村第一书记甫鹏就环境整治、产业发展作案例介绍，景丰村驻村干部陈晓军就社会矛盾化解、提高满意度作案例介绍，南斗村支部书记李豹子就激发内生动力十二项活动方面作案例介绍、马前尧村脱贫户孙小军就内生动力转化，身残志坚、自主创业方面做案例介绍。刘冲强调，近年来，宜君县认真学习贯彻习近平总书记系列重要讲话和党的十九大精神，按照中央和省市关于脱贫攻坚整体部署要求，统筹谋划、综合施策，通过狠抓洛河西岸贫困带和“两房”、基础设施建设，以及特色产业发展等，农村变化大、群众实惠多，脱贫攻坚工作取得了初步成效，但存在问题不容忽视。全面打响全县脱贫攻坚整改提升百日会战，就是要尽锐出战、埋头苦干，以整改促提升，一鼓作气，打赢打好脱贫攻坚战。要继续深化认识，进一步夯实脱贫攻坚基础。深入学习贯彻习近平总书记扶贫思想和近期对脱贫攻坚工作的重要指示精神，准确把握指标要求，不吊高胃口、不降低标准，持续抓好水、路等基础设施建设，抓实环境卫生综合整治，逐户逐人精准核查，规范完善基础资料，理清落细群众收入，补齐政策落地短板，全面提高脱贫攻坚工作质量。刘冲强调，要把“十二项活动”落到实处，在激发贫困人口内生动力上下功夫。通过树立脱贫致富典型、组织开展群众喜闻乐见的活动等，形成良好的社会氛围，激励激发贫困群众依靠勤劳摆脱贫困的主体作用。要用情用力，真抓实干转作风。抓实“以案促改”，以改促干，坚守以人民为中心的发展理念，厚植群众感情抓脱贫。县级班子成员以身作则干在先，强化政治担当，迅速行动抓研判、抓调度、抓落实。县级“八办两组”牵头部门及包扶单位将主要精力和资源投入到脱贫攻坚工作，推动各项措施落地见效。镇村干部及驻村工作队对照任务表，脱鞋下水、真抓实干，做到扶贫政策、村情户情和帮扶措施“一口清”。要奖罚并举、锤炼作风，严查重处扶贫领域中的腐败和作风问题，以典型案例教育警醒各级干部老实做人、踏实干事。要强化“三项机制”运用，注重在扶贫一线历练、发现和使用干部，充分调动各级干部敢担当、善攻坚的干事激情。就做好当前重点工作，刘冲要求，要高度重视上半年脱贫攻坚工作成效核查和问题整改工作，按照任务要求，扎实工作，补短板、促提升。要紧抓招商引资和项目建设，全力冲刺“双过半”。要坚守环保和安全底线，严格责任制落实，扎实做好反馈问题整改、防汛防滑等工作，加强道路交通、建筑工地、食品药品等领域隐患排查整治，强化学生暑期管理，抓细落小保安全。要全力推进农村集体产权制度和“三变”改革，为推进脱贫攻坚、乡村振兴奠定基础。曹全虎强调，要持续深化认识，在完善基础短板上下大气力，在激发内生动力上下功夫，用情用力真抓实干转作风；要提高政治站位，克服盲目乐观、麻痹大意思想，真真正正扑下身子，以壮士断腕的决心投入到脱贫攻坚工作中去；要转作风、提素质、抓落实，把所有的力量都凝聚到脱贫攻坚中来，对标任务，主动认领，严格按照时间节点，稳步扎实推进各项工作，确保高质量打赢全县脱贫攻坚战。

【中共宜君县委十六届三次全会】 8月13日，中国共产党宜君县第十六届委员会第三次全体会议召开。全会以习近平新时代中国特色社会主义思想为指导，全面贯彻党的十九大精神和7月31日中央政治局会议、省委十三届三次全会、市委十二届四次全会精神，分析当前发展形势，认真总结上半年工作，安排部署下半年各项任务。全会由县委常委会主持。县委书记刘冲讲话。县委副书记、县长曹全虎总结部署经济工作。县委副书记、政法委书记王复安，县委常委李艳利、王益利、郭海军、王斌、王海峰在主席台就座。县委委员、候补委员出席会议。全会认为，初年以来，全县上下以习近平新时代中国特色社会主义思想为指导，认真学习贯彻党的十九大和十九届二中、三中全会精神，紧扣绿色可持续发展主线和脱贫摘帽中心工作，围绕追赶超越“五个扎实”要求和“五新”战略任务落实，突出项目建设重点，狠抓全面从严治党，多措并举，统筹推进稳增长、促改革、调结构、惠民生、防风险各项工作，上半年基本实现时间、任务“双过半”，经济发展呈现“总体平稳、结构趋优”的态势。刘冲在讲话中指出，全县各级各部门要紧扣年度目标任务，保持清醒头脑，认清发展形势，找准问题短板，精准施策抓推进。要增强发展责任感、紧迫感，迎难而上，扎实工作，主动作为，提振精气神、拧成一股绳，合力攻坚破难，打硬仗、打胜仗。要以习近平新时代中国特色社会主义思想为引领，围绕高质量脱贫摘帽头等大事和推动经济高质量发展中心任务，坚持问题导向，凝心聚力、埋头苦干，确保全年各项目标任务圆满完成。刘冲强调，要坚持发展第一要务，对标中央和省市部署要求，持续解放思想，围绕发展“三个经济”，加强县委全面领导，紧抓生态环保等重点领域，严把科学、民主决策关键环节，常态化协调解决稳增长、调结构和项目建设、经济发展困难问题，增强善谋的本领，提高会干的能力，锤炼实干的作风，全力推动县域经济社会发展大提升。要全力补短板、抓提升，坚决打赢脱贫攻坚战。全力以赴抓经济提质量，更加重视项目建设，深挖工业增长潜力，干实干好乡村振兴事业，加快实施全域旅游战略。统筹城乡抓提升优环境，打造高端康养休闲区，提高新型城镇化建设水平，努力改善农村生产生活条件，坚决打好青山、蓝天、碧水、净土保卫战。坚持以人民为中心的发展理念，用心用情办实事惠民生。刘冲强调，要以学习贯彻习近平新时代中国特色社会主义思想和党的十九大精神为重点，全面落实新时代党的建设总要求，从严履行主体责任，突出政治建设，统筹推进党的思想建设、组织建设、作风建设、纪律建设，努力建设高素质专业化干部队伍，坚定不移开展反腐败斗争，深化以案促改工作成效，将制度建设贯穿始终，抓细抓常抓长，持之以恒正风肃纪、净化政治生态，推进全面从严治党向纵深发展。刘冲强调，全县党员干部要切实转变工作作风，自觉把勇于担当作为基本素质，厚植群众感情抓落实、干工作，履职尽责，常态化开展调查研究，到一线排忧解难，以优秀的品德修养、过硬的工作作风、良好的公仆形象，影响和带动广大群众共同为宜君发展献智出力。要狠抓工作落实，强化督促检查，推动工作落地生根。要全力配合做好巡视工作，促进整体工作提水平。要抓好基层组织建设、环境保护和安全生产等重点工作，营造良好的发展和生活环境。曹全虎在部署经济工作时强调，要科学研判形势，准确把握机遇，采取有力举措，在新的起点上实现新跨越，全面完成今年确定的各项目标任务，努力开创全县经济社会发展新局面。要客观总结经济运行特点，正视差距，科学研判，增强“功成必定有我”的信心，结合全国政策环境找机遇、结合全省发展现实聚势能、结合全市整体布局求突破、结合自身发展实际抓落实，敢想敢干、敢闯敢试，把各项工作抓紧、抓实、抓出成效。要集中全县人力和精力，精心组织“下半场”。扭住重点指标、重点工作、重点项目不放，坚决打赢脱贫攻坚战，在全力抓好项目建设上实现新突破，在持续优化产业结构上实现新突破，在统筹城乡发展上实现新突破，在织密筑牢民生网上实现新突破，在倾力打造美丽宜君上实现新突破，在维护社会和谐稳定上实现新突破，抢时间、抓进度，大干一百五十天，确保全年目标任务圆满完成。

办公室工作

【调研工作】 始终把以文辅政作为工作第一要务，着眼县委中心工作，紧扣经济社会发展大局，广泛开展调查研究，掌握第一手资料，形成高质量调研文章，为领导科学决策提供方向性、前瞻性、借鉴性的依据。

【信息工作】 不断改进信息工作，实行全员信息制，持续在信息深度挖掘、提炼总结上下功夫，全年向市委办公室报送各类信息800余条，其中领导政务活动232条，党委工作信息571条，超额完成全年任务，信息辅政作用有效发挥。

【督查工作】 制定印发《关于加强新形势下党的督促检查工作的实施方案》，紧紧围绕县委中心工作和全县工作大局，精准对焦督查重点，量化任务，强化责任，完善机制，创新方法，严督细查、快督快报，将县委的指示要求迅速传达至干事一线，将工作压力持续传导到位。协调县委联合督查组，围绕脱贫攻坚、安全饮水、追赶超越等重点工作开展专项督查，加大对领导批示、交办事项落实情况的督查督办力度，确保县委各项决策、领导批示和群众诉求有效落实，保证各项重点工作按计划顺利推进。全年共开展专项督查12次，编发《督查通报》8期，以督查促落实的工作局面有效形成。

【秘书工作】 进一步精简文件和简报，加强公文管理，将“准确、及时、安全”要求贯穿公文处理各个环节，严把行文关、格式关、语言文字关，注重规范性文件合法性审查，确保制发文件格式规范、内容准确无误；严格控制发文数量，发文质量有效提升；收文做到随到随办、急件快办，建立完善明密分离、多头跟踪、签字确认的文件传阅登记制度，提升文件传阅效率；坚持日跟踪、月提醒、季收回的原则，没发生错办、漏办及失泄密事件。全年共接收办理上级文件 900 余件，制发县委、县委办公室文件 185 件，县委常委会会议纪要 19 期，专题会议纪要 15 期，报备规范性文件 34 件。

【组织协调】 统筹安排各类会议，规范办会程序，重大会议做到早筹划、早协调、早安排，严谨周密、细致周到地认真组织每一次会议和活动，完成县党代会、县委全会、常委（扩大）会、全县领导干部大会、县委理论学习中心组学习（扩大）会议等各类会议组织和服务工作，做到忙而不乱、有条不紊、万无一失、规范有序。严格接待标准，规范接待流程，高质量完成各类接待任务。

【机要保密】 认真落实紧急重要电报译传办理工作要求，全年共接收密件 367 份、明件 555 份，发送密件 62 份，无漏办、错办、迟办或失泄密事件发生，密码及密码设备安全畅通，设备更新换装工作扎实推进，密码通信服务保障能力进一步提高。严格值班安排和日常管理，做好值班记录，确保值班人员 24 小时在岗值班、中省市县政令绝对畅通和密码通信绝对安全。印发《中共宜君县委保密委员会 2018 年工作要点》《关于开展第三十个保密宣传月活动的通知》《关于开展 2018 年度机关、单位保密自查自评工作的通知》《关于做好机构改革期间保密工作的通知》，转发省国家保密局《对外交往与合作提供涉密资料保密管理规定的通知》，对全县保密工作进行安排部署，开展保密检查 3 次。全年举办保密培训 3 期，培训 280 人次；保密专题辅导 2 次，参训人员 80 人次。

组织工作

县委组织部

县委常委、组织部部长　王益利

组织部副部长　贺飞鹏

组织部副部长、委基层办主任　刘建民

人才办（干教办）主任　牛军川

考核办常务副主任　李　刚

正科级组织员　杨　抿

非公工委书记　南润生

县委基层办副主任　陈小毅

非公工委副书记　田敏莉（女）

程教育中心副主任　张春燕（女）

【概况】 2018 年，全县共有基层党组织 331 个，其中党委 15 个，党总支 13 个，党支部 303 个；县委派出工委 11 个。全县共有党员 6077 名，其中 2018 年新发展 76 名党员。

【基层党建】 2018 年，深入学习贯彻习近平新时代中国特色社会主义思想和党的十九大精神和新时代党的建设总要求。加强政治建设，夯实抓党建工作责任，把“两个坚决维护”具体到党建工作中，推进“两学一做”学习教育常态化制度化，开展“不忘初心、牢记使命”主题教育探索实践，推行主题党日、印发学习资料汇编，严格“三会一课”、党的组织生活制度，举办全县党的十九大精神轮训班、新任村级党组织书记培训班、非公企业和社会组织党员教育示范培训班，引导督促各级党组织和党员干部牢固树立“四个意识”，增强抓好基层党建工作责任感和使命感。通过业务培训、目标考核、鼓励激励、述职评议等措施，层层传导压力，级级夯实责任，提升基层党组织书记抓党建工作能力和水平。以提升

"政治统领力、基层组织力、党建驱动力、组织形象力"为目标，按照"整乡（镇）推进、整县提升"的思路，抓早动快，严格程序，严把选人标准，严肃"八条禁令"，扎实做到"谈心谈话、走访关爱、班子交接、培训帮带、警示教育、后备干部培养""六个到位"，圆满完成117个村"两委"及监委会换届选举。深化"党员政治生日"活动，实现全县党员深度全覆盖。严格落实党员"积分制"管理、挂牌上岗、结对帮扶贫困户制度，定期更新党员管理信息系统，严格党员发展程序。维修改造村"两委"阵地33个，提升党代表工作室、党建示范点、红宜县委旧址建设标准。统筹基层党建"10"项措施、周三夜校、主题党日、《党支部（总支）工作手册》、"党员小书包"、村级党组织标准化建设等活动和措施，推动党的组织制度和生活制度落实到位。构建"智慧党建"模式和平台，拓展城市党建工作思路，探索推行"红旗经验"，建立社区党建联席会。健全完善党组织书记在县委常委会讲党建机制。选派科级党建指导员、招聘专职党组织书记和党务工作者，实现非公企业和社会组织党的组织和党的工作全覆盖。发挥农村党建工作站职责职能，构建"产业连片、环境连治、支部连建、干群连心"的"四连驱动"工作机制，不断提升基层组织在脱贫攻坚、基层治理、乡村振兴工作中的组织力。

【抓党建促脱贫】 围绕2018年脱贫攻坚目标，持续推进抓党建促脱贫"16项措施"落实，扎实开展干部作风大提升工程，创新开展培树"红旗标兵"活动，打造"基层党建红旗村、脱贫攻坚红旗村、产业发展红旗村、环境整治红旗村"。严格落实"四支队伍"管理制度，定期开展督查指导和业务培训，建立工作任务乡镇（街道）党委下单、"四支队伍"接单、成员领单、群众评单工作机制。为村级组织招聘党建指导员和驻村扶贫专职人员27名，解决非贫困村驻村帮扶力量薄弱问题。同时，整合农村资源，依托"宜农股""支部＋合作社＋贫困户""旅游＋扶贫"等产业模式，充分发挥村级党组织、党员、致富带头人、乡土人才作用，探索推进"三变"改革，激发贫困群众内生动力，以党员干部作风攻坚促进脱贫攻坚。着力改善驻村帮扶干部工作和生活条件，年底全县88个村建成投入使用。

【党员政治生日活动】 开展"我宣誓我带头我践行"主题党员政治生日活动，顶层精心谋划，掷地有声落实开展，激发党员热情，撬动支部活力，为全面贯彻党的十九大精神和持续推进"两学一做"学习教育常态化制度化提供新渠道，党员干部"不忘初心，牢记使命"，先锋模范作用得到发挥。组织党员在中共红宜县委旧址、雁门关等具有革命纪念意义的地方进行宣誓，寻入党初心。组织领导干部带头讲党课，提升党员理论政治素养。开展"我为基层党建献一策"主题发言、基层大调研、助力脱贫攻坚。开展"党员政治生日＋"活动。把党员政治生日与党员进社区志愿服务、帮扶困难群众、暖心行动相结合，树立党员干部服务群众的形象。按照县级干部包3户、科级干部包2户、一般党员干部包1户的原则，全县1800余名党员干部进村入户、结对帮扶，宣传政策，兑现承诺。1400余名机关在职党员，主动进社区认领服务岗位。利用中共红宜县委旧址等红色教育基地、产业基地等党员教育"新阵地"，强化活动支撑。

【革命传统教育基地】 坚持硬件建设与软件开发并重，不断挖掘弘扬红宜县委革命精神，使革命传统教育与红色文化传承、经济社会发展相结合，真正把中国共产党红宜县委员会革命旧址建成革命传统教育基地。自运行以来，共接待党员群众20000人次以上，2018年红宜县委被确定为"铜川市干部教育培训现场教学点"。

【党代表任期制工作】 执行《宜君县党代表任期制工作制度汇编》17项制度，使党代会年会、驻室活动、党代表管理、增选和停止等任期制工作有章可循。制定印发《关于建立县党代表小组驻室活动通报制度的通知》，进一步完善具有宜君特色的党代表任期制制度体系，为在宜各级党代表履职尽责发挥作用提供“教科书”。坚持党代表工作室和党代表网络工作室齐抓并进，哭泉镇、彭镇党委按照《宜君县党代表工作室资料归档目录及要求》，重新规整各项资料，调整室内功能布局，打造全新化简约现代的“五好”党代表工作室。宜阳街道、五里镇、棋盘镇、尧生镇遵照“党建领航、综合利用、服务群众、共享和谐”原则改造升级党代表工作室，为实现“五好”党代表工作室全面建成奠定基础。截至2018年1月底，全县8个乡镇（街道）全部召开了本乡镇（街道）党代会年会，形成完整资料汇编，县乡党代会年会常态化、规范化迈入新阶段。执行《党代表大会代表提案提议暂行办法》，印发《关于做好党代表提案征集工作的通知》，2018年各级党代会年会共收集各级党代表提案提议79件。其中，县级党代表共提出提案提议13件，立案3件，转意见建议10件，乡镇党代表共提出提案提议66件，立案32件，转意见建议29件。均按照要求全部办结，代表满意度100%。严格执行《宜君县党代表列席重要会议暂行办法》，邀请党代表列席党委重要会议26次、83人次，其中全委会2次，党委会18次。坚持驻室接待、主动约谈、深入走访“三问民情”模式，推行“党代表＋党员＋群众”的“1＋2＋4”工作法、设立“零距离留言板”。精心设计“四连驱动”“党员政治生日”主题，丰富驻室活动。

【非公有制经济组织和社会组织工作】 抓组建强基础，扩大“两个覆盖”，举办入党积极分子暨发展对象培训班、全市非公企业和社会组织党员教育（宜君）示范培训班，培训入党积极分子16名、党员60人，发展党员4名，明确35个单位的50名科级干部为党建指导员，确保全县153家非公企业和84家社会组织党的组织和党的工作全覆盖。开展“永远跟党走、共筑发展梦”知识竞赛和“做企业先锋、为党旗添彩”演讲比赛。全县8家单独建立党组织的非公企业和社会组织党员活动室达到严肃、朴素、美观、实用的要求和“六有”标准。给16个非公企业和社会组织党组织拨付党建工作经费13.7万元，为企业和社会组织选聘1名专职党组织副书记、3名专职党务工作者。以“党建扶贫联盟”为平台，引导9家非公企业和社会组织加盟，37家非公企业参与“万企帮万村”精准扶贫行动，探索推行“1＋2＋3”产业脱贫和“党建＋企业＋合作社＋产业脱贫服务队＋贫困户”的运行模式，开展就业、产业、技能、公益扶贫帮扶项目64个，累计为87个村投入帮扶资金1000余万元。

【现代远程教育】 以远程教育“四创三评”活动为载体，用活“一网四平台”，打造具有宜君特色资源课件。整合主题党日活动、“周三夜校”、十九大精神轮训班等资源，增强学习培训实效。合理布置撤并村站点的移点和布点工作，拓宽站点服务功能，加强示范乡镇和示范站点建设。加强与远程教育成员单位沟通和信息传递，发挥“一网四平台”优势，打造党员干部的“行走课堂”。

【干部教育培训】 高度重视，精心部署，制定印发《2018年宜君县干部教育培训计划》，集中开展“大走访、大调研、大宣讲”活动，举办全县科级领导干部十九大学习轮训班3期，对全县568名科级领导干部进行集中轮训。举办党的十九大、十九届二中、三中全会精神和习近平新时代中国特色社会主义思想为主要内容的全县新任科级领导干部培训班，培训科级领导54人。举办县委中心组“周三夜校”22期。举办各级各类培训500余场次，参训人员26000余人次。选派县级领导干部51人次，科级领导11人次参加省、市、的各类培训。

【干部工作】 严格执行《党政领导干部选拔任用工作条例》《宜君县新提拔领导干部试用期暂行办法》《宜君县优秀年轻干部在脱贫攻坚一线培养管理意见》和“三项机制”等规定。在干部选任中突出政治标准，严格把好政治关口，提拔重用牢固树立“四个意识”、坚定“四个自信”、坚决做到“两个维护”、全面贯彻执行党的理论和路线方针政策、忠诚干净担当的干部。全年运用“三项机制”调整干部21人，其中鼓励激励18人、“下”了3人。坚持“四审六核”“凡提必核”，严格落实干部选任工作“一人一袋”全程纪实机制、运用“12380”举报受理平台、经济责任审计、巡察等制度。结合“不忘初心、牢记使命”主题教育和干部作风大提升工程要求，制定印发《关于从严管理干部工作的通知》，发放党员干部《学习工作纪实》。落实提醒函询诫勉、企业社会团体兼（任）职和科级领导干部外出报备等制度，干部管理和监督工作进一步加强。

【人才工作】 建立党政领导班子和领导干部人才工作目标责任制，制定各部门人才工作考核指标，将人才工作列为落实党建工作责任制情况述职的重要内容。落实省、市县人才发展体制机制改革《实施意见》《若干措施》，从破解制约人才发展的体制机制弊端入手，全力抓好宜君人才“十条”的贯彻执行，挂职培训等，选派干部21名到江苏盐城挂职锻炼，5名同志被评为2018—2020年度铜川市有突出贡献拔尖人才。制定印发《关于开展首届“宜君英才”评选活动的通知》，评选表彰专业技术人才、乡土人才、企业经营管理人才、民族民间传统文化、时代乡贤等“宜君英才”8名。印发《关于在全县知识分子中深入开展弘扬爱国奋斗精神、建功立业新时代活动实施方案》，创业培训5期155人，技能培训2期100人，党员培训1期50人，创业俱乐部活动策划和组织共计11次，累计参加500人。

【机关建设】 贯彻落实习近平总书记“讲政治、重公道、业务精、作风好”要求，制定《组工系统自身建设提升年工作计划》，从思想政治、理想信念、宗旨意识、组织纪律、党员管理五个方面入手加强自身建设。开展“十项服务活动”，制定“五遵守五坚持”纪律“公约”，推行事务办理首问责任制、服务承诺制、限时办结制等制度。利用“周三夜校”“全干会”等，学习党纪国法、观看警示教育片、开展专题讨论、进行廉政测试。围绕冯新柱案“以案促改”工作，开展“五个一”纪律学习宣传月活动。举办宜君组工干部健步行活动和“忆初心、担使命”演讲比赛，开展帮扶解困“微心愿”脱贫活动。开展“我为党建献一策”、《学习工作纪实》展评4次、组工考场4次、“组工业务我来讲”等活动，提高组工干部发现问题、分析问题、解决问题的能力。制作“组工干部岗位职责牌”定岗定责，全方位提升组工干部综合素质，增强组工干部勇担当，重实干精神。

【网宣工作】 加强舆情和网评工作，在各级媒体刊物上发表党建信息稿件49篇，其中“人民网”刊发了《宜君：“党建扶贫联盟”助力脱贫攻坚》和《在致富路上不让一个人掉队》2篇文章，省级媒体刊发稿件20篇，市级平面媒体刊发27篇，上报网评文章140篇。

宣传工作

县委宣传部

县委常委、宣传部部长　郭海军

副部长、文明办主任　田　斌

副部长、文联主席　和卓雅（女）

县委外宣办（县政府新闻办）主任

　和红侠（女）

【概况】 现有编制20名，在编18名。内设办公室、理论科。辖县委对外宣传办公室（县政府新闻办公室）、县精神文明指导委员会办公室、县互联网信息办公室、县文学艺术界联合会。2018年，宜君县宣传思想文化工作在县委的正确领导下，在上级主管部门精心指导下，始终坚持以习近平新时代中国特色社会主义思想和党的十九大精神为指导，深入贯彻落实党的十九届一中、二中、三中全会及全国、全省、全市宣传思想工作会议精神，充分发挥武装人、引导人、塑造人、鼓舞人的职能作用，凝心聚力，开拓进取，为宜君县经济社会发展和助力打赢脱贫攻坚战提供强有力的思想保证、精神力量和舆论氛围。

【意识形态工作责任制】 1. 坚持党委统领。县委高度重视意识形态工作，主要负责同志认真履行第一责任人职责，重要问题及时部署，重大事件亲自处置。全年县委常委会先后4次对意识形态领域工作进行安排部署。县委理论学习中心组将意识形态建设相关内容纳入学习计划，常态化开展学习交流，增进共识。全县各（党组、工委）立足实际，将县委对意识形态工作的各项部署不折不扣落到实处。2. 建立健全制度。立足实际，制定完善《宜君县研讨会、报告会、专题讲座、论坛交流、主题演出、图片展、文化文艺等活动报备制度》，印发《关于进一步加强全县党（工）委意识形态工作的通知》，持续狠抓意识形态阵地的规范化管理，为意识形态工作责任制有效落实提供制度保障。3. 加强监督考核。将意识形态工作责任制，列为党建工作重点任务逐条细化分解，纳入目标责任考核之中，列入重点督查范围，成立5个督查组，对全县14个基层党委、6个党组和11个工委进行了2次意识形态工作责任制落实情况专项督查，形成专题《督查通报》，确保工作落实到位。

【思想理论武装工作】 综合运用党（工）委理论学习中心组、“周三夜校”、推荐书目、常态化宣讲等多种方式和平台，扎实推动习近平新时代中国特色社会主义思想、党的十九大精神及中央、省、市重要会议精神入脑入心。印发《全县党委（工委）理论学习中心组学习指导意见》《县委理论学习中心组2018年理论学习安排意见》《关于进一步加强全县党委（党组）理论学习中心组学习的实施意见〉》，推动中心组学习规范化、制度化。深入尧生镇党委、太安镇党委、经贸局工委、卫计局工委等党组织，开展理论中心组学习旁听指导，以点带面不断提升全县各级党（工）委理论中心组学习成效。深入开展主题宣讲活动，综合运用县委宣讲团集中宣讲、各级领导示范宣讲、群众宣讲、网络宣讲、志愿服务队宣讲、宜民讲习所宣讲等方式，开展“全国两会精神”“习近平新时代中国特色社会主义思想和党的十九大精神”“宣传党的理论 讲好铜川故事”“我的扶贫故事村村行”“崇德向善 脱贫致富”等主题宣讲，推进党的重大方针政策及脱贫攻坚入脑入心。打造优秀学习平台，在全县深入开展“周三夜校”学习，举办党的十九大精神、脱贫攻坚、环境保护、营商环境、县域经济社会发展、五大发展理念专题辅导及报告会400余场。举办“新任科级领导干部”“党的十九大精神”“入党积极分子”轮训班3期。开展专题研讨，全县各级党组织围绕冯新柱案“以案促改”“纪律要求什么？约束什么我该做什么？怎么做?”等专题，扎实开展专题研讨交流，强化“四个意识”、坚定“四个信念”、做到“两个维护”。组织党员、优秀支部书记、共青团员、驻村“第一书记”60余人，赴梁家河开展“深入学习梁家河大学问 坚决打赢脱贫攻坚战”主题教育，近距离感受习近平全心全意为民服务的崇高情怀，提升思想境界。全县先后有多批次党员干部赴梁家河接受教育。

【社会主义核心价值观建设】 印发《宜君县2018年精神文明建设工作要点》，提出工作要求，明确工作任务、夯实工作职责。坚持“以人为本、全民参与、协调联动、齐抓共建、创新思路”原则，严格按照《测评体系》标准，有序推进创文工作，上传资料，提升网络测评成绩，巩固创建成果。按照中、省、市“我推荐、我评议身边好人”工作安排，做好好人线索推荐工作，李建平荣获“中国好人”称号，李建平、孙小军、靳康鹏3人荣获“陕西好人”称号。完成铜川建市60周年100名杰出贡献人物候选人、新时代最美少年等活动的推荐上报工作。启动全省“农村精神文明先进县”创建工作。宜君新青年志愿服务队、“尽点心”志愿服务队，国税、地税志愿服务队，农业、林业、卫生系统志愿服务队，根据自业务特点开展志愿服务活动。配合中央电视台，做好2018年全国最美孝心少年寻找拍摄工作，棋盘镇中学李新颖同学经过评选、网络公示，荣获“2018年度全国最美孝心少年”荣誉称号。选派3名乡村少年宫辅导教师参加全省乡村学校少年宫辅导员培训。

【宣传工作】 重点稿件刊发稳中有升，《有了产业心里更踏实——宜君县棋盘镇黄埔寨村见闻》《宜君：宜馨超市全覆盖　物物兑换不是梦》等重点稿件，在陕西日报、华商报、铜川日报等省市主流媒体刊发报道。2018年，宜君新闻信息在中央媒体刊登报道200余条、省级媒体刊登报道700余条、市级媒体刊登报道3500余条。宜君县“五好新风助脱贫”登上陕西广播电视台全国“两会”特别报道。邀请凤凰卫视中文台《正月里》栏目对宜君县剪纸、农民画，脱贫励志示范户陈少虎等进行系列报道。央视新闻客户端以《画里梯田》为题，对哭泉旱作梯田进行报道。举办通讯员培训会，邀请华商报、铜川日报、市质量技术监督局、县委网信办等专业人士对各乡镇（街道）、部门新闻通讯员和网络信息员进行全面系统业务培训，提升宣传思想工作者的业务能力和综合素质。按照市县舆论环境集中整治专项行动工作安排，坚持横向到边、纵向到底原则，严格执行《新闻从业人员管理办法》和《重大事项报告制度》，开展新闻采编人员登记自查。

【网络舆论阵地管理】 坚持“及时发现、快速响应、迅速处置”原则，维护网络清朗环境。网信办共监测处置网络舆情17起，网上群众工作部12345呼叫中心处理案件149件，下发网络舆情提示函17份。加大网络信息推送力度，注重互联网法律法规、监管政策的宣传，强化舆论引导作用。完成市委网信办下发网评任务20件。积极开展专题培训，5月15日，结合全省重大舆情，对全县中小学老师，就网络安全及舆情应对知识进行全面系统专题辅导。促使更多的中小学学生在教师的引导下正确使用网络。开展《唱响攻坚好声音·讲好照金新故事》网络媒体铜川行活动，智慧铜川手机平台现场图文直播宜君“电商扶贫”获得网友好评。按照“谁建设谁负责，谁主管谁负责”原则，开展网络平台和全县微信公众号备案登记工作。发挥微博、微信新媒体引导舆论、推进“清朗宜君”网络文化健康发展积极作用。开展网络平台和微信公众号登记和备案工作，强化网络舆论阵地管理。

【文化文艺工作】 积极推进文化馆图书馆分馆制建设，筹措资金，为四个村级示范点配备电脑8台。在高速路口、交通要道等醒目位置新建大型宣传栏4块，提高群众知晓率，宜君县圆满通过国家公共文化服务体系示范区创建验收工作。组织庆“元旦”“春节”“五一”节日“送文化 下基层”系列活动，为群众拍摄全家福，送春联、剪纸和农民画，营造欢乐祥和节日氛围。组织举办“印象宜君 山城美景”摄影大赛、“不忘初心、牢记使命，学习身边典型”读后感征文活动和“文艺讴歌新时代 助力脱贫攻坚战”等文艺活动。重视传统文化，举办各类传统文艺培训班10期，培训人员500余人，推出精品力作400余幅。在政策、资金、场地等方面对农民画剪纸产业予以大力扶持。推出文化精品力作，组织编辑出版《印象宜君》《山城民艺》《山城美景》等三册系列丛书，打造宜君文艺品牌。以10.19事件为背景拍摄微电影《这里海拔1300》，充分展现在培育和践行社会主义核心价值观方面取得的成果。持续净化文化市场，参与全市侵权盗版及非法出版物集中销毁活动。开展“绿书签”进校园活动，发放各种宣传资料1000余份，倡导未成年人“绿色阅读 文明上网”。建立文化产业联席会议制度和文化产业统计人员网络，组织举办宜君县文化产业推进会，深入企业督查指导，新增规上企业7户，预计文化产业增加13.4%，达到2876万元。

【精神风貌提升】 印发《宜君县2018年精神风貌大提升十二项工程工作实施方案》，创设“宜馨超市添动力”“五好新风助脱贫”“宜民讲习所提素质”“公益亲为我争先”等载体，形成激发内生动力，助力脱贫攻坚的宜君新模式。县委宣传部以“五好新风助脱贫”“表彰脱贫争荣誉”“诚信评级树形象”“家庭文化育大德”为抓手，在贫困群众和广大村民中开展县、乡、村三级评选表彰活动，陈少虎、王军侠、马三权、孙小军等成为“五好脱贫户”和自强励志模范典型，为全县贫困户树立了标杆。“道德讲堂树榜样”，宣传的脱贫典型先进事迹，“公益宣传造氛围”“红白理事会减负担”“文化惠民倡新风”，营造氛围，凝聚的正能量，实现精神扶贫。

【精准扶贫】 协调县水利局为八丈塬村新打一眼机井，新建标准化卫生室 1 个，广场全部安装护栏。为马塬组新建 500 平方米建广场，以及生态捞池和公厕。栽植绿化树木 320 棵。帮助建立长短结合产业发展模式，苹果生产带动长期产业发展，“丰盈养殖专业合作社”弥补短期产业，李福有养羊 90 余只、九户贫困户邢荣生、王双喜等养猪养羊 10 余头。光伏发电流转土地 10 户，土地流转金 142 余万元。福地湖文化旅游宜农旅游股带动贫困户 10 户，每户分红 1000 元。宜馨超市、道德评议会、红白理事会、禁赌协会、家文化推广会运转平稳。开展“五好新风助脱贫”评选活动 2 次，评选出“五净一规范”示范户 14 户，开展宜民讲习所 2 期，道德讲堂 2 期。

统战工作

县委统战部

县委常委、统战部长　郭　怡（女）

副部长、台办主任　赵龙祥

侨联主席、侨办主任　任红强

【概况】 中共宜君县委统一战线工作部是主管县委统一战线工作的县委工作机构。县委台湾工作办公室（县政府台湾事务办公室）设在中共宜君县委统一战线工作部。县委统战部有机关行政编制 4 名，其中部长 1 民，常务副部长 1 名（兼县委台湾工作办公室、县政府台湾事务办公室主任）。宜君县归国华侨联合会（宜君县侨务办公室）归口县委统战部管理，科级建制，事业编制 2 名，其中主席 1 名。2018 年，县委统战部围绕中心服务大局，为宜君建设凝聚人心、汇集力量，被评为全省统战宣传“先进单位”、全市统战信息宣传工作“先进单位”。

【政治理论工作】 组织统一战线成员认真学习党的方针政策，学习习近平新时代中国特色社会主义理论。利用网络、报纸、电视、微信等宣传手段，加强统一战线成员的思想教育，引导统战成员牢固树立“四种意识”，坚定“四个自信”。用习近平新时代中国特色社会主义思想武装统战干部、引领统战成员、指导统战工作。开展“强化学习大提升，同心助力宜君大发展”活动，向党外代表人士赠书 40 套。开展统战领域法规宣传活动，组织统战干部走上街头宣传统战知识、宗教事务条例、侨务政策等，印发宣传彩页 2000 余份，提升群众对统战工作认识。

【统战工作】 定期向市委统战部、县委报送统战方面信息，全年上报信息 28 条。充分发挥统一战线人才荟萃、智力密集的优势，围绕全域旅游、美丽乡村建设等重点工作，产业、民生、环境等重点领域开展调查研究，破解发展难题，形成调研文章 3 篇。完成市委统战部“同心筑梦助发展”栏目撰稿任务，提供党委书记谈统战理论文章 2 篇，推荐同心人物 5 名，在全市统战工作会议上，调研理论文章《画出最大同心圆，助力脱贫攻坚战》进行书面经验交流。

【非公有制经济】 在全县非公经济领域，广泛宣传宜君发展经济的优惠政策和投资环境，鼓励和引导非公经济人士建设宜君，发展宜君。积极组织非公有制经济人士参加丝博会等招商引资活动和商贸推介会，促使他们更新观念、转变营销模式、扩大企业规模、提升自身实力。组织部分非公经济人士赴江苏省盐城市大丰区学习考察，帮助他们开阔眼界，理清思路。签订大艾、苹果、核桃销售协议。走访调研了解企业发展中的困难和问题，帮助陕西棋智核桃饮品有限公司联系解决天然气接口、线上销售等事宜，提高企业经营活动。在非公有制企业中开展冯新柱案“以案促改”工作，提高非公有制经济人士的政治觉悟、规则意识，促进“两个健康”发展。召开全县民营企业发展座谈会，组织学习习近平总书记在民营企业座谈会上的重要讲话，学习省市民营经济发展有关会议精神，通报全县民营经济发展情况，征集意见建议，对民营企业提出问题，列出落实责任清单，督促相关部门落实。

【党外代表人士队伍】 贯彻落实中共中央《关于加强新形势下党外代表人士队伍建设的意见》，健全机构完善制度，向铜川市推荐副县级党外后备干部及中长期培养对象，向县委组织部推荐优秀党外干部3名。完善党外代表人士综合评价体系，加大对党外代表人士考核奖励力度，评选表彰在转型发展中做出实绩、善于合作共事、参政议政有影响的党外干部和知识分子6人。强化党外代表人士工作，制定《党外领导干部年度履职报告制度》《关于县级党员领导干部与党外代表人士联系交友工作的意见》，加强党外人士联系教育与管理培养工作。不断深化新社会阶层人士工作，对新社会阶层人士进行摸底。建成“同心汇”剪纸农民画创新实践基地和就业创业新的社会阶层人士创新实践基地。召开党外人士情况通报会，向党外人士通报全县经济社会发展情况，征集意见建议，鼓励他们立足岗位发挥作用。

【民族宗教】 加强宗教场所管理，规范宗教活动，开展宗教深度调研，对省、市督查组提出的整改意见进行自查自纠。开展中华人民共和国国旗、宪法和法律法规、社会主义核心价值观、中华优秀传统文化进宗教活动场所活动，强化宗教界人士教育培养，加强全县“一堂四点”及教职人员管理，举办宗教理论知识培训3期、宗教联络员知识测试1次。高度重视民族宗教出现的苗头和隐患，认真排查处置清真寺等各类宗教组织举办的培训班活动。扎实开展全国两会期间民族宗教安全排查和防范韩国宗教传教排查，妥善处理宗教界反映的问题，宗教领域形势稳定。

【对台侨务】 加强与海外侨胞、侨属及友好人士的联系，积极引导爱国侨团和海外友好人士来宜君县投资兴业。澳大利亚华人企业家魏基成向贫困群众捐赠棉衣260件，捐赠棉被130件。加强与台属台胞联系，搞好对台政策宣传，接待第四届台湾彰化县乡镇长、村里长来陕交流参访活动40人，向他们全面宣传展示宜君自然风光、风土人情及丰厚的文化底蕴。

【扶贫帮困】 成立“宜君县光彩事业促进会”，吸纳52名非公经济人士入会。非公经济人士积极投身光彩事业，筹集善款10万元，用于扶贫帮困之中。持续开展“万企帮万村”精准扶贫行动和非公企业开展送文化下乡文艺汇演活动，丰富群众文化生活。协调开展社会扶贫大提升工程，指导县文旅局、妇联、招商局等部门建成扶贫车间15个；指导团委培育青年扶贫带头人52个；指导工商联开展“五净一规范”示范创建活动，实施南塔村改水工程，解决群众吃水问题；实施排水渠建设、路灯安装、南塔瞭望台至南塔组人行辅道建设等项目；出资8万元实施南塔村委会改造项目；完成4户贫困户镇区集中安置。2018年南塔村脱贫5户。

政法工作

县委政法委

县委常委　政法委书记

王复安（2018年12月离任）

王　斌（2018年12月任职）

常务副书记　赵关武

副书记综治办主任　田新选

副书记　王林锋

【概况】 中共宜君县委政法委员会是领导和管理政法工作的县委工作机构。宜君县社会治安综合治理委员会办公室（简称综治办）是宜君县社会治安综合治理委员会的办事机构，与县委政法委员会合署办公，一个机构、两块牌子。共有行政编制4名。中共宜君县委防范和处理邪教问题领导小组办公室与宜君县人民政府防范和处理邪教问题领导小组办公室为一个机构、两块牌子，挂靠县委政法委员会。行政编制2名。中共宜君县委维护稳定工作领导小组办公室（简称维稳办）和宜君县见义勇为基金管理中心均隶属县委政法委员会的领导，事业性质，在编8人。2018年，全县政法工作以打造“三秦最安全县城”为目标，按照“抓首要、保稳定、固国优、促发展”的思路，围绕“六个聚焦”，以服务保障大局、维护社会稳定、加强综合治理、推进法治建设，打造过硬队伍为重点，切实履行维护国家政治安全、确保社会大局稳定、促进社会公平正义、保障人民安居乐业“四项职责”，为宜君奋战脱贫摘帽、加速追赶超越营造安全政治环境、稳定社会环境、公正法治环境、优质服务环境。

【信访维稳】 召开委务会、政法委员会，审定2017年度综治维稳反邪教考核结果和2018年综治维稳工作要点，提请县委常委会研究政法综治维稳反邪教工作，分别与各乡镇、综治、维稳、反邪教各成员单位签订2018年综治维稳反邪教工作目标责任书。落实“五化”推动工作制度，印发任务清单、召开专题推进会、暗访督查、发放整改督办单等举措，落实综治维稳目标责任。扎实开展社会稳定风险防范化解专项行动，印发《宜君县关于开展重大社会稳定风险防范化解专项行动工作方案》，排查化解重大社会稳定风险2件。推进重大项目、决策和重大活动风险评估工作，完成2个重大活动稳评备案，9个年度重大项目和10个县级新建项目稳评备案，稳评率100%。坚持涉稳情报信息旬分析研判制度，开展分析研判40余次。加强重点人员稳控管理，将重点群体1类4人稳控在当地，并予以积极化解。深入开展“321”专项行动，强化信访积案化解，逐案落实市上交办9件积案县级包案领导和责任人。对县级19件信访积案过筛分类。其中，合理诉求5件、部分合理4件、不合理10件。化解积案9件。其中，合理诉求部分已全部化解，不合理部分交由责任单位。化解紫薇花园天然气入户和西园小区物业管理等4个涉访群体性问题。

【扫黑除恶】 制定《宜君县开展扫黑除恶专项斗争实施方案》，成立全县扫黑除恶专项斗争领导小组，设立综合保障、宣传督导、侦查打击、案件指导四个工作组，组建工作专班，集中在县公安局挂牌办公。县财政拨付60万元专项经费，用于扫黑除恶工作。按照“五化”机制要求，建立专项斗争任务清单制度，实行月汇总、季通报、半年点评、年终考核，确保工作措施有效落实。摸排核查涉黑涉恶线索18条，破获违法犯罪案件20起，打掉恶势力团伙3个，刑事拘留28人，依法逮捕9人，取保候审17人，移送起诉7人，“曹某某等人涉嫌寻衅滋事案”于12月27日宣判，为全市首个得到有罪判决的涉恶案件，专项斗争取得阶段性成果。建立涉黑、涉恶案件公、检、法联席会议制度，召开扫黑除恶联席会议4次，对重大疑难案件提请法检两院提前介入，共同研究事实认定、法律适用、刑事政策运用以及证据完善、涉案财物处置等相关问题，确保案件得到及时公正裁判。围绕农村“两委”换届选举，建立与纪委（监委）线索双向移送反馈机制，重大复杂案件实行同步立案、同步调查、同步推进、一线双查。向县纪委监委提供案件线索6条，涉及违法犯罪党员干部8人。

【平安建设】 以三月份综治宣传月、科技之春宣传月为契机，组织综治成员单位上街设点宣传。开展“访民情、创平安、大走访”活动，在包茂高速、210国道、宜白公路三条干道关键路口，制作内容涵盖平安建设与脱贫攻坚相融合的大型宣传牌四处。落实政法部门包联乡镇责任，组织政法干警深入村组（社区），通过发放平安建设宣传品，现场开展法律咨询，案例剖析防范拆招，二维码扫描防邪等形式，提升广大干部群众的安全意识和防范水平，提高群众平安建设知晓率，营造“平安宜君人人共建，宜君平安人人共享”氛围。开展“平安细胞”工程创建活动，把基层平安创建活动与创建“无邪教乡村”“美丽乡村”等活动相结合，开展递进式创建。印发“十个没有”基层平安创建方案，依托公安、住建、民政、卫生等部门行业优势，深化平安乡镇、平安家庭、平安小区平安单位等基层创建活动，促进平安创建扩面提质。宜君县8个乡镇（街道）全部创建为市级平安乡镇，7个创建为市级平安示范乡镇，97%的村创建为县级平安村，11%的村创建为市级平安村。

【治安防控体系】 稳步推进“雪亮工程”建设，县级“雪亮工程”平台已全面建成并进入试运行阶段，县城主要路段公共视频监控已接入平台内。印发《关于进一步完善农村视频监控建设工作的通知》，明确要求各乡镇（街道）、综合服务中心在农村公路沿线、重点路段、公共场所增设视频探头，扩大视频覆盖面。联系相关设计施工单位，逐步推动公共安全视频整合，实现联网共享应用。深入开展“大巡防”，推行“逢集见警”“警车巡防”“街面屯警”三见警巡防模式，落实24小时巡逻防控机制。建立“高峰岗”“护学岗”“交巡警”联勤、公安武警联勤巡逻机制，加强重点时段重点部位巡防力度，提高街面见警率。组织巡特警大队到乡镇集会佩戴“红袖章”开展武装巡逻，深入乡镇村组、田间地头开展治安巡逻，切实提高群众安全感。持续开展“轮值轮守”，落实《关于组织动员社会各界和人民群众参与社会治理的意见》，完善治安中心户长、“红袖章”巡逻队等群防群治工作机制，有效引导群众实现自我管理。

【矛盾纠纷排查化解】 小事不出村、大事不出镇、矛盾不上交，重点矛盾纠纷逐级建立工作台账，落实领导包案化解责任。全县共排查矛盾纠纷301起，化解274起，化解率91%，最大限度地消除不和谐因素，全县无赴省进京非访发生。对乡镇综治专干进行矛盾纠纷排查化解应用系统使用，进行详细讲解与指导，8个乡镇（街道）均已实现线上操作。落实矛盾纠纷奖补政策，印发《宜君县人民调解员矛盾纠纷化解补贴管理办法》，健全人民调解补贴管理机制，统一信访和基层调解主管部门统计数据，落实矛盾纠纷化解补贴，实现矛盾纠纷排查化解工作规范化、精准化。

【助力脱贫攻坚】 成立宜君县政法综治工作助力脱贫攻坚领导小组，组建了以县综治办（领导小组办公室）牵头，综治、法院、检察、公安、司法、信访等六部门为主责部门的“1+6”助力脱贫工作专班。结合宜君实际，制定《宜君县政法综治工作助力脱贫攻坚实施意见》及“六个专班”工作方案，建立联席会议、挂牌整治、考核考评、情况报送4项工作制度。将全县政法综治工作助力脱贫攻坚纳入宜君县2018年脱贫攻坚十大提升工程工作内容，统一安排部署，统筹协作推进，切实做到保障有力，助力有效。将侵财、故意伤害等案件作为打击重点，严厉打击涉农违法犯罪，全年查处打击侵犯农民人身财产安全违法犯罪案件48起，打击处理159人，行政拘留94

人，有力震慑涉农违法犯罪行为。建立审理扶贫领域案件工作专项会议制度，审理执行涉贫领域案件 19 件，为贫困群众挽回经济损失 7.75 元。强化法律服务职能发挥，办理法律援助案件 100 件，其中涉及贫困户法律援助案件 12 件。突出精准法治宣传教育，先后组织开展预防职务犯罪“进机关、进乡镇、进村组”巡回宣传和“法治宣传助力脱贫攻坚”“法治宣传、普法先行”等专题展览活动。注重加强涉贫领域矛盾纠纷分析研判，逐案落实化解责任，共接待受理扶贫领域信访事项 52 批 82 人，已全部办结，到期办结率 100%，无申请复查复核，无上市赴省进京访。

【护航县域经济发展】 始终将政法综治工作放到全县追赶超越大局中谋划推进，不断创新服务保障机制，提升服务保障能力，为县域经济社会持续健康发展营造良好法治环境。充分发挥驻园法官联络工作室法律服务作用，深入企业宣传咨询 6 次，发放《防范园区企业经营风险 60 条》20 余份，审理执行涉及工业园区案件 11 件，涉案标 1046.28 万元，为企业挽回经济损失 690.28 万元。在彭镇工业园区铜川油气开发公司采油区域设立公安检查站 3 个，打掉影响重点项目建设寻衅滋事犯罪团伙 1 个。侦破中石化宜君项目部系列原油被盗案等滋扰、破坏项目建设的违法犯罪案件，全面优化提升我县营商环境。强力推进舆论环境整治专项行动，侦破“吴某某等人冒充媒体记者敲诈勒索案件”，率先在全市实现破坏舆论环境案件侦办“零”突破。

【治安防控】 开展社会治安秩序专项整治，保持严打整治高压态势，出重拳打击严重暴力犯罪和多发性侵财犯罪。开展“2018 雷霆”“三打击一整治”“缉枪治爆”等专项整治行动。全年共破获各类刑事案件 480 起，抓获各类违法犯罪人员 325 人，逮捕 46 人，移送起诉 57 人；立各类治安案件 293 起，打击处理 309 人。相继侦破“2018.2.18”和“2018.8.4”两起故意杀人案等大要案件。扎实开展校园及周边环境专项整治，对贫困家庭学生、农村留守儿童两类青少年全面摸排，实行结对帮扶，落实监管责任。中小学设立治安岗，严防针对中小学生的侵害人身安全等案件发生，切实保障在校学生安全。认真做好易肇事肇祸严重精神障碍患者等特殊群体的服务管控工作。印发《关于组织开展精神障碍患者专项排查活动》，对严重精神障碍患者进行拉网式排查，确保“情况清、底数明”。将 71 名患者列入三级以上严重精神障碍患者审核名单，与监护人签订监管责任书，严格落实基层监管责任。认真落实以奖代补政策，建立工作台账，严格按照相关程序审批，确保政策顺利实施。开展公共安全大检查，针对民爆物品、化学危险品、输油输气管道、加油站等重点物品、重点区域开展各类安全检查 20 余次，发现并督促整改安全隐患问题 50 余处，确保全县无较大安全事故发生。

【反邪教工作】 深入对邪教人员底数摸底排查，加强打击教育转化力度，开展“全能神”等各类邪教专项整治活动，重拳打击邪教组织，抓获“全能神”邪教活动组织者 1 名，排查出的“全能神”邪教人员转化率 100%。

【深化司法体制改革】 召开司法体制改革专项小组会议，围绕落实司法责任制，深化司法综合配套改革等重点改革任务，研究改革事项。印发《宜君县司法体制改革专项小组 2018 年改革任务清单》，明确法院内设机构改革、员额法官检察官办案绩效考核机制等 15 项改革事项的责任单位、责任领导、成果形式及完成时限。全年，既定改革任务完成 11 项，基本完成 3 项，需待省市方案出台后推进的 1 项。

【规范执法司法行为】 贯彻落实《关于依法规范政法机关和政法干警执法行为的意见》，常态化推进执法司法检查，组成执法司法联合检查组，开展执法司法检查 3 次。印发《全县政法系统执法司法规范化大检查整改工作方案》，督促全县政法机关全面整改，促进办案单位和办案人员执法司法行为规范化。有效防止随意执法、粗放执法、变通执法的发生。

【执法司法活动监督】 强化内部监督、法律监督、民主监督和舆论监督，完善政法各部门分工负责、互相配合、互相制约机制。加强与人大代表、政协委员联络，积极通报工作、征求意见建议。严格执行领导干部干预司法活动、插手具体案件处理及政法机关内部人员过问案件的通报和责任追究制度，未发生领导干部干预、插手具体案件和内部人员过问案件的情况。认真组织全县政法部门认真开展案件评查，完成季度创佳评差案件评查 18 件，典型案件评查 3 件，评查出的 7 件瑕疵案件已全部整改到位，有效促进了办案质量的提升。严格执行中省市县关于国家司法救助工作的相关制度，坚持每年县财政预算 50 万元资金用于司法救助工作，2018 年县级救助案件 5 件，落实救助资金 19.5 万元；申报市级司法救助案件 4 件，落实救助资金 16.55 万元。

【法治宣传教育】 全面实施“七五”普法，加大法制宣传工作力度，扎实开展“法律六进”等法律便民服务活动，坚持为全县每个村（社区）作两次以上法制教育课，为中、小学校做法制报告 4 场次，受教育师生 2000 余人次。利用三月综治宣传月、科技之春等，组建“法律服务队”深入全县各乡镇开展法律法规宣传，发放各类宣传资料 18000 余份，解答群众法律咨询 960 余人次，受益群众 29000 余人。在“12.4”宪法宣传日期间，组织各乡镇各单位在县城平安法治广场集中开展宪法知识宣传等系列活动，积极营造全民学法守法用法浓厚氛围。

【基层基础建设】 加快推进综治维稳中心建设，认真落实省市工作要求，积极整合社会资源，加快推进县乡村三级综治维稳中心建设，全面完成县乡两级综治维稳中心建设任务印发《宜君县村（社区）综治维稳中心建设实施方案的意见》，在全市率先启动村级中心建设，11 月底全面完成建设任务。坚持党委主导、政府领导、部门履责，大胆创新思路、积极整合资源，由综治办、公安局牵头，林业、环保、民政、住建、人社等部门参与，投资 450 余万元，建成宜君县社会治理网格化综合管理中心，破除传统信息资源壁垒，实现信息共享共用，提升社会治理信息化、智能化水平。

农村工作

县委农工部

部　长　杨德庆

副部分　张　强

【概况】 2018 年，县委农工部以乡村振兴战略为指引，围绕“强农业、美农村、富农民”，认真履行工作职能，以服务“三农”为宗旨，以农业稳定发展、农民持续增收、农村和谐稳定，全面建成小康社会为目标，开阔创新，求真务实，工作任务全面完成。

【注重协调】 加强与涉农部门的联系、沟通，主动协调工作关系，配合参与相关工作，切实担负起综合、协调职责。及时全面掌握工作情况，对全县“三农”工作的重大部署和政策落实及时督查，提出意见和建议。抽调 2 名干部配合农业局搞好全县农村产权制度改革。制定《关于贯彻落实〈中共宜君县委、宜君县人民政府关于实施乡村振兴战略的实施意见〉分工方案》，确保县委、县政府《关于实施乡村振兴战略的实施意见》一系列政策措施落实到位。

【加强调研】 针对农村经济发展中出现的新情况、新问题、新特点，及时组织人员对“三变”改革、新型经营主体、产业发展、固定观察点现状等情况，进行深入调研，形成调研文章 6 篇。关心关爱一线扶贫干部，积极配合市委农工办，对“暖心工程”进行调研。2018 年，全县各级领导干部认真贯彻“不忘初心、牢记使命，冲在一线、干在实处，帮贫解困促发展”大调研活动工作要求，改进作风，冲在一线，了解全县社会经济发展现状、群众关心的热点问题。各单位结合自身工作，确定调研课题，选好调研内容，积极行动下基层，深入企业、农村进行大调研大走访，问计于民促发展。县委农工部组织人员进行认真评选，交流研讨优秀调研成果，汇编44篇高质量调研报告，印制《不忘初心、牢记使命，冲在一线、干在实处，帮贫解困促发展》调研汇编一书。择优部分篇目在铜川市《创新与决策》刊物刊登。

【宣传政策】 按照县委、县政府的统一部署，结合工作职能，组织人员下乡指导督促，同步宣讲“中央一号文件”和中、省、市关于农业农村工作的一系列重大决策部署，发放中央“一号文件”宣传资料，把强农惠农各项政策及时传达落实到基层，使新时期党的农村政策家喻户晓，促进农业产业稳定发展和农民持续增收。

【深化农村改革】 按照《中共宜君县委全面深化改革领导小组2018年工作要点》和宜君县《2018年全面深化改革任务清单》要求，积极谋划，扎实工作，13项工作任务全面落实。

【新型农村社区建设】 按照“项目捆绑、渠道不乱、用途不变、集中使用、各计其功”的原则，认真做好2018年新型农村社区建设村雷塬村的选定、申报和建设工作。新建店尧组蓄水池1个，铺设饮水管网1800米，解决了21户72人的安全饮水问题，新建水冲式公厕1个，完成巷道硬化300米。新建社区服务中心楼一座（二层砖混400平方米）。

【农村固定观察点】 做好常规调查，加强对农户的记账情况进行督查和检查。2018年，对新行经营主体、农村现金收入、劳动力就业、劳动力返乡、农产品价格、互联网＋农业、村户样本、秸秆量化利用、农业政策落实、耕地质量保护、土地流转、新型农民培育情况进行专项调查。

【攻坚脱贫评选】 根据《中共铜川市委办公室、铜川市人民政府办公室〈关于开展2018年度脱贫攻坚示范村、脱贫致富示范户、脱贫带动示范户评选活动的通知〉》精神，县委、县政府决定，在全县开展脱贫攻坚示范村、脱贫致富示范户、脱贫带动示范户评选活动。县委农工部作为此项活动的牵头部门，制定评选活动安排、评选标准、评选办法等，对乡镇（街道）推荐的示范村、示范户、带动户进行入村入户实际核查，确保评选出的示范村、示范户、带动户可信可学，使群众在参与中受到启迪、得到提升。

机构编制工作

机构编制委员会办公室

主　任　张宏杰

副主任　任保成

登记局局长　田　涛

【概况】 宜君县机构编制委员会办公室是县委县政府工作部门，归口县委组织部管理。县委机构编制委员会办公室对外保留县事业单位登记管理局、县党政群机关社会信用代码管理办公室牌子。宜君县机构编制信息中心，为宜君县机构编制委员会办公室下属事业单位。2018年，全面深化改革，推进简政放权，推进政府职能转变，严格控制和优化配置编制资源，着力解决影响全县经济社会发展的体制机制障碍，工作任务全面完成。

【完善机构设置】 2018年，根据县域经济社会发展需求，进一步完善机构设置，保障全县各项事业顺利开展。创新市场监管新模式，成立县城市管理执法局和城市管理执法中（大）队，将规划、城建、市场监管等方面与城市管理相关的行政处罚权划入城市管理执法部门集中行使，建立联动机制，形成监管合力，解决监管权力交叉和职责不明等问题。为乡镇（街道）派驻城市管理执法中队，明确编制，赋予职责，实现城市管理执法县乡两级全覆盖模式。推进监察体制改革，整合反腐败资源力量，组建监察委员会，将检察院机关的反贪、反渎、预防职务犯罪等机构、职能、编制整合至县监察委员会。按照机构、编制、职数三个“不增加”的要求，重新制发县纪委县监委“两定”规定，明确县纪委县监委机构设置、编制划转、领导职数。设立县旅游发展委员会，根据职能重新制定“三定”规定，强化旅游发展统筹协调服务职能。按照精简、效能、统一的原则，整合卫生计生综合监督执法资源，成立宜君县卫生计生综合监督所（宜君县流动人口管理办公室），明确相关职能，为建设人民满意的卫生计生事业提供保障。完善乡镇机构管理体制，设立乡镇（街道）农村公路管护机构、乡镇（街道）农村经济经营管理站。调整福地水库管理站和农村供水管理站编制，确保水务工作安全运行。

【简政放权工作】 做好清单“晾晒”，按照“陕西省行政许可‘三级四同’目录”要求，取消、承接、调整相关事项，行政许可事项动态整为240项，通过“陕西省权责清单和公共服务事项清单统一发布平台”向社会公布。加强事中事后监管，推进政府监管方式从注重事前行政审批向事中事后监管转变，严格坚持“谁审批谁监管、谁主管谁监管”原则，全面推行“双随机一公开”监管制度，让“诚信者一路绿灯、失信者寸步难行”。8月，组织人员对相关单位进行“双随机一公开”专项督查，实地走访、查看资料、座谈交流，逐项了解掌握事中事后监管承接落实情况，研究分析存在问题，提出意见建议。推进审批服务便民化，落实“群众办事最多跑一次”要求，优化提升政务环境和营商环境，方便企业和群众办事，梳理明确“最多跑一次”事项614项，制定《宜君县“最多跑一次”事项清单》，县政府门户网站予以公布。优化提升营商环境，以“3450”审批时限为硬指标，破除制约企业和群众办事创业体制机制障碍，促进就业创业降门槛，为各类市场主体减负担，激发有效投资拓空间，为公平营商创条件，方便群众办事。组织23个县级部门，开展政务服务目录和办事指南编制工作，完善细化“陕西省政务服务事项统一管理平台”相关信息，完成全县行政许可240项、审核转报71项、备案类139项、其他服务事项159项信息录入工作，实现全部政务服务事项办事指南上网展示，50%的政务服务事项网上可办。探索法人治理结构建设，试点单位以单位章程为行动指南，发挥理事会作用，设立理事会办公室、悬挂醒目门牌，刻制理事会印章，人事任命、项目建设等重大事项，需通过理事会议研究决定，减少政府微观管理，试点事业单位获得更多自主权。宜君县法人治理结构建设工作经验效果，得到市局和相关单位的肯定。

【机构编制管理】 坚持“一支笔”审批制度，在机构设置、编制调整、人员流动、核定领导职数等方面，严格按照机构编制规定和程序，实行编委会主任“一支笔”审批制度，确保在“三定”规定范围内配备人员和核定领导职数，不存在混编、挤占、挪用编制等问题。落实“控编进人通知单”和“编制管理册”制度，完成机构编制和实名制数据年报工作。夯实编制实名制管理工作基础，做好人员编制调配工作，利用“机构和人员编制核查信息系统”，实现机构编制管理的信息化和科学化。围绕县域经济社会发展需求，优化编制资源配置，突破“控编”与“刚需”矛盾，盘活现有编制资源，发挥编制资源民生保障、高层次人才引进等方面的保障作用。

【单位登记管理】 严格把好受理、审核、核准关，确保登记内容准确无误。对事业单位申请登记提供的资料进行严格审核，确保资料的完整、准确、合法、有效。发现与实际情况不符，要求及时更正，做到统一、规范、准确、真实。申请登记必须提交验资报告或开办资金证明，严格审核，保证登记工作的严肃性。56个党政群机关领取《统一社会信用代码证书》，174家事业单位换发新版《事业单位法人证书》。印发《关于开展2017年县级党政群机关、事业单位年度报告工作的通知》，做好受理、审核、核准、通知、复核和档案管理。强化干部服务意识，主动与单位加强沟通联系，督促指导填报材料。全年共审核党政群机关56家，事业单位174家，合格率达100%。完成2018年全县事业单位“双随机一公开”实地核查工作。实地核查对象包括：省登记管理局随机抽取的5家事业单位及事业单位法人2017年度报告公示信息评估得分排名后十位事业单位，共计15家事业单位。通过实地核查，确保被核查事业单位法人登记信息的真实性，为规范事业单位法人登记管理、加强事业单位监管和保障事业单位的健康发展奠定坚实基础。

【精准扶贫】 推进农村“三变”改革，完成土地流转700亩；协调产业帮扶资金1万元；建成千亩药材示范基地，46户贫困户加入宜君县中医药发展有限公司，每户分红1000元；9户加入勇兴专业合作社，每户分红300元；由村集体经济带动46户贫困户入股福地湖旅游项目，以“公司＋贫困户＋基地”模式带动贫困户发展产业，每户分红1000元；25户贫困户加入醋厂，每户分红600元。协助村上抓好道路绿化和危房改造建设工作，建成卫生厕所39个，拆除土坯房10户30间。落实公益性岗位2个。落实农村义务教育政策8户10人。

档案工作

档案局

局　长　王军峰

副局长　赵雅玲（女）

【概况】 宜君县档案馆始建于1958年9月。宜君县档案局成立于1981年8月，为中共宜君县委直属正科级事业单位，内设办公室、业务指导股、管理股、信息股、编研股。编制10名，现有9名。拥有馆藏全宗77个，档案44105卷（盒），资料5065册，科技档案、专门档案961卷，民国档案和革命历史档案128卷。2018年，在县委、县政府和上级业务部门的坚强领导和大力支持下，认真贯彻落实县委工作会议和省、市档案工作会议精神，以创新服务为重点，扎实推进档案安全保障、档案资源建设、档案利用服务“三大体系”建设，各项工作成效显著。

【管理认证】 推行档案目标管理认证，加强机关档案业务指导。把档案业务指导与执法工作相结合，开展档案执法检查2次。指导58个单位建档归档，完成彭镇财政所、宜阳街道财政所省A级档案室认证。

【精准扶贫档案】 转发《村级档案管理办法》《陕西省精准扶贫档案管理实施细则》，对各乡镇（街道）扶贫档案工作进行现场业务指导，切实做好精准扶贫档案工作。

【接收利用】 全年共接收文书档案2200盒，接待档案查阅者800余人次，提供档案3000余卷，复制档案1500余页，其中异地跨馆查档13次，提供档案22卷，为群众和史志编纂工作提供高效快捷良好服务。

【信息化建设】 6月，启动馆藏档案数字化加工项目，通过招投标方式，与陕西杰胜信息科技有限公司签订外包加工合同，项目总投资50万，其中国投资金10万，县财政投资40万。数字化加工场所共有计算机11台、扫描仪6台、人员13人。录入馆藏档案目录案卷级42849条、文件级25938条，全文扫描档案712565页，为建设档案全文数据库打下坚实基础。

【执法宣传】 积极配合长城保护利用高峰论坛——2018年文化和自然遗产日陕西省（宜君）分会场活动，在县城中心广场举行“档案见证改革开放”2018年国际档案日宣传，发放《小红的兰台奇遇记》漫画宣传册、《铜川市国家综合档案馆异地跨馆查档服务手册》等资料600余份。

【精准扶贫】 筹措资金，完成山长河村移民搬迁点巷道硬化830米，建设花园1个，文化挡墙1200米；建成卫生厕所35个，公厕4个；建设生猪养殖基地1个；种植中药材1000亩，育苗50亩；购买550棵绿化苗木对村道路两旁进行绿化，种花1.3亩；为村宜馨超市配备4700元小百货。投入5000元建设村“暖心工程”。

【图片展览】 10月30日至11月9日，宜君县档案局筹办纪念改革开放40周年大型图片展览在县休闲广场展出。展览以习近平新时代中国特色社会主义思想为指导，以回顾宜君改革开放40年成就为主旨，用图文并茂的形式和新旧对比的手法，通过荣誉篇、党建引领篇、经济建设篇、社会民生篇、城乡建设篇、展望篇六方面28块展板，展现改革开放40年来宜君经济和社会发展取得的翻天覆地的变化和宜君人民不懈奋斗、发展进步的光辉历程。

史志工作

史志办

主　任　陈斌涛

副主任　薛红梅（女）

【概况】 中共宜君县委史志办公室是县委直属事业单位，下设办公室、党史科、方志科、地情科、共有编制7名，在编在岗6名。2018年，县史志办坚持“编史修志、传承文明，鉴古知今、服务社会”，在《宜君县志（1990—2010）》终审意见修改、编修《党史（二卷本）》、编纂《宜君年鉴（2018卷）》和编纂《宜君革命老区发展史》等方面完成了年度目标任务。

【党史编写】 成立《党史》（第二卷）编辑部，正式启动《中国共产党宜君历史》（二卷）编写工作。编纂人员查阅资料，走访知情人，10月基本完成初稿编纂。设立《宜君革命老区发展史》编辑部，编纂工作人员资料征集，已形成资料11万余字。

【方志工作】 3月15日至16日，在宜君县迎宾馆召开《宜君县志（1990—2010）》终审工作会议，评审组从内容、体例、体裁等方面对终审志稿进行点评，省地方志办公室主任秦向东宣布《宜君县志（1990—2010）》终审意见。县史志办根据终审意见，组织熟悉地情的同志走访知情人，查阅档案，严格按照终审意见要求，逐编章节，逐条句，进行编审修订。对地图、图照、标点符号等认真推敲，对文字、数据、表格，细心修正补充完善，进行拉网式校对，10月完成定稿，交省地方志办公室复审。启动地情书籍《宜君民间故事》，形成文字资料30余万字，编纂工作收集民间故事260余篇，已完成书稿审定。制定印发《宜君年鉴》（2018卷）编写大纲和组稿要求。征集资料，采集信息，年底完成编纂任务。开展旧志整理工作，整理、标校再版清代（顺治本）《宜君县志》和清代（雍正本）《宜君县志》合订本《宜君县志》。2018年，县史志办被陕西省地方志编纂委员会评为全省二轮修志工作先进单位、全省旧志整理工作先进单位。

【网站建设】 利用微信平台“史志宜君”公众号，刊载史志业务新动态，全年刊载文章80余篇，全面、真实、准确反映史志工作新进展、新成果。

【服务社会】 定期在“史志宜君”微信公众号上发布党史、地方志工作动态和最新成果，向社会各界发放《宜君县志》、地情书籍《宜君春秋》500余本，为社会各界了解宜君历史文化提供便利。

【红色教育】 4月，组织宜阳社区全体党员和棋盘村部分党员前往偏桥战斗纪念碑、红宜县委旧址开展“踏寻红色印记　传承革命精神”教育活动。作为“宜民讲习所”成员单位，定期开展宜君党史、县情知识讲座，录制视频八期在宜民讲习所、宜君史志等微信平台推送播出。6月，与县关工委等单位共同在中共红宜县委旧址、雁门支队英雄纪念碑前举办“缅怀革命先烈·讲述宜君故事”活动，对青少年进行革命传统教育。积极承办“学党史 践初心 抓党建 助脱贫”知识竞赛，配合县委组织部完成红宜县委旧址二期工程暨红宜县委旧址展厅建设设计工作。修改完善党史宣传教育资料汇编《永不磨灭的记忆》，编撰印刷《红宜县委资料汇编》。

【精准脱贫】 了解贫困户生产生活实际困难，完善贫困户户档资料。协调包扶单位为棋盘村宜馨超市筹措资金9000余元。协助5户贫困户搬进镇区安置房，投资1万元实施“暖心工程”，改善扶贫驻村干部工作生活条件。

老干部工作

老干局

局长　何清玲（女）

【概况】 中共宜君县委老干部工作局，是县委主管老干部工作的职能部门。行政编制4名。2018年，按照“全面做好离退休干部工作”要求和省市老干部局长会议精神，精心组织、强化服务、扎实工作，全县离退休干部工作迈上新台阶、新水平。

【提升服务管理】 制定计划：每月1次集中学习，2次支部学习，每季度1次学习研讨、1次主题活动。组织党员学党规党纪、学系列讲话，引导党员干部自觉做到不忘初心，牢记使命。结合党员实际，坚持做到“四个结合”（集中学习与个人自学相结合、党课辅导与专题研讨相结合、理论学习与党性锻炼相结合、集中教育与日常教育相结合），确保理论教育全覆盖。分类指导：对在职党员严格学习内容、学习时间、定期交流、以考促学；对行动方便的老党员采取集体与自学相结合；对长期有病卧床的党员，开展送学、帮学、互学“结对子”活动，使党员干部始终保持思想常新、政治坚定。机关支部为离退休支部做表率，支部书记为党员做表率，营造领着学、带着做的浓厚氛围。班子先学一步、学深一层，自觉践行“三会一课”制度，推动党内组织生活制度进一步落实。身体硬朗的书记主动深入党员家庭，交流思想、传承家风，全体党员为党分忧、为党负责的自觉性明显增强。通过调研、座谈、发放征求意见表的形式，制定印发宜君县《关于进一步加强离退休干部的实施意见》，成立宜君县离退休干部党工委，把离退休党支部及书记、委员工作补贴纳入财政预算。围绕县上中心工作，发挥现场教学基地的“实景课堂”作用。在红宜县委旧址，离退休老党员代表在党员政治生日之际，与会人员重温入党誓词，讲革命故事，传承优良传统，弘扬革命精神。围绕庆祝改革开放40周年主题，开展书画摄影展、有奖征文、重阳节文化演出系列活动，组织视察了4个重点产业扶贫基地。12月4日，组织部分老党员代表举办“看变化、赞发展、谈初心”主题党日活动，县电视台对各领域老干部进行采访，号召老同志铭记历史、珍惜生活，始终听党话、感党恩、跟党走。越来越多的老同志主动亮出党员身份，自愿就近融入所在社区，积极投身为党和人民的事业增添正能量活动。开展调研，形成《离退休干部发挥作用的调查与思考》《如何组织引导离退休干部在县域经济发展中发挥正能量的思考》调研文章两篇，《如何组织引导离退休干部在县域经济发展中发挥正能量的思考》在党代会期间传阅。按照作风建设永远在路上的要求，把从严要求作为新常态，明确党风廉政建设责任分工，建立责任清单。把《准则》和《条例》作为学习内容，利用案例视频、身边违纪违法案件，教育引导党员干部时刻紧绷纪律这根弦，始终把政治纪律和政治规矩挺在前面。4

月，组织党员干部赴崔家沟警示教育基地学习。坚持重大事情先征求老干部意见，再会议决定。

【老干部政治待遇】 认真落实老干部“五个注重”政治待遇。落实老干部阅读文件、参加重大会议和重大活动、通报情况制度。为老干部征订《陕西老年报》《金秋》《离退休干部党支部学习参考》《当代陕西》，给支部征订《铜川日报》、《陕西日报》、《求是》杂志，购买《习近平讲故事》《习近平七年知青岁月》《梁家河》等书籍，满足老干部日常学习需要。组织学习党的十九大精神、习近平在庆祝建党97周年会上的讲话和县党代会精神，引导老干部在思想上、行动上与县委县政府保持一致。采取“四访”沟通与老干部的感情，为老干部工作注入活力。对有思想包袱的老干部进行回访，帮其更新观念，解决现实困难；对身体状况差，行动不便的老干部进行走访，帮助克服学习上的困难，交心谈心，及时把新政策和县委县政府的重大决策传达他们；对身体较好的老干部采取不定期查访，督其积极参加政治学习，汇报思想情况，了解思想动向和要求，做到老有所教，确保思想稳定；对事迹突出的老干部进行专访，推出典型，发挥老干部先锋模范的激励作用。局党总支下辖5个离退休党支部，4月，建立信息台账，对全县离退休党员干部进行分系统梳理、核查，从家庭成员、健康及住房等方面全面采集信息，建立800余名离退休干部信息库。对部分党支部书记年龄大、行动不便的实际，及时进行改选、调整，确保各支部工作有序开展。对退休党员关系进行规范转接，及时就近纳入支部，进行属地管理。加强制度建设，改进党员教育管理，开展党员评议、党员进社区活动。其中：1名退休干部被选为市老年宣读团成员，1名退休县处级干部当选县慈善协会主席，5名老干部被聘为宜心宣讲队成员，1名离退休干部被城关一小聘为书法老师，老年书画班的同志踊跃参加省市比赛，多幅作品获奖。注重阵地建设，对原有活动室进行装修，配备设施，更换桌椅，改善老干部活动中心面貌。修缮党员活动室，定期配备笔墨纸砚，坚持每周四书法交流日制度，把党员活动室既作为党员学习政策的课堂，又作为书法爱好者交流的场所，充分发挥老同志“退而不休”、老有所为、为党的事业增添正能量。老干部“两项待遇”得到落实，退休党支部活动经费及工作补贴纳入财政预算，离休干部特需费和公用经费得以提高，退休干部公用经费进一步规范。

【老干部生活待遇】 做好“五个坚持”，落实老干部生活待遇。春节、端午节、中秋节，代表县委、县政府，对离休干部、退休领导干部及遗属开展走访慰问，为老干部送去党和政府的温暖。坚持入院探望，及时把县委、县政府对老同志的关心送进病房、送到家中。协调解决困难企业离休干部医药费统筹问题，协调将企业离休干部的医药统筹费纳入县财政负担，保障老干部刷卡就医、吃药住院两不误。4月，对36名离退休县处级干部进行健康体检。协调督促医保办分季度对离休干部医药费清查兑付，实行实报实销。协调人社局、财政局等单位，及时解决离休干部离休费由退休单位按月发放，妥善解决了1名长期卧病在床离休干部的护理费。本年内有4名离退休干部逝世，在进行慰问的同时，与老干部原单位联系，宣传兑现老干部政策，协助处理善后事宜，及时化解家属的疑虑与纠纷。建立健全信访工作长效机制，深入老干部家中，变上访为下访，解决老干部提出的各类问题，确保老干部队伍的和谐稳定。

【精准扶贫】 制定完善迷家塔村2018年度脱贫攻坚工作计划。针对致贫原因，对已经脱贫户进行巩固，对未脱贫户的加大包扶力度，进一步明确帮扶措施，真正做到精准识别、精准扶贫、精准脱贫。调整产业结构，结合菜单式扶贫，动员有劳力的19户贫困户参与花椒、大艾、丹参、黄芪等中药材种植。为行动不便的贫困户协调解决低保、五保、残疾人补贴以及免费供药等救助项目。改善村容村貌。积极落实光伏项目，为村集体经济预计增加收入 40 余万元。筹措资金 2 万元，用于巷道硬化、安装路灯、修建卫生厕所、暖心工程等基础设施，贯通通组路 1200 米，巷道硬化 781 米，修排水渠 3257 米，建垃圾屋 4 个，垃圾箱 30 个，增设路灯 35 盏。为帮扶户送去核桃栽培、家畜养殖、玉米种植、生活科普常识等书籍共 100 余册。落实公益专岗 1 个、扶贫公益性岗位 5 个、环保员 1 个、护林员 1 个，确保贫困户收入有渠道。迷家塔村被命名为“中国好人村”荣誉称号，五好新风助脱贫工作在陕西卫视、全国“两会”播出，增加了宜君的美誉度。积极配合发改局做好村委改选、卫生厕所改造、村容村貌整治、暖心工程等。村第一书记被评为全市“十佳”驻村干部，给予村奖励 10 万元资金。

党校工作

县委党校

校　长　张红云（女）

副校长　张建伟

【概况】 中共宜君县委党校（宜君县行政管理学校），编制 13 名，其中：校长 1 名，副校长 2 名。教师中高级讲师 3 名，讲师 2 名，助理讲师 1 名，教师 1 名。公务员 2 名，工勤岗 3 名。

【主体班次培训】 按照 2018 年干部培训计划，与县委组织部、县直机关工委配合，举办各类培训班，突出理论教育和党性教育主课主业地位，将脱贫攻坚、党风廉政纳入目标任务。5 月 29 日至 6 月 14 日，举办全县科级领导干部学习贯彻党的十九大精神专题轮训班 3 期，563 人次参加学习。5 月 24 日至 25 日，与县直机关工委联合举办入党积极分子培训班 1 期，52 人参加；10 月 17 日至 18 日党务干部培训班 1 期，80 余人参加；10 月 24 日至 25 日新党员培训班 1 期，30 余人参加。11 月 12 日至 16 日，举办宜君县 2018 新任科级领导干部培训班 1 期，54 人参加培训。围绕十九大精神、乡村振兴、脱贫攻坚、优化营商环境、“三变”改革、《梁家河》纪实文学分享、县域经济社会发展征信与中国征信市场发展、生态文明建设等专题，举办宜君县委中心组“周三夜校”22 期，参与学习 3435 人次。提升“红宜县委”现场教学水平，优化提讲课稿件质量，指导教学基地讲解员业务学习。为县法院等单位做红宜县委现场教学活动 5 场次。为市委、市委组织部、市委党校、西藏来铜挂职干部来“红宜县委”旧址调研学习进行现场讲解。按照全市党校校长座谈会要求，积极与哭泉镇对接，承担铜川市干部教育培训现场教学点哭泉梯田的现场教学任务。2018 年 6 月 6 日，开启首场“哭泉梯田”现场教学课。县委党校教师以《传承农耕文化，弘扬梯田精神、助推乡村振兴》为题，为全市村书记、第一书记培训班、全省优秀年轻干部培训班等班次现场教学 4 场次。

【宣讲宣传辅导】 按照宜君县脱贫攻坚指挥部办公室、中共宜君县委宣传部《宜君县 2018 年精神风貌大提升工程工作方案》，党校教师承担“宜民讲习所”授课任务，2018 年 4 月开始，每月一期，共录微视频课 8 场次。4 月 13 日，按照《中共宜君县委宣传部关于印发〈宜君县全国两会精神宣讲工作方案〉的通知》要求，配合县委宣传部，张红云，杨春锦、杨平作为宣讲团成员，4 月 17 日至 4 月 20 日，在乡镇进行《两会》精神宣讲 10 余场次，参会群众 2000 余人。8 月，张红云校长参加《我的扶贫故事》宣讲活动。

【理论研究】 按理省委党校第 32 次理论研讨会要求和本校调研活动安排，组织教职工深入基层调查研究，撰写理论文章及调研报告。为省委党校第 32 次理论研讨会报送论文 8 篇，获奖 2 篇。其中，杨春锦撰写的《不忘初心 牢记使命 坚定不移把红色基因传承下去——中共红宜县委的历史贡献及启示》获省理论研讨会三等奖、田娟撰写的《以产融合大发展理念加快促进宜君乡村振兴》获省理论研讨会三等奖。为市委党校第21次理论研讨会报送论文8篇，获奖3篇。其中，白莉撰写的《加强农村法制文化建设 促进农村社会稳定有序》获市理论研讨会二等奖、杨平撰写的《弘扬延安精神是共产党人的时代要求》和王凯宁撰写的《浅析新时代党校教师的使命与担当》均市理论研讨会三等奖。杨春锦撰写的《如何做新时代政治过硬、本领高强、纪律严明的党员领导干部》获"学习贯彻习近平新时代中国特色社会主义思想、着力提高机关党的建设质量"研讨会活动论文优秀奖及《梁家河——新时代增强党员干部党性修养的鲜活教材》获"不忘初心 牢记使命"学习《梁家河读后感征文活动》三等奖。

【精准扶贫】 协助罗沟村成立村级集体经济组织，支持贫困户发展产业，依托村集体经济合作社建设存栏500头生猪养殖场。投资1.17万元新建卫生厕所13个。贫困户种植丹参、白及、川龙10亩，养鸡100只。教职工为火灾受灾户冯启军献爱心送去被褥、米面油等生活必需品。

机关党的工作

县直机关工委

书　记　田　鹏

副书记　夏群英（女）

党员教育管理中心　主　任　张宝军

【概况】 中共宜君县县直机关工作委员会设立于1992年7月，前身为县直属机关党委。工委行政编制4名，领导职数2名。下设宜君县党员教育管理中心。2018年，工委下辖4个党总支（下设20个支部），46个直属支部、党员总数944名，其中：正式党员944名，预备党员12名，女党员226名，离退休党员209名。县直机关工委紧紧围绕全县工作大局，牢牢把握"服务中心，建设队伍"两大核心任务，全面加强县直机关党的思想建设、基层组织建设，着力提升基层组织力，合力激发党建活力，为加快县域经济建设和社会发展提供坚强组织保证。

【思想建设】 以政治建设为统领，坚决维护以习近平同志为核心的党中央权威和集中统一领导，加强政治建设，提高执政能力，将抓自身、抓支部的政治建设放在首要位置，分层推进，把"两个坚决维护"具体到工作中，引导督促各党总支、直属支部和党员干部牢固树立"四个意识"，做到"四个服从"，拥护核心紧跟核心。按照"学通弄懂做实"要求，深入推进"两学一做"学习教育常态化、制度化，扎实开展"不忘初心、牢记使命"主题教育，组织集中学习20余次，党规、党纪知识测试4次，上党课4次，参与县委组织全国"两会"宣讲团，宣讲3场次。在学习宣传研讨梁家河"大学问"交流活动中，将县委组织部开展的"初心勾线，匠心施彩—宜君组工'悦'读季"在机关各党支部宣传推广。在"学习梁家河大学问，助力宜君大发展"主题朗读比赛中，政府办党总支、县纪委机关支部将朗读比赛和政治生日结合起来，丰富活动形式，增强活动实效。提升党员干部党性修养，规范言行举止，各党总支、直属支部扎实开展组织生活会。开展冯新柱案"以案促改"工作，全面推动从严治党向纵深发展。

【组织建设】 以提升基层组织力为着力点，齐抓共管，投资3万余元，为党员干部印制发放《党务工作手册》《陕西省发展党员工作规程（试行）》《中国共产党纪律处分条例》《中国共产党支部工作条例》3500余本，为优秀党务干部、优秀共产党员奖励《基层党组织工作怎么做》《习近平七年知青岁月》等图书135套，确保重点学习任务有所学有所获。印发《中共宜君县县直属机关工委2018年工作要点》《关于印发机关基层党组织标准化建设标准和考评指标（试行）的通知》《中共宜君县县直机关工作委员会关于建立工委委员党建联系点的通知》，强化制度保障，推动工作落实。争取上级支持7万余元，增设办公用房、购置办公设备，为工作开展提供设施保障。以选好配强机关党组织班子为着力点，抓支部班子建设。按照《中国共产党章程》和《基层组织选举工作条例》有关规定，6个支部进行了改选和换届。对40多个基层党总支、支部，开展集中督促检查6次，现场开具督查整改通知单20余份，对存在问题，跟踪督导销号，确保机关党支部作用发挥。严审入党材料、严格考察程序、抓好谈话提醒，全年备案积极分子26名，发展预备党员12名；举办县直机关入党积极分子、发展对象培训班一期，培训入党积极分子、发展对象53名；举办新党员培训班一期，培训新党员30名；做好党组织关系接转工作，全年共接转党员100余人，保证每名党员人与关系同流动；开展党员干部亮诺、履诺、积分制管理、工作红蓝本纪实，加强党员管理，提升党员综合素质。

宜君县人民代表大会及其常务委员会

组织机构及领导人名录

宜君县第十七届人大常委会

主　任　李宏林
副主任　马小平（女）
　　　　孙红伟
　　　　张淑霞（女）
　　　　郑拴民

办公室

主　任　赵建才
副主任　田小军

人事代表工作委员会

主　任　任良才
副主任　白军力

财政经济工作委员会

主　任　赵建民
副主任　许　丹（女，2018 年 7 月任职）

教科文卫工作委员会

主　任　苏亚军
副主任　王艳云（女）

法制工作会委员会

主　任　田建平
副主任　赵西平

城镇建设与环境资源保护工作委员会

主　任　郭永龙
副主任　田　野

宜君县宜阳街道人大工作委员会

主　任　周宏斌

人大常委会工作概述

【概况】 宜君县人民代表大会是宜君县最高国家权力机关。宜君县人大常委会是本级人民代表大会的常设机构，对本级人民代表大会负责并报告工作。县第十七届人大常委会设主任 1 名、副主任 4 名，委员 22 名。县人大常委会机关内设办公室、人事代表工作委员会、法制工作委员会、科学教育文化卫生工作委员会、财政经济工作委员会、城镇建设和环境资源保护工作委员会等 6 个工作机构；外设宜阳街道人大工作委员会，为县人大常委会派驻机构。县人大常委会机关行政编制 14 名。2018 年，县人大常委会以习近平新时代中国特色社会主义思想为指导，深入学习贯彻党的十九大、十九届二中、三中全会精神，在县委的坚强领导下，围绕全县中心工作，忠实履行宪法和法律赋予的职责，为宜君绿色持续发展做出了新贡献。共召开主任会议 15 次、常委会议 9 次，组织专项视察 5 次、执法检查 1 次、专项检查 2 次、专题调研 3 次、跟踪督查 3 次，听取和审议“一府两院”专项工作报告 19 个，依法作出决议决定 17 个，形成视察报告 5 篇、审议意见 15 条，任免国家机关工作人员 18 人，各项目标任务全面完成。

【坚持党的领导，提高政治站位】 学习贯彻习近平总书记关于坚持和完善人民代表大会制度的重要思想，严格遵守政治纪律和政治规矩，牢固树立“四个意识”，坚决做到“两个维护”。贯彻落实中央、省、市、监察体制改革部署，在县委的坚强领导下，圆满完成“县监察委员会”选举、任命工作。配合省委第八巡视组对人大领导班子巡视、市委第一巡察组对宜君县扶贫工作领域暨冯新柱案“以案促改”工作机动式巡查，自觉接受政治“体检”。把县委的要求作为工作方向，及时传达学习县委重要会议精神、重大决策部署，结合实际，认真研究抓好贯彻落实。

【围绕全县大局，推进监督工作】 围绕全县经济社会发展，县人大常委会在依法监督中求实效，听取和审议县人民政府 2017 年地方财政预算调整方案的报告、2017 年财政决算报告，2018 年上半年计划、预算执行情况的报告，2018 年地方政府债券转贷资金预算调整方案的报告、新增专项债券资金预算调整方案的报告；批准 2017 年地方财政预决算方案；跟踪督查审计 2016 年预算执行和财政收支存在问题整改落实情况。围绕脱贫摘帽总体目标，按照既定时间节点和线路图，班子成员每月至少深入联系乡镇、联系村两次，督促检查，研究推进产业发展、“两房”建设、环境卫生整治等脱贫退出工作，集中抓好整改落实。发挥督导协调作用，助推脱贫摘帽工作。开展脱贫攻坚、农业工作暨特色产业发展、养老服务体系建设专项视察，检查 2017 年度全县环境状况和环境目标任务完成情况，听取审议工作报告。针对存在问题，提出审议建议意见 17 条；围绕民生热点问题，发挥专项监督作用。坚持“民有所呼、我有所应”，把民生保障放在人大监督工作重要位置，开展“十件惠民实事”办理、县十七届人大二次会议代表建议办理专项视察；对省级标准化高中创建、全县棚户区改造工作进行调研，听取和审议县政府专项工作报告；跟踪督查太安镇公租房、棋盘镇移民搬迁安置小区建设存在问题整改情况。围绕法治建设，在依法治县中勇于担当，对县政府贯彻实施《陕西省地质灾害防治条例》情况进行执法检查，专题调研县法院民商事审判工作，开展“七五”普法中期评估督导，组织开展《宪法》知识竞赛和学法用法网络学习考试，参加宣传“弘扬宪法精神 建设法制宜君”宪法日活动。

【依法行使权力，改进任免工作】 坚持党管干部与人大依法任免相结合，强化干部任后监督，认真做好人事任免工作。制定《宜君县人大常委会深化国家监察体制改革试点工作实施方案》《宜君县监察委员会副主任、委员的任免和宣誓办法》，依法选举产生县监察委员会。2018 年，县人大常委会共任免国家机关工作人员 18 人次。其中任命县政府副县长 3 名、县法院代理院长 1 名、县监察委员会副主任 2 名、委员 4 名，接受 2 名县级代表辞职。组织任前法律考试 3 次，举行新就职国家工作人员向《宪法》宣誓 4 次。对县教科体局局长李延生、市场监管局局长王宜生、法院副院刘延军、检察院副检察长李治荣履职情况进行检查，听取履职报告，进行满意度测评。听取马景祥、张晓军、朱伟平、王锋4人上年度履职评议意见整改落实情况的报告。

【尊重代表地位，发挥代表作用】 在全县各级人大代表中，开展“立足岗位做贡献，服务群众见行动”主题实践活动。支持和保障代表在宣传党的政策、收集民意民愿、解决民困民怨、履行代表职责，凝聚社会各方面力量共同参与落实县委决策部署中的作用。组织开展集中联系代表活动2次，邀请代表参加常委会活动就90余人次。召开县乡人大工作和建设经验交流暨表彰会，总结县乡人大工作新成果、新经验，振奋精神，再鼓干劲，推动全县人大工作再上新台阶。县十七届人大二次会议期间收到代表建议14件，办结11件。“彭镇碾子河村、洛河西岸手机信号弱”“在县城区域内增设停车场”“实施郭寨桥除险加固工程”等3条建议正在办理。

【强化自身建设，提升人大形象】 以习近平新时代中国特色社会主义思想为指导，深入学习贯彻习总书记关于坚持和完善人民代表大会制度的重要思想，集中学习、讨论交流、个人自学、组织送学、领导带头学，在学思践悟中深化认识理解、自觉做习近平新时代中国特色社会主义思想的坚定信仰者、有力传播者和忠实实践者。坚持理论学习制度，组织集中学习22次。安排人大干部外出培训学习8次12人、县境内培训88人次、网络学习66人次。落实全面从严治党主体责任，制订党组领导班子和班子成员党风廉政责任清单，填写《工作纪实》，定期报告主体责任落实情况，全面从严贯彻落实党风廉政各项要求。召开全面从严治党主体责任落实点评研判专题会议，专题学习4次、警示教育2次、党纪法规考试4次。开展“强化纪律刚性约束 时刻绷紧纪律之弦”主题纪律教育学习宣传月活动、《中国共产党纪律处分条例》学习辅导和讨论交流活动，在干部作风和问题排查整改工作中，2名同志接受了廉政谈心谈话教育。坚持个人重大事项报告制度和领导干部述职述廉制度，勇于开展批评与自我批评，班子内部形成民主、活泼、向上的良好氛围。按照集体领导、民主集中、个别酝酿、会议决定的原则，进一步规范党组议事规则，把民主集中意见准确有效转化为组织意图，增强党组驾驭全局的能力。规范组织生活，坚持“三会一课”、民主生活会和组织生活会制度，认真履行党建工作责任制。全年，召开民主生活会2次、组织生活会1次、讲党课4次。充分利用电视广播，报纸杂志、政府网站、微信等加强人大工作宣传报道，讲好“人大”故事，传播“人大”声音。共发布各类信息报道65篇，其中市级以上媒体18篇。推荐作品《奔走在田间地头的人大代表》荣获第二十八届陕西人大新闻三等奖。县人大常委会《落实新要求展示新作为全面推进县乡人大工作与时俱进》经验材料在全省人大系统交流会上进行了书面交流。坚持问题导向，大兴调研之风，开展“不忘初心、牢记使命，冲在一线、干在实处，帮贫解困促发展”调研活动，形成调研文章25片篇。

重要会议

【县第十七届人民代表大会第二次会议】 宜君县第十七届人民代表大会第二次会议于2018年1月31日至2月2日在县综合文艺中心举行。会议应到代表138名，实到代表132名。会议听取和审议了县人大常委会、“一府两院”4个工作报告，审查宜君县2017年计划、财政预算执行情况的报告，批准2018年计划和财政预算报告，通过了县政府工作报告、计划和财政工作报告、县人大常委会工作报告、县人民法院和检察院工作报告决议。大会凝聚全县人民的意愿和智慧，确定2018年全县工作思路和奋斗目标。选举产生宜君县首任监察委员会主任，补选县人大常委会委员1名。会议共收到代表10人联名所提议案14件，经审查，作为建议、意见处理。

【县人大常委会会议】 2018年1月7日，宜君县十七届人大常委会第八次会议在县人大常委会议室举行，应到委员26名，实到20名，李宏林主持会议。会议审议通过关于召开县十七届人民代表大会第二次会议的决定和会议议、主席团和秘书长名单（草案）、主席团常务主席名单（草案）、副秘书长名单（草案）以及会议财经审查委员会、议案审查委员会、列席人员名单（草案）。会议还审议通过县人大常委会《工作报告》和2018年工作要点。2018年1月25日，县17届人大常委会第九次会议在县人大常委会会议室召开，应到委员26名实到23名，李宏林主持会议。审议通过了县人大常委会关于调整十七届人大二次会议举行时间的决定（草案），确定会议于2018年1月31日至2月2日举行。2018年2月2日，县十七届人大常委会第十次会议在县人大常委会会议室举行，应到委员27名实到26名，李宏林主持会议。会议票决县监察委员会副主任、委员人选，票决任命胡俊华、贺德杰为县监察委员会副主任；王小强、曹小丽、张金明、李万全为县监察委员会。任职人员向《宪法》宣誓。2018年4月28日，县十七届人大常委会第十一次会议在县人大常委会会议室举行，应到委员27名实到22名，李红林主持会议。会议听取和审议宜君县人民政府《关于创建省级标准化高中工作情况的报告》及县人大科教工委《调研报告》；听取和审议宜君县人民政府《关于2017年度环境状况和环境目标完成情况的报告》及县人大建设与环境资源保护工委的《调研报告》；听取和审议《太安镇公租房、棋盘镇移民安置小区建设存在问题整改情况的报告》；听取和审议县法院《关于民商事审判工作情况的报告》及县人大法工委的《调研报告》；听取和审议宜君县人大常委会《关于〈实施陕西省实行宪法宣誓制度组织办法〉工作细则》（修订草案）的报告，孙红伟副主任就修订草案工作了说明，会议表决通过了这个报告。2018年5月28日，县十七届人大常务委员会第十二次会议在县人大常委会议室举行，应到委员27名实到22名，李宏林主持了会议。会议听取和审议并通过了宜君县公安局提请县人大常委常委会《关于许可对陈勇龙涉嫌非法采矿采取刑事拘留强制措施的报告》以及宜君县人大常委会《关于暂停陈勇龙宜君县十七届人大代表职务的决定（草案）》。2018年7月6日，县十七届人大常委会第十三次会议在县人大常委会议室举行，应到委员27名实到24名，李宏林主持会议。听取和审议宜君县交运局、卫计局、住建局、安监局主要负责人2017年履职评议意见整改落实情况的报告。会议对4单位负责人履行报告进行了表决，满意度均为100%；听取和审议宜君县《2016年县级预算执行和其他财政收支审计发现问题整改落实情况的报告》及县人大财经工委《审计整改报告的审议意见的报告》，议会表决通过这两个报告；听取和审议《全县养老服务体系建设工作情况的报告》及县人大科教工委的《视察报告》，会议表决通过了两个报告；听取和评议《宜君县农村垃圾处理存问题整改情况的报告》，表决通过了这个报告；人事任免。2018年9月5日，县十七人大常委第十四次会议在县人大常委会议室举行，应到委员27名时实到19名，李宏林主持会议。会议听取和审议宜君县人民政府《关于2018年上半年国民经济和社会发展计划执行情况的报告》《关于2018年上半年财政预算执行情况的报告》《关于2017年地方财政预算调整方案的报告》《关于农业工作暨特色产业发展情况的报告》《贯彻实施〈陕西省地质灾害防治条例〉情况的报告》，听取和审议县人大常委会有关工委相关调研、视察报告，会议表决通过了以上报告。2018年11月2日，县十七届人大常委会第十五次会议在县人大常委会议室举行，应到委员27名实到23名，李宏林主持会议。听取和审议县政府《关于2017年度财政决算情况的报告》《关于2017年县级预算执行和其他财政收支情况的审计工作的报告》《关于2018年地方政府债券转贷资金预算调整方案的报告》《关于我县脱贫攻坚工作情况的报告》《关于我县棚户区改造工作情况的报告》《关于我县“七五”普法工作情况的报告》以及县人大有关工委的视察、调研报告，会议表决通过了以上报告；县教科体局、市场监管局主要负责人，县法院、检察院副职领导作《履职报告》，县人大有关工委主任作相关《调查报告》，会议表决通过这些报告；通过人事任免，向《宪法》宣誓。2018 年 12 月 11 日，县第十七届人大常委会第十六次会议在县人大常委会议室举行，应到委员 27 名实到 23 名，李宏林主持会议。听取和审议并通过县政府《关于 2018 年 10 件惠民实事办理情况的报告》及县人大财经工委的《视察报告》；听取和审议并通过县政府《关于 2018 年新增专项债券资金预算调整方案的报告》及县人大常委会财经工委的《审查意见的报告》；听取和审议并通过县政府《关于宜君县十七届人民代表大会第二次会议代表建议办理情况的报告》及县人大人代工委的《视察报告》；通过人事任免，向《宪法》宣誓。

县人大常委会人事任免

1. 选举

宜君县十七届人民代表大会第二次会议（2018 年 2 月 2 日）

选举：

王海峰为宜君县监察委员会主任

冯康红为宜君县十七届人民代表大会常务委员会委员

2. 任免县人大工作人员

宜君县十七届人大常委会第十二次会议（2018 年 5 月 28 日）

决定暂停：

陈勇龙宜君县第十七届人民代表大会代表职务

宜君县十七届人大常委会第十三次会议（2018 年 7 月 6 日）

决定任命：

许丹为宜君县十七届人大常委会财政经济工作委员会副主任

宜君县十七届人大常委会第十五次会议（2018 年 11 月 2 日）

决定接受：

陈勇龙辞去宜君县第十七届人民代表大会代表职务

何斌朝宜君县第十七届人民代表大会代表资格自行终止

宜君县十七届人大常委会第十六次会议（2018 年 12 月 11 次）

决定接受：

黄晓峰辞去铜川市第十六届、宜君县第十七届人大代表职务

王复安、杨小平代表资格自行终止

3. 任免县政府工作人员

宜君县十七届人民常委会十三次会议（2018 年 7 月 6 日）：

决定任命：

朱里为宜君县人民政府副县长

宜君县十七届人大常委会第十五次会议（2018 年 11 月 2 日）

决定任命：

陈特为宜君县人民政府副县长（挂职两年）

宜君县十七届人大常委会第十六次会议（2018 年 12 月 11 日）

决定通过：

李艳利、王斌不再担任宜君县人民政府副县长

王辉不在担任宜君县统计局局长

决定任命：

张涛为宜君县人民政府副县长

白亮为宜君县统计局局长

4. 任免县监委、法检两院工作人员

宜君县十七届人大常委会第十次会议（2018 年 2 月 2 日）

决定任命：

胡俊华、贺德杰为宜君县监察委员会副主任、委员

王小强、曹小利、张金明、李万全为宜君县监察委员会委员

宜君县十七届人大常委会第十五次会议（2018 年 11 月 2 日）

决定任命：

许志鹏、王涛为宜君县人民法院副院长、审判委员会委员、审判员

决定接受：

何斌朝辞去宜君县人民法院院长

决定任命：

许志鹏为宜君县人民法院代理院长

办公室工作

【精准扶贫】 制定孟埔塬村发展规划、2018 年脱贫工作计划，完善相关数据资料。从人力、物力、财力等方面扶持孟埔塬村脱贫摘帽，发展高产玉米和苹果、核桃产业，壮大主导产业。种植玉米 1700 余亩、其中 11 户贫困户种植 330 亩。新栽苹果 60 亩、核桃 100 亩、花椒 80 亩。组织苹果、核桃管理技术培训 4 次。因户施策，采用“贫困户＋合作社”模式，支持贫困户发展养殖业，积极为有发展意愿和有能力的贫困户链接资源，培植长远脱贫产业，增强“造血”功能。开展“五净一规范”庭院卫生创建活动，改善村容村貌。发动群众清运填埋垃圾 5 次，开展“洁净庭院”户评比 3 次。新修排水渠 1200 米，建村碑 1 座，安装立柱型景观灯 36 个，修景观花园 30 平方米，栽植绿化树 120 课，种植鲜花 500 平方米。新建卫生厕所 15 个，村幸福院建设基本完成。就业托底安置，设置公益专岗 5 个。安排道路维护 2 人、林木看护 1 人、保洁员 1 人，驻村公益专岗 1 人。对照中央、省、市、县检查反馈问题清单，制定问题整改台账，明确整改问题的责任领导和责任人，年底整改任务全面完成。激发群众内生动力，组织党员为贫困户收玉米、开展“孝老爱亲”道德讲堂、脱贫“百日攻坚”和基层党建“百日提升”活动、“发挥党员作用，助力脱贫攻坚”主题党日及“脱贫攻坚奔小康党的恩情永不忘”纳凉文艺晚会等系列活动。开展 3 次“五好新风助脱贫”评比挂牌活动，群众观看“宜君讲习所”视频 4 次。投资 2 万元制作扶贫宣传牌，印发《2018 年享受“八个一批”政策告知单》，提升扶贫政策知晓率和满意度。2017 年贫困数据动态调整后，孟埔塬村贫困户 13 户 39 人，已有 12 户脱贫退出。

【信访维稳】 对来访群众热情周到，耐心听、认真记、尽心答。专人负责，及时交办、转办、督办，保证件件有着落，事事有回音，全年共接收信访转办 4 件，办结 4 件。

【“七五”普法】 组织机关全体干部参加《陕西省地质灾害防治条例》《陕西省工程建设活动引发地质灾害防治办法》培训会；开展县人大系统宪法知识竞赛；全体干部参加国家工作人员学法用法网络学习和普法考试。

【档案管理】 坚持专人负责，实事求是、准确规范、精简高效、安全保密原则，加强音像档案、电子档案收集整理和密件管理。对 2017 年机关档案进行整理归档，3 月底移交县档案局。完成县人大 2017 年年鉴资料编撰工作。

【报刊征订】 完成省人大常委会分配的《民声报》《法制与社会》征订任务。为县人大代表订赠 2019 年《中国人大》杂志 125 份。《民生报》征订工作荣获 2018 年省人大报刊发行一等奖，《法治与社会》征订工作荣获二等奖。

【筹办会议】 筹备县人大十七届人大二次会议、县乡人大工作和建设经验交流暨表彰会两大会议。辅助常委会召开党组会 33 次、主任会 14 次、县人大常委会 9 次。

【机关建设】 深入学习党的十九大、十九届二中三中全会精神，加强理论武装，争创“学习型、服务型”机关。引导督促机关干部职工学政治学业务，使理论学习常态化、制度化、规范化，全年“周三夜校”学习18次。把党风廉政建设和反腐败工作纳入年度中心工作，完善《宜君县人大常委会机关廉政风险防控工作实施方案》，组织学习《党章》《中国共产党纪律处分条例》等党纪党规，深入学习深刻领会习近平总书记系列重要讲话核心要义，增强“四个意识”，践行“两个维护”。参加县纪委组织廉政考试1次、机关组织廉政知识考试2次，签订“不忘初心牢记使命”党员干部履职承诺书40份，在冯新柱案“以案促改”中组织学习4次，警示教育2次。开展“强化纪律刚性约束时刻绷紧纪律之弦”主题纪律教育学习宣传月活动、机关纪律作风整顿活动，建立整改台账，实行销号制度，促进机关干部职工纪律作风转变。规范财务报销程序，严格执行财务联签会审制度，控制费用开支。加强党支部建设，规范党支部组织生活，坚持“三会一课”和“组织生活会”等制度。坚持重大问题及时请示汇报，重要工作集体研究，日常工作分工负责。召开支部委员会12次，讲党课4次，发展新党员1名。落实《宜君县党建10+1措施》和“党员双积分”管理，印发《关于进一步规范会议组织、请假报备等制度的通知》，规范公文格式，做好收发文登记、分类归档，全年印发各类文件129件，会场布置整洁庄重，会议服务细致周到，文件材料齐备完整，会后督办得到落实。协助召开常委会9次，主任会议14次，服务宜君代表团参加市人代会2次。做好机关安全、车辆管理、节日值班等工作。配备办公桌椅2套、打印机2台、电脑3台，组织参加“关爱留守儿童圆梦微心愿和志愿者服务”、全市人大系统第二届乒乓球比赛 和宜君县“红心向党 献礼七一”暨“学习梁家河大学问争做新时代新青年”朗读比赛、“新时代新征程——我看改革40年”主题演讲比赛、道德讲堂等。利用《铜川人大》、市人大网站、县政府网及县广播电台、电视台、微信等平台，宣传人大工作，发布各类信息报道60余条，其中市级以上信息18篇。组织干部开展“不忘初心、牢记使命，重在一线、干在实处，帮贫促发展”调研活动，19篇调研文章被编辑成册在机关内部交流学习。

宜君县人民政府

组织机构及领导人名录

宜君县人民政府

县委副书记、县长　曹全虎

县委常委、常务副县长

　李艳利（女，2018年12月离职）

　张　涛（2018年12月任职）

县委常委、副县长

　王　斌（2018年12月离职）

　张林海（挂职）

　朱　伟

副县长　白　冰

　　　　温海龙

　　　　朱　里（2018年7月任职）

　　　　陈　特（2018年9月任职）

县政府办公室

主　任　尚晓军

副主任　刘　杰

　　　　贠学军

副主任　便民服务中心主任　杨永强

督查室主任　沈守成

法制办主任　孙小勇

金融工作办公室主任　王文静（女）

电子政务办公室主任　张海锋（女）

外事办主任　吴建国

政府工作概述

【概述】 2018年，宜君县人民政府坚持以习近平新时代中国特色社会主义思想为指导，全面贯彻党的十九大精神，以供给侧结构性改革为主线，以“五个扎实”为要求，以“五新”战略为重点，以新发展理念为引领，坚持稳中求进工作总基调，全面聚焦打赢脱贫攻坚战，实现脱贫摘帽这个中心；做强项目建设、工业转型、农业增效、三产融合、城乡共建“五大板块”，推动经济发展质量变革、效率变革、动力变革；坚守生态环保、民生改善、安全维稳“三条底线”；以改革促进经济社会高质量发展，奋力开启宜君新时代全面建设社会主义现代化新篇章。

【全力打赢脱贫攻坚战】 深入推进“十大提升”工程和精神风貌大提升“十二项”活动。启动建设产业扶贫基地、扶贫车间、扶贫工厂，实现贫困村光伏电站全省首个并网发电，教育、健康、生态、就业扶贫和兜底保障等政策全面兑现，免费供药 1.3729 万人次，12 个易地扶贫搬迁集中安置点交付使用，1449 名贫困群众实现转移就业、1410 户困难群众搬进新居。中央定点扶贫、苏陕扶贫、三大帮扶、社会扶贫活力激发。驻村干部“暖心工程”实现贫困村全覆盖。普惠金融被世界银行确定为全球倡议项目，“宜馨超市”“宜民讲习所”经验在全省推广，“五好新风助脱贫”被陕西电视台全国“两会”栏目专题报道，先后荣获全省脱贫攻坚工作先进县、全省科技特派员工作组织管理先进县和全市扶贫产品交易会区县唯一优秀奖。

【县域经济稳中有进】 不断优化营商环境，在全市率先实行“登记、交易、缴税、缴费”不动产登记一体化办理服务模式，免费为新注册企业刻制公章，285 个事项“全程网上办”，新注册市场主体 3341 户，同比增长 333%。云梦风电、鲁能光伏并网发电，现代医药产业园厂房主体建成，45 个重点项目完成年度计划。组织参加“农高会”“厦洽会”、陕粤港澳经济合作周等招商引资活动，成功举办“丝博会”宜君专场，全年签约项目 30 个，到位资金 28.5 亿元，同比增长 38.6%，项目实施率 100%、开工率 85.1%。地方财政收入增长 13.56%，固定资产投资增长 18.8%，GDP 增长 5.9%。

【产业融合质效双增】 深入开展“双百双千”行动，工业产品稳中有升，国华风电、哈妹兔业等重点项目相继投产达效，全省最大的 500 兆瓦光伏技术领跑基地开工建设，新增规上工业企业 7 家，认定“科技型中小企业”4 家，在陕西股权交易中心成功挂牌企业 4 家，园区基础设施全面加强，服务功能日趋完善，规模以上工业增加值增长 3.3%。全面推进传统产业提质增效“33”工程和特色产业“双十双千”振兴计划，粮食总产 15.92 万吨，中药材 1.52 万亩，新栽鲜干果经济林 1.1547 万亩。皇姑庄核桃基地被命名为“第三批国家级核桃示范基地”，黄埔寨村被确定为省级“三变”改革示范村，马庄村入选省级美丽宜居示范村，农林牧渔业增加值增长 3.3%，农村居民人均可支配收入 9096 元，增长 9.2%。持续推进全域旅游战略，旱作梯田、花溪谷等生态旅游项目建成投用，成功举办长城保护利用高峰论坛等活动，淌泥河村被评为省级旅游示范村。培育限上商贸企业 14 家，社会消费品零售总额增长 10.9%、服务业增加值增长 9.9%。

【城乡面貌极大改善】 800 套保障性住房交付使用，建成农产品交易市场，清风园广场、宜白路、云梦山和花溪谷旅游路投入使用，宜阳南街至南山公园路“白改黑”工程全面完工，龟山片区棚改、老街改造工程进展顺利。9 个农村污水处理工程全面竣工，乡镇气化工程全部建成投用，新建及提升改造农村供水 107 处，哭泉镇、五里镇棚改步伐加快。扎实推进“三堆六乱”治理、土坯房拆除，“厕所革命”“五净一规范”示范创建成效显著，创建“达标乡道”“最美乡道”“示范乡道”“精品乡道”31 个。完成花溪谷示范片区及 31 个示范村创建任务，美丽乡村建设走在全市前列。荣获全省 2018 年度保障性安居工程建设工作先进县，2018 年度县城建设先进县。

【生态环境全面优化】 耕地保有量 56.11 万亩、永久基本农田保护 32.05 万亩。实施天然林资源保护、三北防护林、退耕还林等重点工程，开展山水林田湖生态修复，造林 4.95 万亩、治理水土流失 60 平方公里，荣获省级森林城市和陕甘两省子午岭护林联防先进单位。打好“蓝天、碧水、净土、青山”四场保卫战，科学划定禁养区、禁燃区和限制区，完成煤改气 844 户、煤改电 8320 户、清洁煤替代 1283 户。落实河湖警长制，西河饮用水水质达标率 98%以上，水质达标得到持续巩固，赵塬等 5 个村荣获“市级生态村”。全年环境空气质量优良天数达到 295 天，同比增加 22 天，空气质量综合指数在关中 67 个区县中继续排名第一。

【社会事业均衡发展】 转移农村劳动力就业 1.2 万人，新增就业 639 人，城镇登记失业率控制在 3.2%以内，被认定为“陕西省农民工返乡创业示范县”。省级标准化高中通过验收，帮扶办学成效明显，第三幼儿园等 5 所学校建成投用，全县学生喝上净化水、寄宿学生洗上热水澡，909 名学生享受助学贷款，217 名大学新生获得资助，无一名学生因贫困而辍学。全民健身运动、文化活动深入开展，公共文化服务体系示范区走在全市前列，荣获全国“双服务”文化建设先进集体，入选“陕西省民间文化艺术之乡”。宜君县人民医院门诊综合楼主体建成，标准化村卫生室、家庭医生签约服务全覆盖，医学类专业人才队伍不断加强，分级诊疗体系进一步健全。坚持应保尽保、应兜尽兜，为全县 9.7 万人全部购买一元民生保险，落实民生实事，筑牢民生保障网。城镇居民人均可支配收入 32611 元，增长 8.5%。

【平安宜君再创佳绩】 扎实推进道路交通、煤矿、危化品安全三项攻坚行动，实现安全生产和生产安全。创建“明厨亮灶”餐饮店 165 家、特色店 33 家、放心消费单位 11 家，省级食品安全示范县复审通过验收。积极化解金融风险，推进阳光信访、法制信访、责任信访，矛盾纠纷化解率达到 95%、信访事项办结率实现 100%。建成全市首个县级社会治理网格化管理中心、智能化执法管理中心，扫黑除恶专项斗争取得阶段性成效。淌泥河村被授予“全国民主法治示范村”，再次荣获全国信访工作“三无县”，2018 年度平安指数位列全省区县级第四，公众安全感排名全市第一。

【自身建设持续加强】 公布“四办”清单 798 项、“最多跑一次”614 项、“双随机一公开”监管制度全面落实，城市管理执法、卫生计生综合执法及税务、盐业、国有林场体制改革全面完成。坚持集体学法常态化，“七五”普法深入开展，法治政府全面加强。主动公开信息 678 条，办理人大代表建议 11 件，政协委员提案 14 件、建议 35 件。落实党风廉政建设责任制，营造风清气正政务环境

重要会议

【宜君县旅游发展暨全域旅游工作会议】 2 月 2 日，宜君县旅游发展暨全域旅游工作会议在县综合文艺中心召开。县委书记刘冲，县委副书记、县长曹全虎，县政协主席王东平，县委常委郭海军、王斌、张林海出席会议。县委常委、常务副县长李艳利主持会议，各乡镇（综合服务中心）、街道办，各相关部门主要负责人及文旅系统全体人员参加会议。会上，郭海军宣读《关于设立县旅游发展委员会的通知》，王斌宣读《关于成立宜君县全域旅游工作领导小组的通知》；张林海安排部署全县旅游发展暨全域旅游工作。宜阳街道办、县财政局、哭泉文旅公司等单位结合工作实际进行了表态发言。刘冲强调，发展全域旅游是适应人民群众对美好生活需求和展示宜君生态、人文资源的最大平台。党的十九大对我国社会主要矛盾变化的准确研判，是做好一切工作的根本遵循。群众对美好生活的需求是广泛的，但对美好环境的需求是最根本的。好环境、好空气、好人文，夏季避暑、冬季避霾和乡愁、怀旧情怀等都奠定了宜君是旅游目的地的基础，必须持续深化思想认识，系统谋划，做足优势，牢牢抓紧全域旅游工作，抓出更大实效。刘冲要求，要强弱项、补短板，大力提升旅游要素供给水平。不断更新思维理念，切实提高档次和品位。积极完善城乡交通和基础设施，提供“行”的便利；大力发展民宿经济，实现“住”的干净舒适、“食”的有特色；注重满足不同群体需求，丰富“娱”的形式；立足资源优势，提高“游”的内涵；开发特色产品，增强“购”的念想。要以旅游环境大提升，助推经济社会大发展。要强化“旅游+”“+旅游”意识，全面发力，推进三次产业融合发展。统筹规划，精建细管县城、乡村、景区、景点，

加强乡风文明建设，持续凝聚全域旅游发展合力，带动整体工作提水平。曹全虎强调，一要突出全城各行业联动，全民参与。持续抓好秀美山城、优美小镇、美丽乡村、美丽庭院建设和市场秩序整顿等工作。二要抓住“四个关键”不放松。要结合乡村振兴抓旅游，不断提升品质抓旅游，完善要素抓旅游，促进融合发展抓旅游，切实发挥旅游倒逼功能，推动旅游与三次产业融合发展。三要实现“四个突破”不松动。要在发展指标上实现突破，在品牌创建上实现突破，在聚集区域上实现突破，在旅游惠民上实现突破，最终实现公司、景区、合作社、行政村及贫困户多方共赢。

【宜君县安委会第一次全体会暨全县安全生产工作会议】 3月13日，宜君县安委会第一次全体会暨全县安全生产工作会议在县政府二楼会议室召开。县委副书记、县长曹全虎出席会议并讲话，县委常委、常务副县长李艳利主持会议，县级领导王斌、朱伟、赵文斗、温海龙、崔同利、杨山虎出席会议，各乡镇（街道办）、综合服务中心及县安委会成员单位主要负责同志参加会议。副县长温海龙通报2017安全生产工作，研判分析存在的问题和形势，并就2018年工作进行安排部署。曹全虎要求，一要紧盯一个目标，为全县经济社会发展保驾护航。安全生产工作是一切工作的基础。全县上下要深刻学习领会党的十九大精神，准确把握新时代关于安全生产工作的新要求，切实统一思想和行动，以更高的标准、更严的要求、更实的举措，全力以赴抓安全、保稳定、促和谐。二要抓住一个关键，坚决防范和遏制重特大生产安全事故。各相关部门和乡镇要从严排查隐患、强化执法监管、严肃责任追究、扎实开展三项攻坚行动、深化安全生产领域改革，狠抓工作落实，全力做好安全生产各项工作。三要厘清一个关系，厘清政府监管责任与企业的主体责任。要严格落实企业主体责任，继续巩固“企业主体责任执法年”活动成果，加强安全管理，杜绝事故发生。要严格落实政府监管责任，各负有安全生产监管职责的部门，要依法依规履行监管责任，各司其职、各负其责，把好本行业、本领域安全生产关口。县安委会及其办公室要充分发挥职能，督促指导各乡镇、相关部门和企业履职尽责。曹全虎强调，各乡镇、各部门要充分认识抓安全生产的极端重要性，坚决贯彻落实习近平总书记关于安全生产的新要求和中、省、市安全生产重大决策部署，群策群力、常抓不懈，做好安全生产工作，为全县经济社会发展和大局稳定贡献力量。

【宜君县“十三五”规划中期评估及重点项目建设推进会】 4月9日，宜君县“十三五”规划中期评估及重点项目建设推进会召开，县委常委、常务副县长李艳利出席会议并讲话、县政府督查室及相关部门负责同志参加会议。发改局负责同志对“十三五”规划实施情况中期评估工作进行安排部署，对2018年重点项目建设目标任务进行详细分解。李艳利强调，一要肯定成绩、认清形势、切实增强做好中期评估工作的责任感和紧迫感。全县“十三五”规划实施总体目标稳步推进，重点任务进展顺利，规划实施责任到位。开展中期评估，客观评价“十三五”规划发展目标、重点任务、政策措施等落实情况，全面评估规划实施成效，发现存在问题并分析原因，提出进一步改进规划实施的对策建议，对于推动完成“十三五”规划提出的目标任务，促进县域经济高质量发展具有重要意义。二要把握重点，协同推进，确保规划中期评估工作取得实效。要把握好中期评估的原则和要求，制定好评估方法，规划好评估的组织分工，安排好评估工作进度，明确重点，确保质量，按时完成。三要聚焦任务，狠抓落实，开创全县项目建设新局面。要进一步突出绿色生态优势，结合全域旅游，现代特色农业，新能源建设、农业产业结构调整、三产服务等谋划具有宜君特色和优势的项目；要围绕任务，狠抓落实，科学调度工期，加快项目建设进度，力促项目早日建成，达产达效；要优化服务，做好保障，简化企业手续办理程序，提高办事效率，着力优化提升全县营商环境；要加强考核，严格督查，积极改进工作作风，夯实工作责任，用考核倒逼部门抓项目建设，为全县经济社会发展实现追赶超越，建设和谐美好新宜君做出贡献。

【宜君县2018年政府系统廉政工作会】 4月27日，宜君县召开2018年政府系统廉政工作会。县委副书记、县长曹全虎主持会议并讲话，县委常委、副县长张林海，县人大常委会副主任马小平，副县长朱伟、赵文斗、白冰、温海龙，县政协副主席杨静参加会议。县纪委副书记、监委副主任胡俊华对2017年政府系统廉政工作进行全面总结，并就2018年工作进行安排部署。曹全虎强调，一要狠抓思想教育，拧紧“总开关”。高度重视、统一思想、凝聚共识，把政府系统党风廉政建设和反腐败工作推向深入，不断提升政府公信力和群众满意率。二要紧盯工作重点，筑牢“防火墙”。深入学习习近平新时代中国特色社会主义思想，紧盯项目建设、脱贫攻坚、生态环境、社会民生等重点领域，在加强项目资金管理上下功夫，在整治群众身边腐败上动真格，在健全反腐倡廉机制上花气力，在驰而不息改进作风上做文章，增强拒腐防变能力。三要强化监督监管，细耕“责任田”。要明确责任主体，加大问责力度，强化廉政教育，持续推动政府系统党风廉政建设工作取得新进展、新成效。四要在“放管服”改革上下功夫，服务经济社会发展。深入贯彻落实市政府廉政工作会议精神，按照李智远市长讲话要求，勇于担当、积极作为，全力抓项目建设、抓招商引资，简化办事程序，优化审批流程，加快项目建设进度，确保早日建成投产达效，为新时代全县经济社会高质量发展做出新的贡献。会上，副县长温海龙通报了2017安全生产工作，认真研判分析存在的问题和形势，就2018年工作进行安排部署。曹全虎要求，一要紧盯一个目标，为全县经济社会发展保驾护航。安全生产工作是一切工作的基础。全县上下要求深刻学习领会党的十九大精神，准确把握新时代关于安全生产工作的新要求，切实统一思想和行动，以更高的标准、更严的要求、更实的举措，全力以赴抓安全、保稳定、促和谐。二要抓住一个关键，坚决防范和遏制重特大生产安全事故。各相关部门和乡镇要从严排查隐患、强化执法监管、严肃责任追究、扎实开展三项攻坚行动、深化安全生产领域改革，狠抓工作落实，全力做好安全生产各项工作。三要厘清一个关系，厘清政府监管责任与企业的主体责任。要严格落实企业主体责任，继续巩固“企业主体责任执法年”活动成果，加强安全管理，杜绝事故发生。要严格落实政府监管责任，各负有安全生产监管职责的部门，要依法依规履行监管责任，各司其职、各负其责，把好本行业、本领域安全生产关口。县安委会及其办公室要充分发挥职能，督促指导各乡镇、相关部门和企业履职尽责。曹全虎强调，各乡镇、各部门要充分认识抓安全生产的极端重要性，坚决贯彻落实习近平总书记关于安全生产的新要求和中、省、市安全生产重大决策部署，群策群力、常抓不懈，做好安全生产工作，为全县经济社会发展和大局稳定贡献力量。

办公室工作

【概况】 宜君县政府办公室，是协助县政府领导处理日常事务性工作的部门。主要职责是：督促检查县政府各部门和各乡镇对县政府公文、会议决定事项及县政府领导有关批示的执行情况，并跟踪督办；协助县政府领导组织处理突发事件和重大事故；负责县政府重要活动和安排工作；负责县政府依法行政工作；负责组织实施县政府经济体制改革工作；负责县政府外事工作；负责县政府年度大事（实事）的征集和督办。

【公文处理】 树立精品意识，对各类文件按照“谁拟稿、谁负责”原则，由拟稿人全程跟踪负责，确保文件质量。对重要材料，实行会商会审，发挥集体智慧，力求高质量完成材料起草工作。树立规范意识，规范公文起草、审核、签发、分发及存档等程序，严把政策关、时效关、公文体例格式关。做到每个公文政策清楚、主题突出、格式规范、逻辑严谨、准确及时。全年共受理省、市、县来文2300余件，无疏漏、无泄密、无耽搁。严格规范控制文件规格和发文数量，全年共起草各类文件236份，完成工作汇报、领导讲话等110余篇，印发会议纪要111期，督促办理“市长信箱”交办件48件，文件数量同比下降6.3%。

【会务办理】 制订《县政府工作导引》，做好县政府常务会、专题会、党组会等重要会议安排、组织和服务工作。对重要会议、活动提前介入，精心筹划，统筹协调，周密安排，确保各类会议秩序和质量。提高办会水平，制订《综合科操作指南》，会前周密准备，会中细致服务，会后狠抓落实，增强工作的实效性。全年共组织县政府、办公室各类工作会议232次，其中县政府常务会议16次、专题会议95次、其他会议121次。

【信息调研】 围绕脱贫攻坚、环保治理、追赶超越、五新战略、城乡建设、特色优势产业发展和群众关心的重点热点问题，撰写调研报告和理论文章，及时反映工作措施和进展情况，为科学决策提供依据。抓难点，编写有情况、有分析、有特色、有质量的信息300余篇，被省市采用53篇。抓关注点，起草调研文章9篇，在省、市刊物发表4篇。

【法制工作】 严格政府法制审查，合理合法提出审核意见，办理涉法事务8起，审查涉法文件45件。加强行政执法监督，实现法律顾问全面覆盖。组织重点执法案卷评查，严格规范行政执法。编制政府权责清单，推进简政放权。积极开展行政应诉、行政复议工作，依法有效化解社会矛盾。开展行政执法培训，提高素质，增强才干，依法行政，全面推进法治政府建设。

【外事工作】 继续保持宜君县与韩国奉化邑及友好区县友好交往，组织出访韩国交流活动1次，接待韩国奉化邑来宜活动1次。扩大对外宣传，推动全县招商引资，“西洽会”邀请国内客商101人、国（境）外客商5人。

【应急建设】 严格执行“领导带班和24小时值守”“视频点名”“信息报告”“检查通报和责任追究”及主副班值班等制度，建立应急救援专项资金，加强应急物资储备，编制《应急政策汇编》，推进制度化建设。利用“周三夜校”“党员进社区活动”“党政机关落实普法责任制”等活动，深入群众家中和公众场所，宣传培训应急知识，提高群众应急知识知晓率。2018年，在全市率先开展县级应急示范点创建工作，县实验幼儿园和彭镇拔头塬村创建成为市级应急示范点。2篇论文被录入国际应急管理学会（TIEMS）中国委员会年会论文集。

【督查督办】 明确《政府工作报告》中的重点工作、重点项目、民生实事、人大代表建议、政协委员提案等完成时限和要求，跟踪办理，强力推进。2018年市县政府工作报告涉及宜君县的46项重点工作已全部办理，办结率100%，代表建议及委员提案、建议办结率均达到90%以上，事事有落实、件件有回音。按照“有作为、有力度、有结果”要求，围绕脱贫攻坚、重大项目建设、优化提升营商环境、市场主体倍增、光伏扶贫、农村改厕、环保督查、移民搬迁、城市“白改黑”建设、棚户区改造、春季植树造林、森林防火、春季畜牧动物防疫等工作开展专题督查。抓好领导批示件、网民留言急事办理，现场协调，上门督办，效维护群众利益。办结上级文件通知、网民留言办理等省市转办件96件，编发《政务督查通报》21期，印发督办通知69份，督查决定事项113项。电话督办、催办260余次。

【电子政务】 加强门户网站建设，完成政府网站第三次改版，开展网站信息员培训，抓实政府网站普查工作，确保网站信息合格达标。推进政务公开，推动互动交流，认真阅办群众来信，主动公开政务信息，做好新闻采访、编辑、发布工作，通过“两微一站”、今日头条号、腾讯抖音号，对外公开发布信息15135条，其中政府网站公开信息10565条，“宜君发布”政务微博微信发布信息240期720条，“宜君发布”新浪、腾讯微博各发布信息2650条。处理网民来信35件，回复率100％。向铜川市政府门户网站报送信息1200条，采用率100％。积极开展“邀请公民代表走进县政府”活动，努力打造“为民、务实、清廉”阳光政府。深化农村信用体系建设，强化信用文化宣传，建立制度保障机制，公开“双公示”“双随机”信息1148条，营造诚实守信社会氛围。

【便民工作】 优化便民服务，打造最佳营商环境，共受理群众申请事项5937件，办结5937件，办结率100％，乡镇、社区受理3643件，办结3643件，办结率100％。对窗口办件实行全程跟踪、限时催办、超期预警和责任追究，引入窗口评评议、投诉意见箱留言评议、网站综合评议、电话反馈评议全方位、多渠道服务评价体系。加强三级便民服务中心管理，提升服务群众能力。加快推进“互联网＋政务服务”，提高政务公开信息化水平。

【金融扶贫】 以金融扶贫提升工程为主线，搞好农村普惠金融综合示范区试点工作，普惠金融被世界银行确定为全球倡议项目。认真落实扶贫小额信贷、产业扶贫信贷、保险支持扶贫等政策，小额信贷风险补偿资金增加1000万，产业担保基金增加到1300万元。累计为34家新型农业经营主体发放贷款2670万元、带动贫困户1118户。投放小额信贷1338户5780.45万元。创新开展全国首单苹果价格期货保险试点，开展玉米价格期货保险3万亩，县财政出资37.4万元购买国寿宜君县“扶贫保”专项意外险，覆盖全县建档立卡贫困人口10394人。探索建立立体化、社会化、信息化的监测预警机制，严厉打击和处置非法集资，做到早调查、早预警、早处置，确保金融环境稳定。

【脱贫攻坚】 投资6000元，对马庄村停车场进行绿化，投资25000余元，完成村“暖心工程”建设，更换维修巷道路灯30盏，新栽补栽绿化苗木，完善新村巷道部分边角硬化，落实3万元资金，协助马庄村成功创建应急示范点。因户施策，产业支撑，引导贫困户与秦一养殖公司、恒武专业合作社、哭泉文旅公司签订协议，入股分红，提高贫困户收入。发挥马庄村贤丰专业合作社作用，群众扩栽连翘400余亩，发展村长期产业。

民政工作

民政局

局　长　白立龙

副局长、民族宗教事务局局长　　冯新民

副局长　赖建国　寇新玲（女）

【概况】 宜君县民政局加挂宜君县民族宗教事务局牌子，是县政府负责全县社会行政事务和民族宗教工作的工作部门。2018年，民政工作全面贯彻落实党的十九大精神，学习贯彻习近平新时代中国特色社会主义思想，紧紧围绕县委、县政府中心工作，树立“民政为民、民政爱民”理念，严格履行全面从严治党主体责任，扎实开展“不忘初心，牢记使命”学习教育活动，不断推进“两学一做”学习教育常态化、制度化。实施“民生工程”，做好社保兜底工作，推进民政自身建设，求真务实，开拓进取，廉洁自律，恪尽职守，各项工作体现追赶超越新要求。全年共完成固定资产投资2190万元，占任务的109.5％，争取民政项目资金2353万元，占任务的117.65％。

【双拥优抚安置】 双拥优抚工作以保障退役士兵、重点优抚对象权益为重点，落实双拥优抚安置各项政策。巩固双拥共建成果，继续开展“为宜君籍现役官兵办好九件实事”活动。春节、八一期间，走访慰问重点优抚对象和驻宜部队，送去慰问品和慰问金14.9万余元；开展重点优抚对象医疗保障“一站式”服务，实施“一站式”医疗救助11万元，为优抚对象发放医疗救助金1.83万元；建立抚恤补助标准自然增长机制，保障优抚定补金及时足额发放，全年共为各类优抚对象发放生活定补金、转业士官待安置期间生活费、现役军人家属优待金、退役士兵自主就业一次性经济补助金541.6万元。贯彻落实中、省、市退役士兵安置有关法规政策，探索新时期退役士兵安置办法，全面推行以扶持就业为主，自主就业、安排工作、供养等多种方式相结合的退役士兵安置制度，做好退役士兵安置保障。组织2017年秋冬季29名自主就业退役士兵参加汽车驾驶技能培训，对2017年以前城镇退伍义务兵安置遗留问题全部“清零”，安置转业士官9人，城镇退役士兵1人，在全市率先实现全部安置。按照上级统一安排部署，适时开展退役军人信息采集，建立退役军人信息数据库，为进一步维护退役士兵合法权益奠定基础。

【基层政权和社区建设】 以加强村务公开和民主管理为立足点，推进基层民主政治建设。第十次村民委员会换届选举工作全面完成。按照省、市、县总体部署和要求，深入研判，做好“四个结合”，制定印发《宜君县村级党组织领导班子和第十次村民委员会换届选举工作实施方案》。成立由县委和乡镇（街道）两级主要领导任组长的县、乡镇（街道）村委会换届选举工作领导小组，夯实主体责任及分工，统筹协调换届工作，县级领导包抓乡镇督查指导，召开县乡村三级业务培训会，确保第十次村委会换届选举工作有序推进。同时按照换届工作“五选八不选”标准，加大对换届选举工作的指导督查和换届风气监督巡查，全县117个行政村按照时间节点全部完成换届工作。全面提升新一届村干部的思想政治素质和履职能力，对全县新一届村民委员会主任及村务监督委员会主任进行培训。村（居）务公开民主管理工作结合反馈问题整改，指导乡镇（街道）持续开展村规民约建立，积极推进村务公开、民主管理“六化”制度，印制下发法规政策宣传彩页1万余份，全面开展村务公开民主管理政策宣传，重点宣传村务应公开的事项、程序、时间、形式、监督等内容。指导各乡镇及时丰富和拓展线上线下村务公开清单内容，除利用公开栏公开外，引导各乡镇完善“村村响”工程，采取广播、会议公开、网站、微信公众号、微信群等新媒体进行宣传、公开，切实增强村务公开透明度，提升群众对村务公开的知晓率和满意度。同时配合县妇联做好社区家长、高校、家庭教育流动讲堂活动，协助宜园社区迁入新址办公，完成5个农村社区服务中心年度建设任务和村（居）委会信用代码赋码发证工作。认真落实村组、社区干部及工作人员报酬待遇，全年发放村组干部岗位和绩效补贴658.46万元；为13名社区专职工作人员累计发放工资、补贴51.2万元。

【第二次全国地名普查】 加强保障，加大投入，查漏补缺，充分挖掘地方文化资源特色和亮点，保质保量完成地名普查工作，形成具有历史价值的地方文献、地域用图、资料。积极做好地名普查成果转化利用工作。截至12月底，完成地名数据库现有词条数2187条。地名普查“图录典志”四部书籍正在编纂之中。全县各行政村村牌完成制作加挂，完成了乡级区域界线协议书签订及备案上报工作。

【社保兜底工作】 认定兜底保障对象614户738人，其中，农村特困人员488户503人（集中供养兜底146户152人，分散供养兜底342户351人），农村低保兜底126户235人，累计发放兜底保障金349.64万元。发放特困人员救助供养生活费、护理照料补贴、电价补贴、取暖费、丧葬费等资金426.67万元。坚持城乡低保政策标准和要求，对标分类施保，重点做好城乡老年人、重度残疾人、重病患者等7类特殊困难群体的基本生活保障。保障城乡低保对象953户2280人，累计发放城乡低保金 818.47 万元。加大医疗救助保障力度，全额资助 2216 户 3850 名农村特殊困难对象参加新型农村合作医疗，资助金额 73.15 万元（人均资助 190 元）。累计开展医疗救助 4621 人次，发放医疗救助金 1039.32 万元。落实“求助有门，受助及时”机制要求，实施临时救助措施，累计开展临时救助 1493 人次，发放救助金 272.57 万元。为进一步完善社会救助兜底保障措施，结合实际，制定《宜君县特殊困难人员（家庭）救助帮扶奖补办法（试行）》《宜君县落实赡养抚养义务的实施办法（试行）》等政策措施，破解政策边缘困难群众的救助保障问题。落实 28 名孤儿的监护抚养责任，全年发放孤儿生活保障金 25.44 万元；为认定的 71 名严重精神病患者监护人发放全年监护补贴 16.8 万元。按照县脱贫攻坚工作部署要求，成立社会兜底保障办公室，统筹融合人社、残联、老龄等行业政策，做好社会兜底保障。同时结合县脱贫攻坚“两对两补”工作，制定了兜底保障“两对两补”研判核查工作方案，会同各成员单位、乡镇（街道）开展兜底保障工作研判核查，确保动态管理下的“应救尽救、应保尽保、应兜尽兜”。强化建档立卡贫困老年人基础养老保险金的发放和管理，累计为 1188 名未脱贫建档立卡贫困对象发放基础养老金 219.84 万元；协同县残联实施民生救助扶持、器具适配和康复扶贫，为 497 名未脱贫建档立卡贫困残疾人发放残疾人两项补贴 58.58 万元；县老龄办落实贫困高龄老年人的各项优待政策，为 596 名未脱贫高龄老年人发放高龄补贴 45.36 万元。

【社会福利】 县中心敬老院、县敬老服务管理中心建设达到“五室两间一场”（棋牌室、书画室、医务室、康复特护室、浴室、卫生间、洗衣间及室外健身广场）的标准，集中供养农村特困对象 159 人（其中县中心敬老院集中供养农村特困救助对象 121 人，县敬老服务管理中心集中供养农村特困救助对象 38 人），最大限度满足集中供养老人的各项服务需求；县敬老服务管理中心共接待来自西安、咸阳、渭南等地区医疗康养 600 余人次，得到社会好评。县中心敬老院探索出“12345”服务模式，通过实践摸索，推行农村互助幸福院“334”运营管理模式，有效发挥农村互助幸福院为老服务作用。同时争取福彩资金 648 万元，新建农村幸福院项目 36 个，为建成的 27 个农村幸福院全部配备家具，下拨设施补助金 18.4 万元。县、乡、村联动，对认定的 234 名农村留守儿童全部落实监护责任并签订责任书，帮扶农村贫困留守儿童及公益助学，4 名单亲、残疾、贫困农村留守儿童享受公益资助 6000 元，留守儿童和 28 名困境儿童全部录入全国农村留守儿童和困境儿童管理信息系统，并为全县 9.7 万户籍人口购买了“一元民生”保险；为 7 名贫困大学生发放福彩公益资助金 2.9 万元。

【社会事务】 制定《宜君县殡葬改革工作目标任务责任分解实施方案》，清明“殡葬宣传活动月”，发放宣传单 4000 余份；设立县公墓集中祭祀点和社区公祭点，倡导生态安葬、绿色低碳祭扫、文明节俭办丧；自筹资金 3 万元，建设遗体存放间，解决遗体存放不足的问题；完成 2.4 公里道路、2400 米水渠、4500 立方米挡土墙及 2900 个骨灰、遗体墓穴设施建设，完成投资 1125 万余元。

【减灾救灾】 按照《宜君县自然灾害救助应急预案》，夯实县减灾委成员单位职责。实行 24 小时值班制，随时掌握和迅速处理紧急情况，确保灾情发生后第一时间掌握情况并及时处置。全年共发生较大自然灾害 2 次（雪灾、洪涝各 1 次），造成 3398 人（次）受灾，农作物受灾面积 826.91 公顷，直接经济损失 1481.6 万元。灾情发生后，及时和受灾乡镇联系，利用国家灾情上报系统和移动网络手机报灾终端上报灾情，并按程序及时续报和核报。针对受灾情况，拨付各乡镇（街道）救灾资金 34 万元，下拨救助面粉 1800 袋、米、面、油各 850 袋（桶），救灾帐篷 50 顶，确保受灾困难群众的基本生活。

【民间组织管理】 指导社会组织完善法人治

理，把好社会组织“登记关”。2018 年，依法登记社会组织 2 个、办理年检 6 个、变更法人 1 个、依规注销 4 个，完成社会组织统一社会信用代码赋码和县慈善协会换届工作，完善 114 个社会组织信息化管理。制定印发《打击整治非法社会组织实施方案》，配合县教科体局做好校外培训机构专项整治工作，对全县社会组织实现规范化治理。

【联村包扶】 按照中、省、市、县扶贫工作部署，围绕县委脱贫攻坚“十大提升”工程，抓好五里镇星星坡村脱贫攻坚联村帮扶工作。完成背甲申组 826 亩耕地平整改造；协助村组开展以市级“美丽乡村建设”和“五净一规范”活动为主题的环境综合整治；栽植巷道绿化树 3000 余株，种植油葵 203 亩；10 万只现代肉兔养殖场主体建成，新建晾晒场 2000 平方米；新建休闲小广场 500 平方米，砂石生产路 10 公里，安装路灯 87 盏，新建双瓮漏斗无害化卫生厕所 45 个；组织开展道德讲堂“孝老爱亲”“不忘初心 牢记使命”主题党日及“脱贫奔小康、党的恩情永不忘”纳凉文艺晚会等系列活动。发挥“宜馨超市”引领带动作用，覆盖县镇村三级“宜馨超市”127 个，为脱贫攻坚注入一股强大而持久的动能，受到群众一致好评，被省市推广。同时结合实际，制定印发全县“宜馨超市”规范化管理办法，提高其运营管理水平，2018 年，县级宜馨超市累计发放积分卡 24510 分，商品价值约 10 万元，2000 余名群众受益。

【社会救助】 制定印发宜君县《2017 年度社保兜底存在问题整改实施方案》《2017 年度社保兜底存在问题整改实施方案的补充通知》《农村低保专项治理方案》及《宜君县 2018 年社会保障（救助）兜底脱贫提升工作方案》，健全和完善社会救助联动机制，实现应保尽保、应兜尽兜。同时对已纳入低保的老年人、重度残疾人、重病患者等 8 类特殊困难群体，在发放基本保障金的基础上，根据对象类别，以分类别发放分类施保金的方式提高其保障水平，确保重点保障。按照《陕西省人民政府关于进一步健全特困人员救助供养制度的实施意见》和《铜川市民政局关于进一步健全特困人员救助供养制度的实施细则的通知》精神，累计发放农村特困救助人员照料护理补贴 98.82 万元。加强“两项制度”衔接融合，与扶贫部门沟通对接，对国办系统兜底对象按照要求阶段性做好信息比对，围绕兜底政策、兜底责任、兜底工作的“三落实”及“两对两补”工作，制定印发工作方案。联合有关部门、乡镇（街道）对标兜底保障工作任务标准、时间节点，短板弱项，开展研判核查及整改，实现“应保尽保、应兜尽兜、应退尽退”。开展社会救助专项治理，加大社会救助民主评议和末端公示工作力度，规范乡镇（街道）、村级低保公示程序，自觉接受群众监督。加大宣传，提高政策知晓率。组织业务人员深入乡镇（街道）、村组开展社会救助政策宣讲；组织各乡镇（街道）分管领导、民政助理员、村委会主任，监委会主任，贫困村第一书记、非贫困村驻村工作队队长及部分村“四支队伍”开展新任村干部素质能力提升培训和社会保障（救助）兜底政策培训，全年累计开展政策培训 4 次，参加培训 1400 余人次。同时印发社保（社会救助）兜底政策宣传手册、一览通、明白卡和宣传彩页 4 万余份，并与中国电信宜君分公司合作，为保障对象免费开通政策短信推送服务。同时加大社会救助兜底对象末端公示力度，做到政策、救助对象信息全部公示、公开，提升群众政策知晓率和工作透明度。

【流浪乞讨人员救助】 对城市生活无着的流浪乞讨人员实施人性化的救助服务，开展了“夏季送清凉”“寒冬送温暖”专项救助行动，设立临时救助咨询点和避寒场所，全年累计救助流浪乞讨和生活无着人员 156 人次（其中救助自主返乡 53 人、护送返乡 2 人、寻亲 2 人），落实医疗、托养及救助资金 2.88 万元，确保流浪乞讨人员得到及时有效救助。

【民族宗教工作】 贯彻落实各项民族、宗教政策，切实加大对少数民族困难群众的帮扶力度，完成“一堂四点”新代码赋证工作，落实了“四进”工作，完成民族宗教领域工作深度调研和自查自纠各项任务，并加强监管，引导信教群众爱国、爱教，推动全县民族宗教事业健康有序发展。

【婚姻登记】 加大婚姻登记工作标准化建设力度和历史数据补录信息完善工作，推行制度、程序、监督、咨询电话和登记员职责五公开，提高婚姻登记服务水平。2018 年，共登记颁发结婚证书 471 对，补发结婚证 802 对，办理离婚 148 对。

人力资源和社会保障

人力资源和社会保障局

局　长　王万平

副局长　张焕玲（女，2018 年 11 月离任）

　　　　薛东斌

【概况】 宜君县人力资源和社会保障局，是主管全县人力资源和社会保障事务的县政府组成部门。行政编制 16 名，内设 5 个科室：办公室、人事综合管理科、专业技术人员管理科、工资福利科、劳动综合管理科。全系统有工作人员 90 人：其中正式职工 60 人，劳动保障协理员 30 人。局属下设人才交流服务中心、劳动人事争议仲裁院、就业管理局、医疗保险事业管理中心、失业和农村养老保险管理中心、劳动监察大队、机关事业单位社会保险基金管理办公室等 7 个单位。2018 年，宜君县人社局坚持以党的十九大、十九届二中、三中全会精神及习近平新时代中国特色社会主义思想为指导，全面落实省市人社工作会议精神，践行“五个扎实”要求，认真落实五新战略任务，围绕“民生为本，人才优先”工作主线，聚焦“追赶超越 转型发展”，将创新发展、优化服务、提质增效贯穿人社工作始终，坚定不移推动全面从严治党，着力形成基础扎实、服务到位、创新驱动、亮点突出的人力资源和社会保障事业科学发展新态势。

【人事工作】 1. 完成 2017 年度公务员、事业单位工作人员年报统计及年度考核工作。2. 完成 2018 年宜君县公务员及事业单位工作人员招考（聘）工作，共招录（聘）116 人，其中：公务员 40 名，事业单位人员 76 名。3. 及时更新完善借调人员信息台账并办理相关手续，规范借调人员管理。4. 组织 2017 年新录用 48 名公务员参加市上统一组织的初任培训，安排 2018 年公务员网络课程培训工作，组织开展宜君县 23 名服务期内振兴计划人员“不忘初心 兴我宜君”主题培训。5. 对全县部分行政机关事业单位人事管理工作开展调研，配合县委组织部统计摸底全县机关事业单位在册在编人员帮扶情况，为各级党政部门正确决策建言献策。6. 联合县财政局为乡镇聘用脱贫攻坚专职辅助性工作人员 30 名；配合县住建局为城市管理执法中队聘用辅助人员 21 名，调配城市管理执法中队执法人员 7 名；为公安局招录社会网格化管理人员 18 名。7. 完成 2017 年新招录公务员登记及 2018 年新招录（聘）人员报到入职工作；审核办理退休手续 97 人；审核上报 3 个单位 8 名工作人员的参公单位相关资料，并于 10 月份审批登记；承办县政府领导干部任免手续 47 人。

【劳动保障】 1. 办理企业职工退休手续 69 人，其中正常退休 63 人，特殊工种退休 3 人，病退和退职 3 人。2. 向企业和个人发放劳动合同 78 份，鉴证劳动合同 2300 余份，审查不规范劳动合同 36 份，退回重新签订 36 份。3. 做好工伤宣传、咨询工作，共收到工伤咨询 20 余起，均已按照政策规定予以调解处理，受理工伤认定申请 6 起，其中受理机关事业单位工伤 4 起，企业 2 起，6 起全部认定为工伤。4. 做好劳动人事争议调解仲裁工作，收到仲裁申请 16 起，不予受理 4 起，立案受理 12 起，结案 12 起，其中裁决 5 起，调解 6 起，撤诉1起，案件共涉及劳动者18人，涉及争议金额67.09万元，同时稳步推进调解仲裁信息化建设，案件网络录入率达到100%，与县人民法院建立劳动人事争议裁审衔接工作机制，推动裁审衔接工作健康发展。5. 做好2018年全民参保宣传动员、入户调查、系统录入工作。全民参保登记工作入户调查率完成100%，系统录入率100%。6. 监管就业专项资金的收支、运行情况，按时向市人社局报送就业资金报表。7. 对各用人单位临聘人员动态管理，依法保障临聘人员与用人单位的合法权益。8. 做好人社12333热线电话咨询服务，对社保、就业等人社问题做出咨询解答，主办3月30日人社“12333全国统一咨询日”宣传活动。9. 定期对各社会保险基金的收支、管理和投资运营情况进行监督检查，并及时向上级反馈。10. 成立宜君县农民工综合服务中心，为农民工提供就业信息、劳动保障等相关服务。

【工资福利】 1. 完成2017年度全县机关事业单位工资福利统计上报及2018年度工资基金年审工作，为2018年度财政预算提供准确依据。2. 完成2017年度年终奖审核工作。3. 完成机关事业单位升级晋档、职务职称、岗位等级变动的审批工作。4. 对机关事业单位遗属及60年代退职人员发放的生活费进行了核查和规范。5. 办理2018年机关事业单位新招录、招聘人员104人工资手续，办理10名特岗教师留任工资转正定级手续。6. 审批行政单位晋升职务与职级并行8人。7. 完成津贴增资审批工作。完成了政法津贴，公安执勤岗位津贴、警衔津贴以及纪检、保密、妇幼等行业的特殊岗位津贴审批工作。8. 及时完成机关事业单位退休人员护理费、一次性建房补助费、抚恤金、丧葬费、遗属生活困难补助费及原事业单位工伤残人员残疾抚恤金标准调整、补发取暖费等审批发放工作。9. 完成109名工勤技能人员升等级考试考核报名工作。其中：技师93人，高级工14人，初级工2人；10. 完成机关事业单位在职人员艰苦地区津贴调整标准工作。

【社会保障】 继续推进各项保险扩面工作，努力完善服务平台建设，为群众参保续保提供优质、高效和便捷的服务。城乡居民养老保险参保51172人，参保率99.6%，征缴保费785.50万元，各级财政补助收入2652.59万元，发放养老金及其他各项支出共计2669.65万元。机关事业单位养老保险参保5447人（在职3887人，退休1560人），征缴基金9937.24万元（养老保险金6960.67万元，职业年金2976.57万元），发放养老金8536.84万元。城镇基本医疗保险参保13201人，参保率98.2%（城镇职工6682人，城镇居民6519人），基金收入2931.4万元，外诊支出84.4万元。生育保险参保3995人，基金收入96.4万元，外诊支出18.7万元。失业保险参保4205人，新增扩面193人，征缴保费110万元，失业金及援企稳岗资金支出共计149.99万元。工伤保险参保4755人，基金收入74.5万元，支出17万元。

【就业再就业】 大力开发就业岗位，促进各类人员实现就业。全县开发城镇新增就业岗位639个，完成任务500人的127.8%；城镇登记失业率控制在3.22%。加大公益性岗位开发力度，全县新开发各类公益性岗位501个，其中：普通公益性岗位175个，特设就业扶贫公益性岗位292个（其中市县财政负担67人），高校毕业生托底安置34个，通过开发就业岗位和公益性岗位有效缓解宜君县的就业压力。大力发展劳务经济，促进农村劳动力转移就业。组织基层特岗员进村入户发资料、送信息，动员农村富余劳动力外出务工；开展“就业援助月”“春风行动”和“2018年就业扶贫专场招聘会”“大丰宜君专场招聘会”等招聘会17场；选派专人赴盐城市大丰区考察人力资源市场和职业技能培训等工作，完成全县就业扶贫信息员过渡为劳务经纪人工作；每月定期印制用工信息，及时把用工信息送到贫困劳动力手中。全县农村劳动力转移就业11752人，完成任务11000人的106.8%；其中：贫困劳动力转移就业1449人，完成任务1100人的131.7%。创经济收入1.8

亿元，占任务1.7亿元的105.8%。大力开展就业创业培训，促进从业者提升技能水平。全年共举办各类职业技能培训班31期，培训人员1550人，完成任务800人的193.75%；举办创业培训班16个，培训人员405人，完成任务200人的202.50%，同时积极开展苹果树栽培修剪、桃核种植、剪纸农民画等丰富多样的技能鉴定工作，共鉴定218人，合格157人，合格率72%。大力发放创业担保贷款，促进创业者自主创业。全年为361户符合条件的各类人员发放创业担保贷款3598万元，完成任务1600万元的224.8%，贷款发放涉及核桃加工、餐饮、种植、养殖、五金家电、服装销售等行业。为206户发放一次性创业补贴57.4万元。

【劳动执法】 1.抓预防，广泛宣传劳动保障法律法规。全年发放劳动保障读本、劳动合同示范文本等宣传资料3000余份，利用逢集日上街道宣传2次，悬挂横幅6条，书写标语80余条，营造和谐稳定劳动关系的良好氛围。2.抓检查，从源头理顺用工行为。全年共开展春季劳动用工综合执法专项检查、建筑行业工伤保险专项检查、农民工工资支付情况专项检查等9次专项检查，共检查65户用工单位，涉及劳动者697人，对36户用工单位下达《劳动保障监察限期整改责令书》，责令用人单位限期进行规范整顿；对18户用工单位下达《宜君县人力资源和社会保障局行政处理决定书》，对违法行为进行处理。3.抓落实，确保农民工工资按期发放。积极受理农民工工资投诉举报案件，严厉打击无故拖欠和有意克扣农民工工资等严重违法行为。共受理投诉22起，协调处理13起，立案查处9起，结案9起，办结信访交办函6起，追讨农民工工资157.28万元涉及农民工176人。4.抓保障，农民工工资保证金征收常态化。征缴农民工工资保证金34户418.79万元；5.抓甄别，严把工程招标入口。严格把好为新开工项目招标出具《用人单位无拖欠职工工资证明》的入口关，从源头杜绝农民工工资拖欠行为的发生。共出具《用人单位无拖欠职工工资证明》80份涉及41个项目。6.抓落实，“双管制”实现全覆盖。2018年度宜君县劳动用工实名制、农民工工资银行专用账户管理制在建设领域在建工程中实现100%全覆盖。全县未发生因拖欠、克扣农民工工资引发50人及以上群体性事件或引发造成严重后果的极端事件，未发生同一项目重复发生因拖欠、克扣农民工工资引发的20人及以上群体性事件。

【就业产业脱贫】 印制务工信息6万余份，提供用工岗位4万余个，促成贫困劳动力转移就业1449人，占任务1100人的131.7%，为39名外出务工的贫困户劳动力发放交通补贴，建立贫困劳动力转移就业“一人一策”台账和贫困劳动转移就业台账。培训贫困劳动力1386人，完成任务1100人的126%，通过培训进一步提升劳动者素质和就业技能，促进贫困家庭致富增收。全年开发就业扶贫特设公益性岗位292个，在岗688人；全年累计开发公益专岗60个，在岗60人，完成任务的100%；通过创业培训、发放一次性创业补贴、创业担保贷款政策对91名贫困劳动力进行创业扶持，完成任务的151.6%；建成就业扶贫社区工厂3家，吸纳劳动力就业45人，其中贫困劳动力39人；认定就业扶贫基地3家，吸纳贫困劳动力72人。

【劳动协作】 5月17日，盐城市大丰区人社局领导来宜君县进行劳务对接，成立盐城市大丰区驻宜君县劳务工作站。通过共同努力，双方劳务协作工作取得成效。2018年，宜君县向大丰区提供310名有就业意愿和能力的贫困劳动力信息，共转移到江苏务工贫困劳动力31人，每人月均工资4000元左右。两县区举办协作培训，共培训劳动力400人，其中培训贫困劳动力383人。举办苏陕扶贫专场招聘会，提供就业岗位300余个。

【示范点建设】 认真组织，精心筹备，全力实施城乡居民经办服务示范点建设。宜君县失业和农村养老保险管理中心被市人社局命名为县级示范点，哭泉镇南塔村、云梦乡刘家埝村被命名为村级示范点。

【创新服务模式】 大力推广“城乡居保＋互联网”网上服务工作，通过“铜川人社”手机App、微信和支付宝等渠道，宜君县已全面实现城乡居民养老保险参保、缴费、领取、认证、查询“五个不出村”，进一步提升经办服务水平。使用“铜川人社”手机App等方式缴纳城乡居民养老保险费35334人，共768.52万元，占已缴费人数的90%；通过“铜川人社”手机App进行待遇领取资格认证12364人，占应认证人数的98.4%。

【农民工工资保障】 根据《铜川市人民政府办公室关于印发保障农民工工资支付工作考核办法的通知》结合宜君县农民工工资保障工作实际，制定印发《宜君县保障农民工工资支付工作考核办法》，明确加强保障农民工工资支付工作的组织领导、建立健全工资支付保障制度、治理欠薪特别是工程建设领域欠薪工作等方面的考核内容，全县农民工工资保障工作迈出新步伐。2017年度被市政府解决拖欠农民工工资问题联席会议考核定位A级等次。

扶贫开发

扶贫开发局

局　长　仇志鹏

副局长　刘东宏

　　　　许学斌

【概况】 宜君县扶贫开发局是主管全县扶贫开发工作的县政府直属事业单位，局机关编制7名，实有人数6名，下设宜君县扶贫开发中心和扶贫监测中心，其中：扶贫开发中心编制5名，实有人数2名；扶贫监测中心编制5名，实有4个名。2018年，脱贫攻坚工作紧紧围绕脱贫摘帽目标，以习近平总书记扶贫论述及重要指示精神为指导，全面落实中央和省市关于脱贫攻坚的各项安排部署，结合春季攻势“三大行动”，全力实施“十大提升”工程，扎实落实“八个一批”举措，精准发力，苦干实干，坚持问题导向，统筹力量补缺位、精准施策补缺项、完善基础补短板，年初既定各项目标任务圆满完成。2018年全县退出35个贫困村、脱贫1107户2813人，剩余贫困户462户823人，贫困发生率降至1.19%，实现摘帽目标。

【贫困村基础设施项目】 2018年，贫困村基础设施项目分别在雷塬拴马村、蔡道河等村实施，投入财政扶贫资金46万元，修建毛石护坡325米、修建排水渠200米、捕设盖板65米。共受益农护255户701人。

【贫困村产业基础设施项目】 2018年，贫困村产业基础设施项目分别在尧生镇南寨、思弥村、太安镇寺坪村、焦坪村、榆树湾村、哭泉镇麻庄村、云梦乡南斗村、南堡村、县口村、棋盘镇棋盘村、水沟门村、彭镇湫沟村、偏桥等15个村实施，共投入财政扶贫资金411万元，完成修建灌溉池塘3座、硬化粮食晾晒场10个19750平方米、修建生产路440米、建设生产桥一座。该项目共收益农户582户1669人 。

【技能脱贫项目】 投入技能脱贫项目资金8.4万元，对2016—2017年度宜君县农村建档立卡贫困家庭子女，对在省技工院校就读的21名学生每生每年补助3000元。

【贫困户外出务工交通补贴项目】 2018年，宜君县外出务工贫困劳动力交通补贴共计39人，其中省内16人，省外23人。按照市外省内转移就业给予200元补贴，省外转移就业给予500元补贴标准，资金由就业专项资金和扶贫专项资金各列之50%补贴，补助资金0.74万元。

【扶贫互助资金项目】 强化对互助资金协会指导与监管，开展业务培训、加强规范化建设、提高风险防控、组织核查认定，切实抓好互助资金协会的规范化运行。2018年，全县共有扶贫互助资金协会72个，涵盖72个村，其中贫困村互助资金协会57个，共有协会会员3997人，其中贫困户会员1400人。财政注入资金1908万元，吸纳会员会费130万元，会员借款2014人借款1500万元，其中贫困户借款480万元，资金借出率79%。

【扶贫项目库建设】 2018—2020年项目库建设，共入库项目315个资金100972.56万元。能力建设项目6个资金165.6万元。金融扶贫项目8个资金2325.86万元。产业扶贫项目126个资金37298.75万元。基础设施项目175资金61182.35万元。其中2018年入库项目183个资金70856.31万元。能力建设项目2个资金37.5万元，金融扶贫项目4个资金1544.86万元。产业扶贫项目59个资金24642.75万元。基础设施项目118个资金44631.2万元。

【动态调整工作】 按照省市关于建档立卡扶贫对象动态调整工作安排，制定《宜君县2018年度扶贫对象动态调整工作方案》，9月27日，召开全县2018年贫困对象动态调整工作培训会，系统安排动态调整工作。制定《宜君县2018年动态调整程序资料目录》，全面规范退出程序环节及资料。年底，系统标注退出贫困户1107户2813，新增贫困户2户5人。

招商引资工作

招商局

局　长　余立平

副局长　王蝴蝶（女）

【招商引资成效】 2018年，全县共签约项目30个，涉及资金107.62亿余元。其中：合同类项目21个，涉及资金45.82亿余元，协议类项目9个，涉及资金61.79亿余元；共到位资金28.54亿余元，同比增长38.55%。其中：续建项目到位资金16.44亿余元，新建项目到位12.1亿余元。完成全年任务的178%，合同项目开工率85%，协议项目转化比率18.2%。

【丰富招商形式】 1.“走出去，请进来”精准招商。组织专业招商小分队赴碧桂园集团、河南南阳中石化河南油田分公司、商洛市陕西天士力植物药业有限公司、厦门大帽山农场等地开展精准招商活动41余次，就油气资源勘探项目、药材生产加工基地、艾草产业发展与深加工等相关项目积极与投资者进行洽谈；邀请美国加州核桃协会、北京启迪桑德集团、福州蜂味源投资管理有限公司、澳洲天然生物科技有限公司等67余家行业内知名企业赴我县就核桃产业发展、生物质热电联产联供、田园综合体建设等项目的合作推进进行考察对接。2.利用招商展会推介交流。2018年丝博会召开期间，宜君分团紧紧围绕“新时代·新格局·新发展”的主题，加强沟通联络，积极对接洽谈，精心组织“天下多胜景 此处最宜君”招商引资恳谈会，邀请省市领导及陕建集团、深圳铁汉、融锦集团、新希望集团、西部机场集团、国电投、鲁能集团、中利腾辉、绿色动力、陕旅集团及福建商会、江苏商会、山东商会等国内知名企业和企业代表270人参会。参会企业中上市公司12个，国内100强企业15个。在铜川市2018年扶贫产品交易会上，宜君县富迪酥梨庄园建设项目、宜君哈妹种兔销售合同项目、丹参购销合同项目、高钙养心茶建设基地等72个项目现场签约，总成交额15.5亿元。参加“第20届投洽会”（厦洽会），拜访厦门百利种苗有限公司、罗普特科技集团、永大塑胶有限公司、福建陈氏秘宗农业发展有限公司及禾普环保家居有限公司，将宜君包装策划好项目、大项目及投资环境，向企业代表进行宣传推介，邀请这些企业来宜考察投资。

【推进项目建设】 落实项目包联“三位一体”制度，实行“一个项目，一名县级领导，一个联系部门，一套考核体系”。明确任务，夯实责任，定期督促检查，推进项目落实。

【营造招商氛围】 利用好陕西投资指南网、铜川招商网、宜君县公众信息网等平台，广泛宣传宜君优势资源、特色产业、区位优势和人文特色。在《铜川日报》、《宜君视点》、各网站共发布各类信息45条。

【脱贫攻坚】 组织帮扶干部深入孟皇村组农户、田间地头，了解每户发展规划、拟办实事、存在问题及困难，采取对应措施精准帮扶。协调资金4.6万元，实施暖心工程。协调资金3万元，修缮活动室屋顶。协调资金20万元，开展美丽乡村建设。协调有关部门修道路水渠1200米。出资2万元落实改厕与村容村貌整治。

信访工作

信访局

局　长　白　亮

接待中心主任　杨文斌

【概况】 宜君县信访局在县政府办加挂牌子，单位行政编制3名。政府办下属接待中心，单位全额事业编制5名。2018年，全县发生群众上访253批657人，同比分别下降30.1%、32.5%；个访163批223人，同比分别下降31.8%、39.4%；集体访33批352人，同比分别下降8.3%、28%；网上投诉210件次，同比上升107.9%；来信26件，同比下降40.9%；领导信访信箱26件。无进京非访。全县信访形势呈现出总量下降、增量下行、存量减少、结构合理、秩序好转的良好态势，群众网上投诉、依法逐级走访、按照法定途径优先到有关部门反映诉求意识不断增强，矛盾上行的"倒金字塔"态势得到有效改善。

【化解积案】 打好信访矛盾化解攻坚战，高度重视中省交办的赵安平、许凯2人3件"重点问题"信访件，5月3日，召开信访联席会议，落实包抓领导、责任人和化解时限，制定化解措施和教育疏导方案，确保人员到位、措施到位。持续开展"321"专项活动，围绕重点领域、重点群体、重点问题、重点人员，坚持"逐人逐案过筛子，分门别类建台账，辨证施治快解决"，实行重点时期周汇报、月推进制度，细化措施，攻坚克难，有效化解于亚亭等12人、周红梅等久拖不决的信访积案和群体性信访问题，2018年，市级交办信访积案9件，自查15件，合理部分均已化解到位。运用特殊疑难信访问题专项资金，化解了何发江特殊疑难信访积案。成立宜君县信访事项复查复核工作委员会，依据《宜君县信访事项办理复查复核工作办法》，确保复查复核事实清楚、依据充分、定性准确、处理意见恰当规范、档案完备，累计复查复核信访事项13件，不予受理3件，其他均已办结。

【矛纠排查】 健全矛盾纠纷排查网络、人员配备到位、职责任务明确，县乡村三级矛盾纠纷排查机制常态化。对排查结果归类汇总，形成专人收集、镇村分类、县上汇总的收集渠道，全年排查矛盾纠纷301件，化解274件，化解率91%。发放矛盾纠纷排查化解补贴8600元，调动乡村调解员积极性，发挥人民调解在预防和化解矛盾纠纷、维护社会稳定中的"第一防线"作用。综合研判扶贫领域，征地拆迁领域信访问题，印发《关于做好扶贫领域信访问题排查化解工作的通知》《关于做好征地拆迁领域矛盾纠纷排查化解工作的通知》，全面排查，举力化解，督办问责。

【阳光信访】 抓好"线下服务"，完善接访制度流程，加强人员培训配备，增设便民服务设施，发挥窗口服务作用。抓好"线上服务"，织密信访信息系统网络，建成全县10个乡镇（街道）、26个县级部门互联互通的信息网络平台，实现全县信访信息系统网络全覆盖，形成"信访网上投、事项网上办、结果网上评、问题网上督、形势网上判"工作模式。信访事项及时受理率100%、按期回复率100%、群众满意度100%，群众满意度参评率100%。拓宽群众诉求表达渠道，开通县政府网站“县长信箱”“领导信访信箱”，专人负责管理，及时受理群众信访，落实“数据多跑腿，群众少跑路”工作要求。

【责任信访】 把解决信访突出问题列入重要议事日程，县委、县政府主要领导亲自抓、亲自管，召开县委常委会、县政府常务会研究部署信访工作，按照月调度制度召开信访联席会议，专题研究信访重点难点工作。完善县级领导接访工作制度，实行群众点名接访，县级领导坐班接访，县乡村三级同步接访制度，确保群众诉求有人听、有人抓、有人管。县级领导接访24批111人次，阅批群众来信2件，包抓信访积案20件，化解矛盾，推动复杂案情协调化解。增设“信访每日专报”报送县委、县政府主要领导，分管领导即时批阅掌握信访动态，确保信访事项即时化解。将信访工作纳入乡镇（街道）、部门年度目标管理考核，严肃奖惩和责任追究，实行“一票否决”，调动乡镇（街道）部门工作积极性和主动性。

【法制信访】 依据市信访局《关于依法实行诉讼和信访分离的公告》，严格诉访分离，对涉及商事、行政、刑事信访事项，引导群众“弃访转法”，深入推进通过法定途径分类处理信访投诉请求工作，引导3批3人次通过法定途径解决诉求。县司法局派驻律师参与重大突出信访事项的协调化解，推行律师接访，为来访群众提供免费法律咨询服务，县法制办对复查复核信访事项进行法律审查。通过政府网站、微信公众号、外出宣传、制作宣传牌等方法大力宣传《信访条例》、逐级走访和诉访分离等信访新规，着力提高群众知晓率。结合七五普法，与县司法局合作对乡镇（街道）和相关部门信访干部进行法律法规知识进培训，提高信访干部甄别涉法涉诉信访能力，引导上访群众及时导入司法程序。

【教育疏导】 在全国及省市“两会”等重大会议活动期间，县委、县政府分别成立信访稳定工作小组，下设属地稳控和接劝返两个工作组，由两名联席会议召集人分别担任组长，抽调相关部门精干力量开展工作。乡镇（街道）部门结合实际，成立相应领导机构，制定工作方案和应急预案，确保不出问题。落实领导坐班接访和领导带班值班、信访信息“零报告”制度，对交办的重点群体和重点人员落实“五定五包”责任，对有可能发生的矛盾隐患进行细致的分析研判，对掌握的苗头性重要信息及时互通有无，确保重点群体和重点人员24小时不脱离视线，吸附在当地。强化属地防线、途中防线工作，扎实做好接劝返工作，妥善应对各种突发事件。由县委政法委牵头，多部门配合，组成信访维稳联合督察组，实地抽查22次、暗访村组20次、发函提醒11次，对相关工作部署、责任落实以及工作情况开展督查，对重点信访事项办理工作进行督办，宜君县实现进京非访、赴省集体访、上市重复集体访“零”的目标。

机关事务管理

机关事务管理局

局　长　贺军平

副局长　李生民

　　　　姜延峰

【概况】 1995年11月成立的宜君机关事务管理局，正科级建制，为县政府办公室下属事业单位，全额预算管理编制13名，实14名。其主要职能：负责县务、县政府办公区水、电、暖及安保、卫生及职工餐厅的服务管理工作；负责全县公共机构节能，停建楼堂馆所办公用房清理及公务用车制度改革工作；承办县委、县政府交办的其他工作。2018年，机关事务局不断强化以需求为导向的服务保障工作机制，加强学习，扎实工作，全县公共机构节能工作和机关大院后勤服务保障均取得较好成绩。

【队伍建设】 把理论学习作为日常工作的一项重要内容，干部职工思想认识积极适应新形势发展的需要，树立大局、责任和服务意识。修订完善管理制度，在重落实、强执行、干实事上下功夫，全力打造接待服务“零差错”、安全防控“零隐患”、后勤保障“零搁置”。

【中心工作】 及时维修维护县委、县政府办公楼水、电管线，疏 通下水管道，更换污水管道、暖气管道和暖气片。严格执行卫生保洁制度和轮值班制度，明确卫生保洁工作职责范围。实施政府机关大院绿化改造工程，适时更新、翻种绿化带花草树林。完成锅炉维修改造。落实出入登记制度，给县委值班室、后院安装监控设备。值班人员坚持24小时安全巡逻，做好县委、县政府办公楼防盗、防火安全检查，及时排除安全隐患。发挥团队合力作用，会前细心准备音响设备，检查设备运行状况，全力做好会务保障工作。完成全县各单位大型会议80余次服务工作。规范食堂的管理，严格落实食堂卫生、采购制度，实行全程监督。确保机关食堂餐饮质量和食物安全。

【节能工作】 6月13日，在县休闲广场举行节能宣传板报展示活动，20个单位对“节能降耗、保卫蓝天”主题进行展示。共向各单位发放再生纤维A4纸、再生笔、环保铅笔1000余份。推进公共机构能耗统计软件全面应用，5月25日举办全县公共机构能耗统计软件应用培训会，将提高公共机构能耗数据准确率，为省市能源资源消费统计数据会审工作打好基础。

【公车平台】 公务用车管理平台运行平稳。所有公务车辆集中统一管理，建立健全派车登记、出车记录等公车管理制度，车辆运行良好。

中国人民政治协商会议宜君县委员会

组织机构及领导人名录

中国人民政治协商会议

政协宜君县第九届委员会
主　席　王东平
副主席　王忠炎（非党）
　　　　崔同利
　　　　杨　静（女，非党）
秘书长　杨　林

办公室

主　任　杨　林
副主任　李友谊

提案委员会

主　任　刘忠文

经济与法制委员会

主　任　贾开民

学习与文史委员会

主　任　王亚芹（女）

科技与教育委员会

主　任　贺进锋

委员工作委员会

主　任　赵军茸（女）

专委会联络科

主　任　党向腾（女）

信息中心

主　任　王　静（女）

政协宜君县委员会工作概述

【政治协商】 制定协商计划，召开常委会议全面协商、主席会议专题协商、专委会对口协商。各专门委员会围绕宜君县食品药品安全、林业工作、农村环境卫生综合整治、农业工作、创建省级旅游示范县、县政协九届二次会议提案建议办理情况开展对口协商。切实把为民履职落到实处。

【民主监督】 不断拓宽提案征集渠道，完善提案办理协商机制，全力抓好提案交办、追踪反馈、督促检查、民主评议。九届二次全会所立提案14件、建议案35件，委员提案办理13件，办结率92.9%；建议办结33件，因客观原因无法办理的2件，办结率为94.3%。发挥政协委员提案建议网络平台作用，立足界别，组织委员参加铜川市政协提案督办和宜君县教育、物价、人才等工作的满意度调查、维权座谈、价格听证、意见征询等活动，推荐田龙、张天、邱艳等11名委员分别担任省委政法委执法监督员、市创文监督员、县优化营商环境监督员，有效扩大政协民主监督领域。

【参政议政】 立足追赶超越目标和全县重点工作，精心选择课题，先后组织市政协委员8人次、县政协委员193人次，围绕食药安全、林业、农业、农村环境卫生综合整治、创建省级旅游示范县、政协提案建议办理等工作开展6次专题协商，形成6篇报告，提出"强化'绿水青山就是金山银山'发展理念，正确处理生态环境保护与土地开发利用关系""强化规划，精心打造核心旅游景区""完善城乡环境卫生长效管理机制，细化村民乡约，层层夯实责任""调整产业结构，扶持龙头企业，做大做强特色农业产业"等21建议条。食药安全工作视察报告中的"充实人员力量、加强常态化宣传教育、加大监管执法力度"等建议，得到县委、县政府采纳，补充到宜君县《关于落实食品安全党政同责的实施意见》之中。围绕优化营商环境工作，与14个县级部门和单位、30名企业代表召开座谈会议，与县政府召开专题民主协商会议，提出建议5条；围绕脱贫攻坚、全域旅游等工作，与发改局、农业局、旅发委等单位开展对口协商12次，形成6个协商成果；在提案办理、文史工作、委员管理等方面开展重点协商10次，形成5个协商成果；深入基层、深入群众、深入委员开展走访协商6次，在全县营造协商民主的良好氛围。委员工作委员会采取半年、年终走访委员的形式，通报情况，加强沟通，听取意见，为他们参与宜君经济社会发展牵线搭桥，组织委员立足岗位、着眼全局广泛征求意见、积极建言献策。政协信息中心重视做好委员社情民意收集，为县委、县政府报送各类信息20余条。

【联谊交流】 5月17日至5月18日，县政协副主席王忠炎带队，一行10人赴汉中市汉台区政协开展学习交流活动。就全域旅游及政协提案、委员管理、反映社情民意信息等工作开展情况同汉台区政协进行学习交流。县政协向汉台区政协赠送宜君宣传推介资料，发出来宜旅游观光、投资兴业的诚挚邀请，汉台区政协表示通过本次学习交流活动，进一步加深了对宜君的了解和认识。达到学习经验、团结联谊、宣传推介的目。11月15日，县政协副主席王忠炎带队，秘书长任杨林、委室主任等赴王益区政协开展学习交流。王忠炎一行先后对王益区政协党建、文史、委员管理、新闻宣传等方面工作经验进行了学习交流。向王益区政协系统宣传推介宜君，互相学习、取长补短、共同提高，联谊活动取到成效。11月27至11月28日，政协宜君县副主席杨静、秘书长杨林带领县政协相关委室负责人和部分县政协委员，赴韩城市考察学习全域旅游工作。加强对外联谊交流，积极参加省、市政协组织的各类活动，注重宣传推介，做好上级和兄弟区（县）政协来宜君调研视察协调服务，扩大宜君对外影响力。全年，接待铜川市政协、王益区政协来宜调研考察和学习交流8次。

【文史征编】 制定《宜君县新中国成立后文史资料征集抢救重点内容和受访人》，征集到新中国成立后史料3万余字，涉及红二十六军在宜君、宜君产业的形成和发展、部分劳模事迹等。立足县域文化特点，通过聘请特邀撰稿人，查阅资料、广征博引，多方考证、征集编审，顺利出版《宜君民俗》一书。该书从岁时节日、民谣游艺、语音语汇、农耕民俗等十二个方面，对宜君境内民俗文化挖掘整理，是全县第一部民俗文化专著。

【探索委员履职考评工作机制】 创新开展委员履职"四个一"活动，定期统计并通报考核结果，有效激发委员履职的积极性和主动性。首次将政协基层联络组工作纳入县政协全体会议交流发言范畴并形成制度，助推政协基层工作规范有序开展。

政协重要会议

【县政协九届二次全体会议】 中国人民政治协商会议宜君县第九届委员会第二次会议，于2018年1月31日至2月2日在宜君县综合文艺中心举行。应到委员123人，实到委员107人，县委、人大、政府、纪委、人武部主要领导和县委、县政府分管和联系领导以及驻宜市政协委员、县政协历届主席出席了会议。县政协主席王东平主持开幕式。张延鸿、周景龙、田斌、张晓军、李文斌、贺莉娜等六名委员在大会上交流发言。会议听取和审议通过《政协宜君县第九届委员会常务委员会工作报告》和《政协宜君县第九届委员会常务委员会关于九届一次会议以来提案工作情况的报告》；列席宜君县第十七届人民代表大会第二次会议，协商讨论并赞同《宜君县人民政府工作报告》《宜君县人民法院工作报告》和《宜君县人民检察院工作报告》等各项工作报告；会议号召，全体政协委员要更加紧密的团结在以习近平同志为核心的中共中央周围，在中共宜君县委的坚强领导下，不忘初心，牢记使命，同心同德，奋发进取，在我县全面决胜脱贫攻坚、奋力实现追赶超越、全面开创人民政协事业新局面的具体实践中，做出新的更大贡献！

【常委会议】 政协宜君县九届五次常委会议于2018年1月24日举行。会议由县政协副主席王忠炎主持。会议协商讨论《中国人民政治协商会议宜君县第九届委员会常务委员会工作报告（讨论稿）》《政协宜君县第九届委员会常务委员会关于九届一次会议以来提案工作情况的报告（讨论稿）》，协商通过《政协宜君县委员会2018年工作要点》《宜君县政协委员“四个一”活动考核试行办法》；审议《关于召开县政协九届二次全体会议有关事项的汇报》。王忠炎要求，要认真学习领会习近平新时代中国特色社会主义思想，不忘初心，牢记使命，以中共十九大精神武装头脑、指导实践、推动工作。各位常委要主动担责，认真履职，切实发挥好模范带头作用。政协宜君县九届六次常委会议于2月1日举行，出席会议的常委25人，王东平主持会议。会议共有七项内容：王东平组织常委重温中央八项规定和六条禁令；由提案委汇报截至目前委员提案办理情况，提出存在问题和下步打算；听取和讨论《县政协科技与教育委员会关于我县健康扶贫工作的调研报告》，会议原则通过这个报告；听取和讨论《县政协经济与法制委员会关于我县移民（脱贫）搬迁安置工程建设情况的调研报告》，会议原则通过这个报告；听取和讨论《县政协科技与教育委员会关于我县创建国家公共文化服务体系示范区工作情况的视察报告》，会议原则通过这个报告；县政协经济与法制委员会汇报《关于我县社会治安综合治理工作情况的调研报告》，会议原则通过这个报告；县政协文史委汇报《文史资料汇编工作五年规划》；会议原则通过了这个报告。王东平讲话要求：政协常委要以身作则，严肃工作纪律和政治纪律。在本职工作中做先锋，起到政协委员的表率作用。多准备高质量的提案、建议和社情民意信息。强化自律意识和责任意识。政协宜君县九届七次常委会议于7月17日召开。王东平主持会议，王忠炎、杨静，杨林出席会议。县食品药品监督管理局、县林业局负责人列席。会议传达学习7月10日县委常委（扩大）会议精神以及《行政机关公务员处分条例》《公职人员政务处分暂行规定》；讨论通过《关于宜君县食品药品安全工作情况的视察报告》《关于宜君县林业工作情况的视察报告》《政协宜君县委员会2018年上半年工作总结》《关于举办“大美宜君·书香政协”—庆祝建国69周年暨改革开放40周年书画摄影展的通知》。王东平强调，要加强新修订《政协章程》等政协理论知识学习，切实找准角色与定位，不断提高履职水平，明察秋毫当好“观察员”，明辨是非当好“调研员”，秉公仗义当好“监督员”。严守政治纪律，筑牢思想防线。带头坚守纪律底线，强化规矩意识，自觉接受社会监督和群众监督，以他律促进自律，真正把纪律观念和规矩意识内化于心、外化于行。切实发挥模范带头作用，要主动担责，认真履行常委职责，积极主动撰写提案、反映社情民意信息，踊跃参加政协组织的调研、视察、会议活动，为委员带好头、做好表率，以高质量的履职成效为全县绿色持续发展提供助力。政协宜君县九届八次常委会议于10月31日举行，王东平主持召开，王忠炎、崔同利、杨静，杨林出席会议。会议讨论通过《关于全县农业工作视察的报告》《关于全县农村环境卫生综合整治工作的视察报告》《关于宜君县创建省级旅游示范县工作的视察报告》；修改完善县政协提案办理民主评议办法，安排提案办理民主评议工作。王东平对全体常委提出三点要求：一要坚定正确政治方向。结合自身工作实际，通过在学习中把握、在内心中认同、在行动上践行，不断深化对习近平新时代中国特色社会主义思想精髓要义的理解和认识。二要严守廉洁红线和政治底线。各位党员常委要在实际工作中，严格遵守《中国共产党纪律处分条例》等党规党纪，认真执行中央八项规定及实施细则精神，带头遵守“六大纪律”，争做廉洁自律、遵纪守法、诚实守信的表率。三要主动融入政协工作。积极撰写提案，主动反映社情民意信息，踊跃参加政协组织的调研、视察、会议等各项活动，并积极建言献策，要对标委员职责深入思考，积极探索履行职责的新思路、新形式、新方法，不断拓宽履职领域，增强履职实效。政协宜君县九届九次常委会议于12月21日举行，王东平主持会议，王忠炎、崔同利、杨静，杨林出席会议。会议传达学习省委政协工作会议和省政协党建工作座谈会议精神，讨论通过《关于政协九届二次会议提案建议办理情况的视察报告》《县政协开展优化营商环境专题民主监督的调研报告》《县政协2018年工作总结》及筹备政协县九届三次全委会有关事项。王东平要求，要把省委政协工作会议精神和全省政协系统党的建设工作座谈会精神，作为近期学习的重点内容抓紧抓牢抓实，深刻领会胡和平书记和韩勇主席的重要讲话精神，并以县政协“讲政治、敢担当、改作风”专题教育为契机，切实提高政治站位，持续加强政治引领，牢固树立“四个意识”、坚决做到“两个维护”，确保县政协各项工作始终朝着正确政治方向前进。要站在新时代的坐标上，立足于助力宜君经济社会健康发展，进一步强化对习近平总书记关于加强和改进人民政协工作的重要思想和中共中央办公厅《关于加强新时代人民政协党的建设工作若干意见》的贯彻和落实，努力实现政协优势的创造性转化和政协工作的创新性开展。主动提高工作标准和要求，带头融入政协工作，积极撰写提案建议、反映社情民意信息，在即将召开的九届三次全体会议中，做自觉遵守会纪、严肃会风的表率，为开出廉洁务实高效的九届三次全体会议贡献出常委的一份力量。

视察工作

【食品药品安全工作视察】 2018年4月26日，县政协经法委组织部分政协委员，对宜君县食品药品安全工作进行专项视察。视察组先后到哭泉镇高军烩菜、上村雅苑、上村荷苑、哭泉中心幼儿园、宜君县清华药店、陕西玉华酒业有限公司、陕西方舟制药有限公司等实地视察，座谈交流听取汇报，形成《关于我县食品药品安全工作的视察报告》，提出三条建议：充实基层专职监管人员力量；加强农村食品药品安全知识的常态化宣传教育；强化部门协作，加大监管执法力度。

【林业工作视察】 5月16日，县政协组织部分县政协委员，对宜君县林业工作进行视察。视察组一行通过听取汇报、现场问询、座谈交流等形式，先后对城北清风园广场建设、宜白道路绿化、福地湖国家湿地公园湿地保护与恢复、哭泉山水林田湖建设、林海绿韵林业有限公司绿化苗木繁育基地建设、太安林场高楼洼人工造林、龙门沟废弃煤场治理、太安林场虎沟苗圃建设等林业重点工作进行了视察，形成《关于我县林业工作视察报告》。指出存三点问题：重点区域绿化建设标准高、投资标准高，资金缺口大；国有林场编制核定政策难以落实，国有林场存在超编运行问题；相关配套政策没有出台，影响基层改革政策的落实；土地利用规划与林地保护利用规划不一致，在使用林地认定标准上存在分歧，致使宜君县在实施土地复垦、占补平衡、项目建设时出现占用林地现象，查处难度大三个方面问题。建议：进一步把国有林场改革政策完善落实到位，积极处理超编运行问题，确保国有林场改革目标任务完成，发挥森林资源保护主力军作用；进一步强化“绿水青山就是金山银山”的发展理念，把生态环境保护放在首位，处理好土地开发利用与生态环境保护的关系，加强森林资源监督管理，严肃查处破坏森林资源、乱采滥伐、偷挖偷卖的违法行为，解决好生态环境保护难题，统筹建立林地、土地保护及开发利用、协调联席会议机制，使宜君天更蓝、山更绿、水更清、人民更幸福；把绿化与全域旅游、巩固园林县城创建成果衔接起来，同步规划、同步实施，统筹安排资金，使绿化、旅游、生态效益最大化。

【农业工作视察】 9月29日，组织部分政协委员对全县农业工作进行视察。先后到善家河肉兔科技扶贫示范项目繁育基地、宜君县彭镇徐家河村双矮苹果示范基地、太安镇寺坪村生猪育肥场、太安镇榆树湾村食用菌扶贫培训基地、棋盘镇黄埔寨村“三变”改革及产业发展、宜阳街道下官庄千亩中药材扶贫示范基地进行视察，形成《视察报告》。提出一要集中人力、物力做大做强特色农业产业；二要引导各级干部用心、用力、用情做好农村“三变”改革工作；三要在美丽乡村建设中，不仅要“建”好，更要“管”好，努力实现“产业兴旺、生态宜居、乡风文明、治理有效、生活富裕”乡村振兴战略总要求；四要在农业特色产业推进和“三变”改革中，要明确政府、企业和个人之间的责权利，政府要依法行政，支持企业依法经营，教育群众树立法治和契约意识，保护企业的合法权益，用制度规避企业经营市场的风险；五要加强农业技术队伍建设，坚持“用好现有人才，引进有用人才，培养后备人才，提高全员素质”的原则，完善在职技术人员继续教育制度，采用“送出去”培训、“请进来”讲学、“结对子”培养等多种形式，不断更新现有农业人才的知识结构，培养一支过硬的农业人才队伍。

【农村环境卫生综合整治工作视察】 10月11日，县政协经法委视察组先后对棋盘镇马泉村、雷塬综合服务中心九寺村、尧生镇南寨村、西村综合服务中心东定龙村、五里镇杨塬村、彭镇武家塬村、宜阳街道善家河村就农村环境卫生综合整治工作进行视察。召开座谈会听取全县农村环境卫生综合整治工作情况汇报，建言献策。建议：加强宣传，提升群众环卫意识；整合资金，改善农村环境；完善长效管理机制，严格督查考核奖惩。

【提案建议办理情况视察】 11月1日，县政协主席王东平带领部分政协委员对九届二次会议提案建议办理工作进行视察。视察组先后对县科技工业园区铭山油库、魏长城遗址、彭镇西村至拔头塬公路、贺塬村环境卫生综合整治、福地新梨园建设、县三级物流运行中心、龟山制水厂、县城车辆礼让行人标识等提案建议办理现场实地视察。在县政府二楼会议室召开座谈会，听取九届二次会议提案建议办理工作汇报，委员们围绕提案建议办理工作积极建言献策，发表意见建议。

对存在问题：提案承办工作认识不尽到位，办理积极性不高，责任心不强，缺乏对提案内容深入研究；解决落实问题缺乏长效机制；提案承办队伍业务素质有待提高等问题，提出意见建议：进一步提高对提案办理工作的认识；进一步抓好提案跟踪督办；进一步抓好承办队伍建设。建议县政府加强提案承办工作队伍建设，定期对承办人员进行培训，健全上下贯通的承办工作体系，使承办人员较好地掌握承办工作规则和方式方法，不断推进提案办理工作取得实效。

【创建省级旅游示范县工作视察】 10 月 17 日，县政协科教委组织部分政协委员先后到哭泉旱作梯田、福地湖、花溪谷、魏长城遗址、北大门广场、游客服务中心对全县创建省级旅游示范县工作进行视察。视察组针对存在的问题提出：拓宽融资渠道；精心打造特色景区；加大旅游宣传力度；提升承载能力等四条意见建议。

【优化营商环境工作调研】 11 月 30 日至 12 月 28 日，县政协经法委组织部分政协委员和相关部门就宜君县优化营商环境工作进行为期一个月的调研，调研组通过听汇报、查资料、入户走访、发放调查问卷、召开座谈会等方式，形成《优化营商环境调研报告》。指出存在问题：客观上土地存量不足，造成企业和建设项目在选址上往往较为分散，供水、供暖、供气等指标很难达到省、市考核要求。企业融资难问题突出。主观上“放管服”改革还需加强。金融服务体系作用发挥不够。企业运行成本过高。提出：强化宣传，营造良好的优化营商环境；主动作为，积极为企业争取各类政策扶持；加大“放管服”改革力度，提高办事效率；认真履职，切实解决企业热点问题；加大金融支持力度，做企业的坚强后盾意见建议。

委员活动

【“科技、文化、卫生”三下乡】 4 月 11 日，县政协组织开展的文化科技卫生“三下乡”活动在彭镇东湖村举行，参加此次活动的有县法院、县人社局、县文广新局、县卫计局、县农业局、县教科体局、县林业局、县司法局、县市场监管局、县科协、县公安局交警大队及彭镇党委、政府等相关单位，县市场监管局负责向村民宣传伪劣商品的识别及危害；县卫计局负责组织县医院、县中医医院、县妇幼保健计划生育服务中心，开展送医、送药、送健康活动，宣传养生保健知识，增强群众健康意识。由县法院、县司法局、县公安局交警支队组成的法律咨询服务队负责组织开展“送法下乡”、法律咨询活动，宣传新《宪法》《道路交通安全法》《土地法》等法律知识，增强群众学法、守法、用法意识。县教科体局、县科协负责做好科普知识宣传及咨询工作；县农业局、县林业局组织玉米、苹果、核桃技术专家，面对面对群众进行农村实用技术培训，提高群众科学种田、科学饲养、科学务果水平。

【纳凉晚会】 8 月 23 日晚，县政协办公室、五里镇人民政府、五里镇张河村党支部联合举办“脱贫感党恩 情满张河村”纳凉晚会。晚会在优美的舞蹈《荞麦花》中拉开帷幕，手语舞、双簧、广场舞、秦腔、诗朗诵等节目精彩纷呈，独唱《父亲》《爱在天地间》将晚会推向高潮。精彩的节目如一阵清风，拂过现场观众的心田，带来丝丝的清凉。

办公室工作

【宣传工作】 利用报刊、电台、电视台、政府网站、微信公众号等媒体平台，先后在《陕西日报》《各界导报》《铜川日报》及省市政协微信公众号等网络平台刊发稿件 70 篇（件），编发《宜君政协》简报 66 期，推送“宜君政协”微信公众号文章 162 篇，其中县政协扶贫工作纪实《把脉会诊开良方凝心聚力拔穷根》被评为陕西省政协好新闻三等奖、铜川市政协好新闻二等奖，县政协被陕西省政协办公厅评为2018年度新闻宣传发行工作先进单位。成功主办“大美宜君·书香政协”庆祝建国69周年暨纪念改革开放40周年书画摄影作品展。积极参与铜川建市60周年杰出贡献人物评选，推荐的宜君县中心敬老院原院长王桂芳成功入选社会发展贡献人物，受到市委、市政府表彰。

【机关建设】 理论学习成为常态。始终把政治理论学习作为一项重要任务来抓，以“不忘初心 牢记使命”学习教育为载体，在会议集中学、个人自主学、讨论交流学、印发资料学、党课辅导学的基础上，积极参加省、市、县组织的相关培训、知识讲座、专题报告会等活动，深入学习中共十九大精神和十九届二中、三中全会精神，学习习近平总书记系列重要讲话精神，学习中省市领导讲话和县十六次党代会精神。通过学习，党员干部和机关职工增强了政治意识、大局意识、核心意识、看齐意识，思想认识进一步统一到中央和省、市、县委的决策部署上来，政治理论素质得到有效提高。机关干部职工每人写学习笔记2万余字，撰写心得体会6篇。坚持在转变工作作风、提高工作效率、塑造良好形象上下功夫。严格控制政协全委会议、常委会议、专题协商会议及相关活动的时间、规模和经费，做到节俭、务实、高效。外出活动，开展调研视察坚持集体乘车，减少陪同人员和工作人员，实行工作餐。倡导重实情、讲实话、办实事、求实效的工作作风，为每名干部职工制作胸牌，机关党员干部和非党员干部在岗工作和参加公务活动时均佩戴胸牌，亮明身份。修订完善并严格执行机关各项制度，扎实开展干部作风问题排查整改。定期研究党风廉政建设工作，制定并落实县政协党组班子及成员全面从严治党主体责任清单，定期听取、点评、研判党组成员主体责任落实情况。扎实开展冯新柱案“以案促改”工作，开展廉政党课辅导2次、警示教育活动3次、廉政知识测试4次，召开民主生活会2次。班子成员严格落实“一岗双责”，常态化开展谈心谈话，如实报告有关事项，大力营造廉洁务实的工作氛围，切实强化政协委员和机关党员干部知敬畏、存戒惧、守底线意识。

【帮扶工作】 县政协将协商民主融入全县脱贫攻坚整体工作，聚焦产业扶贫、旅游扶贫、农村基础设施建设等开展专题协商3次，提出建议12条。组织政协委员8人、技术人员4人及13个县级部门单位在贫困村彭镇东湖村开展文化科技卫生“三下乡”活动，有效激发脱贫内生动力。县政协班子成员自觉履行包联工作职责，指导包联镇村有序开展脱贫攻坚、村两委换届、“三变改革”、村容村貌整治等工作，带队开展脱贫攻坚深度督查工作。县政协主席、副主席积极履行县脱贫攻坚指挥部副总指挥、副指挥长职责，主持实施全县脱贫攻坚质量调研监测、“五净一规范”示范创建等工作。为包扶村五里镇张河村配强第一书记，举办技术培训、“道德讲堂”、纳凉晚会等活动，协调落实村容村貌整治、基础设施建设、土地深松等项目，减轻群众负担10余万元。何俊、张帅、贾永林、白杨、周斌智、成莉、张改玲等一大批委员积极参与“十大提升工程”，在就业扶贫、产业扶贫、教育扶贫等领域，赢得贫困群众和社会各界的普遍赞誉。委员屈慧利、田锋、赵太顺被县委、县政府分别评选为产业帮扶标兵和致富带头人，黄小锋被县脱贫攻坚指挥部评选为致富带头人。

中国共产党宜君县纪律检查委员会
宜君县监察委员会

组织机构及领导名录

书记、监委主任

王海峰（2018 年 2 月选为县监委主任）

副书记、监委副主任

胡俊华（2018 年 2 月任现职）

副书记、监委副主任

贺德杰（2018 年 2 月任现职）

纪委常委、监委委员

王小强（2018 年 2 月任现职）

纪委常委、监委委员

曹小利（女，2018 年 2 月任现职）

纪委常委、监委委员

张金明（2018 年 2 月任现职）

纪委常委　崔银宇

监委委员　李万全（2018 年 2 月任现职）

【概况】 宜君县纪委监委现有工作人员 49 人，县纪委、监委领导职数 8 人，其中：纪委书记、监委主任 1 人，纪委副书记、监委副主任 2 人，纪委常委、监委委员 3 人，纪委常委 1 人，监委委员 1 人。15 个内设机构，分别为办公室、组织部（纪检监察干部监督室）、宣传部（预防职务犯罪室）、党风政风监督室、信访室、案件监督管理室、第一纪检监察室、第二纪检监察室、第三纪检监察室（联合派驻纪检组）、第四纪检监察室（联合派驻纪检组）、第五纪检监察室（联合派驻纪检组）、第六纪检监察室（联合派驻纪检组）、第七纪检监察室、第八纪检监察室、案件审理室。县委巡察工作领导小组办公室。2018 年，县纪检监察机关始终把学懂弄通做实习近平新时代中国特色社会主义思想作为首要政治任务，认真贯彻落实党的十九大、十九届二中、三中全会精神，坚决贯彻党中央和省、市、县委，中、省、市纪委的各项决策部署，认真履行党章和宪法赋予的职责，牢树“四个意识”，坚定“四个自信”，做到“两个维护”，坚持管党治党不放松、正风肃纪不停步、反腐惩恶不手软，驰而不息纠“四风”，建章立制，让遵规守纪入脑入心，让监督无处不在，坚定不移推进全面从严治党向纵深发展，为宜君追赶超越、脱贫摘帽提供了坚强的纪律保证。

【中国共产党宜君县第十六届纪律检查委员会第三次全体会议】 中国共产党第十六届纪律检查委员会第三次全体会议，于 2018 年 3 月 19 日在县委楼六楼会议室召开，县纪委常委会主持会议。在宜的县委常委，县人大常委会、县政府、县政协班子成员出席了会议。市纪委第四纪检监察室负责人郭永乾到会指导，县委书记刘冲出席全会并作了重要讲话。刘冲强调，2018年是贯彻党的十九大精神的开局之年，也是我县“脱贫摘帽”之年，风清气正的干事创业环境和务实过硬的作风至关重要。要提升政治站位，增强思想和行动自觉，坚定不移把全面从严治党推向深入。要标本兼治，严格落实中央八项规定精神，持之以恒正风肃纪，巩固反腐败斗争压倒性态势。要健全监督体系，紧盯重点领域和关键环节，创新巡察方式方法，增强监督实效。要加强警示教育，用典型案例警醒教育各级干部干净干事。要强素质树形象，加快队伍融合，锻造忠诚干净担当的新时代纪检监察铁军。全会以“五个坚定不移”要求全县各级纪检监察干部学懂弄通做实党的十九大精神及习近平新时代中国特色社会主义思想，认真学习贯彻中省市纪委全会精神，总结2017年全县党风廉政建设和反腐败工作，部署2018年工作任务。会议审议通过了县委常委、县纪委书记、县监委主任王海峰代表县纪委常委会所作的《牢记使命勇担当 重整行装再出发 持之以恒地推动全面从严治党向纵深发展》的工作报告。全会指出，全县各级党组织、全体党员干部，要以习近平新时代中国特色社会主义思想为指导，认真贯彻落实党的十九大精神，忠实履行党章和宪法赋予的职责，紧紧围绕坚持和加强党的全面领导，紧紧围绕维护习近平总书记在党中央和全党的核心地位，紧紧围绕维护党中央权威和集中统一领导。贯彻中省市县纪委全会安排部署，持之以恒正风肃纪，全面加强党的纪律建设，巩固发展反腐败斗争压倒性态势，营造风清气正的良好政治生态，为宜君追赶超越、脱贫摘帽提供坚强保证。

【压实“两个责任”】 以“两个责任”《工作纪实》为抓手，建立主体责任清单制度，实现县、镇两级党组织全覆盖。强化日常监督、派驻监督、巡察监督，约谈思想不重视、落实不到位的单位负责人，警示教育负有监督责任的纪委（纪检组），拧紧落实链条，持续推动压力向基层单位传导。积极协助县委推进冯新柱案“以案促改”工作。县委坚决扛起主体责任，及时制定工作方案，明确整改措施，夯实责任，务实推进。县纪委积极履行协助职责、监督责任，细化分解任务，协调组织开展好各项活动，全县广大党员主动参与，“以案促改”工作扎实有效开展。抓住第一责任人这个“关键少数”，用好问责利器，坚持失责必问、问责必严。全县进行党内问责31件，问责党组织17个，处分15人；进行领导干部问责4件，处分1人，组织处理3人。

【监督检查】 加强对政治纪律和政治规矩落实情况的监督检查。严明换届纪律，严把党员干部党风廉政建设意见回复关，加强对村“两委”换届选举风气的监督，严肃查处了彭镇山岔村、宜阳街道牛家庄村违反选举相关规定案件，有力维护风清气正的换届环境。创新监督方法，建立微信举报专号和信访举报“二维码”，印发纪委书记举报专用名片，制发脱贫攻坚“廉心卡”5000份，建立农村微信政务公开平台、乡镇领导干部照片电话公示制度，让数据多跑路、让群众少跑腿。为全县所有党员和监察对象建立廉情数据库，准确记录党员干部和监察对象廉洁自律、廉洁从政情况，把好党员干部和监察对象政治关、廉洁关、形象关。

【审查调查】 不断提升纪律审查工作水平，紧盯“六大纪律”，始终保持惩治腐败力度不减、节奏不变。全面运用监督执纪“四种形态”处理党员和监察对象322人次，其中第一种形态137人次，第二种形态174人次，第三种形态11人次。以“钉钉子精神”打好作风建设持久战，密切关注“四风”隐形变异、改头换面等新动向和十种新表现，严查顶风违纪行为，纠治党员干部庸懒散慢虚、不作为、乱作为等问题。扎实开展五个专项工作，共查处违反中央八项规定精神问题9件，处分9人；查处群众身边的腐败问题99件，处分102人，组织处理3人；查处扶贫领域腐败和作风问题42件，处分45人，组织处理2人；查处优化营商环境领域违纪人员45人，处分44人，诫勉谈话1人；查处生态环境保护领域违纪人员8人，处分7人，组织处理1人；初核涉黑涉恶问题线索6件，立案1件，组织处理1人，并将相关责任人违法问题移交司法机关进行查处。坚持反腐败零容忍的态度，建立乡镇（街道）交叉检查机制，推进信访举报民情直通车赴乡镇“赶集摆摊”，拓宽线索来源，加大对反映党员领导干部问题线索的规范化处置力度。全县纪检监察机关共处置问题线索282件，立案215件，比2017年翻了一番，处分185人，其中涉及乡科级干部9人，重处分11人，挽回经济损失114万元。紧盯“关键少数”，严格查处违反中央八项规定精神、违反生活纪律、落实主体责任不力等典型案件。强化案件监督管理，严格依纪依法、安全文明执纪审查，把好案件审理质量关，严格处分决定执行，案件质量不断提升。

【制度建设】 建立健全党风廉政各项制度，坚持源头把控促廉洁，书面廉政鉴定意见函复443人（组织）/次，对2批次55人次拟提拔任用的党员干部进行任前廉政考试、廉政谈话，对29个单位财务联签会审进行审批备案，对40余名领导干部婚丧嫁娶个人重大事项进行备案。为全县3000余名党员、干部建立廉政档案。认真落实“两个责任”有关制度，推行“一本二表三台账”村（居）民监督委员会规范化建设。创新推出乡镇“廉政灶二维码支付”制度，这一有效做法，在《陕西党风与廉政》杂志刊发。发挥反腐败协调小组联席会议制度，加强与政法、组织、审计等部门协调配合，筛选发现案件线索，捕捉案件线索18件，立案15件。

【廉政教育】 在各级媒体刊发信息621篇，其中秦风网上稿18篇，铜川日报上稿7篇。5月自觉组织全县近600余名副科级以上领导与全市副县级以上领导同步进行党纪法规开卷测试，开展全省第一个纪律教育宣传月活动，《宜君县“四抓四促进”开展纪律教育学习宣传月活动》《宜君县“四个学习”强化条例贯彻落实》均在秦风网、陕西纪检微信公众号刊载，全县2000余名党员、干部下载《党员干部纪律教育学习读本》电子版积极自学，进行纪律知识测试，“宜君纪检”公众号关注人数达1600余人次，11月，全县2400余人进行了新修订《中国共产党纪律处分条例》知识测试。拍摄廉政微电影《路灯》，点击量上万。加大典型案件曝光力度，共通报曝光38批次106起132人，震慑效果明显。为全县所有行政村和社区赠阅《中国纪检监察报》119份。变处分决定宣布为警示教育现场会，警示教育作用突显。注重关心帮助犯错误的干部，建立跟踪帮扶机制，抓好纪律处分“后续工程”。2018年度县纪委宣传工作名列全市第一。

【纪检监察体制改革】 宜君县监察委员会挂牌成立。2月2日，宜君县十七届人大二次会议第三次全体会议选举县委常委、县纪委书记王海峰为宜君县首任监察委员会主任。县十七届人大常委会第十次会议，表决任命2名县监察委员会副主任和4名县监察委员会委员。2018年2月5日，宜君县监察委员会正式挂牌并召开宜君县监察委员会成立大会，标志着宜君县深化国家监察体制改革试点工作迈出关键一步。县监察委员会是行使国家监察职能的专责机关，与县纪委合署办公，是党统一领导下的反腐败工作机构。县纪委监委实行一套工作机构、两个机关名称的体制，履行党的纪律检查和国家监察两项职能。进一步落实各乡镇（街道）、部门纪委书记、纪检组长专职专责，完成县乡标准化谈话室建设。

【专项巡查】 严格“政治体检”，开展县委第三轮常规巡察和扶贫领域专项巡察暨冯新柱案“以案促改”工作机动式巡察，对两个单位开展“上下联动”巡察和“系统联动”巡察。共巡察7个单位，发现存在问题70个、问题线索26条。积极配合县委做好省委第八巡视组来宜巡视和市委第一巡察组来宜专项巡察、机动式巡察工作，认真做好巡视巡察反馈问题整改工作，确保整改取得实效。

【队伍建设】 认真学习习近平新时代中国特色社会主义思想，用党的最新理论武装头脑，指导实践，推动工作。坚持“周三夜校”集中加油充电，累计完成培训 80 余小时，机关支部认真开展“三会一课”，通过集体学习、个人自学、技能比武、知识测试等，坚定理想信念，提高工作本领。前往延安、梁家河村开展“访寻初心之路 弘扬延安精神”主题党性教育活动，开展“学习梁家河大学问 助力宜君大发展”主题演讲比赛，开展监督执纪技能大比武。始终旗帜鲜明讲政治，全县纪检监察干部“四个意识”不断增强，“四个自信”更加坚定，“两个维护”更加自觉，严守陕西省纪检监察干部“十条禁令”，坚决做到忠诚干净担当。

人民团体

宜君县总工会

主　席　杨小平（2018 年 11 月离任）
　　　　孙红伟（2018 年 11 月任职）
副主席　张　旭
　　　　张艳艳（女兼职）

【概况】 宜君县总工会成立于 1949 年 7 月，现有行政编制 4 人，实有 5 人。2010 年 12 月 31 日，设立下属事业单位宜君县困难职工援助中心，事业编制 3 个，实有 2 人。全县共组建工会组织 438 个，发展会员 21598 人。2018 年，全县各级工会贯彻落实党的十九大、十九届三中全会、市工会十三大会议和县委十六届三次全会精神，全面推进工会改革创新，夯实工作基础，增强“三性”、去除“四化”，服务大局、服务基层、服务职工，改革创新，各项既定目标任务全面完成。

【政治理论学习】 县总工会把学习贯彻党的十九大、习近平总书记系列重要讲话精神作为一项重要政治任务，认真开展党的十九大精神系列活动。开展“不忘初心、牢记使命，冲在一线、干在实处，帮贫解困促发展”大调研活动，组织干部职工积极投身脱贫攻坚主战场。坚持每周三组织全体党员干部集中学习，开展多种形式党日活动、纪实文学《梁家河》精神专题读书分享学习活动，推进“两学一做”学习教育常态化制度化。召开支部会议 6 次，讲党课 4 次，举办党员干部“周三夜校”17 次。学习传达习近平总书记关于工人阶级和工会工作的重要论述及接见新一届工会领导班子讲话精神、中华全国总工会第十七次全国代表大会、省总工会第十四次代表大会及市工会第十三次代表大会会议精神。召开党风廉政建设学习教育会议 7 次。

【维权帮扶】 按政策条件对原来 517 户困难职工档案重新核实完善，对已解困脱困和不符合条件的予以剔除。截至目前，2018 年，保留困难职工档案 196 户，其中全总 132 户，市总、本级 64 户。“双节”慰问困难职工 196 户，发放慰问金 53.85 万元；“金秋助学”，投入资金 2.4 万元，慰问劳模 23 人，发放慰问金 2.3 万元；“夏送清凉”活动中共筹集资金 6.72 万元，慰问一线职工 425 人；“金秋助学”投入资金 2.4 万元，救助困难职工子女 8 人；“六一”慰问贫困职工子女、农民工子女、留守贫困少年儿童 393 人；职工互助保险工作稳步推进。全县共有 6805 名职工参保，投保金额 44.4 万元，理赔 335 人次，赔付金额 28.85 万元，为 18 名困难职工发放互助保障关爱救济金 2.35 万元；为 52 名环卫职工“送保险”，投保金额 4160 元。积极开展就业培训。3 月份，县总工会组织下岗职工、工会会员参加“春风行动”和市总工会组织的"2018 年全市就业再就业免费招聘洽谈会"，为下岗困难职工提供再就业机会，共签订用工意向书 46 份；把农民工再就业培训作为一项常态化工作，下达分解到各基层工会，各乡镇（街道）、系统、基层工会采取自办、联办的培训方式，开展果树修剪、果树日常管护、家畜养殖等技能培训。2018 年，全县各级工会组织培训农民工累计 1800 多人次。重视维护职工队伍稳定工作，做好"双节""两会""五一"等重要时段重点行业单位职工来电、来访、来信接待处理工作，定期开展下访基层活动，帮助基层排查处理矛盾。援助中心接听职工来电 81 个，接待职工来访 32 人，开展基层矛盾排查 40 人次。接收大丰区总工会向宜君县贫困职工（农民工）捐赠棉被 100 条。

【基层工会建设】 新建基层工会组织 11 个，发展会员 505 人。积极开展农民工集中入会工作，新发展农民工会员 198 人。截至 2018 年底，全县共组建基层工会组织 438 个，发展会员 21598 人。开展基层工会组织"三分类三指导"活动，通过检查考核，划分出三类基层工会组织 120 个，二类基层工会组织 142 个，一类基层工会组织 75 个。县财政局工会委员会被市总评为一类示范工会；县公安局城关派出所工会委员会、县创业孵化基地工会委员会、棋盘镇黄埔寨村工会委员会被市总评为一类工会先进单位；云梦乡南斗村工会委员会、哭泉镇哭泉村工会委员被市总评为二类工会先进单位。

【集体协商】 继续扩大集体协商和集体合同制度覆盖范围。在建筑、采矿、餐饮服务等行业相对集中的乡镇、街道、社区和工业园区，积极推动区域性、行业性集体协商，通过企业工会代表职工与企业开展平等协商的形式，订立集体合同。2018 年，开展工资集体协商企业建制率达 90%，职工工资年增长幅度在 10%以上，签订区域性工资集体协议 15 家，覆盖企业 56 家，签订行业性工资集体协议 1 家，单独签订工资集体协议 42 家，覆盖职工共计 3701 人；把深化"共同约定行动"与加强集体合同制度建设结合起来，推动建立完善企业工资分配共决机制、职工工资正常增长机制和支付保障机制，分类指导，保障职工合法权益；以女职工权益保护专项集体合同的全覆盖为目标，做好扩大和巩固工作，女职工专项集体合同的签订率已达到 98%以上。

【劳动竞赛】 制定印发《关于 2018 年度开展"安康杯"竞赛活动的通知》和考评办法，开展"教育培训强基础，隐患排查促安康"主题安全知识教育、安全生产、隐患排查、安全班组建设等为主要内容的"安康杯"劳动竞赛活动。组织职工参加市总工会组织的家政服务比赛、人工防雹增雨火箭作业比赛、育婴比赛等竞赛活动。2018 年，陕西玉华酒业有限公司被中华全国总工会、中华人民共和国应急管理部评为"安康杯"竞赛优胜集体。

【劳模工作】 "五一"劳动节配合市总在县中心广场开展为期 1 周以"奋斗创造幸福 劳动成就梦想"为主题劳模事迹巡回展，对宜君县全国劳动模范贺亚庆、市级劳动模范姜超恒和陕西玉华酒业有限责任公司成装车间的先进事迹大力宣传，在全社会营造崇尚劳模、尊重劳动、学习先进、赶超一流浓厚氛围。组织 4 名劳模参加省市劳模疗休养，为 57 名劳模发放劳模津贴 5.38 万元。

【宜君县总工会第十一次代表大会】 6 月 4 日—5 日，宜君县工会第十一次代表大会召开，127 名工会代表和列席代表参加本次大会。大会全面回顾总结五年来全县工会工作的创新经验和实践成果，谋划以后五年工作目标和重点任务，选举产生了宜君县总工会第十届委员会、第十届经费审查委员会、第十届女职工委员会及县总工会领导机构。

【宜君县总工会第十一届二次委员会】 12 月 12 日，宜君县工会十一届二次委员会议在县总工会三楼会议室召开，会议选举孙红伟为宜君县工会十一届委员会委员、常委、主席。

【爱心驿站】 与南山公园管理处，共同在南山公园为户外劳动者联建户外劳动者“工会爱心驿站”一个，配备沙发、药箱、微波炉、热水器等设施，解决户外劳动者如厕、饮水、就餐和休息等生活困难。

【职工文化】 发挥工会组织文化阵地作用，丰职工文化生活，建设“书香宜君”。安装电子阅读机一台。向全县机关、企事业单位5000名干部职工免费赠送电子职工书屋阅读卡。与县篮球协会联合组织全县职工篮球赛，各乡镇（街道）、系统工会利用“五一”、“十一”、“元旦”、春节等重大节庆日，组织开展书画比赛、篮球赛、乒乓球赛、登山健步走、文艺晚会等文体活动，丰富职工文化生活。

【工会会费】 健全机关财务管理制度，规范财务管理，严格财经纪律，加强预决算管理和资产管理，确保工会资产保值增值。支持乡镇（街道）、系统基层工会工作，给各乡镇（街道）工会联合会下拨工会经费共计11.6万元，用于解决基层工会工作经费不足的问题。2018年，地税代收工会经费16.9万元。

【脱贫攻坚】 县总工会认真学习传达落实全县脱贫攻坚会议精神，召开10次专题会议，研究脱贫攻坚工作，制定2018年杨家寨村帮扶计划和贫困户提升计划，夯实驻村干部和帮扶干部责任。按期完成脱贫问题整改、“以案促改”、贫困户对标台账、脱贫攻坚表卡薄信息核对、扶贫资料完善、5户五保户顺利稳定脱贫退出等工作任务；道路绿化栽植油松345株，新建花园3个。制作公益励志宣传牌25块，家风家训牌200块，“五净一规范”卫生示范户督导牌36块。改厕101户，完成任务的112%；完成4户贫困户移民搬迁任务。4户贫困户已于2018年6月底入住哭泉镇区集中安置点；投资11.3万元完成杨家寨村和棋盘镇王洼村2个广场绿化，绿化面积1500m^2，栽植风景树221株，种草1500m^2；配合村“两委”完成换届工作，举办助力脱贫文化演出；配合村村上完成前河组、台台沟组村民饮水工程，自来水通到各户；配合村“两委”完成好媳妇、好公婆等评选表彰工作，“宜民”讲习所正常开展活动，“宜馨”超市运营正常、开展了4次兑换活动；牵线搭桥招商引资1家企业，流转杨家寨村杨家坪组土地120亩种植高钙菜，每亩流转700元，村民在公司务工，增加了村民收入；给村上补助危房改造、文化活动、“宜馨”超市等资金1.4万元，春耕期间为贫困户送去了3800元的化肥地膜；为村上3户贫困户协调争取到护林员公益岗位3个。

共青团宜君县委

团县委书记　杨　丽（女）

团县委副书记　冯　敏（女）

【概况】 共青团宜君县委现有编制4名（参照公务员管理），书记、副书记、少先队总辅导员、科员各一名。内设办公室、组织宣传、少工委。

【青少年思想教育】 广泛开展党的十九大精神宣传教育，围绕“不忘初心跟党走，青春瞩目十九大”《厉害了，我的国》观后感、《梁家河》读后感等内容开展专题辅导，开办全新语音栏目“青朗读”30期；向973名学生团员赠送纪实文学《梁家河》，开展“学习梁家河大学问．争做新时代新青年”主题团日活动6场；组织团员青年学习共青团十八大精神和习近平“7·2”讲话精神，召开主题会议2次，发布“青年大学习”21期。引导少年儿童坚定不移听党话跟党走，开展“你好，新时代”宜君县“争做新时代好队员”庆“六一”主题示范队会“暨争做新时代好队员—集结在星星火炬旗帜下”主题教育活动。举办学习“习近平总书记回信”精神红领巾宣讲活动3场、“红色基因代代传”主题教育实践活动5场。激发全民阅读热情，提升公民思想道德和科学文化素质，团县委新青年读书协会联合樊登图书会铜川分会，开展青少年线下体验活动，累计举办线下活动 12 场次，受众青少年达 200 余人。

【新媒体运用】 加强微博、微信等新媒体平台管理及原创内容的发布，上报信息微信 395 条、微博 1251 条，宜君发布及网站 29 条。1 月 15 日—2 月 15 日开展为期一个月网络值班，转发团省委微博 44 条，团市委 11 条。开展樊登读书会线下分享活动 12 场。

【主题教育实践】 围绕庆祝改革开放 40 周年、五四运动 99 周年和建团 96 周年，学习贯彻习近平新时代中国特色社会主义思想和党的十九大精神，开展“不忘初心．牢记使命”主题系列活动。激励广大团员青年坚定中国特色社会主义理想信念，继承和发扬“五四”精神，踊跃投身宜君追赶超越转型发展主战场。

【深化共青团改革】 按照《中国共产主义青年团章程》和省、市换届要求，结合全县村级党组织换届稳步推进全县村团组织换届选举工，7 月，全县 117 个村级团组织换届全面完成，389 名委员中有 77 人进入村两委班子。按照共青团改革方案“团县委班子中挂职、兼职干部比例达到 50%”要求，西安邮电大学文宁同志任团县委副书记（挂职），五里镇组织委员长孙学丰任团县委副书记（兼职）。5 月 4 日，举办全县少先队辅导员培训班，对《少先队改革主要任务清单》《中小学少先队改革主要任务清单》进行辅导讲解、细化目标。推进少先队改革，构建中小学少先队辅导员骨干队伍建设。

【基层团组织建设】 组织参加全市基层团组织“评星晋级”活动，5 个基层团组织围绕“青年大学习、朗读比赛”等开展活动 20 余场次。“智慧团建”录入乡镇（街道）团委 10 个，直属支部 5 个，社区 2 个，学校团组织 7 个。

【青年志愿者工作】 以纪念日、节假日为契机，积极动员新青年志愿者围绕“暖冬行动”“大型赛会”“爱心助考”“长城论坛”“禁毒宣传”“12·5 志愿者日”等方面开展志愿服务活动，累计开展活动 9 场次，参与志愿者 200 余人次，展现“奉献、友爱、互助、进步”志愿者精神。

【关爱行动】 持续开展“凝聚微力量．圆梦微心愿”主题活动，为全县 19 所学校的 523 名儿童捐赠价值 6 万余元的学习生活用品。通过“宜君——子洲 以爱之名 携手同行”衣物捐赠，为子洲贫困儿童捐赠总价值约 2 万余元衣物 6500 余件。通过“国酒茅台——国之栋梁”、移动“爱心 100”“西京专项助学金”等助学项目，为 19 名贫困学生争取助学金 91943.8 元，帮助他们完成学业。

【青少年权益保护】 围绕重要时间节点，开展形式多样的青少年法制宣传教育。联合县关工委和县司法局开展“法制宣传进校园”活动，举办法律知识讲座、发放自护手册，2000 多名中小学生接受教育。城关一小成功创建“省级红领巾法学院”，累计开展“模拟法庭”活动 8 场，孩子们走进法律世界，感受法律权威。依托组织优势，畅通青少年诉求渠道、代表青少年表达观点、打造共青团维权品牌。制度化开展“青少年维权岗”创建、“共青团与人大代表、政协委员面对面”活动等。搭建倾听青少年呼声平台，为广大青少年提供有序参与社会主义民主政治的机会。动员社会各方面力量开展“青少年维权岗”创建活动，共同关注并参与青少年维权工作，营造有利于青少年健康成长的良好社会环境。构建社会化维权体系，开展形式多样专项服务。3 月 20 日，举办“牢记社工心·建功新时代”主题宣传周活动。5 月 24 日，宜君县第一中学围绕“家长如何配合学校做好孩子的教育”开展“青春灯塔公益巡讲”活动。

【脱贫攻坚】 建立青年扶贫互助联盟 2 个，建立青年产业联盟 1 个。2 个团组织入围“益青春、共小康”公益扶贫项目，为 40 余名贫困留守儿童提供特长培训机会。通过“中国梦、净水梦——贫困青年家庭”安全饮水公益行活动，为全县贫困户提供驼绒被 100 床、净水器 200 台。开展“童步益行——给乡村娃一双运动鞋”公益活动、团市委“青聚力量·圆梦微心愿”“开往贫困山区学校的青春专列”主题活动及“情暖童心 关爱少年儿童”暖冬行动，为全县19所共计338名学生送去鞋子和棉衣。通过“团聚益起——故事从这里开始”青年交友联谊活动，将活动和公益行动紧密结合，为彭镇中心小学10名同学完成微心愿。开展“苏陕协作——团青助力脱贫攻坚”“丰宜远航——我在远方有个家”品牌活动，与大丰区团委合作开展“大丰——宜君少年儿童城乡手拉手”互助活动，结对帮扶学校10个，接收书籍2388册。发挥青年扶贫带头人的示范引领作用，确定73人为县级青年扶贫带头人，重点培育53人。推荐10人参加省级培训，7人参加市级培训，52人参加县级培训。10名青年扶贫带头人受到县委、县政府命名表彰。

宜君县妇女联合会

主　席　陈芳英（女）

副主席　屈慧利（女）

【概况】 宜君县妇女联合会现有行政编制4名，妇儿工委办公室事业编制2名，内设办公室，妇儿工委办公室等机构。2018年，在县委、县政府的坚强领导和上级妇联的关心指导下，县妇联深入学习贯彻党的十九大精神，以习近平新时代中国特色社会主义思想为引领，围绕县委、县政府中心工作，维护妇女儿童合法权益，促进男女平等，创造性开展工作，显示妇联组织在发展建设中不可替代的作用。县妇联被授予“铜川市巾帼建功先进集体”荣誉称号。

【宣传工作】 县妇联通过自编、转发、转载等形式，加大网络媒体工作宣传力度，建立完善“花开宜君”微信公众号，依托《当代女报》、陕西省妇女网、铜川市妇女网、市妇联“女儿花”、县妇联“花开宜君”微信公众号、宜君县人民政府网等媒体对县妇联妇女工作进行宣传报道。全年累计报送各类信息40余篇，转发、转载网信办微信、微博图文30余次。

【评优树模】 开展精神文明建设和文明家庭创建评选活动，县妇联被评为“铜川市巾帼建功先进集体”荣誉称号；涌现出市级三八红旗手2人、三八红旗集体1个，巾帼建功先进个人1人、巾帼建功先进集体1个，书香女人1人，书香家庭1户；授省级表彰巾帼建功先进集体2个、巾帼建功标兵2人，最美巾帼志愿者1人。

【妇女儿童文化生活】 聚焦“脱贫摘帽”目标，围绕“追赶超越”“五新战略”任务，举办宜君县纪念“三八”妇女节108周年“倡文明 树新风 扶志扶智”助力脱贫攻坚启动仪式，以乡镇（街道）妇联为单位，成立8支“巾帼脱贫小分队”。联合县法院举办“家事审判”培训会；联合团县委、县教科体局分别在彭镇中小、城关二小举办“留守真情 奉献爱心”文艺汇演和庆“六一”主题队会暨“凝聚微力量 圆梦微心愿 助力脱贫攻坚”关爱活动。司法局为彭镇中小送去5000元慰问金。9月，联合举办“和教育杯”第十届三秦父母大讲堂法治安全教育报告会，走进13所中小学、幼儿园进行安全教育宣传。10月，在县城关第一、第二幼儿园举办“社区家长学校家庭教育流动讲堂”专题讲座，560余名家长、教师参加。11月，县妇联邀请市家庭教育培训中心主任惠凯敏在休闲广场举办了“好家庭好家教好家风”文化巡展活动，这些活动的举办为好家风的传承奠定了基础。

【“巾帼脱贫”行动】 县妇联针对农村贫困妇女基础差、缺技术、就业难、难出门问题，发挥资源优势，探索“公司＋致富带头人＋贫困妇女”扶贫新模式。制定《关于“巾帼扶贫车间”示范点建设实施方案》，通过与女企业家、女致富带头人对接、实地走访，确定5个“巾帼扶贫车间”示范点（宜君县手工艺品培训加工扶贫车间、宜君县棋核核桃工艺品就业扶贫车间、宜君县手工艺品编织扶贫车间、宜君县大棚水果产销扶贫车间、宜君县家政服务扶贫车间），累计投入资金 97700 元，举办 15 期培训班，五个扶贫车间参与培训人员 747 人次，其中贫困人员 226 人，带动 124 人就业（大棚水果产销扶贫车间 42 人、家政服务扶贫车间 52 人、棋核核桃工艺就业扶贫车间 30 人）。

【帮扶贫困妇女儿童】 1 月 17 日，在宜君县太安镇中心小学举行助力脱贫攻坚暖冬行动暨“壹基金”温暖包发放仪式。爱心人士、志愿者们为太安镇中心小学 53 名贫困学生发放“温暖包”。6 月，为 15 名贫困妇女、8 名贫困儿童申报陕西省特困妇女儿童紧急项目，3 名通过审批，争取到紧急救助金 11000 元，8 月 21 日，县委常委、统战部部长郭怡县妇联主席陈芳英，到石板川村、石堡村、十五里铺村看望慰问贫困妇女儿童张巧珍、杨军杰和桂向蓉，将紧急救助资金送到 3 人手中。争取省妇联 78 份“春蕾健康成长包”，发放给受助贫困女童。11 月 14 日，县妇联与县总工会联合举办“盐城市大丰区总工会、妇联扶贫物品的捐赠仪式”。

【关爱妇女儿童】 加大妇女儿童维权力度，开展“三八”维权周法治宣传活动。宣传《妇女权益保护法》《婚姻法》《反家庭暴力法》《禁毒法》《婚前医学检查》等法律法规知识，发放宣传资料 2000 余份。优化妇女儿童发展环境，推动宜君县妇女、儿童发展规划（2011—2020）落实，健全妇儿工委议事协调机制，完善监测评估办法，加大投入力度，推动宜君妇女儿童事业健康发展。关爱农村留守妇女，发放“公益福彩关爱农村留守妇女救助资金”6000 元。完成汇总上报中国妇女保险信息表，30 位妇女享受免费参保。

【“两癌”患者申报】 开展“两癌”健康知识宣传活动 2 次，发放宣传资料 1000 余册，全县农村适龄妇女“两癌”防治知识知晓率达到 80%以上。为 12 名“两癌”贫困妇女发放省、市救助金共 12 万元，新建 14 名“两癌”患者数据库。

【“美丽庭院”“和美家庭”创建】 围绕县委、县政府提出的“美丽乡村”建设目标，以开展“美丽庭院”“和美家庭”创建活动为载体，开展系列创建评选活动。发动全县各级妇联阵地，组织广大群众收看“全国最美家庭”专题节目。发挥乡镇（街道）妇联的职能作用，常态化、制度化、阵地化推进“平安家庭”“和美家庭”“美丽庭院”“三秦最美家庭”“五好家庭”创建评选活动，把社会主义核心价值观落实到每个家庭。涌现出授市级表彰和美家庭 17 户、美丽家庭 24 户、示范户 4 户；授省级表彰“三秦最美家庭”1 户，“五好家庭”1 户。

【妇女参选参政】 转发《关于在全省村级党组织和第十次村民委员会换届选举中做好妇女参选参政工作意见的通知》，全县 117 个行政村全部完成村“两委”换届选举工作。在村党组织换届中，选举产生女支委委员 82 名，占总数的 16.7%，其中女支部书记 5 名，占村党支部书记的 4.3%；女副书记 4 名，占村党支部副书记的 9.1%；在村委会换届中，选举产生女村委委员 92 名，占总数的 20.6%，其中女村委主任 5 人，占村委主任的 4.3%，女副主任 4 名，占村副主任的 24%；选举产生 117 名村妇联主席、专兼职副主席 234 名、执委 3510 名；乡镇（街道）选举产生妇联主席 8 名、专兼职副主席 16 名、执委 263 名。

【精准扶贫】 压紧压实驻村帮扶职能职责，派出妇联副主席屈慧利为南塔驻村联络员，脱离单位业务，全力参与驻村工作。常态化组织干部深入到包扶村贫困户家中，了解生产生活需求，制定帮扶措施。南塔村栽植花椒 350 亩、种植中药材 316 亩。建设肉兔集中养殖小区一个、建成村扶贫车间一个。投资 10000 元，用于村容村貌的整治和“暖心工程”；投资 2000 元，为金盆村每户制家风家训牌一个；投资 2000 元，为村“宜馨超市”配备货物；在南塔村手工艺品扶贫车间开展养老护理、母婴护理、香包制作、面花制作等手工技能培训班；为 16 户贫困户送去米、面、油；为贫困户雷翠花送去一辆轮椅，争取残疾人创业资金3000元；为贫困户王宏江申请到县“创业就业三年无息贷款”助其开办“卤肉店”。年度帮扶计划全面完成。

宜君县科学技术协会

主　席　郭改宁（女）

副主席　焦延平

【概述】 宜君县科学技术协会辖8个乡镇（街道）和2个综合服务中心科学技术协会，8个县级学会、协会，会员2300名。农村专业技术协会28个，会员2233名，2018年，县科协坚持“四服务一加强”工作理念，以提升“五大人群”科学素质为抓手，以“科技之春”“科技之冬”、科技活动周、全国科普日等主题活动为载体，围绕全县主导产业，深入乡镇、社区、学校、农村，扎实开展形式多样、内容丰富的科普活动。

【科普进农村】 1、3月8日至9日，陕西省蜂业协会副会长、西北农林科技大学教授、中华蜜蜂养殖专家黎九州调研宜君蜜蜂养殖产业，在县农业局举办蜜蜂养殖培训班，120多名群众参加了培训；4月8日，县科协在雷塬皇后村、五里镇马塬畔村开展第二十六届“科技之春”宣传月精准扶贫玉米种植专题培训，两村100余人参加培训；4月11日，县科协在彭镇东湖广场参加“科技、文化、卫生”三下乡宣传活动，共发放中药材种植、肉牛、肉羊、苹果等科普宣传书籍200余份；12月6日，县科协在石堡村举办苹果实用技术培训活动，县园艺工作站高级农艺师陈长年就苹果的萌芽期、花期、新梢旺长期、果实膨大期、休眠期实用性管理进行了详细讲解。

【科普进校园】 4月3日，宜君县首个科普教育基地在县档案馆正式揭牌；4月17日，市、县科协联合举办2018年“科普大篷车”进校园活动，走进哭泉镇中心小学，展示20余件科技仪器；9月17日，市、县科协在宜君县第二小学开展“科普大篷车进校园”活动；9月20日，县科协在城关一小举行科普进校园活动，为城关一小赠送文学科普图书。

【科普进机关】 3月21日，铜川市第二十六届“科技之春”宣传月活动启动仪式在宜君县中心广场启动，市委副书记相红霞，市委常委、副市长丁德明，县委书记刘冲等出席启动仪式，并为4个区县科技专家服务队授旗。杨帮民代表科技工作者作发言，市、县40个部门和单位参加了活动，发放宣传资料30000余份，展出展板75块，开展义诊500人（次），发放科技书籍价值计2000多元，接待解答1000余群众咨询；3月27日，县委组织部、县科协在县委六楼会议室举办“乡村振兴与三变改革”科普报告会。家县级领导，县委和县级各工作部门、直属机构，各人民团体，中省驻宜各单位部分副科级以上领导，乡镇分管农业的领导以及涉农部门干部共150余人聆听报告。陕西省委政策研究室副巡视员董顺利从乡村振兴战略意义以及农村“三变改革”方式方法及思路等方面进行详细讲解。2018年6月26日，县科协组织老科技教育工作者，赴照金接受“不忘初心，缅怀革命先烈；牢记使命，弘扬革命精神”教育。在纪念馆前，全体党员面对党旗庄严宣誓，重温入党誓词。9月12日，“同守绿水青山，共建美好家园”环保捡拾垃圾志愿服务活动在龙山公园举行。

【科普进社区】 9月20日，宜君县科协在宜园社区举行科普进社区活动，20余名社区干部、居民参加本次活动。县科协代表铜川市科协授予宜园社区铜川市“科普示范社区”奖牌，社区干部参加了陕西省公民科学素质知识竞赛答题活动，县安监局干部尚康为社区居民从家庭用火、用电、用气等方面进行安全生活常识讲座。

【学术论文征集】 组织全县科技工作者参加全市优秀学术论文评选活动，共征上报集学术论文14篇，获得二等奖2篇，三等奖6篇，优秀奖6篇。

【精准扶贫】 宜君县科协筹集资金15万元，提升马塬畔村“两委”活动阵地，新建文化广场1200平方米，健身器材安装全部到位，安装路灯75盏。为黄塬组争取到人畜饮水入户建设项目，为马塬畔组、黄塬组争取到通组路及巷道硬化建设项目。完成16户危房改造，16户43口贫困人口全部通上自来水。

【项目建设】 基层科普行动计划项目，项目资金10万元，由宜君县棋盘镇聚源核桃科普示范基地组实施；科普信息化建设项目，项目资金10万元，由宜君县宜园社区实施，两项目年底已完成建设任务。

【基层组织建设】 全县乡镇（街道）综合服务中心全部完成换届工作，辖区医院院长、学校校长、农技推广或服务部门负责同志全部通过选举吸纳进乡镇科协领导班子，成为兼职科协副主席。县科协所属学会、协会换届工作全部完成，共选举产生乡镇科协主席10人，“三长”兼职副主席28人，“三长”占乡镇科协副主席的100%，占科协委员的91%，县科协所属学会、协会选举会长8人，副会长3人。

【制度建设】 按照省、市科协有关要求，县委办县政府办印发《宜君县科协所属学会有序承接政府转移职能工作实施方案》《增强基层科协组织动员能力，推动“三长”发挥示范引领作用工作方案》，为宜君县县科协组织提高科普工作能力和有序承接政府转移科技创新评估、工程技术领域职业资格认定、技术标准研制、技术奖励推荐等职能提供政策依据和制度保障。

宜君县工商业联合会

县政协副主席、工商联主席　王忠炎

县工商联党组书记　李　松

【概况】 宜君县商会成立于1949年6月，1956年改名为宜君县工商业联合会，现有编制5人，其中行政编制3人，事业编制2人。共有会员656名，团体会员25名，企业会员153名，个人会员482名。2018年，县工商联围绕“两个健康”工作主题，制定工作目标任务，发挥桥梁纽带和助手作用，深入开展非公有制经济人士理想信念教育，引导会员积极参政议政，帮助会员排忧解难，促进了非公有制经济健康发展。

【党建引领强信念】 贯彻落实中央《关于加强和维护党中央集中统一领导的若干规定》和省市县委有关重要会议精神，开展“不忘初心、牢记使命”理想信念教育主题活动，推进“两学一做”学习教育常态化、制度化，增强“四个意识”。组织班子成员参加“全省优化提升营商环境工作电视电话会议”“全市非公企业聚焦深度脱贫，助力脱贫攻坚现场会”“市工商联民营企业高质量发展座谈会”“盐铜扶贫合作协议落实交流会”“全市学习贯彻习近平总书记关于促进民营企业发展重要讲话精神座谈会”，开展非公经济人士思想政治工作，引导会员坚定不移地走中国特色社会主义道路，致富思源，富而思进，积极参与光彩事业和社会公益事业，以实际行动回报社会。

【多元交流促宣传】 利用县工商联微信群及时宣传宜君非公经济及唐孝标、曹太锋、张虎全、苏庚、郝艳、何俊、李凤玲、王改银、陈存虎、茹远江等优秀非公人士事迹，扩大非公人士交流学习。8月，作为全市唯一的区县工商联参加省委统战部、省工商联举办的全省非公经济发展座谈会，并做了《强化能力建设，推进实践创新，努力开创“两个健康”服务工作新局面》专题发言。在全市“学习贯彻习近平总书记关于促进民营企业发展重要讲话精神座谈会”上，宜君县作为全市唯一区县工商联，作了《守土有责，担当有为，努力推进“两个健康”提质增效》专题发言。《宜君县“五净一规范”示范创建工作评估报告》，被评为全省政协系统优秀调研成果。

【政策宣传强引导】 组织广大非公人士参与各类学习教育活动，不断强化爱国敬业、守法诚信的思想意识，印送习近平总书记《在民营企业座谈会上的讲话》《陕西省优化营商环境条例》《市政府关于促进民营经济和中小微企业发展的意见》《中央、省、市、促进非公经济健康发展政策汇编》，开辟非公党建工作墙报专栏，将15个基层商会非公党组织情况上墙公布。利用县工商联微信群向非公人士及时宣传十九大关于鼓励发展民营经济有关政策，提高他们把握运用政策的能力。组织民营企业、基层商会及非公人士完成《中华工商时报》的征订工作，及时了解党和国家发展非公经济的政策措施，掌握市场信息，学习先进经验，提高宜君县民营企业市场竞争力。

【发挥执委班子作用】 召开九届五次主席会议和九届五次执委会议，传达中省市县重大会议精神，加强班子成员之间的思想交流和工作沟通，引导支持兼职副主席、副会长以及基层商会会长提高履职服务能力，做好2018年非公人士及基层商会履职测评工作，发挥“领头羊”作用，自觉为工商联事业献智出力。筹备召开“全县民营经济发展座谈会”，县委主要领导与非公企业面对面交流，深化政企沟通，为有效化解民营经济发展难题提供平台。组织引导班子成员以上率下，深入调研，积极有序地参政议政。县“两会”召开期间，非公人士中的人大代表和政协委员积极参政议政，为县委、县政府建言献策。通过个人提案、联名提案等多种渠道，提交提案、建议37件。唐孝标、李凤玲、徐龙刚等近10名非公人士获得中省市县“杰出民营企业家”“劳动模范”“道德模范”等殊荣，曹太锋、郝艳被评为全省脱贫致富带头人。

【履职服务质量】 争取乡镇（街道）党委支持，引导和支持基层商会重视加强硬件设施和班子建设、制度建设、作风建设以及履职运转，哭泉商会被评为全省民营企业“三秦帮扶善星”，推荐宜君县苹果商会、哭泉商会为省级“四好商会”，推荐胜达置业被评为陕西省“关爱员工优秀民营企业家”。壮大会员队伍，把政治上可信赖、经济上有实力、社会上有影响、热心工商联事业的非公经济人士吸纳到工商联队伍中来，努力实现工商联会员的行业全覆盖。全年发展会员10名，其中企业会员2名，团体会员4名，个人会员4名，会员结构进一步优化。加强对外交流，鼓励支持哭泉商会建立野生中药材种苗繁育基地，绿川农业、庆丰泰农业、秦宜果业3家非公企业再度实现挂牌。两名会员参加盐城工商联来铜川考察座谈会，协调对接项目。组织部分会员参加丝博会、农高会，组织绿佳源蔬菜专业合作社、盛华科技有限公司等5家企业参加市2018年扶贫产品交易会，拓宽扶贫产品市场。

【光彩事业平台】 在全市率先成立区县首个光彩事业促进会，理顺非公人士回报社会体制机制。教育引导非公人士履行社会责任、回报社会，兼职副主席李凤玲在新区组织“大爱无疆、无偿献血”活动，胜达置业、陕西闽发资助贫困学生，众鑫商混向段寺村免费提供2.6万元混凝土，为宜君县一幼送去3000元活动捐款，为贫困学生捐赠5000余元；绿佳源合作社为五里建档立卡贫困学生送去爱心书包和书籍；执委刘振兵为五里镇搬迁户捐赠30台电扇；执委徐龙刚为西舍村、南寨村、走马梁村19户村民送去价值7.4万元的三轮车。陕西闽谦等5家爱心企业为宜君县哭泉镇38户移民（脱贫）搬迁贫困户捐赠家居设备，总价值达7万余元。

【非公企业文化建设】 鼓励支持非公企业开展特色文化建设，将“加强非公企业文化建设、举办第二届全县非公经济文化建设集中展示活动”列入年度目标任务，落实专人负责，精心对接组织，成功举办“宜君县非公经济送文化下乡暨拨头塬村励志脱贫文艺演出”，尧生商会、彭镇商会、金剪刀剪纸有限公司等非公经济组织带去精彩节目，赢得群众一致好评。

【民企调查点工作】 贯彻落实省、市关于2018年民营企业调查工作的部署安排，开展民营企业入库调查，宜君县民企入库调查达到20家，执常委企业达到19家，占比70%。被全国工商联评为2018年度全国民营企业调查点先进基层单位。为客观了解民营企业发展现状以及民营企业家的思想动态提供现实依据。

【五项机制助脱贫】 巩固扩大“万企帮万村”成果，参与非公企业和基层商会37家（人）非公企业（非公人士），结对帮扶138个村次、6913人次贫困人口，实施5大类136个帮扶项目，投入帮扶资金1012万元。探索建立“五项制度”，为“万企帮万村”提供机制保障。1. 明白卡荣誉墙制度。将结对双方的基本情况、联系方式、帮扶项目、帮扶措施、帮扶成效等制卡上墙，定期更新，既让贫困户有动力，又使帮扶人有荣誉。2. 联席会议制度。不定期深入贫困户了解走访帮扶情况，研究座谈存在问题，商定帮扶措施。3. 对接走访督查制度。克服人员力量不足困难，坚持联系对接、走访督查。4. 观摩交流表彰制度。选择组织部分帮扶企业互相观摩交流学习，对参与帮扶的非公企业和基层商会全部授予《示范企业》《示范商会》牌子。对帮扶措施有力、成效突出的非公企业、基层商会及典型个人，报请县委及省市予以表彰。5. 动态调整制度。对因企业转型和经营困难等客观制约，导致无法履行帮扶协议的帮扶企业，以及因缺乏内生动力、等靠要思想严重，经多次教育引导仍不配合的被帮扶人，经告知、审核后终止帮扶协议，适时动态调整，提高帮扶实效。

【“三个体系”促帮建】 按照全县2018年“脱贫攻坚十大提升工程”总体部署，县工商联承担“动员非公人士积极参与、出资帮建，创建一批‘五净一规范’示范户”工作任务。签订《四方共建协议书》，形成“工商联协调总抓、乡镇主导统筹、村组监管实施、群众自觉遵守、非公出资帮建”合作共建工作合力。创建“三个体系”，细化“五净一规范”标准，形成创建工作“八个有”的科学评估体系。通过评估研判，建成首批县级示范户187户。其中，贫困户41户。

军　事

中国人民解放军

宜君县人民武装部

中共陕西省宜君县人民武装部委员会

第一书记　刘　冲

书　　记　田德传

副书记　　韩　铁

政治委员　田屈鹏

部　　长　韩　铁

政治委员　田德传

副部长　　田屈鹏

【概况】 中国人民解放军陕西省宜君县人民武装部，是县委的军事部和政府的兵役机关，受上级军事机关和县委的双重领导，部内设军事科、政治工作科、保障科，主要负责全县的国防动员、兵员征集及民兵军事训练等工作。2018年，县人武部始终以党的十九大精神和习近平新时代强军思想为统揽，全面贯彻落实省军区、军分区党委决策部署，紧紧围绕国动系统“六部”职能使命，科学筹划、严密组织、狠抓落实，积极推进人武部建设全面发展。

【思想政治建设】 宜君县人民武装部始终把思想政治摆在首位，铸魂育人，立根固本，引导官兵不断强化“四个意识”“三个维护”。年初，召开党委扩大会议，组织全体干部职工原原本本学习国动部、省军区及军分区党委扩大会议精神，分析形势，梳理工作任务，召开2018年全县武装工作会议，传达上级党委扩大会议精神，安排部署年度工作。按照“紧前谋划方案、突出亮点特色、营造学习氛围”思路，对新观点、新思想、新论断解读和领悟。落实周五理论学习教育日制度和采取集中领读和了党委中心组学习制度，做到全心投入，全员覆盖，全面落实。认真学习贯彻军委主席负责制《意见》，引导官兵进一步认识和维护军委主席负责制是党和国家军事领导制度长期发展的重大成果，要求官兵担当使命重任，确保坚决听从指挥。

【队伍建设】 深入开展“学、讲、做”教育实践活动，以《习近平新时代中国特色社会主义思想学习纲要》《习近平谈治国理政》和《习近平论强军兴军》为教材，集中学习，推动“学、讲、做”活动成为普遍实践。组织人武部人员到雁门支队英雄纪念碑前缅怀革命先烈，寻根溯源、饮水思源，坚定信仰信念。开展“传承红色基因、担当强军重任”主题教育活动，召开专题会议，制定活动方案，传达学习中央军委、国防动员部、省军区和军分区首长在党的建设会议上的讲话，理清工作思路，找准部队存在问题和与上级要求的差距，端正工作态度，勇于责任担当。严格纪律规矩落实落地，突出领导干部这个关键少数，班子成员过好“双重”组织生活，筑牢党内监督防火墙。推行“阳光作业”，畅通民主渠道，让热点问题降温、敏感问题脱敏。根据省军区、军分区两级《关于组织开展党的纪律教育的通知》精神，制教育计划，动员部署，召开党委扩大会，党员围绕遵守纪律规矩汇报思想，揭短亮丑，解开思想疙瘩，理顺工作关系，增强纪律观念。

【应急应战能力建设】 1. 战备工作。始终坚持把战斗力建设作为党委工作第一要务，下大力抓好国防后备力量建设，努力提升遂行任务能力水平。破除“和平积弊”，深入开展“和平积弊”大扫除大起底活动，专题召开党委会深查细纠存在的问题，坚持向备战打仗聚力，向“和平积弊”开刀，强化“战”的意识、立起“战”的标准、找准“战”的位置、理清“战”的思路，练好“战”的内功。完善战备方案，会同县公安、林业等相关部门完善各类应急处突预案，利用民兵整组训练等时机，开展形势战备教育，增强官兵、民兵人员的政治意识、忧患意识、责任意识。落实值班制度，突出“两会”“6·4”“7·5”和节假日等敏感时期，战备值班，领导带班责任，确保值班电话 24 小时畅通。树牢战备意识，在注重专武干部教育培训，结合民兵整组、训练、征兵等工作部署会、推进会、动员会，传达学习上级有关武装工作要求，组织武装工作业务培训，理清武装工作程序方法，解决专武干部不精武、不专武、业务偏弱问题，专武干部的战备意识得到有效增强。2018 年，投资 8 万余元为专武干部和基干民兵配备服装、背囊等军需物资和行军床等生活保障物资，基本做到装备器材完善配套，满足遂行任务需求。严格落实物资管理规定，专人负责，定期检查维护，库室管理正规、账物相符。2. 应急应战能力。学习贯彻习近平主席开训动员令，聚焦能打胜仗核心指向，清除与战斗力标准不相适应的思想痼疾和习惯做法，切实形成聚焦备战打仗的鲜明导向。始终坚持把民兵整组作为民兵工作的基础性工作来抓，按照“编为用、建为战”原则，健全组织机构，加强组织领导、科学安排部署，狠抓工作落实。召开民兵整组潜力调查推进会、工作任务部署会，教方法理思路，听取各编兵单位调查摸底和各分队预编区域分布和数质量情况，针对的退伍军人外地打工难召集和退伍复学多、专武干部和部分民兵分队服装器材配备不齐等现实问题，“宁愿退伍军人比例不达标，也要将人员编实”形成共识。落实“乡镇应急排服装器材由各单位自行购买，专武干部和应急连服装器材由县人武部统一配备”保障措施。根据辖区经济发展、道路交通、林场分布等实际情况，合理调整编建单位。3 月 8 日，组织整组点验观摩会，按照民兵整组“八步法”程序规定，统一规范会场设置、人员着装、宣誓组织、政治教育、入队训练、软件资料等，为全县其他 10 个编兵单位树立样板。按照领导分片包干，跟踪指导，逐个验收责任制，对 12 支 500 名基干民兵进行全面点验。3 月份以全市第 2 名成绩通过省军区、军分区检查验收，制定年度民兵轮训备勤计划。6 月 10 日至 23 日，组织县民兵应急连和交通运输保障分队共 125 人，进驻黄堡训练基地，以新一代民兵军事训练大纲为依据，严格按纲施训，完成军事理论、队列、伪装与防护、手榴弹投掷、轻武器操作使用等 8 个共同课目，森林灭火、警棍盾牌、应急出动等 3 个专业行动课目的训练，提升民兵应急分队战技术水平。及时召集县国防动员委员会议，安排部署国防动员潜力调查工作，专人负责，督导落实。对全县战略物资储备、人防工程、“三战”潜力资源分布情况按照“横向到边、纵向到底”拉网式摸底，核对潜力数据《数据报告》，受到军分区动员处肯定。

【征兵工作】 2018 年，宜君县征兵工作，按照“党委统揽、政府主导、兵役机关主抓”的原则和“一季征兵、全年准备”的思路，坚持以征集高素质兵员为核心，以“五率”量化考评为抓手，规范征兵秩序，强化纪律监督，坚持公开公正，阳光定兵，实现了“大学生比例高、零退兵”三连贯目标。兵役登记扎实有效，按照“节点提前、工作提速、标准提高”要求，召开兵役登记业务培训和征兵准备工作推进会，把兵役登记和征兵准备工作落到实处。兵役登记 3733 人，其中年满 18 岁登记 450 人，登记率 100%。宣传方法灵活多样，采取定点宣讲与精确动员、现代传媒与传统手段相结合的办法，营造浓厚的奖论氛围。利用农村大喇叭，定时播报征兵有关政策规定。重点对网上兵役登记大学生和应届高中毕业生，以逐人打电话的方式实施精确宣传动员，逐人宣讲入伍优惠政策，算好“政治账”“前途账”“经济账”，提高适龄青年报名应征的积极性。应征报名 108 人，达到征集任务数的 4.69 倍。坚持以提高新兵质量为核心，狠抓体检政考、役前教育训练、审批定兵、交接起运等关键环节。体检站实行全程封闭，体检医生培训上岗，现场签订结论，设置手机信号屏蔽器，有效减少人为干扰，保证体检工作正规有序。核查比对应征对象本人和家庭成员及主要社会关系成员相关信息。教育部门对应征青年学历情况进行核查，确保应征青年政治可靠、学历符合要求。严格落实拟定新兵役前教育训练，落实一日生活制度，实施全程封闭、全程淘汰，摸清拟定新兵入伍动机、吃苦耐劳、参军意愿等思想表现。集体定兵、择优定兵，确定 23 名入伍新兵和 2 名替补人员名单。全县共上站体检 103 人，体检政考、役前教育训练“三合格”28 人，其中大学生 20 人，高中生 3 人，初中生 5 人。高中以上文化程度青年全部应征入伍，入伍新兵大学生比例为 87%，圆满完成年度兵员征集任务。组织全体兵役机关干部职工、基层专武干部、负责体检医生和参与政治考核的公安民警，传达学习国动部关于纠治征兵“微腐败”的通知精神和上级征兵工作“五条禁令”“八个严禁”“十二个不准”，开展警示教育，筑牢思想防线。设立举报信箱和举报电话，将国动部、省军区纪委举报电话及信箱向社会进行公告。应征青年和家长签订《廉洁征兵责任书》，与县纪委联合下发了《宜君县廉洁征兵措施》。

【正规化建设】 “以管理促正规、以抓基础建设促正规、以关心干部职工促正规”为抓手，加强部队正规化建设。5 月，参加省军区组织的“贯彻落实新条令，塑造军队好样子”学习教育活动。每周集中一天时间，组织学习新条令学习，规范一日生活制度，纠正地方化倾向问题，振奋精神，端正风气、正规秩序。按照军分区《加强基层规范化建设实施意见》方案，不等不靠，开展基层武装部规范化建设。深入乡镇武装部开展调研，指导宜阳街道、棋盘镇按照规范化标准，健全各类制度，完善“两室一家”建设，守住武装工作阵地，提升规范化建设水平。

【安全管理】 树立“底线思维”意识，发挥“一线战斗堡垒”和“一线带兵人”作用，把安全稳定作为正规化管理的目标要求，深入开展“安全隐患排查”活动，传达学习安全管理规定和各类事故案件通报，分析安全形势，严密查找管理漏洞，警示教育部队。坚持每月对人员思想、车辆状况、传真保密、文印室等重点环节和要害部位的检查排查。对电线路老化、办公计算机密码简单、灭火器充装不及时等问题，进行了纠治整改。对军分区安全大检查指出的问题，立行立改，在大门口设置拒马，调整增设视频监控，重要涉密场所和兵器室门口设置手机存放柜，把不安全因素消除在萌芽状态。突出“人、车、枪、弹、密”重点，时时讲安全，处处抓安全。对参加训练的民兵和干部职工进行安全教育，提高安全意识。开展安全信息及移动储存介质清理排查专项治理，严格落实涉密计算机加装保密系统和标签水印系统，涉密文件专人保管、专柜存放、定期销毁，确保涉密信息安全。

【双拥共建】 坚持紧贴服务强军兴军实践主题，努力在军民融合中发挥作用、贡献力量、有所作为。积极支援地方经济建设，开展为驻地现役籍官兵办好“九件实事”和“平安宜君”创建活动，“春节”“八一”前夕，走访慰问困难群众和军属家庭，送去军队温暖，密切军政军民关系。按照全县脱贫指挥部统一部署，多次深入的尧生镇雷塬村走村入户，了解社和脱贫工作需要解决的实际困难，同县创卫办、能源办通力协作，先后投入资金 15 万元，用以环境整治、旱厕改造、“宜馨超市”、购置电脑打印机。5 月，武警工程学院官兵拉练宿营云梦乡小学时，孩子们自发给官兵留言写信送祝福，“中国民兵”微信公众号以“你卫国，我拥军”为题进行了报道。10 月，空军军医大学 400 名官兵拉练经过五里镇，镇政府对拉练官兵进行了慰问，市县两级电力局调整线路检查整修时间，解决部队生活用电问题。

中国人民武警察部队

武警宜君中队

指导员　党晨皓

中队长　刘　贺

【思想政治建设】 思想政治教育紧扣时代主题，贯彻整风整改基调，聚焦深入学习贯彻习主席系列重要讲话精神，按照“四个立起来”“五个着力”要求，聚力培养新一代革命军人、永远做党和人民的忠诚卫士。扭住铸魂育人抓实主题教育，围绕强基固本抓深基础教育，关注现实问题抓细经常性思想教育，紧跟形势任务抓活形势政策教育。坚持政治引领与思想砥砺相契合、弘扬传统与改进创新相统一，着力固本培元、聚焦使命任务、立起“三真”威信、强化问题导向、把握“稳”字要求，努力在正本清源上见成效、简约求实上下功夫，引导官兵坚定中国特色社会主义信念，锤炼永远听党话、跟党走的忠诚品格，积极投身强军兴军实践，加快建设现代化武警，有效履行职责使命。围绕培养“四有”军人，扭住理想信念总开关，强化战斗力标准唯一性根本性地位，统筹抓好主题教育、经常性思想教育和专项教育，打牢政治基础，凝聚意志力量，激发战斗精神。

【执勤处突】 坚持“强化‘一个意识’，突出‘两个重点’，用好‘三个载体’，打牢‘四个基础’，实现’三个有效’”指导思想，依法规范执勤战备工作，加强领导，精心实施，确保固定目标安全，重大临时勤务万无一失，突发事件稳妥处置，反恐行动预有准备，抢险救灾招之能战。每月进行一次执勤教育，重点学习《执勤规定》《处置突发事件规定》《战备工作规定》《基层执勤教育教材》执勤三项纪律和执勤方案等。结合执勤实际，编写战备教育教案，进行勤务教育。落实《执勤规定》和《正规化执勤检查验收标准》，开展“三共”“三个一遍”活动，努力实现“两个确保”。在新兵补人、新兵单独执勤、炎热季节、老兵退伍期间适时进行勤务教育整顿，杜绝执勤中的“常见病”“多发比病”。进行专勤专训，落实三员一兵一组一班制度，加强勤务值班员、领班员、监控培训管理，突出哨兵反袭击、哨位子弹安全箱的操作和使用训练，全面提高哨兵情况处置能力。特殊时期、重大节日、执行重大勤务时，有针对性地进行形势教育和警示教育，增强官兵法规意识，拒腐防便自警意识，居安思危的忧患意识。定期与看守所召开联席会议，互通情况、分析形势、制定措施。定期进行联合演练，确保一有情况能有效处置，双方加强执勤、狱情教育，通报狱情动态，确保官兵及时掌握目标状况。定期组织联合检查评比，进行执勤隐患排查，确保发现隐患能及时处理。加强应急班建设，定期组织方案演练，加大各种应急训练，为确保成功处置县上各种突发情况，打下坚实基础。

【军地单位共建】 2018 年，在宜君县委、县政府的支持帮助下，在宜君县公安局的帮建下，“智慧磐石”改造工程按计划推进，执勤环境和设施大大改善。县文广局帮助中队培养文艺骨干、县民政局为退伍老兵送上退伍用品、县医院免费为中对官兵医疗体检。

公安消防

宜君县公安消防大队

教导员　田　亮

大队长　春晓宾（2018年04任职）

【概况】 2018年，宜君县消防大队以党的十九大精神和习近平新时代中国特色社会主义思想为统领，以贯彻能力提振计划和落实年度目标任务为抓手，以班子建设、队伍管理、火灾防控和灭火救援等工作为重心，全体人员稳住心神、增强定力、坚定信心、服从大局，高效完成了以社会面火灾防控为中心的各项工作任务。大队党委被公安部消防局表彰为先进基层党组织，大队被应急管理部消防救援局分别表彰为改革转制教育整训先进大队、全国执法质量达标基层单位，被支队表彰为基层建设工作先进单位，被宜君县人民政府表彰为安全生产工作先进单位。全年大队共接处警77起（其中抢险救援26起，火灾29起，社会救援22起），抢救被困群众20余人，疏散人员248人，保护群众财产150余万元，全县连续20年无较大以上亡人火灾事故发生。

【安全管理】 按照省、市消防安全委员会的工作部署和《2018年度全县消防安全目标责任书》的要求，落实消防安全责任，加大消防经费投入，加强城镇公共消防基础建设，深化消防安全“网格化”排查和“户籍化”管理，筑牢社会消防安全“防火墙”工程，开展消防安全宣传教育，发动全社会力量参与消防专项行动，提升全县社会火灾防控能力，遏制重特大火灾事故的发生，确保全县火灾形势的持续平稳。先后开展春夏火灾防控、电气火灾综合整治、电动自行车消防安全综合治理、大型商业综合体消防安全专项整治、博物馆和文物古建筑消防安全大检查、消防控制室专项治理、冬春火灾防控工作等专项整治行动，整治辖区消防安全的薄弱环节，确保辖区火灾形势高度平稳。全年共出动检查人员1336人次，检查单位668家/次，发现火灾隐患或违法行为997处，督促整改火灾隐患或违法行为969处，下发责令整改通知书526份、行政处罚决定书29份、临时查封决定书57份，责令“三停”单位28家，全县连续20年无较大以上亡人火灾事故发生。紧盯贯彻能力提振计划主线，抢抓机遇、科学谋划，推进各项重点工作稳步开展。2018年，在全市率先完成了独立烟感推广安装任务，以贯彻提振计划为着力点，大幅提升辖区消防基础建设水平。严格落实“放管服”改革要求，制定《宜君县消防大队便民利民服务措施》，使“放管服”改革惠及人民群众和营商企业。2018年，大队对辖区5个重点项目进行全程“伴随式”服务，避免了“先天性”隐患问题的产生。

【宣传教育】 在县电视台、广播电视台广泛开展宣传“广播村村讲消防，电视月月有提示”，坚持“微信”“微博”平台每天发布消防工作信息和消防常识，政府网站和公众平台定期更新消防动态。年内，发布消防信息2000余条。聘请消防宣传大使2名、组织消防志愿者队伍10支，深入百姓家中、村矿企业、地头田间，广泛宣讲消防常识，把口号标语落到实处。累计发放消防常识宣传彩页4000余份，张贴宣传海报80张。开放消防站5次，1000余人参与体验。开展中小学校、医院、商场、宾馆、敬老院等人员密集场所的灭火和灾害事故的逃生自救演练，受众2000余人次。联合教育、卫计、安监等行业主管部门开展疏散演练20余次，深入厂矿企业、学校开展培训30余次。分批对单位专兼职消防人员举办消防培训20余次，明确消防安全管理责任，有效提升消防工作管理能力和水平。11月9日，大队以“全民参与防治火灾”为主题在县政府广场开展系列贴近实际、贴近生活的消防知识宣传，展示消防装备器材20余件套，发放《家庭消防常识20条》《消防安全常识20条》《社区消防常识》等消防宣传资料共计1000余份，灭火器、灭火毯、围裙等消防特色宣传品共计200余件。

【消防执法】 完善、统一消防执法工作基础台账，规范消防监督执法九类档案；推行警务公开和首问责任制，并利用消防监督业务系统，实行网上阳光作业；严格落实执法例会制度，每个月召开执法例会和执法档案展评，全面分析研究大队消防执法工作，完善执法工作措施；采取专题教育、听取专题讲座等形式加强业务培训；组织全体监督执法干部与辖区单位签订了《消防监督执法廉政承诺书》，《承诺书》对消防监督执法干部提出了明确的要求。通过签订《承诺书》，进一步提高了监督执法干部的自律意识和主体意识。

【能力建设】 以战术研讨、战评和业务授课等形式进行人员密集场所和高层建筑等典型灾害事故处置业务学习，开展器材装备讲解，将理论与实际相结合，提升指战员的业务理论水平和实战处置能力。制定针对性和操作性强的训练计划，训练做到“每月训练有计划，每周工作有课表，每天成绩有登记”，熟悉车辆装备，做到“五知一能”。熟悉辖区社会单位，做到“情况清、底数明”“六熟悉”工作经常化、实战化。对辖区内消火栓的具体位置、测试压力逐一进行登记造册，联合自来水公司对消火栓进行全面维护保养。抓好日常器材装备检查保养，明确分工，责任到人，确保执勤车辆油、水、电、气充足和器材装备完整好用。

【信息化建设】 成立领导小组，明确大队军政主官为信息工作主要责任人，推动信息报送工作及时、科学、高效落实。按照“谁审核、谁负责，谁把关、谁负责”原则，凡是涉及本单位的信息稿件采编、审核、上传工作，大队军政主官必须审核，严把信息质量关、来源关、真实关。建立健全长效机制，做好教育培训安全保密，将计算机应用培训列入整体练兵训练内容中，采取内部组织培训、引导自学等多种形式不断提高指战员的微机应用技能和网络资源利用水平，强化相关业务系统熟练操作使用能力，达到熟知、熟练的要求，努力提升信息化应用水平。建立信息保密体系，严格执行公安信息网络安全保密“四个严禁”，坚持“专网专用、专机专用”，坚决杜绝“一机两用”现象和其他网络安全事故的发生。

【正规化建设】 大队党委统一思想，把握规律，理清思路，围绕管理正规化、作战程序化、执法规范化、日常精细化的目标，推进正规化建设。开展纪律作风整顿教育，对日常工作进行详细总结和分析，查找队伍建设中存在的问题，剖析问题的根源，及时改正，加强自我管理自我约束，培养优良作风，切实将工作落到实处，全面预防各类安全事故及违法违纪案件发生。严格落实岗位练兵活动，提升灭火求援能力，大队干部带头参训，率先垂范、以身作则，做出榜样。中队兼顾重点工作，统筹安排练兵时间，保障练兵的质量和效果，营造“比、学、赶、超”的训练氛围，全面提升应急处置和灭火救援能力。

公检法·司法

公　　安

县公安局

局　长　崔同利
政　委　吴　鹏
副局长　姜喜平
　　　　王建英
　　　　王小明
纪委书记　王哲龙

【概况】 宜君县公安局分设执法勤务机构：指挥中心、刑警大队、经侦大队、禁毒大队、交警大队、治安大队、巡警大队。综合管理机构：政治处、纪检室、督察大队、法制大队、警务保障室等机构。监管场所：宜君县看守所。外设城关、偏桥、五里镇、棋盘、马坊、雷塬等6个派出机构，在编民警106人，工勤人员8人，合同警9人；一线基层单位104人，占总警力的85%；全局共有辅警116名。2018年，宜君县公安局在县委、县政府和市公安局的坚强领导下，深入学习贯彻习近平新时代中国特色社会主义思想，全面落实各级公安工作会议精神，以"党建领航、执法规范，打击有力、防范有效，忠诚担当、创新突破"为总体思路，深入开展"不忘初心、牢记使命"主题教育，以"扫黑除恶"专项斗争为主抓手，以"三创一比"教育竞赛活动为载体，做强"三大工程"，实施"五项建设"，有力维护了全县社会大局持续稳定。工作取得"两个历史新突破"（公安基础设施建设取得新突破，实现了连续两年考核进位的新突破）。"五个前列"（扫黑除恶专项斗争走在全市前列。社会综合治理网格化管理中心建设应用走在全市前列；舆论环境专项整治行动走在全市前列。"敲门行动"回头望成绩走在全市全市前列。"油气田"治安环境整治走在全市前列）。"六个率先"（率先在全市建成综合执法智能管理中心；率先在全省建成石油开发区治安检查站；率先在全市启动老旧派出所改造重建项目；率先在全市完成"一标三实"网格化边界绘制及可疑数据清理工作；率先在全市完成男性家族排查系统建设信息采集录入；率先在全市完成疑似重户人员信息核查工作）。

【严打整治】 2018年，宜君县公安局先后开展"冬季围剿行动""2018·雷霆""秦鹰""三打击一整治""缉枪治爆""扫黑除恶"等专项行动。快速破获"2018.2.18"故意杀人案，"2018.8.4故意杀人案"，徐某某省内流窜系列入室盗窃案，张某团伙盗窃装载机案，任某某团伙系列盗窃茶条槭树案等大要案件。

【专项整治】 持续加大省、市公安机关督办的“吴××等人冒充媒体记者敲诈勒索案件”侦办工作力度，抓获 4 名犯罪嫌疑人，冻结涉案资金 40 余万元，带破外地假记者敲诈案件 6 起，查实涉案资金 19.4 万元，发现疑似案件线索 60 余起。

【网络管控】 投资 60 余万元完成县级电子数据勘查取证实验室建设，采集手机信息 320 部，名列全市第一。围绕敏感节点及行业场所风险防控，建立完善“实时情报掌控、重点人员管控、常态矛盾排查、网上舆情导控”工作机制。实施网上舆情导控 85248 次，巡查处置网络有害信息 2945 次，及时导控有害信息 93 条，处罚网上辱警违法行为人 1 人，提供情报协助驻京民警找到两会期间进京上访人员 1 人。

【信息管控】 结合“一标三实”基础信息采集及刑侦“Y”库信息采集工作，扎实开展基础摸排登记，共排查登记建档涉军人员 174 人，其中重点关注对象 6 人，建立重点关注管控工作小组 6 个 18 人。

【情报收集】 利用情报平台红色指令，协助抓获全国在逃人员 3 人，发情报协作 2 起。配合外地公安机关开展情报协作 2 起。情报平台共接收预警指令 439 条，其中红色指令 4 条（抓获逃犯 2 人），黄色 2 条，蓝色预警指令 433 条。建立各类情报力量 77 人，其中尖子特情 10 名、一般特情 6 人、朋友 11 名、信息员 25 名、联络员 23 名；获取情报信息 75 条，有价值信息 35 条。

【矛盾排查】 全年共排查矛盾纠纷 221 起，全部成功化解，化解率 100%。有效稳控处置群体性事件 2 起。

【治安防控】 2018 年、率先在全市完成“一标三实”网格化绘制和可以数据清理工作，受到市局贺信表扬。建设景区警务室 2 个，实现景区警务室全覆盖。加强对保安从业单位资格审查，督促保安服务企业为保安员购买相关“金、险”，落实工资报酬、休息休假等规定。落实 24 小时巡逻防控机制，防范处置重特大案事件。在彭镇工业园区铜川油气开发公司采油区域设立公安检查站 3 个，配备警力 9 名。9 月 14 日，在全市公安机关警务实战技能比武竞赛中，宜君县巡特警获得流动设卡盘查比武第一名、队列比武第二名、擒敌拳比武第二名，总成绩第三名。

【打击涉农违法犯罪】 扎实开展打击涉农违法犯罪助力脱贫攻坚工作。查处打击侵犯农民人身财产安全违法犯罪政案件 48 起，打击处理 159 人，行政拘留 94 人，有力震慑涉农违法犯罪行为。辗转千里赴山西帮助农民工追回拖欠工资 30 余万元，《铜川日报》《陕西公安》等省市主流媒体进行了报道。

【护校安园】 各派出所对全县 75 名 3 级及以上精神障碍患者建立“一人一档”的责任管控落实档案；在全县 36 所中小学、幼儿园校园警务室配齐防护钢叉、警棍、催泪喷射剂、防割手套等防护器材 42 套，配备专职保安人员 51 名；督促各学校安装视频监控 643 个；全县未侵害校园师生案事件发生。

【交通监管】 狠抓道路交通和安全生产监管，开展春运道路交通安全管理、“一打击两强化三整治”专项攻坚行动、农村面包车交通安全专项治理和“两站两员”建设、酒驾醉驾毒驾周末夜查集中统一行动以及城市道路“治乱象整秩序打违法”等。建成劝导站 19 个，交管站 8 个。开展民爆物品、烟花爆竹安全检查 45 次，开展集中宣传 13 次，入户走访 1310 余次，制作宣传板 40 块、悬挂宣传横幅 50 条，发放《倡议书》30000 余份，发放宣传单 80000 余份。

【便捷为民】 落实“4.27”全市公安机关户籍制度改革电视电话会议精神，落实户籍改革 9 项便民利民措施，开通省内异地办证、邮寄费用下调、签证办理等“只需跑一次”便民服务。投资 14 万元购置出入境自主签证机等设备，计划投资 10 余万元建设居民身份证自主办理窗口。印章备案系统入驻县便民服务大厅，配备专职工作人员 2 名，方便群众刻制印章，实行企事业单位首次刻章免费业务，全面落实“一站式”工作模式。

【公安改革】 3月5日，召开宜君公安工作会，明确2018年全县公安工作“11355”工作思路，围绕公安改革、38项公安重点工作、19项政法重点工作和目标考核等工作召开专题会议安排推进。印发《宜君县公安局关于分解落实2018年重点工作任务的通知》《宜君县公安局2018年公安改革项目任务清单》，落实任务，完善考核办法，推进工作。

【智能化治理】 1. 县社会治理网格化综合管理中心建设。投资450余万元的宜君县网格化综合管理中心建成并投入使用。已进驻环保、气象、人社等9家单位，接入整合全县视频监控探头420余路进行统一视频指挥调度。2. 智能化综合执法管理中心建设。投资1500余万元，率先在全市建成以“全市一流、全省领先”的集执法办案、案件审核、全程监督、送押为一体的智能化执法办案管理中心。8月15日，全市公安机关执法管理中心建设现场推进会在宜君县公安局召开。3. 公安基础设施全面提升，办公环境全面改善。筹措1300万元资金建成1500平方米业务技术用房。建成功能视频会议室、职工食堂、餐厅、桑拿洗浴室、篮球场等基础设施，改善民警办公及生活环境。

【政治学习】 扎实开展“不忘初心、牢记使命”主题教育，创新开展“重温入党誓词、入警誓词”“佩戴党章心向党，学唱警歌添动力”“主题党日”、党建工作“联动促学”暨观摩评比等活动，开展“重温讲话精神，牢记嘱托使命”主题党日活动、纪实文学《梁家河》心得交流会以及“学习十九大，公安怎么办”主题演讲比赛、“缅怀革命先烈，不忘初心使命”“重阳节退休民警重返警营”等主题活动，严格执行《监督问责三色提醒警告机制》《季度考核奖励办法》《红旗标兵、红旗单位评比制度》。组织开展《中华人民共和国监察法》《中国共产党纪律处分条例》知识考试。印发督察通报9期，通报批评民警11人，约谈4人。慰问民警26人次，帮助民警解决生活、工作、学习中的困难10余件。

【教育训练】 开展“三创一比教育竞赛”活动，建立督导检查、考核考评、训练档案等各项制度，突出“大培训、大学法、大练兵”三个重点，开展信息简报、公安宣传、反恐业务知识、执法记录仪使用上传、保密教育等培训9次。4月28日组织各警种在县政府广场开展反恐防暴、应急处突拉动演练。9月28日，20名民警参加铜川市2018反恐实战演练，提升了反恐防恐能力和水平。

【宣传工作】 在各级媒体发表新闻室传稿件281篇，其中在中省主流媒体发稿116篇（人民公安报2篇、西部法制报16篇、铜川日报95篇、中央电视台报道3次），《陕西公安》采用信息6篇，新华社网络播报1次，陕西电视台报道1次。

【精准扶贫】 为太安镇马场村筹措资金200余万元用于帮扶工作。投资160余万元建成郎二井“信息大平台”。投资7万元改造农村卫生厕所130户。投资10余万元绿化美化马场村、焦寨村、郎二井村三个村。加强劳务输出和技能培训，共组织开展技能培训94人次，劳务输出60人。

交　警

县公安局交警大队

大队长　任延军

教导员　白海平

副大队长　白　锐

【概况】 宜君县公安局交警大队是道路交通秩序和安全管理的公安执法部门，大队现有职工86名，其中民警14名，参照公务员10名，事业人员8名，工人1名，辅警38名，公益性岗位15名；大队下设太安、哭泉、城关、巡逻、五里镇、事故处理6个中队，1个车管所，秩序、政工、法制、办公室4个科室。许王宜被省公安厅交警总队表彰为2018年度全省公安交警系统目标责任考核暨“创佳争优”竞赛活动优秀中队长，杨哲被公安厅交警总队表彰为全省公安交警系统“规范执法”办案能手，王张伟被省公安厅交警总队表彰为全省公安集成指挥平台建设应用工作先进个人。

【执法能力建设】 以创建一流队伍为目标，开展“交警大队干部素质提升行动”主题活动，按照“缺什么，补什么”的要求，积极开展大练兵。召开专题会议8次，组织各类交管业务培训17期，各类业务技能训练11次。选派40余人次，参加上级组织的车管知识、事故处理、信息技术、文秘写作等业务培训活动，有效提高大队执勤执法能力。

【车辆淘汰治理】 开展高排放老旧车淘汰治理工作，淘汰高排放老旧车341辆、油改汽车14辆。

【“隐患清零”工作】 全力做好重点车辆、重点驾驶人“隐患清零”工作，下达铜川顺达海洋物流公司“告知书”6份。全年“隐患清零”工作共完成重点车286辆、重点驾驶人165名。

【道路交通环境】 2018年，投入90万元，安装县城宜阳中街商业区路段中间隔离护栏1500米，建设县城中心广场环形岛，施划南山公园路、宜阳南街中街路段交通标线、标识、标志。县城道路交通秩序进一步好转，交通环境不断优化。

【交通秩序防控】 始终把事故预防工作作为第一要务，加大工作力度，扎实开展烈店路、通村公路的交通隐患排查。将烈店路33KM至38KM事故多发路段报告铜川市交警支队和宜君县交运局，9月市县合力完成整改。黄五路隐患路段、包茂高速宜君连接线0KM＋900M长大坡隐患路段和湫山路1KM＋900M至2KM＋100M处事故多发路段，得到县交通运输部门全面治理。2018年，全县交警系统共录入交通违法行为20824起，办理酒后驾驶案件105起、醉驾案件17起、毒驾案件1起，无牌无证144起，行政拘留55人。肇事逃逸事故，侦破率达100％。聘请法院退休法官作为调解员，在事故处理中，采取“三调合一”的方法，有效化解矛盾纠纷9起。为20案29件交通事故死亡家属、伤者及时申请垫付救助资金58.2637万元，化解矛盾纠纷，维护社会稳定。

【交通安保工作】 把服从服务宜君社会经济发展，创建平安畅通交通环境作为工作的出发点和落脚点，按照县委、县政府及市交警支队要求，出色地完成了十五届文化旅游节、花溪谷启动仪式、党的十九届三中全会、魏长城研讨会、全市旅游推荐现场观摩会等56次交通安保工作。

【服务能力建设】 严格落实陕西省公安厅车驾管“优商环境”五项措施和“放管服”20项举措，投资11万元建立记满分教育学习室和机动车查验区，安装LED显示屏，滚动宣传交通安全法律法规。推行车驾管业务“一站式”服务，组织民警集会日在县中心广场、乡镇驻地、农村集市开展宣传服务活动。回访事故当事人54名，上门专访570余名，进单位27个、学校32所、企业11个、行政村30个、社区2个，召开座谈会24次，为群众办实事、好事61件。上门开展业务服务50余次，设立义务宣传点9个宣传20余场次，免费为群众送五类车牌90余副、驾驶证140余本。收集群众意见和建议28条，网上评议意见360余条。

【信息报送】 2018年，刊发简报1095期，县局网采用信息1095条，支队网采用信息478条，市局网采用信息131条，总队网采用信息153条，公安部交管局网采用信息1条。

【安全宣传】 以“七进四创建”交通安全宣传为抓手，深入企业15次、学校31次、农村78次、社区9次，深入单位16个45次、公共场所38次、家庭125户。开设交通安全咨询点48个、制作宣传展板26块、印发宣传材料15000余份、刷写公路墙体标语8条、制作宣传横幅15条，直接受教育人数30000余人。平面媒体今日头条发布文章127篇、微信平台原创及转发信息69条次、新浪微博原创及转发博文194条次、铜川交警App原创文章56篇次；人民网刊登4篇、《华商报》刊登3篇、《铜川日报》刊登10篇、《阳光报》刊登6篇、三秦网刊登3篇、阳光网刊登14篇、执法新闻网刊登21篇、人民法制网刊登11篇。深入危化品运输企业、客运公司开展"8.10"特别重大道路交通事故警示教育，利用"警邮通"向农村地区驾驶员、职业驾驶人、重点驾驶人发送交通安全提示短信26条12000人次。出动宣传车32次，累计播放视频130余小时。组织开展"护学行动""星光守护 交警同行"微直播6次，在今日头条、微信平台曝光典型案例18起18人。

【精准扶贫】 2018年，投资2.4万元为帮扶的五里镇尖角村购买树苗1500株，完成村巷道绿化。争取省财政厅资金25万元，用于尖角村"最美乡村"建设，修建垃圾屋3座，修建村巷道排水渠704米，改厕35户，修建村容村貌展示墙430米，安装篱笆墙560米。引进大秦鼎盛公司+村集体经济组织+贫困户+农户，种植中药材500亩，增加群众和村集体经济收入。

审　判

人民法院

党组书记、院长

何斌朝（2018年10月离任）

党组书记、代院长

许志鹏（2018.10任党组书记，11月任副院长、代院长）

副院长　陈　健　刘延军

汪　涛（2018年11月任职、挂职两年）

纪检组长　刘新民

政工科长　李林一

【概况】 宜君县人民法院依照法律规定独立行使审判权，对县人大及其常委会负责并报告工作。有编制数32个，实有在编干警29名，其中男干警24名，党员18名。员额法官10名，司法辅助人员12名，行政后勤人员7名 。设置刑事审判庭、民事审判庭、行政审判庭、执行局、立案庭、审判监督庭、法警大队、纪检组、政工科、办公室10个机构和五里镇、焦坪、棋盘、彭镇4个基层人民法庭。2018年，宜君县人民法院荣立集体二等功。机关党建研究、监督联络、史志编报等工作受到省市法院和县委、县政府的通报表彰。人民群众对法院工作的满意度为97.15%，高出全市法院平均0.73个百分点。

【审判工作】 坚持以执法办案为第一要务，扎实开展审判执行工作，努力维护社会公平正义。全年共受理各类案件1015件，同比上升34.08%，审执结923件，同比上升24.06%，审执率达90.94%。宽严相济，打击犯罪，维护稳定，全年共受理各类刑事案件39件，审结36件，判处犯罪分子51人。把故意伤害、抢劫等严重暴力犯罪和盗窃、诈骗等多发性侵财犯罪作为打击重点，严惩犯罪分子，维护社会秩序。公开审理郭某某等10人电信诈骗、张某某等8人"碰瓷"诈骗、任某某等7人盗窃茶条槭树等群众关注的刑事案件。加大对危险驾驶、交通肇事犯罪行为惩处力度，审结此类案件14件。强力参与"扫黑除恶"专项斗争，组建扫黑除恶专门合议庭，审结涉恶案件2件3人。全面推行量刑规范化，共判处刑罚51人，执行罚金16万余元。坚持民事审判"六项原则"，妥善调处民商纠纷。全年共受理民商事案件674件，审结612件，同比分别上升30.87%、20.95%，结案标的4182.15万元。把婚姻家庭、民间借贷等民事案件重点放在化解矛盾、促进和谐上，调解优先，民事案件调撤率达到74.51%，实现案结事了人和。把房屋买卖、建设工程施工、农产品销售等商事案件重点放在维护规则、促进公平竞争上，调判结合，依法制裁违约失信行为，促进社会诚信建设。

【执行工作】 着力破解执行难题，聚焦“基本解决执行难”决胜目标，全年共受理执行案件299件，执结272件，同比分别上升52.55%、41.67%，执结标的2720.25万元，执行标的到位率46.48%。发力专项攻坚，部署“三秦飓风”百日执行大决战、“雷霆行动”“涉民生案件集中执行”等专项行动。快速执结被持行人延安某建筑有限公司，为群体农民工讨薪，快速持法被持行人陕西某装饰公司，为彝族农民工讨薪等一批涉民生案件，集中兑现农民工工资18人43.57万元。严惩规避执行行为，公布失信被执行人114例，限制高消费64人，罚款1案次1万元，拘留10人次，30余名失信被执行人迫于惩戒压力自动履行了义务。大力推行网络司法拍卖，网络拍卖成交3件，成交额382.79万元。最高法院“基本解决执行难”要求核心指标均已达标，整体工作已落实第三方评估。

【法院改革】 坚持繁简分流，提高审判效率。将案件繁简分流机制作为落实司法责任制的重要保障，提升司法公信力的重要抓手。结合院内实际，制定《关于推进案件繁简分流工作机制改革实施方案》，成立速裁中心，安排两名速裁法官和一名案件分流员，邀请市中院资深法官进行业务培训。全年采用速裁程序审结86件，平均审限10天。结合审判实际，完善家事调解室、心理疏导室和儿童游乐室等场所设施，优化专业化审判团队。继续发挥家事调解员、家事调查员和心理疏导师作用，全年审结家事案件173件，结案占民商事案件结案的28.27%，调撤率高达80.92%。坚持问题导向，压实司法责任，构建新型审判权运行机制，全面落实司法责任制。以员额法官为中心，组建10个审判团队，院庭长参与审理重大疑难案件，明确各类司法人员权力边界，下放裁判文书签发权限，突出独任法官、合议庭办案主体地位。发挥专业法官会议“过滤器”作用，缩限审委会讨论案件范围，发挥其审判指导和监督管理的作用。完成聘用制书记员和法警管理体制改革，招录聘用制书记员15名、聘用制司法警察8名。

【队伍建设】 坚持“抓党建带队伍促审判树形象创一流”总体思路，落实全面从严治党主体责任，致力打造忠诚干净担当的法院队伍。旗帜鲜明讲政治，打造司法铁军。扎实开展“不忘初心、牢记使命”主题教育和“讲政治、敢担当、改作风”专题教育，参加专题轮训，交流学习心得，开展读书交流，组织知识测试，深入学习贯彻党的十九大精神和习近平新时代中国特色社会主义思想，深刻汲取秦岭北麓西安境内违建别墅问题教训，牢固树立“四个意识”，坚定“四个自信”，坚决做到“两个维护”。加强党支部建设，“三会一课”和“周三夜校”成为常态，班子成员为全院干警上党课4次。主题党日和文体活动有序开展，联合帮扶的皇后村党支部前往中共红宜县委旧址共同开展了“我宣誓·我带头·我践行”主题党员政治生日活动，组织党员干警赴梁家河和陕甘宁边区高等法院旧址开展“学习梁家河大学问，司法为民保公正”主题党日活动。固本培元促担当，锤炼业务本领。按照上级法院“大学习、大培训、大调研”活动的安排部署，以一线法官、工作人员为重点，以补齐能力短板、强化业务弱项为目的，选派15名法官干警参加上级法院业务培训，实现培训工作全覆盖。加强审判理论和实务研究，完成3篇学术论文、5篇调研报告、4篇案例分析，其中通过对2015—2017年所审理执行的涉贫案件进行梳理分析，形成的《宜君县人民法院关于依法审理扶贫领域案件助力脱贫攻坚工作的调研报告》为审判工作和领导决策提供依据和参考。抓纲举目改作风，持续正风肃纪。严格落实全面从严治党“两个责任”，制定落实全面从严治党主体责任清单和监督责任清单等制度，部署开展“纪律作风整顿月”“干部作风问题排查整改工作”“杜绝违规收送礼金问题专项行动”等一系列作风整治活动。扎实开展冯新柱案“以案促改”工作，集中学习党纪党规，通报典型案例，组织廉政考试，通过播放警示教育片、通报警示教育案例，以“身边事”警示“身边人”，不断敲钟问响，正风肃纪。全年开展审务督察4次，开展纪律作风专项检查12次。

检　察

人民检察院

党组书记检察长　宋　卓

副检察长　李治荣

　　　　　陕永辉

【概况】 宜君县人民检察院设置机构5个，即办公室、刑事检察部、民事行政检察部、诉讼监督部、检察综合业务部。编制20名，实有干警18名。2018年1月，配合国家监察体制改革工作，宜君县检察院反渎职侵权局 、反贪污贿赂局和职务犯罪预防科及3名检察干警7个编制全部转隶到宜君县纪委监委。2018年，县检察院坚持以习近平新时代中国特色社会主义思想为指导，认真贯彻落实县委、上级院决策部署和县人大常委会各项决议，围绕“讲政治、顾大局、谋发展、重自强”新时代检察工作总要求，抓办案，提效能，打基础，深入推进检察业务，忠实履行法律监督职责，全力为宜君经济社会发展提供有力检察保障。

【批捕起诉】 2018年，全院共受理提请审查批准逮捕案件37件55人，提请批准逮捕案件数和人数同比上升37%和14.6%，审查后批准逮捕30件40人，批准逮捕案件数和人数同比上升66.7%和14.3%；受理移送审查起诉案件42件55人，审查后依法提起公诉40件60人，依法提起公诉案件数下降10%，人数同比上升13.2%。办理立案监督5件7人，监督立案1件1人，监督撤案4件6人，追捕漏犯10人，追诉漏犯1人，追诉漏罪1起。

【民事行政检察】 2018年，办理民事执行监督案件7件，向县法院发《检察建议书》7份。

【公益诉讼】 县检察院依职权摸排公益诉讼案件线索44件，办理公益诉讼案件，发出《检察建议书》31份，督促相关部门依法履行职责，维护国家利益和社会公共利益。

【驻所检察】 加强对刑罚变更执行同步监督，对羁押场所开展联合大检查20次，专项检查7次，发《检察建议书》3份，办理羁押必要性审查案件4件4人，保持了零超期羁押。开展在押人员法制讲座1次。上门走访座谈，加强对社区矫正人员思想法制教育。

【控告申诉】 共受理群众来信来访4件，给予转办或答复，做到事事有回应、件件有落实，实现赴省进京零上访目标。建成12309检察服务中心，开通12309直线电话，一个窗口接待，方便群众办事。坚持文明接待、检察长接访制度，重要节假日期间，实行24小时值班，坚持“零报告”制度。落实首问首办责任制，做到热情服务，耐心疏导，尽心尽力为群众排忧解难。

【案件管理】 2018年，共受理登记案件68件，接收案件卷宗257册；制作电子卷宗120册；送案审核案件32件，移送案件32件；接待辩护人、诉讼代理人8次，安排阅卷8次；发流程监控通知书2份，口头预警提示42次；办案涉款入库202.5元，出库8.15万元，涉案物品入库1件，出库1件；案件评查60件，依法公开案件程序性信息215份，公开发布法律文书56份，重要案件信息48份。办理行贿档案查询43件。

【检察队伍建设】 干警在国家级刊物发表理论调研文章6篇，派员参加最高检、省检察院、市委政法委、市检察院举办的各类培训，组织全院干警赴延安接受红色教育。1人通过国家司法考试，圆满完成司法体制改革年度任务。

【服务中心工作】 发挥综治成员单位职能，参与促进社会治安综合治理创新，延伸法律监督触角，关注社会治安和公共安全动态，针对出现的各种新动向、新问题，及时联系和提醒有关职能部门加强防范，加强管理，改进工作。做好脱贫攻坚包扶工作，为哭泉镇料石坡村资助3.5万元，用于环境综合整治、基础设施建设和“暖心工程”。

司法行政

司法局

【概况】 宜君县司法局，是主管宜君县司法行政工作的县政府工作部门。承担普法宣传、人民调解、社区矫正、安置帮教、法律援助、公证、律师等主要职责。内设办公室、法制宣传股、基层股、公律股4个股室。行政编制12人。设局长1人，副局长2人，纪检组长1人。下设公证处、法律援助中心和律师事务所。中共宜君县委依法治县工作领导小组办公室设在县司法局，局机关在职干部职工14人，下属事业单位在职干部职工10人。2018年，县司法局紧紧围绕县委县政府中心工作，充分发挥司法行政职能作用，积极做好普法依法治理、人民调解、社区矫正、安置帮教、法律服务等工作，为全县经济社会发展提供优质高效的法律服务和法律保障。云梦乡司法所荣获“全国模范司法所”称号；哭泉镇司法所、五里镇人民调解委员会被评为“全市司法行政系统群众满意的法律服务标兵单位”；胡明明、寇龙等同志被评为“全市司法行政系统群众满意的标兵个人”。

【普法依法治理】 制定印发《关于全县党政机关认真落实普法责任制的通知》，转发《中共铜川市委办公室 铜川市人民政府办公室关于落实〈陕西省党政主要负责人履行推进法治建设第一责任人职责实施办法〉的通知》等文件，组织开展“法治春联助扶贫，墨宝飘香暖人心”“法治宣传助力脱贫攻坚”“法治进校园”等各类普法专项法治宣传活动，法治报告会25场次，印制《2018宪法修正案》9500册。组织全县公职人员参加在线学法用法考试，发挥公职人员学习法律的带头作用。结合“宜民讲习所”，精心选取贴近农村实际的典型案例录制视频课堂，向群众普及法律知识。做好“12·4”国家宪法日暨宪法宣传月活动。依托哭泉镇210国道沿线的地理位置优势和特色旅游资源，认真打造哭泉镇“两点一线”（淌泥河村公共法律服务中心——哭泉镇旱作梯田游客服务中心暨法治主题广场——210公路沿线700米法治文化长廊）法治文化阵地，推广“旅游＋法治宣传”模式，树立机关、单位、学校、企业、乡村5个优秀标杆，由点到面推进哭泉镇法治示范乡镇建设。哭泉镇淌泥河村获得“全国民主法治示范村”称号。采购“司法行政信息发布系统”，打造法治宣传新阵地。全面总结“七五”普法工作，做好“七五”普法中期检查迎检工作。

【人民调解】 坚持“配齐队伍到位、政策支持到位、责任落实到位”三到位机制，充实乡镇（街道）调委会人民调解员队伍，完善县人民调解员矛盾纠纷化解补贴管理办法等配套政策，明确县、乡镇（街道）、村（居）三级和有关部门责任。抓好“队伍建设专业化、宣传载体多样化、矛盾化解多元化”三化建设，采取以会代训、研讨交流等形式对调解员进行培训。结合人民调解工作，录制《瞧这邻居俩》微电影。运用“枫桥经验”，组织力量加强外部联动、内部整合，合力攻坚化解。成立“县信访矛盾纠纷人民调解委员会”，推动普通信访事项尽量用调解方式化解。整合法律服务资源，形成化解信访矛盾工作合力，完善访调对接工作机制，推进人民调解参与信访问题化解工作。全年共排查纠纷128件，调解126件，成功率为98.43％。

【社区矫正】 进一步提高社区服刑人员教育矫正质量，建成集“刑罚执行、监督管理、教育矫正、社会化帮扶”为一体的县社区矫正中心并投入使用。社区矫正中心内设宣告室、监控室、教育培训室、心理咨询室、图书室、档案室等8个功能室。不断加强社区服刑人员日常管理，提高监管实效。以市委政法委执法司法规范化工作检查为契机，组织人员深入到司法所开展社区矫正执法大检查，规范矫正工作，提高矫正质量。

【法律服务】 规划筹备公共法律服务平台建设，运用现代信息发布系统，将律师、公证、法律援助、法治宣传、人民调解、社区矫正等工作融为一体，为全县人民群众提供方便快捷的公共法律服务。以法律服务助力脱贫工作为载体，继续深入开展“一村（社区）一法律顾问”工作。印制“一村（社区）一法律顾问连心卡”，创建村（社区）法律顾问惠民微信群，打造村级公共法律服务工作室119个，为基层群众提供“家门口”法律服务。创建“法律服务助脱贫”司法专班信息平台，每月定期为贫困户发送法治信息。为建档立卡贫困户开辟法律援助绿色通道，受援零障碍。办理各类法律援助案件100件。对老、弱、病、残等行动不便者提供上门公证服务，为县保障房摇号分房仪式进行现场公证。办理公证案件共90件。组织律师积极参与“县级领导信访接待日”、法律顾问、法治报告会等活动。县律师事务所共办理各类案件22件，法律咨询350余人次。

【队伍建设】 建设“学习型党组织”“学习型机关”，开展“推进‘两学一做’学习教育常态化制度化”“不忘初心、牢记使命”专题教育，坚持“周一学习日、专题辅导、周三夜校”，落实领导干部讲党课、党员学习制度。组织干部参加“司法部人民调解大讲堂”、微信学习等途径，加强岗位技能学习培训，打牢履职能力基础。以冯新柱“以案促改”工作为契机，加强干部作风建设，严格落实考勤、车辆管理等制度。制定《各股室、局属各单位、干部职工个人目标任务及考核细则》，加强正风肃纪督查，局纪检组对干部纪律作风、公车使用、法律服务质量等重点事项进行督查。

【脱贫攻坚】 以“产业扶贫”为抓手，以“法律扶贫”为载体，全面提升脱贫攻坚服务质量。积极发挥帮扶牵头单位组织协调作用，优化帮扶力量，统筹整合财力，在相关部门及各联村帮扶单位的大力支持下，全年整合资金共100余万元，帮助西洼村建成幸福院（8间），建成后杜村组文化广场、西洼村法治文化主题广场，完成改厕工作、垒花墙700平方米、安装花栅栏600余米、修建文化长廊78平方米、制作扶贫宣传栏4块、完成村委会文化建设、村容村貌整治等。在政策引导激励下，帮助村民发展“香菇”产业。慰问留守儿童，为彭镇小学送去5000元慰问金，为哭泉中心小学留守儿童送去运动服、运动鞋、篮球等“微心愿”礼物。9月14日，宜君县人大常委会副主任孙红伟带领部分市、县人大代表，对宜君县“七五”普法规划和县人大常委会决议贯彻实施情况进行专项检查。县委常委、常务副县长李艳利一同检查。检查组一行采取现场查看、听取汇报、查阅资料、座谈交流等形式，先后到哭泉森林公安派出所、哭泉中小、哭泉镇政府、旱作梯田游客服务中心、淌泥河村法治文化广场、淌泥河村人民调解室、淌泥河村法治文化长廊、县市场监督管理局、农村信用合作联社专项检查全县“七五”普法工作开展情况。观看《2017年全县司法行政工作纪实专题片》。汇报全县“七五”普法工作，代表委员积极建言献策，提出许多意见建议。孙红伟针对全县“七五”普法工作强调：突出重点，增强普法针对性，面对普法新任务、新要求，大力推进法制宣传教育，在创新普法形式上多动脑筋、多下功夫，结合不同人群、不同行业，分类实施宣传教育。完善责任清单，明确责任主体，进一步形成“谁执法、谁普法”大普法格局，细化、深化普法工作任务，夯实工作责任，抓关键环节，对标找差，差漏补缺，及时整改。提高政治站位，增强责任意识，充分发挥成员单位示范引领作用，相互配合，通力协作，为新时代宜君追赶超越提供良好的法治保障。抓住关键，注重普法的科学性和精准性，既抓关键少数，又抓少数关键，结合县域实际，开展群众喜闻乐见的法治文化活动，提高广大群众的法律素养。

住房规建·环境保护

住房规建

住房和规划建设局

党工委书记　局长
　　朱维平
党工委副书记　樊云龙
副局长　张海平
　　刘国平

市政工作

【概况】 2018年，宜君县县住建局深入贯彻落实党的十九大和习近平总书记系列重要讲话精神以及中央城镇化工作会议、中央城市工作会议精神践行“创新、协调、绿色、开放、共享”发展理念，突出山城特色，完善县城基础配套建设，不断开创全县住房和城乡建设工作新局面。

【城乡规划】 通过招标，宜君县县城总体规划由西安建筑科技大学规划设计院编制，已进入编制大纲及论证报告阶段。启动宜君县域城乡建设规划、龟山棚户区改造修建性详细规划，评审工作已完成，报政府待审。完成教场片区改造项目修建性详细规划初稿，待高铁站点确定，进行修改完善。组织实施全县29个美丽乡村规划、花溪谷片区规划、五里镇棚户区改造修建性详细规划、棋盘镇滨河南岸片区规划、五里镇总体规划评审及报批工作。

【规划许可】 全年共办理项目选址意见书10件，用地规划许可证10件，建设工程规划许可证16件，乡村规划许可证12件。

【规划管理】 加大规划监察力度，对所有在建项目进行全程监督，对棚户区改造片区重点防范。共查处违法建设26起，下发《责令整改通知书》26份，行政处罚8起。监督项目建设单位严格执行规划，维护县城规划管控的严肃性、科学性和有效性。

城乡建设

【美丽县城建设】 1. 宜君老街综合改造项目道路广场工程。完成土方开挖约20000立方米、抗滑桩38根、道路建设280米和部分景观绿化工程，沿街商业用房投入使用。2. 县城宜阳街、南山道路改造工程。完成宜阳南中街（腾飞雕塑至县一中公厕段）水泥混凝土改沥青混凝土道路总长1964.75米，总宽20—24米。其中，车行道宽10—14米，道路两侧人行道各宽5米。扩建公交停靠站2个，安装道路景观灯6盏，铺设沥青混凝土路面26000平方米，花岗岩平石3500米；拆除铺设人行道透水砖13910.95平方米，花岗道缘石3450平方米；完成南山公园路水泥混凝土改沥青混凝土道路总长1906米，总宽20米。其中，车行道宽10米，道路两侧人行道各宽5米。铺设沥青路面19060平方米，拆除铺设人行道生态砖16000平方米，安装花岩道缘石4200米；完成西环路改造工程建设，铺设沥青混凝土路面长410米，宽7米，厚9cm，铺设20cm厚水泥稳定碎石路基层2880平方米，浇筑砼排水渠288米，顺接道路沿线各支线混凝土路口51.37平方米，制作安装排水渠钢筋砼盖板2.57平方米；安装西环路停车场道路、污水厂道路等支线道路路灯157盏，解决县城支线道路群众夜间出行照明问题。3. 县城农产品批发市场基本建成。

【棚户区改造】 太安镇棚户区改造项目棚改专项债券资金0.98亿元全部申请到位。哭泉镇棚户区改造项目安置楼主体完工。龟山片区棚户区改造项目签订征收协议384户725套，安置房建设前期环评工作、地质灾害评估、支护施工图设计等已完成。五里镇棚户区改造签订拆迁协议66户，安置房1# 2#3#楼主体封顶。

【市政公用设施】 实施宜君县城西园小区至景文小区污水管网部分管道修复工程，县城污水收集率得到提高。完成宜阳街4.1公里弱电入地工程，宜阳主街得到美化。完成景文小区、胜达老街、农业小区户室内外燃气安装工程，全年新增燃气用户920户。

【公园设施建设】 投资70余万元，对龙山公园进行全面绿化、美化。投资240万元，完成龙山公园仿古建筑维修提升工程项。投资57.5万元，对龙山公园景区基础设施进行全面维修维护。

【保障房建设】 完成景文一期、二期、三期工程建设任务。7月29日，摇号分配288户。新受理审核保障户100余户。完成2018年度1、2季度租赁补贴发放工作，累计发放补贴678户，1308人次，47万余元。

【农村安全住房建设】 2018年，农村96户建档立卡贫困户危房改造全部竣工，并验收入住，完成218.52万元。改善农村人居环境提升改造629户，兑付奖补资金310万元。止2018年底，宜君县农村安全住房户31635户，安全住房率达到99.9%。

监督管理

【建筑市场管理】 全年共监督管理工程招标45项、其中房建15项，与工程相关的室外配套、设计、地勘、监理、边坡支护工程29项（标段），市政工程2项。建筑面积68767.44m^2，中标金额26695.72万元，办理施工许可证31项，合同价款34874.8万元；全年共监督工程31项，监督总面积34.38万平方米，工程造价约6亿元，监督竣工验收25项、建筑面积12.7万平方米。

【房产市场管理】 新建商品房网签合同备案161套，总面积15100m^2；二手房交易171件，面积20320m^2。

【城市规范管理】 从2018年起，县城餐厨垃圾由铜川安泰进行收运，初步实现县城餐厨垃圾与生活垃圾的分类。县城具备机扫条件的道路全部实现机械化清扫，机械化清扫率达到70%，公共地段垃圾达到日产日清，清运生活垃圾9000余吨，生活垃圾处理率达到95.6%。投资115万元用于环卫设施的更新，购置压缩式垃圾车1辆、垃圾转运车2辆，果皮箱200个、垃圾桶200个，将旧果皮箱、垃圾桶向支线配置。4月24日，举行宜君县城市管理执法局、城市管理执法大队揭牌和换装仪式。投资10余万元建成全市第一个标准化的城管执法服务大厅，投资40万元配备6台城管执法制式车辆。年底城市管理执法体制改革年度工作全面完成。

建筑业

【安全生产】 深入开展"企业安全生产主体责任执法年"活动，扭住"党政同责、一岗双责、失职追责"关键，按照"管行业必须管安全、管业务必须管安全、管生产经营必须管安全"总要求，厘清建设行业监管职能，开展专项执法检查活动，确保不留盲区，不漏一企，实现全覆盖、无缝隙，开展建设工程质量安全大检查 7 次，发放整改通知书 24 份。五是创建市级文明工地 1 个；成功举办了县第四届建筑职工技能比赛。

【招投标监管】 全年共监督管理建设工程招标 27 项，建筑面积 35420.48 平方米，中标金额 7255.39 万元。

【工程质量监管】 全年共监督新建工程 15 项，监督总面积 5.6 万平方米；续建工程 29 项，建筑面积 21 万平方米

【铁腕治霾】 开展"铁腕治霾．保卫蓝天"活动，印发《2017 年建筑施工安全专项整治工作实施方案》《2017 年全县建筑工地扬尘防治专项整治行动方案》《宜君县建筑工地扬尘污染集中整治工作方案》《2018 年住建系统臭氧污染治理专项行动工作方案》。创建市级文明工地 1 个。

【宜君县永兴建筑工程有限公司】 位于宜阳中街 46 号，公司在册职工 24 人、股民 98 人。共有施工项目部 6 个，注册资金 4100 万元，二级房建建造师 10 人，二级市政建造师 6 人，安全生产人员 4 人。有效证件、营业执照、施工资格证书、安全生产许可证，正副本齐全。资格证书、房屋总承包施工二级，市政总承包三级，固定资产 200 万元，是宜君县唯一从事房屋建筑施工企业。2018 年全年完成建筑安装量任务 8462 万元，无发生安全生产事故工程。

房地产业

【概况】 2018 年，新建商品房网签合同备案 161 套，总面积 15100m²；二手房交易 171 件，面积 20320m²；物业公司 7 家。组织对全县住宅小区物业安全大检查 8 次，集中宣传《物业管理条例》2 次，化解物业纠纷 15 起。

【陕西闽发房地产开发有限公司】 于 2006 年 1 月 5 日注册宜君，注册资金 3000 万元。2006 年 4 月 8 日公司在中国东西部洽谈会上与宜君县人民政府双方签约建设宜君商业城重点项目，公司严格按照国家税收法规，及时申报，依法纳税，年上缴税金 150 万元。公司不忘回报社会，截止 2018 年底，捐赠各类善款 378 万元。

【陕西胜达置业有限公司】 隶属陕西胜达汽车贸易集团有限公司，成立于 2010 年 7 月，注册资金 2000 万元。现有员工 120 余名，其中大专以上学历及各类销售、工程技术人员 50 名，占员工的 43%，公司是自主经营、独立核算、自负盈亏、具有独立法人资格的经济实体。公司主要经营房地产开发、建材销售等，公司本着以"温馨舒适的环境、科学规范的管理、优质高效服务"的经营理念，根据企业规范化、标准化、科学化的需求，以适应市场竞争为导向，认真规范企业内部管理。先后建设西园小区政府保障性住房项目和宜君老街综合改造一期、友谊西路片区综合改造工程。

污水处理

【生产指标】 2018 年，县东方污水处理厂收

集污水42.69万吨，处理污水38.39万吨，城镇污水处理率为90%。日均处理污水量约为1200吨。完成污染物减排的各项指标情况：完成COD减排量112.64吨，NH3－N减排量14.48吨，污泥产生处置量为320.9吨，完成年度目标任务。

【达标排放】 严格控制各种工艺运行参数，建立运行台账，以在线监测上传数据与铜川市环境监测站检测值为依据，加强岗位巡视力度和频率，对生产实施全过程监控，始终做到保质、保量地完成污水处理的目标任务。采用带式浓缩压滤一体机脱水无害化处理率达90%以上，排放水水质符合GB18918－2002《城镇污水处理厂污染物排放标准》国家一级A标准的规定。

人民防空

【概况】 利用集会在县城和乡镇巡回宣传人民防空知识，编印《防空防灾知识手册》，发放人防宣传资料3000份，县城初中人防教育普及率达到90%。对县城的4台警报器进行全面维修，警报设备始终保持良好战备状态，3月13日与市办同步试鸣，效果良好，完成人防机动所年底建设任务。

抗震救灾

【概况】 制定印发《宜君县地震应急预案》，编制地震应急预案36份，乡镇级地震应急预案10份。坚持“一队多用、专监结合、平战结合”原则，包装申报地震先查工作队装备配备项目，进一步加强县地震现场工作对地震灾害应对能力。对南山地震观测台进行维护，组织512防震减灾宣传，520物业宣传，发放宣传资料1000余份，实现防灾减灾知识“进机关、进社区、进校园、进企业、进农村、进家庭”。

环境保护

环境保护局

党支部书记、局长

周　勇（2018年7月离任）

牛小勇（2018年7月任职）

副局长　杨　峰

环境监察大队大队长　冯郭虎

【概况】 宜君县环境保护局成立于1998年10月，隶属于铜川市环境保护局。行使对全县环境保护实施统一监督管理职费。县环保局行政编制3名，下设宜君县环境监察大队，为全额事业单位，编制11名。2018年，全县上下认真贯彻中省市县生态环境保护大会精神，紧紧围绕年度环保目标任务，攻坚克难，打响“蓝天、碧水、净土、青山”四场保卫战，开展环保十个专项行动，接受中央环保督察“回头看”和生态环境部多轮次强化督查，生态环境质量持续向好。全年优良天数共295天，同比增加22天，PM2.5同比下降9.4%，空气质量优良天数及综合指数位居关中之首。化学需氧量、氨氮、二氧化硫、氮氧化物和挥发性有机物分别削减1.5%、1.9%、2.6%、3.5%、0.8%。经监测，清河杜村断面水质和西河集中式饮用水水源地水质均达到《地表水环境质量标准》（GB3838－2002）Ⅲ类标准。全年未发生重特大环境安全事故。

【蓝天保卫战】 结合宜君县实际，制定印发《宜君县铁腕治霾打赢蓝天保卫战三年行动方案（2018—2020年）》《宜君县2018年铁腕治霾打赢蓝天保卫战实施方案》，明确乡镇（街道）、部门工作职责。强化“减煤、控车、抑尘、治源、禁燃、增绿”六项重点工作。加快推进清洁能源替代，完成煤改气844户，煤改电8320户，洁净煤替代1283户，农村智能电表改造22642户，县城智能电表改造5117户，燃煤锅炉拆除4台，全封闭标准化洁净煤配送中心及各乡镇配送网点投入运营，依法依规取缔县城5家散煤销售点。全年完成散煤削减2.13万吨。积极开展机动车污染治理，禁止环保不达标车辆驶入县城，全年淘汰老旧车335辆，12辆公交车全部替换为电动车辆，10辆通村车、40辆出租车完成油改气。加强扬尘综合治理，建筑工地实行“红黄绿牌”管理制度，严格落实“六要四禁止、6个100%”要求，检查工程项目40余次，发出整改通知15份，行政处罚3起。对县城主干道实施机械化清扫，增加洒水频次，最大限度降低道路扬尘污染。强化“散乱污”企业综合整治，全县“散乱污”企业16家，已清理取缔3家，升级改造8家，5家正在整改。加强工业企业大气污染综合治理，对方舟制药公司安装涉气在线监测系统，5家砖厂进行脱硫和除尘升级改造，2家商砼企业完成无组织排放治理，6家汽修厂烤漆房光氧催化废气处理设备正式使用，195家统计在册餐饮企业安装油烟净化设施。严控秸秆露天焚烧，制定印发《关于禁止露天焚烧秸秆的通告》《关于开展农作物秸秆还田综合利用工作的紧急通知》，对秸秆还田补助500万元，推广农机深松整地、秸秆青储、堆积沤肥等综合利用模式，全县秸秆综合利用率88.8%。完善网格化环境监管机制，选聘培训600多名基层网格员，全面开展网格化环境监管，切实落实乡镇、村组属地管理责任。加大检查和宣传力度，对的多起秸秆焚烧事件予以立案处罚。全年共启动重污染天气应急响应4次，发布应对污染天气通知3次，发布橙色预警及启动Ⅱ级响应1次，督促相关企业编制重污染天气应急预案，落实应急减排措施。大力开展防风固沙绿化工作，完成造林4.95万亩，义务植树22.6万株，重点区域绿化9253亩，乡村栽植绿化树木16.5万余株，种苗花卉3153亩。

【碧水保卫战】 制定印发《宜君县2018年水污染防治工作实施方案》《宜君县畜禽养殖禁养区划定技术方案》，成立河湖长制工作领导小组，落实河湖长制巡查制度，实行三级河湖长制管理。开展西河饮用水水源地环境问题排查整治和环境污染应急预案编制工作，召开会议，研究省专项督查组反馈水源地存在问题解决方案。对省生态环境厅通报的3家涉嫌超标排放企业。下发整改通知。对市人大视察反馈的柴家沟煤矿黑水污染河道问题，进行立案处罚。加大核桃加工点环境监管，划定全县畜禽养殖禁养区。

【净土保卫战】 制定印发《宜君县土壤污染防治2018年工作方案》，配合省环境监测中心，对2家企业进行土壤污染信息调查采集。加强固（危）废综合管理，制定《关于开展2018年固体废物申报登记工作的通知》《关于严厉打击固体废物非法转移倾倒进一步加强危险废物监管工作的实施方案》和《关于开展2018“清废”专项行动的通知》，核查产生固（危）废企业7家，下发整改通知书3份，联合有关部门对重点区域和重点企业进行“清废”专项行动执法检查，排查确定重点区域8个，重点企业3家，清理废渣2100吨，综合利用300吨。

【青山保卫战】 针对省委环保督察反馈太安省级自然保护区有关问题，制定印发《宜君县“绿盾2018”自然保护区专项行动工作方案》，联合执法，拆除清理烈店路边非法煤场的废旧设备及构筑物，进行生态恢复。对有反弹迹象的7处煤场的经营业主进行集体约谈。制定自然保护区核心区生态移民搬迁实施方案，已动迁11户38人。加快西河水库上游森林资源培育和保护，绿化造林、封山育林，提高上游水源涵养能力，减少水土流失。开展自然保护区的勘界立标工作，设置大型宣传牌2块，界碑5块，界桩400个，告示牌70块，防火宣传牌24块，管护责任牌16块，完成范围功能区区划核准工作。联合排查检查，杜绝违规采石、采砂。

【第二次全国污染源普查】 摸清污染源基本情况，了解污染源数量、结构和分布状况，掌握污染物产生、排放和处理情况，成立县普查办，制定印发《宜君县第二次全国污染源普查工作方案》和《宜君县第二次全国污染源普查试点工作方案》，确定全县五类源企业128家，其中：工业企业30家，规模化畜禽养殖场21家，集中式污染治理设施5家（城镇污水处理厂1家、垃圾填埋场1家、农村污水处理站3家），生活源锅炉31家（38台），入河排污口21个（规模以上2个），加油站20家。污染源普查全面完成入户调查，进入数据审核和核算阶段。

【环境执法检查】 加强建设项目和重点污染源现场监督检查，落实建设项目清单化管理。按照省、市违法违规建设项目清理整顿工作要求，对建设项目进行检查排查。全年累计出动执法人员1000余人次，检查排污企业30余家，印发《责令改正违法行为决定书》90份，立案查处环境行政处罚案件23件，罚款金额88余万元，其中使用“四个配套办法”立案查处4件（连日计罚1件，查封扣押案件2件，停产整治1件），结案率100%。

【信访与应急处置】 受理环境污染投诉举报30件，案件均予查处和回复，查处办结率均为100%。处理国家生态环境部大气污染强化督查移交信访件3件。编制《突发性环境安全事件应急处置预案》，建设环境应急救援物资储备点3个，配合相关部门有效处置环境突发事件1起，突发性环境安全事件应急监测处置能力全面提升。

【生态创建】 安排部署生态村创建工作，上报13个创建“市级生态村”资料，年底，宜君县5个村被命名为“市级生态村”。申报第二批《国家生态文明建设示范县创建规划》，编制《宜君县生态文明建设示范县规划（2018—2021年）》。

【环保督察整改】 2018年，中央环保督察反馈宜君县共性问题6个，已全部按时间节点整改落实到位；省委环保督察反馈问题17个，其中15个共性问题已全部整改到位，2个个性问题的整改正在进行之中；国家生态环境部大气污染强化督查组反馈宜君县存在问题70个，截至年底整改完成66个。

【环保宣传】 开展“6·5世界环境日”“世界水日”宣传利用网络媒体对环保法律知识进行宣讲解读。在县城集会、环保宣传“四进”发放环保宣传资料4000余份。通过新闻媒体及公益广告牌、墙报、横幅等形式，把生态环保理念引入社会各个层次，提高全民生态环保意识。邀请省环保厅宣教中心杨松峰作“弘扬生态文明，建设美丽陕西”主题环保知识讲座。在柴家沟煤矿开展了环保知识竞赛活动。

农业·林业·水务

农　业

县农业局

党委书记局长　杨晓军

党委副书记　乔群粉（女）

副局长　刘海平

李春旺

【概况】 宜君县农业局（县畜牧兽医局）属县政府工作部门，局机关行政编制10名，实有人数9人。有县农业技术推广中心、果业局、农业技术学校、动物卫生监督所、农机监理站、农村经营管理站、农业综合执法大队、种子管理站、畜禽定点屠宰管理办公室、畜牧技术推广站、动物疫病预防控制中心、农畜产品质量检验检测中心、农村能源办公室、农业信息站、园艺站、农业机械化推广站16个下属单位，事业编制121名，实有人数117名。局党委下设7个党支部，现有党员65名。全系统共有专业技术人员68名，其中高级职称6名、中级职称32名、初级职称30名。

【粮食生产】 粮食总产19.18万吨。其中，玉米种植34.3万亩，油菜籽1.21万亩，平均亩产551公斤，总产18.9万吨。小麦种植1.52万亩，总产0.28万吨。总产0.1718万吨。

【苹果生产】 水果栽植5326亩，其中苹果5224.3亩。以矮化栽植为主，完成市级示范园建设5个（百亩以上市级矮化苹果栽植示范园3个，时令水果市级示范园2个），50亩以上水果栽植示范点17个，果品质量大提升示范园创建43个（市级3个、县级13个、乡级27个），5个果园获铜川市第三届“最美果园”称号。果业提质增效抓建标准化管理示范园5万亩，全县完成幼园管理3万亩、老园改造2万亩、果园施肥20万亩，清园18万亩，整形修剪15万亩，刮粗老翘皮18万亩，病虫无害化统防统治面积15万亩。

【畜牧生产】 新增人工种草10000亩。其中，苜蓿4000亩，青贮玉米1.5万吨。新建10个生猪育肥场，贾红梅家庭牧场、宜君县优牧家庭农场、宜君县浩华养殖专业合作社创建为市级标准化示范场。加强技术培训与指导，推进肉牛肉羊产业联合会发展。全县肉牛存栏19112头、出栏15650头，完成存、出栏任务的100.59％、100.32％；肉羊存栏27255只、出栏30600只，完成存、出栏任务的100.94％、102％；生猪存栏11200头、出栏23293头，完成存、出栏任务的101.81％、101.27％。肉兔存栏20万只、出栏15万只，肉类总产6232吨，完成任务的100.52％。

【蔬菜生产】 全县蔬菜栽培1.6万亩，其中设施蔬菜栽培2050亩，蔬菜总产量3.13万吨。

【药材种植】 中药材保留面积3.18万亩，其中新建2.18万亩，建成千亩示范基地3个，百亩以上中药材种植大户28户。

【绿色有机农业】 抓示范点，强力推进绿色有机农业发展，建成513亩有机苹果、590亩福地新梨、110亩有机水稻、400亩高山冷凉有机蔬菜、100亩高钙养心茶等5个有机示范基地。在彭镇郑村、太安镇刘家河村建立“畜—沼—果（菜）”2个沼肥配送示范点，示范果园153亩、蔬菜180亩。

【农村经济管理】 开展农民负担、村级财务、土地承包管理专项检查和整治，加强对农村集体财务管理和监督，对全县村集体经济组织的理事长进行全面培训。84个村成立集体经济组织（非贫困村27个，贫困村57个），为脱贫摘帽奠定了基础。确定“三变”改革试点村30个，117个行政村清产核资、成员界定基本完成。棋盘镇黄埔寨村被确定为省级“三变”示范村，县级产权交易中心建成并投入运营。完成家庭农场认定44家，21家合作社完成注册登记。宜君县丰茂苹果、聚源核桃专业合作社等4家被评定为省级示范合作社，宜君县凤霞家庭农场、贾红梅家庭农场等13家被评定为省级示范家庭农场。

【农村能源建设和农业面源污染治理】 开展全国第二次污染源普查，对全县家庭农场、养殖专业合作社进行逐一清查，共清查规模化畜禽养殖场290家，规模化普查养殖场21家。建立农业面源污染监测点5个。以养殖小区沼气工程建设、太阳能热水器、节柴灶推广为重点，加强户用沼气池技术服务和监管，对全县25个村、620口沼气池及16个养殖小区工程逐一排查整改，消除安全隐患。

【农业信息化建设】 开展数据统计分析，上报数据翔实准确，加强村级信息服务站业务指导，加大农产品预警信息采编力度，完成10个宜君优质农产品“三品一标”农产品的资料收集。保持“12316”服务热线畅通，及时发布农副产品供求信息。2018年，全县农业系统在省农业信息网发布信息75篇，市农业信息网发布78篇，县政府网站发布信息80条，编写农业动态50期，铜川日报刊登信息21篇，陕西日报刊登4篇。组织果菜、粮食、畜牧、农业执法、一号文件宣传5支便民服务队，进村入户开展农业科技下乡活动。举办各类培训班583场（次），培训31141人次，实名制培训51场次21519人。职业农民培育开办培训班4个，培育200人。

【农业安全监管】 落实农产品质量安全“一对一”监管责任，在重点生产基地设立监管公示牌，明确监管人员职责，定期不定期进行巡查。申报无公害农产品产地一体化认证2个，产品已经通过检测。在绿佳源蔬菜、丰茂、信远、腾飞苹果、云丰玉米、金祥核桃专业合作社6个农产品生产基地，进行农产品质量安全监管追溯试点工作。

【农业综合执法】 加大对春播、三夏、秋收等关键农时季节的农机安全巡查，扎实推进农机、农畜产品质量、农资市场安全、畜禽屠宰专项整治。积极开展春秋两季农资市场专项整治，对经营门店进行地毯式拉网排查，联合执法检查4次、检查私屠乱宰10次，农机安全巡查78次。查处农资违法案件8起，结案8起，移交公安机关1起，纠正农机违章12起，受理办结群众投诉5起、发放责令整改书8份。案件办理荣获省级优秀案件1起，市级优秀案件2起。农业经营许可管理模式被省农业厅作为经验在全省推广。检测蔬菜、水果样品718个，抽检合格率98%；“瘦肉精”检测507份，检测结果全部为阴性；配合省、市农产品例行监测6次，送检生产基地样品90个，监督抽检合格率100%。全县无区域性重大动物疫病和农畜产品质量安全、重大农机事故发生。

【病虫害防治及动物防疫】 严格疫情报告制度，加强动植物疫情的监测、预警规范51个苹果蠹蛾监测点管理，以规模养殖户为重点，全方位开展重大动物疫病流行病学调查和春秋两季动物防疫。全县春秋两季动物强制免疫密度、挂标、建档率达到90%以上，应免密度达到100%，免疫抗体检测合格率在70%以上。

【机械化综合运用】 全县农机拥有量3188台(套)，完成机耕31.52万亩、机播30.52万亩，机械植保4.43万亩，农机经营收入完成2810万元，农作物秸秆机械化综合利用率达到88%，示范田秸秆机械化综合利用率100%，农作物耕种收综合机械化水平达到70%，完成农机检审验2220台。农机登记率、持证率、审验率分别达到96 %、100 %、86 %。

【农业园区建设】 全县4个现代农业园区共完成投资1560万元，其中省级（棋盘）园区马泉村500头生猪育肥基地投入运营，迷家河村新建50棚40万袋食用菌基地，带动贫困户84户；市级（福地）园区完成标牌设立，引进新品种10余个，种植露地蔬菜500亩，设施大棚503亩。园区实施农光互补项目，流转土地3200亩。

【项目争取与固定资产投资】 完成项目储备文本15个。争取到各类国投资金2815.7万元，占任务的112.6%。签订招商引资项目2个，涉及资金1.4亿元，占任务的140%。固定资产投资3.4亿元，占任务的113.3%。

【美丽乡村建设】 持续推进市级美丽乡村花溪谷示范片区及31个美丽乡村建设，整合各类项目资金2.67亿元，花溪谷示范片区涉及项目14个，完成投资1.04亿元；31个创建村涉及项目312个，完成投资1.63亿元。

【党建工作】 坚持“三会一课”制度，狠抓领导班子和干部队伍的政治理论、政策法规和业务知识学习，发挥党组织的核心作用，提高领导班子决策、依法行政和协调指导工作能力。加强党风廉政建设，严格落实“八项规定、六项禁令”和领导干部“一岗双责”责任制，明确各单位主要领导是党风廉政建设和反腐工作的第一责任人。加强对反腐倡廉舆情信息的收集、研判和处置，公布监督电话，自觉接受社会监督，把组织建设、思想建设、作风建设贯穿于各项工作之中。开展“不忘初心 牢记使命 冲在一线 干在实处 帮贫解困促发展”大调研行动，全系统副科级以上干部及中高级职称专业技术人员，结合业务工作、深入农村、农民专业合作社及脱贫攻坚一线，进行大调研大走访，促使干部职工寻找自身不足与差距，提高自身综合素质，为农业增效、农民增收、农村发展添力。

【产业脱贫】 印发《宜君县2018年菜单式产业扶贫实施方案》《宜君县2018年产业发展提升工程实施方案》，实施传统产业提质增效“33”工程和特色产业“双十双千”振兴计划，确定47个产业类项目，投入整合资金15441万元，明确脱贫目标及措施，确保每个乡镇、村形成1—2项主导产业，每个贫困户有2～3个长短结合的稳定增收项目。宜君现代肉兔科技扶贫示范项目，1.4万只种兔已繁育生产，出栏肉兔10万只。生猪产业化生态循环项目，云梦南古村与新希望集团签订种猪繁育场协议，繁育场已完成投资1.6亿元。10个村集体经济合作社新建生猪育肥场已经全面完成，投放仔猪5000余头。占地40亩的麻庄村、迷家河村、榆树湾村食用菌培育基地已建成使用，上架菌棒35万棒。

林　业

林业局

党委书记局长　黄凯道

副书记　许月芳（女，2018年6月任职）

副局长　师建军（2018年6月离任）

广海星

焦延平（2018年6月任职）

【概况】 宜君县林业局成立于1973年。行政编制7名，领导职数5名。内设党政办公室、计财股、造林绿化股、林政资源股4个股室。下设宜君县太安国有生态林场、棋盘国有生态林场、哭泉国有生态林场、阳湾国有生态林场等4个国有林场，太安森林公安派出所、哭泉森林公安派出所等2个森林公安派出所，县林业工作站、县退耕还林工作办公室、县核桃产业办公室、县天然林资源保护管理中心、县野生动植物保护管理站、县森林防火指挥部办公室、陕西太安省级自然保护区管理局、宜君县绿韵林业有限公司等14个单位。2018年，全系统共有在职职工236名，其中干部136名、工人110名。拥有专业技术人员99名，其中工程师以上职称50名，大专以上学历187名。全县林业用地面积146.46万亩，森林面积118.66万亩，活立木蓄积233.5万立方米，森林覆盖率52.5%。核桃经济林面积43.1万亩。“宜君核桃”被国家质检总局命名为“地理标志保护产品”。

【造林绿化】 完成造林4.95万亩，其中人工造林2.95万亩、飞播造林1万亩、封山育林1万亩。重点区域绿化9253亩，其中城市绿化70亩、通道绿化2968亩、流域绿化4070亩、园区景区绿化560亩、庭院绿化1585亩。种苗花卉3153亩，义务植树22.6万株，乡村栽植绿化树木16.5万余株。“南竹北移”项目进展顺利，城北清风园广场建设和山水林田湖建设项目顺利推进，省级森林城市创建工作有序推进。

【森林资源保护】 强化森林防火工作，发布《森林防火戒严令》，开展森林火灾扑救演练，举办森林防火扑救知识专题培训会，投入资金20余万元用于森林防火宣传，投资30余万元用于补充扑火设施设备，建成县级防火物资储备库。落实特殊人群的监护责任人。加大专项治理力度，开展严厉打击破坏森林资源违法犯罪“利剑行动”，出动车辆510车次人员1500人次，宣传教育60余场次，查处林业行政案件13起，刑事立案10起，逮捕8人。强化林业用地管理，审核上报建设项目使用林地许可6件，获批4件。完成国家重点公益林落界和林地变更调查，开展森林督查县级检查，检查疑似图斑58个，建立森林督查数据库。制定印发《宜君县2018年人工商品林及非林地林木采伐工作方案》，批准集体人工商品林采伐13.78公顷，采伐蓄积812.64立方米，核发集体人工商品林林木采伐许可证17份。加强野外巡护监测和执法力度，严查严禁外来物种入侵。救治国家Ⅱ级保护野生动物2只，省重点保护动物1只。持续抓好高致病禽流感、非洲猪瘟等野生动物疫源疫病监测防控工作。抓好林业有害生物防治，产地检疫苗木103万株，调入复检苗木102万株。防治有害生物面积3.84万亩，7月下旬，采取药物防治、人工扑杀、人工巡防等防治措施，有效控制哭泉林场庙山周边竹节虫害。落实“绿盾2017”专项行动重点问题整改工作，绿化太安自然保护区龙门沟废弃煤场近百亩。启动“绿盾2018”行动，调整自然保护区功能区，开展自然保护地大检查，摸清全县自然保护地现状。兑付集体公益林生态效益补偿面积25.54万亩，兑付补偿金额236.47万元。

【林业改革工作】 按照省、市安排部署，稳步推进国有林场改革工作，编制国有林场森林可持续经营方案，开展国有林场更名和备案登记，国有林场改革工作按时完成，顺利通过省林业厅综合评审验收，全县4个国有林场全部确定为公益一类事业单位。改革使国有林场性质明确到位、岗位设置到位、社会保障到位和债务化解到位，国有林场队伍稳定和国有森林资源得到保护。

【林业产业】 加强干杂果产业建设，新建干杂果经济林0.55万亩，其中核桃新建园3500亩、花椒新建园2000亩。实施核桃园综合管理6.2万亩。皇姑庄核桃基地被国家林业和草原局命名为“第三批国家级核桃示范基地”，推进苗木花卉产业建设，育苗3153亩，容器苗270万株，检验造林苗木151.8万株，完成林海绿韵林业有限公司秦家河苗木基地建设580亩，栽植绿化苗木60余种31万株，完成福地绿化苗木花卉基地规划设计，规划建设面积803.6亩，已定植牡丹200余亩。国有林场完成容器袋育苗260万袋。新建绿韵娑罗园生态苗圃120亩，定植绿化苗木5万余株，栽植牡丹30亩，繁育娑罗树苗木5000株。新育连翘扦插苗6万余株。建成林下经济示范点6个，培养林下经济带动性强的企业和合作社组织2个。种植栽培牡丹、芍药、山桃、连翘等10多种林下经济作物1600亩，林下养鸡3.4万只，养殖中华蜂450箱。

【林业科技】 举办抗旱造林技术、核桃嫁接改良与修剪、森林病虫害防治技术培训63期，参训林农4970人，印发资料1.6万余份。应用“科技特派员＋农民技术员＋园主”模式，创建核桃科技示范点17个。“清香”牌核桃通过省级评审。全省核桃培管理实用技术培训会在宜君举办。

【生态扶贫】 共选聘330名建档立卡贫困户生态护林员，按月足额发放生态护林员管护工资。全县集体公益林生态效益补偿涉及建档立卡贫困户118户4814.4亩，兑现生态效益补偿资金4.7万元。2016年以来，全县共有290户建档立卡贫困户实施退耕还林2211.9亩，兑付资金56.64万元。林海绿韵林业有限公司采用“国有林投公司＋行政村＋贫困户”的形式，吸收贫困户参与，帮扶贫困户524户。全县798户1631人享受生态脱贫政策。

【项目资金争取】 2018年，全年共争取项目21个，到位资金4516.4万元，占任务的112.9％；完成固定资产投资11563万元，占任务的115.6％；储备项目文本10个，占任务的100％。

【退耕还林】 完成新一轮退耕还林工程2017年度、2018年度建设任务各5000亩，完成新一轮退耕还林地块补植1800余亩。对2003年至2006年度退耕还林工程进行逐地块复查，对验收合格的41514亩退耕还林及时予以兑现，兑现资金3664953元。兑现2018年5000亩造林种苗资金770万元。2014年度新一轮退耕还林工程顺利通过国家林业局检查验收。

【党建工作】 强化县局党委及各支部党建工作责任，各支部书记认真履行“书记抓党建，党建抓书记”职责，深化党组织书记抓基层党建工作责任，健全和落实党内生活制度。落实基层党建“10＋1”措施、三会一课、组织生活会、民主评议党员、党员积分制等制度。建立智慧党建大数据云平台。制定印发《宜君县林业系统“党员政治生日”活动方案的通知》，扎实开展“党员政治生日”系列活动、《梁家河》学习研讨，建立党员干部成长记录袋、党员政治生日薄、党员干部学习工作纪实红蓝本、党员小书包。

【廉政建设】 从严落实党风廉政建设“两个责任”和“一岗双责”，强化对领导干部的教育和监督，坚持领导干部重大事项报告、民主评议等制度，认真贯彻执行民主决策制，在林业重点工程建设、重大人事决策部署上实行集体研究决定。印发《宜君县林业局贯彻落实中央八项规定实施细则的实施办法的通知》《落实全面从严治党主体责任清单的通知》，落实局党委和班子成员主体责任，对局领导班子成员、各支部书记履行主体责任情况进行研判。制定印发“以案促改”实施方案，召开“以案促改”专题民主生活会和“以案促改”专题组织生活会，彻底肃清冯新柱案影响。

水　务

水务局

局　长　赵世昌

副局长　马旭东

　　　　刘少华

水务局总工程师　赵　龙

【概况】 宜君县水务局现有干部职工60人，下属单位9个，主要负责全县水资源的合理开发和利用，生活、生产经营和生态环境用水的统筹兼顾和保障，水资源保护，拟订节约用水政策，编制节约用水规划及有关标准，指导和推动节水型社会建设，防治水土流失，水利设施、水域及其岸线的管理与保护，县管河流治理和开发，水利工程建设与运行管理，农村水利工作，涉水违法事件的查处工作，承担县委、县政府防汛抗旱指挥部的日常工作及承办县委县人民政府和市水务局交办的其他事项。2018年，宜君县水务局以脱贫攻坚为统领，以水利工程建管为基础，以水生态建设为契机，以全面提升防灾减灾能力为保障，以依法治水管水为手段，以水利发展改革为动力，抓班子带队伍，在创新中求突破，在服务中促发展，全年完成固定资产投资20628万元，争取项目资金7123万元，招商引资1.5亿元，储备高标准项目文本8个。治理水土流失面积63.02平方公里。完成水产品产量300吨。

【供水工程建设】 完成王家坪水库临时建筑、用电、道路拓宽等前期工程。导流洞已贯通，正在进行衬砌、喷护以及坝基开挖灌浆施工建设。龟山净水车间以及彭镇、哭泉镇镇区供水工程全部建成使用。

【防灾体系建设】 全面落实防汛抗旱“党政同责、一岗双责”责任制，明确县乡村行政负责人为防汛抗旱责任人，制定责任人工作职责。修订完善县乡村三级度汛预案149套，新编水库运行调度、抢险应急方案18套。做到工作触边筑底，预案进户对人、措施扎实到位。坚持24小时防汛值班制，及时传递水、雨、灾情，提升汛旱灾害防御水平。

【防汛抗旱减灾】 检查、更新、补充防汛抗旱物资，储备县乡两级防汛抗旱物资330万元，其中增补防汛物资15万元。组建县乡村三级抢险应急队伍189支3190人，落实三级防汛信息员195人。完成山洪灾害监测系统、视频会议升级改造项目及平台防火墙的采购安装调试。完成桐塬水库3公里的砂石路，布庄、杨柳塬抗旱水源工程，解决196户788人的饮水困难。

【农村自来水】 围绕脱贫攻坚自来水普及率目标，因地制宜，采用灵活供水形式，新建农村安全饮水工程19处，水质提升工程88处，解决5000农村群众的饮水安全，改善3万农村群众的饮水水质。全县农村自来水普及率达到96.08%。制定《2018年安全饮水工作推进方案》，拟退出贫困户1107户2940人，拟定35个贫困村饮水安全达标，建立村、贫困户饮水安全台账。

【农田水利】 改造基本农田3400亩，新增节水灌溉面积1000亩，其中新增高效节水灌溉面积500亩。

【城乡供水】 2018年，县城供水水质综合合格率达96%，自来水供量46万立方米。采样检测117个行政村供水水质，化验水样505份。发放供水水质消毒药剂，对73处农村供水设施进行维修，群众饮水全部达标。加强农村水质监督员管理，对全县178名水质监督员进行考核培训。完善农村供水价格形成机制，促进供水工程建得成、管得好、长期发挥效益。

【水产品监管】 开展水产健康养殖“五项制度、两项登记”工作，督促养殖户达到登记规范、档案完整。完成2017年省级财政专项资金渔业基础设施建设，对全县46户水产养殖户水产品产地进行检查，抽检水产品产地样品50个。开展水产品新品种新技术推广，免费为养殖贫困户发放草鱼夏花90万尾、鱼苗2000斤。全年完成水产品产量300吨。

【水库移民后扶】 核查更新库区移民直补人口，发放水库移民直补资金20.52万元。投资183余万元，为牛家庄等移民村建成晾晒场3708平方米，生产道路5.6公里，排水渠709米，生产桥4座，受益群众508人。

【水治理工作】 全年治理水土流失面积68.02平方公里，其中新修水平梯田4500亩，营造水土保持林5.5万亩，栽植经济林2.3万亩，封禁治理1.95万亩。完成国家重点水土保持项目南支沟等小流域综合治理建设任务。建设花溪谷人工湿地1118m^2，滚水坝谷坊6座、假山塑石1处。完成福地湖、旱作梯田水土保持示范园年度建设任务，建成生态停车场5300m^2，石谷坊4座、高边坡治理2120米，环湖路及其他绿化3万余平方米，整修道路河道27.69公里。完成农村水生态环境修复工程，新建景观涝池9座。

【水生态建设】 建设福地湖项目区及周边区域生态保护与修复项目生产路23.38公里，营造水源涵养林588公顷，林分改良165公顷，水保林179公顷，封育治理655公顷，建成垃圾中转站2座、排水渠21.65公里。购置垃圾清运车18辆、垃圾桶645个。完成西河流域山水林田湖生态保护修复项目初步设计，铜川市已批复项目投资计划。

【河长制湖长制】 制定《宜君县全面推行河长制湖长制方案》，编制印发"一河一策"方案，建立以党政领导负责制为核心、以节水治污控源和生态保护修复为重点的县乡村河湖管理体系，落实县级河湖长8名，乡镇级河湖长30名，村级河湖长125名，制作宜君县河湖长公示牌；制定河湖警长制9项制度形成责任明确、协调有序、监管严格、保护有力的河湖管理体制机制，依法保护河湖水域，打击破坏水生态环境等违法犯罪行为。上报周进度24次，月总结12次，发放河湖长制宣传单1000份、围裙500个、手提袋600个。

【管水治水】 制作发放宣传资料2万余份、手袋6000个，现场解答群众咨询4500余人次，营造依法行政、依法管水治水的良好氛围。加强日常执法巡查，巡查120余次，下发责令停止、改正水事违法行为通知书20份，《行政处罚事先告知书》1份，处理违法案件3起。审批入河排污口、水土保持方案、河道施工许可4家。依法征收水资源税19万元，水土保持补偿费436万元。

【节水行动】 推动节水护水，拟定《宜君县全民节水行动计划实施方案（草案）》，实施农业节水增产、工业节水增效、城镇节水降耗等全民节水行动。开展县域节水型社会达标能力建设，争取10万元，创建城关第一小学节水示范单位。开展辖区内取用水户用水计划下达工作，严格计划用水管理。全面开展节水宣传，提升全民节水意识。

【安全生产】 签订安全生产目标责任书，强化水利施工、城乡供水安全工作，每季度对水利工程和从业人员进行安全生产检查，发现问题，立即整改。每月定期向对口管理部门上报月报及"零报告"，在重大政治活动和节假日期间，坚持24小时值班制和领导带班。制定新建重点项目哭泉镇镇区供水、山水林田湖项目风险评估报告，

【脱贫攻坚】 与包扶村共同制定村级发展规划、年度工作计划。制定宜君县水务局《脱贫攻坚工作责任追究办法》以及驻村帮扶工作七项措施。建立村级"宜民讲习所"。帮助包扶村硬化巷道1.4公里，修砂石路5.6公里，绿化道路2.3公里，修排水渠1700米，涝池2座，晾晒场2400平方米。制家风家训牌149块，各类扶志励志宣传牌201块，改造管护核桃、苹果园410亩，培训群众苹果管护技术80余人次。

工业经济

工业概况

经济贸易局

工委书记、局长　张　锋

工委副书记　吴伟服

副局长、中小企业局局长　张忠民

副局长　麻　辉

　　　　许智斌

宜君县商务综合执法大队队长　靳小锋

宜君县油页岩循环经济产业园管理委员会办公室主任　张　昕

【概况】 2018年，宜君县经贸局对标任务、强化领导、精准发力，制定出台《宜君县工业经济和商贸服务业发展支持办法（试行）》《宜君县工业促投资稳增长提质增效实施意见》，全年完成规模以上工业企业完成产值28.9亿元，增加值增速6.6%。全县累计实现社会消费品零售总额13.5亿元；完成服务业增加值12亿元，同比增速10%；完成外贸进出口额7000万元。

【培育企业】 全年共培育陕西屹泰能源开发有限公司、铜川宜兴达物资储运有限公司、宜君县光伏扶贫开发投资有限公司、陕西鲁能宜君县新能源有限公司、陕西鼎兴能源有限公司、陕西介同新资源生物科技有限公司、铜川市盛鑫源农业科技有限公司等7户工业企业。

【招商引资】 2018年，完成招商引资1.22亿元（丝博会签订合同类项目2个），完成年度任务的122%；争取项目资金3457万元，完成年度任务的493 %；储备项目文本11个，完成年度任务的110%；完成固定资产投资4.5亿元。

【产品产量】 生产原煤216.41万吨，生产医药制剂623.08吨，生产白酒1766千升，生产核桃乳2987吨。

【铁腕治霾】 按照宜君县人民政府《关于印发宜君县铁腕治霾·打赢蓝天保卫战三年行动方案（2018—2020年）的通知》要求，成立宜君县“散乱污”工业企业清理取缔专项行动领导小组，印发《宜君县2018年夏季错峰生产实施方案》《宜君县2018—2019年度冬防期工业企业错峰生产实施方案》《关于做好2018年“散乱污”工业企业调查摸底工作的通知》《宜君县铁腕治霾2018年“散乱污”工业企业综合整治专项行动工作方案》。联合安监、公安、环保、能源等部门对太安镇辖区内已经清理取缔、升级改造的煤炭经营企业进行大排查，针对检查中发现的问题，责令限期进行清理。清查出县域内“散乱污”企业16家，其中砖瓦窑4家，彩钢加工6家，食品加工3家，拌和站2家，农作物加工1家。联合安监、环保、国土部门4次深入16户企业进行联合执法检查，下发“散乱污”工业企业《整治通知书》，明确责任单位、整改要求、整改时限。完成整改提升8家、清理取缔3家。落实铜川市商务局《关于推进加油站地下双层罐或防渗池改造和第三次油气回收的通知》精神，城关加油站、偏桥加油站、阳湾加油站已完成改造。全县共有错峰生产10家企业，严格按照错峰生产规定，开展生产经营活动。

【宣传工作】 发布政务信息61条，其中在《铜川日报》刊登1篇，展示经贸系统工作亮点和成绩。制作主题广告牌11块（条），微信平台发送信息200余条，宣传社会主义核心价值观和精准扶贫等内容。

【精准扶贫】 制定《薛塬村2018年精准脱贫计划》《宜君县经贸局联村包户考核管理办法》，签订《精准扶贫目标责任书》；局工委会定期研判存在问题制订解决办法。因户因人制宜，扶持贫困户通过发展种植业、养殖业脱贫。联系核桃、苹果技术员举办技术培训班。支持薛塬村3万元，用于环境卫生综合整治、土坯房拆除。投入1万元，用以修建无公害卫生厕所补助。成立红白理事会，制订《薛塬村红白理事会管理制度》，明确标准，减轻群众负担。与陕西医药集团签约“宜君县绿川农业核桃粗加工二期项目”，带动农户143户420人，33名贫困户签约劳务合同，解决贫困户就近就业问题。为贫困户修剪核桃树459.7亩，新建园40亩。与省“合力团”深度对接合作，促成省高速公路建设集团公司投资产业发展资金500万元，与宜君县文化旅游发展有限公司签订产业扶贫正式合同；陕西金融控股集团有限公司（铜川市产业合作发展基金）增资500万元，与宜君县文化旅游发展有限公司签约扶贫协议；陕西医药控股集团有限公司（陕西省产业扶贫投资开发有限公司）投资金额500万元，与宜君县农业发展有限公司签约产业扶贫投资合同。按照《铜川市脱贫攻坚领导小组办公室关于做好符合省高速集团招录条件贫困户摸底工作的通知》，经省高速集团面试、笔试、体检、培训2人被正式录用上岗。围绕产业发展，整理筛选出9个扶贫项目报送市“合力团”。其中“宜君县核桃现代产业园项目”已进入陕西省产业扶贫项目库。

【安全生产】 落实安全生产和环境保护“一岗双责”责任制，与企业签订《安全生产目标责任书》32份。深入生产企业和重点项目建设工地，开展安全隐患排查、农民工工资发放等检查24次，下发整改指令28份（其中现场整改指令26份，限期整改2份），强化企业安全生产主体责任，把安全隐患消灭在萌芽状态。各企业加强值班备勤和重大事项报告制度，确保局属企业和重大项目建设工地安全生产，文明施工。

中小企业

中小企业促进局

局长　张忠民

【概况】 宜君县中小企业促进局，属县政府直属事业机构，现有局长1名，工作人员3名。2018年，在县委、县政府的坚强领导下，在省、市局的业务指导下，按照全县经济发展总体部署，紧扣全年目标任务，转变作风，强化服务，优化环境，大力发展主导产业，努力提高发展质量，全县中小企业和非公有制经济呈现出较好的发展势头。

【主要指标】 1. 加强市场主体培育，企业总量大幅增长。2018年，全县新增市场主体3340户，其中新增工商注册企业287户（其中私营企业267户），农民专业合作社150个，新增个体工商户2902户。全县注册登记私营企业总数达到766户，个体工商户总数达到6325户，农民专业合作社发展到425个。2. 规上工业企业总量不断扩大，收入不断增长。新增规上工业企业3户（陕西介同新资源生物科技发展有限公司、宜君县光伏扶贫开发投资有限公司、铜川市盛鑫源农业科技发展有限公司），超额完成任务。新增限额以上商贸业企业2户，完成任务的100%。3.梯队企业发展势头良好。全县省级成长梯队企业发展到16户，其中“成长之星”企业5户，“创业之星”企业11户。2018年培育省级中小企业成长梯队企业2户，完成年初确定的目标任务。新增省级民营经济转型升级企业2户（宏兴农业开发有限公司、欣盛民间艺术作品开发有限公司），完成任务的200%。4.招商引资取得显著成绩。2018年，引进“高钙养心菜产业化开发项目”，完成招商引资1.2亿元。投资60亿元的水聚能循环发电项目已谈妥并成立“宜君恒通科技能源有限公司”进入项目申报程序，招商引资超额完成任务；争取项目资金357万元，储备高标准项目2个（肉兔繁育养殖基地项目、甲醇燃料生产项目）。

【企业运行监测】 2018年，宜君县进入省预警监测企业70户，进入工信部重点中小企业运行监测企业达到38户，新增5户。

【非公经济发展】 2018年，全县非公经济实现增加值14.35亿元，占生产总值的47%，较上年增长0.5个百分点。按照县追赶超越经济发展工作目标，与预期目标指标任务46.8%相比增加0.2个百分点。

【“双千工程”】 依据市工信局《关于全市中小微企业“双千工程”活动安排部署的通知》精神，从县域内中小微企业中精心筛选确定29户为市级部门包抓企业，50户中小微企业为全县“双千工程”活动包扶对象。其中，农业企业17家，建筑和房地产企业13家，工业和商贸流通服务企业20家。建立帮扶机制，成立由县政府主要领导担任组长，县级有关单位主要负责同志为成员，在县中小企业促进局设立领导小组办公室，县委考核办、县政府督查室做好跟踪督查。按照农业、建筑和房地产业、工业商贸流通服务业等3个工作组具体做好有关协调、联络、指导工作。制订宜君县“双千工程”实施方案和“帮扶工作细则”，落实3个责任部门牵头、28个部门参与、40个单位与部门帮扶，选派50名帮扶干部，包抓包扶50个中小微企业。建立企业问题办理帮扶台账，实行销号管理。协调解决人才、技术、基础设施（厂房场地）等问题和困难71个，帮助解决资金232万元，培育出2户规上中小企业。

【技术技能培训】 联系省、市中小企业专家，依托顾问团科技资源优势，组织5户省级成长梯队企业参加2018年陕西省中小企业成长梯队人才素质提升培训。5月，选派4户企业参加市中小企业促进局举办的信息技术入企培训。

【企业运行监测】 宜君县进入省预警系统直报企业70户，工信部监测企业38户。开展经济运行监测，定期研究分析经济指标，为国家、省市县分析形势、制定政策提供经济分析数据。2018年，宜君县中小企业促进局被陕西省工信局评为全省预警监测工作先进单位。

【包村扶贫】 帮助偏桥村2018年实现脱贫摘帽目标，确定领导、工作人员、驻村信息联络员各一名，专门负责扶贫工作。投资5000元，帮助村上制定各类宣传广告牌，工作成效展示牌；投资4000元，建成“宜馨超市”，按期兑换积分，激发贫困户内生动力和脱贫致富积极性；投资5万元，完成建设卫生厕所67个及环境综合整治。争取配套资金20万元，建设沼气池一座，投资57万元，硬化生产道路500米；联系县财政注入产业扶持资金50万元，入股宜君县农业发展有限公司，年分红8万元，每人分红111元；村集体经济主导，投资100万元，在下塔组建设占地6亩、可发展500头生猪的养殖场。该项目已建成投产，2018年8月，投放仔猪520头，带动全村贫困户15户（3户兜底户除外）入股分红；帮助11户贫困户加入天河农业综合开发有限公司，每户分红500元；帮助5户贫困户加入浩华养殖专业合作社菜单式扶贫，每户分红300元；加入建鑫苹果专业合作社扶贫的3户，每户分红300元。

科技工业园区

科技工业园区管委会

党组书记、主任　焦敏生

党组委员、副主任　张　斌

总工程师　杨小平

【概况】 宜君县科技工业园区设立于2004年，是全市八大工业园区之一。2008年被列为陕西省“13115”科技创新工程重点产业园区，2009年被列为陕西省100个重点县域工业园区。面积2.2平方公里。园区坚持国家产业政策和县域主导产业发展方向，依托资源优势，以农副产品深入加工、中医药研发生产、新能源开发、特色绿色产品开发为核心，以高新科研成果转化为契机，以大中型企业为主体，带动发展为城镇工业配套的制造加工业和服务“三农”型工业项目，形成特色鲜明、技术先进、环保节能的新型工业聚集区。园区骨干企业初具规模。现有企业4家，陕西方舟制药有限公司、陕西棋智核桃饮品有限公司、中石化彭镇加油站、中石化河南油田分公司铜川油气开发公司。在建项目3家，方舟二期项目、丰谷生物科技有限公司、铭山油库项目。

【经济指标】 2018年，完成固定资产投资完成3200万元；完成招商引资3亿元；争取项目资金500万元；园区经济呈快速增长态势，经济聚集示范作用更加明显。

【基础建设】 全面完成清河路改扩建工程；天然气气化工程、饮水工程全面完成，接入部分单位投入使用；完成园区道路及重点地段绿化；园区中心区高压电杆、通信电杆迁移工程全面完成；园区景观湖改造基本完成。

【项目建设】 宜君现代医药产业园项目主体以全部完成，内部装修和管路铺设已在进行；彭祖小学已完成大楼主体建设，正在进行内部装修；彭镇中心卫生院全面竣工，已投入使用；园区标准化厂房已开工建设。场地平整和围墙施工已结束；污水处理厂正在办理前期手续；铭山油库进入管道铺设和办公楼装修阶段。

陕西棋智集团核桃饮品有限公司

董事长　王华山

总经理　邵福兴

【公司概况】 陕西棋智集团核桃饮品有限公司，位于宜君县科技工业园区。注册资本2000万元，拥有固定资产3520万元。现有员工50名，研发团队专家10名。公司以核桃产品研发及加工为主，现主要产品有核桃乳、核桃油等。生产的“棋智牌”核桃饮品荣获“中国食品饮料行业评比名优产品”“首届全国乡镇企业名优产品展览会金奖”。连续三年荣获中国杨凌农业高新技术博览会“后稷”特别奖。在农家科委举办的“星火计划实施十周年”暨“八五”农业科技攻关成果博览会上被评为优秀项目。2014年荣获陕西省著名商标。

【公司运营】 2018年，生产核桃乳90吨，销售收入108万元，实现利税18万元。通过与易网购集团深度合作，力推核桃特色农产品品牌推广提升，促进农业产业结构调整优化升级。积极参与精准扶贫工作，将贫困村、贫困户镶嵌在产业链中，携手共同发展。

陕西玉华酒业有限责任公司

厂　长　杨浩敏

【概况】 2018年以拉动安全生产管理“弓”，绷紧产品质量“弦”的管理方式和经营理念，生产各类酒品11.7万件，实现销售收入2008.7万元，上缴税金130万元。产品合格率100%，质量合格率均达到98%以上。工资发放上缴统筹100%。在全市质量“标杆”活动中，荣获“质量管理先进单位”、铜川首届“质量奖”提名奖企业、铜川市“消费者放心创建单位”。国家、省、市抽检无不合格产品。50度古同官老烧酒、45度古同官老烧酒荣获第八届西北五省酒类质量进步奖。企业拥有陕西白酒评委3名，二级酿造师4名，二级品酒师5名，二、三级食品检验员各1名，获首席质量官资格1名。

【生产指标】 2018年，共生产白酒314吨，同比增长49%，灌装成品酒11.4万件，同比增长44%，销售11.7万件，同比增长105%，全年销售收入2008.7万元，同比增长87.7%，产销率由80%提升到98%以上。

【质量保障】 建立质量安全追溯体系平台，解决瓶颈制约，酿造生产做到：配料发酵用量准确，水分、温度、酸度控制无误，酒头、原酒、酒尾分级储存，窖池管理到位。严格成装环节操作控制：清洗，灌装，压盖，封扣、贴标、装箱、包装、打腚，出入库规格，数量，日期，检验批号，符合质量标准。严把检测化验质量关：自检酒精度、总酸总酯，送检氢化物、塑化剂、甲醇等指标，国家抽检无不合格产品。

【市场培育】 完善“比业绩、比价格，比市场、提高综合素质”“三比一提高”经营模式，坚持“出货明白，欠账清楚，有人监督，能收回来”考核激励机制，改变“一等、二看、三落空”销售方法，找到“一想、二干、三成功”团队方向。巩固提升境内市场占有率，拓宽延伸境外市场。定制产品和专供产品增效明显，玉华系列产品在铜川市扶贫产品交易会上签约销售合同金额255万元。

宜君县强宏建材有限公司

【概况】 牢固树立“安全第一、预防为主、综合治理”的安全生产工作方针，克服诸多不利因素，建立健全各项规章制度，注重安全教育和培训，强化内部管理，降低成本，提升企业经营能力和竞争力，提高市场占有率。2018年，生产空心砖1.1亿块，实现产值5000万元。

【安全会议制度】 从员工安全意识抓起，强化职工安全教育，每星期召开一次公司安全会议，班组组织班工人召开班前会，总结昨天，开始今天，强调安全工作的重要性。对个别安全意识不强的员工进行针对性教育。在生产中时刻绷紧安全这根弦，保护好人身安全。

【安全教育培训】 通过报纸、新闻等媒体安全报道，对员工进行操作安全、机械防护、安全用电、火灾救治、事故急救方面教育，2018年，共组织安全学习24次，增强员工安全意识收到成效。

【安全隐患排查】 加强安全管理体系建设，从主要领导到班组基层，层层抓落实，规定生产中出现事故，主要领导承担10%损失，直接领导承担损失20%，班组承担20%损失，责任人承担50%损失。组织安全检查24次，发现及整改隐患70余处，罚款1000元。

宜君县哈妹兔业科技有限公司

【概况】 陕西哈妹兔业科技有限公司成立于2017年11月15日，注册资本4923.08万元。2018年，承建宜君现代肉兔科技扶贫示范项目，是育种、繁育、育肥、加工及销售等产业链特色产业项目，项目建在宜君县宜阳街道善家河村小坪组，占地118.9亩。建设规模为：年存栏祖代、父母代种兔4万只。建成后可带动养殖户出栏商品肉兔800万只。

能源工业

能源局

局　长　刘文忠

副局长　赵小明

【成立独立法人公司】 2018年10月9日，宜君县能源局与中石化总部、中石化河南油田分公司积极协商共同努力，在宜君县成立独立法人机构“中石化铜川油气开发有限公司”。公司注册投资1000万元。

【油气生产】 2018年，油气勘探项目共完成投资2870万元，原油产量2.5万吨。油气资源勘探项目以“盘活存量、优化调整、滚动发展”为指导，以抓效益复产试采，提升产量效益为目的，协调中石化河南油田分公司做好宜君境内油井复产工作，已复产试采46个井台145口油井。继续加大宜君境内油气资源开发力度，实施“旬宜1井”二次压裂，对宜君县天然气储藏情况进行再认识、再研究。

【安全监管】 结合6月份“安全宣传月”活动，发放宣传资料，宣传《安全生产法》《行政处罚法》等法律法规。加强执法队伍自身建设，内强素质，外树形象。开展法律知识培训，选送执法人员参加执法培训，使法制观念内化于心，法制行为外现于行。开展“七五”普法。树立“普治结合、以治促普”理念，结合实际，梳理专项整治内容，突出治理安全生产中的不法行为。

【精准扶贫】 协助景丰村新建无害化卫生厕所46个、公厕4个、垃圾填埋场1个、垃圾台4个；修建花园2个，花墙700余米，美化、绿化村级道路，栽植国槐和垂柳10.3公里；申请财政“一事一议”资金20万元，为群众新建玉米仓80个。集中建房安置，新建59户156间；果子庄组安全饮水改水项目已建成使用；完成湫沟组供水管路改造提升工程；景丰村幸福院建设现已完工。景丰村“飘香园合作社”带动黄花菜种植，贫困户2户种植2亩；发展“关中黑猪养殖”项目，养殖黑猪33头；光伏发电扶贫项目落地生根，0.4兆瓦光伏发电项目已建设完成，2018年6月并网发电；签订2100亩种植合同种植赤芍。“互助资金协会”发放互助资金30万元，其中贫困户15户15万元。为困难群众脱贫致富提供资金保障。举办“道德讲堂”懂礼仪、知廉耻，重拾道德底线，尊崇道德管理，树立谁脱贫谁光荣的正确思想。

宜君县华仪天然气有限责任公司

总经理　任光华

经　理　杜西金

【概况】 宜君县华仪天然气有限公司，成立于2006年4月，私营企业，注册资金100万元，有员工16名。主要经营天然气管道安装，天然气销售，天然气器具及零配件销售、安装和维修。累计天然气用户6000户。2018年新增天然气用户400户，销售天然气850万立方米，

【重点工程】 2018年，新增中压3公里，低压10公里；完成景文小区、农业小区、老街商铺、城关村三组小区及散户通气工程，新增五台燃煤锅炉；完成龟山及宜阳府邸至邮政局以下棚户区拆迁改造工程。

【供气服务】 要求员工端正工作态度，树立企业诚信；提高自身修养，对待顾客要耐心细心，业务知识熟练掌握，服务态度和蔼可亲；设立“老弱病残”窗口，根据不同情况和不同需求群体，提供不同的服务；积极参加宜君县举行的文明窗口“创佳评差”活动，公示宜君县方便企业办理供气手续流程图，树立良好窗口形象。

【供气安全】 全年组织入户安全检查4次，不定期对饭店宾馆检查，及时查漏补缺。查出各类安全隐患80余处，及时进行维修整改；更换天然气用气软管300余户；对13公里的中低压管道进行补漆防腐；更换完善地面标示报警牌；对全部调压箱、调压柜、阀门进行检查维修、保养标号。抢险维修和重点要害部门实行24小时值班制度，随时应对意外情况发生。

煤炭工业

煤炭工业局

局　　长　郭永忠

总工程师　王小军

【概况】 2018年，煤矿安全生产持续稳定好转，实现了全年“零死亡”目标，在全市3个产煤县（区）中排名前列。全年原煤产量178万吨。柴家沟煤矿煤场封闭项目和职工公寓楼项目，预计总投资为5500万元，前期工作已全面完成。化解煤炭行业过剩产能，昊泰煤矿申请中、省煤炭行业化解过剩产能奖补清算资金2794.6万元，解决工人欠薪，人员安置。昊泰煤矿经提前两年关闭到位，去产能工作圆满收官。

【安全状况】 落实企业安全生产主体责任，以安全隐患排查治理为突破口，以各项安全生产专项检查为抓手，开展安全检查44矿次，排查各类煤矿安全隐患124处，整改隐患124处。配合企业完成煤矿安全监控系统升级改造，完善煤矿安全监控三级联网，完成煤矿重大灾害预案编制，指导督促企业跟进实施，煤矿企业管理（从业）人员安全意识和自主安保能力得到提高，矿山应急救援能力显著增强。

【铁腕治霾】 落实铁腕治霾“1＋8”方案，监管煤矿企业落实治污降霾要求，煤场及矿区、运煤道路等重点区域，加大洒水频次。煤场散煤、裸露土壤等污染源实行全覆盖，运煤车辆加盖篷布冲洗后方可上路，减少砂石等散物料的运输次数，加大锅炉房除尘等环保设备维护力度。7至8月份，县能源局牵头，县环保、国土、交通、市场监管、林业、公安、太安镇等多部门配合，对太安镇烈店路已取缔的17处非法煤场的设备及废弃物、构筑物进行彻底清理，出动大型机械吊车1台、铲车3台、工程车2辆、焊工4人，拆除房屋43间、地磅9台、围墙150米、废弃房底29间，约谈7家煤场经营主，严防非法煤场死灰复燃。烈店路沿线所有非法煤场均已全部取缔，土地复垦、环境绿化工作基本完成，全县非法煤场整治工作取得阶段性成效。

【安全监管】 创新监管模式，强化责任落实，按照“一岗双责”和“属地管理”原则，构建主要领导联系，分管领导具体负责，业务股室主抓落实，驻矿监督员24小时驻矿盯守的监管格局。分解省、市下达的任务指标，完善绩效考核办法，加强安全生产全员、全过程、全方位管理。开展“全面落实企业安全生产主体责任”主题安全生产月活动，印发《进一步落实企业全员岗位安全生产责任制工作方案》，全面落实企业安全生产主体责任。加强事前预防，强化源头管控，监管重点由事中监管向事前预防转移。以安全隐患排查治理为突破口，以各项专题检查为抓手，开展安全生产标准化达标、安全风险分级管控和隐患排查治理、矿井防治水、防汛防滑、一通三防和瓦斯治理、企业主体责任等专项检查。抓住重要节点和关键时段，开展煤矿安全隐患大检查，煤矿企业自查自检，驻矿工作组普查普检，大检查实现“全覆盖”。关键时期实行“24 小时领导带队干部驻矿盯守”，确保监管“全方位”。建立隐患台账，跟踪督办、挂牌督办，倒排日程，抓好落实。

【应急管理】 修订完善《宜君县煤矿安全生产应急预案》，汛期印发《关于做好煤矿“雨季三防”工作的通知》，全面维护清理矿井范围内的地面排水沟、防洪堤，确保汛期洪水顺利排泄。对矿井范围内存在的老窑水、采空水等威胁矿井安全、威胁群众生命财产安全的水体，采取有效措施进行排放或疏堵。印发《建立完善安全生产风险分级管控和隐患排查治理双重预防机制实施方案》，要求企业完善应急预案和应急设施，强化应急能力。督促煤矿企业构建“通风可靠、抽采达标、监控有效、管理到位”的瓦斯防治工作体系，强化“一通三防”管理。

电力工业

县供电公司

党总支副书记、总经理　高　新

党总支书记、副总经理

　张小丁（2018 年 11 月离任）

　候　广（2018 年 11 月任职）

副总经理　刘　伟

　　　　　周海波

　　　　　李永成

【光伏电站】 2018 年 6 月提前完成善家河村、景丰村等 27 个村并网投运工作，率先在全省完成光伏扶贫电站并网接入。获得宜君县脱贫攻坚指挥部通报表彰，获奖励 10 万元。

【脱贫攻坚】 完成全县农户电力入户、乡镇级集中安置点、产业项目用电配送任务，贫困村脱贫饮水工程送电，电力入户率 100%、贫困村通动力电 100%，2018 年拟退出 15 户 29 人均达到脱贫指标。

【电网建设】 2018 年，完成 2014 年结余、2017 年以及 2018 年农网项目 35 项（4 个贫困村、27 个村级光伏电站）。完成 2019 年 39 项农网工程的勘测、设计、评审工作，取得可研报告批复。优化电网网架结构，改造 10 千伏老旧线路，消除重过载台区，更换高耗能配变设备。

【运维管理】 成立“市场与客户服务委员会”，与国网铜川供电公司签订《报装接电专项治理行动责任书》，高、低压平均接电时间为 45 天和 3 天，较目标值分别缩短 15 天和 17 天。完成县域 22 个合表小区和 3 个“三供一业”小区户表改造任务。完成 2018 年“春节”“国庆”“宜君旅游节”“中高考”等节日及重要活动保电任务，全年保电人员共计 252 人次，车辆 28 次，物资配备齐全，保电前期线路巡视 12 次，发现并消除缺陷 5 处。扎开展 2018 年度春检及秋检工作，完成计划工作 158 项，处理缺陷 1039 处。

【机关建设】 上线运行公司网上党员活动室，组织青工参加 2018 年“网上青年训练营”活动、国网陕西省供电公司带电检测劳动竞赛，举办“青春沙龙”暨“道德讲堂”活动 4 期。开展青年志愿活动 2 次，组织 14 名青工进行岗位答辩，激励团员青年岗位建功，为青年职工成长搭建平台，全力打造素质过硬、纪律严明的专业化队伍。建成“职工活动室”，配备跑步机，健身单车、综合器械、台球等活动设备，丰富职工业余生活。荣获国网铜川供电公司“电网先锋党支部”“五四红旗团支部”“优秀精神文明创新奖”及铜川市税务局“纳税信用 A 级信用企业”等荣誉。

陕西鲁能宜君新能源有限公司

【概况】 鲁能宜君新能源有限公司成立于2016年3月28日，注册资本金8400万元。规划装机容量300兆瓦，该项目为一期49.5兆瓦，项目于2017年8月18日举行开工典礼。鲁能尧生光伏电站建在陕西省铜川市宜君县境内，位于宜君县尧生镇八丈塬村，建设容量为49.5MW，占地1600亩。该项目为农光互补项目，建设农业大棚1000个，建设一条110千伏送出线路及一座升压站，项目于2018年9月29日全容量并网发电。

【设施设备】 光伏组件方阵，采用固定式大棚顶部安装光伏组件及平单轴式光伏支架组件。按照满足灰尘雨雪滑落及大棚稳定性要求，确定本工程大棚固定倾角为25度、大棚行距为10米。光伏电池阵列由30个1.6MWP子方阵组成。1.6MWP子方阵每个组串含22块组件，8个光伏组串接入1台50kW组串式逆变器。每6台组串式逆变器接入1台交流汇流箱。每个子方阵的5至6台汇流箱并接入1台1600kVA升压箱式变电站低压侧，将逆变器输出交流电压升压至35kV。以4回集电线路送至110kV升压站35kV母线，以1回110kV线路送入铜川330kV金锁变电站，线路全长约43.8km。

【厂区建设】 农光互补光伏发电项目，是在一块土地上既能发展农业生又利用空间安装太阳能发电系统发电，实现“农业与发电两不误”的“互容”项目。项目建设采用固定式支架与农业大棚结合安装，支架最低点距地1.8m，对下部农业种植经济作物不产生影响设计。施工因地制宜随坡就势的布置光伏组件阵列，不进行大规模场平处理，减少施工扬尘，降低投资。在光伏组件支架基础形式选择中最大限度减少对地表植被的破坏，保护原生态系统。

商业贸易

商贸流通

经济贸易局

【商贸流通】 优化营商环境，提升跨境贸易和投资便利化水平，印发《宜君县提升企业跨境贸易和投资环境便利化行动实施方案》，2018 年，新增外贸企业 1 家，办理县级手续，做到一站式受理、一次性告知、一体化办结；办理省、市手续，实行保姆式管理，全程带领或代理办理。助力打赢脱贫攻坚战，印发《关于“贫困户产业发展项目”扶贫专项资金补助申请的通知》，鼓励建档立卡贫困户积极开办“农家乐”“小吃摊”“小商店”等，支持贫困户 53 家，发放补助资金 26.5 万元。做好节日期间市场供应和市场监测，引导企业开展“促销保供、惠民兴商”等扩大消费活动，切实保障节日期间的市场供应需求。参加首届中国国际进口博览会，成功签约采购合同协议及意向 2 个，涉及金额 2.1 亿元。参加全市特色餐饮评选活动，评选特色餐饮店 5 个，餐饮名店 1 个，特色小吃 6 种。

【商务执法】 按照省、市、县关于非洲猪瘟等动物疫病防控工作文件及会议精神，对辖区内所有超市及猪肉供应店猪肉来源、猪肉市场供应和价格变化情况等进行检查，确保人民群众吃上“放心肉”，确保安全消费，维护市场秩序。开展单用途商业预付卡风险专项排查 6 次，对全县 3 家废品资源回收经营企业进行专项检查 12 次，印发商务领域法律法规宣传资料 2000 余份，全年累计出动执法人员 85 余次。定期对商贸流通各企业经营户，确保商贸流通市场有须规范。开展“黑加油站点”联合治理，共开展联合执法检察共 6 次。

【培育企业】 全年共培育宜君迎宾馆、宜君县荣聚山庄餐饮有限公司、宜君县摘香楼餐饮有限公司、宜君县尚品乡下餐饮有限公司、铜川市博宇电子商务有限公司、宜君县香醇白酒销售有限公司、宜君县屋头餐饮服务有限公司、宜君县久顺商贸有限公司、宜君县宏达商贸有限公司、宜君县和沃进出口贸易有限公司、陕西华远医药集团金瑞医药有限公司、陕西轶然能源有限公司、陕西益丰源农林科技开发有限公司、铜川市福迪农机科技有限公司等 14 户限额以上企业以及 1 户规模以上服务企业宜君县创通网络有限公司。

【电子商务】 2018 年，通过政府采购网公开招标，中标方（西安云泽电子商务研究院股份有限公司）按照国家电子商务进农村综合示范项目相关要求，对全县 117 个村有意愿参加电子商务培训的人员进行逐镇逐村培训，累计培训 4419 人（其中：建档立卡贫困户 850 人）。通过开展农村电子商务实用人才培训，实现部分贫困人口就业脱贫的同时也为农产品打开销路、开辟了线上销售的新路子。按照《陕西省电子商务进农村综合示范项目实施方案》，建成宜君县县级物流运营中心，总面积1500平方米，内设宜君县三级物流配送中心调度室、农产品展区、分拣中心、库房、运营办公室、入驻企业办公室。入住快递公司7家，设定三条线路：宜君县物流中心—哭泉镇—云梦乡；宜君县物流中心—五里镇—棋盘镇；宜君县物流中心—太安镇—彭镇；共设立148个镇、村物流快递收发点，日均单量350件，彻底解决物流“最后一公里问题”。

【电商扶贫】 优先考虑建档立卡贫困户，共有8名建档立卡贫困人口（3名残疾人）从事电商运营。积极探索“电商＋贫困村”“电商＋企业＋贫困户”“电商＋合作社＋贫困户”扶贫模式。引导合作社、电商企业与贫困户结对帮扶，对贫困户的农产品统一管理，通过电商平台进行销售，实现“项目带动产业，产业促进脱贫”。组织电商企业赴贫困村开展网销产品对接活动，帮助贫困村引进专业服务机构，促成一批农产品购销合作协议和电商扶贫合作协议，搭地方产品销售平台，促进贫困户特色产品上网推介。按照“苏陕扶贫”财政援助资金使用要求，对贫困户进行电商知识培训，提高贫困户学习运用现代网络技术的能力，通过公开招标，确定陕西亿欧电子商务有限公司为“苏陕扶贫”电子商务培训班承办方，对全县80余名有意愿从事电商的建档立卡贫困户及电商企业的负责人进行了2期培训。

金瑞医药有限公司

【概况】 陕西华远医药集团金瑞医药有限公司是一家独立法人药品批发企业。共有员工25人，其中大专以上学历的12人，占员工总数的48%。有药学专业职称的3人，占员工总数的12%。经营范围包括：中成药、中药材、中药饮片、化学药制剂、抗生素、生化药品、生物制品、第二类精神药品、蛋白同化制剂肽类激素。年销售额为不含税5186.95.7万元。上游供应商有200余家，销售客户有700余家，公司所经营药品3000余种，业务范围覆盖铜川市、周边各区县及延安市部分区域。

【教育培训】 按照年度培训计划，定期组织有关人员对《中华人民共和国药品管理法》《药品经营质量管理规范》《药品经营质量管理规范实施细则》《药品经营质量管理规范认证检查标准》、药品基本知识、药品营销知识和技能、各项管理规章制度、岗位职责、管理程序等进行培训考核，合格率达100%。建立完善的公司培训档案和员工个人培训档案。

【管理体系】 依据规范要求，建立健全各项质量管理制度、管理职责、管理程序，文件起草、修订、批准、发放、控制和存档严格按照文件管理制度及程序要求进行。建立健全内审管理制度、程序，明确在那些条件发生变化时，须开展内审，确保公司的质量管理体系与公司的经营规模和经营范围充分、适宜以及有效。按照新版GSP要求对259项检查标准进行逐一排查，发现问题及时整改。

【设施设备】 总投入资金156万元，硬件设施有空调20台，温湿度自动检测探头40个，冷藏车1辆，药品配送车3辆，保温箱2个，冷库1座，计算机15台，货架40余组，监控设备若干套。配备与经营范围和经营规模相适应的计算机系统，实时控制记录药品经营各环节和质量管理全过程，符合电子监管实施条件。库区设置具备自动生成温湿度监测系统，内容包括温湿度值、日期、时间、测点位置、库区类别等。冷库均为整体结构，整洁、严密，另配备柴油发电机1组，汽油发电机1台，满足停电时的用电需求。冷藏车、保温箱满足冷藏、冷冻药品运输要求，同时对相关人员进行操作培训。

供销合作商业

供销合作联合社

主　任　杨羽中

副主任　李艳琴（女）

【概况】 宜君县供销合作社联合社属县人民政府其他事业机构，正科级建制，事业编制 11 名，实有 9 名，其中设主任 1 名，副主任 1 名。经费实行全额预算管理。2018 年，全系统共完成商品销售总额 981.6 万元，比上年增长 10.62%；实现利润 7.8 万元，比上年增长 6.85%。

【农资供应】 2018 年，全系统企业充分发挥农资供应主渠道作用，组织职工深入乡镇、村组，调查了解农业生产需求，早动手，抓好农资商品调运储备。根据农时季节和农民需要，发挥经营网络点多面广优势，电话订货、秋季结算、延长营业时间，共调储供应各类化肥 5300 多吨、农地膜 66 吨、农药 3300 公斤、种子 22000 公斤、小农机具 600 多件，满足全县“三农”需要。

【村社建设】 投资 5.6 万元，在彭镇山岔村、棋盘镇寺天村和云梦乡县口村建成村级供销综合服务社 3 个，制定了经营服务承诺、服务贫困户优惠承诺等制度。

【农产品展销】 利用会展平台，精心打造农产品宜君品牌，扩大宜君农产品的销售渠道，参加省供销总社、省果业局主办 2018“海峡两岸（江苏）名优农产品展销会”和市政府主办、市供销社承办的“铜川名优农产品北京供销对接洽谈会”等大型特色农产品展销活动，提升苹果、核桃等农特产品的知名度和竞争力。拓宽农副产品购销渠道，代购代销苹果、核桃 30 万斤。

【电子商务】 与铜川博宇电子商务公司签订供销社电子商务运营平台及服务体系合作共建协议，选派人员到省供销电子商务集团公司进行业务培训及考察，成功对接入驻“供销 e 家”平台，线上销售全面展开。

【安全经营】 全面落实安全经营责任制，加强督导检查，重点加强烟花爆竹安全经营标准管理，提升惠丰公司烟花爆竹流向管理信息化水平，消除安全隐患，确保烟花爆竹经营有序安全。

【物资储备】 做好防汛物资储备，盘点防汛物资，对超期、变质、不能使用的物资和设备予以剔除，及时补充货源，确保物资和设备始终处于良好待用状态。储备塑料布、铁丝、铁锨、雨鞋、纤维袋等 16 个防汛物资种类价值 40 余万元，基本能够满足汛期物资需要。

【招商引资】 科学谋划招商项目，研判中、省、市投资政策和产业发展导向，精心谋划、多方论证、筛选包装《宜君县农资农副产品综合物流园建设项目》和《宜君县现代农业产业示范基地建设项目》两个招商引资项目，总投资 2.11 亿元，为招商引资做好先期准备。争取到位 2018 年度“铜川市供销改革发展资金”3.4 万元，用于村级综合服务社建设和农产品展销活动工作。

【代购代销】 牵头秦宜果业有限公司与广东深圳源兴果业有限公司签订 114.58 万斤苹果购销协议，协议资金 550 万元；宏塬农业综合开发有限公司与广东省夏桥市场签订 450 万斤苹果购销协议，协议资金 1350 万元；电子商务有限公司与上海辉匠电子科技有限公司签订 50543 箱精品苹果购销协议，协议资金 519.08 万元。县供销合作社共签订招商引资合同三份，和同金额 2149.08 万元，占任务的 120.95%。

【包村扶贫】 注重增强贫困户脱贫信心和决心，纠正“晒着太阳奔小康和等靠要”惰性思想，扶心扶智扶业，增强贫困户内生动力。加大物资帮扶力度。春节前为 30 户贫困户送去面粉 30 袋，5 月份为 48 户贫困户送去 192 袋化肥、96 卷农地膜、48 个塑料桶。资助拴马村 4.1 万元，用于

"改厕""暖心工程"设施建设。发展壮大新兴产业。栽植中药材 40.2 亩，新建养鸡场 1 个，新建胡羊养殖场 1 个。

粮食商业

粮食局

局　长　陈邦清

副局长　郭晓元

　　　　樊元林

粮食流通执法大队队长　李建东

【概况】 宜君县粮食局是县发展和改革局的挂牌机构，局内设办公室、业务股、财务股，下辖宜君县粮食流通执法大队和宜君县兴盛粮油储备有限责任公司、宜君县十里铺储备库。全系统现有职工 22 名。2018 年，县粮食局贯彻中、省、市、县关于粮食工作的决策部署，确保粮食安全，落实粮食安全县长责任制，抓好粮油购销储备，加强粮食流通监管，保护种粮农民利益，保障全县粮食安全和粮油产品有效供给。

【粮食安全】 贯彻落实粮食安全县长责任制，紧盯考核目标任务指标，不断强化工作措施，粮食安全责任制考核工作有序推进。与 5 家放心粮油店签订应急成品粮油代购代储协议，建立应急成品粮油 150 吨，其中，面粉 28 吨，菜油 66 吨，大米 56 吨，增强粮食安全应急保障能力。研究谋划，主动沟通协调，对乡镇和相关部门按 30%要求进行抽查，确保资料整理工作有序进行。

【储粮管理】 加强十里铺粮库监督管理，完善企业法人职责，副主任、会计、保管组长职责、粮食库存管理、财务管理等一系列制度，规范企业日常经营。制定相应的管理办法，按月全面检查粮食库存数量、质量，确保各库号账卡齐全，资料完善。为确保市县储备粮安全储存，对粮情检测、通风、环流熏蒸、进出库机械、视频监控等设备强化管理，定期检查、维护确保设施正常运行。与企业签定年度目标责任书，储备库年内盈利 5.2 万元。

【流通监督】 对全县取得粮食收购资格的经营户开展定期专项检查，确保全县粮食经营者许可证使用合法，无涂改转借现象发生。坚持每月开展一次抽查、每季度一次粮食市场专项检查，确保全县粮食流通有序进行和放心粮油店（点）的规范经营。3 月科技宣传月、5 月粮食科技周、10 月世界粮食日及全国爱粮节宣传周活动期间，上街、进社区、进学校、进农村进行《条例》和粮食保管、节粮惜粮、健康消费等知识宣传，发放宣传资料 1500 多份。针对玉米收购时间长、范围广、收购形式多样复杂等情况，多次组织人员对全县范围内玉米收购进行检查。建立统计台账企业粮食收购完成 5100 吨，销售完成 5292 吨。对长期从事粮食购销加工、转化用粮企业和个体工商户的收购资格进行监督，确保全县粮食有序流通。

【放心粮油】 对"放心粮油"示范店、经销点加强监督检查，做到每季度全面检查一次，每月抽查一次，并健全记录资料。对三年已到期的 2 个示范店和 3 个经销点重新验收、认定后继续挂牌经营，确保"放心粮油全覆盖工程"动态管理和规范运行。

【国有资产管理】 为保证粮改后全县基层 8 个站点国有资产不流失，抽调 2 名同志具体负责资产管理，与各资产租赁户签订租赁合同，定期检查资产使用情况。经县政府常务会议研究将原棋盘粮站部分资产、原焦坪粮站、原五里镇面粉厂分别划拨给县交通局、县教科体局、五里镇政府使用，确保现有资产的合理使用和安全。

【扶贫帮困】 2018 年，出资 7.3 万元开展贫困户春节慰问、宜馨超市货物及时补给、支持贫困户发展苹果产业、环境整治、卫生厕所及暖心工程等。协助村上新修水渠 600 米，安装路灯 22

盏，协调铜川市公交总公司资助 2 名困难学生学费 3000 元。建立合作社加农户的扶贫模式，全村有湫沟村互助资金会、湫沟村集体经济合作社、宜君县农业发展有限公司、浩华养殖专业养殖场 4 个经济合作社。34 户贫困户与浩华养殖专业养殖签订种草、代养牛、务工等，引导全村发展养猪 61 头、养羊 96 只、养牛 11 头。落实宜旅扶贫项目光伏分红，确保贫困户户户有产业，人人有收入。支持村上建设卫生厕所 108 个。

【苏陕扶贫项目】 县政府批准，县发改局立项：县城宜阳北街教场库区改造工程，引入苏陕扶贫“创意毛绒玩具厂”项目，经过 3 个月施工建设，达到企业落户要求。

烟草专卖

烟草专卖局

局长、经理

王光明（2018 年 8 月离任）

陈晓东（2018 年 8 月任职）

副局长　孙　涛

副经理　赵继涛

【概况】 宜君县烟草专卖局、（铜川市烟草公司宜君分公司）2005 年正式上划行业管理，现有在岗职工 25 名。单位下设综合办公室、客户服务部、专卖管理股三个职能部门，负责宜君县卷烟经营的市场监管、客户管理和服务工作。2018 年，宜君烟草专卖局（分公司）认真学习贯彻习近平新时代中国特色社会主义思想和党的十九大精神，落实市局（公司）党组各项决策部署和工作要求，不断加强党的建设，认真抓好内外监管，努力优化经济运行，持续提升管理水平，年度各项工作目标全面完成。

【党的建设】 印发《关于履行全面从严治党主体责任的实施办法（试行）》和《中共宜君县烟草专卖局支部制度汇编》，理清党支部成员主要职责和工作内容，增强支部工作执行能力。印发《宜君县局 2018 年党风廉政建设工作计划》，建立和完善县局廉政风险防控机制。扎实推进“两学一做”教育常态化制度化。组织开展“党组织生活日”专题活动。积极参加市局（公司）党组开办的井冈山党员党性教育培训班，增强党员干部党性修养。对市局专项巡察反馈问题，制定《专项巡察整改实施方案》，逐条逐项进行整改。

【经济运行】 贯彻省、市局（公司）营销工作会议精神，围绕“156”经济运行方针，按照稳定卷烟销量，提升服务质量的工作思路，扎实推进卷烟经营工作。全年共销售卷烟 3767.53 箱，实现销售收入（含税）10906.42 万元，上缴税额 1531.85 万元。以引导客户诚信经营为目标，在 2017 年零售自律互助小组建设的基础上，推广零售自律互助小组，成立自律互助小组 22 个，覆盖面占全县客户的 72.46%。

【市场管理】 简化许可办理流程，提交资料由原来的 5 份精简到只需提供身份证明即可 1 次性办结，切实推进“放、管、服”落地。建立“宜君烟草专卖局微信公众号”，及时发布、宣传烟草专卖法律法规、许可证管理办法及宜君县合理布局规定等相关公告。开展联合执法大检查活动，对辖区近 20 家快递公司进行摸底检查，共查获 4 起互联网售假案件，严防私、假卷烟对市场的冲击。2018 年宜君县烟草专卖局共查处违法案件 22 起，查扣卷烟 407 条，价值 27755 元，市场净化率达到 98%以上。

【企业管理】 开展“提质降本增效”、基层诊断行等精益管理活动，全年办公费、业务招待费继续下降。运用公示栏、门户网站等平台，不断完善办事程序、创新公开形式、扩大民主参与，公开事项 135 项。举办道德大讲堂，创建“省级文明单位”。推进“三供一业”分离移交，分别与宜君县电力局、宜君供水有限公司、铜川市建设集团物业服务有限公司签订改造协议和资产移交协议。

【精准扶贫】 2018年，宜君县烟草专卖局（分公司）落实“精准扶贫”工作要求，选派王西平同志常驻兴市村。全年资助兴市村扶贫资金35940元。其中，节日慰问3680元，赠送春耕化肥36袋价值3740元。出资6520元制作标牌，帮助村集体建立“宜民讲习所”，抽调专人配合村委会开展道德大讲堂宣讲活动。出资2000元助力“宜馨超市”。落实资金2万元，推动完成“改厕”任务。帮助村上完成“智慧党建”数据录入工作。与县直机关工委联合举办“脱贫攻坚奔小康，齐声高歌颂党恩”晚会。

交运·邮政·通信

交通运输

交通运输局

局长　马景祥

党工委副书记　王新宜

局机关支部书记、副局长　金　燕（女）

【概况】 宜君县交通运输局为宜君县人民政府主管交通运输事务的工作部门，正科级建制。下设4个事业单位，分别是：交通战备办公室、农村公路管理站、道路运输管理所、客运管理中心。全县农村公路总里程1141.88公里，其中县道8条、210.4公里，乡道22条、247公里，村道235条、679.88公里、专用公路1条、4.6公里。2018年，宜君县交通基础设施建设完成固定资产投资1.34亿元；完成项目资金争取6895万元；储备宜君县交通综合体（二级客运站）、210国道宜君县城过境公路等高质量、高标准项目文本8个。

【210国道宜君县城过境线项目】 加快前期跑省进厅对接相关工作，该项目基本农田调整规划已通过省自然资源厅评审待出具初审意见后即可上报国家自然资源部批复。项目《工程可行性研究报告》已上报陕西省发改委、省交通厅待批复，其他前期工作有序推进。

【宜君县交通综合体项目】 在2017年完成PPP项目咨询服务招标的基础上，按照宜君县政府相关会议精神，已完成公司组建相关事宜，正在按照公司章程确定人员岗位，待高铁站址确定后，即可办理选址论证报告，环评、稳评等相关手续。

【续建公路建设项目】 宜白公路改建工程2018年全面转入扫尾阶段，6月底该项目全面完工，11月初完成工程交验；棋周路口至云梦山道路工程4月中旬复工建设，9月底完成主体工程，10月中旬项目全面完工。通村公路完善工程165.6公里和生命安全防护工程7.8公里建设任务全面完成。新建公路建设项目胜利庄乡村旅游路工程（花溪谷旅游公路工程）全长2.376公里，4月下旬开工建设，10月中旬包括彩色人行步道以及标志标线等附属工程全面完工。五里镇张河至棋盘镇迷家河联网路工程全长11.85公里，计划投资2096万元，4月开工建设，已完成11.8公里基层铺设，水泥面层铺设完成9公里，计划2019年5月全面完工。

【交通脱贫攻坚】 坚持把完成交通脱贫攻坚指标作为助推宜君县脱贫摘帽重要使命，成立交通脱贫攻坚工作领导小组，分外业和内业两个组，内业组具体负责规范完善各项交通脱贫攻坚资料，完成建制村“一村一档”和“一图一表”交通脱贫攻坚资料，做到台账清晰、记录翔实、更新及时。对全县117个建制村通村公路数据全部录入陕西省交通脱贫攻坚大数据平台，与省脱贫攻坚大数据平台及国办系统数据比对完全吻合；外业组由局系统副科级以上领导干部担任责任领导，抽调局系统有关业务人员组成七个工作组，包联全县8个乡镇（街道）和2个综合服务中心，实行责任领导负责制，全面负责各包联乡（镇）病害道路修复、公路路域环境整治等各项交通脱贫指标达标，做到不脱贫不脱钩，统筹推动交通运输脱贫工作扎实开展。充分发挥行业职能，抢抓政策机遇，争取实施通村公路“油返砂”整治工程项目计划19条84.2公里，进一步改善宜君县偏远山区部分贫困村的通行条件，8月底该项目已全面完工。10月，省、市上级行业部门分别对宜君县交通脱贫攻坚指标完成情况进行的认定和抽查，均认定达到符合贫困摘帽县退出标准。

【公路养护】 以创建“四好农村路”为目标，全面提升农村公路服务质量和养护水平。在养护质量控制、道路绿化、排水设施、路容路貌、路肩边坡等方面明确规范标准，保证养护质量；加强日常养护管理，分解养护责任，建立岗位职责制，定期组织养护人员对农村公路进行日常养护，对重要路段加大养护和巡查力度，做到查患、整治、保畅一体化；狠抓养护长效机制落实，对乡镇（街道）农管所养护工作实行“月检查、季考核、年终总结”奖优罚差机制，保证农村公路经常性养护率达100%，降低道路扬尘；接收铜川市配置洒水车，铲车以及自卸车等一批养护机械，实现部分县、乡公路养护机械化。2018年，宜君县农村公路日常养护工作完成总投资454万元，列养公路累计共清理水沟350公里，整修路肩300公里，清理涵洞53道，清除小型塌方15000立方米。分别完成环湖路冷再生路基路面铺筑1.9km，生白路冷再生路基路面铺筑5.6km，共完成投资519万元。按照省公路局安排全面完成农村公路数据库和电子地图更新工作。

【道路运输】 2018年，共审验货运车辆299辆，新增121辆，迁入28辆，迁出37辆，完成市场主体培育130户，按规定对总质量在8吨以上的货运车辆都全部安装“北斗”定位系统，对1416名从业人员进行驾驶员诚信考核。开展客运市场专项整顿，严厉打击违法违规经营和参与非法营运的各类违法经营行为，全年共出动稽查人员1265人次，出动稽查车辆358辆次，检查车辆2754辆次，查处违规经营75辆次，教育从业人员128人次。强化客运站场监管，严格落实客运站“四证一牌一单”和“三不进站、八不出站”规定及卫星定位系统动态监管情况反馈机制，对发现的违规行为，第一时间进行通报并公开处理结果。强化水上运输安全监管，对福地湖水上运输例行安全检查，开展水上应急救援演练，假日旅游高峰期，加强水上运输安全值班巡查，确保福地湖水上运输安全。开展城乡公交一体化试点，开通宜君至偏桥公交车，沿线群众出行更加便捷。

【道路客运】 宜君县2家客运企业“铜川第一客运有限公司宜君分公司”和“宜君县惠辰客运有限公司”，共有各类客车89辆，座位总数892座，客运班线22条（不包括公交线路和座位）。其中省内班线2条，客车数3辆，124座；市内班线10条，班车22辆，458座；通村班线10条，班车10辆，110座；出租车40辆，200座，公交车14辆。客车通行总里程1866.6km，其中农村里程947km，省内919.6km。2018年，完成客运总量183.33万人，同比下降19.7%，完成客运周转量4511.55万人公里。其中，班线客车客运量19.93万人，同比上涨1.1%，公交车客运量78.4万人，同比上涨9.6%，出租车客运量85万人，同比下降33.5%。

【道路货运】 全县共有货运车辆680辆，比2017年增加174辆，同比增长34.39%，总吨位数为8798.91吨，平均13吨/辆，平均运距为178公里，2018年完成货运量81.2万吨，比2017年增加2.2万吨，同比增长2.8%；货运周转量为9537

万吨公里，比去年增加266万吨公里，同比增长2.8%。

【党建工作】 以“两学一做”学习教育工作常态化为抓手，深刻领会习近平新时代中国特色社会主义理论，为每位干部职工发放《习近平谈治国理理政》第二卷及《梁家河》，发扬理论联系实际学风，将学习教育与服务脱贫攻坚、项目建设相结合，学习教育有特色、出成效。举办“周三夜校”16期，采用“趣味式教学、快乐式交流”方式，开展领导干部脱稿讲党课、党员干部领学活动。严格执行全面从严治党要求，以冯新柱案为鉴“以案促改”，坚持问题导向、基层导向、需求导向、民生导向，增强“四个意识”，彻底肃清冯新柱案恶劣影响。严格落实宜君党建“10＋1”制度、党员领导干部组织生活制度和党员领导干部带头讲党课制度。严格党员管理，保持队伍纯洁性，年内发展党员一名，落实党员积分制，提升党员管理精准化、规范化水平。

公路管理

公路管理段

党支部书记　刘根林

段　长　孟繁华

副段长　白　冬

【概况】 宜君公路管理段隶属铜川公路管理局，机关内部设有四个股室，分别为养护股、路政股、财务股、办公室，下辖彭镇、哭泉两个养护站，共有职工39名，承担210国道45.31公里二级公路及包茂高速宜君连接线5.28公里的养护任务。所辖公路全部建成部级文明样板路和省局级养护管理示范路。2013年8月被全国总工会评为“模范职工小家”，2018年3月评为市级文明单位。

【应急演练】 2019年8月1日，宜君公路段联合宜君县交警、消防、120救援等部门，在210国道“南山峁”隧道举行消防救援应急演练，制定详细演练预案，布置安排到位，演练共出动救援人员58人、各种救援车辆16台，模拟两车在隧道内发生交通事故后起火，司机受伤被困，路政员巡查人员迅速上报指挥中心并及时启动公路突发事件应急预案，各部门有条不紊展开救援工作，路政员立即联合交警实行临时交通管制，疏散现场人员，消防队员前往事故点进行救援，120进行伤员抢救，工程部门进行公路检测，路政员模拟勘验事故现场，组织救援人员将事故车辆拖离现场，养护站进行现场清扫，交通恢复正常通行。通过本次演练进一步提高国省干线公路隧道在发生突发事件时，各单位在发现突发事件、信息共享、现场处置、联合救援等方面的应急响应能力，夯实安全责任意识，提高应急救援水平，锻炼应急救援队伍，进一步检验应急预案的实用性和操作性，为以后处置隧道应急事故积累实战经验。

【公路养护】 宜君公路管理段严格按照《陕西省公路养护全面质量管理体系》要求，坚持精细化、标准化、规范化管理，管理人员坚持做到“徒步式检查，走动式管理”，养护道工严格执行“一巡二扫三捡四疏五清”五步工作流程，所辖路段优良路里程达42.31公里，优良率的93%。开展“路域环境综合整治”，创建“示范路”，加强专项治理，启动路宅路田分离工程，采用花坛式、U型管式、绿篱式、水沟配合道牙式四种形式，投资350万元，对沿线过村镇、水沟加铺盖板同步加设U型钢管，实现路宅、路田分离。创建“全国园林县城”，美化、亮化公路环境，建设绿化节点5处，种植格桑花、金丝菊等花卉，建设三季有花四季常青绿色长廊。美化、绿化、洁化210国道六郎台停车港湾，巩固美丽干线公路成果。2017年至2019年共在境内210国道宜君路域补植柳树780棵，雪松1200棵，小刺柏绿篱4100棵，南天竹1100棵，小龙柏2200棵，红叶石楠1000棵，油松350棵，蜀桧130棵，国槐4棵，杨树25棵，黄杨球120棵，百日红100棵，云杉18棵，红叶李202棵，为保证成活率，还落实了管护责任制。

【公益活动】 积极广泛开展学雷锋实践和社会志愿服务活动，3月6日组织职工到包茂高速连接线、210国道路地共建、停车港湾清理捡拾垃圾废弃物公益志愿服务行动。陶冶情操展示宜君公路段职工良好的职业道德素养和志愿服务精神。

中国移动通信集团陕西有限公司铜川宜君分公司

经理　杨蒙理

【拓展业务】 2018年，宜君移动公司全面落实“提速降费”要求，推出大流量套餐、加大补贴针对2/3G客户免费赠送4G+手机，4G客户实现快速增长，流量增长实现翻番。以宽带+电视为重点的家庭业务，始终关注“规模、品质、价值”，做强实力，做大连接。坚持“客户为根，服务为本”理念，以满意度提升为重点，做好服务基础工作，客户服务水平稳步提升。通话客户数达到5万户；通话客户市场占有率达到80%以上，宽带客户达到1万户以上，市场占有率超80%，宽带覆盖率达95%以上。

【网络运维】 坚持以客户感知为核心的总体思路，内外兼修，规、建、维、优密切协同，全年新增4G（FDD）基站130处，累计建设完成4G基站400多处。全县家庭宽带覆盖率已达到95%，累计建成2万线，支持单客户百兆的接入能力，宽带用户每年以翻番的速度增长。新建家庭宽带均为光纤入户方式，实现农村宽带网络和企业形象双提升。

【社会责任】 积极承担社会责任，推进精准扶贫，选派驻村帮扶人员2人，投入帮扶资金3万余元；完成重要节假日、花溪谷开园等当地重大活动的通信保障工作，得到社会各界的肯定；建军节慰问宜君消防官兵；按省公司统一安排，连续十三年开展“爱心100”助学活动，2018年共捐款0.18万余元，资助宜君县9名贫困学生走进校园，树立良好的企业形象。

中国联合网络通信有限公司宜君县分公司

总经理　刘　庆

【概况】 宜君县分公司前身为铜川联通宜君营业厅，始建于2001年，隶属铜川分公司下属。现更名为中国联合网络通信有限公司宜君县分公司。设营业厅、办公区各一处。内设机构：办公室、公众网格、政企网格、营业厅。有职工18名，联通用户8000余户。2018年，以利润改善为核心，以价值创造、增量分享为导向，加快创新转型步伐；持续改善资源资产效能，着力夯实基础管理，提升服务水平，实现有效发展上规模、提质增效上台阶，以利润改善为核心，以价值创造、增量分享为导向，加快创新转型步伐；持续改善资源资产效能，着力夯实基础管理，提升服务水平，实现有效发展上规模、提质增效上台阶，以利润改善为核心，以价值创造、增量分享为导向，加快创新转型步伐；改善资源资产效能，着力夯实基础管理，提升服务水平，实现有效发展上规模、提质增效上台阶，走上“小而精、小而新、小而优’发展之路”，开创高质量发展新局面。努力开创高质量发展新局面。

【网络情况】 2G基站74个，占比30%；3G基站121个（WCDMA基站57个，占比23%；U900基站64个，占比26%），占比49%；4G基站51个，占比21%。室分站点1个。城区市场语音、流量承载较好，乡镇街道4G覆盖接近80%。2G基站已关停23个，行政村整体信号覆盖一直没有明显改善。

【经营情况】 2018年，完成出账收入365.64万元，完成全年收入预算363.08万元指标的100.7%，全市排名第一。财务线毛利率指标达到85.58%，完成年初公司下达任务指标的82.82%。全年累计发展移动用户5417户，其中2I产品发展2511户、冰激凌折扣客户发展1492户；全年发展宽带用户186户，端口利用率为24.7 %，新发展专线电路16条，到期4家，续费1家，当年续费率25%。

【续约合同】 保障宜君县治污降霾网格化管理平台有效发挥作用，选聘网格员624人，举办业务培训。营业收入37.44万元。

【客户服务】 免费提供中国联通客户在陕省内拨打陕西联通客服10010进行业务咨询，话费查询障碍申告、投诉受理等业务。免费提供联通客户拨打火警119、匪警110、医疗急救120、交通事故报警122接入服务。“窗口”服务人员，热情周到，耐心准确回答客户提问，做到办理客户电话入网业务即买即通。营业厅每日对外服务时间不少于10小时，节假日对外服务，并开设多种方式受理业务，方便客户。

【精准扶贫】 制定彭镇东湖村《年度帮扶工作计划》《苹果防雹网建设项目实施方案》。成立农惠果蔬农民专业合作社和东湖村集体经济合作社，建成村级农业信息综合服务站和电商平台，挂靠宜君县秦宜电子商务有限公司，销售东湖苹果1200斤。争取到产业扶持项目资金160万，其中，苹果园防雹网建设资金80万元、合作社规范提升及短期产业扶持资金30万元、村级经济合作社扶持资金50万元。与农业科技签约，从2018年开始，享受每年8万元的分红。320亩防雹网全部安装到位，建成60亩瓜菜产业脱贫基地1个，覆盖贫困户57户。举办苹果园管理技术培训13期，组织48名苹果、瓜菜种植贫困户和种植大户赴榆林和千阳学习苹果种植及农产品电商运行管理模式，培训累计受训群众572余人次发放书籍、资料600余份。结合美丽乡村建设，完成硬化村级巷道6.5公里、安装路灯181盏、建成机井1口、晾晒场1个、蓄水池1个、安装村牌2块、完成危房改造10户拆除土坯房8间、建设花栏1200米、栽植绿化树300株、制作家风家训牌72块，在建机井1口、蓄水池1个。

经济综合监督管理

发展和改革

发展和改革局

局长　郭海鹏

工委副书记　田黎君

副局长　王君侠（女）

　　　　王文静（女、2018年6月离任）

　　　　殷　昊

总经济师　张金荣

【概况】 宜君县发展和改革局现有人员38名，其中机关干部20名，党员17名。宜君县发展和改革局加挂宜君县物价局、宜君县粮食局牌子。宜君县国防动员委员经济动员办公室设在其中。承担全县经济和社会发展规划、项目申报审批及稽查监管、重点项目工程管理、经济运行形势分析、衔接平衡社会事业与国民经济发展、结构调整、经济体制改革、节能监察、经济动员、价格监管、粮食宏观调控等重要职能。

【编制发展规划计划】 征求意见，开展调研，完成《宜君县2017年国民经济和社会发展计划执行情况报告》和《宜君县2018年国民经济和社会发展追赶超越行动计划》。编制《宜君县十三五中期评估》，起草《宜君县县域争先进位行动实施方案》《宜君县革命老区建设规划》《宜君县乡村振兴战略规划纲要》《宜君县加快枢纽经济门户经济流动经济工作方案》《宜君县综合发展战略规划研究》。

【重点项目建设】 2018年，宜君县重点建设项目45个，总投资217.62亿元，年内计划完成投资39.64亿元。组织重点项目集中开工，先后举行8批集中开工仪式，开工项目28个，总投资74.42亿元。围绕旅游体验区、工业园区、物流园区、农业园区及特色产业、乡村振兴、城乡一体化发展等，突出抓项目策划及资金争取工作策划储备一批拉动强、利长远、增后劲的重大项目。储备0.5亿元以上项目113个，总投资200.02亿元。申报争取到位保障性安居工程配套基础设施建设中央预算内资金5700万元，其他涉农省级专项资金1670万元。争取到位国投项目146个，到位国投资金3.63亿元。按照“五个一”的工作思路，采取县级领导全员包抓、责任部门主抓工作机制，把“问题清单”“责任清单”“落实清单”贯穿始终，以专题会、协调会、推进会等形式，合力推进重点项目顺利实施。2018年，全县共有各类建设项目142个，建成89个。预计完成固定资产投资33.48亿元。其中：45个县级重点项目（包括18个市级和27个县级重点项目）共完成投资30.43亿元，占全部固定资产投资完成额的

90.89%。18个市级重点项目中，贫困村光伏发电、鲁能光伏发电、2018年美丽乡村建设3个项目建成；现代医药产业园土建工程完工，正在安装设备；现代肉兔科技扶贫示范、洁亿达煤炭精洗、龟山棚改等11个项目进展顺利。2018年脱贫攻坚基础设施和公共服务设施建设、林业重点工程、哭泉水土流失治理、福地湖湿地公园建设、柴沟矿安全提升5个县级重点项目建成；铜川光伏发电（技术）领跑基地建设等14个项目进展顺利。

【优化营商环境】 制定《宜君县优化提升营商环境十大行动方案》《关于优化企业获得水气暖实施办法》《宜君县优化营商环境工作三年行动计划》，优化营商环境，提供制度保障。对接中办督查反馈意见，建立问题台账，扎实开展整改，完成企业用电、用气和融资成本调查，“减环节、优流程、压时限、提效率”目标取得阶段性成效。为25个企业（项目）开展融资协调对接，项目融资13个4.92亿元，企业获取贷款1780万元。

【招商引资】 抢抓第三届丝博会等招商机会，在西安、盐城、上海、杭州等地开展精准招商活动4次，成功签约项目5个，涉及总投资14.4亿元，招商到位资金8177万元，完成年度招商引资任务的272%。

【节能环保】 积极和市天然气公司对接，对2017年实施的乡镇管道气化工程及点供项目进行扫尾工程，完善项目环评、安评、洪评、国土、规划等相关手续。分解下达2018年铁腕治霾专项行动任务，散煤削减21302.7吨，其中拆改锅炉4台，减煤159.2吨；煤改电8320户，减煤16640吨；煤改气844户，减煤1688吨。洁净煤替代1283户，减煤2566吨，餐馆、烧烤燃煤设施拆改45台，减煤249.5吨。2018年8月，宜君县亿丰清洁能源有限公司年产10万吨洁净型煤建设项目，在宜君县西村综合服务中心石堡村建成投产，销售洁净煤160吨。

【脱贫攻坚】 1. 基础设施项目建设。2018年，牵头实施的脱贫攻坚基础设施和公共服务设施建设项目总投资5545万元，建成重点区域道路联网工程2.68公里，15户以上通组道路16.41公里，巷道25.32公里、排水渠98.37公里，路灯650盏，文化广场9个7716平方米，村标准化卫生室17个，安全饮水项目107处（其中新建19处提升88处）。争取到省级融资平台“油返砂”整治工程19条84.2公里，到位资金2946.3万元；实现了县域117个行政村农村安全饮水、通村道路、20户以上通组路和村庄巷道绿化亮化的全覆盖，农村标准化卫生室和文化广场覆盖率达到100%，农村自来水普及率达到了96.08%。2. 光伏扶贫实现并网发电。按国家能源局、国务院扶贫办下达的光伏扶贫指标16.245MW，关联56个建档立卡贫困村2335户贫困户，建成29个电站。截至8月3日，29个电站实现并网发电，12月底累计发电960万千瓦。3. 苏陕扶贫协作添助力。实施产业扶贫项目两批13个，投入苏陕扶贫协作资金285万元，覆盖带动贫困户647户、1996人，11个项目实现分红28余万元，惠及贫困户580户1664人。举办大丰宜君就业扶贫专场招聘会两场，组织江苏企业60余家参会，发放就业宣传单2500余份，现场达成就业意愿300余人。培训贫困劳动力383人，引导贫困户赴江苏就业31人。邀请旅游、就业、医疗等专家团队来宜交流培训。积极开展两地挂职交流，先后选派四批21名年轻后备干部及专业技术人员赴大丰挂职，大丰来宜君挂职干部及专业技术人员10人。邀请大丰区专家团来宜君交流对接，与对口学校签订从幼儿园到职业教育的帮扶协议，实现教育帮扶结对“一条龙”“一贯制”合作。大丰社会各界积极捐资捐物，爱心企业家、金融系统党员向宜君慈善协会捐款71.3万元，其中大丰农商行连续两年捐赠20万元，为宜君新录取的大学新生发放爱心助学金，资助39名贫困家庭大学生接受高等教育。大丰首批财政对口帮扶资金200万元全部到位，大丰恒北村、创意玩具、海港控股集团等重点村和企业与宜君县10个贫困村结成帮扶对子，重点在民生工程、吸纳就业、爱心助学等方面开展活动。出台优惠政策，招引大丰创意玩具加工项目落户宜君。抓好包扶村产业发展，善家河村与哈妹兔业签订协议，给哈妹兔业注资50万元，年底将获得8万元的集体经济分红。利用菜单式产业扶贫，将30户贫困户的菜单式扶贫资金，注资集体经济用于建设善家河村肉兔育肥小区，年计划出栏10万只，开工建设。助资善家河资金10万元，建设排水渠3257米，巷道781米，通组路1.2公里，拆除土坯房49户136间，实施土坯房修缮加固工程5500平方米，建设花园2个，新修文化墙200米。实施改厕84个，并配备纸篓、刷子、水桶等必需设备。

【农村普惠金融】 深化普惠金融，推进金融扶贫工作，人民银行捐款200万元、国开行捐款100万元，使原有1000万元产业担保基金增加到1300万元。对扶贫小额信贷风险补偿资金增加1000万元，提高财政资金的撬动力度。累计为34家新型农业经营主体发放贷款2670万元、带动贫困户1118户。加强贷后管理，多次联合县农业局、扶贫局、县信合对34家企业经营及带动贫困户情况进行检查。落实扶贫小额信贷政策，12月底，扶贫小额信贷累计投放1338户5780.45万元。落实政策性农业保险和“扶贫保”，创新开展全国首单苹果价格期货保险试点，开展玉米价格期货保险3万亩，2018年县财政购买小麦保险1.6万亩，玉米保险25.54万亩，县财政出资37.4万元购买国寿宜君县“扶贫保”专项意外险，覆盖全县建档立卡贫困人口10394人。

【经济动员工作】 根据君国动\〔2018\〕1号文件关于2018年国防动员潜力调查工作实施方案，开展物资生产、防化装备生产、物资器材储备、经济保障、甲等医院机构详情及潜力数据进行调查、补采、更新。完善相关企业、单位及全县经济动员应急预案。

【油气安全监管】 成立以发改局局长任组长，分管副局长任副组长，公安、水政、消防、安监等主要领导为成员的石油天然气长输管线安全生产隐患排查治理工作领导小组，办公室设在县发改局，具体负责此项工作。严格执行《宜君县“党政同责、一岗双责”规定》，完善企业安全工作“十项制度、一个能力”和严格执法检查，把企业安全生产责任层层落实到岗到人，形成长效的工作体制机制。由分管副县长带队每季度不定期深入企业进行检查，县发展和改革局每月组织人员深入企业进行安全生产工作检查，形成抓安全生产制度化、常态化。6月13日，在县休闲广场组织县公安局以及靖西天然气一、二、三线、靖咸原油、延西成品油四家管道企业，开展“生命至上，安全发展”主题宣传活动。发放各类宣传资料1000余份、印有安全知识文具用品300多份，接受群众咨询200余人次，进一步提高群众对石油天然气长输管线保护的安全意识。

统　计

统计局

局　长　王　辉（2018年12月离任）

　　　　白　亮（2018年12月任职）

副局长　王春光

　　　　王君健

总经济师　王金栓

宜君县统计局为宜君县人民政府组成部门，负责全县统计工作和国民经济核算工作，是县政府综合事务管理机构。含下属事业单位共有在编干部职工24名，其中高级统计师2名，统计师2名，大专以上学历20名。局领导班子由4名组成，设置局长1名，副局长2名，总统计师1名。下属宜君县地方社会经济调查队为全额预算管理公益一类事业单位，宜君县普查中心为全额预算管理公益一类事业单位。2018年，县统计局树立“为经济社会发展服务是统计工作第一要务”思想，坚持以提高统计服务水平为中心，以提高数据质量为主线，本着服务抓质量、发展抓改革、信息化抓应用，全方位提升统计工作的整体水平，被铜川市统计局评为“2018 年度全市统计工作先进单位”宜君县第三次农业普查领导小组办公室荣获“陕西省第三次农业普查先进集体”荣誉称号。

【构建大服务格局】 每月定时召开经济运行分析会议，分析数据质量的运行情况，挖掘数据变化原因，紧盯追赶超越目标，每季度围绕县域经济监测考评、季度点评内容，及时与上级部门对接相关信息。密切关注省、市对县考核最新动向，收集、汇总、排序主要经济指标，整理主要经济指标的排名情况，分析全县经济运行特点，对经济发展趋势进行预警，进行统计数据跟踪、比对、分析，全面、准确、客观地判断经济运行态势，为县委、县政府领导及时掌握全县经济发展的趋势、进行决策部署提供翔实的数据依据。拓展信息服务范围强化数据解读。从统计工作实际出发，加强统计数据解读和权威数据发布，以数字客观体现宜君的建设成果。编印《宜君县 2017 年国民经济和社会发展统计公报》，全面反映 2017 年全县国民经济和社会发展概况。公开统计信息，将相关数据资料在县统计局门户网站发布，链接县政府门户网站，便于社会公众查询。及时向县委、县政府及社会各界提供全县经济和社会发展统计信息和统计分析。回复社会公众及相关单位的来人来电咨询、查询，最大限度的满足各方对统计信息的需求。配合上级部门先后组织“统计基层基础建设”“高新技术企业技术成果及人才构成情况”“乡村振兴之路”“产业发展”等多项调研，深入企业、乡镇、农村、项目工地，从基层统计建设、企业创新、乡村发展、区域产业构成等方面提供统计支持。广泛征求乡镇、部门、各行业、企业、项目建设单位对新形势下地方经济政策、经济工作及农业生产、农民增收方面的意见和建议，从统计的角度有针对性地提供业务指导和服务，竭力为促进全县追赶超越转型发展提供统计保障。按照《宜君县县域经济社会发展监测考评奖惩办法》，提出《宜君县统计局关于 2017 年度县域经济社会发展监测考评拟表彰奖励情况的报告》。

【筑牢统计基础】 夯实联网直报企业统计基础，确保统计数据应统尽统、不重不漏、真实准确全面反映全县经济发展实际情况。由行业主管部门牵头，统计部门配合，对全县纳入联网直报企业进行统计工作督导。按照“先进库、后出数”原则，建立单位全面、信息真实、更新及时的统计单位名录库。充分利用部门资料，加强对新增单位、准限额单位的跟踪监测，全面及时动态更新企业名录库。下力抓好“五上企业”入库，利用部门信息加强单位摸排，挖掘入库潜力。加强对报表、基层单位台账和原始资料的规范化、标准化管理，夯实一套表单位联网直报基础，对统计流程不规范等问题及时进行指导纠正和提醒警告，确保整改落实到位。认真做好统计信息网络安全防护及管理运维等常规性工作，统计信息网络运行环境安全可靠。

【坚持依法统计】 围绕每个时期的统计工作中心，把依法统计贯穿数据生产的全过程和各个环节。以市人大常委会对全县贯彻实施《统计法》和《陕西省实施〈统计法〉办法》执法检查为契机，坚持问题导向，积极推进基层统计法律法规学习，不断强化基层统计基础工作。以第四次经济普查宣传工作为重点，全力开展统计法律法规宣传活动，努力营造依法统计、依法普查的良好氛围。利用广播、电视、LED 显示屏和互联网等媒体，广泛深入宣传经济普查的重要意义和要求，提高广大普查对象对普查工作的知晓率，为普查工作的顺利开展创造良好的舆论环境。全县制作宣传横幅 100 条，利用 LED 电子显示屏宣传普查江作 26 处，下发宣传资料 15000 份，采购下发宣传抽纸、手提包等物资，促进普查登记工作顺利进行。

【第四次全国经济普查】 围绕 2018 年统计工

作重点。以高度的责任感和严谨科学态度，精心做好第四次经济普查工作，顺利开展两员选聘、地图绘制、业务培训、单位清查等阶段性工作。

【人口变动抽样调查】 2018 年度人口变动抽样，调查抽中宜君县 6 个乡镇 6 个调查小区。县统计局按照调查方案，完成调查机构组建、物资准备、调查小区地图绘制、调查员业务培训、手持终端 PDA 操作培训、清查摸底、入户登记、数据审核上传、质量抽查等阶段性工作任务。

【常规统计调查】 全面完成 2017 年统计年报，按时完成 2018 年各专业统计定期报表的布置、收集、审核、评估、汇总、上报等工作。严把基层数据的审核和评估，严格执行制度，抢抓时间效率，做到随报随审，出现问题及时解决，力求各项统计数据真实准确，客观地反映县域经济的运行状况。

【专项统计调查】 组织实施县域经济监测考评、贸易业监测（48 户）、果业监测（30 户）、林果业监测（30 户）、妇女儿童《两纲》监测等统计监测 2017 年度调查工作。

【投入产出调查】 建立由局核算专业牵头协调，相关专业配合工作机制。在调查单位基本情况核实和企业调查表审核等阶段工作中，采取相关专业初审，核算专业复审的审核流程。建立定期调度制度，对企业填报中发现的问题，各相关专业及时向核算专业反馈，并合力研究解决，由核算专业每周五向分管领导汇报企业填报进度及工作中的问题，及时督导填报进度缓慢的企业。宜君县投入产出调查工作在全市进度最快，错误最少。

【新增统计调查】 深入企业扎实细致核实样本、对标规范数据审核、科学分析研判县域营商环境监测评价工作。四月中旬，各相关专业加班加点完成了 127 个大户纳税企业的准五上摸查工作。按照国家统计局《局队部分业务分工调整优化方案》，选调专人负责对接工作，顺利完成移交接收的 4 家规下工业企业、2 家规下服务业企业、5 家限下商贸企业的调查上报工作。周密部署绿色发展指标评价工作，组织专业人员认真研读绿色发展评价指标，召开业务培训会，确保指标采集不重不漏，数据真实可信。严把数据质量关，绿色发展指标上报工作按期完成。

审　计

审计局

局　长　徐科峰

副局长　刘　艳（女）

　　　　刘晓婷（女）

总审计师　刘　琳（女）

【概况】 宜君县审计局内设 3 股一室，机关编制 12 人。其中局长 1 名，副局长 2 名，总审计师 1 名。2018 年，宜君县审计局按照审计全覆盖的要求，贯彻落实中办、国办《关于完善审计制度若干重大问题的框架意见》，加大审计力度，创新审计方式，依法履行审计监职责，题高服务经济社会发展水平。全年共完成审计项目（调查）149 个，其中：预算执行及财务收支审计 11 个、村级财务收支审计 10 个（154 个村）、经济责任审计及领导干部自然资源资产 5 个、专项审计及审计调查 4 个、项目资金及工程竣工决算审计 118 个、企业审计 1 个。查出违纪违规金额 461 万元，管理不规范资金 794 万元，应缴财政 8 万元，收缴财政 8 万元，出具审计建议及意见 262 条，审计核减工程造价 2436.94 万元。

【预算执行审计】 精心组织财政预算执行审计，重点对 2 个乡镇 8 个部门的预算执行和其他财务收支情况进行审计，客观评价预算管理的成效和不足。对一些部门及单位结余资金较大，应缴未缴预算收入，政府采购预算执行监管不到位，预算支出超出授权支付规定范围等问题，对应提出了完善财务管理制度，细化、深化财政资金预算编制，控制结余结转资金规模等审计建议。向宜君县人大常委会议作了《2016 年预算执行审计整改落实情况和 2017 年预算执行审计工作情况》专题汇报。

【固定资产投资审计】 创新固定资产投资审计工作思路，促进国家建设项目规范管理，促进廉政建设，提高投资效益，对重点建设项目实行跟踪审计，确保国家投资的安全性。全年完成 118 个投资审计项目，审计共核减工程造价 2436.94 万元，核减率 11.08%，节约建设资金，提高资金的使用效益。

【经济责任审计】 落实《宜君县领导干部任期经济责任审计暂行办法》，推行任中审计，促进经济责任审计监督从事后监督向事中监督转变，实现任中审计经常化、制度化。全年完成经济责任审计项目 4 个，查出违纪违规金额 147 万元，提交经济责任审计结果报告 4 篇，为严肃财经法纪，促进党风廉政建设和反腐败工作发挥积极作用。对存在大额支付现金、超标准超范围支出、票据使用不合规等问题，依照《审计法》及有关财经法规进行处理处罚，督促限期整改。开展自然资源资产离任审计试点工作，组织审计人员对自然资源资产管理、开发、利用、保护等方面政策和法规进行系统。调查研究，制定审计实施方案，确定审计重点，客观界定领导干部经济责任。

【专项资金审计】 按照上级审计机关的工作部署，对宜君县 40 个行政事业单位 2013、2015、2017 年度贯彻落实中央八项规定精神及《中央八项规定实施细则》情况进行审计，对城镇保障性安居工程跟踪审计和四个季度重大措施落实及追赶超越目标任务完成情况跟踪审计。

【村级财务收支审计】 按照省市统一安排部署，对全县 154 个村进行村级财务收支审计，在 4 名村干部中开展经济责任审计试点工作，针对农村财务管理方面存在的薄弱环节和问题，整改方案和处理意见。向县乡纪委、监委移送案件线索 16 件。

物　价

物价局

局长　王　君

【收费管理】 对取消、免征、变更和降低的收费项目，在统计时予以清理规范，确保清单内的收费项目只减不增，切实把涉企收费清单纳入行政权力运行和监管。2018 年，全县行政事业性收费 580.53 万元，同比增长 54%。

【价格改革】 按照《陕西省定价目录》和省市安排部署时间节点，8 月底前完成了宜君县天然气配气价格改革工作。开展转供电价格监督检查，全县转供电企业单位从 8 月 1 日起，对一般工商企业（户）销售电价每千瓦时降低 7.74 分，从 11 月 1 日起严格按照目录电价收费。

【市场监管】 建立联席会议制度，5 月，召开第一次会议，清理规范性文件 7 件，其中涉及经济发展方面 1 件、环保方面 6 件。全年共办各率价格认定 48 起，标的金额 70.36 万元，其中涉案财物价格认定 45 起，标的金额 59.28 万元，固定资产价格认定 3 起，标的金额 11.08 万元。

市场监督管理

市场监督管理局

局　长　王宜生
副局长　曾胜新
　　　　和亚兰（女，2018 年 6 月离任）
总经济师　杨满战

【概况】 2015年10月，根据《宜君县人民政府职能转变和机构改革实施方案》，组建宜君县市场监督管理局，加挂县食品药品监督管理局牌子，为县政府工作部门。并将县工商行政管理局、县质量技术监督管理局、县食品药品监督管理局（县食品药品安全委员会办公室）的职责整合划入县市场监督管理局（县食品药品监督管理局）。不再保留县工商行政管理局，县质量技术监督管理局、县食品药品安全委员办公室。根据君编发（2018）26号文件《宜君县机构编制委员会关于宜君县盐务局人员编制及职责换转的通知》，将宜君县盐务局盐政监管执法和食盐质量安全监管等职能划入宜君县市场监督管理局，5名事业编制及现有在职、退休人员整体划入县市场监管执法大队。县市场监督管理局行政编制18名，内设办公室、政策法规股、市场规范管理股、商标广告管理股、特种设备安全管理股、质量标准计量管理股、食品安全管理股、药械安全管理服共8个职能股（室）；有宜君县市场监管局执法大队、宜君县质量检验检测中心、宜君县市场监督管理局注册分局和宜君县市场监督管理局投诉举报中心4个下属办公单位，事业编制35名。

【党风廉政建设】 建立和落实党建工作目标责任制，实行领导干部“一岗双责”，明确党支部委员的职责分工和任务要求，党支部书记负责党建工作落实；坚持“三会一课”制度，采取领学、帮学、晒学等措施把学习融入日常、抓在经常；以“我宣誓、我带头、我践行”为主题，开展“党员政治生日”活动，组织党员从心入党，重温入党誓词，领导干部带头自我剖析，形成《自我感言》，全体党员立足岗位实际，完成承诺践诺约120余条；强化警示教育，制定“以案促改”实施方案，召开民主生活会和组织生活会，增强干部职工防范意识和自省意识，做到知敬畏，懂规矩，守底线。全年班子共梳理问题26条，均已整改到位。严格按照《党章》《关于进一步加强党员组织关系管理的意见》及党内有关规定，及时做好党组织关系转接工作。接收转入党员4人，发展积极分子1人。

【优化营商环境】 认真落实优化提升营商环境十大行动方案。简化企业开办和简易注销程序，缩减营业执照办理、公章刻制、银行开户、涉税事项的办理时间，确保3个工作日内办结。积极梳理“最多跑一次”事项清单，并向社会公示，使审批服务便民化。推进公章刻制备案进大厅，费用政府买单，为企业真正减负，实现企业“一站式”开办，让信息多跑路，办事群众少跑路。2018年县财政出资26万元为113户企业、58家农民专业合作社免费刻章公章。全面推行“多证合一”“证照分离”制度。全面梳理，分类处理各类涉企证明事项，将“证照分离”改革后属于信息采集、记载公示和管理备查类的各种证照进一步整合，实行“多证合一、一照一码”。积极推进登记注册全程电子化。开通“微信办照”业务功能和“口述办照”简易登记模式，实现所有企业登记业务类型的网上办理，全方位服务于市场主体倍增。共办理个体工商户电子营业执照1606户、农民专业合作社电子营业执照120户、企业电子营业执照185户。加强事中事后监管，提高监管效能。推行“双随机、一公开”，深化简政放权、放管结合、优化服务，完善事中事后监管，对全县市场主体名录库与执法人员进行随机抽取，根据抽查结果对市场主体进行全面检查，并将检查结果按照“谁检查、谁录入”的原则，在20个工作日内，履行审批程序后，通过国家企业信用公示信息系统（陕西）向社会公示。对抽查中发现的违法行为，坚决给予查处，切实把“双随机、一公开”工作落到实处。

【市场主体发展】 2018年，全县新登记市场主体3341户，其中新登记企业287户，个体工商户2904户，农民专业合作社150户，与上年同期相比增长333.33%，提前一个月圆满完成市场主体倍增计划任务，在全市名列前茅。年底，全县市场主体累计7584户，其中企业900户，个体工商户6260户，农民专业合作社424户。

【市场监管】 开展“元旦”“春节”“五一”“清明”“十一”“中秋”“国庆”节日市场整顿，将肉类销售市场、烟花爆竹市场、农产品市场、旅游市场作为整治重点，共检查经营主体230户，出动执法人员90余人次；积极开展农资打假下乡活动，全面规范农资经营主体资格，对销售的农资产品进行定期抽检，全年共检查农资销售点54家，均为合格；认真开展非法煤场整治，共检查非法煤场35家，拆除地磅18台，强制取缔30家，严厉打击非法储存销售煤炭行为；加强非洲猪瘟防控监管，对辖区内的猪肉市场进行日常监管，加大检查力度，严格疫情排查，不留死角，做到底子清，情况明，各类台账规范健全，在保持市场稳定的同时，坚决做好防控工作；开展建材市场、校园周边环境、成品粮油等专项整治活动，坚决取缔无照经营行为，严厉打击制假售假行为；积极推进扫黑除恶各项工作有效进行，加大对欺行霸市、强买强卖和制售假冒伪劣商品行为的检查力度，为县域经济发展营造和谐稳定的市场秩序。

【行政执法】 制定《2018年普法依法治理工作要点》，印发《推进法治政府建设实施方案(2018年—2020年)》和《2018年法治政府建设工作计划》。按照“七五”普法工作要求，紧紧围绕市场监管职能，认真落实“谁执法，谁普法”的责任要求，坚持领导带头，科室配合，干部参与的“学法，用法、普法”格局。依托“3.15”消费者权益保护日、“5.20”世界计量日、“12.4”宪法宣传日等活动，积极宣传各种法律法规及消费安全知识，现场答疑解惑，接受咨询。规范办案程序，提高办案质量，一般程序案件从立案、审批到结案、公示，均在网上进行办理，缩短办案时限，规范办案程序。对有异议的案件，通过案审会进行专题讨论审核，确保案件审理准确，提高办案水平和办案质量，真正做到执法办案程序化、规范化、法制化。2018年，共办理一般案件28起，结案28起，公示28起，罚没款69544.67元，当场处罚1起，罚款1000元，结案率为100%。开展“市场监管清单”梳理工作，对所涉及的内容按照法律依据逐条逐项进行全面梳理，结合各股室行政职能进行自查，做到梳理流程不缺、事项不漏，确保“市场监管清单”事项全面、真实、和法、有效。经梳理，171项监管清单全部按要求梳理完毕，行政执法得到保障。

【消费维权】 开展“3.15”消费者权益日宣传活动和“天天3.15”宣传消费维权知识活动，共印制宣传资料20000份，现场发放宣传资料3000份，采取一季度一主题的宣传活动积极宣传消费维权知识和相关法律法规，全年共接待前来咨询的群众520多人，发放各类宣传资料5000多份。认定陕西方舟制药有限公司等11家单位为“宜君县放心消费单位”，并授予放心消费单位牌匾。共受理消费者投诉28件，其中：现场投诉10件，陕西工商百事通平台12件，互联网平台6件，28件均已办结，投诉办结率100%。调解争议金额269187.2元，为消费者挽回经济损失267868元。

【商标培育】 加大地理标志证明商标的申报力度。2018年，“宜君核桃”地理标志证明商标申报成功。

【计量检定】 2018年共检定计量器具1570台/件，其中贸易结算类的1500台/件（燃油加油机加油枪262支、电子秤1352台）；安全防护类186台/件；医疗卫生类50台/件。

【安全监察】 2018年，全县共有特种设备使用单位37家，登记注册各类特种设备312台，其中电梯63部，压力容器196台，起重机械9台，厂内机动车辆11台，锅炉18台。出动执法人员152人次，执法车辆42余次，排查特种设备使用单位37家，排查隐患5处，下达安全监察指令书3份，全部整改到位。

【质量强县】 围绕追赶超越和转型发展目标，以供给侧结构性改革为主线，精准发力，对标落实，扎实开展质量提升行动、全面加强质量监管，产品质量可靠性和稳定性不断增强，制造业产品质量合格率达到100%，农产品监督抽查合格率达到98%，建筑工程竣工验收合格率为100%，全县未发生区域性、系统性产品质量安全事件。

【无传销县】 2018年1月，召开“打击传销”联席会议，宜君县打击传销工作领导小组办公室印发《关于印发宜君县打击整治传销“2018—秦风行动”实施方案的通知》，安排部署整治传销“2018—秦风行动”，完善打击传销规范直销相关规章制度，各成员单位签订目标责任书，确保打击传销责任落到实处。

【精准扶贫】 围绕脱贫攻坚重点，多措并举推进脱贫攻坚，为刘塬村新修水渠1320米，绿化栽树500棵，修建休闲涝池1个，新安装路灯25盏，完成42个农户的厕所改造任务。新建存栏500头生猪养殖场、饲养生猪500头，规范化管理苹果园500亩、规范化管理干杂果园100亩，宜馨超市补充货物1万元。

食品药品监督管理

宜君县食品药品监督管理局

局　长　张　军

副局长　樊小伟

总经济师　杨满战

【概况】 根据中共宜君县委宜君县人民政府《关于印发宜君县人民政府职能转变和机构改革实施方案的通知》，组建宜君县市场监督管理局加挂宜君县食品药品监督管理局牌子，承担原宜君县工商行政管理局、宜君县质量技术监督局、宜君县食品药品监督管理局的职能。宜君县食品药品执法监察大队更名为宜君县市场监管执法大队。2018年，宜君县食品药品监督管理局工作仍按原模式运行。

【食品安全综合监管】 印发《宜君县2018年食品安全工作要点》和《2018年食品安全督导通知》，对县食安委各成员单位每季度食品安全工作进行督导检查。召开食安委全体扩大会议2次，表彰2017年目标责任考核成绩优异的部门和先进个人，安排部署2018年工作，县政府与各乡镇（街道）签订2018年食品安全监管目标责任书。强化食品安全监管职责，做好省级食品安全示范县巩固提升工作。健全监管体系，继续创建省级乡镇食品药品监管示范所。通过创新监管模式，强化源头严防、过程严管、风险严控等措施，积极推动社会共治，有效保障广大群众饮食安全。棋盘镇监管所于9月17日通过省级食品安全示范所验收，9月20日宜君县顺利通过省级食品安全示范县复审验收。有序推进餐饮服务食品安全监督量化分级管理。在全县范围内开展“明厨亮灶”工作，餐饮服务单位在就餐场所显著位置张贴“明厨亮灶，敬请监督”标识，改造完成明厨亮灶改造完成165家。开展食品安全专项整治活动9次，共出动执法车辆42台次，执法检查人员820人次，下发责令整改通知书210份，取缔无证食品经营单位4户。办理健康证2221个，食品经营许可证220家，食品小作坊生产许可证14个，小餐饮食品经营许可证87个，生鲜肉备案19家。食品安全培训6次。受训从业人员810人，培训食品安全监管执法人员245人次。认真开展春秋季学校食堂及托幼机构食品安全大检查，出动执法车辆7台次，执法检查人员48人次，检查覆盖率100%，有效持证率100%，现场检查给予校外托管食堂及民办学校责令整改7家，当场给予警告3家，责令整改2家。开展食品安全保障工作10次，为宜君县“两会”、召开铜川市贫困村暨特殊贫困人口脱贫攻坚现场推进会、全省食药监管信息化工作现场会暨综合业务系统培训会，全市公安执法管理中心建设现场推进会宜君县创建森林城市综合评定等进行食品安全保障。共出动执法车辆12台次，执法人员72人次。全年，共有16家餐饮经营单位被评为宜君县餐饮品牌店。抓好餐饮品牌店的日常监管。从落实索证索票制度及记录、名厨亮灶建设、餐厅、后厨、餐用具、室内外环境等方面给予指导。规范餐饮服务示范单位食品原料购进、加工制作等操作流程，提高食品安全管理水平。强化餐饮服务单位第一责任人意识。与16家餐饮品牌店签订食品安全承诺书并建立诚信档案，发挥品牌店引领带动和辐射作用，促进全县餐饮业安全状况整体提升。对食品生产企业重点检查无食品生产许可、不按照批准内容生产、擅自改变生产工艺、非法添加非食用物质（药物）、掺假使假、产品标签标识虚假宣传等违法行为；对食品经营企业重点检查不具备经营资质、产品标签标识、宣传材料未经批准声称保健功能、宣传具有疾病预防或治疗功能、含有虚假宣传功效等违法行为；对非实体店经营单位重点检查通过电视宣传、会议营销、网络营销等方式销售食品或保健食品单位的经营许可资质，以及超范围经营、宣称具有疾病预防或治疗功能、欺骗、欺诈消费者等违法行为。对检查发现产品标签标识、宣传含有虚假宣传功效的，责令下线并召回相关产品。共检查各类食品生产经营单位816家次，共出动检查人员220人次，下达整改意见书228份，约谈网络第三方平台2家。

【药械综合监管】 以长春长生生物科技有限公司“问题疫苗”事件为警戒，开展药品、医疗器械专项治理。落实杨长亚同志批示精神，开展“中药饮片”“特殊药品”“冷链药品”等专项整治。共出动执法人员100余人次，检查药械经营企业检查30家次、医疗机构检查40家次、化妆品经营单位11家。向市场监管执法大队移交案件1件，封存销毁不合格药品120个品种，价值2万余元。完善药品突发事件应急体系建设，开展药品经营企业信用等级评定，药品、医疗器械不良反应工作，不断强化药品经营使用单位日常监管。对18家药品经营企业、9家医疗器械经营企业进行信用等级评定，5家药品经营企业和7家医疗器械经营企业评定为“诚信”，9家药品经营企业和2家医疗器械经营企业评定为“守信”，4家药品经营企业评定为“失信”。对县城11家化妆品经营使用单位的染发类、美白、防晒类化妆品的购进、索证索票、储存等情况进行监督检查。与县卫计联合下发《关于进一步加强药品化妆品医疗器械不良反应（事件）监测工作的通知》。在线上报药品不良反应50例，医疗器械10例，化妆品10例，完成市局下达的目标任务。

【食品抽检快检】 检测中心依据全县食品行业现状和特点，结合2017年食品安全监督抽检工作情况，将市局下达的抽样任务进行重组，把抽检计划制定、样品抽检、核查处置、结果运用、信息发布等落实到科室。2018年，安排食品安全监督抽检275批次，其中餐饮、销售环节食品抽检135批次，小作坊食品抽检80批次（全覆盖），食用农产品抽检60批次。通过政府采购中心公开招标，确定陕西科仪阳光检测有限公司为宜君县食品药品承检机构，加大重点环节、重点领域抽检，增强食品抽检的科学性、靶向性，为案件查处提供技术支撑。实际完成食品监督性抽检292批次，其中完成食用农产品抽检76批次，小作坊食品69批次，餐饮、销售环节147批次。合格食品286批次，合格率97.94%，不合格食品6批次，不合格率2.06%。

【智慧食药监管】 县食药监局积极实践“智慧食药监”监管模式，实现监管需求实时可知，行为规范实时可视，日常管理实时可控，推进“智慧食药监”全覆盖，弥补监管盲区多、监管周期长、监管质效低等方面的不足。成立推进智慧食药监管领导小组，落实“四有”（即有职责，有专人负责、有办公室、有经费）。对全县市场主体基本信息、市场准入、日常监管、抽样检验、专项整治、跟踪检查、立案查处、信用评定等信息进行全方位、多层次的录入。共发放执法设备14套。系统内执法人员配备移动执法终端，全员使用模块，现场核查、日常监管全部录入终端，做到了实时查看、实时录入。7 月 11 日至 14 日全省食品药品监管信息化工作现场会在宜君召开。乡镇（街道）及执法大队使用执法记录仪 158 次，使用平板电脑及便携式打印机 1200 余次，食药自助服务终端已联网正常使用。

【脱贫攻坚】 选派第一书记驻村帮扶，针对贫困户实际情况和意愿，制定相应的帮扶措施。聘请科技人员深入田间地头讲解生产技术、科学种田、果树管理、病虫害防治措施等知识。组织果农技术培训 3 次。投入帮扶资金 9.72 万元，购买苹果树苗 2000 棵，绿化通村主干道 1 条，完成花园美化、厕所改造。争取财政“一事一议”项目 20 万元，建成“小景观”、群众活动场所各一处。

【食品药品宣传】 全年共出动宣传人员 50 余人次、宣传车辆 5 台次，悬挂横幅 16 个，设立宣传咨询台 20 个，散发各类科普知识和法律法规宣传资料 7000 余份，发放宣传袋 5000 余个，解答群众提问 200 余人次。利用“3.15”“食品安全周”“12331 ”等活动，多形式宣传食品药品安全知识。

安全生产监督管理

安全生产监督管理局

局　长　王　锋

副局长　郭　磊

　　　　张延军

宜君县安全生产监察大队（宜君县安全生产应急救援指挥中心）

队　长（主　任）　郑亚锋

副队长（副主任）　郭万平

【概况】 宜君县安全生产监督管理局是负责全县安全生产综合监督管理工作的县政府工作部门。与县安全生产委员会办公室一套机构、两块牌子合署办公。机关行政编制 6 名。设下属事业单位宜君县安全生产监察大队（宜君县安全生产应急救援指挥中心），编制 8 名，经费实行全额预算管理。2018 年，宜君县安全生产监督管理局贯彻落实《中共中央 国务院关于推进安全生产领域改革发展的意见》及省、市《关于推进安全生产领域改革发展的实施意见》精神，强化安全发展理念，树立“四个意识”，有效防范和坚决遏制重特大事故发生，扎实开展重要时段、重点领域安全生产大检查、大排查、大整治，强化责任落实、监管执法和宣传教育，推动安全生产向标本兼治、重在治本转变，全面提升安全生产监管水平，确保全县安全生产形势稳定。

【安全生产控制指标】 2018 年，全县发生生产经营性交通事故 7 起，死亡 1 人，受伤 8 人，直接经济损失 2.25 万元。事故起数、死亡人数、受伤人数、直接经济损失同比均有所下降，其他行业未发生生产安全事故。安全生产“四项指标”均在市政府下达的控制指标以内，安全生产态势总体平稳。

【“三项攻坚”行动】 1. 道路交通方面：结合道路交通季节特点扎实开展隐患排查治理工作。对事故易发点、地质灾害、高边坡等路段及农村学校周边安全设施进行地毯式排查。开展运输企业安全主体责任执法大检查，检查客、货运车辆 974 辆次，查处非法营运车辆 4 辆次、违规经营车辆 21 辆次，行政处罚 0.5 万元。进行道路交通秩序“一打击、两强化、三整治”专项整治，查处各类违法行为 10292 起、行政拘留 30 人、办理危险驾驶案 3 起。开展重点车辆“隐患清零”行动，督促铜川海洋物流有限公司对未检验的 35 辆危运车进行检验，对 48 辆预警危运车进行告知，下发《安全隐患告知书》5 份。2. 煤矿方面：坚持对标检查，逐项整改，实行隐患排查整治闭环管理，提高矿井本质安全，遏制重特大事故发生。践行安全生产规章，严格执行领导干部下井带班制度，全面落实企业安全全员责任制，按照“一岗位一清单”模式，使安全项措施落到实处。强化风险分级管控和隐患排查治理的双重预防机制建设。开展瓦斯、水害、防灭火、煤尘等9个方面安全风险分析，制定防范对策和措施。开展安全生产集中执法，出动152人次检查38矿次，查出隐患104条。3. 危险化学品方面：安监、经贸、住建等职能部门深入开展全覆盖、多频次、不间断打非治违专项行动，规范危险化学品领域经营秩序，执法检查5轮次，立案查处违法行为1起，处罚1万元。建立健全危化品企业行业信用监管机制，按照《宜君县安全生产“黑名单”制度》，将违法失信企业依法列入“黑名单”，并向社会公布。

【重点整治】 按照“四不放过”要求，春节及全国全省“两会”期间，各乡镇（街道）和12个专项督查检查组，高频次、不间断开展安全生产大检查，重点对煤矿、道路交通、危险化学品、烟花爆竹、消防安全、冬季取暖管理等重点行业领域进行隐患排查治理。行业主管部门强化工作措施，狠抓隐患排查治理，共查出安全隐患227处，下达整改指令书92份，全部限期整改到位。县安委办采取定向定点现场督查和随机暗访督办的方式，对乡镇（街道）和行业监管部门进行检查督查，确保大检查工作取得实效。开展评估验收，确保大检查向纵深推进，对安全生产责任落实情况及隐患排查整改成果进行验收，切实维护好全县安全稳定环境。

【“集中执法”行动】 按照省、市集中执法行动安排部署要求，印发《宜君县安全生产集中执法行动监管企业清单》，明确各行业主管部门监管执法重点，有针对性地开展集中执法。集中执法行动以来，全县各重点行业领域共发现违法行为3579起，下达限期整改指令书67份，立案查处44起，下达行政处罚决定书42份，罚款总额24.55万元，停产停业整顿5家。

【应急演练】 2018年，县安委办采取政府购买服务方式，邀请安全专业机构专家对《宜君县生产安全事故应急预案》进行修订，经县政府常务会议研究审议，县政府办公室印发《关于印发宜君县生产安全事故应急预案的通知》，指导和规范各类生产安全事故的防控和应急处置。县安委办印发《关于2018年度生产安全事故应急预案演练工作计划的通知》，明确各乡镇（街道）各部门工作目标、内容形式及演练计划和任务。结合实际和生产安全事故的特点，突出演练重，6月19日，县安委办组织县发改局、环保局等相关部门及全县危险化学品生产经营单位主要负责人，在中石油陕西铜川销售分公司城关加油站和长庆油田第一输油处宜君输油站，举行全县危险化学品安全攻坚行动现场观摩交流会和长输管道油品泄漏火灾事故应急救援演练；县食安办（县食药监局）、太安镇食药监所参与在玉华宫服务区餐厅开展食品安全突发事件应急演练活动；宜君县公安局联合陕西省天然气股份有限公司西安分公司靖西三线彭村阀室职工，在阀室周边开展以“生命至上，安全发展”为主题的反恐防暴防火灾事故等安防演练：县国土局、棋盘镇卫生院、派出所等单位以及迷家河部分村民共100余人在迷家河村参加地质灾害应急演练：县敬老服务管理中心组织开展消防安全演练，县民政局有关领导，县敬老服务管理中心全体干部职工及入住老人共40余人参加演练；县一中开展防灾减灾应急演练、哭泉镇中心幼儿园组织开展“防拐骗”安全演练活动、太安镇中小学组织全体师生开展了防溺水应急救援演练活动；尧生镇中心幼儿园举行“智斗歹徒、紧急疏散”安全演练。全县各行业共开展应急演练33次，群众应对突发事件的处置能力得到提升。

【安全宣传】 精心组织部署第17个安全生产宣传月活动，开展内涵丰富、形式多样、覆盖面广的系列安全宣传活动，围绕“全面落实企业主体责任”主题，开展安全宣传“七进”、安全生产咨询日、安全生产主题演讲、事故警示教育、安全应急演练等系列活动，普及安全知识，传播安全文化，营造安全生产人人有责、安全生产从我做起的良好氛围。6月15日，举办以“生命至上、安全发展”主题宣传咨询日活动。全县共悬挂宣传横幅32条，设置宣传展板45块，出动宣传车12辆，发放宣传资料3600余份，摆放咨询台29个，接受群众咨询1000余人次。12月4日，举办《宪法》宣传日活动，县安监、司法、国土、卫计、市场监管、教科体、交警、消防等18个单位，在县政府广场集中开展“加强安全法治 保障安全生产”主题《安全生产法》宣传周咨询活动。全县共悬挂宣传横幅15条，宣传展板32块，出动宣传车12辆，发放《安全生产法》《陕西省安全生产条例》《地方党政领导安全生产责任制规定》等安全生产宣传资料800余份，接受群众咨询400余人次。

【脱贫攻坚】 按照“六个精准”“五个一批”要求，冲在一线、干在实处，帮扶寨子村脱贫攻坚和巩固提升。指导完成村“两委”换届工作；新建果园50亩，老园改造200亩，进行果园实用技术培训2次；创建美丽乡村，栽植绿化树150棵，种花1200平方米。完成改厕任务55户；每户补贴1000元，全村煤改电117户；投资4万元建成“暖心工程”，争取保洁员、护林员各2名。

财政·税务

财　政

财政局

局长　白会川

副书记　罗恒喜

副局长　宋　鼎（2018 年 6 月离任）

　　　　和　方

　　　　李　勇（2018 年 11 月任职）

【概述】 2018 年，宜君县财政运行总体平稳，为全县经济社会平稳健康发展提供了坚实财力支撑。全年全县地方一般公共预算收入完成 21013 万元，占调整任务的 100.06％，同比增长 13.56％；全县一般公共预算支出 153094 万元，同比增支 10083 万元，增长 7.05％。

【财政收入】 根据税源情况，及时分解下达收入任务，积极采取应对措施，坚持财税库联席会议制度，强化考核制度，制定严格的奖惩措施，调动财税部门抓征管、促增收积极性，确保全年收入任务完成；制定《宜君县税收保障实施方案》《宜君县税收保障考核办法（暂行）》，将税收保障工作纳入全县目标任务考核之中，全年财税部门采集到各税收保障单位涉税信息 8000 余条。通过涉税信息分析，堵绝税收漏洞，确保税收及时足额入库；推进财政票据电子化、网络化建设，发挥“以票控收”“以票促收”源头控管作用，使非税收入管理更加科学化、精细化。成立专项检查组，对全县 23 个执收执罚单位罚没及收费项目进行全面清查，堵塞征收漏洞，做到应收尽收。全年，税收收入完成 15222 万元，占收入总量的 72.44％；非税收入完成 5791 万元。组织政府性基金收入 14027 万元。

【财政支出】 坚持“三保三压”、有加有减，着力体现公共预算的民生导向和改革导向，保障各项重点工作；加大财政存量资金清理力度，贯彻财政资金预算安排与预算执行“四挂钩”机制，加快中央、省、市专款执行进度。建立完善财政存量资金定期清理和问责机制，严格执行定期报告制度。2018 年，全县清理盘活财政存量资金 8209 万元，资金使用绩效得到提升；加快民生支出进度，落实“两个 80％”民生投入要求，用更多“真金白银”让群众共享改革发展成果；严控“三公”经费开支，大力压缩一般性支出，优先保障全县重点和改革工作，确保有限的财政资金发挥最大效用。全年民生支出 127655 万元，占公共财政支出的 83.38％。一般公共服务支出 19714 万元，同比增支 3270 万元，增长 19.89％；公共安全支出 4359 万元，同比减少 1213 万元，下降 21.77％；教育支出 31549 万元，同比增支 856 万元，增长 2.79%；科学技术支出 1080 万元，同比增支 2 万元，增长 0.19%；文化体育与传媒支出 4989 万元，同比增支 1264 万元，增长 33.93%；社会保障和就业支出 11569 万元，同比增支 3498 万元，增长 43.34%；医疗卫生支出 13452 万元，同比减少 2049 万元，下降 13.22%；节能环保支出 9430 万元，同比减少 82 万元，下降 0.86%；城乡社区事务支出 4219 万元，同比增支 736 万元，增长 21.13%；农林水支出 34303 万元，同比增支 1196 万元，增长 3.61%；交通运输支出 2752 万元，同比增支 414 万元，增长 17.71%。

【脱贫攻坚】 全年落实县级财政专项扶贫资金 3200 万元，共计整合财政涉农资金 29343.20 万元，拨付 2018 年整合资金 27574.37 万元，拨付 2019 年整合资金 1768.83 万元。资金拨付率 100%。主要用于农村基础设施建设 13152.89 万元，农业生产发展 16190.31 万元，部门实际支出 26473 万元，占 2018 年拨付数额的 96%。全员参与，成立 8 支帮扶工作队，助推精准扶贫。

【共性目标】 固定资产投资、招商引资、项目资金争取和项目文本储备任务超额完成。固定资产投资和招商引资分别完成 2027 万元、2000 万元，分别占年度任务的 101.3%和 100%；争取项目资金 3120 万元，占年度任务的 104%；储备项目文本 5 个元。

【山水林田湖项目】 山水林田湖项目分别为：宜君县西河流域生态保护修复项目和宜君县东沟流域治理项目。2017 年项目当年完成投资 4500 万元，到 2018 年底累计完成投资 13500 万元。

【资金管理及保障】 全年共配套镇村基础设施建设项目资金 9354.51 万元，根据项目工程进度支付农村基础设施项目建设款 6552.24 万元。

【一事一议】 全年争取村级公益事业建设“一事一议”财政奖补资金 834 万元，其中中省资金 719 万元，市级补助资金 65 万元，县级补助资金 50 万元，完成项目 34 个。

【党建工作】 把政治建设摆在首位，增强“四个意识”，坚定“四个自信”，做到“两个维护”。党委班子成员带头学习、带头上党课，形成一级做给一级看，一级带着一级干的工作局面。凡重大项目、重大资金安排、重要人事任免都先征求各方面意见，召开党委会或局务会研究决定。制定《关于 2018 年财税党委工作要点》，开展“两学一做”学习教育常态化制度化和“不忘初心，牢记使命”主题教育。举办“周三夜校”16 期，测试党务知识 4 次，党员干部人均记学习笔记 2 万余字。召开党委班子民主生活会和支部组织生活会，开展批评与自我批评，找出问题，限时整改，提高认识，促进工作。签订党建责任书，建立“补缺补短补弱”台账；执行“两月一安排，一月一检查，一月一通报”定期跟踪督查制度。述职评议考核“听回音”，倒逼整改落实到位。开展“党员政治生日”系列活动，完成 2 个支部 64 名党员“一人一档”工作。

【廉政建设】 召开全面“从严治党”工作会议，研究部署从严治党各项工作。落实党风廉政建设责任制，实行“一岗双责”，坚持将党风廉政建设工作同业务工作同安排、同检查、同考核。签订《党风廉政工作目标责任书》，干部针对各自工作岗位填写《党员干部党风廉政承诺书》，将党风廉政建设纳入个人年终考核目标任务中，以中央“八项规定”《中国共产党廉洁自律准则》《党政机关厉行节约反对浪费条例》为准则，筑牢廉洁从政思想防线，提高拒腐防变能力。执行“谁主管、谁审批，谁签字、谁负责”资金使用监督责任制度，针对专项资金管理办法，增加县级领导审核环节，并与纪委监委、审计等部门形成联动、全面覆盖监管工作机制。优化各预算单位预算内计划申请环节，使财政资金支付更趋合理安全。开展党员领导干部“一岗双责”考核、“风险点”排查等工作，规范廉洁从政行为，强化对党员的监督和管理，形成敢担当、善作为的干事创业环境。

【深化改革】 深化部门预决算及“三公经费”

公开制度，实施财政绩效管理。制定印发《宜君县财政局关于做好2018年部门预算公开的通知》《宜君县财政局关于做好2018年度部门决算公开的通知》，对部门预决算公开的格式和内容统一规范。年内在县政府门户网站全部公开《2017年财政预算执行情况和2018年财政预算报告》、69家部门预算及“三公”经费预算、2017年财政总决算、部门决算及“三公”经费决算。制定宜君县《县级部门预算绩效目标管理暂行办法》《宜君县项目支出预算绩效评价指标及评分标准》《宜君县县级部门预算绩效管理工作考核办法》，为预算绩效管理工作奠定制度基础。加大“一卡通”贷款和扶贫小额信贷贴息力度，2018年，全县财政惠民补贴范围涉及7个乡镇、2个综合服务中心、1个街道和19个业务部门。纳入兑付系统发放的补贴项目41项，通过“一卡通”兑付系统发放补贴资金11000万元。扶贫小额贴息贷款四个季度共计贴息资金239万元，累计发放扶贫小额信贷1374笔，发放资金5910.25万元，结余资金5337.92万元。扶贫小额信贷风险补偿金资金截至12月底资金余额1736万元。9月，在县综合文艺中心举办为期两天的会计准则制度培训班，为政府会计准则制度顺利实施奠定良好基础。全年采购预算总额7490.41万元，实际采购额7047.96万元，共节约资金442.45万元，资金节约率为5.91%。财政投资全年共完成各类评审预决算项目98个，送审金额36918.30万元，审定28756.09万元，审减金额8162.21万元，审减率达到22.11%。国库集中支付实现县乡两级全覆盖，全年集中支付共33833笔，共215420万元。其中办理授权支付资金58077万元，直接支付资金157343万元。

【包村扶贫】 2018年，包扶彭镇西村，对3个节点广场1600平方米进行绿化；补栽村民房前花园花卉400余株。新建卫生厕所31户，实现户户有卫生厕所；全村贫困户及一般户“五净一规范”工作均已达标。争取村级公益事业“一事一议”财政奖补资金30余万元，新建2100平方米生态公园1个。

税　务

税务局

局　　长　赵建民
副 局 长　张　杰
纪检组长　马希静（女）
副 局 长　张进坤
　　　　　郭龙泉
　　　　　杨平利
　　　　　李志宏
　　　　　白小明
　　　　　王军政
注：班子成员自2018年7月任现职

原国税局

局　　长　张　杰
纪检组长　马希静（女）
副 局 长　张进坤
　　　　　李志宏
　　　　　王军政
注：班子成员任期至2018年7月

原地税局

局　长　赵建民
副局长　郭龙泉
　　　　杨平利
　　　　白小明
注：班子成员任期至2018年7月

【概况】 国家税务总局宜君县税务局成立于2018年7月20日，现有职工干部职工82名。内设办公室、征收管理股、纳税服务股、收入核算股、财务管理股、法制股、税政一股、税政二股、社保与非税收入股、党建工作股、纪检组、人事教育股及信息中心，下设六个派出机构（第一税务分局、第二税务分局、宜阳税务分局、棋盘税务分局、太安税务分局、五里税务分局）。担负着县域内增值税等税种的税收征收管理工作。2018年，在全体税务干部的共同努力下，在科学化、精细化管理的推动下，共组织完成各项税费收入33037万元。税收收入31650万元。其中：中央级11684万元，省级4747万元，县级15219万元。各项税收任务全面完成，有力地促进了全县经济的快速发展。

【强化征税措施】 坚持组织收入原则，严肃组织收入纪律，坚持“依法征税、应收尽收、坚决不收过头税，坚决防止和制止越权减免税”的组织收入原则不动摇；强化税收分析预测，提升收入质量，对纳税前20名的企业进行每月监控，实时掌握企业的经营情况，为税收预测工作提供翔实数据；强化税源监控，积极与企业对接联系，加强对本局重点企业的监控。每月将重点企业的申报纳税情况进行汇总，及时掌握税源变化情况，用数据说话、用数据发声，牢牢把握组织收入主动权。

【加强内部管理】 根据市局考核区县绩效指标，围绕税收现代化六大战略目标，制定考核机关、基层两套绩效考核体系。结合市局考核指标及县局年度重点工作，以及基层分局（所）实际情况，对市局指标一一进行定责，保证每项指标落实到科室，落实到个人。做好绩效信息系统录入运行工作，按照规定时限要求，在市局培训和指导下，顺利完成了“市局考核县区局”指标定责工作，完成县局共性指标和个性指标模板导入、考评流程设置、指标启用、被考评单位调整、分档规则设定、部门及个人定责等绩效系统录入工作，3月中旬系统开始运行。对监控类指标设置时间节点进行日常监控，定期展示和通报指标的完成情况，明确整改事项。监控信息由信息系统产生或各考评部门负责提供，由绩效办定期统一发布。对列入绩效监控指标发现存在问题的，向被监控部门提出整改要求，限时整改。对不及时整改或整改不到位的，予以扣分。征管体制改革后，绩效指标有所变化，宜君税务局严格按照市局工作要求，完成新绩效系统绩效指标与体系录入，设置考评流程，新绩效系统于11月15日开始考评。

【规范税收执法】 完善税收执法风险管理信息系统，加强所得税汇算清缴、纳税人基础信息核查、企业申报资料准确性核查、大企业管理、“走出去”企业管理、反避税管理、非居民税收管理、个体税收管理等工作。依托税收执法管理信息系统，强化对执法行为的全过程监督，严格执法过错责任追究。开展税收政策、法律法规、纳税评估与稽查等知识培训。加强出口退税预警评估，把企业单证备案检查列入常态化工作，每月选出两户开展检查，努力防范出口退税风险。强化“五证合一”工作力度，积极加强与地税、工商部门对接，沟通协调，细化工作措施，统筹做好改革前后的过渡衔接工作。通过办税服务厅公告栏、宣传架、电子显示屏等媒介，向纳税人做好政策宣传与解读。由征管科牵头，加强局内部门之间对接，明确责任人、细化时间表，跟踪问效，确保任务落到实处。加强税种分类管理，做好重点企业的监控，汇总重点企业申报纳税情况，做好营改增企业的接收及基础资料调查核实工作，完成 基础资料录入、资格认定、发票培训等上线工作；做好所得税日常管理，建立企业所得税征管台账管理机制，规范和完善台账管理内容，提高台账管理的信息化水平和数据利用效率；坚持税收管理员巡查制度，做好个体户日常管理。

【提升征管质效】 依据省局印发的税收管理员制度（试行），制定本局税收管理员制度，拟定税收管理员岗责、基础税源管理事项、纳税服务事项和风险管理事项三个清单，制定实体化征管模式税收管理员组织机构架构图。严格按发票管理制度，做好发票的入库验收、登记、日常发放及对账工作，做到账账相符。随时掌握库存动态，根据发票用量及时领取发票，保证工作需要。为“宜君文化旅游发展有限公司”办理企业冠名发票印制和发放。2018年前半年，按照省市局工作安排，继续开展数据治理工作，对纳税人登记信息不一致、重复登记、单管户等进行治理，涉及修改信息条数1200余条。后半年，按照机构改革系统验证工作要求，7月20日晚，对金税三期系统内文书出具、特定征收部门设定、人员系统配置、部分业务办理进行测试；开展金税三期并库相关工作，接收省局下发任务25批次，任务涉及内容包括部门人员设置，岗位配置，管户调整，管理员设置，登记信息匹配，同一纳税人确认，税收档案编号重复，单边户认定等内容的修改调整，涉及信息条数万余条；开展统一工作平台推广上线工作，优化原国税地税核心征管系统，实现“一机一界面”办理税收业务、主要相同业务一套流程；组织实施自然人税收管理系统的推广上线，开展自然人税收管理系统测试，为2019年1月1日起实施个税和社保顺利申报打下基础。落实互联网+税务工作任务，积极推行陕西省网上税务局，开展纳税人培训，网上税务局的开通率和业务办理率达到100%；根据《国家税务总局规范实名办税工作若干问题的通知》，规范实名办税工作，优化纳税人服务，降低纳税人的办税风险，维护纳税人的合法权益，采集验证相关人员实名信息，采集纳税人1624户，涉及人数3260人，完成比例82.10%。

【打牢纳税服务基础】 确认优化营商环境评价指标、提交《宜君优化纳税服务行动方案》，召开优化营商环境联席会4次，报送《宜君税务局关于优化营商环境工作汇报》12篇，按照时间节点，完成市局《优化营商环境问卷调查》和《优化营商环境自查报告》。建立优化营商环境工作月度计划、季度通报和年度考核制度。围绕优化营商环境开展纳税人学堂、大走访、纳税人满意度提升等工作。开展“服务入户政策到家”、税收宣传月、群众难点堵点痛点疏通工作等走访活动，走访企业695户，发放宣传资料千余份，开展座谈会6期，参会企业120余户。开办纳税人学堂12期，对电子税务局、网上税务局、优化营商环境、个人所得税扣缴、非税收入扣缴等纳税人关注的热点问题进行培训辅导，培训纳税近1000人。机构改革前，根据市局“一窗通办”工作要求，按日对表销号完成从硬件到软件，一窗通办16项任务。满足纳税人“走进一个厅，来到一个窗，办好一切事”全方位办税要求，杜绝多头跑现象。机构合并后，进一步提升办税服务集成度，推行“一人一机双系统单POS”的“一窗通办”办税模式，大厅质效监控系统进行实时业务跟踪管理，压缩办理时限，高效办税，便民办税。

【做好新税政改革】 1. 全力以赴落实个税改革各项政策。深刻领会个税改革过渡期实施的重要意义、强化资源配置组织人员到位。组织全员税干参加总局“一竿子插到底的”三轮视频会议、围绕过渡期政策及执行日期、新税制变化部分，通过微信和税企平台向广大纳税人推送税法，完成三次个税改革培训，培训税务干部与纳税人近500人次。9月20日，完成辖区内190余家扣缴客户端推广与扣缴义务人在线更新扣缴客户端和新版本下载工作。办税服务厅网络运行保障，网络线路监控顺畅。截至12月15日圆满完成个人所得税历史清理工作，共计清理历史数据189户次471人次。2. 部门协同，信息共享，全面提升房地产交易税收管理工作质效。落实“放管服”改革要求，简化办事流程，精简办事材料，提升房地产交易税收管理水平，和建立部门间信息共享和协同管理工作机制，做好房地产交易税收管理工作，实现一窗受理、内部流转、一次认证，全面提升房地产交易税收管理工作质效。召开4次联席会议，推动税务、国土、住建三部门业务融合、流程再造和窗口重构。实施“一窗受理”，共受理房产交易228笔，征收房地产交易税收206.98万元，纳税人提供的涉税资料与2017年相比缩减了10

项，缩减率达到65%。以前需要20—30天办结的业务，现在仅需30分钟就能完成。3. 认真开展水资源税等税种调研，联合县财政局、县水务局成立联合调研组，对前三个征期纳税人申报异常和申报税目的不同情况进行分析，筛选出四户重点纳税人，实地走访调研，上门听取意见，全面了解全县水资源税改革试点运行情况。制定《宜君县水资源税改革试点工作方案》，在辖区内开展缴纳水资源费户的清查和清缴以及底册移交，对涉及水资源税征收的企业进行政策宣传和辅导。2018年，征收9户企业水资源税共计20.79万元。

【党建工作】 引导全体党员干部强党性、促改革、勇担当、讲作为，组织党员开展“三个一”活动，举办《梁家河》精神学习分享会，开展冯新柱案“以案促改”对照剖析讨论会，完善和落实党委书记负总责、分管领导分工负责和“一岗双责”党建工作责任体系。强化各税务分局、机关各股室在全面从严治党中履行落实、统筹、教育、监督和管理的主体责任和职能作用，实现党建工作和业务工作同部署、同落实、同考核。细化党建工作责任清单和任务清单，每个月下发党建工作任务清单，落实党建工作。建立“学习型”党组织，动员、引导干部职工积极培育弘扬社会主义核心价值观，热情服务群众。8月16日，宜君县税务局被中共陕西省委宣传部评为2017年度“学雷锋活动示范点”。

【廉政建设】 开展廉政约谈，建立完善个人廉政档案。开展增值税专用发票专项检查，遏制虚开和故意接受虚开增值税专用发票以及其他用于抵扣税款的发票、凭证等违法行为，共检查企业54户，存在问题4户，已按规定进行整改。开展工作纪律检查18次，明察暗访14次。制定《征管体制改革监督工作方案》，成立征管体制改革监督领导小组，压实主体责任，督促改革主体完成重点工作任务，避免职责“真空”、纪律“缺位”，累计向主管领导派发工作提醒单9次，向责任部门派发工作通知单5次，工作督办单15次。采取集体约谈和个人约谈相结合的方式，组织实施“四种形态”廉政约谈，约谈累计70人次。

金融·保险

中国农业银行宜君县支行

行　长　田　鹏
副行长　赵梓焜
　　　　曹金龙
　　　　孙剑林（挂职）

【概况】 中国农业银行宜君县支行位于宜阳中街19号，现有职工40人，辖营业部和中街分理处两个营业网点，内设客户部、综合管理部两个部室；在全县建立惠农支付点309个，县城内布防各类自助机具9台，其中自助存取一体机4台、取款机2台、查询机3台。

【经营指标】 2018年底，各项存款余额123982.82万元，较年初增长8300万元。其中：个人存款58309.15万元，对公存款65673.67万元，同业存款1498万元。各项贷款余额24635.96万元，较年初增长1393万元。其中：农户贷款余额为2363万元，较年初净增1112万元。实现中间业务收入实现228万元；实现拨备前利润2500万元，拨备后利润2520万元，净利润1890万元。

【经营管理】 一是积极开展合规文化建设，加强员工违规行为处理办法的学习，对员工参与民间借贷、非法集资问题进行专项排查，增强员工合规经营意识。二是以“三线一网格”管理系统为抓手，构建内控管理、风险管理和案件防控的长效机制，提升全行基础管理水平。三是提升内部管理水平。通过开展“三化三铁”“三化三达标”创建活动，内部控制能力持续得到加强，年末被省农行评为“内控合规一类行”。四是加大对账管理工作力度，对对账时间、对账范围、对账程序、对账责任人及奖罚进行明确规定，确保全行重点账户对账率达到100%。全年未发生资金风险事件。

【营销措施】 一是明确目标，抓好落实。各网点结合自己的区位优势和经营特点开展形式多样的产品营销特惠活动。二是宣传造势，扩大辐射面。利用节日休假举办“春天行动，农行有礼”幸运大转盘活动等活动，加大区域影响力。三是创新服务手段，突破营销难点。积极推行“上门服务”“持续跟进服务”“名单式管理服务”，做好理财、电子银行、贵金属推介等专项营销活动，使广大群众的金融知识和产品收益得到进一步提高。

【催收清收】 把不良贷款清、降、控作为全行工作的重中之重，2018年度宜君县支行保持零不良。

【风险防范】 推进合规文化建设，增强员工主动合规经营自觉性；完善风险管理体系，夯实各部门和各网点的管理责任；突出检查重点，提高检查质量，加大查处问题整改力度；强化对员工行为排除和日常教育管理工作，形成协作有力、齐抓共管的良好局面；健全落实责任追究制度，始终保持对生产运行和信息安全事件的“零容忍”；及时防范和化解风险隐患，实现合规经营和安全经营。

宜君县农村信用合作联社

理事长　程义平

主　任　王军孝

纪委书记、监事长　张　艳（女）

副主任　李　侠（女）

　　　　寇军平

【概况】 宜君县农村信用合作联社，是以县联社为一级法人的农村合作金融机构。内设综合部、业务部、财务部、信贷部、风险部、稽核审计部、监察室、保卫部、信息科技部，下设10个信用社、1个营业部、1个信用分社共十二个营业网点，遍布各乡镇政府所在地。有员工146名，其中固定合同工123名，短期派遣工23名，具有专业技术职务67名，大专及以上学历119名。

【主要指标】 2018年，各项存款175054万元，较年初增加26474万元，增长率17.82%；各项贷款余额115406万元，较年初增加7454万元，增长率6.9%；存贷比为65.93%；财务总收入11632万元，总支出10018万元，账面利润总额1614万元，考核利润994万元。年末资本充足率10.55%，不良贷款率5.35%，拨备覆盖率144.69%，营业利润率11.79%，总资产报酬率1.6%，资产利润率0.43%。

【企业文化】 开展“顾大局、比实干、比担当、比奉献”暨“五个一”演讲比赛及联谊迎春晚会，助力脱贫攻坚。举办“新思想、新理念、新形势”专题培训，激发员工爱岗敬业。加强基层“五小”建设，维修改善基层职工食堂、机关办公环境、改厕修建浴室，配备党建、金融等各方面书籍，搭建学习成长平台。慰问离退休职工，及时看望生病员工及家属，组织在岗和退休职工体检，让员工充分感受到集体的温暖。

【“双基联动”】 建立统一化、标准化工作站及运行机制，推进农户建档评级授信，做好农户信贷支持。按照“十个一”标准和“一专多兼建制”，建立“双基联动”工作站117个覆盖率100%。农户经济档案累计建档21268户，建档面100%，预授信12693户、42478万元，富秦家乐卡发卡2088张，授信金额15872万元。通过建档、评级、授信，构建农户基础数据体系，为后续客户信贷营销、精准扶贫、普惠金融服务奠定基础。

【普惠金融】 全县布放24小时自助设备21台，助农POS机19台，助农E终端117台，建立普惠金融综合服务站11个。响应中省市县号召，与政府协调建立产业扶贫风险补偿金1000万元，扶贫小额信贷风险补偿金1600万元，扶贫过桥基金50万元，确保符合“三有一良好”标准的有效信贷需求应贷尽贷。发放扶贫小额信用贷款1374户、5910.25万元，发放产业扶贫贷款34户、2670万元。

【电子银行】 2018年，银行卡存量11.56万张，新增0.29万张。助农服务代理点136个，助农E终端117台，助农POS机19台，实现助农E终端行政村全覆盖。拓展特约商户POS机72台，个人网上银行累计签约276户，企业网银累计签约85户，手机银行累计签约21033户，聚合支付全年推广363户。

【小微企业】 年末小微企业贷款16714.78万元，同比增加3689.61万元，小微企业贷款增速28.33%，高于各项贷款增速21.43个百分点，完成小微企业“三个不低于”监管目标。

【风险防范】 建立健全全面风险管理体系，元月，完成辖内12个网点及联社财务决算进行真实性稽核检查；3月，对资金业务管理进行专项审计；4 月对哭泉、太安实行飞行替岗；5 月，对员工行为管理进行专项审计；6 月，对反洗钱工作进行了合规检查；8 月，完成了信息科技专项审计；9 月，对新增贷款风险管理进行专项审计；11 月，完成对财务收支管理稽核检查；通过自查及稽核审计项目，项目完成率 100%。发现问题 107 条，整改率 71%。经济处罚 47 人次，罚款金额 7.73 万元，通报批评 33 人次，强化内部稽核审计。

【合规建设】 开展“合规建设提升年”活动和“七五”普法活动，夯实“一把手”在合规管理中的重要责任。开展“我为合规建言献策”征文活动，激发全员参与合规管理和合规文化建设的积极性、主动性和创造性。合规建设与业务发展相结合，梳理制度 107 个，确保合规管理全覆盖。

中国人寿保险股份有限公司宜君支公司

经　理　石崇俊

副经理　邵莲香（女）

【概况】 中国人寿保险公司宜君支公司，下设彭镇、五里镇、棋盘、云梦四个营销服务部，内设经理室、综合部，个险部，团险部，客服部五个部门，共有 12 名员工，主要经营人寿保险、健康保险、意外伤害保险等各类人身保险业务和人身保险的再保险业务。2018 年，实现首年期交、10 年及以上首年期交、短期险等核心业务的大幅增长。

【主要指标】 2018 年，按照“成人达己，成己为人”经营理念，认真贯彻落实上级公司工作会议精神，团结一心、锐意进取、顽强拼搏，全年实现保费收入 1356.7 万元，同比增长 14.8 %。其中首年保费 386.85 万元，同比增长 43.87 %；十年期及以上首年期交完成 168.7 万元，同比增长 12.83 %；短险保费 123.66 万元，同比增长 85.84 %；续期保费 677.49 万元，同比下降 5.68 %。

【拓展个险渠道】 个险渠道实现首年期交保费 170.74 万元，同比下降 16.8 %。首年标准保费 86 万元，同比下降 28.6 %。10 年及以上首年期交保费 168.7 万元，同比增长 12.86 %。一季度聚焦“鑫享金生 B”新产品，明确目标强力推动，开门红售卖日、售卖周、春节前目标超前达成，开创宜君国寿历年最佳开局，实现期交规模快速扩张；二、三季度聚焦十年及以上产品，开展“高效互助自展”主题活动，实施“自主展业”销售策略，推动“保单回家，与爱同行”项目，增强渠道创费能力，实现业务结构大幅优化。

【扩张团险渠道】 团险渠道实现短险保费 146.8 万元，同比下降 26.89 %。其中意外险保费 119.8 万元，同比增长 26.49 %。加快发展步伐，短险和意外险实现双增长，渠道效益得到提升，团险渠道意外险业务占比达到 76.9 %，险种结构达到最佳优化水平。短险赔付率、创费率等指标有所改观，渠道效益明显提升。学平险、扶贫险、农小险、计生险等专项业务有较大幅度增长，小额保险较上年同期有所增长。培育短险发展增长点，建工险实现零突破。发挥积极财务政策的导向作用和预算管理的杠杆作用，强化“自给自足”预算管理模式，加大财务引导和参与管控力度。强化争先进位效益为先意识，提升业务结构调整和创费创拥水平。变“花的”为“发的”，让员工分享公司发展成果。

【客户服务】 运营条线以“提升客户感知为中心，以增强客户体验树品牌”，积极开展服务品质提升活动，强化技术支持，创新服务手段，提高服务效率，启动云助理、E 保障、95519 客户在线小微助理和铜川国寿实名认证的公众微信服务平台，客户在家就能保单借款、更改资料。做好销售节点支持，全面推广综合柜员制，优化理赔保全工作流程，提高服务效率，非调查案件当日结案率提高至 99.8 %。改善临柜客户体验，完善客户信息收集，做到颗粒归仓。

中国人民财险保险公司宜君支公司

经　理　杨振军

副经理　余亚宁（女）

【概况】 中国人民财产保险股份有限公司宜君支公司是国有控股的中央直属企业，经营范围包括财产保险、责任保险、意外伤害保险、短期健康保险、保证保险业务，经中国保监会批准的其他保险业务。公司共有职工 12 名。2018 年，实现保费收入 1416 万元，同比增长 29.93%，其中车险保费收入 691.3 万元，农险保费收入 649.06 万元，其他险种保费收入 75.6 万元。

【承保业务】 除车辆保险外的财政补贴险种。一元民生保险（附加意外伤害保险），承保全县 94172 名城乡居民，保费 94172 元；家庭平安保险（治安保险），承保全县 31346 户城乡居民，保费 63692 元；政策性农房保险，全县 3647 户建档立卡贫困户，保费 72940 元；校园方责任险，承保全县 8689 名在册学生，保费 69512 元；政策性小麦保险，承保全县 16010 亩，保费 240150 元；政策性玉米保险，承保全县 255383 亩，保费 4545817.4 元；玉米期货保险，承保 60000 亩，保费 1710000 元；苹果期货保险，承保 57.14 亩，保费 60129 元 。

【险费理赔】 2018 年，赔款总额 381.02 万元。其中，车辆保险赔款 264.66 万元，农险赔款 97.68 万元，其他险种共计赔款 18.68 万元。财政补贴险种赔付情况：2018 年 1 月，赔付 2017 年承保政策性玉米保险赔款 10.92 万元；8 月 21 日，彭镇地区发生暴雨天气灾害，9 个村 532 户 3511.84 亩玉米受损，棋盘镇迷家河村、棋盘村 23 户 24.2 亩玉米受损；宜阳街道黑家河村 45 户 319.8 亩玉米受损。受灾时，玉米正处在灌浆生长期，经鉴定核定 532 户 3511.84 亩玉米不同程度受损，总计理赔 620356.17 元。1 月 12 日，赔付 2017 年承保政策性苹果保险赔款 13.72 万元；2 月 8 日，现场赔付 26 户贫困户苹果期货保险赔款 9.4 万元。其他险种赔付情况：一元民生保险赔付 2.9 万元；家庭平安保险赔付 0.29 万元；校园方责任险赔付 15.49 万元；能繁母猪赔付 1.6 万元。

【网点建设】 2018 年，新增设两个三农营销服务部，分别设在棋盘和五里镇。棋盘三农营销服务部已全面建成营业，五里镇三农营销服务部筹建中。

教育·科技·体育

教　育

教育科技体育局

局长　李延生

党工委副书记　冉红卫

副局长　姜军龙

　　　孟小军

教育督导室主任　王翠云（女）

副主任　郭妮妮（女）

【概况】 2018年，宜君县教育科技体育局、以办人民满意教育为目标，紧紧围绕“立德树人”根本任务，持续加大教育投入，办学条件得到极大改善，校园管理水平全面提升，教育扶贫精准实施，教育教学质量稳步提高，科技创新工作成效明显，群众性体育活动蓬勃开展，全县教育、科技、体育事业呈现出良好态势。局机关现有行政编制14名（含督导室3名），设办公室、计财股、基教股、德育股、人事股、职成教股、校建办、科技股、校车办、学前教育股、信息宣传股、教育扶贫办、党建办、营养股等14个职能股室和1个政府派出机构（督导室）。局属事业单位7个（教研室、电化教育中心、考试管理中心、学生资助管理中心、三集中业余体校、青少年校外活动中心、科技开发中心）。2018年，全县有学校36所，其中普通高中1所（含职业教育）、初中6所（含九年一贯制1所），小学15所（中心小学11所，完全小学1所，教学点3所），幼儿园14所（县城4所，乡镇10所）；在校学生8900名，教职工1032名。2018年，宜君县被陕西省科学技术厅授予“陕西省科技特派员工作组织管理先进县”，被陕西省教育厅授予“陕西省学生营养改善计划管理工作示范县”；宜君县教育科技体育局被陕西省教育厅授予“2018年度‘全面改薄’工作先进集体”，被市委、市政府授予“2013年—2016年度全市社会治安综合治理先进集体”和“2018年度脱贫攻坚先进集体”，被市委依法治市工作领导小组办公室授予“谁执法谁普法”“工作示范单位”和“法治示范单位”，被市教育局授予2018年度全市教育系统“综治维稳安全工作先进单位”“学生资助工作先进单位”“教育财务工作先进单位”“教育脱贫工作先进集体”。

【党建领航】 2018年，宜君县教育科技体育局党工委按照“一校一品，整盘推进”思路，以学习贯彻党的十九大精神为主线，以提升学校支部“组织力”为核心，加强宜君县教科体系统党的建设，打造党建先锋集群，办人民满意教育，为宜君教育事业优质均衡、快速发展提供坚强有力的组织保障和人才支撑。召开“党组织书记述职评议会”“党务干部培训会”“局工委班子冯新柱案‘以案促改’专题民主生活会”“七一表彰会”“2018年秋新任命校园长、股长集体谈话会”。开展“不忘初心 牢记使命”“强化纪律刚性约束 时刻绷紧纪律之弦”主题教育、“党工委理论学习中心组扩大会暨‘周三夜校’”学习教育、“党员政治生日”“党建引领抓教学 追赶超越提质量”主题活动，扎实推进“基层党建工作‘百日提升’”“弘扬爱国奋斗精神 建功立业新时代”活动。

【学前教育】 以第三期学前教育行动计划、幼儿园等级创建和第三轮“316工程”教育督导评估为抓手，开展精品课例评选展示、学前教育宣传月宣传、“小学化”专项治理、首届保育员技能大赛等活动；云梦乡中心幼儿园创建成市级示范幼儿园，彭镇中心幼儿园创建成市级一类幼儿园，太安镇中心幼儿园、第三幼儿园创建成市级二类幼儿园；全县14所公办幼儿园普惠性幼儿园占比达到100%。

【义务教育】 以国家义务教育均衡发展复验为重点，推进全县城乡义务教育一体化进程，推行义务教育免试就近入学，依法保障适龄儿童、少年接受义务教育的权益，划定各校招生范围，规范招生入学程序，实行阳光招生；按照《宜君县中小学幼儿园教育质量提升工程实施方案》和《铜川市义务教育学校两项常规评估标准》，提升教师素质、打造高效课堂、加强教研教改，提升教学质量，中考成绩继续位居全市第一。第一中学、棋盘镇中学、彭镇中学、太安中小学4所学校名列全市前十名。2018年，国家督导组对宜君县“城乡义务教育一体化改革发展工作”进行了专项督导。

【高中教育】 帮扶成效初步显现，2018年高考一本上线5人、二本上线12人、本科上线40人，实现并校以来新突破。2018年6月30日，启动西安83中与县高级中学第二轮帮扶工作。10月17日，高级中学顺利通过省级标准化高中评估验收。

【师资队伍】 通过特岗教师、事业单位招考共招聘教师84名，交流轮岗31人，缓解教师老龄化、结构性缺编、体音美教师配备不足问题。县委、县政府召开教师节庆祝表彰大会，表彰首届名教师10名、名校长3名，2018年优秀教育工作者62名；落实乡镇教师每人每月津贴400元，农村支教教师每人年均补贴2万元。2018年培训教师1628人次，评选出县级教学能手20人，市级教学能手6人，省级教学能手1人；第五批省级学科带头人培养对象1名。1名教师被推荐为陕西省第十一批特级教师拟评人选。棋盘中学被评为“陕西省师德建设先进集体”，实验幼儿园被评为“铜川市师德建设先进集体”。

【教研工作】 立足全县教育教学实际，立足课程改革，以优化教学过程管理为主线，提高课堂教学效益，提升教研员专业素质。全年常规调研下乡人均32次，人均听课60节，执教示范公开课6节，报告18次；加强中考复课备考，进行复课调研。重视学生动手操作能力，160名高中学生参加学业水平加试理化生实验考试，605名初中毕业生参加实验操作考核。组织学生参加各类竞赛，19人参加全国生物联赛陕西赛区预赛，12人进入决赛；15人参加全国数学联赛陕西赛区预赛，2人进入决赛，1人获得省级三等奖。强化课题研究管理，提高教师科研水平，共申报省教育学会课题13个，立项13个，省教科院规划课题5个，立项5个；市级课题10个，立项10个。县级课题立项59个，结题45个。教育教学成果丰硕，474篇论文参评，其中151篇论文在省教育学会优秀论文成果评选中获奖，154篇论文在县级论文评选中获奖。

【德育工作】 落实“德育为先、立德树人”根本任务，积极参与“崇德尚善·翰墨铜川”中小学德育行动计划，认真学习贯彻习近平总书记给照金北梁红军小学的回信精神。通过讲座、国旗下演讲、研学旅行等形式，开展“传承红色基因 争做时代新人”“扣好人生第一粒扣子”“我们的节日”系列教育实践活动，引导学生树立正确人生观、世界观和价值观。创建全国未成年人思想道德建设先进市和创建全国文明城市，开展“中国梦·爱国情·成才志”中华经典诵读活动、第四届中小学汉字书写大赛及中国梦、核心价值观系列活动。棋盘镇中学李新颖同学荣获“全国十大最美孝心少年”。高级中学、第二中学分别创建成市、县级德育品牌学校。

【安全管理】 全面落实校园安全管理“1531”工作要求，定期开展校园及周边治安综合治理整治行动，聚焦“三项攻坚”行动，对校车安全进行全面排查、综合整治；开展“大督查大整改大提高”专项活动，全面推行学校食堂“明厨亮灶”，落实学校食品安全主体责任，确保师生“舌尖上的安全”；开展学校防火、防震等应急演练，提高师生安全防范意识。五里镇中心小学创建成省级平安校园，实验幼儿园创建成市级平安校园，高级中学创建成市级“十个没有”平安校园。

【项目建设】 2018 年，完成固定资产投资 4583 万元，招商引资 2500 万元，争取中、省、市项目资金 6231.9 万元，储备高标准项目文本 9 个。太安中小学、云梦乡中心幼儿园、棋盘镇中心幼儿园、西村中心幼儿园和第三幼儿园 5 所新建园校建成投入使用。高级中学体育馆完成主体建设任务，雷塬中心幼儿园、县二中综合楼、恒大小学教学综合楼均已封顶。全县 33 所学校安装 36 套直饮水设备；累计投入资金 1230 万元，对全县 18 所寄宿制学校浴室进行改造，22 所学校安装太阳能设备 135 套，全县学生喝上了净化水，洗上了热水澡。

【教育扶贫】 落实控辍保学“七长”责任制，层层签订《目标责任书》；落实周报告制度和动态监测机制，对 21 名不能随班就读的特殊教育对象，共开展送教上门 189 次，完成全县贫困退出义务教育有保障认定工作，全县义务教育段无辍学学生、无大班额现象。严格落实省市县教育资助政策，落实各项教育补助资金 114.6 万元。为 217 名大学新生（其中建档立卡学生 44 人）资助 64 万元；为 909 名学生办理生源地信用助学贷款 610.4 万元，全县无一名贫困家庭学生辍学。抢抓帮扶机遇，借助西安邮电大学、中国人民银行、江苏大丰区捐赠 129 万元资金，购置教学设备、开展助教培训和资助贫困学生。

教育督导

【督导评估】 制定《宜君县第三轮“316 工程”质量提升教育督导评估实施方案》，对校（园）长和业务人员进行培训，聘请专家马志华、李雯与督导室干部组成“316 工程”过程督导组，对 14 所幼儿园进行过程督导，形成《督导报告》，各幼儿园建立整改台账；14 所幼儿园完成了办园行为网络自评工作。12 月，对 14 所幼儿园进行正式督导评估，召开督导反馈会，形成《督导报告》，印发全县幼儿园，进一步规范办园行为，提升办园水平。

科　技

【科技项目】 申报省级项目 5 个，组织实施“宜君县科技扶贫示范村建设”省级项目，推广应用地膜马铃薯高产栽培技术，发挥示范引领作用。

【专利申报】 申请发明专利 6 件，授权 2 件；科技成果转化成效显著，在第二十五届杨凌农高会上获后稷特别奖 2 项、后稷奖 4 项。

【科技扶贫】 开展各类科技培训服务 15 期，培训农民 2000 人次，发放宣传资料 3000 余份，示范推广新品种 8 项、新技术 5 项，建立科技示范基地 3000 亩。

【平台建设】 陕西玉华酒业有限责任公司、

宜君县农林工具制造厂、宜君县绿川农业综合开发有限公司、陕西益丰源农林科技开发有限责任公司4家企业被认定为省科技型中小企业，宜君党参科技示范基地被省科技厅确定为陕西省药用植物科技示范基地。科技特派员陈金海被评为“陕西省优秀科技特派员”。

体　育

【设施建设】 2018年，新建项目：宜君县高级中学体育馆、宜君县太安镇笼式篮球场、福地湖汽车营地项目、水上乐园项目、彭镇魏长城军事体验迷宫等。全县已有115个行政村建成健身广场并安装健身器材，覆盖率达到96%。

【体育运动】 开展“发展体育运动 增强人民体质 同心共筑中国梦”全民健身活动，举办第三届中小学生足球赛、第十一届中小学生运动会及“石化杯”第五届业余篮球赛，组队参加铜川市老年人太极拳（剑）交流会，铜川市中小学“体彩杯”乒乓球赛和篮球赛。

宜君县高级中学

校　　长　杨伟峰
党支部书记　姜赵军
副 校 长　王智全
　　　　　张雪玲（女）
　　　　　颜学功
　　　　　荀亚琴（女，2018年8月任职）

【概况】 宜君县高级中学位于宜阳北街文化西路，占地39097平方米。在校学生608名。有教职工96名，其中研究生学历9名，高级教师38名。学校坚持“为学生终生发展奠基，为教师专业成长筑路”办学理念，细化学校管理，提升办学水平。2018年，被铜川市教育局、铜川市综治办评为铜川市“新时代‘十个没有’十星级平安校园”。

【师资建设】 西安市第83中学派2名教师来宜君县高级中学支教，其中1名被县教科体局聘为学校副校长，县高级中学选派4名青年教师去西安市第83中学跟岗学习培训。7名教师参加清华大学基础教育培训，组织200余名教师参加个省、市、县级各类培训。

【招生工作】 学校班子成员和党员教师，主动前往学生家中推介学校，解读招生有关规定，录取新生230名，其中外县区学生106名，完成年度招生任务。

【帮扶办学】 组织实施陕西省“普通高中帮扶办学”项目，积极主动成效显著，6月30日，省教育厅在宜君县召开“全省普通高中帮扶办学工作座谈会”，高度肯定了宜君县高级中学帮扶办学所取得的成绩。10月17日，宜君县高级中学通过陕西省标准化高中验收。

宜君县第一中学

校　　长　白小勇
党支部书记　胡文忠
副 校 长　许新强
　　　　　周世雄
　　　　　冯　韡（女）

【概况】 宜君县第一中学学区包括：哭泉镇、宜阳街道、太安镇东部地区。教职工120名，其中本科学历110名，专科学历9名，中师学历1名；专业技术职务118名，其中高级教师32名，一级教师57名，初级教师29名，专任教师合格率100%。在校学生805名，其中女生428名。设3个年级，18个教学班。2018年，综合考核位居全市第二、全县第一。学校党支部被铜川市教育工委、市教育局授予“基层党建示范点”，被县教科体局工委授予“先进党支部”。

【教学活动】 依托苏陕教育帮扶，与帮扶副校长杨学兵开展“同课异构”课堂交流以及“苏陕教育帮扶语文沙龙”活动、听取《让学引思课堂的生成》教研报告，更新教师教学理念。邀请省级教学能手张改霞作《赛教若能抓住细节，化茧成蝶定在明天》专题讲座；特邀省级学科带头人于红梅、陈茹老师来校送教，推动学校教研工作开展。4 月 3 日，校长白小勇带领学校管理人员、优秀班主任、骨干教师赴西咸新区蒋刘中学交流学习，更新管理理念，提升教研能力。暑假开展为期 3 天培训活动，提升教师的教育教学能力和专业素养，开展第六、七届高效课堂赛教活动，三名教师被评为校级“教学能手”。9 至 10 月，与乡镇五所中学开展“同课异构”交流活动，参加教师 34 人次。促进校际交流活动深入开展，发挥县域内连片教研，共同提升带动辐射作用。

【德育活动】 制定“以德育教育为引领、以课堂教学为阵地、以习惯养成为主线、以社团活动为平台”德育工作体系，开展首届“魅力主题班会展示”“班级内涵文化展示”“快乐假期，多彩体验”寒假作业展评活动，举行“创建自主管理示范班活动启动仪式”，举办“第六届科技节暨社团展演”活动，提升学生综合素质和学校内涵发展，推动校园文化建设。召开“真诚沟通·共育未来”主题家长会，邀请中科院“儿童发展与教育心理学”专家薛敏进行讲座辅导，增强学校和家长互动与沟通。邀请全国青少年普法专家、全国法制宣传教育模范、陕西“三秦父母大讲堂”专家，为七年级新生讲授“法制安全第一课”。开展“小手拉大手，宪法进万家”宪法宣传进校园活动以及“防灾减灾应急演练和消防知识”培训等，增强学生遵纪守法的意识和自我救护能力。12 月 26 日，大丰金融系统资助宜君县贫困学生捐赠仪式在宜君县第一中学举行，为贫困学生捐赠爱心资金 58800 元。举办宜君县第一中学“辉煌四十年，奋进新征程”元旦文艺晚会。

【党团工会】 校党支部“以党带团”创建特色，积极开展各项活动助力学校发展。校团委开展“学雷锋树新风青春共筑中国梦”主题系列活，3 月 15 日，团县委联合樊登读书会铜川分会在学校开展“读书伴我成长好书点亮人生”书友会第四期：青春——成长，激励学生“读书成就梦想”志趣。举办“共读梁家河，同心跟党走”和“感悟总书记回信，做新时代好少年”主题团日活动，坚定学生同心跟党走，争做时代好少年的信念。9 月 30 日，举办“保护生态环境，爱我绿水青山”主题第 4 届 20 公里远足活动，增强学生节约用水和环境保护意识。组织党员团员赴照金革命纪念馆和照金薛家寨革命旧址参观学习。举办“我的初心，我的中国梦”迎国庆师生演讲赛和“第二届党员示范课”。召开退休教师欢送会。

宜君县第二中学

校　长　雷晓虎

副校长　杨耀强

　　　　郭战强

【概况】 宜君县第二中学位于五里镇北街，始建于 1956 年，学校占地面积 42688 平方米，建筑面积 11139 平方米。在校学生 192 名，设 6 个教学班，教职工 41 名，专任教师 40 名，本科学历 39 名专科 2 名。学校坚持“学生发展，教师发展，学校发展”办学理念，规范学校管理、完善基础设施、加强师资培训、打造学校特色、提升校园文化。学校功能部室齐全，教学设施完备，新建综合教学楼、报告厅主体封顶。

【队伍建设】 制定教师素质提升方案、教师读书方案和教师培训计划等。建立青年教师、骨干教师、新任师成长档案，以老带新，结对互助。

组织校本培训和校本教研，参加县级教学能手评选，大练基本功，提升教师理论水平和业务素质。

【德育工作】 实施“校园绿化美化，德育工作品牌化、校园信息化、校园安全化”，营造良好德育氛围。加强师德教育、加强班主任队伍建设和团队建设，夯实德育基础。抓学生养成教育，开展“争当文明团员”“学雷锋，见行动”“感师恩”“爱我中华”和“祭扫雁门英雄、缅怀革命先烈”，参观“红宜县委”等系列教育与“红色研学”旅行活动。

【教学工作】 按规定开齐课程开足课时，开展课程改革，教师把“备”的重点放在对学生了解和教材的分析上、把“教”的重点放在学法指导上、把“改”的重点放在分层要求分类提高上、把“导”的重点放在学生心与思想疏通上、把“考”的重点放在学生自学能力和创新能力培养上、把“评”的重点放在学生综合能力提高上，打造高效课堂，形成二中教学特色。强化质量管理，建立课堂教学常规制度，以年级管理为中心，开展“同课异构”教学活动，促进教学质量全面提升。

彭镇中学

校　　长　赵永建
党支部书记　赵福强
副校长　陈建民
　　　　查建立（2018 年 8 月任职）

【概况】 彭镇中学位于宜君县彭镇偏桥村，始建于 1969 年，占地面积 7869 平方米。在校学生 159 名，女 79 名；教职工 32 名，其中本科学历 28 名，大专学历 4 名；高级教师 9 名，一级教师 15 名，二级教师 8 名。2018 年，学校先后荣获宜君县第四届中小学规范汉字书写大赛初中组一等奖、宜君县“学校食堂管理先进单位”。

【队伍建设】 专任教师积极参与各类培训达 90 人次。开展教学能手评选活动，语文教师白文华荣获市级教学能手。加强师德建设，2 名教师被评为“最美教师”。

【安全管理】 定期对校园周边进行安全排查，组织师生开展消防安全、防暴安全演练。加强食品安全工作，校园实现视频监控全覆盖。

棋盘镇中学

校　　长　张建武
党支部书记　郝百合
副 校 长　刘宽红
　　　　范宝宝（2018 年 8 月任职）

【概况】 棋盘中学有在编教师 43 名，其中本科学历 37 名，专科学历 5 名；高级教师 9 名，一级教师 15 名；在校学生 225 名，设 6 个教学班。2018 年，学校先后荣获陕西省师德建设先进集体、铜川市法治示范学校、宜君县第四届中小学规范汉字书写大赛（初中组）第三名、宜君县第十一届中小学生届田径运动会团体总分第三名；中考质量综合考核位列全市第四名、全县第二名；市级语言文字规范化示范学校创建工作顺利通过评估验收。

【基础设施】 改善硬件设施，营造优美环境，新建报告厅、浴室已交付使用；加固学校围墙，更换改造用电和网络线路。安装净水机 1 台，班级、办公配备饮水机室 1 套；修剪补栽校园内树木。

【师资建设】 发挥党支部战斗堡垒作用，加强党员思想教育和作风建设，强化青年教师爱岗敬业的奉献精神教育。召开教代会，推行校务公开，强化主人翁意识。将教师年度考核与师德考核相结合，实行一票否决制。制定教师培训计划，鼓励教师积极参加学历提升和国培、省培等继续教育，加强信息技术应用能力培训，提高教师现代教育技术应用能力。2018 年，教师参加县级以上业务培训总计 133 人次，培训合格率 100%。

【德育工作】 严格升国旗制度，重视国旗下演讲。聘请法制副校长，学初、期中、期末集中开展法制教育讲座，对学生进行预防毒品知识宣传，了解国家有关禁毒法律法规，组织学生进行网上禁毒知识答题。弘扬“五四精神”，纳新团员，观看《开学第一课》和爱国主义电影，写心得体会和观后感，举办“我看改革 40 年”主题诗歌演讲比赛。

【教研工作】 有计划有专题开好每月一次教研组长会，解决教育教学中的疑难问题。开展教学研讨，构建高效课堂。以“四课”（汇报课、研讨课、展示课、竞赛课）为抓手，加强“听、说、评”教研活动。建立校本研修长效机制，设立六个教研组，负责落实校本研修工作，2018 年，校本研修课题结题市级 1 个县级 2 校级 9 个，新立项 10 个。教师教育教学科研论文荣获省级三等奖以上 3 篇，获县级奖 10 余篇。

【安全管理】 制定《安全工作检查制度》《学生安全教育制度》《疾病防控制度》等十项制度，实行领导、教师轮流值班制。开展防溺水、防火、防震、防病、防触电及交通安全方面主题教育和演练。严格门禁制度，对出入校园的外部人员进行证件查验和登记。安装视频监控，实施全天 24 小时监控管理。健全制度，食品安全工作由专人负责。

尧生中学

校　长　张军锋（2018 年 3 月任职）

副校长　王　宏

【概况】 宜君县尧生中学是宜君县东部塬区一所初级中学，始建于 1973 年，占地面积 11716 平方米，建筑面积 4138 平方米。现有教师 24 名，设 3 个教学班，在校学生 105 名。2018 年，学校坚持管理育人、教书育人、服务育人、环境育人，彰显德育为首，质量立校，全面发展总体要求，各项工作取得一定成绩。荣获铜川市“中国梦 爱国情 成才志”经典诵读三等奖、铜川市“法治示范学校”称号。

【教师队伍】 组织教师认真学习《教师职业道德规范》《教育法》《教师法》《义务教育法》《新时代中小学教师职业行为十项准则》，将师德师风建设纳入年度考核，提高教师法制意识，增强社会责任感。参加专业培训，教师素质不断提升。

【德育工作】 加强思想文化建设和校风建设。对学生进行爱国主义教育、集体主义、社会主义、思想教育和道德规范教育。组织开展学雷锋活动、道德讲堂以及社会主义核心价值观进校园活动。开展“中国梦”系列活动、感恩教育，播放爱国主义影片教育，评选美德少年、新时代好少年，不断创新主题教育活动形式和内容。搭建展示才华舞台，培养学生个性和特长，组织开展“向国旗敬礼”校园演讲、“童心向党”校园歌手大赛、《放飞科技翅膀 遨游宇宙世界》科技节、艺术节、体操比赛、趣味运动会、冬季远足、春季“红色研学”旅行等活动。

【考评制度】 依据职责、教学态度、教学工作量、教学能力和教学效果考核教师，定期进行教学常规检查，要求备课节数齐全，目标明确，过程详细；上课不迟到、不早退，空堂 5 分钟视为旷课，不做于教学无关的事；作业量适宜，批改及时认真。及时总结，对教师进行师德和年度工作考核。

太安镇中小学

校　　长　常　洁（女）

党支部书记　李小平

副　校　长　岳建莉（女）

　　　　　　刘东生

【概况】 宜君县太安镇中小学是一所九年一贯制学校，位于宜君县太安镇马坊村，是由原宜君县太安中学和太安镇马坊完全小学撤销合并后新建的一所学校。学校于 2018 年 8 月开始投入使用，占地面积 18668 平方米，建有教学楼、实验楼、学生宿舍楼、食堂、浴室、教师周转宿舍等，总建筑面积 10218.88 平方米。现有教学班 12 个，学生 355 名；有教师 42 名，高级教师 9 名，一级教师 19 名。2018 年获得陕西省“交通安全示范校”。

【师资建设】 2018 年，教师 60 多人次参加省、市、县级各类培训。举办专题讲座、素质教育大讨论、教师大讲堂活动，加强校本培。举办第九届教学能手评选和新进教师听评课活动，提升教师业务素质，提高学校自身造血功能。

【教育教学】 坚持规范常规管理、修订规章制度。严格执行国家课程计划，做到开齐课程、开足课时。坚持“科研兴教、质量立校”指导思想，将科研成果应用到日常教学之中，开展校本研修工作，增强教科研能力。课题研究结题市级 1 个县级 2 个校级 8 个，新立项校级课题 11 个。重视班主任队伍建设，举行班主任培训 4 次。

【学校安全】 安全工作措施得力、制度健全，防范措施到位。签订《安全目标责任书》，安全责任到人，每个月进行一次专项安全应急演练，全未发生安全事故。

【德育工作】 坚持“立德树人”教育理念，狠抓德育常规工作，举办德育序列主题教育活动，提高德育工作的时效性和针对性。根据学生特点，确定德育工作重点，七年级以“规范行为习惯”为重点，八年级以“自律、感恩”为重点。九年级以“法律、审美、理想信念”为重点。2018 年 5 月，荣获“陕西省慈善优秀学校”奖。

宜君县城关第一小学

校　长　韦　锋

副校长　田亚宁（女）

　　　　奚　霞（女）

　　　　田世龙（2018 年 3 月任职）

【概况】 宜君县城关第一小学位于宜阳北街兴宜路 4 号，始建于 1943 年，1980 年迁至现址，学校占地面积 9211 平方米，建筑面积 6949 平方米。设少队部、微机室、图书室、科学实验室等十二个部室。学校有教学班 19 个，在校学生 955 名，教职工 88 名。2018 年，学校围绕“办人民满意的教育”目标，以素质教育为着力点，优化德工作，细化教学常规，强化教育科研，围绕“注重党建引领，打造学校特色，提升教育品牌，促进学生发展”开展工作，成效显著。

【党建领航】 落实“三会一课”制度。月初召开支部会，讨论研究党建工作，每月召开一次党员大会，每季度举办一次党课。安排利用周三夜校、党员大会、教师大会等，组织学习十九大报告、习近平系列讲话精神以及习总书记给北梁小学的回信。学习中党员教师谈感言、写心得，做到学有所思、学有所获，提高认识、规范言行。党员教师公开党风廉政承诺书，观看警示教育片，提高廉洁自律意识。设立党员示范岗、优秀班主任岗、教学能手岗、最美教师岗、学科带头人岗、师德标兵岗，发挥党员教师示范引领作用。

【教育扶贫】 开展教育扶贫家访活动，利用 20 天时间，对 100 余名学生进行家访，宣传国家扶贫和资助政策，走访 116 名建档立卡贫困学生家庭对学生励志教育。开展“幸福成长 爱满教育”主题活动，建立贫困学生图书角。规定每名党员教师至少帮扶两名贫困生。

【师德师风】 坚持思想教育不放松，组织教师认真学习《教育法》《教师法》《义务教育法》《中小学教师职业道德标准》，对照《十不准》认真反思查摆问题，开展师德演讲比赛与征文活动，进行师德考核。开展业务培训，塑造师德形象，爱护关心学生，做学生知心朋友，不冷嘲热讽家长，严禁教罚和变相体罚学生。禁止教师私自为学生乱订教辅资料，进行有偿补课等。

【德育活动】 落实社会主义核心价值观“三进”要求，组织学生学习《中小学生日常行为规范》、学唱红色歌曲、进行爱国主义专题教育。利用班会、手抄报等形式进行社会主义核心价值观教育。加强安全法制教育，重视校园安全稳定工作，定期进行隐患排查整改。组织逃生消防防震演练和“青少年模拟法庭”演示。开辟第二课堂，拓展学生发展空间。

【教学工作】 制定《教学常规管理细则》《教学事故处理办法》，规范备课、上课、作业批改，实行年级组长半月检查、主任月检查、主管校长半学期检查的方式，督促教师完成阶段性教学内容。结合学情制定《教师质量考核办法》，促使教师对教学活动有准确定位和明晰目标，实现逐渐提高一个班级、一个年级教学质量目标。查漏补缺，保障质量。开展教学能手赛教活动、微课大赛、基本功大赛、常规课堂等展示活动，反思课堂教学，调整教学思路，提高教学能力。加大培训力度，转变教学理念，全年教师参加各级各类培训 80 人次，派出教师跟岗学习 30 名。

宜君县城关第二小学

校　　长　郝福强

党支部书记　黄　杉（女）

副 校 长　邢小艳（女）

【概况】 宜君县城关第二小始建于 1984 年，占地面积 8936.40 平方米，建筑面积 6087.06 平方米。有教学班 22 个，在校学生 1138 名；有教职工 71 名，高级教师 5 名，一级教师 56 名；本科学历 54 名，教师学历合格率 100%。2018 年，学校荣获省级德育工作“先进集体”、珠心算比赛一等奖；铜川市“标准化学校”“素质教育优秀学校”“规范汉字书写教育特色学校”；宜君县“教学质量先进集体”“目标管理先进单位”“校本研修先进集体”等荣誉称号。

【党建工作】 学习《党章》和习近平总书记系列重要讲话精神，开展“喜迎党的十九大，砥砺奋进的五年”“领会新思想，开启新征程——学习贯彻党的十九大精神”等专题学习。党建工作支部书记亲自抓，分管领导具体抓，支委成员一齐抓。召开党建工作会，将党建和廉政建设放在学校总体工作的突出位置。制定“两学一做”学习教育制度化常态化实施方案和任务清单，开展主题教育活动，增强党员政治意识、大局意识、核心意识、看齐意识和服务意识。

【教学工作】 坚持科研兴教、质量立校，发展学生兴趣，培养个性人才。成立足球队，旋风和雏鹰，以及乒乓球、电脑绘画、舞蹈、书法等兴趣小组，为学生提供自我展示发展空间，培养学生综合素质。举办英语抄报比赛、红色经典诵读、科技节展示，元旦作业展、禁毒知识竞赛活动，激发学生学习热情，丰富学生学校生活，规范学生书写习惯，增强学生对毒品的防范意识。

【学校管理】 明确办学方向，全面贯彻党的教育方针，把立德树人作为教育工作的根本任务，坚持德育为先，面向每位学生，促进学生全面发展，提高学生的综合素质。适龄儿童的入学率 100%。规范办学行为，严格执行财务管理制度，不乱收费，学籍档案专人管理。开展文体艺美活动，保证学生每天一小时的阳光体育锻炼时间，按规定开齐、开足所有课程，落实素质教育。教师自尊自律尊重，关爱学生。重视教师专业技能培养，保障 15%以上的公用经费用于教师培训。

【安全管理】 坚持教育与管理、治理与建设相结合，完善学校安全工作领导责任制和事故责任追究制，明确“谁主管、谁负责”安全管理原则。完善安全预警机制，实现校园监控全覆盖。配备保安人员，每月召开安全排查例会，分析解决校舍、交通、饮食、集体活动、流行型和爆发性传染病等遇到的问题，动态管理，及时防范，结合实际，制定各类应急预案，定期开展安全演练对学生进行安全教育，使学生掌握必要的自护常识。协同有关部门对周边环境进行治理，维护学校的正常教学和生活秩序，保证师生生命和财产安全。

【德育工作】 坚持德育工作导向，丰富载体创新方法，营造主题鲜明育人环境。以少队部为主体，以“两节一会”为载体，着力打造“灯火不熄照童心”市级德育品牌，开展猜灯谜、多彩假日、创新大赛、汉字书写大赛、珠心算大赛、红领巾相约中国梦、学生综合素质展示、文明礼仪我能行等具有民族传统文化特色系列活动。加强协同教育，成立家长委员会、家长学校，举办“家长开放日”、家长会、家庭教育讲座，建立“家校学习共同体”。开展红领巾小书虫、红领巾小创客、红领巾小健将、红领巾小百灵、红领巾小主人活动，设立“红领巾文明监督岗”“红领巾小交警监督岗”。

宜君县实验幼儿园

园　长　李彦伶（女）

副园长　吴娟娟（女）

　　　　王　静（女）

【概况】 宜君县实验幼儿园始建于2013年，占地面积2868平方米，建筑面积3598平方米，户外场地1820平方米。有教学班12个，在园幼儿417名。教师37名，其中高级教师1名，一级教师17名，二级教师19名。

【特色保教】 从幼儿身心发展需要出发，将绘本课程作为切入点，实施绘本教学。让孩子通过户外自主游戏打开探索之门，还原游戏天性，精心为幼儿创设大型户外红色走区游戏。开发四渡赤水河、强渡大渡河、飞夺泸定桥、险爬大雪山、再过大草地、激战腊子口、勇渡乌江水、延安大会师等特色游戏，培养幼儿运动和交往能力，以及意志品质。

【内涵环境】 重视挖掘环境教育价值，使一草一木，一砖一瓦都成为幼儿体验的载体，让环境成为会说话的“活”教材。以“宜人教育，君子文化”为课程发展目标，不请外援，自己动手，创设育人环境。增设非物质文化遗产——宜君面花，以课程为依托，让师幼观、听、做、品，培养幼儿动手操作能力，体验宜君文化厚重。

【教科研成果】 园本研修做到人人有课题，个个争能手。结题省级课题2个市级课题2个县级课题15个。全园汇编大中小班游戏载体六册，教学设计四册，教学论文四册。

宜君县第一幼儿园

园　长　许志民（2018年9月任职）

副园长　刘　洁（女）

　　　　李　翠（女，2018年8月任职）

【概况】 宜君县城关第一幼儿园位于宜阳中街42号，始建于1956年，占地面积905.24平方米，建筑面积1079平方米。在编教师30名，其中本科学历15名，大专学历15名；中级职称17名，初级职称13名；设大、中、小6个教学班，在园幼儿308名。2018年，保教保育工作成效显著，荣获省级教学新秀、市级教学能手、市级精品课例二等奖、县级赛教一等奖、县级优秀教育工作者，县级优秀教师各1。幼儿园名列全县目标管理考核第三名。

【党建工作】 用"双积分制"管理党员，坚持"三会一课"制度，开展讲党课、民主讨论、组织生活会活动，定时进行党员政治生日、应知应会测试、及时足额缴纳党费；规范党建档案，党建与教育教学相互融合，相互渗透，相互促进，实现"党建引领抓教学，追赶超越提质量"目标，促进党建工作再上台阶。

【校园安全】 做到校园安全认识到位、领导到位、措施到位。签订《安全责任书》，责任落实到人。幼儿园全体教职员工定期体检，持证上岗，幼儿入园均有健康体检证明和防疫接种证明，从源头上杜绝传染病或安全事故的发生。制定各种安全卫生保健制度和13个应急预案，安全卫生管理制度化。配有保安1人，实行24小时值班，定期对幼儿园设施进行安全排查，及时整改。实现监控全覆盖，安全通道畅通，灭火器数量充足，钢叉配备齐全，安全物防到位。全年，开展安全演练活动8次，增强师幼安全自救自护常识。

【家长工作】 注重家园合力，科学育儿，召开家长会，介绍幼儿班级情况以及学习内容和目标，让家长了解课程特点和幼儿园新动态。通过亲子运动会、家长半日活动开放日、绘本剧、元旦亲子游园活动等加深幼儿园与家长、幼儿情感沟通，更新家长教育观念。利用家长QQ群、微信群、电话家访、当面交流等形式，使家长了解幼儿在园学习、生活情况，让教师了解幼儿园外表现，家园共育，提高保教质量。

宜君县第二幼儿园

园　长　刘百玲（女）
副园长　孟小梅（女）
　　　　武　哲（女）

【概况】 宜君县第二幼儿园1987年建园，是一所市级一类园，占地面积1684.4平方米，建筑面积680平方米。教师24名，其中一级教师19名，二级教师5名；学历合格率为100%。设大、中、小6个教学班，幼儿252名。2018年，第二幼儿园坚持以保教质量为中心、教育科研为导向，重视常规教育，加强幼儿园内涵建设，各项工作取得较好成绩。4名教师参加论文评比获市级以上奖励，2名教师在县级赛教中获奖，1名教师被评为市级师德先进个人，1名教师被评为宜君县"先进教育工作者"。

【保教保育】 重视幼儿素质教育，开展形式多样的活动，培养幼儿良好的生活习惯和文明礼仪，促进幼儿身心健康发展。举行"六一儿童节"演出，为幼儿搭建展示自我舞台。进行逛超市、爬龙山、种植花草、春游秋游综合实践活动，举办器械操展示和秋季运动会。把好幼儿入园晨午检关，做好传染病预防控制。开展安全主题活动20次，健康主题活动18次，环保主题活动12次。

【家园共育】 召开全园性家长会2次，班级家长会4次，向家长宣传资助政策、幼儿疾病预防知识、幼儿安全监管、班级活动中需要家长配合相关事项等，让家长了解幼儿园情况，配合幼儿园工作。通过亲子游戏、手工制作、运动会以及家长开放日等活动，加深幼儿园与家长、幼儿的情感沟通。

【基础设施】 添置大型玩具一架，安装厕所隔断，粉刷活动室，安装吸音板布置墙，更换部分办公桌椅，配备置物架和玩具。

【安全管理】 健全规章制度，举办安全知识培训，定期不定期检查各类安全设施，加强重点场所及建筑设备管理，避免事故发生。实行班级安全检查上报制度，做到月月检查，及时整改。严格接送卡制度，切实做好幼儿来园离园的接送工作，做到"见卡放人"。严格落实门卫职责，来访人员一律登记，确保幼儿及教职工人身安全和校园财产安全。开展安全常识教育，组织全园幼儿进行应急安全疏散、防震、防踩踏、防火逃生等演练。

宜君县第三幼儿园

园　长　张延娜（女）

副园长　王　玲（女　2018 年 3 月任职）

　　　　黄晓云（女　2018 年 9 月任职）

【概况】 宜君县第三幼儿园位于宜君县西园小区内，始建于 2017 年 9 月，2018 年 3 月投入使用，占地面积 4342 平方米，建筑面积 2637.92 平方米；有教师 19 名，设大中小 5 个班级，在园幼儿 136 名。办园宗旨是“为宜君娃娃种下一生幸福的种子”。坚持以美育教，以爱育人，为幼儿打造充满书香、童趣的办园环境。获得县教科体局“316”督导检查获得优秀格次。建成“得县级文明单位”。

【校园活动】 举办庆“六一”文艺汇演、教师节表彰活动，开展班级环境创设比赛和防恐防暴应急演练。与尧生镇中心幼儿园、云梦乡中心幼儿园开展结对帮扶手拉手，联片教研共成长等系列活动。

卫生和计划生育

卫生和计划生育局

局　长　张晓军（拔头塬人）
副书记　毋秋娥（女）
副局长　强虎军
　　　　吴　龙

综合工作

【深化医改】 2018年，持续推进综合改革试点，制定《宜君县“十三五”深化医药卫生体制改革实施方案》，推行县级公立医院理事会制度，印发《宜君县现代医院管理制度实施方案》，推动医院管理日趋精细化。招聘、招考医学类本科生6人，专科生9人，组织680人次参加各级各类业务培训。推行分级诊疗制度，县域内就诊率达到90.16%，有效控制医疗费用。全年药品网上采购与结算共向配送企业结算货款44次1880.65万元。制定印发《宜君县医疗共同体建设和发展工作方案》，组建宜君县县域医疗机构综合医疗共同体和中医特色医疗共同体。

【健康扶贫】 先后召开健康扶贫会议13次，会同省、市卫计部门开展专项督导检查8次。使健康扶贫优惠政策和便民措施得到落实。全年新农合为贫困户住院报销3203人次1248万元，其中提高报销143.31万元；大病保险报销461人58.16万元；民政医疗救助3212人321.3万元，贫困人口住院合规费用报销80%以上。开展医疗专家咨询服务4轮，咨询服务9745人次；慢性病患者免费供药13729人次174.4万元。印发《疾病预防控制八大行动实施方案》，对八大行动分别制定了工作计划。贫困人口家庭医生签约服务实现全覆盖，推行“二级医院医生＋乡镇卫生院医生＋村医”服务模式，实现贫困人口全生命周期享有健康全程管理与个性化健康指导服务。

【公共卫生】 开展2017版《国家基本公共卫生服务规范》培训和“国家高血压防治管理指南”培训，提高居民知晓率和参与度。全县城乡居民健康档案累计建档90384人（建立电子健康档案90133人），建档率97.08%；65岁以上老年人免费健康体检摸底7016人，体检6136人，体检率86.9%；建立35岁以上人群门诊首诊免费测血压制度，对糖尿病人免费测血糖。全年高血压累计建档5735人，规范管理率93.18%；Ⅱ型糖尿病累计建档896人，规范管理率93.30%；严重精神障碍患者在册确诊累计建档433人，规范管理率92.15%。推广使用母子健康手册，完善和巩固婚前医学检查、孕前优生健康检查、产前筛查和诊断、新生儿疾病筛查等，开展适龄妇女免费“两癌”检查和“母女健康工程”，提升群众生殖健康水平。加大卫生监督执法力度，立案查处违法案件9起，罚款15260元；受理行政许可16宗，保持“零”投诉。开展内部稽查4次，抽查卫生行政处罚案卷3卷，许可案卷5卷。

【医疗服务】 全县各级医疗机构购置了《2018病历书写规范详解》和《医疗安全核心制度及案例精析》，保障医疗安全。制定印发《宜君县改善医疗服务行动计划（2018—2020年）实施方案》，开展改善医疗服务调查。并在全县医疗机构开展《全国护理事业发展规划（2016—2020年）》实施情况中期评估，获得省级优质护理先进个人1名、市级2名，市级优质护理先进科室1个。严格准入制度，为9名医师发放执业证书，进行电子化注册；对17家医疗机构法人和负责人完成变更注册；完成全县211家医疗机构执业许可证到期换证。

【中医药服务】 实施“名医带名科，名科促医院”中医特色建设，开展名中医评选，评选出宜君县第一届名中医5名。全县传统医学确有专长考试通过3人，中医医术确有专长人员医师考试通过2人。中医诊所备案，制定备案流程，完善备案制度，推动社会办中医，满足多元化中医服务需求。印发《宜君县“中医中药中国行—进社区、进农村、进校园、进家庭”活动方案》，发放适宜技术宣传资料14000余份。争取到西北农业大学中药材种植科技合作项目，制定《宜君县中医药产业发展奖补办法》，全县种植中药材30780亩，育苗1220亩，建成雷塬九寺村、五里镇白河村两个千亩中药材水肥一体标准化育苗基地。推行“公司＋合作社＋农户”模式，成立宜君县中医药健康产业发展有限公司。在下官庄建成中药材种植基地，为204户贫困户分红20.4万元；流转贫困户土地164.54亩，流转费16454元；农户务工收入28万元，贫困户务工收入5.5万元，人均2037元。

【基础设施建设】 2018年，完成县人民医院门诊综合楼及污水处理系统项目主体建设。对上年新建的43个村卫生室进行验收审计，为101个村卫生室统一更换制度牌。2完成17个村卫生室建设，完成固定资产投资5220万元，争取到位项目资金2064万元，完成药材种植招商引资2500万元，完成10家个人独资企业注册登记，新增限额以上商贸企业1户。储备项目5个。

【人口管理】 2018年底，全县总人口93931人，已婚育龄妇女14929人，出生788人（男401人、女387人），其中一胎342人、二胎412人、计生内多孩27人、计生外多孩7人，出生率8.38‰；死亡465人，死亡率4.94‰自增率3.41‰；符合政策生育率99.1%。全年办理一、二孩登记642人，再生育审批21人。符合奖励扶助条件693人，共发放资金108.24万元，奖扶对象个案上报率和奖励资金发放到位率均达到100%；为新增6户计生特殊困难家庭每户发放一次性补助金3万元；计生家庭新农合缴费补助4087户9851人19.702万元；独生子女保健费发放958人31.581万元。审批终止妊娠手术4例。全县有流动人口3882人，其中流入416人流出3466人。

爱国卫生

【农村环境】 按照《宜君县2018年农村环境卫生提升方案》要求，县财政累计列支2386万元，用于全县农村环境卫生综合整治。其中投入326万元，完善村级保洁队伍，投入专项资金1060万元，推进农村“厕所革命”，列支1000万元，用于农村环境卫生整治。结合“三堆六乱”专项整治和全县“五净一规范”的创建，评选出县级示范户187户，乡级示范户905户。累计清理“三堆六乱”垃圾 6783.1 吨，拆除土坯房 1131 户 3581 间，建垃圾填埋点 237 个，小花园建设 855 个，购置垃圾箱 2174 个，制作宣传牌匾 2340 个，制作村组标识 279 个，建晾晒场 75 个，栽植绿化树木 22.7 万余株，农村环境卫生得到明显改善。同时按照每月 500 元标准聘用农村卫生保洁员 344 名，每月 300 元标准聘用农村卫生监督员 350 名，实现 117 个行政村清扫保洁全覆盖。

【"厕所革命"】 按照"典型引领，示范带动，以点带面、整体推进"原则，在五里镇星星坡村、哭泉镇麻庄村、太安镇石楼村，云梦乡嵝峪村打造一批改厕示范村、示范户。县财政为农村改厕列支专项资金，按照每户 1000 元给予补助，推动农村改厕。3 月 15 日，召开全县改厕现场启动培训会，参会 76 人。各乡镇组织工匠开展改厕技术培训，确保工作质量。《双瓮漏斗卫生厕所使用管理注意事项》装订上墙，引导群众养成良好卫生习惯，做好卫生厕所管理。

【爱卫活动】 充分利用网站、广播电视、电视屏等载体，开展禽流感、手足口病、麻珍、艾滋病、肺结核、肝炎及禁烟控烟等防治知识宣传，提高群众健康知识率和健康行为形成率。举行第 30 个爱国卫生月主题宣传，发放各种宣传资料、画报 2000 余份。制定印发《宜君县 2018 年爱国卫生活动实施方案》，动员各单位开展环境卫生整治、对集贸市场、中小餐饭店、建筑工地、下水道等重点部位进行重点消杀，确保鼠、蚊、蝇、蟑螂的密度控制在国家规定的标准范围内。动员各单位开展卫生示范单位（示范村）的创建，使创造整洁、优美、文明、卫生的工作生活环境取得较好的成果。

疾病预防

【免疫接种】 2018 年，全县新生儿童 698 人，建卡、建证 698 人，建卡、建证率均为 100％。疫苗冷链运转 12 次。疫苗报告接种率分别为：卡介苗 98.21％，乙肝疫苗 98.56％（及时率 96.19％）、脊灰疫苗 98.59％、百白破疫苗 98.29％、麻风疫苗 98.78％、乙脑疫苗 98.44％、麻腮风疫苗流 98.79％、A 群流脑疫苗 98.09％、甲肝疫苗 98.27％、A＋C 群流脑疫苗 98.32％、白破疫苗 98.01％。对全县 19 所幼儿园和 15 所小学进行春、秋季查验接种证，应查验儿童 5549 人，实查验儿童 5549 人，查验覆盖率为 100％；持接种证人数 5545 人，应补证 4 人，已补 4 人；需补种儿童 147 人，实补种 147；应补种针次 212 针次，实补种 212 针次。完成基础免疫 1800 针次、加强免疫 1819 针次的流行性出血热疫苗接种；完成 2171 支乙肝疫苗补充免疫接种。

【健康教育】 结合卫生主题，开展宣传咨询及进校园等活动，印制资料 15 种，发放健康教育宣传资料 20000 份；播放音响资料 12 次；更换健康教育宣传栏 6 期，开展健康教育咨询活动 14 次，受众 10000 人次。在学校、厂矿、农村等开展"中国公民健康素养 66 条""预防春季传染病"知识讲座，录制播放"三减三健，迈向健康"节目，受众 3000 余人。健康知识调查 5 年级学生知识知晓率为 94％，行为形成率为 84.17％，基本技能掌握率为 83.33％。

【慢性病管理】 高血压管理 5735 人，规范管理 5344 人，规范管理率 94.18％；血压控制 4484 人，控制率 79.19％。2 型糖尿病管理 896 人，规范管理 836 人，规范管理率 93.3％；血糖控制 606 人，血糖控制率 67.63％。严重精神障碍疑似患者筛查 585 人、诊断复合数 465 人，累计建档 454 人、在册患者 415 人，报告患病率 4.5％；规律服药 142 人，规律服药率 32.87％；病情稳定 384 人，稳定率 96.97％。

【结核病防治】 全年确诊肺结核病人 58 例，登记管理 58 例，管理率 100％。辖区内应转诊病人 59 例，（包括追踪病人 1 例），实际转诊 59 例，转诊率100%。新涂阳患者18例，涂阳比例36%，涂阳肺结核患者密切接触者筛查率达95%。县级实验室建设合格率达到100%，应查痰人数348人，实查痰325人，查痰率93.39%。基层医疗卫生机构肺结核患者规范管理率达到90%以上。跨区域流动的肺结核患者信息反馈率90%。全年报告艾滋病11例，结核病筛查10例，筛查率90.9%。对全县6所初中、1所高级中学、12所中心小学、18所托幼机构及教职工进行筛查，初高中新生筛查811人，筛查率99.5%。筛查出弱阳性40人，阳性2人；教职工筛查1096人，筛查率96.73%。筛查出弱阳性74人，阳性7人，强阳性7人；托幼机构和小学进行症状筛查，共筛查4304人，筛查率99.72%，有卡痕的人数4029人，卡痕形成率93.61%。对筛查出的阳性人群去定点医院复查后，无确诊患者。

【传染病及疫情】 2018年，报告乙、丙类传染病390例，发病率419.31/十万。其中乙类传染病126例，发病率135.47/十万；丙类264例，发病率283.84/十万。全县3个VCT监测点按住址统计HIV/AIDS共10例（病人6例，感染者4例）；对137名外来务工人员进行宣传、咨询和健康教育等干预活动；完成1124人自愿检测咨询，均为阴性；对71名羁押人员进行采样检测，结果全部为阴性。针对宜君县城关第二小学水痘疫情，采取果断措施，按照应急接种程序进行应急接种，使疫情在短时间内得到控制。

【水质检测】 4—10月，对全县6镇1乡1个街道117个行政村，集中及分散供水共450份水质进行检测，检测结果全部合格。每季度对县城水质（水源水、出厂水和末梢水）进行检测，结果全部合格，水质结果水务局网上予以公示。

地方病防治

【碘缺乏病防治】 采集盐样315份，其中学生210份、孕妇105份，学生样本合格204份、不合格6份；孕妇样本合格101份、不合格4份，无非碘盐，碘盐合格率91.19%。对全县5所小学2010名8—10岁学生进行甲状腺触诊检查。检查出甲状腺肿3例（均为Ⅰ度），样本肿率为1.43%；加权甲肿率1.14%。尿碘采集8—10岁学生尿样210份，尿碘中位数214.35ug/L。采集孕妇尿样105份，尿碘中位数159.90ug/L。新生儿TSH收集188人，异常4人，异常率2.13%。结果表明达到持续消除碘缺乏病国家标准。

【布鲁氏菌病防治】 完成10份重点职业人群干预任务，筛查结果为阴性。职业人群摸底调查1134人，其中家庭成员1105人，雇工4人，其他25人，未发现阳性结果。对1例布鲁氏菌病例完成流行病学调查、建档、督导治疗等规范管理。对其居住环境进行消杀，对全组村民进行病例搜索，患者家属及其密切接触者进行随访调查。重点人群进行实验室检测，结果均为阴性。

【克山病调查】 在哭泉镇麻庄村采集3—14岁儿童、育龄妇女、成年男性发样各10份；主食粮样3种，每种10份；混合土壤10份。检测结果发碘水平范围值为0.09—1.84mg/kg，中位数0.65mg/kg；粮碘含量范围值为0.00125—0.041mg/kg，中位数0.015mg/kg；土碘含量范围值为0.011—0.77mg/kg，中数为0.1295mg/kg。

【大骨节病调查】 在病区云梦乡县口村，粮食采样60份，土壤采样10份，发样采集6—12岁儿童发样30份。食用最多的主食种类为面。检测结果：法硒水平范围在0.13—1.46mg/kg，中位数在0.655mg/kg；粮碘含量范围在0.00125—0.043mg/kg，中位数0.073mg/kg；粮真菌毒素含量范围在57.42—69.57ug/kg，中位数为65.94ug/kg；土样碘含量范围在0.004—0.28mg/kg，中位数0.105mg/kg。非病区村太安镇马坊村粮食采样60份，土壤采样10份，发样采集30份。检测结果：发硒水平范围在0.17—1.93mg/kg，中位数 1.025mg/kg；粮硒含量范围在 0.00125—0.1mg/kg，中位数 0.0183mg/kg；粮真菌毒素含量范围在 63.87—76.16ug/kg，中位数 68.73ug/kg；土样硒含量范围在 0.004—0.24mg/kg，中位数 0.0745mg/kg。大骨节病现症病人 2764 人（I 度 785 人、II 度 904 人、III 度 75 人）。

妇幼保健

【健康管理】 制定《宜君县孕产妇和 0—6 岁儿童健康管理服务实施方案》及《目标责任考核细则》《项目资金管理使用细则》等配套文件。全年有产妇 723 人，系统管理 713 人，管理率 98.03%；高危妊娠 308 人，高危管理率 100%。住院分娩活产 727 人，住院分娩率 100%。0—6 岁儿童 6272 人，保健管理 6158 人，管理率 98.18%。3 岁以下儿童 3131 人，系统管理 3057 人，管理率 97.64%，5 岁以下儿童死亡 1 人，死亡率 1.38‰，无婴儿和新生儿死亡，无孕产妇死亡和新生儿破伤风病例发生。

【预防神经管缺陷】 制定《出生缺陷防治项目实施方案》，对医疗机构相关人员进行业务知识培训。并与民政部门联手，在办理结婚登记时，为新婚夫妇发放叶酸片，使新婚及早孕人群及时领取小剂量叶酸片。叶酸服用对象有 782 人，服用 777 人，发放叶酸 3234 瓶，叶酸服用率 99.36%，叶酸服用依从率 82.75%，知晓率 98.67%。

【新生儿疾病筛查】 2018 年，启动新一轮新生儿疾病筛查，全县助产机构活产 353 人，新生儿疾病筛查 337 人，筛查率 95.47%，听力筛查 341 人，筛查率 96.6%。

【技术服务】 做好计划生育节育技术、优生优育等服务，发挥门诊职能作用，开展出生缺陷干预、新婚夫妇免费婚检和孕前优生健康检查等优质全方位服务。实施各项手术 33 例，其中：三查 26 例；取环 3 例；取皮埋 3 例；上环 1 例。

【孕前优生健康检查】 宣传优生健康检查，逐级培训三级保健员。全年检查 674 对，1348 人，完成任务的 103%。检查出高危人群 89 人，血糖异常 22 人，促甲状腺素异常 48 人，血常规异常 82 人，尿常规异常 55 人，肝功异常 22 人，肾功异常 3 人，梅毒阳性 6 人。对查出高风险夫妇进行指导，并提出相应预防治疗措施。

【“两癌”筛查】 全年宫颈癌应查 4500 人，实查 4506 人，完成 100.13%，查出宫颈癌 1 人。乳腺癌应查 4500 人，实查 4553 人，完成任务的 101.18%，查出乳腺癌 2 人。

卫生监督

【公共场所】 2018 年，全县有公共场所 50 户（新发 16 户），其中住宿场所 18 户、美容美发场所 28 户、沐浴场 2 户、其他场所 2 家。持有从业人员健康体检合格证 153 人，培训 153 人，从业人员健康证持证率达到 95% 以上。监督抽查对象 94 家，合格率为 99.47%。对 50 家公共场所进行量化分级管理，量化管理率达 100%（B 级 2 家）。开展公共场所日常监督和卫生执法检查 108 店次，其中限期改进 24 家，对违法经营的 7 家进行立案处罚，罚没金额 10000 元。加强监督执法力度和技术指导，规范公共场所的卫生管理，公共用具、用品的消毒、微小气候的卫生质量得到提高。

【医疗机构】 全县 10 家乡镇卫生院均实行零报告制度，设立打击非法行医监测哨点 169 家。辖区内，一起非法医疗美容案件已立案处罚。开展依法执业自查工作，对 33 家医疗卫生单位进行了评定。通过现场检查评定，2 家医疗机构被初评为 A 级单位；30 家被评定为 B 级单位；1 家被评定为 C 级单位。对全县 94 家医疗卫生机构传染病防治分类监督综合评价，7 家医疗卫生机构被初评为传染病防治优秀单位，35 家为合格单位，2 家为重点监督单位，参评率 22%。对一家医疗废物未登记的医疗机构进行立案处罚。

【放射卫生】 对 2 家放射诊疗机构下发职业健康体检、个人剂量监测和培训通知，要求放射诊疗机构组织放射工作人员做好职业健康体检、个人剂量监测和组织人员参训。同时对 2 家放射诊疗机构开展经常性卫生监督 2 次，对存在问题及时提出整改意见，规范职业健康体检机构的执业行为。

【学校和托幼机构】 对全县 18 家中小学和 13 家托幼进行监督检查，主要检查学校饮用水卫生、教学环境、生活设施、传染病防控、卫生保健室配备等，对不符合要求的学校下发监督意见书 31 份，并通报教育行政部门加强整改。对学校饮用水卫生监督，以饮用水卫生管理措施的落实情况、供水设施卫生状况及饮用水质情况为重点，对学校饮用水进行监督检查，其中市政集中供水 31 所，均属管道直饮水，全部下达卫生监督意见书。对城区 4 所中小学，乡镇 14 所中小学，进行学校卫生综合评价为全部合格。

新农合

【资金筹集使用】 2018 年，全县参合农民 74000 人，参合率 98.5%，应筹集资金 1406.00 万元，其中：农民自筹资金 1177.58 万元，建档立卡 139.35 万元，上解市新农合基金收入户；补充医疗保障 30.7 万元，上解市财政局新农合基金户。全年为 112466 人次报销药费 5303.96 万元，其中：大病统筹 12939 人次，报销金额 4744.1 万元，门诊统筹及慢病 99527 人次，报销 559.86 万元。

【方案调整】 2018 年，新农合政策针对建档立卡贫困人员予以一定倾斜，建档立卡贫困人员免费参合，个人缴纳的 190 元由政府出资。县财政为 10846 名贫困人员兜底参合出资 139.3530 万元；建档立卡贫困人员门诊报销中，一般诊疗费由新农合全额报销，取消个人负担部分；住院报销比例提高，一级医院不设起付线，比例提高 5 个百分点，市内二级、三级提高 10 个百分点；大病保险起付线由 10000 元降为 3000 元，并实行分段按比例报销；对建档立卡贫困人口按人均 70 元新增补充医疗保障，实现“四重保障”，确保报销比例达 90%.

【重点监管】 门诊慢病先由乡镇卫生院按照《宜君县新型农村合作医疗特殊慢性病门诊诊疗管理办法》把好第一关，再由县合疗办复审，每季度组织特殊门诊慢病专家组成员对参合农民特殊慢病进行集中评审确认，促使新农合门诊统筹健康、有序开展。分别于 3 月、5 月、10 月组织开展“三合理”督导检查 3 次。针对各定点医疗机构收费、服务态度、服务质量等相关情况进行督察，发现问题及时书面反馈，限期整改，确保新农合政策规范操作，执行到位，健康运行。

县人民医院

【业务指标】 2018 年，业务收入 2219.6 万元，其中门诊收入 627.2 万元，住院收入 1592.4 万元；门诊次诊费用 124.9 元，住院次均 3157.1 元；门急诊工作总量 43162 人次，住院 5057 人次；药品比（不含中药饮片）39.4%，百元医疗收入消耗的卫生材料费用 12 元，大型医疗设备检查阳性率为 66%。平均住院日 6.9 天，术前平均住院日 1.6 天；床位使用率 57.1%；开展手术计 713 例，其中外科手术 395 例、妇科手术 240 例、胃镜下手术 10 例、白内障手术 68 例。

【优化服务】 制定新一轮《改善医疗服务 3 年行动计划实施方案》，优化诊疗环境、改善服务流程、提升医疗服务水平。3 月，通过市卫计局组织的“二甲”评审。开设孕妇学校，加强母乳喂养知识的宣传，顺利通过第二轮爱婴医院复核。创建全国基层中医药工作先进单位，规范中医科室建设，推广适宜技术，落实中医防治在重点传染病中的作用。8月27日，成立核查专家组，对全县10个乡镇201名大骨节疾病患者逐一核查，为2名患者实施手术。选派8名医疗人员参加市举办的危重孕产妇和新生儿救治大练兵、大演练竞赛，取得优秀组织奖。规范医疗服务行为，对全院依法执业情况进行排查，规范无证人员管理，严格执行诊疗、护理技术规范和医疗质量管理核心制度。选派1人参加住院医师规范化管理、1人参加全科医生转岗培训、2名外科业务骨干赴江苏省盐城市大丰区医院进修学习。

【临床路经管理】 落实临床路径管理指导原则，将PDCA循环纳入质控管理，完善质量控制考核标准；将单病种质量管理纳入路径管理，实施16个专业49个病种，完成路径管理病历999例，入境率达96%，入境完成率95.6%；加强医疗文书质量管理，提升医院病案质量，强化病历首页的规范化管理，全年抽查运行病历500份，检查出院病历5000份，病历甲级率97.6%；建立健全管理制度与流程，全年管理安全类指标15件。

【质量监管】 对重点科室、重点人群、重点区域、重点环节的质量监管，促进医院质量持续改进，使医疗废物收集、运送、储存、运转流程更加规范；重点完善三管监测评估表格及防护措施，坚持每月监测分析汇总，院感发生率为0.03%；I类手术预防性使用抗生素及微生物送检管理，微生物送检563份，阳性38份，阳性率6.71%；血标本送检较2017年上升4.7%；I类手术切口175例，抽查病历79份，甲级愈合率100%；I类手术切口抗生素使用率为80.5%；每月以重点科室、重点部门为主进行环境卫生学监测，监测977份，合格率98.7%，消毒灭菌率100%，“一人一针一管”使用率100%。

【药事管理】 落实处方点评制度，每月对25%具有处方权医师的处方、医嘱进行点评，每名医师受点评不少于50份，全年处方书写合格率98.4%。从4月1日起，全面实施药品和医用耗材采购“两票制”，规范采购使用辅助性营养性等高价药品，建立台账，监控实施。监管评价结果与绩效挂钩；用药合法、合理、安全；控制35种以下抗菌药品种；网上采购药品426种，其中基本药物配送266种，基本药物占比46%，网上采购率95%。

【健康扶贫】 3月，成立5支医疗队，入户咨询服务4次，落实农村贫困人口医疗保障机制。全年入户咨询5420户，健康指导患者9518人次，慢性病患者3216人次，减免贫困户床位费1.4万元；为农村贫困患者减轻住院负担，1451人享受了“先住院，后结算”服务模式；“一站式”结算服务是针对优抚对象提供的便民服务措施，贫困及合疗患者可享受，参保报销、大病救助、民政保险、四重保障等服务。全年贫困户报销747例、大病报销62例、民政报销682例、四重保障报销248例。贫困人口大病救治病种在原11种的基础上，增加肺癌、乳腺癌等病种，为贫困大病患者开通就医绿色通道，实行单病种付费。11种大病共23人，其中8人在县人民医院接受治疗，采取“一人一方案”的原则，共计花费3.4万元，补偿2.6万元。

【医共体建设】 3月，组织相关人员到五里镇卫生院等5家乡镇卫生院实地调研，了解卫生院人员结构、设备配置及业务水平，制定《医疗共同体实施方案》。与5家卫生院签订二级医院对口帮扶乡镇卫生院协议，推进医疗资源纵向整合。提高县乡村三级医疗服务能力。与五里镇中心卫生院紧密合作，派驻一人担任常务副院长主持工作。派出化验、B超、临床等3名医师下基层工作，协助完成531名65岁以上老年人体检，开展培训6次，义诊4次，健康扶贫入户1026户2145人次。将“五里镇模式”逐渐推广到其余4家卫生院。

【对口支援】 县人民医院与无锡市第四人民医院、陕西省人民医院签订对口帮扶协议，两家省级医院派出内科、放射科、药剂科等专业医师团队，协助宜君县人民医院加强科室管理与新技术应用。医院选派检验、药剂、财务等专业人员赴省人民医院学习 3—6 个月。两院共计组织全院性讲课 12 次，科室内讲座 45 次，培训 1770 人次；参与疑难危重患者讨论和抢救 11 次，会诊 175 人次，参与示教手术 44 次；指导新技术新项目 10 项。

【人事管理】 实行新增中层干部竞聘上岗，通过个人报名、资质审查、科室及干部会推荐，确定新增 5 名人员。同时对原有 33 名中层干部进行续聘，聘期 3 年。与 75 名临聘人员签订劳动合同，聘期 3 年。规范 7 名公益性岗位人员的聘用、考核、考勤等管理制度，确保政策执行到位。招聘医学类本科毕业生 3 名，专业分别为医学影像、药学，缓解人才短缺的压力。选派 129 人次参加省、市、县举办的各项培训 85 次，提高人员的专项技术和理论水平。2018 年获得本科学历 20 人，取得高级职称资格 3 名，中级职称资格 5 名，初级职称资格 11 名。

中医医院

【业务指标】 2018 年，业务收入 839.66 万元，同比增长 2%，其中门诊收入 307.43 万元，住院收入 532.23 万元。门急诊 24890 人次，同比增长 6.7%；住院 1768 人次，同比增长 7.5%；病床使用率 70%，平均住院日 8.9 日，手术 130 例同比增长 15%。

【医疗管理】 护理管理做到人人掌握中医护理方案，个个熟练中医护理技术操作，形成人文关怀贴心护理模式；执行医院感染管理制度，全年无感染发生，无医疗垃圾流失、泄露、扩散和意外事件发生；合疗报销系统升级改造和异地结算系统的安装、调试成功，投入使用；执行药品“三统一”配送，网上集中采购，网上采购率达到 98%以上。实行“两票制”验收制度，基本药物使用率达到 75%以上。

【拓展业务】 新增肛肠科，增加驾驶员体检系统。

【健康扶贫】 开展全县五个乡镇因病致贫贫困户医疗专家咨询服务，五个医疗专家咨询服务队深入宜阳街道、彭镇、西村、尧生、雷塬五个乡镇，完成 1620 户贫困户上门提供中医药健康指导、医疗咨询服务，为宜阳街道 174 户 205 名慢性病患者免费提供药品 35 种，价值 257712.12 元。

【对口支援】 2018 年，陕西省中医医院选派专业技术人员 6 人来宜君中医医院进行帮扶。开展新技术、新业务 4 项，协助重大手术 5 例，疑难病例讨论 12 次，院内会诊 39 次，举办学术讲座 4 次，科内业务培训 18 次，上消化道造影 20 余例，教学查房 168 次，下乡义诊 4 次；盐城市大丰区选派人员来宜君县中医医院挂职，带来大丰的先进思想和工作理念。8 月 13 日，宜君县中医医院与大丰区医院签订帮扶协议书，搭起沟通、联系的桥梁；县中医医院先后与宜阳街道、彭镇、雷塬、西村四个卫生院及辖区所有村卫生室，组建宜君县县域医疗机构中医特色医疗共同体，实现医疗共同体内“资源共享、双向转诊、预约诊疗、技术帮扶、人才柔性流动、中医康复治疗”六大功能；实施与尧生镇卫生院的县镇一体化对口支援，选派 3 名医疗技术人员长期驻点带教，期间服务接待患者 1305 人次。

乡镇卫生院

【五里镇中心卫生院】 2018 年，五里镇中心卫生院累计建立居民家庭健康纸质档案 6687 份，其中新建居民健康档案 42 份。电子录入 6687 人，电子建档率 90.22%。全年门诊 2455 人次，住院 1

人。门诊西药品收入 125851.69 元，为建档立卡贫困户慢性病患者供药 183862.9 元，无医疗纠纷和事故发生。

【棋盘镇中心卫生院】 棋盘镇中心卫生院有职工 19 名，病床 15 张，辖区有 17 个村卫生室 17 名乡村医生。建立纸质居民健康档案 7174 份，电子档案建档 7052 份，电子建档率 95.4%。全年基本医疗卫生收入 45 万元。

【太安镇中心卫生院】 辖区有 18 个行政村，村级 18 个卫生室有乡医 18 人，2018 年，实行药品零差率销售，药品"三统一"共购进药品金额 504735.41 元，其中村卫生室 248147.54 元，卫生院 256587.87 元。卫生院全年完成门（急）诊 1436 人次，总收入 46876.92 元。

【彭镇中心卫生院】 2018 年，累计建档案 13855 人，规范化建档 13852 人，建档率 99.3%。全镇 36 个行政村有村卫生室 36 个，有乡村医生 36 人。执行"药品三统一"和"零差率"销售政策，共配送药品 1091885.24 元，其中村卫生室购进 3255.4 元。全年门（急）诊 7672 人次，住院 38 人次，门诊观察患者 1730 人次。业务总收入 493251.18 元。

【尧生镇卫生院】 辖区有 13 个村卫生室和 13 名乡村医生。2018 年，"三统一"药品购进金额 732948.96 元。其中卫生院购进 533951.35 元，配送 320 种，配送率 94.5%；村卫生室购进 198997.61 元，配送品种 208 种，配送率 90%。卫生院全年完成门（急）诊 9586 人次，住院 42 人次，合计收入 91399.8 元。一人一管一针一用一处理执行率 100%，常规医疗器械消毒灭菌合格率 100%，门诊处方书写合格率 95%，住院病历书写率 98%，法定传染病报告率 100%。

【哭泉镇卫生院】 哭泉镇卫生院辖区有 16 个村卫生室，有村医 16 人，开展村医业务培训 6 次，督导检查 2 次。2018 年，完成门（急）诊 3958 人次，住院 64 人次，治愈好转率 98.7%。业务收入 216141.76 元。检验科全年血常规检测 300 人次，血糖检验 110 人次，尿常规检验 120 人次。

【云梦乡卫生院】 云梦乡卫生院辖区有村级卫生室 18 个，2018 年，完成门诊 3156 人次，卫生院总收入 323582.85 元，门诊处方书写合格率 96%。药品"三统一"共购进药品总额 636849.12 元，其中村卫生室 343166.94 元。全年慢性病供药 1197 人次，免费供药 146970.01 元。

【西村卫生院】 2018 年，接诊 3648 人次，医疗服务总收入 341557.51 元。药品"三统一"购进 128562.16 元，其中村级卫生室购进 41148.80 元。购进基本目录内药品率 100%，使用率 100%，全部实行零差率销售。

【雷塬卫生院】 辖区有村级卫生室 17 个，全部实行基本药物制度，药品同质同价，实行零差价销售，居民药品费降低 21.2%。全年卫生院共购进药品金额 421058.91 元，村级卫生室购进药品 116963.68 元。完成门（急）诊 5852 人次，医疗收入 335266.98 元。门诊处方书写合格率 95%，住院病历书写率 93%，法定传染病报告率 100%。

文化广电·文物旅游

文化广播电视

文化广电新闻出版局

局　长　白赵锁

副局长　赵联强

　　　　杨文龙

【概况】 宜君县文化广电新闻出版局（县文物旅游局）为县政府直属事业机构。下设广播电视台、文化市场综合执法队、宣传文化中心、图书馆、“2131”办公室等事业单位及10个乡镇（街道）文化广播电视综合服站。主要负责全县文化广播电视工作的组织、实施和服务，开展各类文化活动，保障全县人民的基本文化权益。

【文化产业】 紧紧围绕打造“文化强县”建设要求，创新思路，齐心协力，推进文化大发展，文化产业增加值达到亿元，现有规上文化产业企业9户，分别是陕西新华发行集团宜君县新华书店有限责任公司，宜君县福地文化旅游发展有限责任公司，宜君县文化旅游发展有限公司，宜君县欣盛民间艺术品开发有限公司，宜君县华夏广告传媒中心，宜君县宜人阁图书有限公司，陕西省田亚莉传统文化发展有限公司，宜君县鼎鑫源广告工程有限公司，宜君县晟祥广告装饰工程有限公司。2018年新增规上文化企业7户，文化产业累计营业收入8248万元，比上年同期增长127.3%。深入挖掘宜君剪纸，农民画特色文化资源，建立定点联系帮扶制度，协助解决欣盛、金剪刀等文化企业发展中遇到的困难和问题，增强企业适应市场经济的能力。实施“文化+”融合发展战略，推动文化与旅游深度融合。在完成花溪谷景区东大门、印第安部落、停车场等项目建设的基础上，第一时间交付宜君文旅有限公司运维，增加文化企业经济收入，壮大文化产业规模。并适时实施管轨式滑道项目建设，累计完成固定资产投资300万元。以购买公共文化服务演出为契机，扶持棋盘自乐班，秦腔文化协会等文化演出单位快速成长，促进文化产业多元化发展。

【创建示范区】 按照市、县创建国家公共文化服务体系示范区工作要求，紧扣目标任务，对标施策，狠抓落实。年初，县政府与各成员单位、乡镇与村、社区逐一签订责任状，对全县7类32大项94小项创建指标逐条细化分解，落实到人，形成政府主导、部门联动、责权明确、协同推进的创建工作合力。实行“弹性”的动态考核制度，严格按照考核指标和西部标准，每季度精准下达工作任务，通过下发督办单、组织互学观摩等方式，促进工作落实，形成争先创优的良好态势。通过财政预算、以奖代补、项目投入、乡镇自筹等方式，持续加大资金投入力度。完成县文化馆、图书馆改造提升，“两馆”达到三级标准；精心打造哭泉、彭镇2个示范文化站和马前尧、南塔、南古、湫沟4个村示范综合文化服务中心。率先在全市实现基层综合性文化服务中心达标100%。推进文化馆、图书馆总分馆建设，建成10个文化馆分馆、14个图书馆分馆，统一制作、悬挂标牌，明确工作职责和服务方式，规范服务流程，形成上下联通、服务优质、有效覆盖的文图总分馆服务网络。进一步完善“撤县留站、并村留室，建设服务分点”新模式，保证并镇、撤村后，群众文化生活质量不下降。县镇村文化工作人员全部达到配备标准，并按月发放津贴补助。完成全县各乡镇、街道，服务中心创建宣传专题片《文化创建我参与我承诺》录制工作，并在政府网站、电台等载体上播发。在高速路口，国道沿线等醒目位置，新增固定广告牌13块（条），印制宣传纸杯、海报，册页等资料上万份，形成全社会了解创建，参与创建的良好氛围。在全县各级的共同努力下，创建所要求的7大类32项94个指标任务全面完成，并始终走在创建工作的前列。2018年7月28日—7月30日国家文化部对全市创建文化示范区工作进行了实地考察验收，定为优秀等次，较好地完成了创建任务。

【舆论引导】 围绕宣传党的十九大精神和追赶超越、脱贫攻坚等中心工作，充分发挥新闻舆论引导作用，营造良好的社会舆论氛围。全年，县广播电视台共播出新闻稿件3316条。其中，电台2470篇，电视台846篇。加强对外宣传，提升对外影响力。全年，中央、省、市各级媒体共上稿209条。展示宜君不断向前向上发展的良好形象，提升宜君知名度和影响力。

【文化市场】 完善和健全现代化文化市场秩序，推动现代化文化市场体系建设，维护文化安全和意识形态安全。平安文化市场建设，强化对文化娱乐、营业性演出、网络文化等重要场所的文化执法检查，营造良好的文化消费环境。加大文化市场法律法规宣传力度，通过开展“扫黄打非·护苗2018”“绿书签”“扫黄打非进社区”等系列宣传活动，培养公众创新、保护版权的意识，形成鼓励创新、绿色阅读的良好社会氛围。按照省、市的统一部署，推进“扫黄打非”，组织开展“五项”专项整治行动，参加全省侵权盗版及非法出版物铜川分会场集中销毁活动，共上缴侵权盗版及非法出版物350余件。遏制了各类涉“黄”涉“非”违法犯罪活动，扫除淫秽色情等社会文化垃圾。确保净化文化市场和网络环境抽查合格率达90%以上。巩固正版软件工作成果，开展了正版软件使用、采购情况专项督查。加强广电执法，开展卫星电视地面接收设施专项执法行动。有序推进文化市场经营单位年度证照年检工作。

【公共文化服务】 按照文化活动举办常态化、系列化、特色化的要求，持续打造地方特色文化品牌，丰富群众精神文化生活。围绕全市春节、元宵节文化活动安排，结合地方实际，印发《全县2018年春节文化活动的通知》，制定了“文化菜单”。春节期间，在县城举办“蝉变—扶贫成果”摄影展和“金犬贺岁”综艺、戏曲、灯谜等系列活动4场；在县城、乡镇、社区开展春联义写活动，送春联、剪纸3500余幅。同时，全县8个乡镇、街道结合各自实际，在各自驻地，开展了秧歌社火、广场舞、耍狮子等群众喜闻乐见的元宵系列文化活动。推进政府购买公共文化演出服务。全年购买公共文化演出72场，同时文化志愿者服务队全年开展文化下乡演出38场次。丰富了群众文化生活，保障了群众基本文化权益。公共文化服务水平和供给能力大幅提升。“两馆一站一中心”公示了服务项目、服务流程，新增错时延时服务，全面推行“菜单式”“点单式”服务。文化馆根据群众需求，开设绘画、剪纸、面花、书画、广场舞、摄影等门类的培训班9次，制定详细的培训课程计划，培训千余人次，民间艺术技能得到普及，场馆效能得到大幅提升。围绕“全民阅读最美三秦”活动主题，联合多部门开展国学经典诵读进校园、进机关、进基层、进部队活动。组织精品图书展销、配送，为全县每个农家书屋补充更新图书720册；实施农村公益电影放映工程和电影进社区、进广场、进贫困村活动。共放映农村公益电影2136场、社区广场公益电影100场。组织广大民间艺人参加各级各类文化艺术比赛、展览等活动，扶持和推广剪纸、农民画产业发展，打响“陕西省民间文化艺术之乡”文化品牌。

【新闻出版】 按照推进正版软件工作要求，有组织、有步骤地完成了政府机关软件出版化检查和整改，提升保护知识产权的环境。文化市场经营单位年度证照年检查验出版物、印刷企业9家。

【广播电视】 围绕追赶超越、脱贫攻坚等中心工作，把握正确的舆论氛围。全年，广播电视台累计播发新闻稿件3520条。录制播出资料专题片24期。

文物旅游

文物旅游局

局　长　李　鹏

【概况】 宜君县有不可移动文物点315处，其中古遗址162处，古墓葬85处，古建筑29处，石窟寺及石刻22处，近现代旧址及代表性建筑17处，其他文物保护点1处。县级以上文物保护单位31处。省级文物保护单位4处，遗址1处。市级文物保护单位7处，县级文物保护单位19处。旅游业已建成国家3A级景区2处，2A级景区3处，增添了特色旅游名镇、乡村旅游示范村、星级农家乐、民宿客栈等。初步形成涵盖生态观光、避暑养生、民俗风情、关城怀古等系列旅游产业群体。

【旅游发展】 旅游业坚持“全域旅游、全景宜君”发展战略，按照“一心一轴两翼七区多园”的发展格局，在景区开发建设、旅游基础设施建设、旅游产品开发、旅游市场拓展及旅游服务能力等，取得了显著的成效，旅游业管理水平、行风建设、服务质量和市场竞争力都有了很大提高。持续打响“中国避暑城”品牌，编制完成《宜君县旅游提升规划》，成功举办了十六届文化旅游节，已建成国家3A级景区2处、2A级景区3处，增添了特色旅游名镇、乡村旅游示范村、星级农家乐、民宿客栈等，初步形成涵盖生态观光、避暑养生、民俗风情、关城怀古等系列旅游产业集群．战国（魏）长城遗址入选世界文化遗产中国长城名录，国家生态湿地公园福地湖荣登“陕西最美八大湖泊”之一，龙山公园荣膺“陕西最美会客厅”，哭泉旱作梯田入选“中国美丽田园”。宜君对外影响力显著增强，先后荣获“最美中国”“自然生态人文生态旅游目的地”、陕西省旅游惠民先锋县、中国最美乡村旅游目的地、“中国避暑休闲百强县”和“全国革命老区旅游脱贫致富典范县”等荣誉称号。

【宣传营销】 坚持“走出去、请进来”的原则，先后举办了云梦山景区“游仙境祈福纳详，来仙山迎新问道”庙会、2018宜君旱作梯田旅游季启动仪式、宜君花溪谷景区2018年商铺推介会、花溪谷景区开园仪式等4场重大宣传活动：赴西安、上海等地参加了2场旅游专场推介会；利用网络、广播等平台及新型媒体共发布信息180条，发布抖音视频作品60期，获赞1700个；携手陕西西部旅游文化传播有限公司、西安行游天下传媒广告有限公司及陕西美臣思域传媒公司通过西北旅游杂志、西北旅游网、陕西旅游刊期、移动公交液晶、公交游字幕、陕西一套“天气早知道”栏目等方式对宜君旅游进行宣传推介，宜君知名度得到显著增强。

【全域旅游】 按照《宜君县创建陕西省第三批旅游示范县工作实施方案》的要求，召开创建省级旅游示范县联席会议，适时进行督查。与西安莲影网络文化传媒有限公司合作，营造旅游示范县氛围。旅游惠民，主要依托景区发展，设立宜农旅游股，采取入股分红形式，让贫困户享旅游产业发展成果。同时，从景区建设、运营、管理全程，成立宜富扶贫手工编织车间、梯田景区宜君富扶贫特产店、花溪谷景区宜富扶贫特产店、福地醋坊扶贫车间、福地剪纸扶贫车间等5个扶贫车间，带动周边贫困户65户186人，新增就业岗位35个。积极推进宜君县天阶旅游度假综合体、宜君大艾源中医药观光种植基地及宜君县花溪谷景区续建3个市级重点项目。同时，对四大景区分别实施“福地湖国家湿地公园”“水上乐园项目”“汽车营地建设项目”、云梦山景区二期工程及花溪谷景区、旱作梯田景区基础设施建设等重点项目。持续完善全域旅游发展格局。严格要求各旅游景区（点）要加强旅游安全设施、游乐设施、服务设施等的日常维修保养，保障正常运转，确保游客安全。截至目前，已深入景区（点）进行旅游安全大检查13次，对发现的安全隐患督促整改，将安全隐患消除在萌芽状态；定期不定期对星级饭店的食品卫生安全和消防安全进行督查，杜绝食物中毒、火灾等事故的发生。2018年接待游客180万人次，同比增长17.8%；实现旅游综合收入12亿元，同比增长39%。

【安全管理】 完善文物保管、文物库房管理、文物库房出入库登记及博物馆安全值班等制度，明确岗位职责，建立健全县、镇（乡）、村三级文物保护网络，全年重点对全县315处田野文物进行60余次安全巡查。同时，积极开展文保员培训会，坚持足额发放87名群众文保员补助，确保全县田野文物的安全。

【宣传教育】 积极落实博物馆免费开放政策，全年预计接待游客4.9万人次，其中青少年2.1万人次，免费讲解150余次。成功举办“文化遗产的传播与传承”主题陕西省2018文化和自然遗产日长城保护利用高峰论坛宜君分会场活动，参加全市“2018年‘5·18国际博物馆日’”宣传暨《青铜器——宁夏固原春秋战国时期北方青铜文化展》活动，受到了各界人士的一致好评。

【设施建设】 先后实施龟山文化园区基础设施维修改造及造林绿化工程。同时，投资2000万元，完成宜君县战国魏长城遗址保护基础设施建设项目。

【创新特色】 结合宜君旱作梯田景区特色，创造出党参茯茶、醉宜君酒，菊花茶等特色产品；云梦山景区完成山顶观星采气平台的建设，项目吸引大量游客参观游览，成为云梦山景区一个热点景点；建成福地湖水上冲关娱乐项目，通过专业团队的参与和与相关媒体联合进行直播宣传，提升景区的知名度；开发建设福地湖树屋项目，建成各种造型树屋10栋，已对社会开放，旅游体验的游客络绎不绝；传承和繁荣中医药养生文化，福地湖景区和颐川合作社合作种植300亩蕲艾，打造出“四季药香的蕲艾草本植物彩色景观带”，形成生态养生的环境基础；创建AAA级景区1个（花溪谷景区）、省级乡村旅游示范村1个（哭泉镇淌泥河村）、市级乡村旅游示范村1个（云梦乡南古村）、4星级农家乐1户（五里镇川子河农家饭店）。

旅游服务

旅游服务中心

【概况】 宜君县旅游服务中心成立于2017年8月，中心位于宜阳南街龙山公园脚下，建筑面积240平方米。属县文化和旅游文物局直属机构。财政全额预算单位，在编3人，招聘讲解员5名。

【五大功能】 旅游查询：提供涵盖“吃、住、行、游、购、娱”等旅游相关信息，一站式可查询到旅游目的地，使游客在宜君旅游轻松、便捷；特色农产：展示品种繁多的宜君特色农产品；景区展示：采用弧幕投影和3D沙盘互动技术，全方位立体介绍宜君旅游发展变化，用声光电交汇带给游客全景的感触；休闲书吧：集图书馆、水吧优点于一体，为游客提供自我放松、安逸休息之处；电子留言板：供游客在液晶屏上进行自由书写，发表参观旅游感言。

【宣传推介】 宣传推介，努力使“中国避暑城—宜君”品牌“走出铜川，推进三秦，迈向全国”。强化服务意识，以游客为导向，高标准高质量提供服务，自中心成立以来，接待来宜各级领导和游客超过两万人次。

福地湖景区

福地湖景区管理处

主　任　弥会军

副主任　田　峰

和丽琴（女）

【概况】 福地湖景区属国家3A级景区，是国家湿地公园（试点）和省级风景名胜区，名列陕西省八大“秀美湖泊”第六位，享有陕西“最美秋色”美誉。2018年，福地湖景区共接待游客19.9万人次，同比增长27.6%。实现营业收入124.6万元，同比增长78%。荣获中国“陕菜网”会员单位、2018年度放心消费单位等殊荣。

【功能提升】 2018年，景区服务功能提升项目顺利实施，景区服务功能更加完善，接待能力显著提升。其中；船舶中心提升改造项目新建浮动码头256平方米，更换塑木地板352平方米，采购电瓶船、画舫、乌篷船、水上自行车等各类船只17条艘。帐篷营地木屋建设项目新建形态各异，色彩多样的木屋树屋9座，项目运营经营良好。商贸区新建19间仿古式商铺，增加停车场地3522平方米。

【重点项目】 实施陕西宜君福地湖国家湿地公园湿地保护与恢复项目，完成投资350万元。栽植护岸杨柳30亩，栽植湿地挺水芦苇70亩，完成标识牌及实木栈道等建设项目。安装大型LED屏一处，安装包含气象、水文、土壤、空气等监测的“智慧湿地”检测设备1套以及高清摄像头5套，7月，该设备开始采集积累湿地相关数据。

【宣传活动】 签订《旅游战略合作协议》、开发微信小程序、运用网络开展宣传营销活动。组织参加“2018年中国旅游日铜川分会场暨樱桃旅游节”“益青春共小康”“公益扶贫创投伙伴计划”“2018年中国特色旅游商品大赛”“铜川特色餐饮评选”“铜川市扶贫产品展销会”等活动，提升景区知名度和影响力。

南山公园管理处

南山公园管理处

主　任　马林科

【概况】 南山公园管理处为全额预算事业单位，人员编制3名，在编5人，领导职数2名。设有：办公室、财务科、环境管理科、后期保障科。

【基础设施建设】 市政设施维修维护：更换南山公园路两侧路灯上过期标语，新设大幅宣传牌1处，更新更换龙山公园宣传牌、导视牌及文明旅游宣传牌60余处。清理维护龙山瀑布水池，全面清洗水池10余次；维修水泵12台，电器控制柜检修4次；维修靓丽塔发光字，龙山公园维护和修理各类灯具5次，更换亮化灯饰200盏。龙山公园仿古建筑维修提升工程项目，总投资240万元。实施项目包括：彭祖广场等彩绘油漆5000平方米、览胜楼、健身广场安装亮化灯饰、广场道路更换地砖300平方米、木栈道刷新1500平方米、电视塔维修发光字及激光灯。南山公园城南休闲广场维修加固工程项目，总投资140万。实施项目包括：广场花岗岩拆除及铺装580平方米、绿化带拆除及恢复300平方米、树木栽植20棵；花坛拆除及恢复5座、外运土方1500立方米、回填土1500立方米；砼挡墙80米。南山公园人行道地砖铺设项目，总投资160万元。实施项目内容包括：铺设地砖10000平方米、柔性跑道600平方米、维修广场950平方米，建设项目已全面竣工。

【公园绿化建设】 投资70余万元，对公园景区进行全面绿化、美化及补植补栽。其中投资12万元，在南山公园东流转土地种植格桑花、百日红等100余亩；投资6万元，完成南山路入口至花溪谷入口安装栅栏、补植花卉；投资6.5万元，完成花溪谷入口至桥头路两边种植月季2000余株；残联门前至水景广场种植蔷薇1800余株；投资9万元，完成水景广场花园补植花卉风景树及摆放草花；投资6.1万元，进行五环绿篱图案修复；投资30.4万元，实施人行道外侧全面绿化和公园绿化美化及补植补栽任务。

【景区文化宣传】 编写《龙山公园旅游指南》和《景区简介》。在宜君县政府网站、“宜君发布”微信公众平台上发布龙山公园景区宣传片，提升“龙山公园”品牌影响力。新增景区节点，挖掘传承历史文化，增加公园文化底蕴。培训专职讲解人员，增加景区讲解内容，提高服务质量。投资3万元，完成水景广场无线网覆盖。投资2.3万元，维修更换音响设备，接入宜君广播电台节目，扩大宣传内容。

【公园管理运营】 对龙山景区实行24小时视频监控，值班人员全天巡查。全面清洗水池10余次。维修水泵12台，电器控制柜检修4次。维修靓丽塔发光字和激光灯3次，各类灯具维护和修理5次，更换亮化灯饰200盏。做好景区游客数周报表、月报表及季度游客量上报工作，全年共接待各种团体90批次，游客18万人次。

【精准扶贫】 成立驻村工作队，选派一名工作能力强，经验丰富干部担任石管子村联络员。投资1.57万元为四个组制作安装固定性宣传标语43块，制作安装家风家训124块。投资3万元，完成全村60户改厕任务。投资1.2万元美化购买草花种子5斤，绿化美化新建广场。投资2万余元，保障村宜馨超市正常运行。争取资金20万元为4个组各建一个花园。完成建设污水排放渠1200米，老年幸福院5间。动员群众积极参与降解膜试点，落实耕地300亩，确保增产增收。建立太安镇石管子村“秦绿源专业合作社”，引进资金5000万元，完成一期投资800万元。

花溪谷景区

云梦山景区管理处主任、县文旅公司负责人
郭涛
县文旅公司副经理　晏　涛
陈艳芳（女）

【概况】 宜君动漫花溪谷景区位于210国道宜君县城段和南山公园之间，规划面积10000余亩，是一个集地域民俗、娱乐美食、休闲度假、婚纱摄影、旅游观光为一体的综合性、开放式级景区。2018年，在云梦山景区管理处和县文旅公司的努力下，动漫花溪谷景区成功审定为3A级景区。

【景区营销】 花溪谷景区作为宜君发展全域旅游的核心景区，受到省内外游客的一致青睐好评，火爆的旅游市场带动了全县三产服务业的快速发展。2018年，共接待旅游人数56万人次，旅游综合收入4000余万元，节假日旅游市场供不应求，吃饭满座、住宿爆满、商品抢手，围绕旅游做生意的群众平均每天收入在千元左右。

【项目建设】 花溪谷景区基础建设项目包括：南山游客服务中心装修及员工宿舍设施配备；景区消防设施配备；花坞林间及印第安广场排污工程；东大门游客服务中心装修及设施配备总装修面积174.6平方米；观光车停车区、东大门建设排队器一套；售票室、安保室内部装修及设施配套；旅游厕所提升改造、花溪谷景区办公设施配备及广告宣传制作等；经营类项目建设包括：拾花山居康养水疗民宿建设项目、18辆观光车购置、VR体验园、呐喊喷泉、七彩百米滑梯等。景区核心竞争力打造包括：花海种植、大地景观、花溪谷演艺演出节目等。

【景区活动】 2018年7月7日，举办以“畅游花海·铃听风语2018花溪谷开园暨风铃风车节启动仪式忆童年·致青春·共寻梦”主题文化旅游活动。

【景区管理】 修订完善员工《请销假制度》《例会制度》《行为规范制度》《驾驶员管理等制度》等规章制度，景区运营有章可循。通过网络、广告牌、微信、宣传册页等形式，宣传花溪谷，积极参加省、市旅游宣传推介活动，提升景区知名度。

旱作梯田景区

云梦山景区管理处主任、县文旅公司负责人 郭 涛

县文旅公司副经理 晏 涛

陈艳芳（女）

【概况】 宜君旱作梯田景区位于宜君县哭泉镇，规划面积20505亩，景区规划建设投资约5亿元，主要包括六郎台雄关、北国风光瞭望台、淌泥河石窟、哭泉古镇、孟姜女文化园、泪珠广场、花卉种植展示园、支农茶社、农耕印象体验园、上村记忆展示园、尚品瓷坊体验园、民间艺术展示园、丛林探秘园、中国核桃博物馆、蔬菜亲子乐园、景区慢行系统、周恩来留宿处等30余项建设内容。2014年宜君旱作梯田被农业部命名为“中国美丽田园”。2015年被评选为最受摄影家喜欢的旅游区和神奇大西北最值得去的100个地方之一。2016年宜君旱作梯田农业生态博物馆获得了授牌，成为镶嵌在黄土高原上农耕文明的“活化石”。2017年，成功申报国家3A级景区并荣获陕西省“十大最美田园”称号，在2017年陕西旅游产业年度盛典首发“百强榜”中荣获“感动陕西·2017旅游影响力十佳摄影基地”，同时，被评为2017年度全市发展旅游产业先进单位，2018年共青团铜川市委授牌“铜川市青少年拓展训练基地”，共青团宜君县委授牌“宜君县青年就业创业基地”。

【景区运营】 2018年，共接待旅游人数34万人次，旅游综合收入260余万元。景区通过自主种植和土地流转种植方式，带动263户群众种植茶菊及观赏菊900余亩。

【项目建设】 采用地下隐藏方式，改造景区管线，建成100个停车位，带动周围建立13家梯田客栈。完成北游客服务中心装修及设施配备、南游客服务中心设施配备、大巴车停车场建设、旅游厕所提升改造、观光车配备、宜富扶贫车间建设、农耕印象体验园续建项目、民间艺术展示园建设、民俗文化演艺项目、景区慢行导视系统、精神堡垒建设、北广场供水项目、姜女客栈建设项目及景区绿化工程等。

【景区活动】 2017年5月6日，举办宜君梯田旅游季暨行走高空看宜君摄影大赛。2018年5月20日，举行2018年宜君旱作梯田旅游季启动仪式。进一步提升景区整体形象，扩大对外知名度，带动宜君全域旅游发展。

【景区管理】 2018年，制定完善景区消防安全管理制度、景区质量管理制度、垂钓区安全管理制度、安保管理制度、景区停车场管理制度、卫生间管理制度、售票员制度、景区观光车管理制度及景区农家乐管理制度，使景区运营有章可循。通过网络、广告牌、微信、宣传册页等多种宣传形式广泛宣传宜君旱作梯田景区，积极参加省、市旅游宣传推介活动，提升景区的知名度。

社会·生活

气象服务

气象局

局　长　郑和清

副局长　赵　刚

【概况】 宜君县气象局位于宜君县城兴农路18号，属国家一般站，单位驻地海拔1395.2米。有2个内设管理机构：办公室、防灾减灾科；2个直属事业单位：宜君县气象台（气象站）、宜君县气象服务中心；3个地方机构：宜君县人工影响天气领导小组办公室、宜君县气象灾害应急指挥部办公室、宜君县防雷中心；1个社会化服务机构：宜君县华云气象科技服务中心。现有职工10名，其中，国家编制6名、地方编制3名、聘请1名。本科学历8名，工程师1名，助理工程师7名，退休职工2名。

【防灾减灾】 5月30日，召开宜君县2018年防汛抗旱暨防灾减灾工作会议，县政府与各乡镇政府、街道办签订气象防灾减灾目标责任书。修订宜君县农业气象服务周年服务方案，更新重点服务对象数据库，开展2018年骨干信息员技术培训。根据宜君地方经济发展需求，开展精准专项气象服务，完成通用机场气象站建设前期准备，完成县级和示范镇气象灾害风险图绘制，完善突发事件预警信息发布工作规范，实现突发事件预警信息系统稳定、安全运行，完成突发事件预警信息发布系统向乡镇延伸，建立进村入户重大气象灾害预警信息传播机制，开辟县—部门—乡镇—村四级短信、微信服务和县—部门—乡镇三级QQ群服务。宜君县社会治理网格化综合平台气象建设部分正式上线运行。

【气象服务】 开展预报预警、灾害天气和节假日公众气象服务，对政府重点工作和重大活动开展专项服务。向相关部门和有关领导呈送《2017年度气候评价》《2018年汛期天气预测》《中国文化遗产日长城保护利用高峰论坛专题服务材料》等。遇有重大天气过程或高影响性天气时，即时发送各类预报预警信息，呈送书面材料，必要时主动向县委、县政府主管领导进行专题汇报。1—11月，共制作服务材料11类499期20000余份，在县政府网站发布气象信息445期；充分使用短信、微信平台、微博、预警大喇叭、广播电视等及时向各级政府、部门、公众及农业园区、种养殖大户发布气象预警、森林火险等级预报、地质灾害风险预警等各类信息11.5万条，为全县经济建设提供了全方位、立体式的气象保障。

【人影天气】 制定人工影响天气重点工作计划，全力做好气象减灾。根据防雹形势，增加东部塬区作业点弹药储备量；完成9个乡镇作业点的防雷检测和安全维护；4月23—24日，举办宜君县人影作业人员及骨干信息员培训班；完成全县10套作业设备的年检工作；为18名作业人员办理人身意外保险；积极联系市人影办及中天火箭公司，维修云梦乡南斗作业点、县口作业点的自动化作业设备，确保作业安全；完成全县9个作业点人影物联网建设，其中全自动作业设备2个、半自动作业点7个、实时视频监控2个。参加铜川市人工防雹增雨火箭职业技能作业比赛，城关人影作业点荣获三等奖。

【气象宣传】 加大宣传力度，以微博、宣传单、电子显示屏、视频、书籍等形式宣传气象减灾相关知识及法律、法规。充分利用“3.23”世界气象日、“科技之春”、全国防灾减灾日、6.15安全生产咨询日、12.4法治宣传日等重点节日开展宣传，向各乡镇（街道）和服务中心发放气象灾害防御手册8000余册，散发各类传单40000余份，发布各类消息、公益广告2000余条，全面提升气象知识普及率。

【精准扶贫】 制订《尧生镇唐家塬村三年帮扶规划》《2018年帮扶计划》《产业脱贫实施方案》和《激发内生动力实施方案》。3月，选派赵刚担任唐家塬村第一书记，开展扶贫工作。履行《驻村工作队管理办法》，定时召开专题会议研究扶贫事宜。为帮扶村制作宣传牌、开办“宜馨超市”“宜民讲习所”。为唐家塬村资助产业发展资金3万元，捐赠科技图书、办公用品。配备电脑、复印机、气象预警喇叭设备，成立村级气象信息服务站。协助实施了75户自来水入户工程；新建村活动广场900平方米；绿化村巷道栽植樱花树400颗；实施唐家塬组巷道硬化850米；安装路灯79盏。

养老保险

养老保险经办中心

主　　任　刘从侠

副 主 任　郭建伟

　　　　　艾　双

【概况】 宜君县养老保险经办中心实行省级垂直管理。担负着宜君全县各类企业和灵活就业人员养老保险费的征缴、管理和支付等经办业务。内设办公室、财务、业务信息、社管、内审5个科室。编制7名，实有11人，2018年，共有参保企业95户3365人。

【主要指标】 全年共为1434名企业退休人员发放养老金4482.09万元，发放率为100%。兑现“三不承诺”。2018年，资格认证应认证实认证1398人，认证率100%，1398名退休人员全部进入社会化管理和社区管理，新增扩面131人。全年共征收养老保险费1387.48万元，完成任务124%。实地内审稽核参保单位30户648人，完成年任务户数和人数的100%和100.78%。通过稽核，查出未足额申报单位缴费基数1户，少报基数1.44万元，已经特殊补收模块补清。

【拓展业务】 优化岗位分工，划分操作权限，设置更趋科学合理。结合中心开展的“业务培训三部曲”和市处“科长讲课”“业务大练兵”强化业务能力提升，适应柜员制工作要求。简化流程优化服务，公开服务事项清单，努力使群众办事“最多跑一次”。为大厅和职介所配置自助手持缴费终端，拓宽自助缴费渠道，在大厅配置移动设备自助充电桩，方便办事群众。划分“综合岗”“内部复核岗”“带班领导岗”，依托核心业务经办网络，搭载网上服务平台和陕西养老保险手机App集线上线下、网厅一体“三岗一网两平台”业务经办模式正逐渐形成。

【调查登记】 制作翔实《调查摸底表》，对工商部门推送的860户已注册未参保企业，进行企业类型、经营范围、经营状况、人员规模、参保意愿调查。选择性地对部分符合参保条件且有参保意愿的企业上门宣传动员，5户企业完成参保登记。

【数据整理】 借助“互联网＋”推进数据整

理，利用微信公众号、企业劳资微信群，安排沟通、解答数据整理过程中遇到的问题。借助人社信息共享平台、互联网开放查询系统，查询参保单位、个人的相关信息，修正 4001 条核心三版程序各类异常数据，数据整理工作全部完。

【信息化服务】 推广应用“业务办理和信息查询”陕西养老保险手机应用程序，提高信息化服务水平。企业劳资人员通过网上服务平台，办理参保、转移、申报、缴费等业务，工作质量和效率得到提升。指导新参保人员和新退休人员安装注册使用陕西养老保险手机 App 办理相关业务，组织参保企业劳资人员进行培训，举办期网上平台和陕西养老保险手机 App 专题培训班，养老保险手机 App 注册使用率不断提高。

【电子化档案】 制定《全年档案整理工作》，明确时间节点，细化任务指标，实行月例会通报制度，督导任务落实。按照“即产生即消化，逐渐向后推进”工作原则，做好新生档案电子化整理。按照任务安排，逐渐推进，2018 年，已完成 2009 年至 2014 年历史档案电子化整理任务。

老龄工作

老龄工作委员会办公室

主　任　汤小民

【概况】 宜君县老龄工作委员会办公室是县老龄工作委员会的常设办事机构，主要职责是：贯彻执行各级党委、政府有关老龄工作的方针、政策，拟定我县老龄工作的发展计划和年度工作意见。组织开展《中华人民共和国老年人权益保障法》和《陕西省和铜川市老年人优待办法》的宣传、实施工作，切实维护老年人的合法权益，落实好高龄老人生活保健补贴发放；调查研究人口老龄化的现况、发展趋势及对策，为县委、县政府制定人口老龄化对策提供决策依据；协调涉老部门和有关部门探索解决城乡社会养老保障问题和老年福利设施建设问题；组织开展老龄工作方面的重大活动，接受上级老龄部门的业务工作指导；指导、督促、检查乡镇、街道及其他机关事业单位的老龄工作；组织、指导老年人参与经济和社会发展，为构建和谐社会发挥余热等工作。

【政策宣传】 租用县城主街道公交站牌广告灯箱，利用孝文化长廊，重点路段文化墙以及新闻媒体宣传老龄政策、孝亲敬老文化、老龄国情形势、敬老文明号创建等内容。加大宣传力度，利用县政府门户网站、广播电视台、微信公众号及市级以上媒体资源，在铜川日报、陕西传媒网、腾讯网、华商网、等媒体刊发稿件 50 余篇。宣传老龄政策，宣传“敬老文明号”创建和“孝老爱亲”相关内容，提高老龄工作和老龄政策知晓率。

【综合活动】 2 月上旬，在县城中心广场举办“孝善为先 爱满宜君”敬老服务宣传季启动暨“最美夕阳红”文艺汇演活动。县书协、老年书协的书法家及“为老服务”志愿者现场义写春联。县养老服务管理中心、县中心敬老院和宜阳街道两个社区，参与指导端午节孝老爱亲活动和日常敬老助老志愿服务活动。县老龄办指导基层老年协会开展工作，促进老龄活动常态化、制度化、系统化。为两个 2018 年度市级规范化老年协会和三个 2015 年度省级规范化老年协会分别配发音响、跳棋、象棋等文体用品。

【津贴发放】 2018 年上半年，发放高龄津贴金额 248.37 万元，发放 5906 户 6368 人；下半年，发放高龄津贴金额 253.59 万元，发放 5969 户 6476 人。通过采用财政惠民“一卡通”，分两次把津贴发放到补贴对象手中。

【孝亲敬老】 印发《关于开展 2018 年全县“敬老月”活动的通知》。动员部门、乡镇、社会涉老组织，开展“营造敬老爱老社会氛围、纪念改革开放 40 周年”主题敬老月活动。在敬老月期间，共走访慰问失能和“五老”对象 42 人次。开展“孝亲敬老之星”“新时代楷模老人”“为老服务优秀志愿者”评选，举办“彰显时代风采 助力脱贫攻坚”庆祝老年节文体展演暨孝亲敬老典型表彰活动，对评选出21名“孝亲敬老之星”、11名“新时代楷模老人”、10名“为老服务优秀志愿者”进行了表彰。铜川市慈善暨扶贫协会“2018年重阳节关爱老人活动”在宜君县中心敬老院启动。农工党铜川市委会、铜川眼科医院及铜川康骨专科医院开展了义诊活动，市慈善协会、市老龄办、市养老经办处、宜君玉华酒业公司、县阿玲志愿服务队及城关一小的学生们一起为老人们送去了慰问金、生活用品、奶制品和精彩的文艺演出。

【投保保险】 继2017年实施“银龄工程”之后，经县政府同意，2018年为全县70周岁以上老年人办理意外伤害保险，险种为中国人寿宜君支公司“国寿夕阳红安康保险”，每份每人每年30元。2018年，共为全县6399名70周岁以上的老年人办理该保险，投保金额为19.19万元。

【基层工作】 5月17日，举办全县老龄工作管理信息系统培训班，15名乡镇（街道）及综合服务中心负责老龄工作管理信息系统操作人员参加了培训。11月26日，组织业务人员赴西安参加陕西省老龄工作管理信息系统培训会。学习掌握“老年人信息采集及补贴复审平台”和“陕西省老龄工作管理信息系统”两个平台和管理信息系统操作技能。

残疾人工作

残疾人联合会

理 事 长　杜本毅

副理事长　宋　旭

【概况】 宜君县残疾人联合会是残疾人自身代表组织，属于社会福利团体的综合性群众团体。内设办公室、劳动就业股、康复股；下设残疾人劳动就业服务所（与残疾人联合会合署办公）。2018年，举办400人参加的残疾人精准康复服务暨残疾人信息数据动态更新业务培训，为残疾人精准康复服务1124人；为335名精神残疾人实施了项目救助；免费为残疾适配辅助器具21件，装配假肢7例；为24名听力残疾患者适配助听力器；为白内障患者免费实施手术68例。全年共新办残疾证327人，发放补贴2572人249.478万元。

【康复服务】 推进残疾人精准康复及动态更新工作，成立残疾人精准康复工作领导小组，制订《宜君县残疾人精准康复服务实施方案》。6月，会同县卫计局举办“残疾人精准康复服务暨残疾人信息数据动态更新业务培训班”，在精准康复签约服务中，组织乡镇卫生院院长前往印台区残联参观学习残疾人精准康复服务工作经验，建立残疾人精准康复服务行动信息通报制度，按完成动态更新，定期通报全县工作任务全程进度。截至11月底，全县残疾人精准康复服务1142人。救助335名精神残疾人，其中建档立卡100人，一卡通发放资金7.35万元，实现补助全覆盖。开展残疾儿童筛查工作，精准掌握残疾儿童需信息，将符合救助条件的残疾儿童及时纳入项目范围，为13名残疾儿童提供免费康复训练，为3名儿童安装矫形器。市辅助器具中心为残疾人发放轮椅、护理床、坐便器等187件，县残联为残疾人免费发放器具21件，装配假肢7例，为24名听力残疾患者适配助听器，白内障患者免费实施手术68例。

【补贴发放】 宜君县残联会同县民政局、县财政局对各乡镇（街道）及综合服务中心上报残疾人“两项补贴”实行动态管理，符合条件的随时纳入，条件变化的随时调出，确保准确真实，按时足额发放。2018年，发放“两项补贴”2572人291.478万元。

【包村扶贫】 制定“水塔村年度帮扶计划”和每户“帮扶措施”。开展“五净一规范”环境综合整治，投资3万余元，用于26户家庭卫生厕所建设；出资4400元为“宜馨超市”添置商品。两年来，水塔村共实施基础设施建设项目11处，累计投入资金623.4万元，其中实施通组路6.9千米；实施巷道硬化工程3.5千米；安装路灯115盏，新建文化广场1800平方米，建成标准化卫生室1个；实施水塔组、杨沟组、金盆沟组、上下长金条组、王坪组、崾岘组安全饮水工程，村容村貌整治，共拆除土坯房40户96间，实施土坯房修缮加固工程4500平方米；建设花园4个，新修文化墙两处，新砌护坡5处，栅栏1200米。

【就业、教育、托养】 加强残疾人自主创业，拓宽就业渠道，增加残疾人的收入，申报省、市级自主创业11名，资金待财政审批。完成托养购买服务，托养90人有序开展，其中寄宿及日间照料40人，居家服务50人。完成阳光增收项目15户，电商2户。两个省级扶贫基地获批，有效地带动贫困残疾人的发展。

【管理工作】 加强办证程序的规范化管理，要求办证人员严格把好二代残疾人证的办证关，严格按照残疾人证评定流程、评定原则和等级评定标准来评定核发残疾人证。对于不符合办证或等级评定不致的人员，一律不予办理，并做好解释说服工作。对部分精神类残疾人进行重新鉴定，对它类别残疾人证进行抽查及整治，不符合等级要求的给予调整级别及注销。全年共新办证327人，其中门上办理办13人。5月份联合民政部门为全县各乡镇进行授课式培训残疾人办理残疾证流程、残疾人两项补贴申报流程、残疾人器具适配补贴申报流程，并为每个乡镇政府便民服务中心和所看村制定《宜君县残疾人政策简介》公示牌190悬挂在乡镇、村最醒目处，便于残疾人了解政策。

【宣传工作】 利用“爱耳日”“助残日”“残疾预防日”等重大节日，大力宣传残疾人政策法规和康复知识，组织社会各界共同开展活动。“助残日”期间，围绕“全面建成小康社会，残疾人一个也不能少”主题，大力宣传，挖掘培养残疾人自强和助残模范，营造全社会关心支持残疾人事业的良好氛围。

慈善事业

慈善暨扶贫协会

会　长　扬尚青（2018年4月离任）

　　　　方秀琴（女，2018年4月任职）

【概述】 宜君县慈善暨扶贫协会设理事会和监事会，以理事会形式运行，有单位理事40个，个人理事27个，常务理事9个，终身荣誉会长1名，荣誉会长2名，名誉会长4个，会长、副会长、秘书长各1名，在职人员4名；监事会由3人组成。2018年，先后接收各界捐款共64.35万元。其中：市拔项目款7000元，县境内社会各界慈善捐款共计6.2万元，省外企业捐款57.3万元。

【贫困送温暖】 2018年，县慈善协会会同有关单位慰问城乡贫困户、企业特困职工和突发性受灾遇难家庭260户，共投入慰问品价值47200元。其中省、市、县慈善协会资助慰问品价值27200元，县民政局、县残联出资慰问品价值20000元。

【“六一”送关怀】 5月28日，在云梦乡中心小学举行庆“六一”向贫困儿童送关怀爱心慰问活动。省、市慈善协会和陕西玉华酒业有限责任公司、宜君县强宏建材有限公司和铜川阳光泌尿外科医院等单位为214名学生制作校服；为云梦乡中心小学和县口完全小学140名住校学生购买床上用品三件套；为云梦乡中心幼儿园捐资5000元用于购买图书。铜川阳光泌尿外科医院为云梦乡中心小学和县口完全小学100名贫困学生购买书包和学习用具。慰问活动共捐赠物资达51700元。

【重阳节送爱心】 10月10日，铜川市慈善协会与县慈善协会在县中心敬老院举行“全市重阳节向贫困老人送爱心活动启动仪式”，市协会向中心敬老院120名贫困老人每人发放160元慰问金，铜川市三家医疗单位医生为敬老院老人开展义诊。并对120名县环卫所贫困环卫工、县养老服务管理中心60岁以上和宜阳社区、尧生镇东舍村、五里镇星星坡村65岁以上贫困老人，每人发放160元慰问金。“重阳节”市协会来宜君慰问贫困老人240人，发放慰问金3.84万元。县协会理事单位民政局、财政局、太安镇政府、县人民医院，县中医医院等单位来到了敬老院、贫困户家中看望贫困老人、老干部、老党员，义务为老人理发、体检，送上慰问品。

【资助贫困学生】 2018年，迎来“大丰—宜君对口扶贫”大好机遇，江苏省盐城市大丰区给予宜君慈善事业大量捐助。大丰区农商行，大丰区金融系统和社会组织等方面为宜君慈善事业捐款52.3万元。用于资助贫困大学生42人资助资金15.2万元，资助157名中小学生爱心助学金9.42万元。玉华酒业、胜达置业、宜君房地产、强宏建材有限公司等爱心企业和爱心人士王乃柱共捐款5.5万元。

【慈善志愿者服务】 宜君县共有慈善志愿者服务队31支2130人，其中县直12支795人，乡镇14支1005人，社区2支165人，村级3支165人，影响和带动3300人。2018年，全县参加慈善志愿者服务活动共计6310人次，服务时间17510小时。

【慈善项目】 2018年，争取“慈善便民桥”项目资金40万元，争取省财政厅增加的慈安桥补助金10万元。11月底，已建成便民桥3座，5座便民桥已做好规划筹备工作。县慈善协会与县财政收费局共同为彭镇苏家山村修建长25米宽4米“慈安便民桥”一座，共投资30万元。10月底，该桥已建成使用。

【理事会换届】 10月30日，召开第三次会员代表大会。会议上，总结报告二届理事会工作，表彰奖励慈善工作先进集体和先进个人；讨论修改了《宜君县慈善暨扶贫协会章程》；选举产生了协会三届理事会、常务理事会、会长、副会长、秘书长和协会三届监事会、监事会主席。聘请一、二届理事会会长杨尚青、常务理事杨浩敏、唐孝标为协会荣誉会长；聘请县委常委、统战部部长郭怡、县委常委、县政府副县长朱伟、县人大副主任郑拴民、县政协副主席王忠炎等四位县级领导为协会名誉会长。通过换届，健全了协会班子，为宜君慈善事业奠定了组织保障。

街道·乡镇

宜阳街道

党委书记　于亚军

副书记　周　宾

　　　　牛宏利

纪委书记　李兰兰（女）

人大工委主任　周宏斌

街道办主任　周　宾

副主任　田　君

　　　　方怀韬

　　　　田　莉（女）

　　　　姜义成

人武部长　刘思凡

【概况】 宜阳街道是县委、县政府所在地和全县政治、经济、文化、信息发展中心。下辖 11 个村，2 个社区，63 个小组（其中村民小组 57 个，居民小组 6 个）。街道总人口 19631 人，其中城镇人口 13003 人，农业人口 6628 人。总面积 154.16 平方公里，其中耕地面积 51748.78 亩。境内森林面积 16 万亩，森林覆盖率 80.5%，经济树种主要有核桃、苹果。2018 年，在县委、县政府的领导下，主动服务脱贫攻坚、重点项目建设、全域旅游等大局工作，以扶贫工作统揽全局，重点抓好社会综合治理，美丽乡村建设，农村产业结构调整，全面实现“追赶超越”。

【党建工作】 按照党的十九大精神和全面从严治党要求，围绕县委抓基层党建目标任务和安排部署，着重从传导党建责任压力、创新抓党建方式、整顿软弱涣散党组织、提升党务工作者素质等方面下功夫，严格落实城市党建联席会议制度，学习借鉴“红旗经验”，建立“智慧党建”平台，大力推行社区党建“一二三四”模式和“三事分流”工作法，常态化开展各领域党组织书记和党务干部培训，逐村建立村“两委”干部后备力量培养机制，强化对辖区非公经济和社会组织党建工作的领导和指导等。2018 年培养入党积极分子 6 名，发展党员 1 名、派驻第一书记和党建指导员 42 名；落实班子成员重点工作模块管理机制，与 11 个基层党支部书记签订党建目标责任书，形成“书记抓，抓书记”的工作格局。全年组织召开党委会 50 次，研究党建议题 14 个，召开村（社区）干部月例会 12 次，举办“周三夜校”20 期，安排支部书记讲党建 15 人次，促使每一名党委委员和支部书记都能用心用力抓党建。分领域建立党员成长袋 450 份，开展主题党日活动 25 次，维修改造新建村（社区）阵地 6 个，建成并投入使用驻村干部“暖心工程”7 个，举办村（社区）“两委”班子培训 2 期，召开城市党建联席会 4 次，开展共驻共建活动 22 次，参与党员 2000 余人次。采取教育引领、典型培育等形式，全面开展“十二项活动”，激发贫困户内生动力。对标“577标准”，完成了十五里铺村、曹塬村、水塔村三个贫困村的退出，全办脱贫102户239人。

【农业生产】 2018年，核桃栽植451亩，实施核桃综合管理5192.3亩，其中提质增效示范园4288.3亩，进行核桃补栽补植160亩，培养技术能手6人。完成蔬菜种植1608亩，设施蔬菜种植面积56.6亩，蔬菜种植培训503人次。苹果老园改造578亩，幼园管理1000亩，标准化管理1500亩，果农培训410人次。夏粮种植686亩，秋粮种植31379亩，油料作物749亩。中药材人工种植2087亩，野生抚育1000亩，其中药材示范基地1000亩。

【脱贫攻坚】 围绕脱贫摘帽目标，按照县委、县政府的总体部署和要求，紧盯“577”退出指标，以实施产业发展、扶贫扶志等“十项提升”工程为抓手，完成贫困人口数据清洗和动态调整。十五里铺、水塔、曹塬3个贫困村全部退出，脱贫102户239人，全街道贫困发生率降至1％。工作推进中，落实驻村帮扶工作纪律和要求，结合脱贫攻坚作风建设年活动，实行工作任务周任务清单制、周晾晒制。“宜馨超市”“暖心工程”等基本实现全覆盖。投资434.06万元，新建通组路1800米，巷道4939米，排水渠12013米，完善基础设施和公共服务建设。全年共实施贫困户危房改造5户，人居环境改善提升工程67户，全部完成并入住，使安全住房率达到99.86％。建成曹塬村生猪养殖、牛家庄千亩药材种植、黑家河食用菌种植等产业示范基地，通过村集体经济组织、菜单式扶贫等带动贫困户增收。发放小额信贷126户620.45万元，为134户贫困户申请菜单式产业补助资金133.7万元，积极推动光伏发电项目，5个光伏项目已全部并网发电。实现贫困劳动力转移108人，自主创业18人，就业特设公益岗72人，公益专岗15人，保洁员35人，护林员30人，卫生监督员25人，完成城镇新增就业171人。开办电子商务、农作物种植、核桃栽植实用技术等职业技能培训班，共培训贫困劳动力136人。落实慢性病免费供药和医疗专家上门咨询服务，贫困人口参加新农合和大病保险100％。对104户218人低保对象、52户53人五保对象进行排查审核，对辖区残疾人系统管理，635名残疾人享受生活补贴288人，护理补贴99人。切实加强生态护林员管理，给贫困户发放生态公益林和包茂高速宽幅林带补助资金1.01万元、3.97万元。

【综治维稳】 全年共召开综治工作会议6次，加大“两率一度”入户宣传力度，确保入户率达到100％。坚持“零报告”、农村“轮值轮守工作”制度重点对象专人稳控等。完成街道及11个村和2个社区的综治维稳建设任务，扫黑除恶工作强化宣传及线索摸排，针对重点行业、重点区域，重点人员摸排20余次，未发现涉黑涉恶线索。坚持信访矛盾排查机制，对排查汇总的结果立即上报，快速调处，提升案件矛盾办结效率。全年共录入案件纠纷46起，化解疑难信访件3起，交办34起，自办12件，已全部办结。综治办、司法所逐村组织开展“法制讲堂”进农村、进社区，发放各类法制宣传资料5000余份，提供法律援助20次，增强群众的法制观念，提高群众的法律意识。

【社会事业】 2018年，低保、五保审核，落实长期公示、动态管理工作要求。落实留守儿童管理工作，13名留守儿童，89名困境儿童已经全部纳入管理；完成退役军人和其他优抚对象信息采集700余人，完成高龄信息系统采集139人，为156位高龄老人办理了敬老优待证，94.17万元高龄补贴全部发放到位。对困难群众及时开展临时、灾后、春荒、冬令等各类救助，确保群众求助有门，受助及时。共发放冬季救助金2.1万元，面粉86袋，棉衣棉裤26套，棉被20床，临时救助金38.55万元；受理医疗救助368人，临时救助235户。

【环境保护】 2018年，多措并举开展环境综合整治。以打造“山清、水秀、天蓝、地绿”的秀美街道为目标，以开展“五净一规范”活动为契机，加大农村环境整治力度。全年共拆除土坯房、危旧房屋 501 间，完成无害化厕所改造 468 户，厕所内统一配发了“四件套”；全年清理积存垃圾 1130 余吨，设置垃圾箱 109 个，做村、组牌 44 块，悬挂各类宣传牌 144 块，拆除乱搭乱建 20 余处，修建文化围墙、挡墙 1300 余米；打造“五净一规范”示范村 1 个，示范户 118 户；聘用保洁员 35 名，卫生监督员 25 名，健全了长效保洁机制。

【安全生产】 2018 年，贯彻落实各级安全生产工作会议精神，突出道路交通、防汛防滑、防火消防、危化品烟花爆竹、食品安全、建筑施工、公共聚集场所等七个重点，7—10 月份开展安全生产大检查，共出动检查人员 20 人次，检查单位 50 家次，发放《地质灾害防灾避险明白卡》。健全完善各类防灾、减灾工作预案，完成防汛防滑物资储备、气象灾害预警信息发布、紧急撤离、临时安置点设置等项工作，严格值班值守，顺利度过汛期，确保了安全生产形势的持续稳定。

【美丽乡村建设】 2018 年，实施花溪谷片区和善家河片区美丽乡村建设。投资 5530 万元，在花溪谷片区建成停车场 2 个，村级文化广场 1000 平方米，硬化村级道路 3.9 公里，硬化巷道 2370 米，修建排水渠 2160 米，安装路灯 49 盏，建天然氧吧花园 3 个，种植花卉 1000 亩，栽植景观树 2260 株，发展农家乐 5 户，绘制墙体壁画 2800 平方米，改造卫生厕所 40 个。在教场组新修生产路 570 米，对窝组新修大门 14 户，围墙 580 米。投资 343.95 万元，在善家河片区新修通组水泥路 5950 米，安装路灯 163 盏；新修文化墙 2000 平方米，围墙 800 米；建成 1200 平方米广场及农民大舞台 1 个；投资 47 万元，建花园 2 个，栽植景观树 68 株，修建公厕一个，双翁改厕 85 个；投资 25 万元，建成村级幸福院 250 平方米及村级标准化卫生室；投资 15 万元，建成便民慈安桥一座；拆除土坯房 10 户 30 间；发展农家乐 3 户，发展连翘栽植 50 亩、花椒 100 亩，光伏发电 50 亩。

【基础设施建设】 2018 年，新建通组路 1800 米，巷道 4939 米，排水渠 12013 米。10 月底全部完工，实现辖区通村、通组、巷道硬化全覆盖。全年共投资 53 万元，绿化美化栽植各种树木 34090 棵、种花种草 2100 平方米；新修河堤护栏 285 米；村级公路断板 4 处，164.2 米；落实养护责任，全年共养护村级公路 6 条，24.65 公里；清理道路两边杂草 71.45 公里；清理涵洞淤泥 4 处 5.3 吨。

五里镇

党委书记　陈　伟
副书记　郑亚梅（女）
　　　　薛海军
纪委书记　刘　军
人大主席　薛海军
镇　　长　郑亚梅（女）
副 镇 长　王海琴（女）
　　　　余立程
　　　　周德春
　　　　荀红栓
　　　　吴小龙
　　　　张平平（2018 年 12 月任职）
人武部长　毕清海

【概况】 五里镇是“省级文明古镇”。镇政府驻兴市村，距县城 26 公里，是一个典型的山、川、塬并存的乡镇，平均海拔 800—1000 米。全镇辖 17 个村 52 个村民小组，1782 户，8397 口人。总面积 120 平方公里，镇区规划建设面积 0.3 平方公里。耕地面积 26844 亩，林地面积 3320 亩。2018 年，围绕“实现四大提升，达到一个目的”的目标，凝心聚力，务实创新。在脱贫攻坚、镇区改造、基础设施建设等重点方面，圆满完成了各项目标任务。被市委市政府授予脱贫攻坚工作先进集体、被铜川市委市政府办公室授予杰出青年集体。

【党建工作】 坚持打造“红星闪闪亮，五镇放光芒”的党建品牌，深化“党旗飘飘指方向、不忘初心再超越、五镇河畔别样红”的奋斗目标，强化党建工作站和“4A级”党支部、“730”工作站、“村情家风室”“宜馨超市”和“100”便民服务台服务职能，以优良党风带民风促政风，把党的力量挺在服务一线的最前沿。全年组织召开党委会71次，党支部书记列席镇党委会议10人10次，召开镇村干部大会听取党建工作汇报12次，专题研究部署基层党建工作8次，建立领导党建联系点7个，创建党建示范点2个，与18个党（总）支部签订了目标责任书，夯实党委班子成员和各党支部书记的工作责任。开展“不忘初心、牢记使命”主题教育，以远教平台、手机学习平台为载体，组织干部参加“周三夜校”、周五集中学习、专题党课、道德讲堂、宜民讲习所等学习，并在全镇开展“学习十九大，五里镇人民向党说句心里话”活动。各支部开展集中学习228次，专题研讨112场次，讲党课160余场次。打造出全镇“12345”党建整体提升思路。总投资365万元完成蓝砖挡墙建设5100平方米，镇域标识牌一个，路域绿化3公里，公厕2座，花园800平方米，彩门1座，沿路窑背挡墙6300平方米，罗马柱挡墙2.4公里，石砌花园600平方米，栽植矮状月季1500株；“红宜县委旧址”纪念厅建成正在布展；在全镇11个行政村实施“暖心工程”，5个村已达标验收；远程教育常抓不懈，全年播放远教620场次，无“零点击”情况；完成村“两委”换届，优化了村级班子队伍文化年龄结构。在扶贫领域开展纪律作风专项整治，全年开展督查5轮次，下发整改通知书23份，提出整改意见48条。满意度和“自我”参与的积极性。

【经济建设】 全年完成工农业生产总值11025万元，其中农业总产值9543万元，同比增长5.2%；农民人均纯收入达到1.286万元，同比增产10.3%；市场主体培育160户，社会固定资产投资16470万元，高标准项目文本储备7个，招商引资合同利用市域外资金24200万元，超额完成了指标任务。玉米种植24023亩，露地马铃薯种植520亩，小麦种植2460亩，油菜种植2030亩，粮食总产突破15556.7吨。福地现代农业园区种植露地菜3744亩，培训蔬菜种植户636人次，引进新品种4个（西瓜2，食用菌1，西红柿1）、新技术2项（秸秆反应堆和水肥一体化），规模化格局逐步呈现。新建苹果园660亩，完成任务的110%，培育苹果管理专业合作社1个，标准化管理6653亩，创建县级示范园2个，镇级示范园5个，新建防雹网300亩，培训果农5期次、2040人次；新建核桃园477亩，完成任务的119%，100亩以上示范园1个，综合管理4018亩，培养核桃技术员5名，培训350人次。建成贺塬村500头生猪育肥基地，星星坡村、杨塬村10万只肉兔育肥基地，牛、羊、猪等防疫率均达到100%，农畜产品抽检合格率达到98%以上。新增家庭养殖大户3个，肉类总产量862.2吨。共种植中药材1500亩，建成500亩示范点2个，总产达到466.5吨。

【重点项目】 完成总投资4113万元，安置楼已完成封顶，正在实施内结构。榆五川光伏发电项目完成榆五川4300亩征地任务，并实现清工开始中，此项目已被列为市级重点项目。

【社会保障】 确定低保户66户148人，五保户38户38人，发放临时救助366次65.27万元，医疗救助63次102.11万元。全年城镇新增就业52人，转移就业1299人，城乡居民基本养老保险缴费2620人59.68万元，待遇领取1395人，生存认证1395人。公路养护，与各养护人员签订目标责任书，共养护公路36.5公里，并做到及时排查镇村道路隐患。

【计划生育】 全年新出生59人，死亡21人，自然净增长38人，人口出生率6‰。

【公共文化】 开展国家公共文化服务体系示范区创建，组织镇文化小分队逐村开展“脱贫攻坚奔小康，党的恩情永不忘”文艺汇演11次，举办五里镇第三届农民趣味运动会、秧歌会演、秦腔大舞台、政府购买公共演出、纳凉晚会等活动。

【脱贫攻坚】 按照“人有业、户有社、村有品”的产业蓝图为目标，全镇7个村建立起村集体经济组织，5个村已有村集体收入，为“三变”改革打下坚实基础。在产业上，因地制宜、多措并举，除传统种植产业以外，逐步形成以设施蔬菜种植、光伏发电、肉兔生猪养殖、中药材种植等为主的多元化产业发展格局，已实现村村有产业、户户有增收的目标。推进“五净一规范”活动，采用“倡、帮、比、评、奖、促”六步工作法，在全镇形成一户带一组，一组带一村，“家家学、户户创、村村美”的良好局面。投资390余万元，开展集中整治40余次，清理“三堆六乱”198处，清理垃圾192.7余吨，改厕510户，拆除土坯房176间，11户危房改造，修建围墙1400米，花园16个，配备保洁员65名。针对脱贫攻坚工作提出“6＋1”战术法（即每月月初印发一个工作导引，制定一份任务清单，下发一张调查问卷，出动一支突击队，开展一次行为晾晒活动，举办一次“村情户情”考场，成立了一支文艺小分队。），提升群众的政策知晓率、满意度和“自我”参与的积极性。同时，创新建立移民小区“五员”管理机制，确保移民搬迁贫困户搬得出、稳得住。严格对照“577”指标，盯死看牢“户退出、村出列”各项指标体系，逐户研判，逐项比对，强势推进，查漏补缺。全镇87户217人和2个贫困村的脱贫任务全面达标，全镇贫困发生率降至0.81%。

【综治信访】 通过村务公开栏、广播、横幅等形式的宣传，提高群众灾害防范意识，加大安全隐患排查整治力度，确保无重大安全事故发生。成立非洲猪瘟防控工作队，设立杨塬公路段检查检测站，执行24小时不间断值守检测机制和日报周报制度，确保辖区安全无疫情。开展“七五”普法宣传，将任务分解到片、村组、人头，开展法制宣讲工作，营造人人学法守法用法的良好氛围。坚持“一岗双责”责任制，加大对重点企业、人员集中场所、道路交通、食品药品等安全监管力度，保障人民群众生命财产安全。全镇发生各种矛盾纠纷8起，调解8起，成功率100%。发生信访11起，已化解11起，有效维护社会大局和谐稳定。开展“扫黑除恶”活动，刷写宣传标语36条、横幅36条、村喇叭广播61次、微信群宣传42次，深入广泛宣传，营造良好的社会治安氛围，未发现镇辖区内有黑恶势力。集中开展“两率一度”宣传，将任务分解到片、村组、人头，开展为期两个月的宣讲，发放宣传资料2次8000余份，累计宣讲30次受众5000余人。

【廉政建设】 坚持平时督查与年终述责述廉相结合的办法，抓好党风廉政建设责任制。开展“五个一”、纪律作风提升整顿月和“3＋X”纠正“四风”专项整治等活动，查找和纠正全镇各级干部队伍存在作风方面的突出问题。开展集中检查8次，训诫谈话9人次，初核案件18起，了结5起，立案13起，结案12起，党纪处分12人，在损害群众利益方面查办案件4起，其中扶贫领域2起。

【基础设施建设】 以实施道路、文化卫生、安全饮水、巷道硬化、村庄亮化、幸福院等基础设施建设为支撑，不断完善体育健身、文化娱乐、养老服务、医疗卫生等公共服务配套设施，群众的生产生活条件得到明显改善。先后投资420万元，完成硬化通组路110米，巷道硬化562米，修建排水渠12367米、文化广场1686平方米并安装配套健身器材；安装太阳能路灯50盏；建成桥梁1座、涝池1个、幸福院4个、标准化村卫生室2个。镇区棚户区改造项目总投资4113万元，已完成安置楼封顶，内结构正在实施。创建市级美丽乡村达标村4个，其中杨塬村被评为升级晋档市级示范村；榆舍村被评为市级示范村；贺塬村被评为市级精品村。完成煤改电520户，煤改气47户。共完成道路绿化8公里，义务植树2.4万株，绿化40.8亩，新建绿化苗圃30亩。对胡家塬村、星星坡村等美丽乡村的重点区域绿化，栽植红叶李、国槐、樱花、垂柳等绿化树木 5100 株。

尧生镇

党委书记　崔卫东
副 书 记　张晓军
　　　　　王建华
纪委书记　李　鹏
人大主席　冯振龙
镇　　长　张晓军
副 镇 长　郭延红
　　　　　田　野
　　　　　胡晓军
　　　　　王海琴（女，2018 年 12 月任职）
　　　　　刘继民（2018 年 12 月任职）
人武部长　杨龙阁

【概况】 尧生镇位于宜君县东部塬区，辖 20 个行政村，102 个村民小组，3342 户，11311 口人，总面积 258.3 平方公里，耕地面积 12.2 万亩，其中苹果面积 6.97 万亩，人均 6.16 亩，挂果面积 3.5 万亩，人均 3.09 亩，2018 年末农民人均可支配收入 10671 元。尧生镇东南为洛河西岸、雁门山余脉，其中有关地坪村、蔡道河村、九寺村、雷塬村、木瓜城村、拴马村 6 个村，主导产业以玉米、核桃为主；中东北部多为塬区，含桃村下桃村、走马梁、东舍、车村、孟皇、思弥、尧生、南寨、郭寨、英家塬、八丈塬、皇后、唐家塬、杨柳塬等 14 个村，主导产业以苹果为主，其中除杨柳塬、皇后、唐家塬、桃村 4 个村因地处洛河西岸贫困带，常年干旱少雨外，其余 10 个村苹果栽培面积较大，尤其以原尧生乡南北两条塬面上的走马梁、东舍、车村、孟皇、思弥、尧生、南寨、郭寨、桃村上桃村 9 个村，塬面开阔、海拔适中、土层深厚、降雨充足、昼夜温差大，是苹果栽培的最佳优生区，素有“苹果之乡”的美誉，仅这 9 个村的苹果面积达到 3.2 万亩，挂果 2.4 万亩，已形成“一乡一业”的产业格局。

【党建工作】 2018 年，规范管理机制，采用“线上＋线下”管理模式，向党员推送学习资料，让党员始终受教育、一个不掉队。为党支部统一配发《基层党组织工作手册》，使党组织工作规范化水平得到一定提高。强化党建引领，“支部＋产业＋扶贫”效应切实增强，对原有 13 个村帮扶工作力量进行整合，调整优化驻村“四支队伍”结构，确保困难群众稳定脱贫。加强源头把关，严格党员发展流程，层层把关、择优发展党员 7 名，培养入党积极分子 47 名。党代表驻室活动有序开展，严格按照“五好党代表工作室”要求，新装修党代表工作室 1 间，配备电脑、投影仪、办公桌椅等，为党代表开展工作创造了条件。对党代表集中培训 2 次，在集会日共开展政策宣传和接待活动 24 次，“党群联系点”接待群众和党员 65 人次。

【产业发展】 2018 年，全镇粮食种植面积 56475 亩（尧生片区 21675 亩，雷塬片区 34800 亩），油料种植 2400 亩（尧生片区 1500 亩，雷塬片区 900 亩），成立“大棚房”问题专项清理整治行动领导小组，排查出 6 处“农地非农化”（尧生片区 3 处，现均已整改完毕，雷塬片区 3 处，备案手续正在完善中），有效加强了耕地保护，遏制了农地非农化现象；畜牧产业，制定了春秋季动物防疫实施方案、应急预案等，特别是非洲猪瘟防控工作，坚持日排查，日报告，一年来未发现异常情况。新增家庭养殖大户 11 户，肉牛存栏 1620 头，出栏 1305 头；羊存栏 3871 只，出栏 2367 只；肉猪存栏 1462 头，出栏 2237 头；肉兔存栏 5000 只，出栏 40000 只，肉类总产量 565 吨；开展苹果产业质量大提升活动，新建苹果园 2844 亩，果品质量大提升示范园创建园 16 个，幼园管理 10200 亩，标准化管理 17100 亩，老园改造 6530 亩，开展了 8 期苹果管理技术大讲堂，培训 3538 人次。核桃新建园 1143 亩，示范园创建 6 个，栽植花椒

2400亩，动员干部、学生、群众，义务植树12500株；种植中药材6215亩，有6个300亩以上中药材示范基地。种植蔬菜3083亩，产量达到5274吨，露地栽培50亩，培训265人次。

【民政保障】 坚持公开、公正、透明的原则，认真做好困难群众救助资金的发放和农村低保户评审，全年共确定低保户106户251人（尧生片区38户99人，雷塬片区68户152人），五保户83户88人（尧生片区29户29人，雷塬片区54户59人）。共发放冬令救助棉被26床，棉衣26套，面粉128袋，资金35500元，临时救助202次，救助资金399700元，医疗救助686人次，救助资金1258597元。

【社会事业】 2018年，城镇新增就业70人，转移就业1799人。开展计生宣传27次，发放宣传资料2100份，共出生92人，符合政策生育率100%。开展流动人口清理清查工作13次，加强对流动人口的管理，按照时间节点上报各类统计资料；扎实开展国家公共文化服务体系示范区创建，开展“百姓大舞台”“百姓春晚”“颂党恩，促脱贫”等群众性文化活动40场次；积极发展市场主体激发市场活力，至年底，全镇企业发展完成数19个，占全年任务的128%；加强公路养护，与各养护人员签订养护目标责任书，共养护公路73.75公里。及时排查镇村道路安全隐患，发放宣传资料1050份，制作横幅30余条，警示牌28个。

【安全管理】 加强安全管理，将食品药品、农机、防火、防汛防滑、校园等安全责任落实到人、到事、到时。强化领导，成立安全生产工作领导小组；与各村、驻镇各单位签订了《安全目标责任书》，安全生产大检查、专项检查13次，随机检查35次，开展安全生产宣传13次，发放宣传资料1650余份；“三防”工作常抓不懈，签订防火目标责任书34份，组建半专业扑火队25支405人，发放防火知识宣传单3000余份，制作悬挂防火横幅32条，严格监控痴呆瓜傻人员，均落实了监护人员；加大汛期对镇域内水库、淤地坝、涝池、排水渠（低洼地区）排查力度，落实水库、淤地坝的行政责任人、技术责任人、巡查责任人，并将应急值班人员上传至陕西省应急平台综合应用系统，夯实应急值班责任；加大食品药品监督检查，开展“三小综合整治”，增加日常巡查频次，共检查17次，快检140批次，对存在问题的商铺下发整改通知单，并督促整改到位。

【环境整治】 2018年，坚持绿化造林，扩大绿化覆盖面积，路旁绿化5980株，折合面积119.6亩，水渠旁绿化1530株，折合面积30.6亩，村旁绿化1350株，绿化面积19.36亩，宅旁绿化23560株，绿化面积323.87亩；设立环境综合治理办公室，加大环境治理力度，安排治污降霾宣传车进村宣传巡查，循环播放环境保护法，定期开展环境卫生整治行动，全面清理门前“三堆六乱”，新安置垃圾箱350个，镇村环境面貌得到改观。开展环境保护专项检查50次，对施工场地进行扬尘专项督查16次，制作横幅20条，刷写墙体标语33条，全面落实新《环保法》，铁腕推进治污降霾，煤改电1359户、煤改气99户，拆除燃煤锅炉3台；严格落实河湖长制，据统计镇级河长累计巡查67次，村级河道巡查员累计巡查121次，确保河道环境达到“水清、流畅、岸绿、景美”。

【脱贫攻坚】 确定建档立卡贫困户465户1232人（尧生片区153户434人，雷塬片区312户798人），2018年计划退出45户153人（尧生片区14户52人，雷塬片区31户101人），已退出107户224人（尧生片区29户80人，雷塬片区78户144人）。尧生片区：移民搬迁13户32人已全部入住，其中6户19人进城安置，5户7人交钥匙工程，2户6人分散安置；积极开展“两对两补”工作，针对“两对两补”6大类共25项问题，逐项进行整改，已全部整改到位；开展“不忘初心、牢记使命，冲在一线、干在实处，帮贫解困促发展”大调研活动，镇村户制定完善了脱贫攻坚工作方案及帮扶方案，开展动态调整，做好退出、新增及返贫工作；全镇21个宜馨超市正常运作，累计发放兑换积分13541分；对脱贫示范户、五好文明家庭等进行了集中表彰，进一步激发困难群众崇德向善、自主脱贫的内生动力；联系西安医学院及其附属医院专家定期对群众进行为期2天的免费义诊，并对全镇乡医、村医、群众开展多种形式的培训，普及医疗知识，提升医疗水平；积极参加铜川市2018年扶贫产品交易会，交易会上，苹果签约1.1亿元，促进了贫困户增收。通过提质增效种植业、发展壮大养殖业、成立村集体经济组织（4个）、企业带动贫困户发展模式，壮大村集体经济发展，有效带动62户贫困户致富增收；金融小额贷款申请办理114户，金额4870000元，提高贫困户发展产业项目积极性；通过宜农股分红为75户贫困户分红112500元（贫困户75000元，村集体37500元）；通过苏陕合作贫困户入股分红的方式实现产业扶贫，为62户贫困户累计发放现金物资57000元，争取了南阳镇20万元的产业扶贫资金。雷塬片区：用脱贫攻坚总揽雷塬经济社会发展全局，深入扎实开展脱贫攻坚“不忘初心、牢记使命，冲在一线、干在实处”帮贫解困大调研、“十大提升工程”“春季行动”“百日会战”“两完善”“两对两补”动态调整等活动，加强组织领导，制定实施方案，列出“三项清单”，层层签订目标责任承诺书，精准落实“八个一批”帮扶措施，补短板、强弱项，年底退出贫困村3个（拴马、蔡道河、唐家塬），退出贫困户78户144人，贫困发生率由年初的4.16%下降为1.07%，达到贫困发生率低于3%，无贫困村的要求。

【美丽乡村】 2018年孟皇村、南寨村、思弥村、拴马村、九寺村、唐家塬村积极创建市级美丽乡村。完成“油返砂”通村路改造1200米，新建铺筑路面宽4.5米通村路2000米，新建排水渠7930米。新建小花园21个；新建机井4眼，铺设自来水管网6公里；新建围墙1300米，粉刷墙体7000平方米；铺设步道4100平方米；新建涝池6个；新建50平方米舞台一座，40平方米排练厅一间，20平方米器材室一间；新建文化广场4处4500平方米，配套健身器材4套；安装景观灯439盏等建设项目。按照示范带动、稳步推进的原则，全面启动农村环境卫生综合整治，突出抓好乡村绿化、村容整治、垃圾处理、污染治理、改厕改水、秩序管理等重点工作，环境卫生状况大幅提升，新建垃圾填埋场8处，村上配备了垃圾桶，为452户新建了卫生厕所。路旁绿化栽植红叶李、紫花槐、樱花等苗木4390株，折合面积188亩。水渠绿化面积栽植海棠460株，折合面积9.2亩。村旁绿化栽植黄杨球860株，绿化面积11.61亩。宅旁绿化栽植月季1500株、樱桃660株，绿化面积19.2亩。有序开展了“家庭文化育大德”“道德讲堂树榜样”“宜心讲堂”五好贫困户等评选活动，弘扬勤为本、德为先、和为贵、孝在前的传统美德。实现家风家训全覆盖。

【党风廉政建设】 立足教育防范，适时组织党员干部观看防腐倡廉警示教育片、举办廉政专题讲座、开展“一准则一条例”集中学习、召开廉政谈话会、发送廉政短信等进行警示教育，使党员干部明确行为规范。召开专题民主生活会2次，9个村党支部按照要求召开专题组织生活会各2次。印发《尧生镇扶贫领域作风问题专项治理工作方案》《尧生镇贯彻落实中央八项规定实施细则的实施办法》《尧生镇全镇领导干部集体学法计划》《以案促改工作实施方案》《以案促改领导小组》等文件，围绕主题开展活动，有效杜绝违纪违法事件的发生；对以案促改脱贫攻坚任务整改、贫困户帮扶物资发放、春节慰问对象的确定和慰问物资的发放、年终、七一的评优树模、精神文明建设先进典型的评选等工作进行督查，保证程序到位、过程公开、结果公正、群众满意；利用尧生时讯及时将节假日最新的要求进行宣传，同时下发相关文件，提出明确、具体的规定；开展警示教育活动3次，筑牢干部反腐思想防线。完善廉政谈话、训诫教育制，对各村主要负责人进行谈话，发现苗头性问题及时提醒约谈、督促整改；

强化正风肃纪，2018年共受理县级转办线索13件，办结6件，自办案件立案14件，结案12件，给予党纪处分12人，提醒谈话5人。

【文明新风建设】 开展好公婆、好儿媳、好孝子、五好贫困户、五净一规范示范户、诚信村民等一系列评选活动，共评选出好公婆好儿媳6人、好孝子2名、五好贫困户3人、五净一规范示范户3人、诚信村民1名；各行政村村规民约、五净一规范、善行义举榜、细说变化颂党恩展示墙、问题墙＋回音壁公示栏全部上墙。镇域文化素质得以提升，各村按实际情况悬挂家风家训、五好新风助脱贫牌匾，提升农村文明程度和群众的道德文明素质。

【基础设施建设】 尧生片区：贫困村（桃村、南寨村、孟皇村）新建排水渠4200米，新建文化广场1000平方米及配套相关标准体育健身器材；非贫困村（郭寨村、车村、尧生村、东舍村）新修通组路730米，排水渠7943米。投资380万元的郭寨便民桥目前正在完成招投标手续，2019年开春动工修建。雷塬片区：完成街道及通村水泥路“白改黑”工程16公里，维修“油返砂”通村水泥路5公里，建成通组水泥路4.23公里、沙石路5.4公里；完成巷道硬化3070米，修筑排水渠9474米；新建文化广场8个，玉米晾晒场1个，砌筑石护坡630米、建成雷塬村新型社区服务中心1个、农村幸福院4个、村级标准化卫生室4个、涝池4个；建成标准化气站1个；建成雷塬街道100平方米高标准公厕1个。

棋盘镇

党委书记　寇建军

副 书 记　负学斌

　　　　　田文军

纪委书记　赵　琼（女）

人大主席　仇志远

镇　　长　负学斌

副 镇 长　张彦军

　　　　　刘志伟（2018年10月离任）

　　　　　郝　伟

　　　　　刘　彬（2018年4月任职）

人武部长　陈　亮

【概况】 棋盘镇位于宜君县城东南，地质构造处于鄂尔多斯地台南缘，是中生代沉积岩系，地貌属丘陵粱峁区，呈现为两川三梁自西向东蜿蜒，境内海拔最高1587.5米，最低922米；气候宜人，年平均气温8.4℃，年降水量725毫米，无霜期170天，是休闲避暑胜地；森林资源丰富，境内天然牧草地面积2.42万亩，天然次生灌木林、生态防护林面积11.9万亩，辖区自然生态保护良好。全镇总面积151.7平方公里，辖11个行政村69个村民小组7580人。耕地面积5.7万亩，主导产业为玉米、核桃，2018年末常住居民人均可支配收入为12185元。共有14个基层党支部，其中农村支部11个，机关支部1个，非公联合支部1个，秦一公司支部1个，设有党建工作站5个。全镇共有党员334名，其中女党员71名，农村党员297名，机关和企事业单位党员37名。脱贫攻坚战打响以来，充分发挥“人”这一主动因素，在“谁来扶”“怎么扶”上精准发力，11支驻村工作队，11个脱贫攻坚临时党支部，6名“第一书记”下沉扶贫一线，实现所有贫困户“领导干部、党员干部、驻村工作队、第一书记”帮扶全覆盖，扎实开展驻村联户工作，建立健全“支部联村、干部联户”制度，形成逐级联动解决群众诉求的良性机制。紧紧围绕年度脱贫滚动计划，坚持底线思维，提前谋划，科学研判，严格核查，按照“两不愁三保障”等脱贫出列标准，经过贫困户申请、村级申报、镇级交叉核查、县级核查严格程序。全镇建档立卡贫困户共318户933口人，累计已脱贫277户873人，2018年拟脱贫110户369人，实际脱贫137户393人。计划出列的5个贫困村顺利出列，完成率100%。同时集中时间和精力开展贫困户信息核查，运用大数据对精准扶贫政策落实情况进行监督检查，切实做到“卡内无硬伤、卡外无真贫”。

【党建工作】 以“两学一做”学习教育为契机，按照“三会一课”要求，从支部到个人既有固定学习内容，又有自拟计划，既有短期研判，又有长期目标。充分利用周三夜校平台，组织各村支部书记、第一书记和镇干部集中学习15次，观看廉政警示教育影片7次，利用各类会议组织党委班子成员和支部书记讲党课32次。全镇党员干部亮身份、践承诺、履职责，坚持挂牌坐值班，规范公务行为。各支部如实填写《党员积分册》，定期评议，科学打分，为加强党员常态化管理、发挥先锋模范作用提供依据。《民情日记》如实填写，既是对领导干部日常工作的了解督促，又是工作经验的总结和积累。坚持周一发任务清单、周五例会汇报制度。组织开展党建工作站交叉检查暨观摩学习活动5次，整改问题28项。结合国家公共文化服务体系示范县创建、社会主义核心价值观及“六德”教育、道德讲堂、激发内生动力扶智扶志等活动的开展，全力打造党建精品乡镇。在公路主干道制作大型宣传牌6个。累计在美丽乡村及主干道安装各类牌匾860余块，使党建文化主题鲜明，氛围浓厚，效应增强。开展支部书记“双述双评双考”活动，定期组织开展支部书记讲党课活动，带头讲做法理思路，讲经验谈心得。开展党员专题教育课进农村12次，党务知识专题辅导11次，各村临时党支部、党员先锋服务队、宜心志愿服务宣讲队、宜馨超市全部成立，党员干部佩戴“我是党员我服务”的红袖标，在脱贫攻坚中发挥作用，主动帮扶贫困户解决发展难题。全镇318户933人建档立卡贫困户，已实现脱贫277户873人。第一书记、村干部、驻村干部、驻村工作队和大学生村官细化各自的工作任务，明确工作职责。实行周考勤、月汇总、季评议，严格请销假制度。为9个非公企业和6个社会组织派驻党建指导员，加强“两个覆盖”组织的工作成效。将岗位骨干、致富能手、产业能人作为积极分子培养的对象，为党员发展储备人才2名。远程教育电信站点全覆盖，镇村档案规范提高。2018年度被评为市级远程教育示范乡镇。

【产业扶持】 全镇11个行政村集体经济合作社全部成立到位。秦一养殖有限公司种鸡养殖基地已从6栋扩建至第8栋；迷家河村40万棒食用菌培育基地已全面建成，在不断扩大规模中；棋盘村肉兔养殖完成三通一平等待哈妹集团建设。迷家河村、安子头村黄芪种植1000亩；黄埔寨村4万套种鸡养殖基地，2万套种鸡已进入第二茬养殖期；马泉村1000头生猪养殖基地已建设完成，开始正常的养殖生产，同步扩大养殖规模。在产业发展方面，结合实际，用好用足产业扶贫政策，初步实现了以“合作社（企业）＋贫困户”模式为主，家庭散养模式为辅，主导产业为支撑，金融手段为保障的产业扶贫模式。探索镇村联动产业发展机制，按照片区划分和产业布局，贫困户以入股、土地流转、托管、代养等多种形式参与年终分红，全镇贫困户以入股分红、企业带动、加入宜农股和宜林股等多种形式带动发展，享受2018年菜单式扶贫政策133户。

【金融扶贫】 在上级部门的支持和指导下，结合实际，创新开展普惠金融和金融扶贫。2018年，为有产业发展需求的贫困户发放小额信贷135户次，合计552.1万元，主要用于种植养殖等产业的科学长效发展；为宜君县秦一养殖有限公司、宜君县寺天永兴养牛专业合作社、国标农场、恒武养殖专业合作社、恒盛养殖专业合作社、金祥养殖专业合作社6家新型经营主体发放贷款合计450万元，累计向贫困户分红69万余元。

【健康扶贫】 对贫困人群构筑起基本医疗保险、大病保险、医疗救助“三重医疗保障”网，实现对贫困群众的医保兜底，通过大病救助一批、慢病管理一批、重病兜底一批等多种保障政策，精准认定因病致贫户88户272人，长期慢性病

132 人，其中享受慢性病供药 148 户 164 人，患大病的 13 人都得到不同程度的救助。

【兜底保障】 按照应保尽保的要求，不断明确精准扶贫与民政兜底保障政策的衔接，确保全镇兜底保障对象认定精准、保障到位、管理科学、清理彻底。2018 年全镇认定兜底保障对象 57 户 65 人，其中五保户 50 户 52 人，无劳动力的低保户 6 户 12 人，其他人员 1 户 1 人。足额发放临时救助 95 次 145.75 万元、残疾人生活补贴 221 人 24.084 万元、高龄补贴 479 人 34.68 万元、春节困难群众救助 228 户 4.87 万元。

【项目储备】 2018 年，全镇储备项目 5 个，涉及资金 3.55 亿元，达到历年新高，为 2017 年的 2.5 倍。其中主要有马泉油页岩矿山地质保护与恢复治理项目涉及资金 2.09 亿元，棋盘镇商贸新街项目涉及资金 1.3 亿元。

【产业发展】 2018 年全镇种植蔬菜 1321 亩，其中设施蔬菜 100 亩，完成任务的 101.6%；同时大力发展中药材种植，共种植丹参、连翘、柴胡、苦参、地黄、板蓝根等中药材 2000 亩。完成新建园 1187 亩，其中花椒 475 亩；果园综合管理 9315.4 亩，其中果园修剪 5534.4 亩，嫁接 557 亩，综合管理 3224 亩；建成县级示范园 1 个，镇级示范园 5 个。全镇划定耕地面积 3.8 万亩，划定粮食面积 3.8 万亩，其中玉米生产功能区 3.8 万亩。以“稳面积、调结构、攻单产、保安全”为目标，扎实推广玉米高产栽培技术，大力推广玉米优良品种，确保全镇玉米种植面积和产量的稳步提升。

【生态环境保护】 以打好“青山保卫战”“蓝天保卫战”“绿水保卫战”“净土保卫战”四个保卫战为工作指导，加大生态保护力度。通过护林员的日常巡查，结合植树造林、护林防火，打好“青山保卫战”；严格落实河长制，对境内的各段河流均设有村级河长，负责河道日常管护，定期清理河道垃圾、杂草、碍洪物，打好“绿水保卫战”；积极宣传秸秆还田、煤改气、煤改电等惠民政策，在全镇范围内禁烧秸秆，推广清洁能源，节能降耗，力争全镇所有农户取暖、生活等所用能源全部落实清洁能源。同时加大对境内建筑工地扬尘和涉污企业的监管，对影响周边群众生活、排放物不达标的企业和建筑工地及时关停整改，严禁秸秆焚烧，打好“蓝天保卫战”；狠抓镇区、棋周路、哭雷路及各通村要道的环境卫生整治，建有垃圾填埋场 10 个，镇区、村中心区均设有垃圾桶、垃圾箱，购置清运车、公共厕所等设施，为各村共配备卫生保洁员 32 名、卫生监督员 38 名，制作宣传牌 176 块；按照统筹规划、协调发展、分步实施的原则，积极推进“农村厕所革命”，完成改厕 331 户，打好“净土保卫战”。

【美丽乡村建设】 美丽乡村创建中广泛动员，组织党员领导干部积极参与，共建美丽乡村，改善人居环境。2018 年，维修主巷道 1950 米，加宽道路 3380 米，新建人畜饮水工程 2 处、垃圾填埋场 3 个、巷道 980 米、排水渠 7000 米、护坡 7200 立方米、桥梁 1 座、花园 6000 平方米、幸福院 2 个、文化广场 4 个、多功能厅 1 个、晾晒场 6 个、古树保护 1 处、古戏楼保护 1 处、景观节点 4 处，绿化道路 14.5 公里，美化村庄 12000 平方米，栽植苗木 2000 余株。

【精神文明建设】 全镇累计开展广场舞、戏曲会演、演讲比赛等各种意识形态的活动 35 场次，其中黄埔寨村群众广场舞表演队赴港表演赢得赞誉。利用《棋盘动态》发布各类信息报道 110 余条，其中发布县级 52 条，在市级以上媒体、报刊、网络报道 42 次。结合党建引领、美丽乡村建设、精准扶贫等各项工作，完成“十星级文明户、家风家训、好媳妇好公婆、文明村创建、和美家庭、美丽庭院和中国好人”等系列精神文明创建活动。黄埔寨村烽火鼓楼、千年紫藤树得到维修管护，提升乡村旅游治理水平。马庄村红白理事多功能文化厅功能得到进一步完善。农村书屋和村卫生室作用充分发挥，为群众提供致富技能和便利的医疗条件。发挥迷家河村康河组现代农业产业园基地辐射功能，鼓励群众相信科学，走科技致富之路，带动周边村52户群众种植大棚蔬菜130亩，建立蔬菜示范点1个，年度人均直接增收1.3万元。

【民政保障】 坚持专款专用、公开、公正、公平的原则，及时足额发放临时救助35次5.15万元、医疗救助40人58.19万元、残疾人两项补贴218人12.138万元、高龄补贴469人17.1万元、春节困难群众救助228户4.87万元。对全镇弱势群体进行细致摸底核查，结合脱贫攻坚，严格按照低保政策，重新申报、审核、审批低保对象及其待遇，做到应保尽保。做好婚姻登记、留守儿童摸底等工作，留守儿童18名，困境儿童127名，镇政府联系县民政局、教科体局对困境儿童的生活学习做了妥善安排，确保民政工作保障保在实处、不漏一人。

【食药安全管理】 强化组织机构，抽调镇派出所、工商所、食药监所工作人员组成检查组，联合执法，禁止泔水喂猪，严防非洲猪瘟。对镇属中小学食堂、街道餐饮店等行业进行检查抽查7次，县镇联合执法4次。实行农村红白喜事上报备案和食品安全检查制度，严格落实药品“三统一”制度，对镇卫生院、村级卫生室及街道卫生所、药店检查4次，发现处理问题2起，确保人民群众生命安全。

【公共文化】 坚持“立足实际、服务群众”的原则，以镇综合文化站为依托，设有公共图书馆、电子阅览室、培训室、多功能厅等，将各项公共文化资源向群众免费开放。镇图书室总藏各种书籍4000余册，11个行政村均建有农家书屋，图书室每天坚持向群众开放8小时以上，保证群众每天的阅读量。同时开展了春节送春联、秧歌会演等各种形式的文艺演出16次，其中政府购买11次，举办广场舞比赛1次，活动凝聚了民心，激发了干部群众干事创业的活力，为脱贫攻坚提供坚强的支撑。

【安全生产】 年初与各村、驻镇各单位签订《安全生产目标责任书》，安全生产责任体系进一步健全，努力减少一般事故，有效遏制较大事故，坚决杜绝重特大事故，全力实现“两下降、两确保”目标。2018年，开展安全检查12次，排查隐患3处，整改3处。出动宣传车辆10余次，培训100余人次，人员覆盖镇政府领导干部、村组干部、应急救援队伍、安全监管人员等，杜绝了不安全事故的发生。

【易地扶贫搬迁】 结合实际，通过实施交钥匙工程、就地改造、集中供养、镇区安置、县城安置等多种措施解决困难群众的住房问题，享受易地扶贫搬迁224户596人，其中县城集中安置72户（景文小区46户、西园小区26户全部入住到位），镇区集中安置50户，交钥匙工程31户、分散安置71户（含亲友帮管22户）已全部兑付入住到位，确保贫困户“搬得出、稳得住、能致富”。

【基础设施建设】 2018年镇村基础设施建设项目总投资426.82万元。其中贫困村基础设施和公共服务设施建设项目投资174.02万元。新建巷道921米，排水渠8299米，文化广场1个1000平方米，广场配套健身器材及绿化；非贫困村基础设施和公共服务设施建设项目投资252.795万元。新建通组路3870米，巷道1550米，排水渠473米，文化广场1个1000平方米，广场配套健身器材及绿化。基础设施项目建设均已完工，投入使用。

太安镇

党委书记　李　辉

副 书 记　张晓娟（女）

纪委书记　董卫宁

人大主席　张君红

镇　　长　贺云鹏

副 镇 长　李小虎

王海娟（女）

和真琪

郑　琦（2018 年 9 月任职）

人武部长　陈　明（2018 年 9 月离任）

【概况】 太安镇位于宜君县西部山区，是 2001 年由原马坊镇和焦坪乡撤并后新建的镇，东与城关镇、哭泉镇相连，西南与印台区金锁关镇接壤，西北与黄陵县店头镇相邻。地处关中平原向陕北过渡地带，平均海拔 1395 米，天然植被森林覆盖率 65 %，是陕西省天然林保护区。全镇总面积 191.64 平方公里，辖 11 个村 59 个村民小组，2663 户 9359 人，其中：城镇 1153 人，农业 8206 人。全镇下设党支部 13 个，有党员 475 名，优抚对象 29 人，70 岁以上老人 655 人。农业主导产业以地膜玉米、核桃为主，境内有煤炭、石油、天然气等矿产资源。

【党建工作】 年初制定《2018 年太安镇党委中心组专题学习计划》，加强中心组学习制度建设，进一步规范和完善每周例会制度、集中学习反馈制等制度。围绕持续深化"两学一做""准则、条例""学习十九大""脱贫攻坚""以案促改""强化纪律刚性约束，时刻绷紧纪律之弦"等内容，共组织中心组学习 12 次，机关干部上交心得体会 30 余篇。针对干部教育现状和教育需求，整合教育资源，制定并印发《宜君县太安镇 2018 年党员干部"周三夜校"学习教育实施方案》《2018 年太安镇干部教育培训计划》《2018 年太安镇扶贫干部培训方案》，坚持党委书记带头讲党课制度，并结合民主生活会、"周三夜校""两学一做"学习教育、"脱贫攻坚""以案促改"等，加强班子成员理论学习。开展意识形态宣讲和特色宣讲，组织"班子"宣讲员，广泛开展灵活多样的基层宣讲，镇党委书记带领全体班子成员结合各村实际情况，以大家听得懂，弄得清的语言，为大家讲解十九大精神，并组织宜君县"宜心讲堂"志愿服务队——太安镇分队志愿服务队，到一线开展宣传，把十九大报告精神与党章修正案的具体内容真正传递到每位党员干部心中。

【脱贫攻坚】 6 个贫困村已全部退出，按照"精准扶贫、精准脱贫"的要求，坚持"一村一策、一户一法"的扶贫方针，因地制宜、分类施策，将脱贫攻坚工作全面落实到村、到户、到人，以户为单位制定到户到人的帮扶计划，逐级分年度分解贫困村退出和贫困人口脱贫计划，做到任务分解到村到户到人，逐一研判；同时扎实做好动态调整，以脱贫退出为核心，2018 年脱贫 260 户 735 人，剩余贫困户 67 户 128 人，贫困发生率 1.37%。全部退出的 6 个贫困村中，马场村于 2017 年已退出贫困序列，2018 年退出 5 个贫困村，分别为焦坪村、寺坪村、榆树湾村、景丰村、艾蒿洼村。

【项目建设】 2018 年加大项目策划储备力度，高标准完成项目储备 5 个，其中太安镇焦坪加油加气合建站项目，总投资 1696 万元、铜川宜祥煤炭储备有限公司洗煤厂项目，总投资 10000 万元、宜君县昊宏煤炭清洗及煤矸石综合利用项目，总投资 17000 万元、太安镇片区棚户区改造项目配套停车场项目，总投资 645 万元。完成全年项目储备任务的 100%。且均已完成项目可研、初设、立项、环评等前期手续，项目用地手续正在办理之中。坚持招商引资是经济长远发展的必由之路，完成招商签约项目 3 个。其中"旅游民宿酒店建设项目"总投资 20000 万元，"万亩构树生产基地建设项目"总投资 4000 万元，"万亩赤芍种植示范基地项目"，总投资 8000 万元。

【产业发展】 优化农业发展结构，增进农民收入。全镇共种植玉米 3.3843 万亩，产量 3722.7 万斤，其中地膜玉米 0.9873 万亩；同时种植蔬菜 674.8 亩，产量 134.9 万斤，种植大棚蔬菜 80 棚，占地 200 亩；发展核桃种植 8290 亩，产量 493430 斤；2018 年农业产值达到 4057.36 万元，超额完成任务。对畜牧养殖户及合作社的培植，全年肉牛存栏 1760 头，出栏 1385 头；羊存栏 2958 只，出栏 3158 只；生猪存栏 1543 头，出栏 2682 头；

肉兔存栏6000只，出栏5万只；肉类产品总产量640吨，完成全年各项生产任务指标。加强农产品质量安全监管，坚持按照春秋两季集中免疫、常年补针，全年免疫密度，免疫抗体检测率达85%以上。共防疫牛58头、猪2284头、羊1536只、鸡15995只、犬620只；同时，完成了农畜产品抽检工作，合格率达到98%以上，达到既定目标。进一步优化农业区域布局，丰富农业产业种类，大力发展中药材种植、兴建核桃园。全镇共种植赤芍、丹参、桔梗、柴胡等中药材17种，共计3027.8亩。其中景丰村完成赤芍种植2300亩，后续种植正在进行；核桃新建园300亩，达到预定目标。

【美丽乡村建设】 圆满完成马坊、南塔和石管子3个村的美丽乡村建设任务。共硬化巷道5177米；新修通组路1500米；新建排水渠2000米；新建文化广场3个2080平方米；安装路灯220盏；修建标准化卫生室1处；栽植绿化树3300株；墙体粉刷3500米；制作宣传文化长廊420平方米。同时加大产业发展力度，完成核桃综合管理300亩，核桃嫁接300亩，发展中药材种植、黑猪养殖、中华蜂养殖等惠民产业，美丽乡村建设达到预期目标。

【两房建设】 按照“搬得出、稳得住、能致富”和“三靠近”原则，稳抓移民搬迁镇区集中安置点建设和公共设施配套，做好县城安置搬迁户的搬迁事项及移民搬迁补助政策衔接落实，确保搬迁户正常入住。通过易地搬迁项目共计解决贫困户175户567人的安全住房问题，其中县城安置50户182人、镇区安置49户157人、榆树湾、景丰安置点33户98人、分散安置21户64人，交钥匙23户70人（含1户4人县城安置），均全部搬迁入住。通过努力，采取单人户（特殊两人户）统规统建安置、贫困户投亲靠友安置、维修改造集体房屋等办法，促进农村危房改造的实施力度。2018年全镇共拆除危旧土坯房197户660间；危房改造195户，其中贫困户39户，环境卫生提升项目156户，已全部入住，入住率达到100%。极大地改善了村容村貌。

【创建示范区】 认真践行先进文化，坚持先进文化的前进方向，为全镇经济快速发展和社会全面进步提供强大的思想保障和精神动力。按照村级文化广场标准，对11个行政村的文化广场进行提升改造，解决了文化设施方面存在的问题和不足；全镇11个综合文化中心实行免费开放、免费辅导，为群众提供优质服务；充分利用百姓大舞台，组织开展元旦联谊会、元宵节文艺汇演、“音为爱”助学活动、“迎七一、颂党恩”活动等10余次丰富多彩的文化活动，得到广大群众一致好评。

【环境整治】 以统筹城乡发展为要求，以群众幸福生活期盼为动力，以唐苑名镇建设为契机，不断完善镇区服务功能，开展镇容村貌环境综合整治。推进土坯房拆除，对辖区内有碍观瞻、闲置的土坯房、危房等建筑物进行登记，在确保群众有安全住房的前提下集中进行清理，对闲置土地进行美化绿化，改善村容村貌，提升群众幸福指数。全年拆除危旧土坯房197户，660间；同时号召各村引导和组织村民对院落，房前屋后、大街小巷的三堆六乱进行清理整治，修建垃圾台12个，填埋点10处，并为每个村配置卫生保洁员，及时对村域内环境卫生进行清扫，推进农村环境整治，提升镇区对外形象。按期完成农村厕所改造任务，提高群众健康水平和生活质量，完成改厕849户，建成公共卫生厕所15间56蹲位，完成改厕任务。落实河长制，完善一河一档、一河一策的治理方案，村级河长每月定期组织巡河4次；共清理河道垃圾30余次；栽植500余株苗木用于河道绿化，改善了水环境质量。对全镇各村村容村貌整治、卫生厕所建设、两房建设、“五净一规范”落实等工作开展情况进行现场观摩评比，并对评比出的优秀村予以表彰及奖励。

【社会保障】 2018年新农合参保8808人，参合率达到100%，圆满完成预定任务；城乡居民养老保险参保6040人，新增53人，到龄人员86人，共计收缴保费93万元，其中自收8700元，银行托收92.13万元。领取养老保险1471人，注销94人，信息变更14人，2018年共享受丧葬补贴94人，发放补贴75200元。通过开展“送政策、送岗位”“就业援助月、春风行动”招聘会、扶贫日等活动，积极宣传就业用工信息，鼓励年轻人外出务工，共转移劳动力1427人，完成目标任务的108%，同时利用玉华宫景区及两条高速公路穿镇而过的地理优势，积极开发保洁、后勤管理、公共服务等就业岗位，新增城镇就业54人，其中失业再就业24人、困难就业12人，分别完成任务的135%、120%和120%，办理就业失业证56个。

【精神文明建设】 评选表彰“诚信村民”“五净一规范示范户”“公益事业热心人”“励志脱贫模范”“孝老爱亲模范”30人次。向上级部门推介陕西好人2批3人次，时代乡贤2名、文明家庭1户、第五届道德模范1名、铜川建市60周年100名杰出贡献人物1名，全年推荐好人线索200余条。其中王桂芳获得铜川建市60周年100名杰出贡献人物并受到表彰。这些典型就是新时期家庭道德建设的样板，新时期家庭道德建设的“风向标”。通过表彰，以家为单位，以点带面，以家风带民风。

彭　镇

党委书记　查军立
党委书记　张　锋
副 书 记　范东旭
　　　　　邢小强（2018年6月离任）
　　　　　刘治平（2018年6月任职）
纪委书记　刘治平（2018年6月离任）
　　　　　张建林（2018年6月任职）
人大主席　冯康红（2018年8月离任）
　　　　　石新社（2018年8月任职）
镇　　长　范东旭
副 镇 长　张志斐
　　　　　石新社（2018年8月离任）
　　　　　连　伟（2018年6月任职）
　　　　　白革平
　　　　　杨艳玲（女）
人武部长　连　伟（2018年6月离任）
　　　　　刘志伟（2018年6月任职）

【概况】 彭镇地处宜君县西北部，总面积279.74平方公里。全镇辖24个村，104个村民小组，92个自然村。2018年，全镇有3735户13882口人。基本形成以黄铜高速公路为轴心的玉米、核桃产业区；以210国道为轴心的苹果产业区。全镇玉米种植面积6万亩，人均4.3亩；核桃栽植面积1.2万亩，苹果面积1.8万亩。镇域耕地保有量9.5万亩，基本农田保护6.6万亩，粮食总产约4.1万吨。镇政府所在宜君县科技工业园区，入驻企业有方舟制药厂、棋智核桃乳品厂、宜君县天河农业有限公司等；乡镇企业已建成宜众面粉厂、春光蜂业、宜君县浩华养殖有限公司等。葛沟村天然气1#已钻成。石油、天然气成为全镇经济发展的资源优势。

【党建工作】 按照要求，对26个党支部（24个农村支部、1个机关支部、1个非公联合支部）共624名党员的组织关系进行逐一排查，其中流动党员　27名，预备党员12名，积极分子25名，转出党员12名，转入党员21名。2018年度应缴党费29796.8元，实交党费29796.8元。全面贯彻党的十九大和习近平总书记系列重要讲话精神，以“两学一做常态化制度化”“抓党建促脱贫”和远教学用工作提升年为重点，筑牢党建基础，为全镇经济社会发展提供强有力的组织和人事支撑。建成湫沟、西村、彭村、山岔片区4个党建工作站，实现镇域全覆盖。党建工作站的规范建立与运行，有效打破了凡事以村为单位的落后思维模式，方便了多个跨村合作社的运行与发展，激活了农村各类经济组织与协作模式，有效地黏合党建工作与农村经济工作，推动全镇党建和经济工作再上新水平。结合基层党组织“升级晋档、追赶超越”活动，建立经常性指导机制，定期开展工作排查，建立台账，滚动整顿、动态销号，对软弱涣散党支部，实行包抓到人、责任到人、整改落实到人的整顿模式，实现基层组织全面提升、全面过硬。结合实际制定党建工作清单，坚持月初研究、月中通报、月末总结，明确阶段性工作任务、重点和完成时限，增强对各项工作的计划指导、跟踪问效和经验总结，形成因地制宜、有的放矢、对症下药的工作推进系统。每月月初第一个周一组织召开镇村两级工作例会，指定两名支部书记和主任分别就基层党建和经济工作进行脱稿汇报、安排近期重点工作任务并开展应知应会知识测试，营造经验相互交流、工作相互学习、知识共同进步的良性竞争氛围，普遍提高基层组织的凝聚力和战斗力。要求各片长定期以普通党员身份参加双重组织生活，加强对基层“三会一课”和组织生活会的规范指导和对基层工作的调研，为镇党委决策制定和工作推行提供客观依据，提高党委政府科学执政的能力和水平。采取镇党委书记、镇党建工作督查小组随机抽查、定向检查的方式，对各村坐班制的执行、“第一书记”到岗在岗情况、“两室”环境卫生清洁、各类记录填写、党员“双积分制”执行、党务政务公开等情况进行督查指导，确保各项重点工作全面推进、落实到位。

【经济建设】 全年累计完成固定资产投资1.2亿元，完成全年任务的120%；招商引资合同利用市域外资金2.0亿元，实际到位利用市域外资金5000万元，完成全年任务的125%。完成项目储备5个。超额完成市场主体培育任务，发展企业18家，完成任务的180%；发展农民专业合作社15家，完成任务的100%；发展个体工商户149家，完成任务的138%。完成2018年度造林绿化工作任务，义务植树46217株，完成任务的154.1%。配合县旅游局做好战国魏长城遗迹军事体验迷宫建设项目，加大对210国道沿线环境卫生保障工作；新建魏长城驿站2处。实施干杂果新建园1027亩，完成全年任务的205.4%；实施核桃综合管理6737.3亩，完成全年任务的134.7%；建成核桃提质增效示范园2400亩，完成任务的100%；建成彭村、布庄村提质增效示范园。完成蔬菜种植2206亩，设施蔬菜200亩，蔬菜种植户培训350余人次。苹果栽植1509亩；新建徐家河村矮化苹果市级示范园；老园改造6500亩；创建市级示范园1个；县级示范园2个；镇级示范园6个；实施幼园管理6000亩；标准化管理11000亩；培训果农2095人次。农村公路养护55.2公里，投资300余万元实施水毁路桥修复；协调解决了彭马路遗留坟头事宜，彭马路全线贯通。完成肉牛存栏4473头、出栏5723头，羊存栏5712只、出栏4462只，生猪存栏4264头、出栏2803头；肉类总产达1693吨。畜牧防疫实现全镇防疫率100%。

【安全管理】 2018年，扎实履行安全生产实行“党政同责、一岗双责”，按照“谁主管、谁负责”，“管行业必须管安全、管业务必须管安全、管生产经营必须管安全”的原则，开展好安全生产“三项攻坚”行动。坚持“安全第一、预防为主、综合治理”的方针，印发安全生产、食品药品安全、防汛防滑等各类安全文件及预案，签订各类安全目标责任书360份，确保各项安全责任落实到位，全年无不安全生产事故发生。

【文化事业】 2018年完成国家公共文化服务体系示范区创建，镇文化站及各村文化服务中心全面免费开放，全年围绕“激发内生动力 助力脱贫攻坚”主题，举办镇元宵节秧歌调演、三八妇女节文艺演出、“五四”青年节歌手大赛；纪念建党97周年文艺演出、舞动八月文艺演出活动。文化演出进基层达到了24个村全覆盖，进一步丰富了群众的文化生活。

【环境整治】 2018年开展城乡环境卫生综合整治，投资920余万元，完成拆除危房250户972

间，乱搭乱建 129 处；实施路域治理累计 424.9 公里，河道治理累计 71 公里。修建围墙挡墙 5110 平方米，制作各类宣传牌、宣传标语 620 块，投放垃圾箱 625 个，设立村组标示 73 个，建成晾晒场 11 处，维修排水渠 1200 米，铺设涵管 40 米；修建小花园 166 处 6715 平方米，四旁植树 17490 株，道路绿化植树 27055 株，绿化面积累计 4380 亩；新建垃圾收集点 12 个，公厕 33 处，垃圾屋 4 个，改建卫生厕所 749 个，改善人居环境 106 户。

【精准扶贫】 2018 年退出贫困村 6 个，分别是薛塬村、西洼村、东湖村、湫沟村、偏桥村和拔头塬村。2018 年脱贫贫困户 158 户 391 人，贫困发生率为 1.7%。精准扶贫因户施策，开展了大量的基础性工作。2016—2017 年易地扶贫移民搬迁共 138 户 367 人全部安置入住（4 户单人户死亡）；2016—2018 年全镇危房改造共涉贫困户 185 户 551 人已全部入住，其中 2016 年危改 67 户，2017 年危改 83 户，2018 年危改 35 户。把产业发展作为脱贫攻坚重中之重，围绕"找差距、下硬茬、揪住短板、合力攻坚"开展市场调研，调结构、补短板、促转型，在全镇建成 24 个产业脱贫示范基地，其中县级示范点 1 个，镇级示范点 5 个。在巩固苹果、玉米、核桃三大传统项目的基础上，大力发展肉兔、生猪养殖，中药材、食用菌种植四大新兴产业，培育特色产业水稻种植。充分利用"菜单式"产业扶贫资金 305 万元，采取"村集体＋新型经营主体＋贫困户"的模式，对全镇 618 户贫困户中有劳动能力 344 户，半失劳家庭 36 户，种植水稻 30 户 60 亩；投放生猪 78 户 576 头，肉羊 37 户 324 只，肉牛 82 户 82 头，帮助带动 380 户贫困户发展水稻种植、猪、牛、羊养殖产业。在非贫困村建成 7 个光伏发电站，在非贫困村落实贫困户享受宜农股分红全覆盖，实现贫困群众收入稳步增长，脱贫致富。贫困村全部成立村集体经济合作社，郑村、赵塬村、白塬村、西村、武家塬村、湫沟村、偏桥村、东湖 8 个村 50 万元产业发展资金已入股到宜君县农业开发有限公司肉兔养殖项目享受每年 8 万元分红，东村、薛塬 2 个村 50 万元产业发展资金入股到宜君县文化旅游公司享受每年 5 万元分红，西洼村入股天河菌业有限公司，2018 年分红 5.2 万元；拔头塬村集体经济由惠泽生猪养殖基地带动分红，共涉及农户 6541 人，分红金额 45.85 万元，真正做到了发展壮大村集体经济。贫困人口就业创业 累计培训 1210 人次，就业 685 人。社会保障 全镇享受社会兜底扶贫 105 户 143 人，其中五保户 69 户 70 人，兜底低保户 36 户 73 人；普通低保户 127 户 329 人；残疾人两项补贴、留守困境儿童各项政策待遇已全部落实到位；为生活出现临时性困难的 275 户，发放"救急难"资金 49.71 万元，实施医疗救助 142 人次，发放医疗救助资金 133.08 万元。16 所幸福院，全部建成。全镇建档立卡贫困户全部参加合疗及大病保险，有 274 人享受慢性病供药和上门诊疗服务，618 户签订免费家庭医生服务协议并提供健康体检。全镇 24 个村建成标准化卫生室，有医疗点 12 个，且全部达到四室分离、有医务人员，有常用药品；镇卫生院可提供"一站式"即时结算服务。落实公益林 2 户 194 亩、退耕还林 54 户 603 亩；有生态护林员 38 人，其中 2018 年 11 月新聘护林员 24 人，全部签订聘用协议。

【金融扶贫】 以"普惠金融"为杠杆，支持产业发展。在全镇建立起 13 个互助资金协会，共拨付资金 350 万元，发放贷款累计 1128 次 780.7 万元，放贷率 74.8%；小额信贷办理发放 229 笔 993.8 万元。

【社会扶贫】 做好驻村帮扶，进一步明确四支队伍职责和 7 个合并村牵头帮扶单位和驻村工作队职责，整合四支队伍力量，做好社会扶贫 App 日常管理和对接工作。深化苏陕扶贫协作，积极对接大丰经济开发区，争取 10 万元用于仇家塬霉干菜，带动贫困户 21 户；70 万元投入西洼天河菌业有限公司，带动贫困户 98 户；大丰经济开发区帮扶 30 万元用于社区扶贫工厂建设，主体已建成。

【精神文明建设】 精神文明建设工作围绕党

委工作中心，主要通过召开会议、悬挂横幅、刷写标语、印发宣传材料、组织大型群众文化活动、召开包括道德讲堂、宜民讲习所在内的激发内生动力十二项活动等各种途径，宣传精神文明建设的目的、意义及工作要求，激发群众的内生动力。全镇24个村设立道德讲堂并成立宜心讲堂志愿服务队，各村均能按照要求开展道德讲堂活动。各村制定了通俗且符合村风民情的村规民约，每村确定村级文化推广员1名，积极入户宣传村规民约，推广家风家训。24个村统一设置宜民讲习所，全年共开展8期活动。以支部为单位，广泛开展“中国好人”、十星级文明户、好媳妇好公婆、和美家庭、美丽庭院、脱贫攻坚示范户等创建宣传活动，表彰“五好脱贫户”7名、“诚信村民”3名、“好媳妇、好公婆、好孝子”17名。东村、西村、湫沟村获得了市级文明村的殊荣。以民风带村风，形成良好社会风尚。

【基础设施建设】 2018年推进基础设施建设，着力解决水、电、路等民生问题。完成投资3289.8万元，新建通村路4950米，通组路17662米，硬化巷道37478米，新修排水渠60180米，安装路灯1794盏，新建广场16091平方米。全镇24个村全部达到安全饮水目标，其中集中供水53个点3667户12882人，分散供水208户781人。

哭泉镇

副书记　张俊峰
　　　　周景龙
纪委书记　张艳国
人大主席　刘红仓
镇　长　张俊峰
副镇长　常　涛
　　　　田晓鹏
　　　　张　斌
　　　　焦艳艳（女）
　　　　孙剑林
人武部长　杨鑫浩

【概况】 哭泉镇位于宜君县城以南12.5公里处，地形以梁为主，山、川、峁、沟皆有，南北长13.1公里，东西宽10.5公里，总面积141.09平方公里。辖哭泉村、麻庄村、淌泥河村、料石坡村、塔庄村、杨家寨村、马前尧村、金牛村、南塔村、苍坊坪村、花庄村共11个行政村，55个村民小组。全镇有村民1968户6883人。2018年人均纯收入8765元。

【党建工作】 以落实各级党组织书记抓党建工作主体责任为核心，推行党建工作例会制，每季度召开第一书记、大学生村官、支部书记和包村领导、驻村干部参加的党建工作例会，进行党务知识测试，通报各党支部工作进展，对党建工作进行分解细化，分析解决党建工作中存在的问题，提升各支部“两力”“两率”。搭建新平台，创新模式，在“三会一课”开展过程中，注重结合实际，丰富和改进“三会一课”形式，增强组织生活的吸引力和教育效果。在形式上，调动大家积极性，采取轮流发言的形式，让党员全部参与到讨论过程中，促进基层党组织生活制度化、规范化。开展“主题党日”、党员“政治生日”等活动，让党员始终牢记自己党员身份与职责，进一步对标看齐新党章，加强党性锻炼，永葆共产党员先进本色。7月14日，“红宜县委”成立纪念日，组织第一书记、村党支部书记和镇党委班子成员，一同在“红宜县委”旧址过政治生日，邀请县委组织部基层办和县委党校讲述“红宜县委”革命伟业，接受教育。各支部书记建立了“政治生日薄”，开展“从心入党”实践活动，在广大党员中开展“政治生日确认承诺书”，让全镇每名党员牢记入党誓词，勇于在脱贫实践中发挥作用。将全镇11个村党支部划分为3个片区，先后建成淌泥河片区、南塔片区和料石坡片区党建工作站，积极探索“五彩工作法”，以红色引领、绿色行动、橙色关爱、紫色沙龙、蓝色发布多色彩工作，在相互学习交流中解决脱贫攻坚中的困难。选派7个镇优秀青年干部到村上担任党建指导员，增强村级党建工作队伍力量，帮助村党支部开展“三会一课”、主题党日、精神文明创建和培育内生动力，使党支部的战斗力全面提升。在9个合并村分别开展“融合融心建新村”党员主题活动4场，让党员从思想上融大村建新村。镇机关共举办周三夜校学习28期，周四晒学12次，党务知识测试5次。在庆祝七一党的生日活动中举办建党96周年纪念文艺汇演，邀请新中国成立前老党员讲述入党感人故事。迎国庆活动中举办“抓党建促脱贫”知识竞赛等活动。十九大召开后，各村及时更换习近平新时代中国特色社会主义思想宣传栏，在全镇营造浓厚氛围。淌泥河村学习宣传十九大精神活动在陕西日报头版报道，图片被选为《当代陕西》封面。

【农业产业】 全镇共有种植面积52000亩，主导产业以地膜玉米、核桃种植为主，全镇共种植地膜玉米1151户31000亩，核桃7942亩。

【特色旅游】 “千古忠烈女，撼天动地泉”这一闻名遐迩的历史传说就是位于宜君县哭泉镇的姜女泉。姜女泉始建于大唐贞观年间，占地10余亩，内塑姜女像一尊。1993年铜川市文物管理委员会、铜川市文物旅游局共同修建了姜女祠，1998年增设了孟姜女汉白玉雕像一尊。淌泥河摩崖造像位于哭泉镇淌泥河村西南约2公里的砂岩崖壁下，自南向北开凿南、中、北3龛，形制为拱形龛，三龛分布长度约10余米，各龛均高约1.5米、深约0.3米。具有明显的唐代造像风格。“哭泉梯田”是2014年农业部命名的中国美丽田园，以规模宏大，场面震撼著称。形成以“观光旅游、休闲度假、农家餐饮”为主的特色产业格局。春夏之交，数千亩地膜玉米地，如链似带从山脚一直舵盘绕到山顶，小山如螺，大山似塔，线条分明，景色壮观，令人惊叹不已。近年因地制宜，利用其独特的实用性和观赏性，建设亭阁、栈道、“农耕印象”和“上帝的指纹”观景台等旅游设施，发展观光农业，壮丽的景色吸引了大批游客和摄影书画爱好者。

【产业发展】 2018年，以农业增产，农民增收为突破口，依托资源优势，推进农业产业结构调整，大力发展核桃、地膜玉米两大传统产业，全镇粮食种植面积达4.1万亩，促进了农业产业的协调发展，取得良好的经济效益。新建核桃示范园500亩，超额完成全年任务；完成核桃修剪1704亩，其中贫困户188.5亩；完成核桃嫁接904亩，其中贫困户245亩。种植玉米3.9万亩，以地膜玉米高产创建示范基地建设为抓手，种植地膜玉米2万亩，种植高产示范田3000亩。按照“统筹规划、分类指导、政策扶持、示范带动、有序调整”的工作思路，发展畜牧业和蔬菜种植业，使综合产出能力显著增强。完成肉牛存栏1167头；肉羊存栏1113只；生猪存栏318头；肉鸡存栏7109只。全镇蔬菜种植1818.91亩，其中设施蔬菜50亩，中药材种植993亩。大力扶持第三产业，开展了编织培训、厨师技能培训。为提高培训质量，采取“土专家”和“洋教授”相结合的授课方式，开展“订单式”“上门式”“点菜式”培训。全年办培训班7期，培训370人，其中培训建档立卡贫困户劳动力70人，提升劳动者素质和就业技能。

【就业创业】 围绕“就业创业带动一批”政策，完成五个贫困村电子商务工作。举办就业创业技能培训班，转变贫困家庭劳动者的就业观念、增强创业意识、提升就业创业能力。共培训800余人，其中贫困劳动力36人。成功转移就业1910人，其中贫困户劳动力209人。完成有组织输出目标任务310人。举办劳动力转移、就业培训会和就业创业扶贫技能培训会10场900余人。带动就业创业1146人，其中吸纳贫困劳动力525人。完成公益性岗位就业援助等就业优惠政策的落实工作，特设就业扶贫公益性岗位43人，公益专岗3人，生态护林员10人，水质检测员15人。

【易地搬迁】 落实易地搬迁政策，镇棚户区改造项目总投资 13558 万元，占地面积 87.47 亩，涉及村民及居民 200 户 802 人，拆除房屋建筑面积 28867.03 平方米。建安置房 350 套，建筑面积 33788 平方米，其中实物安置房 150 套 14000 平方米、配套房屋 2720 平方米、货币安置 200 套 17068 平方米。已完成棚改各项手续。完成 7 栋 130 套室内外装修工程。完成 80 户 150 套安置房交钥匙工程，涉及 91 户 202 人，2017 年共计 49 户，集中供养和分散安置落实 13 户 24 人已经到位，镇区集中安置 36 户 103 人已交钥匙。完成投资 7860 万元。

【危房改造】 2018 年在全镇 11 个村召开研判会，确定危房改造 210 户，其中新建 32 户，维修 178 户，共拨付资金 248 万元。全年共拆除旧房 317 户 945 间。全年全镇危房改造共计 320 户拨发资金 3082400 元。

【美丽乡村建设】 2018 年美丽乡村创建村 4 个，其中淌泥河村创建市级最美乡村（升级晋档、2016 年市级示范村），南塔村创建市级示范村，麻庄村、塔庄村创建市级精品村。三个村共实施基础设施建设、产业发展项目 46 个，总投资 4635.8 万元，完成投资 4265 万元。其中：完成通村、通组路 11.2 公里（麻庄村 4.9 公里，4.5 米宽通村路）；巷道硬化 7.19 公里；美化绿化植树 2.32 万株、种花草 4500 平方米，同时完成文化广场、晾晒场、环境综合整治等一批项目建设。哭泉美丽乡村片区后续建设（包括淌泥河村市级最美乡村创建）后续建设项目 16 个、新建项目 15 个，总投资 2.28 亿元。棚户区改造、配套设施建设、天阶旅游度假综合体验区、淌泥河村农业综合开发区已完成年度建设任务；淌泥河村农耕体验园等一批项目已完工。

【旅游名镇建设】 投入资金 1.3 亿余元，开工建设哭泉景区生态保护移植项目、宜君天阶旅游度假综合体、淌泥河村神水峡芙蓉庄园。完成梯田 LED 土建及钢构、淌泥河水池汲水栖平台、淌泥河护坡、淌泥河茶社及铺砖、淌泥河园路艺术墙周边设施等工程；建成哭泉梯田农耕文化园、上村记忆展馆。早作梯田景区成功申报国家 3A 级景区。淌泥河村获得“中国美丽休闲乡村”荣誉称号。景区旅游“六要素”逐步健全，承载接待游客的能力显著提升，累计接待游客 10 万人，带动旅游综合收入 30 万元。

【路域环境综合整治】 对路域周边环境卫生整治中，新建垃圾填埋场 1 个，污水处理站 2 处，压缩垃圾中转站 1 处，拆除土坯房 945 间，配备保洁员 40 名，发放垃圾清运车 38 辆、垃圾桶 500 余个，清理路边村庄垃圾 230 多吨，清理道路杂草杂物 80 公里。进村道路入口段共栽植绿化树木 4000 余株。栽种波斯菊、大花金鸡菊、芙蓉花 1500 余亩。对全路段实行住户、单位门前“三包”，签订门前“三包”责任书 290 多份，责任到户、到单位。加强村、组道路的维护和保养，聘请公路养护员打扫卫生，要求每月至少上路三次，定期清扫路面，及时清理杂物，保证道路干净、整洁；实施了马武—麻庄路口、麻庄—哭泉通村水泥路建设、料石坡农村公路拓宽工程，对花庄村通村路危险路段设置了防护栏 50 米、减速带 5 条。

【社会维稳】 坚持领导带班工作制度和重大信息报告制度，建立信访矛盾排查处置机制，完善补充维稳信息员队伍，确保影响社会稳定的问题发现得早，控制得住，处理得好。全力维护社会稳定，调处矛盾纠纷 20 起，其中村内调处 12 起，办结率为 100%。全年共办理信访案件 28 件，办结率 100%，未发生越级上访、群体性上访、赴省进京上访事件。推广落实人防、物防、技防手段和措施。坚持执行“红袖章”巡逻制度。4 月份组织全镇开展集中宣传月活动，使多项惠民利民政策法规走上街头，走入民心。在各村、各学校设立法制宣传栏，提高平安创建知晓率、参与率，推进法治哭泉建设，各行政村成立调委会，实现了“一村一法官、一律师”的调解队伍，群众有矛盾不出村便能得到调解。开展“七五普法”宣传、“法律知识进农村”知识讲座 18 次。

【安全生产】 召开安全生产工作例会18次，开展拉网式大检查15次、安全生产大检查30多次，出动检查人员500人次，全面排查整治达60余次，下发《安全隐患整改通知书》18份，查出安全隐患5处，整改到位5处，设立警示标志40余处，发放安全生产宣传资料2400余份，使全镇安全生产得到平稳发展。建立镇、村、企业、镇辖单位消防安全工作领导小组及相应消防志愿者工作队伍，形成镇村网格化管理体系，开展防火演练2次、消防安全检查12次；建设与镇区扩展相适应的市政消火栓，推行市政消火栓“身份证”式管理。成立镇村校食药品监管领导小组，与各村和相关单位签订目标管理责任书，食药品安全实行网格化监管。配合县食药监局建成了食品示范店3个，10月荣获全市“三小”综合整治工作先进单位。

【民政保障】 着力安排好五保、低保、残疾人等社会困难家庭的生产生活。通过优抚、社会救助、对口扶贫等措施，全镇申请医后救助255人，发放40.3万元。申请临时救助70人，发放6.55万元。特困人员供养共计55户，59人，共发放33.25万元。城市低保共计7户，10人，发放3.9684万元。农村低保98户，219人（其中2017年6月份新纳入10户18人），发放51.1万元。留守儿童30人，动态管理30人。残疾人享受生活补贴195人，其中0—18周岁以下4人，享受补贴金额3600元；18周岁以上191人，享受补贴金额102420元。残疾人享受护理补贴64人，其中享受一级护理补贴13人，发放补贴金额14040元；享受二级护理补贴51人，发放补贴金额36480元。全年领取高龄补贴479人，补贴金额36.66万元。发放130袋春荒救助面粉；发放130袋冬令救助面粉；发放救助资金45293.5元。

【计划生育】 免费婚前检查完成62对，完成总任务的103%；为641户计生家庭购买了计划生育意外伤害保险共计19230元；为11个村计生专干办理意外伤害保险共计1600元；定期看望慰问计划生育特扶家庭，按时足月发放特扶奖励扶助金。

【示范片区创建】 积极推进7个村级综合文化服务中心建设，打造三个市级文化创建示范点，巩固提升已创建成功村的创建成果。三个市级创建示范点累计投资20余万元并通过验收。开展了春节秧歌会演活动、建党96周年文艺汇演、哭泉镇“舞动金秋 助力脱贫攻坚”广场舞比赛、哭泉镇“脱贫攻坚勇当先、扶贫路上比比看”等活动，助推群众文化活动蓬勃发展。

【普惠金融】 为落实上级关于小额扶贫信贷有关精神，召开镇村专题会议对此项工作进行安排部署，邀请镇信用社进行政策解读。成立以镇长为组长的小额扶贫信贷风控领导小组，全镇16个村成立小额扶贫信贷风控小组。联系县脱贫攻坚指挥部、镇信用社对符合条件的贷款户进行贷款相关手续代办，全年共计完成小额扶贫贷款4户，17万元整，全部用于脱贫产业发展。建成100平方米普惠金融服务站一个，并通过公开选聘工作人员一名。

【项目建设】 全年固定资产投资任务2亿元，共完成2.34亿元，超额完成0.34%。其中，移民搬迁安置点项目完成投资4500万元，哭泉镇淌泥河综合服务体完成投资4800万元，哭泉棚改配套设施项目完成投资4200万元，哭泉镇棚户区改造项目完成投资3000万元，宜君天阶综合体项目完成投资3380万元，哭泉2017年镇村基础设施项目完成2900万元。全年项目储备任务5个，完成6个，分别是：年存栏300头基础母猪良种选育场建设项目、芙蓉谷旅游基础设施建设项目、棚改配套停车场建设项目、哭泉镇垃圾填埋场项目、年产6万吨玉米秸秆固化新型燃料生物新能源项目、哭泉镇基础设施建设项目。

【安全饮水】 完成全镇238户，554人的人口安全饮水调查工作。完成五个村的农村人畜饮水管网改造维修工程。完成了镇政府至淌泥河村南湾组500多米供水管网的更改工程。完成金盆村

4000米支管道铺设任务。设立县、镇级“河长制”提示牌1个，村级“河长制”提示牌3个。清理河道生活垃圾6吨。开展村级日常巡查200余次，镇级巡查30余次，共查出向河道倾倒生活垃圾5人次。哭泉镇水土流失综合治理项目现已完成投资5100万元占总投资的65.74%，以确保人畜饮水安全。

云梦乡

党委书记　贠艳云（女）
党委副书记　张晓锋
　　　　　　贺佳斌
纪委书记　张高峰
人大主席　杜海军
乡　　长　张晓锋
副 乡 长　冯延军
　　　　　　张艳侠（女）
　　　　　　马景锋
人武部长　张　勇

【概况】 云梦乡位于宜君县南部，距县城45公里，305省道与210国道贴境而过。辖11个村，66个村民小组，152个自然村，2632户，9163人。总面积168平方公里，耕地面积2558.3公顷。云梦乡历史文化悠久，有以道教圣地云梦山、仰韶文化遗址、民间传说太子庄、三门寺等为代表的名胜古迹。地形地貌结构复杂，北部多为山区，南部黄土残垣沟壑，土地类型多样。是以玉米、核桃为主导产业的农业乡。2018年，全乡工业总产值10610万元；农民人均纯收入8711元，同比增长8.2%；完成固定资产投资100001061元，完成任务的100%。

【党建工作】 2018年，严格按照“书记抓党建、党建促发展”的思路，分别与19个支部签订了党建工作目标责任书，将党建工作目标任务层层分解、落实到人；全乡建成南古、南斗、刘家埝三个片区党建工作站，南古片区党建工作站“七一”受到县委表彰。改善村级组织办公设施条件，投资18.63万元新建成南斗村、刘家埝村两个党建工作站，投资10余万元对柳塔、山长河、崾崄、塬树4个村两室进行了维修改造。坚持“一室多用”，整合现有资源，发挥好活动场所在党员及村民教育培训、村民议事、便民服务、文化娱乐等方面综合阵地的作用。规范远程教育站点管理，实行远程教育站点管理员AB岗制度，负责远程教育日常管理、设备维护。以“两学一做”学习教育制度化常态化为抓手，多措并举学习贯彻党的十九大精神，以原原本本系统学，将“十九大报告”弄懂弄通，将好政策讲给百姓听，同时在机关率先开展学习贯彻党的十九大精神“五个一”活动，其中，党委书记、各党支部书记、第一书记等带头谈学习十九大精神的心得体会，各包片领导深入所在党支部开展党的十九大宣讲会，机关党员主动撰写学习十九大精神心得体会及学习笔记，机关党支部开展党的十九大精神知识测试等；落实党支部书记抓党建工作述职评议考核制度，严格落实基层党建“10+1”措施，组织生活会、民主评议党员等基本制度，扎实开展“党员政治生日”系列活动，进一步完善乡党代会年会制，拓展党代表发挥作用的途径和方式。规范党员发展程序，积极分子进行了严格考察审核。全年共发展积极分子12名，积极分子转预备党员3名，预备转正式党员8名；贯彻落实“三项机制”，将2名表现优秀的年轻干部推荐到乡镇副科级领导岗位上，对机关3名年轻干部岗位进行调整，对5名村干部实施诫勉谈话，责令1名村干部辞职。完善“第一书记”管理制度，召开“第一书记”工作推进会，对“第一书记”职责任务进行专题培训，定期听取“第一书记”到岗任职以来的工作情况汇报和下一步工作打算；建立“第一书记”考勤、工作纪实等管理制度，签订了“第一书记”任期目标责任书，加强第一书记的考勤考核；整合脱贫攻坚“四支队伍”，进行合理化分工，形成工作合力。乡党委和全乡各支部共制作以党建为主要内容的喷绘 1200 余平方米，制作大型广告牌 4 个，书写固定性宣传标语 340 余条，办黑板报 72 期，被各级各类媒体宣传报道 10 余次。同时，积极报送各类信息共 60 余条，调研报告 2 篇。

【农业生产】 2018 年完成项目储备 5 个（梁塬村大棚蔬菜基地产业扶贫建设项目；云梦乡桐塬村现代农业园区项目；云梦乡嵝崄村养殖专业合作社肉羊围栏养殖建设项目；宜君县山长河村猪、羊养殖示范基地建设项目；宜君县标准化肉牛养殖基地产业项目），完成招商引资 3 亿元。完成春季核桃新建园任务，核桃嫁接改良 114 亩，整形修剪 1690 亩，花椒新建园 453 亩；苹果新建园 340 亩；完成蔬菜种植 1380 亩，设施蔬菜种植 50 亩，培训蔬菜种植户 1000 人次。全乡肉牛存栏达到 753 头；肉羊存栏达到 926 只；生猪存栏达 1860 头，出栏 1350 头。中药材产业发展初具规模，全乡种植连翘、黄精、党参、黄芩等合计 1600 亩。春秋季动物防疫全面完成，免疫密度、免疫档案登记、免疫挂标率达 98％以上。全乡粮食种植面积 3.6 万亩，其中玉米播种面积达到 3.2 万亩；全乡小麦播种面积 2150 亩，豆类种植 123 亩，薯类种植 117 亩。完成培育新型市场经营主体，其中个体户 78 家，农民专业合作社 15 家，企业 17 家。

【项目建设】 2018 年，光伏发电项目建设顺利，完成流转县口、柳塔、南堡、梁塬、山长河 5 个村土地合计 209 亩，用于发展光伏产业。其中，县口村流转土地 165 亩，桩基容量 5.8 兆瓦，年预计收入 1100 万元。全乡已完成 150 亩，安装完成率 60％。推进安全住房，完善许家峁、山长河集中安置点配套设施，保障贫困户满意入住，集中安置 96 户 289 人，贫困户危房改造 1 户，人居环境改善提升工程 23 户，已全部入住，补助资金已兑付。安全住房认定 2632 户，住房安全率 100％。

【社会事业】 上报各类政务信息 75 条，市级及以上媒体采稿 12 条，县级媒体采稿 63 条。全乡出生 74 人，政策内生育 74 人，生育政策符合率为 100％。棋周路沿线制作宣传牌 6 块，投资 20 余万元，完成创建国家公共文化服务体系示范区建设任务并顺利通过验收。举办文艺演出 33 场，包括“细说变化颂党恩、脱贫攻坚奔小康”为主题的大型文艺演出，文化管理员培训 8 次，入村文化辅导百余次。机关和村档案规范化建设，与 11 个村签订档案管理工作目标责任书，完成了各项档案的归档整理。指定专人按时按要求完成各种数据的统计上传，建立了统计台账，完善统计档案资料，做到了数据真实准确，并按标准完成乡统计工作站规范化建设。2018 年全乡城乡居民参保 6202 人，共征缴保费 93.2 万元，完成城乡居民养老保险年度工作任务，新参保 147 人。成功创建省级充分就业乡镇，刘家埝村被评为市级城乡居民基本养老保险示范点。农村合疗参保率达到 98％。加大“七五”普法宣传力度，全乡共聘用法律顾问 12 名，其中每村聘用 1 名，乡级聘用 1 名。利用 LED 显示屏、村广播、宣传牌、集会等形式广泛宣传“七五”普法有关知识。全年共举办普法宣传活动 12 次，参与群众 1500 余人，发放普法宣传资料 2000 余份。

【安全生产】 2018 年，实行“党政同责、一岗双责”，按照“谁主管、谁负责”，“管行业必须管安全、管业务必须管安全、管生产经营必须管安全”的原则，履行安全生产工作职责，切实做好全乡安全生产工作，全年印发安全生产、食品药品安全、防汛防滑等各类安全文件及预案，签订各类安全目标责任书 360 份，确保各项安全责任落实到位，确保了全年无生产安全事故发生。

【综治维稳】 2018 年，推行《矛盾纠纷排查网格化管理》和《驻村干部约谈制》，发动群众搞好轮值轮守。结合平安宜君建设的总体要求，深入基层倾听群众诉求，及时化解各类矛盾纠纷。全年共接待受理各类信访 20 宗，共接待上级交办信访 20 宗，自办信访事件 13 件，已全部调解成功，成功化解矛盾纠纷6起，其中村级调解5起，乡委会调解1起。综治中心建设完成投资20余万元，包含“一办、一厅、一平台”多功能性用房，整合综治信访人民调解等多种资源，已挂牌运行。开展“平安村、单位、校园、景区”等系列平安创建活动，加强“红袖章”巡防队建设，开展轮值轮守，倡导“我为大家守一天、大家为我守一月”活动，使全乡治安刑事案件发案率明显下降。对综治平安建设“两率一度”的宣传出动宣传车1台，悬挂标语70余条，展板28块，发放宣传资料10000余份，参与群众1700人次，平安建设宣传年画2500余份，平安宣传手提袋2000个，利用信息平台等发送各类宣传信息15000多条，促使全乡群众对综治、平安建设的知晓率达到100%。加大“七五”普法工作力度，乡聘用法律顾问12名，其中每村聘用1名，乡级聘用1名。乡属单位利用LED显示屏、村广播、宣传牌、集会等形式广泛宣传依法治理工作五年规划内容，发放普法宣传册300余册，增强群众的法制观念，提高群众的法律意识。

【美丽乡村建设】 2018年，累计投资550万元，完成梁塬、刘家埝、县口3个村的美丽乡村建设任务，栽植绿化苗木5800余株，砌筑花园2180米，完成村庄道路绿化4.1公里，完成墙体粉饰5.2万平方米，新建景观墙760余米。整合部门项目新建蓄水涝池3座，晾晒场2000平方米。实行全天保洁，定期清理生活垃圾，保持环境清洁。完成各村的卫生厕所改造任务。2018年度造林植树4.2万株，花园栽植面积1.2万平方米，完成任务的100%。

【基础设施建设】 投资370余万元，对全乡基础设施建设补短板，再提升，完善通组路3121米，巷道3241.2米，排水渠6341.2米，文化广场700平方米，安装路灯50盏；修建通组路15.37公里，巷道硬化12.619公里，排水渠13.419公里。安装路灯981盏，新建文化广场6个4500平方米。完成农村公路管理养护77.5公里，公路绿化20公里。投资604万元完成南堡、南斗、塬树、南古、杨河、柳塔等村饮水工程。贫困村基础设施建设分三期投资2050万元，修建通组路及排水渠、巷道硬化、安装路灯，新建文化广场等。其中，投资11万元，建成南古村百姓大舞台；投资92万元，建成山长河、崾崄、县口、李吉等四个村的卫生室；南古、桐塬、县口、梁塬村幸福院已投入使用。

五里镇西村综合服务中心

五里镇副镇长、西村综合服务中心负责人
余立程

【概况】 五里镇西村综合服务中心位于宜君县东部塬区，文化底蕴深厚，是清顺治年间湖广巡抚杨素蕴故居；有1936年成立的中共红宜县委遗址、辛亥革命发起人之一杨铭源和革命烈士杨植故居遗址。中心辖7个行政村，45个村民小组，2206户7823人，有中共党员334人，总面积79.09平方公里。

【党建工作】 按照“书记抓党建、党建促发展”的思路，分别与7个党支部签订党建工作目标责任书，将任务层层分解、落实到人。坚持“一室多用”，充分整合现有资源，不断拓展活动场所的使用范围，发挥活动场所在党员及村民教育培训、村民议事、便民服务、文化娱乐等方面综合阵地的作用，解决居住分散、村组偏远群众办事难问题。建立党建工作督查检查长效机制，成立“效能督察”组，对反馈的问题实行动态清单制销号管理。同时远程教育站点管理员实行AB岗制度，负责远程教育日常管理、设备维护。以“两学一做”学习教育常态化、制度化为抓手，多措并举学习贯彻党的十九大精神，规范党员发展程序，对思想进步、工作认真的积极分子进行严格考察审核。全年新发展积极分子2名，积极分子转预备党员 4 名，预备转正式党员 3 名。对重点企业、人员集中场所、道路交通、食品药品等安全监管力度，保障人民群众生命财产安全。及时有效地化解各类信访矛盾，共发生各种矛盾纠纷 17 起，调解 17 起，成功率 100%。接待信访 6 起，化解 6 起，有效维护了社会稳定大局。

【农业生产】 2018 年，核桃新建园 767 亩，修剪嫁接 613 亩；苹果新建园 500 亩，培训果农 1000 人次；花椒种植 200 亩；焦安村建有一处百亩露地蔬菜种植基地，主要种植土豆；中药材种植 3500 亩。玉米播种面积达到 18540 亩，玉米良种普及率、配方施肥率、规范种植率、病虫害综防率均达到 98%以上。

【社会事业】 举办公共文化演出 21 场次，丰富群众文化生活。出生 46 人，政策内生育 46 人，生育政策符合率为 100%。孕前检查 40 对，奖扶、优抚政策兑现全部到位。开展“五好新风助脱贫”、好公婆、好媳妇评选，利用典型辐射，带动各村开展创评活动，创评覆盖面达 100%，群众参评率 98%以上。

【环境治理】 集中开展村庄、路域环境卫生综合整治，对村内“三堆六乱”进行全面清理，改善村容村貌。完成双翁漏斗厕所改造 493 户，拆除土坯房 2 户 4 间，清理“三堆六乱”196 处，清理垃圾 300 余吨，配备保洁员 48 名并建立长效管理机制，使环境质量大幅提升。拆除燃煤锅炉 3 台，煤改电 913 户，加大铁腕治霾力度。

【社会保障】 完善社会保障体系，农村劳动力转移就业 480 人，城镇新增就业人员 25 人，贫困劳动力培训 41 人。完成城乡居民基本养老保险缴费 2957 人 654950 元，待遇领取 1243 人。完成 2018 年度新农合筹资，参合率达 98%，其中，建档立卡的贫困人员参合率达到 100%。

【综治信访】 完成护林防火、防汛防滑等工作，通过村务公开栏、广播、横幅等形式的宣传，提高群众灾害防范意识，加大安全隐患排查整治力度，确保无重大安全事故发生。将“七五”普法宣传任务分解到片、村组、人员，开展法制宣讲，营造人人学法守法用法的良好氛围。坚持“一岗双责”责任制，加大对重点企业、人员集中场所、道路交通、食品药品等安全监管力度，保障人民群众生命财产安全。及时有效地化解各类信访矛盾，共发生各种矛盾纠纷 17 起，调解 17 起，成功率 100%。接待信访 6 起，化解 6 起，有效维护了社会稳定大局。

【基础设施建设】 排水渠修建 6 公里，修建广场 2 处，公厕 5 个。改善人居环境，实施完成果园滴水灌溉项目建设和人畜饮水工程，实施村庄亮化美化，道路绿化 39500 米，绿化面积 259 亩，栽植绿化树木种类分别有海棠、国槐、垂柳、樱花、玉华、木槿、百日红、红叶李。开办农家乐 2 家，旅游服务承载力得到提升，综合服务能力进一步完善。

尧生镇雷塬综合服务中心

尧生镇副镇长、雷塬综合服务中心负责人 郭延红

【概况】 尧生镇雷塬综合服务中心位于宜君县东南部，辖 17 个村 61 个村民小组，1586 户 4699 口人，辖区总面积 170 平方公里，耕地面积 23000 余亩。人均耕地 4.8 亩，主导产业为苹果、核桃、玉米、花椒。3 条苹果产业带，共栽植苹果 7000 余亩；2 个川道核桃产业带，共种植核桃 8000 余亩；2018 年发展花椒栽植 2400 余亩。森林覆盖占总面积的 75%以上。境内有雁门支队英烈纪念碑一座，被市委宣传部列为“爱国教育基地”。

【党建工作】 于 3 月 15 日前完成 11 个村支部班子换届选举，4 月底完成村民委员会换届选举，5 月 20 日前完成村民代表、村民小组组长和村监委会换届选举，共选出村书记 11 名、副书记 6 名，村委会主任 11 名，村民小组长 61 名、村民代表

98 名。选出的村级班子更加年轻化、知识化，成为带领村级发展和农民致富的领头羊。积极落实党建目标责任制，深化“两学一做”学习教育、“学习党规党纪、自觉做好表率”教育和“不忘初心、牢记使命”教育，坚持党建“10＋1”和“三会一课”制度常态化，开展了“雷塬党员政治生日十项行动”和“冲在一线、干在实处”活动，使支部的战斗堡垒作用和党员的先锋模范作用明显增强。涌现出了优秀第一书记 1 名、最美帮扶干部 1 名、脱贫攻坚优秀村干部张玉德等一批先进典型。培育入党积极分子 17 人，发展预备党员 6 人，预备党员按期转正 3 人。

【经济建设】 2018 年，按照“稳粮、优果、强牧、兴药”的思路，引导群众大力发展玉米、苹果、核桃三大传统产业和畜牧、花椒、中药材三大特色新兴产业。栽植苹果 1744 亩，是任务的 291%，花椒 2400 亩，是任务的 480%，核桃 143 亩。苹果幼园管理 4200 亩、标准化管理 6400 亩、老园改造 1580 亩、培训果农 1600 人次，分别完成计划任务的 105%、106.7%、105.3%、133.3%。建县级果品大提升示范园 500 亩以上 2 个，100 亩以上 5 个；完成核桃综合管理 5260 亩、建提质增效示范园 1690 亩，分别完成计划任务的 105.2%、105.6%；机深松耕地 982 亩，种植玉米 3.22 万亩，中药材 3983 亩（连翘 765 亩、大艾 1500 亩、丹参、黄芪 900 亩、其他 678 亩，土荆芥 140 亩），是任务 3500 亩的 113.8%；建成唐家塬村 500 头标准化规模生猪养殖场 1 个，育猪仔 530 头；建成拴马村羊场，现育羊 92 只；巩固提升菜单式产业扶贫项目投入资金 122.5 万元，带动 144 户贫困户增收；参与苏陕扶贫协作，争取到江苏省盐城市大丰区苏陕扶贫资金 35 万元，支持绿川农业公司、丰盈合作社、宜岭合作社发展种养产业，带动贫困户增收；建成九寺村中药材繁育种植、木瓜城村大艾种植、雷塬村湖羊养殖、唐家塬村肉猪养殖、岭里村肉猪养殖、拴马村蛋鸡养殖、拴马村肉羊养殖、洛河西岸花椒栽植、八丈塬村光伏等等 9 大产业扶贫示范基地，累计带动贫困户 432 户；举办产业培训 40 期次，受训 3100 人次。11 个村组建了村集体经济合作社，村集体经济从此开始逐步发展。积极培育发展农村市场新型经营主体，培育注册涉农企业 9 家、农民专业合作社 14 个、个体工商户 88 户，分别完成任务的 128.57%、93.33%、160%。

【社会保障】 完成 2018 年农村社保年审和养老统筹金收缴，落实低保、五保等兜底保政策。开展了低保、五保评审，共核定低保户 68 户 152 人，其中贫困户低保户 63 户 138 人，非贫困户低保户 5 户 14 人；核定兜底保障户 62 户 70 人，其中五保兜底户 54 户 59 人，低保兜底户 8 户 11 人。办理残疾证 11 个、发放残疾人辅助器具 8 件套。140 户因病致贫户精准实施健康扶贫帮扶，开展健康知识宣传 9 次，印发宣传册、宣传画 2000 余份，为贫困户免费体检 1 次，免费义诊 4 次，每月为慢病患者供药 1 次。给 313 户贫困户资助了合疗和大病保险基金，全中心农户参合 1448 户 4544 人，参合率为 96.1%。

【社会事业】 2018 年，共出生人口 34 人，办理独生子女证 8 户，一胎二胎生育免费服务卡 21 个，计划生育意外保险 439 户，计生合疗减免 590 人，发放独生子女保健费 46 户，新增计生奖扶 11 户。加强对流动人口 167 人的管理和服务，使流动人口发证率、建档率、验证率、信息通报率均达到 90%以上。全中心 101 名贫困家庭学生享受到国家教育扶贫政策，无一名辍学学生。同时给 63 名九年义务教育学生办理了校方责任保险和人身意外伤害保险。落实中心文化站、村图书室免费开放制度，积极开展文艺演出、电影播放、广场舞等丰富多彩的文化活动，活跃群众的文化生活。累计制作文化宣传展板 15 块、大型喷绘 11 幅、横幅 19 条，播放电影 132 场次、举办各种文艺演出 40 场次，举办剪纸、编织培训班 2 期，印发《中华人民共和国公共文化服务保障法》等宣传彩页 1600 余份。开展春节、元宵节和庆“七一”文艺汇演3场次，市文联、市宏显大舞台及县文化馆等单位先后在九寺、八丈塬、唐家塬、拴马等村举办“文艺助推脱贫攻坚”专场演出6场次，陕西鲁能在八丈塬村光伏电站举办“鲁能创造美好生活”文化演出，雷塬村举办了“助力脱贫攻坚暨先进典型表彰”文艺演出，皇后村举办了“谢党恩学榜样比致富”文艺演出。国家公共文化服务体系示范区创建工作任务圆满完成。全年开发落实就业岗位125个，使125名贫困户家庭人口稳定就业(其中落实就业特设岗53人、公益专岗4人、创卫保洁员32人、卫生监督员20人、生态护林员16人)。成立扶贫车间3个(宜君县益民兴工程有限公司建筑和环卫车间、陕西宜上丰衍农业科技有限公司中药材种植加工车间、宜君县绿川农业综合开发有限公司大艾种植加工车间)，吸纳富余劳动力和贫困群众就业增收。

【安全管理】 层层落实安全生产责任制，与各村签订安全生产目标责任书，开展安全宣传和安全生产大检查，以交通安全、农机作业安全、农资和农产品质量安全、食品安全、施工安全、防汛安全、防火安全为重点的安全宣传和大检查9次，做到时时保持高度警戒状态，全年没有发生一起不安全事故。

【环境整治】 2018年，累计拆除土坯房270余间，复垦旧宅基20余亩。完成重点区域造林30亩，义务植树2.1万株，村庄、道路种花40余亩。开展卫生大清扫50余次，清理垃圾380余吨。建成公厕11个，户用卫生厕所486个，抓建“五净一规范”示范点和示范户，组织评选活动36次，评选出“五净一规范”示范户143户，并用宜馨超市积分卡给予奖励。认真履行落实河湖长制，清除河坝、池塘沉积漂浮物和垃圾，保证河道畅通和防汛安全，防止河道水域污染。实施秸秆还田、煤改电、煤改气工程，秸秆还田3.2万亩，煤改电900户，减少燃煤1500吨，有效地减少了环境污染，保护了蓝天。

【项目建设】 固定资产投资完成任务的107.95%。其中陕西鲁能八丈塬49.5MW光伏发电站建设项目完成投资6800万元；陕西宜上丰衍农业发展科技有限公司九寺中药材基地建设完成投资200万元。移民搬迁、危房改造及基础设施建设完成投资1600万元，产业培育发展完成投资400万元。项目储备5个，分别是英家塬村农作物秸秆综合利用项目、绿川农业中药材种植生态园建设项目、宜上丰衍中药材育种种植示范基地建设项目、丰盈家庭牧场肉羊标准化建设项目、唐家塬村生猪养殖小区建设项目。争取到国投资金项目20余个，到位资金2000余万元。

【脱贫攻坚】 开展脱贫攻坚帮贫解困大调研、“十大提升工程”“春季行动”“百日会战”“两完善”“两对两补”等活动。脱贫成效明显，达标退出贫困村3个，退出贫困户78户144人，贫困发生率由年初的4.16%下降为1.07%。

【两房建设】 2018年，雷塬街道集中安置楼和关地坪集中安置点54户贫困户全部入住；各村分散安置的80户易地搬迁户入住76户，皇后村16户避灾户也全部入住。通过人居环境提升工程对89户危房修造加固或重建完成并入住。对1562户农户的安全住房情况进行了调查认证，核定安全住房率为99.8%。

【生态、金融】 从贫困户中选聘生态护林员16名，在杨柳塬、唐家塬村组织21户农户实施了退耕还林，栽植花椒300亩。加强各年度退耕还林、生态林、公益林的管护和补助兑现，调动群众爱护生态、保护生态、建设生态的积极性，没有发生破坏生态现象；开展双基联动活动，累计为农户授信发卡263户1058万元。累计为143户有产业发展需求的贫困户发放贷款593.4399万元，缓解了资金短缺难题。

【美丽乡村】 实施拴马、九寺、唐家塬3个村美丽乡村建设，顺利通过市县验收。其中拴马村建成文化广场1个1000平方米，完成移民搬迁安置点巷道硬化、绿化等；建成公厕3座，户厕48个；栽植桧柏、金丝柳800株、樱花240株。九寺村实施通村路“白改黑”5公里，建文化广场1个1700平方米，栽植柳树1600株、国槐、樱花400株；建公厕1座，户厕30户。唐家塬村维修通村路5公里、巷道80米，栽植绿化树300株，建成公厕1座，户厕40户。

【综治维稳】 全年调处信访案件5起，避免了越级和群体信访案件的发生。加强法制和普法宣传，教育干部群众积极参与到普法遵法守法、维护社会和谐稳定及平安乡镇平安村创建活动中去，促进平安雷塬建设。共开展法制及“两率一度”宣传教育12次，排查化解调处各级各类矛盾纠纷9起，调处率及成功率均达到100%。开展扫黑除恶专项斗争，逐村逐组排查，建立台账，营造维护良好的治安环境和社会秩序。常态化开展反邪教反迷信工作，严防邪教侵入，形成崇尚科学、崇尚文明的良好风气，无非法组织和邪教的人和事发生。开展“大棚房”专项整治，排查和预防借发展设施农业为理由，违规用地建设非农设施和从事非农经营的行为发生。

【精神文明】 充分利用“宜心讲堂”“宜民讲习所”“宜馨超市”和“五好新风助脱贫”“十星级文明户”“脱贫标兵”“好孝子好媳妇好公婆”“道德模范”评选奖励等手段扶志扶智，激发贫困群众奋力脱贫的内生动力。开展“五好新风助脱贫”道德评议会37次，对2017年度光荣脱贫的18户颁发了荣誉证书，各奖励宜君总店积分卡100分。开展道德讲堂48次，各村都对村规民约进行了修订，征集、评写、悬挂家风家训。动员贫困户参加“公益日”活动，做到每月公示和点评。制作固定宣传牌和宣传喷绘30余条，举办“宜民讲习所”7次，评选和表彰奖励诚实守信村民、好媳妇、好公婆、文明家庭、十星级文明户及五好脱贫标兵、驻村工作标兵、雷塬好人、五净一示范户、最美帮扶干部等83名先进典型。全年上报脱贫攻坚等各类政务信息143条，完成计划任务的238%，其中被县级及以上媒体采用132条（其中被《铜川日报》等市级以上媒体采用24条），采用率为92.3%，树立了雷塬对外良好形象。

【基础设施建设】 完成街道“白改黑”、唐家塬—尧家塬5公里、李家河—雷塬16公里等街道和通村水泥路维修改造；建成蔡道河村南塔组4.1公里、关地坪村白草坡组3公里、关地坪村马洼组130米、唐家塬至东尧科养猪场1.2公里、拴马村至枣园沟羊场1.2公里等水泥路或砂石建设；在关地坪、雷塬、蔡道河、拴马、皇后等村硬化巷道3070米，修筑排水渠9474米；新建文化广场8个5600平方米，玉米晾晒场1个，砌石护坡630米（关地坪、蔡道河）；建成雷塬村新型社区服务中心1个、农村幸福院4个、村级标准化卫生室4个；建成涝池4个，标准化气站1个，街道高标准公厕1个；完成服务中心大院卫生间、洗澡间、锅炉房、兽医站的内外配套工程和27间宿办房翻新工程；完成雷塬中心幼儿园2层主体建设工程。加强对17名水质监测员的管理和培训，完成了11个行政村的水质监测和安全饮水鉴定，解决了雷塬店尧组、关地坪安置点、杨柳塬村杨柳塬组、尧家塬组、唐家塬村、八丈塬村等群众的安全饮水问题。

宜君论坛

精准脱贫强基础　干好乡村大事业

——关于宜君县实施乡村振兴战略的几点思考

刘　冲

实施乡村振兴战略是党的十九大的重大部署，也是提升“三农”工作整体水平、推进乡村治理现代化的重要抓手。宜君作为山区农业县和国定贫困县，必须坚持以习近平新时代中国特色社会主义思想为指导，瞄准农村“主战场”，按照“产业振兴、人才振兴、文化振兴、生态振兴、组织振兴”要求，以脱贫攻坚为抓手，补短板、促提升，强产业、富百姓，抓治理、优环境，加快推进农业农村现代化，干实干好乡村振兴大事业，持续增强农村居民的幸福感和获得感。

一、聚力脱贫攻坚，筑牢乡村振兴根基

打赢打好脱贫攻坚战，是宜君同步建成小康社会的底线任务，也是实施乡村振兴战略的关键。全县共有贫困村 57 个、建档立卡贫困人口 3757 户 10846 人，经过 2016、2017 年聚力实干，还有贫困村 35 个、贫困人口 1598 户 3717 人（其中兜底户 559 户 630 人），2018 年将实现脱贫摘帽。必须对标“577”标准，紧扣“精准”这个核心，用活用足脱贫攻坚各项政策，担当负责扎实干，以真脱贫、脱真贫和大变化、大提升补齐“三农”发展短板，为决战决胜小康、推进乡村振兴兜底强基。

（一）夯实责任干细活。坚持以脱贫攻坚统揽经济社会发展全局，从严落实“主官主责”，拧紧党政“一把手”负总责的责任链条，紧扣“十大提升”工程，县级“指挥部”、乡镇“指挥所”、村级“作战室”系统谋划，发挥好“八办两组”“四支队伍”等核心力量作用，以更加务实的作风，用“绣花功夫”“工匠精神”，统筹推进“八个一批”措施落实，在用心用情用力和精心精细精准上发力见效，最大限度提高贫困群众的获得感和满意度。综合运用生态扶贫、光伏扶贫、电商扶贫、旅游扶贫、就业扶贫、“宜富扶贫车间”、大企业引领、“宜农股”一股三带等方式，着力构建“大产业”体系，用活普惠金融、金融扶贫政策，充分发挥新型农业经营主体带动作用，将有产业需求的贫困户都镶嵌在产业链条中，保证群众长远增收致富、集体经济持续壮大。扎实做好搬迁危改工作，持续完善健康扶贫、教育扶贫及兜底保障等办法，确保真脱贫、脱真贫。

（二）精准发力补短板。宜君地貌类型多样，土地适宜性广，导致群众居住分散，农村基础设

施线长面广是脱贫攻坚和新农村建设必须要啃的“硬骨头”。我们以实现“四有五通”为目标，即有标准化卫生室、有综合文化广场、有太阳能路灯、有垃圾清运人员和通水泥（沥青）路、通安全饮水、通动力电、通广播电视、通宽带网络，抢抓政策机遇，整合项目资金，借鉴洛河西岸贫困带建设好做法，将基础设施建设与农村环境治理同步推进，努力实现生产生活条件大改善、大提升。同时，加快推进城乡一体化发展，着力完善镇区服务功能，大力发展社会事业，全面提升农村居民生活水平。

二、加快发展现代农业，激发乡村振兴活力

宜君玉米、苹果、核桃等特色产业优势明显，但产业化程度不高是主要问题。要实现乡村振兴，加快发展现代农业是关键。坚持以构建现代农业产业体系、生产体系、经营体系为重点，着力在深化农业农村改革、转变农业发展方式、做大做强优势特色产业上下功夫，积极稳妥推进农业结构调整，促进提质增效和农民增收。

（一）深化农业农村改革。党的十九大就深化农村土地制度和农村集体产权制度改革等提出了新要求，为推进农业农村现代化提供了基本遵循。要扎实推进“三权”分置，通过规模化、产业化、市场化发展，提高农民在土地增值收益中的分配比例。鼓励企业、农业大户、合作社、家庭农场等组织农民就近就地务工、参与农业经营管理，增加农民工资性收入。抓好农村集体产权改革试点，盘活集体资产资源要素，增加村级集体经济收入，同时建立健全收益分配机制，确保资产收益及时回馈持股农户。全面推开“三变”改革，强化龙头企业、能人大户带动，推进资源变资产、资金变股金、农民变股东，激发农村发展内生动力，促进“三农”工作上台阶。

（二）转变农业发展方式。以农业供给侧结构性改革为主线，优化农业产业布局，在稳定粮食总产的基础上，积极调减玉米种植面积，发展中药材和时令水果等，适度种植小杂粮，以榆五川、刘家河区域为重点打造反季节绿色无公害蔬菜生产基地，支持发展规模化舍饲养殖和林下养殖；实施新型农业经营主体规范提升工程，培育引进龙头企业，引导职业农民、种养殖大户参与合作社、公司运营，推进“互联网+”现代农业，延伸产业链，全方位多层次开拓农产品销售市场，打造农业品牌，提高附加值。加大农作物秸秆还田和综合利用力度，推广农机深松、配方施肥等技术，加强涉农乡土人才培养，健全农业社会化服务体系。依托福地湖、哭泉旱作梯田、花溪谷等景区景点和美丽乡村建设，大力发展休闲观光农业及民宿经济，加快农旅、文旅深度融合步伐，推进农业转型、农民增收。

（三）做大做强优势特色产业。坚持以市场需求为导向，不断提高主要农产品标准化生产覆盖率，积极发展农产品深加工，推进产业链纵向延伸和横向升级，实现传统产业提质增效和特色产业快速发展。把鲜干果作为强农富农第一产业，持续培育壮大苹果、核桃等主导产业，走稳果业绿色化、精品化、品牌化发展之路，努力向规模型、效益型转变，建设农民长远增收致富的绿色银行。持续抓好以肉牛、肉羊为主的畜牧产业，引导生猪、肉鸡、蛋鸡、肉兔和中华蜂等产业发展绿色生态养殖，积极推进蔬菜标准化生产和食用菌、中药材稳健发展，拓宽群众致富路径。

三、深化基层治理，凝聚乡村振兴合力

实现乡村振兴，基层组织是核心，深化治理、增强内生动力是根本。要推动社会治理重心向基层转移，健全自治、法治、德治相结合的乡村治理体系，打造共建共治共享的基层治理格局。

（一）提升基层组织建设水平。坚持以提升组织力为重点，突出政治功能，持续完善基层党建“10+1”措施，建好用好“区域党建工作站”，开展好争当“四民型”干部活动，强力推进软弱涣散党组织整顿，切实把基层党组织建设成为宣传党的主

张、贯彻党的决定、领导基层治理、团结动员群众和推动改革发展的坚强战斗堡垒。结合村“两委”换届，强化基层党组织带头人队伍建设，配好配强配硬支部书记，有效激发村支部活力，让党支部书记成为乡村振兴的领路人和主心骨，将政治素质好、致富能力强、群众威信高的能人选拔到村“两委”班子，提高引领发展、服务群众的能力和水平。加强学习型党支部建设，以学习宣传贯彻十九大精神为主线，扎实推动“两学一做”学习教育常态化制度化，从严落实“三会一课”等组织生活制度，加大对党员现代农业技术、三农政策、乡村治理等知识培训力度，使其真正成为干事创业的先锋模范。重视培育乡土人才和致富能人，用好政策、好环境吸引人才、留住人才，锻造一支懂农业、爱农村、爱农民的“三农”工作队伍，为脱贫攻坚、农村发展献计出力。

（二）推进乡村治理现代化。持续完善创新农村社会治理体系，积极推行“五个覆盖”工作模式，深入推进社区网格化管理和社会管理综合信息化平台建设，健全完善“三调联动”和矛盾纠纷排查化解机制，完善专业调解组织和法律顾问制度，提高社会治理社会化、法治化、智能化和专业化水平。以培育和践行社会主义核心价值观为抓手，发挥好“10.19”弘扬社会主义核心价值观先进群体事迹影响带动作用，强化“宜馨超市”道德风尚和励志脱贫模范引领作用，持续放大“好人”效应，从家庭做起、从娃娃抓起，引导树立良好的家风家教，办好“宜心讲堂”道德讲堂、“宜民讲习所”，倡导移风易俗、崇德向善，持续加强乡风文明建设。以美丽乡村建设为抓手，从“厕所革命”等入手，持续加大农村环境卫生综合整治力度，着力健全常态化、长效化、精细化管理机制，净化美化农村生活环境，养成文明生活习惯，真正在促发展、优环境、提升人的过程中实现乡村振兴。

（作者系中共宜君县委书记）

建设同人民群众保持密切联系的代表机关的几点思考

2018 年 3 月

李宏林

习近平总书记在党的十九大报告中强调，要更好发挥人大代表作用，使各级人大及其常委会成为同人民群众保持密切联系的代表机关。怎样建设同人民群众保持密切联系的代表机关，成为摆在各级人大面前亟待解决的一个新课题。近期，按照市、县委“不忘初心、牢记使命，冲在一线、干在实处，帮贫解困促发展”大调研行动要求，就宜君人大常委会代表方面工作情况做了调查，谈几点意见。不妥之处，敬请批评指正。

一、基本情况

宜君县位于关中与陕北的结合部，总面积 1531 平方公里，辖 6 镇 1 乡 1 个街道办事处、117 个行政村和两个社区，总人口约 10 万，属革命老区和国家扶贫开发工作重点县。县人大常委会设法制、财经、人事代表、教科、环资、人大办、信息中心和宜阳街道人大工作委员会“五委一室一中心一个派出机构”，常委会组成人员共 27 名。乡镇设 7 个人大主席团。全县共有省、市、县、乡人大代表 500 名。其中省人大代表 2 名，市人大代表 30 名，县人大代表 138 名，乡镇人大代表 330 名。

近年来，为认真贯彻落实中央《关于加强县乡人大工作和建设的若干意见》和省市《实施意见》精神，县委制定了《关于进一步加强和改进人大工作的实施意见》，县人大从严把代表入口关、加强代表培训、搭建代表活动平台、保障代表经费、规范代表活动、强化代表宣传、健全代表工作制度等方面全面推进，县乡代表责任担当意识普遍增强，履职能力显著提升，人大工作取得了明显成效。2017年在全省、全市县乡人大工作和建设经验交流会上分别作了经验介绍，人大工作影响力不断增强，有效发挥了为党委分忧、为政府护航作用。

二、存在问题

尽管县人大常委会在服务保障代表作用发挥方面做了大量工作，取得了初步成效，但我们也清醒地认识到，许多的工作还存在不细、不实、不平衡的问题，一些需要解决的问题还没有从根本上得到有效解决。

（一）代表履职能力不高。一是部分代表履职意识不强。现实生活中，部分人大代表搞不清自己承担的职责和义务，将代表职责与本职工作混淆，把代表身份仅仅看作是一种荣誉和身份的象征，“人前露个脸、新闻留个影”，甘当“挂名代表、举手代表、哑巴代表”。二是一些代表履职能力差。越到基层，代表履职能力越低。一部分代表，特别是乡镇人大代表，不清楚会议期间、闭会期间代表工作内容。对如何审议各项报告、提出议案建议不完全清楚，审不到点子上、议不到关键处；参加闭会期间代表小组活动不积极、不坚持，不能将收集的群众意见转化为有效的代表议案建议，反映民意、服务群众本领有限。三是一些代表履职水平低。部分代表学习不经常，看问题一叶障目，把个别现象当作普遍问题，提出的意见建议视野不宽、代表性不强；视察调研、执法检查“凑热闹”，当“跟班”，主人翁意识不强；讨论审议随声附和，只谈成绩，回避问题，不愿或不敢发表不同的看法和意见。

（二）代表知政渠道少、小组活动难。一是代表知政渠道少。当前，代表了解人大和“一府两院”工作情况主要是通过参加人代会和每年定期开展的政情通报活动，日常了解的渠道相对较少，有“空心化”倾向，一定程度上影响了代表作用发挥。二是代表小组活动难。作为最基本、最经常的代表活动组织方式，代表小组活动的质量和效果是反映闭会期间代表工作水平最显著的标志。然而调查发现，组织人难、场地使用难、经费保障难、活动效果难保证是我县代表小组活动普遍存在的问题。三是轻视活动成果应用。大部分代表把开展代表小组活动当作完成规定任务的动作要求，重过程，轻结果，没有很好地把活动发现的问题、形成的意见建议通过人大常委会（主席团）行使对“一府两院”的监督权力，仅就活动而活动。

（三）服务代表氛围不浓。一是代表工作宣传不准确、不到位。人大自己对代表工作的宣传局限于各级人大内部，社会面窄，舆论引导作用不强。新闻媒体侧重于“两会”期间的宣传报道，对闭会期间人大和代表工作宣传较少，客观上导致民众产生代表工作就是“参加会议、举手表决、会议选举”的误解。二是乡镇代表履职学习培训主体不明确。《代表法》对县级以上各级人民代表大会常务委员组织代表参加履职学习规定较为明确，对乡镇代表的培训工作由谁责任要求不明，致使乡镇代表履职培训难以保证，影响作用发挥。三是代表工作透明度不高。人大代表提出的议案建议，是选民意愿的集中体现，其办理的质量和效果，社会关注度较高。为此，法律规定，代表建议、批评和意见办理情况的报告，应当予以公开。实际工作中，各级人大和代表议案建议承办单位，重“做”轻“说”，对办理过程、效果、结果公开不到位，影响代表工作积极性。

（四）监督机制不完善。《代表法》对各级人大代表在本级人民代表大会会议期间的工作、闭会期间的活动、代表执行职务的保障规定比较明确，但在代表监督方面规定比较笼统，没有定量的标准。实际工作中，由于缺乏法律依据和制度支撑，代表履职效果一是考量和评价难，二是处置难。一些代表也是看到“干与不干一个样、干好干坏一个样”这样的制度缺失，行使权利不积极、履行职责不到位。

三、对策建议

建设同人民群众保持密切联系的代表机关，就是要始终坚持以人民为中心的发展思想，倾听人民呼声，汲取人民智慧，支持和保证人民通过人民代表大会行使国家权力，着力解决好人民最关心最直接最现实的利益问题。针对以上存在问题，要抓住代表这个关键，通过加强代表教育培训、完善代表服务保障机制，提高代表素质，使代表安心履职。要进一步强化代表小组活动，加强代表履职监督，使代表在活动中听取民意、汇集民智，在密切联系群众中更好的发挥代表作用，保证人民当家做主，推动社会主义民主政治。

（一）加强代表教育培训，提升代表整体素质。县人大常委会要把代表教育培训作为一项长期性的基础性工作，纳入每年工作计划，力争每届至少轮训 1 遍县乡人大代表，至少邀请每名县乡代表列席一次县人大常委会会议。要把乡镇人大主席、代表小组组长作为重点对象，每次召开县人大常委会会议邀请 1 名乡镇人大主席、2 名代表小组组长全程列席，给他们做示范、教方法，提高工作本领。重视乡镇代表培训工作，采取乡镇人大组织、县人大常委会培训的方式，补齐代表培训工作短板，提升县乡代表整体素质。要把党的理论、人大工作法律和制度作为培训重点内容，认真学习领会习近平中国特色社会主义思想，不断加强宪法、组织法、代表法、监督法、选举法培训和人大议事规则学习。坚持定期集中培训与日常活动培训相结合，定期培训突出综合能力提升，日常活动培训要增强针对性和实效性。比如开展《老年人权益保障法》贯彻实施情况的执法检查，首先要组织参与代表学习《老年人权益保障法》，其次要让代表掌握执法检查报告的要求，以便使代表对所检查法律执行情况做出客观评价，提出合理化意见建议，推动法律有效实施。通过多种形式的培训，强化代表履职意识，增强代表履职水平，自觉把“人民选我当代表，我当代表为人民”的誓言内化于心，外化于行。

（二）规范代表活动，增强活动吸引力。如何开展闭会期间县乡人大代表活动，大家一直在不断探索。我认为，闭会期间的代表活动，是提高代表履职能力、增强代表管理国家事务能力的实践训练，是为会议期间讨论审议做准备、提高会议决策质量不可或缺的过程。就像学生平时刻苦用功是为了期末考试取得优异成绩的道理一样。要突出代表小组日常活动作用，为圆满成功开好代表大会奠定坚实基础。一是要定好活动主题。紧贴人民群众普遍关注的脱贫攻坚、乡村振兴、生态环境治理、教育医疗改革、社会保障、住房交通、城乡发展等工作，弄清楚各级制定的政策在具体实施中还存在哪些漏洞和不足，与人民的期盼还有哪些差距。这样，才能做到主题突出，目标明确，才能提出“代”人民利益和意志，“表”人民愿望和心声的高质量议案建议，活动才能得到群众的支持和配合。二是要合理确定活动次数。结合近几年工作实践，代表小组活动不宜过多，也不能过少，过多难以保证质量，过少起不到作用，建议每季度开展一次较为合理。三要用好活动成果。结合每次活动主题，代表小组在开展活动的过程中都会取得一定的活动成果，无论是调研报告、活动组织经验，还是学习心得、解决问题的方法，都有必要及时总结，抓好成果运用。调研报告要及时提交县人大常委会和所涉及的“一府一委两院”，县人大可以安排听取涉及单位的专项工作报告，形成的审议意见交由本级人民政府、人民法院或者人民检察院研究处理。代表提出的意见建议，人大常委会工作机构要及时交由有关部门办理，并做好办理情况的答复和反馈工作。活动的取得的其他经验成果，可以先进行试点，随后推广应用。四要注重制度保障。要不断完善代表学习、视察调研、执法检查、意见办理、代表述职、小组活动制度，使代表工作规范化、制度化。

（三）提高服务保障水平，激发代表工作热情。加强县人大常委会对代表工作的领导，将代表工作纳入常会工作的重要议事日程，每季度至少听取和研究一次代表工作情况。适当增加人代工委工作力量，在现有人员的基础上再充实1人，认真解决好代表履职中的困难和问题。建立代表活动经费足额保障制度，为代表小组活动配备必需的活动设施，不断改善代表工作条件和环境。切实做好无固定收入代表履职误工补贴的发放工作，重点解决好“一府一委两院”邀请代表参加活动补贴的落实工作。重视代表意见建议办理工作，不仅高质量完成大会期间代表所提议案建议的落实，更要注意闭会期间代表建议意见的收集、梳理、交办、督促落实和办理结果反馈及对外公告工作，确保每一件代表意见建议都落到实处、取得实效。建立常委会领导联系乡镇人大和选民工作制度，常委会领导要经常深入联系乡镇和代表，指导乡镇人大工作，了解并解决代表困难，征求代表意见建议，带头落实“双联系”工作制度，率先垂范，以身作则。积极搭建代表知情知政渠道，为代表订阅《民声报》或《法治与社会》拓宽学习视野，定期组织向代表通报人大、“一府一委两院”工作情况，邀请代表列席或参加人大及其常委会各种活动，使代表充分了解本行政区域经济社会发展情况，为代表履职提供条件。要重视典型的示范引领作用，在各乡镇、各级代表中培养树立优秀代表活动小组、先进代表，引导其他小组、其他代表向他们学习，形成你追我赶、齐头并进的良好工作导向。加大代表宣传工作力度，配齐配强信息中心工作力量，充分利用广播电视、报纸杂志、网络等新闻媒体，不断加大人大工作制度、代表工作，特别是先进代表履职事迹宣传，提高代表履职热情，引导全社会关心关注人大工作。继续做好优秀代表表彰活动，根据各选举单位推荐情况，分别从建议意见的提议和办理、化解社会矛盾、为群众办实事、学法用法等方面评选出一定数量的优秀代表（活动小组），在每年人大工作会上大张旗鼓地进行表彰奖励，树立导向，增强代表的荣誉感和自豪感。

（四）建立健全工作制度，加强代表履职监督。拓宽监督渠道，加强人大常委会（主席团）监督，通过建立代表履职档案，如实记录代表履职活动，增强自我监督能力；采取人大常委会（主席团）领导示范引领、以上带下的方式，做实代表向选民述职活动，让选民（选举单位）充分了解自己所选代表的履职情况，自觉接受选民监督；通过广播电视、报刊网络积极公开人大工作和代表活动，勇于接受媒体和社会监督。建立不合格代表退出机制，认真执行好《代表法》所列举几种情形的代表资格终止规定，积极探索不能正确表达民意、不依法履职代表职务的主动辞职和由选民（选举单位）终止代表资格的制度。建立代表履职考核制度，每年对代表履职情况进行全面考核，对优秀代表进行表彰奖励，对不合格代表进行通报批评或者采取退出机制处理，增强代表责任意识和危机感，提高代表履职质量。

（作者系宜君县人大常委会党组书记、主任）

齐抓共管夯责任　以民为本促和谐

——关于宜君县创建信访工作“三无”县的调研报告

曹全虎

近年来，在省、市信访局的关心支持下，宜君县委、县政府以“畅通信访渠道，规范信访秩序”为目标，以深化信访工作改革为抓手，坚持源头治理控增量，解决问题减存量，强化治理促提升，实现了进京非访、赴省集体访、上市重复集体访“零”的目标，全县信访秩序持续向好，信访形势总体平稳，为县域经济社会高质量发展营造了良好的社会环境。连续两年被国家信访局评为全国信访工作“三无县”；连续两年被省信联办、省信访局评为信访工作先进县；被市委、市政府表彰为2013年以来全市信访工作先进集体。

2018年1—11月份，全县共发生群众上访233批562人，与去年同期相比（以下类同），分别下降33.1%、40.2%；个访151批207人，同比分别下降34.9%、42%；集体访24批226人，同比分别下降11.1%、29.2%；网上投诉172件次，同比上升89%；来信24件，同比下降45.5%；领导信访信箱24件。全县信访形势呈现出“总量下降、增量下行、存量减少、结构合理、秩序好转”的良好态势，群众网上投诉、依法逐级走访、按照法定途径优先到有关部门反映诉求意识不断增强，矛盾上行的“倒金字塔”态势得到有效改善。

一、主要做法

（一）强化领导接访，“三访”工作推进更加有力。强力推进领导干部“三访”工作，全县各级各部门加强沟通，密切配合，形成信访维稳工作合力，确保群众合理诉求及时妥善解决。新建成宜君县信访联合接访中心，配齐办公设备及便民服务设施，坚持每月安排2次县、乡镇（部门）主要负责同志接访，并提前公示县级领导接访时间安排；在政府网站公示县级领导分管工作，群众可根据诉求点名接访。乡镇、部门负责同志坚持做到随时接访、约访或带案下访，解决了一大批社会关注、群众关心的突出矛盾和问题。截至11月底，县级领导接访24批111人，批阅群众来信2件，包抓信访积案20件。同时，针对上级交办的信访案件和县上掌握的突出信访案件，落实县级领导或乡镇（部门）主要领导包抓，加大对初信初访处置力度，提高了信访事项办结率。

（二）落实长效机制，“三无”区县成果更加稳固。坚持“属地管理、分级负责、依法高效”的原则，及时就地解决问题，持续加强疏导教育，形成统一领导、部门协调，统筹兼顾、标本兼治，各负其责、齐抓共管的良好信访工作格局。针对突出信访问题，采取召开县委常委会、县政府常务会和信访工作联席会议等形式，进行专题研究，制定切实可行的解决措施。严格落实信访目标责任、领导干部“三访”、重点信访问题集体议事、信访工作动态每日专报和月通报等制度。截至11月底，印发信访工作动态每日专报62期、月通报11次。全面推行“首访（信）责任制”和“责任追究制”，建立了村（社区）预警协查、乡镇（部门）初核查处、县级复查复核、县级信访联席会议综合调处终结四项机制，进一步畅通信访渠道，“三无”区县创建成果更加稳固。

（三）紧盯矛盾纠纷，排查化解网络更加健全。始终坚持以人民为中心，在各乡镇成立了信访、维稳、综治、司法等为一体的联合信访接待大厅，实行统一登记、分类接谈、现场答疑、立案调处、交办督办、法律援助、回复回访的闭合式程序。在村、组及厂矿、企业确定了矛盾纠纷排查化解及信息报送专职人员，明确职责任务分工，矛盾纠纷排查网络不断健全。坚持县级、乡镇（部门）、行政村分别按照“每月、每半月、每五天”排查化解一次，组、中心户随时排查的常态机制，做到逐案登记建台账、逐案分析症结、逐案提出方案、逐案落实包案领导、逐案明确处理责任，将矛盾纠纷及时消灭在萌芽状态。同时，严格落实矛盾纠纷化解补贴管理办法，充分调动乡村调解员的积极性，发挥人民调解在预防和化解矛盾纠纷、维护社会稳定中的“第一防线”作用，2018年发放矛盾纠纷排查化解补贴8600元。矛盾纠纷排查率、调处率、化解率分别达到了98%、90%和95%，连续五年保持进京非访、赴省重复集体访为零。

（四）聚焦群众关切，积案杂案化解更加高效。围绕重点领域、重点群体、重点问题、重点人员，坚持“逐人逐案过筛子，分门别类建台账，辨证施治快解决”，聚焦群众普遍关注的热点问题、久拖未决的信访案件，落实“五包”责任制，落实重点时期周汇报、月推进制度，扎实开展信访矛盾化解攻坚战活动，做到“一名包案领导、一个工作班子、一套化解方案、一抓到底”。对今年中省交办的2人3件“重点问题”信访事项，及时召开信访联席会议，落实包抓领导、责任人和化解时限，制定工作方案、化解措施和教育疏导方案，确保按期办结，办结率100%。同时，不断细化措施，攻坚克难，有效化解了余某等12人、周某等信访积案和群体性信访问题，市级交办信访积案6件，我县自排5件，化解10件，化解率91%。积极运用特殊疑难信访问题专项资金，有效化解了何某特殊疑难信访积案。

（五）依法教育引导，信访维稳渠道更加通畅。以“数据多跑腿，群众少跑路”为目标，在县政府网站开通了“县长信箱”“领导信访信箱”，安排专人管护，及时受理群众信访事项。建成全县10个乡镇（街办）、26个县级部门互联互通的信息网络平台，实现全县信访信息系统网络全覆盖，形成了“信访网上投、事项网上办、结果网上评、问题网上督、形势网上判”的工作模式，群众满意度不断提高。信访事项及时受理率、按期回复率、群众参评率、群众满意度均达到100%。列全市首位。积极引导和支持群众根据信访事项的性质和管辖层级，到依法有权处理的本级或上一级机关设立或指定的接待场所提出。对于涉法涉诉信访问题，依法教育疏导，综合运用法制宣传、教育引导、心理疏导、化访为诉、依法处置等措施，把涉访人群导入法治框架内解决问题，有效减少越级上访，把大量信访问题解决在当地。

二、存在的主要问题

一是群众信访诉求呈现多样化。近年来，随着经济社会的快速发展和人民生活水平的不断提高，群众利益诉求发生了明显改变，往往表现为历史遗留问题与现实问题相互交织、经济利益诉求与政治权益诉求相互交织、多数人的合理诉求与少数人的无理取闹相互交织、合理诉求与不合法方式相互交织，信访工作面临着新的压力和挑战。

二是网上信访业务基础仍需加强。部分乡镇、责任部门对规范办理网上信访基础业务重视不够，工作措施不力，在信访事项受理办理、告知回复等环节不规范、不及时，网上投诉占比提升缓慢，群众网上参评率低、满意度不高。

三是依法行政能力有待提升。部分行政机关工作人员仍然依靠习惯和经验办事，对法律法规的学习不够，依法行政的意识还需进一步提高，行政执法过程中法律和规范的运用能力不强，一定程度影响了行政执法的公信力。

三、对策和建议

一要打好“感情牌”，持续增强群众获得感。习近平总书记指出，要坚持把信访工作作为了解民情、集中民智、维护民利、凝聚民心的一项重要工作，千方百计为群众排忧解难。做好信访工作，必须始终树牢宗旨意识，始终坚持人民立场，着力推进“事要解决”，把握好维权和维稳的关系，以解决群众合理合法的利益诉求为着力点，做到及时解决到位、教育疏导到位、帮困救助到位、依法处理到位。

二要打好“政策牌”，引导群众理性反映诉求。充分运用广播、电视、报纸、网络等有效载体，加强《信访条例》《治安管理处罚法》《劳动法》等与群众切身利益密切相关的政策法规的宣传，让群众熟悉了解正常办理事务、涉法涉诉纠纷、案件申诉、行政复议等，对应需要找哪些部门，采取什么方式，通过什么程序来办理，引导群众依法理性反映诉求，正确维护自身权益。

三要打好“法治牌”，依法高效解决合理诉求。解决信访问题根本要靠法治。一是工作要依法规范。严格按照《信访条例》的规定，大力推进“法治信访、责任信访、阳光信访”，把信访工作的各个环节纳入规范化、制度化、公开化的轨道，推动信访事项及时有效处理，诚心诚意接受群众监督，做到可查询、可跟踪、可督办、可评价。二是依法维护信访秩序。一方面，坚守化解矛盾底线。对过高甚至无理诉求要旗帜鲜明地表明态度，防止以闹求解决、以访谋私利、无理缠访闹访等现象发生。另一方面，加大依法处置力度。对少数采取非法串联聚集、扰乱社会秩序、制造极端事件等方式给党和政府施压的违法行为，要严格依法处置，态度要坚决，防范要到位，措施要果断，树立正确的信访行为导向。

四要打好“责任牌”，认真落实信访工作责任。认真落实责任是做好信访工作的关键。一是强化责任意识。投入更多的时间和精力，组织研究、协调解决信访问题，真正把“一岗双责”落到实处，做到主要领导亲自抓、分管领导具体抓、其他领导分头抓。二是落实主体责任。对本部门、本系统、本领域职责范围内的信访问题，按照“分级负责”和“谁主管谁负责”的原则，切实承担好化解责任。三是强化责任追究。对因首办责任不到位、办理程序不规范、办理结果不落实，造成重复上访和越级上访的，由联席办领导约谈责任单位主要领导和分管领导，并酌情进行效能问责。对包案化解和领导批示的重点问题责任不落实、化解不力，以及重要敏感时期信息预警不及时造成恶劣影响的，由县主要领导约谈责任单位“一把手”，严肃问责追责，严格考核惩戒。

五要打好“管理牌”，加强信访干部队伍建设。高度重视信访干部的培养、教育、选拔、管理和使用，加强信访干部交流，增强信访干部队伍活力，提高做好新形势下群众工作、解决信访突出问题的能力。大力宣传和表彰各级信访战线涌现出的先进典型，着力激发信访干部干事创业热情。要切实提升信访干部基础业务办理水平。一方面，深度应用信访信息系统，提升信访干部的网上信访工作能力，进一步推动规范网上信访流程，就地快捷反映诉求，公开透明解决问题，降低信访工作成本，提高信访工作公信力。另一方面，完善联合接访方式，切实做到“一站式接待、一条龙办理、一揽子解决”，对信访问题突出的责任部门及时进驻，信访问题明显减少的责任部门有序退出，有效发挥联合化解的作用。

（作者系中共宜君县委副书记、宜君县人民政府县长）

关于我县扶贫监测、第三方评估、脱贫退出研判工作的建议

王东平

一、存在的困难和问题

（一）扶贫监测评估的信息化、实时化程度不高。现阶段，我县的扶贫监测主要依靠国扶办、省扶办系统开展，在系统关闭时，镇村两级的数据监测仍然停留在“制表、填表”等“有纸化”人工操作层面，信息化、智能化程度不高，方式传统单一，对数据的调取、分析和运用的效率较低，而且由于与民政等部门衔接不紧密，使得例如人口自然增减、贫困户属性变更等信息的时效性不强。另外对数据所反映的问题缺乏深入系统的评估、研判和化解。

（二）考前模拟评估机制不完善。针对第三方评估的专项业务培训太少，基层对有关的政策实质、程序环节、评估要点等理解把握不深不透，正式评估前也没能组织实施有参考价值的模拟评估，使得基层在迎接第三方评估时准备不充分，并存在一定“过关”“应试”等不良心态。

（三）脱贫退出研判工作的标准化、实践化有待进一步整合。程序严谨、结论有效、群众认可是脱贫退出工作的关键。但在实际操作中，有时只拘泥于转发文件、开会安排、甚至照搬硬套，缺乏深入的思考、超前的谋划和充分及时的指导解释，也没能结合本地实际和特色，充实和完善相关环节程序，导致群众的不认可。

二、几点建议

针对存在的问题，提出以下建议：

（一）加大业务培训力度，增强帮扶工作实效。建议紧紧围绕脱贫摘帽目标，按照时间节点，在第二、第三季度至少组织两次针对第三方评估有关的“应知应会”、业务政策、程序环节的培训或轮训，坚持目标导向、结果导向，积极地同上级部门联系对接，丰富充实培训内容，进一步明确和把握政策实质和评估要点，整体上提升全县扶贫干部的综合素质和业务能力，为顺利实现年度脱贫目标奠定基础。全体参训干部也要学有所思、学有所悟、学有所获，紧跟上级“指挥棒”，找准方向、瞄准目标、提升能力、解决问题，把勤学、善思、务实的作风贯彻到工作的各个方面。

（二）建立健全考前模拟评估制度，层层压实责任，良性传导压力。建议在六月底前开展一次县级模拟评估，在大考前充分摸清底细，深入查摆问题，精准高效施策，做到心中有数，临阵不慌。在实际操作中要强化细节判定，注重甄别“满意度”等主观指标的真实性，理解基层工作的难处，客观公正的评价基层的工作绩效，在发现问题、督导加压的同时也要挖掘亮点、推广经验。基层单位和一线扶贫干部更要切实转变观念，抓住查缺补漏的机会，以评促改，补齐短板，夯实基础，以充分的准备和饱满的热情迎接年终大考。

另外，县、乡、村要明确专人专岗负责此项工作，全面了解和掌握第三方评估的流程和必须完善的资料，让评估对象能够熟练准确的回答提问。

（三）进一步增强脱贫研判工作的可持续性和前瞻性。建议在11月脱贫退出工作开展前，业务部门在把握好重要指标和关键环节的基础上，广泛征集基层意见，深入思考，全面研究，及时印发《脱贫研判实施细则》，兼顾好“原则框架”标准化与“细节操作”实践化的关系，允许基层因地制宜适当填充相关环节或程序，更要根据操作中可能出现的争议和问题，超前谋划，全面梳理，及时解释，充分指导，掌控好工作节奏，给基层留够充分的时间和空间，确保过程有条不紊、问题及时化解、结果群众认可。

（作者系宜君县政协党组书记、主席）

社会力量参与精准扶贫的几点思考

郭　怡

随着农民的生存和温饱问题的基本解决，扶贫开发工作的目标、任务、方针出现了新的变化。深入研究和充分挖掘社会力量参与扶贫开发，是大扶贫格局重要的组成部分，具有极大的潜力和活力，是促进贫困地区取得较快发展的一项重要举措。近年来，宜君县紧密结合自身实际和形式变化，充分利用中央、省直、江苏、高校的定点扶贫资源，引导市直、县直单位开展定点扶贫重点村工作，组织全县干部扶贫帮困联系贫困户，在全县形成了多层次、全方位、综合性的社会扶贫格局，保证了社会扶贫持续健康有序地开展。

一、社会扶贫的现状

以2017年为例，中央、省、市、县定点扶贫单位在宜君县共投入扶贫资金6.83亿元，兴建了一大批基础设施建设项目，充分体现了党和国家对贫困地区群众的关怀和温暖，宜君县广大机关干部在这几年扶贫帮困联系户活动中投入帮扶资金2600余万元，帮扶项目上千个，为帮扶贫困户解决了一大批生产生活难题，密切了党群、干群关系，同时也促进了各级干部工作作风的大转变。宜君县社会扶贫活动的成效主要体现在以下三个方面。

1. 因势利导贫困户发展致富产业。各级帮扶单位和帮扶干部在社会扶贫活动中，认真宣传和贯彻党的农村基本政策，从稳步提高贫困人口收入入手，合理分析当地资源优势，科学规划，确定发展主导产业，并多方筹措资金，集中人力、物力资源，帮助贫困村发展农业产业，取得了显著效果。例如：县文旅局包扶的棋盘镇黄埔寨村把“三变”改革确定为发展思路，一是推广密植高产玉米种植4294亩，推广矮化核桃栽植2450亩，均实现全覆盖，仅这两项就可使贫困户人均收入达到7710元。二是通过秦一公司，会芳蔬菜种植专业合作社与贫困户签订扶贫协议，带动贫困户发展产业。三是黄埔寨村21户贫困户加入“宜农光伏股”扶贫项目。四是贫困户加入“宜农旅游股”扶贫项目。五是每户散养150只肉（肉）鸡。六是成立黄埔寨（韩庄）村集体经济合作社，将国投资金与集体资产折股量化到全体成员（人均3股，依人定股，依户颁证，静态管理，国投资金集体所有，成员受益），变资源为股权；将苏陕扶贫资金及产业扶贫整合资金等财政资金折股量化到人，变资金为股金。全村31户党员带头示范入股1万元/户，30户贫困户以“菜单式”产业扶贫资金入股0.7万元/户，其他62户群众入股0.5万元/户，变农民为股民。黄埔寨（韩庄）村集体经济合作社与2017年10月底建成，占地20亩，种鸡饲养量2万套的生态循环种鸡养殖基地一座，预计年产值将达到345万元，年利润达182.08万元，这套组合拳打下来，贫困户不仅脱贫而且可以致富。

2. 加快了基础设施建设步伐，改善了生产生活条件。参加定点扶贫的各级单位，把着力点放在搞好水、电、路等基础设施的建设上，改善了当地贫困落后的生产生活条件，仅2017年，所有农户全部通电并正常使用生活用电，全县178个（合并后117个）行政村水泥（沥青）路通畅率达到100%，自来水普及率达到94%以上，建成标准化卫生室43个。市政协机关在帮扶棋盘镇马泉村过程中，帮助47户208人的自来水入户，实施了中心村685米巷道硬化，安装路灯174盏，建成标准化卫生室一座，修建排水渠1000多米，对村内石桥投资30万元加固，累计为马泉村争取资金500万元。江苏盐城大丰区对口帮扶宜君县2017年帮扶资金250万元，产业帮扶涉及核桃种植、玉米醋加工，中华蜂发展，中药种植，劳务输出，智力帮扶，助医助学，社会帮扶等方向，在助推宜君县脱贫摘帽做出了积极的贡献。

3. 提高了贫困群众的素质，改变了群众的精神面貌。一是提升群众内生动力，树立新风尚。各级帮扶单位在县委、县政府的部署下成立了“宜馨超市”，以劳动换积分，激发贫困群众内生动力，以“五好新风助脱贫”模式引导广大贫困户树立脱贫愿望好、明礼感恩好、致富效果好、文明风尚好、示范带动好的五好新风，使贫困群众懂得感恩、励志脱贫。一是抓培训送技术。扶贫“四支队伍”结合主导产业和新技术的推广，对贫困群众进行大力培训，使多数人掌握了一至多门生产技能，并组织贫困群众劳动力转移，帮助他们外出务工就业增收。三是政策解读送到家。贫困群众致贫原因除了身体残疾，家庭遇到重大事故，大病等原因外，更重要的原因是文化水平低、无技术、无资金导致的贫困群众在脱贫攻坚道路上掉队，这时“四支队伍”就发挥了作用，在技术上、政策解读、政策性资金的运用上指导贫困群众应用，引导和带领他们跟上队伍，加快脱贫的步伐。在提高普通群众素质的同时，关键要培育致富的典型，让他们起到示范引领作用，使贫困群众思想上受到冲击后，更好的配合“四支队伍”的工作，达到劳动致富的目的。

二、社会扶贫中存在的问题

1. 帮扶力度不平衡。在帮扶工作中，由于帮扶单位自

身条件不同，对帮扶贫困户的认识不同，帮扶工作中存在着明显的差异。帮扶单位条件好的，被帮扶的村和贫困群众各个方面都能有明显的改变，而帮扶单位条件一般的占到大多数，这就在

一定程度上拉开了贫困村之间的差距。

2. 帮扶干部积极性不高。帮扶单位在筹措资金上也只

能量力而行，帮扶干部无米下锅，项目不能落实，群众参与积极性不高，时间一长，帮扶干部力不从心，考核压力又大，使帮扶干部产生抵触和厌倦的情绪。

3. 帮扶对象依赖思想严重。帮扶干部一对一的形式很

好，但在对贫困户长期发展上措施不足，仍存在着救济式扶贫，对贫困户给些钱了事，从而造成了帮扶对象等、靠、要的思想，甚至为难帮扶干部，这样不但不利于贫困群众提升内生动力，而且帮扶单位和干部对口扶贫的意义体现不出来。

三、搞好社会扶贫的建议

1. 提高认识、加强管理。确保到 2020 年我国现行标准

下农村贫困人口实现脱贫，贫困县全部摘帽，解决区域性整体贫困，做到脱真贫、真脱贫。这不仅要求确保脱贫得到群众认可，经得起历史检验更要坚持长远、久久为功。为达到这一目标，对社会扶贫的认识，不是帮助当地政府和群众去做工作，而是各个单位、各帮扶干部应尽的责任和义务，应协调资金，争取项目，献计献策，是合力攻坚，共同作战，而不是应景似的由当地政府安排着干。要发挥自身优势，既要有一些短、平、快项目，更要考虑到持续发展和长远建设，否则，贫苦地区和群众也只能解决眼前的困难，发展缺乏后劲，加上基础薄弱，一遇到自然灾害，就会返贫。参加社会扶贫的各单位应关心和支持参加扶贫的同志，对工作中的重要问题要及时研究解决，层层建立目标责任制，加大考核力度。

2. 理顺关系，加强协调。必须加强部门之间的协调和

联系，在资金的使用上，不宜照顾情绪，平摊平分，而是相对集中财力争取每年办成几件大事，提高社会扶贫资金的使用效率。

3. 抓好党建，强化管理。实践证明，村级党组织坚强

有力，才能把群众充分动员起来、组织起来，改变村容村貌，要致富，靠支部，当地党委要听取工作队的意见和建议，共同建立一个好支部，选一个好带头人，帮助村委会筹资金、跑项目、规划产业发展，提升村委会工作的质量，这是社会扶贫工作要抓的头等大事，把社会扶贫工作和村级组织紧密相结合，形成合力，推动村级面貌的改变，带领群众脱贫致富。

4. 完善机制，大力宣传。实行严明的奖罚制度，提高奖励，改进评奖办法，对完不成任务的单位和负责人给予适当的处罚，对社会扶贫中涌现出的先进人物和典型经验，应组织力量集中宣传报道，形成良好的干事氛围，以便充分调动各方面的积极性，形成一股强大合力，共同为脱贫致富奔小康做贡献。

（作者系县委常委、统战部部长）

推行“党员政治生日”的实践与思考

王益利

动因

党的十九大指出：“党支部要担负好直接教育党员、管理党员、监督党员和组织群众、宣传群众、凝聚群众、服务群众的职责，引导广大党员发挥先锋模范作用。”2017 年 12 月 13 日，省委党建工作领导小组和省委基层组织建设工作领导小组召开会议，审议并通过《关于进一步严格党的组织生活制度的指导意见》，强调了着力建好支部、更好发挥党员作用，对推行和完善主题党日

提出了明确要求。习近平同志在全国组织工作会议上指出，提高党的建设质量，既要坚持和发扬我们党加强自身建设形成的优良传统和成功经验，又要根据党的建设面临的新情况新问题大力推进改革创新，用新的思路、举措、办法解决新的矛盾和问题。如何在实践中贯彻落实好中央和省委精神，进一步体现习近平新时代中国特色社会主义思想，贯彻新时代党的组织工作路线，持续推动全面从严治党向基层延伸和加强基层党组织建设的部署要求，宜君县通过推行“党员政治生日”，让广大党员特别是党组织书记重新思考“入党为什么、在党做什么、为党留什么”，回味一次“难忘的初心”，不断在提高党员教育管理的科学化、规范化水平上进行了有益的探索。

做法

强化顶层设计，夯实实践基础。宜君县围绕发挥党支部的战斗堡垒作用和共产党员的先锋模范作用“两个焦点”，在广泛深入调研论证的基础上，2017 年制定“党员政治生日”活动方案，开展“重写志愿，从心入党”“主题党课进基层”、党史知识竞赛、“党员政治生日＋”、暖心行动等“五个一”活动，并把开展“党员政治生日”活动作为“两学一做”学习教育常态化制度化的特色创新项目和全年党建工作的一项重要任务，要求党员领导干部做表率、树榜样，以普通党员的身份参加“党员政治生日”活动。2018 年，对“党员政治生日”活动进行了深化，明确了以“我宣誓、我带头、我践行”为主题，引导广大党员“不忘初心、牢记使命”，在全县决战决胜脱贫攻坚、加速追赶超越中发挥先锋模范作用。在开展“党员政治生日”活动的同时，也进行了认真总结，对各级党组织开展好的做法及经验进行推广，印发《关于深入开展“党员政治生日”活动的通知》，为深化“党员政治生日”工作奠定了坚实的实践基础。

创新特色载体，设计活动内容。党的十九大指出：“实践没有止境，理论创新也没有止境。”在“党员政治生日”活动中，创新“重写志愿，从心入党”、建立“党员政治生日簿”、为党员送上“政治生日”贺卡、建立“党员成长袋”、党员干部佩戴红蓝胸牌、填写红蓝纪实手册、发放“党员小书包”、讲“我的入党故事”、建设中共红宜县委旧址党员教育基地等形式，丰富了党员教育管理的形式和内容。县直机关启动了“党员政治生日”我们再出发，围绕“听歌曲、看视频、讲故事、诵经典、谈感悟、送吉祥”六个环节，使机关党员沐浴家风家训的洗礼，内心播下好家风的种子，让“知礼仪、重家风”的传统美德厚植于每位党员的心中，为培育和践行社会主义核心价值观凝聚强大正能量。

灵活活动形式，统一规范内容。结合“党组织生活日”，原则上每月首个周四作为活动时间开展主题活动，进一步严格执行党的组织生活制度。在建立“党员成长袋”“党员政治生日簿”上，规定了发放范围、归档内容及工作要求，达到规范统一，实用美观；在党员入党周年的纪念日的那一天，组织为党员送上“政治生日”贺卡，并送上组织寄语；规定了党员小书包内装《党的十九大报告》《习近平谈治国理政》《党员实用手册》等。在“党员政治生日”中学习《梁家河》，以上好专题党课讲讲、依托新媒体说说、过“政治生日”写写、体验红色场景看看等形式，打破了传统党员教育方式，以“走出去”＋“请进来”、现场教学等，灵活了活动的形式，吸引党员主动参与。这种丰富多样的形式，让各级党组织更具有操作性、实用性、规范性，也调动了党员参与活动的积极性，促使政治生日“活”了起来。

落实主体责任，推进工作落实。夯实责任、强化监督检查是“党员政治生日”工作扎实有效开展的重要保证。一是建立工作运行机制。县委从加强组织领导、落实主体责任、强化督导检查入手，建立以县委组织部为牵头抓总，各党（工委）具体负责、各党支部组织实施的工作机制，明确了相关责任、工作职责和具体要求，确保各项工作任务落到实处。二是列入党员积分管理。严格按照党员积分管理意见，对积极参与“党员政治生日”活动的进行积分，积分作为年终民主评议党员的重要依据。三是纳入责任考核。把“党员政治生日”活动落实情况纳入党组织书记述职评议的范畴，也列入党建目标责任考核，推动各级党组织书记承担第一责任人职责。

思考

通过推行“党员政治生日”，在实现党员教育管理模式上探索出了新步伐，取得了显著的成效。一是体现了党内关爱帮扶。建立党内关爱帮扶机制，对生活困难的党员从物质和精神上都给予帮助。同时，在党员的入党纪念日，以党组织发送“政治生日”贺卡、组织寄语等形式，保障了党员的权利。二是提高了在党为党的意识。通过组织开展“学党章、找差距、严整改”活动，使党员能够及时发现自身的问题和不足，并在党组织的帮助和监督下得到有效整改，使基层党员在理想信念、政治立场、宗旨观念、工作学习、组织纪律、道德行为、作用发挥等方面，起到了明显的作用。三是增强了党组织的号召力、凝聚力、战斗力。通过推行“党员政治生日”，进一步加强了党组织和党员之间沟通，使得“建言能上传、政策能下达、民意有体现”的工作格局，密切党群干群关系。四是灵活了教育党员的形式。这种活动丰富了“三会一课”、严格党的组织生活和“不忘初心 牢记使命”的探索实践，灵活了党的活动形式，增加了党员学习教育的主动性和吸引力，达到了“一位党员过生日，全体党员受教育”的目的。

（作者系县委常委、组织部部长）

关于激发内生动力助力脱贫攻坚的调研

郭海军

为了更好地贯彻落实中、省、市关于脱贫攻坚工作有关精神，宜君县立足县情，积极作为，将扶贫与扶志、扶智相结合，创新载体、真抓实干，开展了“五好新风助脱贫”“宜馨超市添动力”“细说变化颂党恩”等一系列激发贫困群众内生动力活动，有效地解决了贫困群众“等、靠、要”的思想问题，提高了脱贫攻坚成效，形成了稳定脱贫的宜君模式。

一、主要成效

2017 年以来，宜君县委宣传部作为全县激发贫困群众内生动力工作的牵头部门，针对部分群众“不愿脱贫、不敢脱贫、不会脱贫、不能脱贫”的落后观念和内生动力不足的问题，开展了“宜馨超市添动力”“五好新风助脱贫”“表彰脱贫增荣誉”“道德讲堂树榜样”“家庭文化育大德”“公益亲为我争先”“诚信评级树形象”“红白理事会减负担”“公益宣传造氛围”“细说变化颂党恩”十项活动，2018 年，又根据实际，增加了“文化惠民倡新风”“宜民讲习所提素质”两项活动。这十二项活动已成为宜君县激发内生动力助力脱贫攻坚工作的主要抓手，尤其是“五好新风助脱贫”“宜馨超市添动力”等活动成效显著，受到了上级领导的一致肯定。

1.“五好新风助脱贫”，荣登两会直播间。3 月 5 日，陕西电视台《两会特别报道》用了近 90 秒的时长介绍了“五好新风助脱贫”的宜君实践，全国人大代表郑光照赞许地说：“宜君的做法很好，非常值得我们学习、取经”。“五好新风助脱贫”活动的主要做法是：针对贫困户评选表彰缺乏载体的问题，提出了“五好新风助脱贫”（“五好”指脱贫愿望好、明理感恩好、文明风尚好、致富效果好、示范带动好）评选、挂牌活动，县委宣传部统一设计制作“五好新风助脱贫”标牌，通过村级道德评议会的形式对所有建档立卡贫困户在“五好新风”方面的表现进行评议，达到一个标准，在其内容下方镶扣金色带“奖”圆章，未达标在其内容下方扣银色“加油”圆章，鼓励其继续努力。每个行政村制作“五好新风助脱贫”晾晒牌，公示评选结果，原则上每季度动态调整一次。“五好新风助脱贫”活动开展以来，全县117个行政村，3757户10846人参与其中，涌现出了孙小军、王军侠等134名脱贫典型，为扶贫扶志扶智工作树立了学习榜样。

2.“宜馨超市添动力”，提振脱贫“精气神”。宜君县按照“政府主导、社会协同、专业运行、项目合作”的原则，创新推行“宜馨超市添动力”活动，以“劳动挣积分，积分换商品”的服务理念，建设起县乡村三级“宜馨超市”，配套出台了宜馨超市管理运行监督制度、物品兑换制度、积分卡兑换管理办法和兑换流程，服务全县城乡居民。其商品采购目录由县宜馨超市建设领导小组确定，委托商贸公司统一采购并确定分值，村级宜馨超市商品由包村部门在委托的商贸公司采购。2017年底，宜馨超市实现了县域内全覆盖。宜馨超市的运行由各级管理主体负责，县纪委负责对宜馨超市运行中出现的优亲厚友或者贪污挪用的现象进行严肃查处。“宜馨超市添动力”活动，不仅让群众享受做好事赢积分、当先进受表彰的获得感和荣誉感；而且让群众得到了实惠，提振了贫困群众主动脱贫的精气神。

3.“道德讲堂树榜样”，凝聚脱贫正能量。源于宜君县“宜”字品牌（宜馨超市、宜农股、宜馨卡、宜富扶贫车间等），拓展“道德讲堂”平台，创新“宜心讲堂”讲政策、传美德、助脱贫模式，招聘老干部、老党员、道德模范、身边好人、业务骨干、科技人才等各类人员，组建了“宜心讲堂”志愿服务总队和各乡镇分队，统一服装、统一队旗；全县每季度开展一次道德讲堂总堂活动，统一主题和流程，通过以会代训的方式，培训各分队，由各分队联合帮扶部门在第一时间送到村、社区，扩大受教范围，擦亮“宜心讲堂”志愿服务队这张“名片”。去年以来，“宜心讲堂”志愿服务队先后开展活动累计300余场次，为全县干部群众送去一场场关于党的形势政策、支农惠农政策、道德文明新风等文化大餐，传播了知识，凝聚了人心。

4.“细说变化颂党恩”，感念政策抒情怀。2018年元旦前后，全县各村先后开展了一次“细说变化颂党恩”活动，由“四支队伍”和包村部门负责，组织返乡群众、贫困群众、非贫困群众代表等召开座谈会，通过“五个细说”（帮扶干部细说近一年来的帮扶举措；村组干部细说村上发展规划和近一年工作成效；贫困群众细说近一年来自己享受脱贫攻坚政策及自身生产生活的变化；非贫困群众细说近一年来村上的变化；返乡群众细说近一年来村上基础设施及村容村貌发生的变化），让群众感念党和政府的关怀之恩、社会各界的关爱之情，达到了明理感恩、合力攻坚的目的。

5.“公益亲为我争先”，挣得积分换物品。这项活动，要求贫困户每年必须出劳30个公益工，鼓励贫困户积极参加打扫卫生、通知会议、组织活动或其他形式的公益集体活动，每参加一次算一个公益工，对超过30个公益工的进行奖励，对不足30个公益工的相应处罚，年终统计公益工出劳情况，并将其与享受的各项优惠政策挂钩起来，教育贫困群众摒弃不劳而获的错误思想，引导动员他们参与村级公益活动，全面提升农村居民的参与度、获得感和满意率。

6.“诚信评级树形象”，构建和谐好乡风。各村结合实际制定诚信等级管理办法，以召开道德评议会的方式，对每个家庭在遵纪守法、诚信友善、家庭和睦、孝老敬亲、义务出工等方面的表现，初次评定出“好、较好、差”三个等次，并充分征求、参考信用社的意见，建立村民信用等级档案，将每次评定结果张榜公示，结合村民监督，引导群众诚实做人、诚信办事，遏制说话不算数、借钱不还要无赖等不良风气。

7. “表彰脱贫增荣誉”，激发内心自豪感。此项活动主要以镇或村为单位召开表彰会，对2017年全县退出的504户贫困户进行大张旗鼓地表彰，颁发奖牌或证书以及面值100分的宜馨超市积分卡。通过表彰，让这些从未上过领奖台的贫困户受到尊敬和肯定，激发内心自豪感和荣誉感，使其增强勤劳致富、主动脱贫的意识，实现“精神脱贫”。

8. “宜民讲习所提素质”，打造全民教育品牌。为了让已出校门的农民群众再次接受教育，学知识、长本领、提素质，达到启智扶志的目的，宜君县拓展思路，立足实际，在全县建立县、乡、村三级“宜民讲习所”128个（县级1个，乡镇级10个，村级117个），通过自制视频“教材”，面向全县广大农民群众实施素质大提升工程，打造全民教育新品牌。5月份以来，共开办8期，第4期开始，增加了“身边的风采”环节，讲述身边先进典型的感人事迹，旨在引导群众见贤思齐，向上向善。8月起，“宜民讲习所”开始在各个村民小组设立学习点，全县500多个村民小组将实现学习点全覆盖，这一举措着实提升了全县干部群众干事创业、致富增收的精气神。

二、存在问题

1. “宜馨超市添动力”过程管理不够精细。一是标准不精准。积分卡发放标准由各级宜馨超市结合实际自行制定，在实施过程中，发现村级标准简单粗略，不接地气；制定的标准不能及时修订，实用性不强；个别行政村没有发放标准，发放多少积分凭口说；二是台账不精细。积分发放台账记录不详细，没有注明得分缘由；物品兑换台账记录不及时，物品名称记录不准；配发的物品登记台账不准确，甚至没有物品登记台账。三是物品流动太慢、后续资金欠缺。由于受积分多少的限制，“宜馨超市”中的商品流动太慢，导致部分食品过期，不好处理，造成浪费；个别行政村积分发放量大，补充物品所需的资金量增大，帮扶部门承受不起这笔费用。四是依托商店建店造成物品兑换不实。为了方便物品流通和管理，最初依托当地商店建设宜馨超市，导致积分兑换商品时，没有严格兑换指定的商品，存在店主促销自己商品（比如烟、酒等）的现象。五是宜馨卡后续工作未到位。宜馨卡主要是礼遇身边好人、倡导好人有好报理念的一项举措，是“宜馨超市”建成的另一产物。目前，宜馨卡所连带的爱心联盟店（餐饮、住宿、洗车、理发等）优惠政策、免费乘坐公交车等事宜没有完全协商到位，宜馨卡未充分使用。

2. “五好新风助脱贫”评定挂牌不够规范。一是标牌悬挂不到位。部分贫困户家中的标牌没有上墙，随意摆放，标牌上没有装温度计，有的家中温度计已损坏。二是“五好”评选定星不准。“五好”指脱贫愿望好、明理感恩好、文明风尚好、致富效果好、示范带动好，内容上存在递进关系，不能跳级定星，可村级通过道德评议会评定时却未严格按照递进关系进行，不够规范。三是部分村公示牌与贫困户家中标牌上的醒目不统一。比如：张某某家中的标牌上“脱贫愿望好”和“明理感恩好”扣的是金色带有“奖”字的圆章，而村级公示牌上却在“脱贫愿望好”和“致富效果好”下面扣金色带有“奖”字的圆章，内容不统一，工作不细致。

3. 活动推进不到位，存在虎头蛇尾现象。激发内生动力工程量大涉及面广，在实施过程中，存在着“虎头蛇尾”现象，个别乡镇或者行政村只是为了完成任务，前期造势，后期应付，活动效果大打折扣。比如“宜心讲堂”活动，每期总堂举办以后，要求各乡镇分队复制内容，及时组织人员统一送到各行政村，扩大受众范围。而乡镇在送的过程中存在“偷工减料”“以点带面”

“走走过场”等现象，受教面不够，影响了活动的整体效果。

4. 对内宣传不够，群众知晓率不高。宜君县针对激发内生动力、助力脱贫攻坚开展的一系列活动，对于精神扶贫、扶志扶智工作很有成效，对外宣传持续发力，“宜馨超市添动力”“五好新风助脱贫”“道德讲堂树榜样”等活动受到了各级领导的充分肯定。可在调研过程中，发现对内宣传不到位，大部分群众并不清楚开展了哪些活动，表彰了哪些先进，积分卡的使用和“五好”评选等也只是略知一二，说不清道不明，这就充分反映了对内宣传不力的问题。

三、今后努力方向

1. 完善管理机制，补足运行短板。针对“宜馨超市”运行过程中存在的商品兑换问题，宜君县将要求镇、村单独设立“宜馨超市”（设在镇政府和村委会），统一标识，自行印制积分卡，结合实际修订积分卡发放标准；取消积分卡通兑政策，各级积分卡由各级管理主体印制盖章，监管积分发放及兑换过程；严格确定管理员和监督员，明确其职责；兑换的商品目录由县宜馨超市建设领导小组确定，委托商贸公司统一采购并确定分值，村级宜馨超市商品由包村部门在委托的商贸公司采购，定期补充兑换；鼓励镇、村各包扶单位加强与社会爱心人士的沟通对接，尽可能多的争取善款，补充“宜馨超市”商品采购资金，满足长期运行。

2. 强化督查指导，确保任务落实。为了进一步落实2018年精神风貌大提升十二项工程工作任务，有效激发贫困群众内生动力，提升全县干部群众决战决胜脱贫攻坚的精神风貌，县委宣传部将实行领导包片负责制，每一个科级领导带领三名干部包抓两个乡镇，对每一项工作进行常态化指导督查，并结合实际制定任务清单，实行销号制，确保任务落细落实，凸显教育引导效果，切实增强贫困群众脱贫动力。

3. 强化典型宣传，扩大激励效果。一是充分挖掘已受表彰的脱贫典型（励志脱贫模范、五好贫困户等）的先进事迹，借助各类媒体及“身边好人推荐”、善行义举榜、道德讲堂等平台进行宣传，激励和带动贫困群众向典型学习、向懒惰告别、向脱贫奋进；二是借助四支队伍及各类评选表彰活动，加大对精神风貌大提升工程各项活动的宣传力度，尤其是有利于引导群众向上向善的好做法、好经验、好典型，更要扩大影响面，为全县决战决胜脱贫攻坚凝心聚力。

（作者系县委常委、宣传部部长）

关于对我县政法宣传工作的思考及对策

王　斌

当前，政法宣传工作已经成为政法机关日常工作的重要组成部分。做好新形势下的政法宣传工作，是提升“平安宜君”建设的重要手段之一，随着互联网终端的迅速发展，信息更新更加迅速，传播方式和途径也发生了巨大的变化。新时代背景下，政法宣传工作要紧跟时代步伐，壮大主流声音，要在传统宣传手段的基础上，不断创新宣传方法，强化新媒体的宣传引领作用，集聚更多正能量维护法治权威，服务经济社会发展。

一、当前我县政法宣传工作现状

近年来，我县政法工作宣传坚持以习近平中国特色社会主义思想为指导，深入贯彻习近平关于政法工作重要指示批示精神，围绕打造“三秦最安全县城”目标，动员社会各界力量，广泛开展平安建设宣传活动，社会公众安全感和满意度连年攀升，为我县经济社会发展营造出和谐稳定的社会环境。

（一）扎实开展平安建设宣传。坚持以综治宣传月、科技之春宣传为契机，组织综治成员单位上街设点宣传，形成平安建设工作宣传常态化。扎实开展“访民情、创平安、大走访”活动，在包茂高速、210国道、宜白公路三条干道关键路口，设置内容涵盖平安建设与脱贫攻坚相融合的大型宣传牌多处；落实政法部门包联乡镇责任，组织政法干警深入村组（社区），通过发放平安建设宣传品，现场开展法律咨询，案例剖析防范拆招，二维码扫描防邪等形式，提升了广大干部群众的安全意识和防范水平，提高了群众平安建设知晓率，营造了“平安宜君人人共建，宜君平安人人共享”的良好氛围。

（二）深入开展扫黑除恶宣传。充分利用“网上”“网下”两个舆论阵地，对专项斗争展开全方位、立体式宣传。制作“扫黑除恶”宣传条幅100余条，印制“扫黑除恶”通告1000余份，宣传彩页10万余张，大型宣传展板4处，运用广播电视及微信、微博等宣传平台，对全县“扫黑除恶”专项斗争进行大张旗鼓的宣传，讲明“涉黑涉恶”犯罪的严重社会危害性和违法性，表明中央、省市县各级铲除涉黑涉恶违法犯罪的信心和决心，动员广大干部群众积极主动提供案件线索，营造了全社会广泛参与扫黑除恶专项斗争的浓厚氛围。

（三）持续加强法治教育宣传。全面实施“六五”“七五”普法，加大法制宣传工作力度，扎实开展“法律六进”等法律便民服务活动，坚持为全县每个村（社区）每年作两次以上法制教育课，为各级中、小学校作法制报告4场次，受教育师生2000余人次。每年组建“法律服务队”深入全县各乡镇开展法律法规宣传，发放各类宣传资料2万余份，解答群众法律咨询1000余人次，受益群众30000余人。在“12.4”宪法宣传日期间，组织各乡镇各单位在县城平安法治广场集中开展宪法知识宣传等系列活动，积极营造全民学法守法用法浓厚氛围。

二、目前存在主要问题

面对新媒体飞速发展，政法宣传工作无论是在思想观念上，还是在工作措施、工作机制、宣传方式上，都存在诸多不适应问题。一是思想重视不够。政法各单位虽能认真落实政法宣传各项安排，但存在对宣传工作主动性、创造性不足，思想认识不高，认为宣传只是政法工作的一项次要性工作，导致宣传效果不明显。二是宣传力量薄弱。在县级政法各单位中，宣传工作主要由政工室或办公室负责，而主要宣传力量只是集中在一两个人身上，宣传力量薄弱，影响宣传广泛开展。三是宣传途径单一。目前，基层政法各单位和各乡镇部门宣传报道多半以上是以文字宣传为主，且内宣多于外宣，宣传稿件多发在内网及内刊上，在电视台、外网上以及中、省市各大报刊上宣传的很少，利用新媒体网络展示政法机关风采微乎其微。

三、工作建议及措施

（一）深化认识，提升站位。当前正是我县经济社会发展转型期升级高质量发展的最佳机遇期，也是各类社会矛盾的凸显，意识形态领域并不平静的复杂期，宣传思想、舆论引导等工作任务很繁重。面对这些复杂情况，我们要高度重视政法宣传工作，提高政治站位，认真贯彻落实习近平关于政法工作重要论述及意识形态工作的重要讲话精神，始终保持清醒的头脑，牢牢把握意识形态工作的正确导向，进一步增强忧患意识，切实把思想统一到省市工作部署上来，持续加强意识形态领域舆论引导工作，采取切实有效的措施，强化政法舆论宣传引导，积极稳妥地处置影响政治安全和社会稳定的敏感性问题，努力营造积极向上、团结鼓劲、和谐稳定的舆论环境。

（二）强化阵地，拓展载体。通过拓展微博、微信公众号、QQ等途径，开拓政法工作网络平台应用，创建“平安宜君”“宜君综治”“宜君政法工作微博”等，多渠道、多方式开展政法宣传工作。一是通过发布图片、视频、文字，反映政法部门各项工作、活动情况，展现政法干警在平凡岗位中的风采，树立先进、宣传先进，挖掘工作中的闪光点，让群众时刻知晓近期政法工作开展情况。二是通过建立政法工作论坛，发送政法工作信息，设立上下联动的工作展示窗口。收集党员干部撰写、发表的各类文章，加强工作的理论探讨，达到经验互学、信息共享。

（三）完善机制，拓宽渠道。要及时制定相关文件，建立长效机制，促进宣传工作制度化、规范化。要立足于推动我县“平安宜君、法治宜君、和谐宜君”建设，着眼于“党员干部受教育、人民群众得实惠”，积极寻求政法工作宣传与党员干部群众需求满足的最佳结合点，不断强化服务意识，做好门户网站、微信、微博公众号建设等网络宣传版块的改版升级，不断适应广大网民的兴趣和需求，使之成为融“网上办公、知识学习、活动展示、宣传典型”等为一体的网络宣传和学习平台。

（四）强化队伍，提高能力。扎实开展政法各项工作，需要通过宣传工作发动社会各界和人民群众广泛参与，这就要求我们在以后的工作中要建立一支稳定的政法宣传信息员队伍，保证宣传工作层层有人抓、层层有人管。要健全人才培养机制，强化教育培训，提升信息员写作技能、新媒体应用能力，着力在宣传作品的创意和趣味方面下功夫，提高信息质量。同时要加大对宣传员的思想政治教育，增强纪律规矩意识，提高宣传员的政治业务素质，严把发布关口，严禁发布涉密、涉稳、敏感信息，以免造成负面影响，全面提升我县政法宣传工作质效。

当前，我县政法各项工作的宣传势头良好，形成了较强的声势，营造了浓厚的舆论氛围。我们要在巩固以往成果的基础上，进一步深化思想认识，拓宽宣传渠道，强化队伍建设，推动政法宣传工作再上新台。

（作者系县委常委、政法委书记）

关于开展扶贫领域腐败和作风问题专项调研报告

王海峰

按照全市“不忘初心、牢记使命，冲在一线、干在实处，帮贫解困促发展”大调研行动的安排部署，深入乡镇、农村广泛开展扶贫领域腐败和作风问题专题调研。

一、全县脱贫攻坚总体情况

宜君县位于关中平原与陕北黄土高原的结合部，既因宜君水而得名，又因适宜君王避暑而称谓。县域总面积 1531 平方公里，辖 6 镇 1 乡 1 个街道办事处、117 个行政村，总人口约 10 万，其中农业人口 7.9 万，是国家扶贫开发工作重点县。

2015 年底，宜君县共有贫困村 57 个（撤村并镇后），建档立卡贫困人口规模为 11148 人，贫困发生率 14.7%。2016 年退出贫困村 7 个，贫困人口规模为 5409 人，贫困发生率 6.9%。2017 年脱贫 504 户 1704 人，退出贫困村 15 个，基础设施总投资 4.53 亿。其中，产业脱贫 498 户 1531 人；易地搬迁 264 户 809 人；危房改造 306 户；就业扶贫资金 249.55 万元，转移安置 1600 余人，为 1443 名贫困劳动力开展了免费培训；教育扶贫强势推进，全县义务教育阶段无辍学学生；健康扶贫稳步推进，政府全额补助建档立卡农村贫困人口新农合及大病保险个人缴费部分，全县 3775 户 10215 名建档立卡贫困人口全部参加新农合和大病保险；生态扶贫成效显著，全县集体公益林生态效益补偿涉及建档立卡贫困户 76 户 226 人 3076.6 亩；兜底保障全面落实，保障农村低保对象 1059 户 2674 人，累计发放农村低保金 550.31 万元，农村特困人员 497 户 512 人，累计发放特困人员救助 282.995 万元。2018 年计划 2505 人脱贫、35 个村退出，实现全县脱贫摘帽。

二、2017年扶贫领域监督执纪问责开展情况

为严肃查处扶贫领域的作风和腐败问题，坚决查处侵害群众利益的不正之风，确保中央和省市县决策部署落到实处，宜君县纪委监委把查处侵害群众利益的不正之风和腐败问题作为执纪审查的重点工作任务，在全县范围内集中开展扶贫领域监督执纪问责工作。

（一）加强制度建设，提供机制保障。扎紧制度笼子，在全县范围内制定和印发了《脱贫攻坚工作失职失责问责办法》和《防止农村基层干部发生侵占贫困户利益问题“十二个不准”管理规定》，分别从组织领导、政策执行、工作业务、工作作风、任务完成和扶贫项目制定、资金发放、社会保障、政策扶持等方面对领导干部提出了要求，为农村基层干部履职尽责划出了红线，进一步提高了全县党员干部纪律规矩意识，提升担责履职能力。对失职失责的单位和干部依照相关规定处理，使扶贫领域的监督执纪有规可依、有章可循，为全县打赢脱贫攻坚战提供坚强纪律保证。同时，建立了扶贫领域定期督查、督查专题报告、跟踪督办、通报曝光、有奖举报五项工作机制，抓点带面、抓主抓重，确保工作落到实处。

（二）强化效能督查，聚焦主责主业。成立了3个督查组，由县人大、县纪委、县委组织部主要领导带队，抽调县脱贫攻坚指挥部办公室、“两办”督查室、县纪委、县委组织部、“八办两组”业务骨干，深入各单位、乡镇、村组，采取不打招呼、随机抽取、实地检查、突击检查的方式，开展常态化、滚动式巡回检查，坚决查处侵害群众利益的不正之风和腐败问题。重点对扶贫政策落实、项目资金管理使用、干部作风建设等方面开展巡察，着力解决群众身边的“四风”和腐败问题，着力发现问题，形成震慑，用铁的纪律为脱贫攻坚保驾护航。共开展专项巡察7次，督促整改问题50余个，因扶贫工作不力通报4个党组织，追责63名党员干部，其中科级干部7人，其他人员56人。

（三）加大问责力度，促进主动作为。坚持问题线索不查清不放过，责任人员未处理不放过，整改措施未落实不放过的原则，运用好“四种形态”，对顶风违纪、影响恶劣的，严查快办重处理，达到“查处一案、警示一片”的效果；对扶贫领域典型案例一律点名道姓公开通报曝光，使广大党员干部警钟长鸣。对不严不实、搞虚假扶贫脱贫的坚决处理，对不作为、影响整体工作推进的坚决问责，对底子不清、不想为群众干事的村干部坚决撤换。与县脱贫指挥部建立协作联动机制，对每个阶段精准扶贫工作进度情况主动问询，发现问题迅速启动问责程序；结合上级检查反馈情况，针对问题和不足对标责任清单全面排查，迅速追责。

（四）拓宽线索渠道，健全监督网络。聚焦扶贫领域违纪问题、违反中央八项规定精神、侵害群众利益的不正之风和腐败问题，制定《扶贫领域违纪问题实名举报奖励办法》，开通了“信、访、网、电”四位一体举报平台，畅通宜君纪委监委网、设立脱贫攻坚信访举报平台、民情信访直通车、“宜君纪检”微信公众号、12388电话、信访举报箱、信访举报二维码等举报渠道，广泛搜集问题线索。对发现的问题线索进行梳理登记，建立台账，迅速启动调查核实程序。

三、当前扶贫领域腐败和作风问题现状分析

（一）2017年查处扶贫领域腐败和作风问题分析

1. 查处总数。全县各级纪检监察机关在助力精准扶贫方面查处案件41起，党政纪处分40人，问责77人，诫勉谈话31人，免职1人。

2. 查处腐败问题类型。虚报冒领7人、贪污挪用1人、克扣截留5人、优亲厚友5人、滥用职权57人。

3. 责任追究类。工作应付3人、责任不落实2人、其他70人。

4. 查处、追究人员职级构成情况。乡科级7

人、科级以下 68 人。

（二）扶贫领域作风问题现状分析

随着国家对扶贫开发领域资金投入力度的不断加大，该领域违纪违规问题呈多发频发态势，这不但侵害了群众的切身利益，造成了恶劣的社会影响，还影响到了社会的和谐稳定和脱贫攻坚战果。通过对近年来我县查处扶贫领域违纪案件的分析发现，村组干部违纪占 85％以上。发生这些问题的原因，有主观方面的，也有客观方面的。这些案件中，违纪违法问题的主要表现形式为：虚报冒领、侵占贪污、以权谋私、优亲厚友、克扣挪用、吃拿卡要、挥霍浪费等几种。

1. 扶贫领域腐败和作风问题特点

（1）犯罪主体多为村干部。由于一些村村务公开监督机制虚化，公开不规范，管理缺失，导致村书记、村主任权力过分集中，部分村支部书记把持财经权、审批权，遇事不同群众商量，不经村领导班子集体研究就独断专行，搞一言堂，个人说了算。他们利用自身职务的便利，要么独断专行、独吞财务，要么相互勾结、合伙作案，致使村支部书记、村主任、会计单独或共同贪污，办一案、挖一窝、带一串的群腐现象屡见不鲜。

（2）犯罪手段直接、简单。由于大多数基层村干部文化水平不高，工作方式直接、简单，一般都直接采取收受、索取或者打白条抵账、收入不入账、虚列开支、冒领骗取等手段进行贪污，公然将扶贫资金占为己有。

（3）后果危害较大。由于村干部直接与人民群众打交道，往往损害的是群众的切身利益，容易造成恶劣的社会影响，甚至会引发集体上访或群体性事件，导致党群、干部关系紧张，影响社会的和谐稳定。

2. 扶贫开发领域职务犯罪案件的成因分析

一是部分村组干部个人素质较低，法律意识淡漠。从 2016 年以来立案查处的 29 件扶贫领域案件来看，大多数村组干部文化程度及综合素质较低，具有中专以上学历的仅有 7 人，高中及初中以下文化的 26 人。浅薄的文化素养造成了这些村组干部平时疏于政策理论的学习，对党和国家的政策、规定以及制度、法律知之甚少，纪律意识及法律意识淡薄。目前农村村组干部违纪违法案件之所以易发多发，与其自身文化水平低、缺乏政治观念和法律意识有很大关系。由于近年来外出务工人员增多，人才外流，致使农村基层干部文化层次偏低，他们除了村上工作之外，还要耕种自己的田地，对政治、思想、业务的学习没时间、没精力、没兴趣，以致对党的农村政策、国家的法律法规不熟悉，容易受社会上不正之风的影响，往往把当干部作为谋财之路，把集体财产视为自己的私家财产，以权敛财；还有的村干部在用人上搞小团体，拉帮结派，任人唯亲，以致相互间的监督制约形同虚设，甚至串通一气违法违纪。

二是部分村组干部私欲膨胀，宗旨意识淡化。他们没有树立正确的价值观、利益观和权力观，变“公仆”为主人，对全心全意为人民服务的宗旨缺乏正确认识。在市场经济下，受外来腐朽思想的侵蚀，面对金钱、物质的诱惑，个别村组干部不能自持，最终把手伸向了集体或掌管的专项资金。

三是村干部权力相对集中，缺乏有效的监督制约。按照《村民委员会组织法》规定，村委会决定问题应当采取少数服从多数原则，对涉及村民利益的事项应当提请村民会议讨论，但实际情况却是“决定权”往往集中在支部书记和村委会主任等少数人手中，大事小情由他们说了算，其他村“两委”成员“睁一只眼闭一只眼”。部分村民监督委员会不愿或不敢监督，加之村务公开不到位，“公示墙”“明白纸”走过场，群众对村里的“家底”、国家的一些惠民政策根本不清楚，难以对村委会进行有效的监督。

四是政策宣传不到位。扶贫开发政策宣传存在不到位的问题，村干部对于扶贫开发政策一知半解，“无意”中触发政策“红线”。受益群众更是无法知晓扶贫开发政策文件的内容，对已享受到的政策不知情，由此引发的信访案件屡见不鲜。

如在调查中发现，农村实行惠民“一卡通”，政府每月会把低保金按时足额打到农户卡中，但有低保户却反映自己少领或者领取的低保金比别人的少，对低保划分档次不明晰，究其原因是低保政策宣传不到位、不全面。

（三）扶贫领域腐败问题易发多发的廉政风险点

随着精准扶贫工作的推进，我县扶贫工作取得了阶段性成绩，但在实际工作中存在着扶贫资金点多面广，对象分散、资金监管难度大，扶贫领域虚报冒领、截留私分、强占掠夺、贪污挪用等问题比较严重，“雁过拔毛”式腐败滋生蔓延，人情扶贫、关系扶贫等问题屡见不鲜，必须引起高度重视。

一是虚报冒领，侵占贪污。随着国家对“三农”的重视程度不断加大，中央和各级政府对农民的补贴也在逐年增加，然而，在农民逐年受益的同时，涉农补贴也成了一些村干部骗取公款的“便车”，个别村干部的“唐僧肉”，有机会就自己“捞一把”，严重损害了群众利益。一些农村基层干部弄虚作假，虚报冒领，骗取套取国家补助款，社会影响极其恶劣。如：太安镇刘家河村党支部书记兼村委会主任南根平，利用职务便利，虚报退耕还林面积 62 亩，且长期领取国家退耕还林补助款；棋盘镇水沟门村村委会主任程久运侵占移民搬迁土地补偿费 5100 元；哭泉镇金牛村原村委会主任张楚学在担任金牛村村委会主任期间，私自向太安镇财政所出具加盖村党支部公章的证明材料，将本村三户村民名下的 21.6 亩粮食直补面积变更到自己名下，并从 2010 年至 2015 年分 7 次领取补贴资金 9104.4 元，用于家庭消费，被宜君县人民法院判处诈骗罪，单处罚金 5000 元，退赔补贴资金 9104.4 元。县纪委给予张楚学留党察看一年处分。

二是以权谋私，优亲厚友。一些干部在低保申领、危房改造、救济款物分配中利用手中权力优亲厚友，谋取私利，使扶贫济困的惠民资金被卡在了“最后一公里”，流进了某些基层干部“自己人”的腰包。如：宜阳街道教场村教场组组长韩成亮利用职务之便，私自将民政救助金发放给自己的亲属，宜阳街道纪委给予韩成亮党内警告处分。还有个别干部不能秉公办事，在贫困户评定、发放慰问金、专项资金拨付等方面优亲厚友，使应当享受政策的人没有得到政策扶持。如：太安镇艾蒿洼村在 2016 年贫困户评选中，村组干部优亲厚友，将不符合条件的亲属确定为贫困户，县纪委给予艾蒿洼村党支部书记、村委会主任陈建春撤销党内职务处分，给予艾蒿洼村监委会主任武英龙、艾蒿洼村南台组组长张金锁、艾蒿洼村西塔组组长袁拴娃三人党内警告处分。

三是克扣挪用，吃拿卡要。有的村组干部将集体资金、资产收入不记账，隐匿集体收入；在移民搬迁、危房改造等项目实施中利用职务便利，让群众上交各种“回扣”“手续费”“辛苦费”。如：云梦乡塬树村原党支部书记杨海余在塬树村实施移民搬迁申报和验收过程中，收取 2 户群众现金 1000 元作为跑路费，县纪委给予杨海余党内警告处分；棋盘镇水沟门村原党支部书记、村委会主任贺中平，在为本村村民办理移民搬迁贷款过程中，收取农户 2% 的费用合计人民币 9600 元，支付自己车辆耗油、误工等费用，棋盘镇纪委给予贺中平党内严重警告处分。

四、治理对策

（一）加强教育，提升村组干部个人素质

宜君县行政村撤并后还有 117 个，目前有村党支部书记 178 名，其中：中专以上学历 65 人、高中以下学历 113 人；村委会主任 178 人，其中：中专以上学历 14 人，高中以下学历 164 人。大部分村干部文化水平较低，提高广大村干部的政治和法律意识尤为重要。针对基层干部的文化层次和工作实际，结合“两学一做”教育制度化、常态化，采取通俗易懂的教育形式，加大村组干部政治思想教育和业务培训，全面提高党员干部素质，逐步改变目前一些农村基层干部知识水平偏低、法制观念淡薄的状况，有效遏制农村基层党员干部发生违纪违法行为。其次要广泛开展警示教育。利用近年来查处的农村基层干部违纪违法典型案例，有计划地开展多种形式的警示教育，用身边事教育身边人，增强警示震慑效果。

（二）健全制度，将权力关进制度的笼子

加强对村组干部的监管。从农村实际情况出发，建立健全村级财务管理制度和村民监督委员会制度，强化“村民理财”“民主议事”，把村级各项事务纳入制度化、规范化管理轨道；积极推行民主评议干部活动，建立健全村干部任期、离任审计制度和过失责任追究制度，完善村务公开制度，对重大事项、群众关注的热点、难点问题实行事前公示，事后公布，防止暗箱操作，扎实开展账目公开，账目开支公开明细、政策通知公示必须进村进组，不能“一贴了之”、无人问津，防止故意走形式，使村干部权力切实受到制度约束。

（三）严肃执纪，加大打击惩处力度

对村干部发生职务犯罪触犯法律法规的，该立案的立案，该查处的查处，绝不姑息迁就、心慈手软，特别是对群众意见大、多次上访，易引发群体性事件的情况，要严肃处理，形成震慑，并将查处结果及时向群众公开，给群众一个满意的答复。

五、加强扶贫领域监督执纪问责的意见建议及措施

（一）聚焦主责主业，强化监督检查

各级纪委要切实扛起责任，严肃执纪，精准监督，精准发力。突出问题导向，加强对扶贫救灾资金、强农惠农政策落实等重点领域、重点环节的监督检查；大力开展专项治理，针对发生在群众身边的不正之风和腐败问题开展专项执纪检查，加大村级财务管理使用专项检查；有效发挥村民监督委员会的监督作用。监委会成员要参与涉及村民利益等重大事项的村务会议，了解掌握村务决策的程序和过程，扎实做好“三重一大”监督，对违反决策程序的，及时提出纠正意见，并通过适当形式公布监督结果，解答村民询问，督促改正违规行为，保障群众利益不受损害。配齐配强扶贫项目主管部门的纪检力量，组建县纪委扶贫工作专项检查小组，乡镇成立专门扶贫工作监管机构，组成贫困村扶贫工作监督小组，形成“三级联查联管”的精准扶贫运行机制。

（二）突出查办重点，加大执纪审查

以扶贫领域重点问题线索查办为抓手，层层传导压力，以更大的力度、更硬的措施，加大对侵害群众利益的不正之风和腐败问题的查处力度。一是重点查处乡村两级干部在扶贫领域的腐败问题，对工作不严不实、工作推进不力、责任履行不到位的党委、政府和个人加强问责。积极用好“一案三查”，对扶贫领域的违纪违法问题，既要查处当事人，也要对负有主体责任、监督责任、领导责任的个人进行责任追究。二是准确把握运用好监督执纪“四种形态”，做到党纪政纪处理与组织处理、经济处罚等多管齐下，用好降职、免职、调离和扣发津补贴等责任追究方式，提高违纪成本。三是加大典型案例通报曝光力度，问题线索一经查实，对涉案人员进行点名道姓公开通报曝光，起到“问责一个、通报一起、警醒一片”的效果，推动扶贫开发各项决策部署在基层落地生根。

（三）强化制度意识，增强防控网络

要发挥制度作为预防腐败问题的治本作用，针对扶贫领域容易发生损害群众利益问题的重点领域、重点部位、重点环节、立足源头，因地制宜，建章立制，扎紧制度笼子，从源头上预防腐败问题。

（作者系县委常委、县纪委书记、县监委主任）

文件·文件目录

文件选编

中共宜君县委办公室
宜君县人民政府办公室
关于印发《宜君县扩大有效投资考核奖惩办法（试行）》的通知

君办发〔2018〕31号

（2018年7月12日）

各乡镇党委、政府，街道党委、办事处，综合服务中心，县委及县级国家机关各工作部门、直属机构，各人民团体，中省驻宜各单位，县科技工业园区管委会：

《宜君县扩大有效投资考核奖惩办法（试行）》已经县委、县政府同意，现印发给你们，请结合实际，认真抓好落实。

宜君县扩大有效投资考核奖惩办法（试行）

为进一步扩大有效投资、改善投资结构、促进经济社会平稳健康发展，根据中共铜川市委办公室、铜川市人民政府办公室《关于印发〈铜川市扩大有效投资考核奖惩办法〉的通知》铜办发〔2018〕5号，宜君县“三项机制”实施方案，结合我县工作实际，制定本考核奖惩办法。

一、考核对象、内容和方法

（一）考核对象。各乡镇政府（街道办）、综合服务中心，县级各有关单位。

（二）考核内容。围绕抓项目、扩投资、优结构、增效益、促改革等重点工作，结合不同的考核对象，合理、分类设置考核指标。其中：

1. 各乡镇政府（街道办）、综合服务中心考核内容主要包括投资完成、投资结构优化、投融资体制改革、项目建设情况等 12 项指标（见附件 2）。

2. 县级单位考核内容主要包括投资完成、投资结构优化、投融资体制改革、项目建设情况等 13 项指标（见附件 3）。

（三）考核方法。采用量化评分的方法，分别对各乡镇政府（街道办）、综合服务中心及部门进行考核。

1. 计分方法。按照分组计分方式，分别实行量化评分。

第一组：各乡镇政府（街道办）、综合服务中心。

第二组：县级单位（包括县科技工业园区管委会、福地湖景区管理处）。

2. 计分依据。重点项目策划、国投资金争取、固定资产投资及市、县重点项目实施情况，以年度目标任务下达指标为依据；投资环境优化情况以营商环境第三方机构评估结果为依据；应用在线平台受理办理投资项目审批事项按时办结情况以全省投资项目在线审批监管平台统计结果为依据；县财政局负责对各乡镇政府（街道办）、综合服务中心及部门推进和实施 PPP 项目情况进行考核通报，年度新开工 PPP 项目以纳入国家统计联网上报平台统计结果为依据；推进投资工作、落实深化投融资体制改革等情况由各乡镇政府（街道办）、综合服务中心及部门分别汇总报送，县发改局按照本办法规定的具体评分标准组织核实；其余考核指标以县统计局统计数据为依据。

3. 县发改局、住建局、国土局、林业局、水务局、环保局、旅发委、农业局、统计局、公安局、安监局、市场监管局等要素保障单位，在参加第二组考核计分的基础上，结合在线审批监管平台并联审批、手续办理、协调配合、企业满意度等方面给予 10 分以内的加减分，并计入总分。其中县统计局、公安局、安监局、市场监管局四个无投资任务的要素保障单位所得加减分直接换算为总得分。

二、组织实施

（一）将扩大有效投资考核纳入全县年度目标责任考核。由县发改局牵头，县考核办、县统计局密切配合，共同做好考核有关工作。

（二）县发改局负责对各乡镇政府（街道办）、综合服务中心及县级各有关单位的国投资金争取、重点项目策划等主要指标进行季通报；县财政局负责对 PPP 项目推进和实施情况进行通报考核；县统计局负责对各有关单位的投资入统、投资完成等主要工作及指标进行季通报，做到应统尽统，并与县考核办、县发改局实现数据共享；县委组织部、县人社局按照各自职责，强化日常监管，全力营造支持创新创业、激励竞相发展的良好氛围。

（三）每年年底，各乡镇政府（街道办）、综合服务中心各部门及时对全年扩大有效投资工作进行自查总结，并于 12 月 10 日前将自查报告报县发改局。

（四）县发改局、统计局按照考核指标计分办法，对各考核对象进行计分排名，并提出年度扩大有效投资表彰方案报县委、县政府审定，由县考核办将考核结果兑现运用到年度目标责任考核工作当中。

三、奖惩措施

（一）对乡镇组考核成绩排前 2 名的，分别给予 60 万元、40 万元的资金奖补（奖励资金主要用于项目建设），并通报表彰。同时，在全县年度目标责任考核综合得分的基础上分别加 1 分、0.5 分。

（二）对县级单位组考核成绩排前 5 名的，分别给予 60 万元、50 万元、40 万元、30 万元、20 万元的资金奖补（奖励资金主要用于项目建设），并通报表彰。同时，在全县年度目标责任考核综合得分的基础上分别加 1.5 分、1.2 分、0.9 分、0.6 分、0.3 分。

（三）以上对于各乡镇、县级各单位的奖励，要与市政府对全县项目建设及有效投资年度考核结果挂钩。若考核排名在全市处于第一、第二、第三、第四位次的情况下，分别对应100%、80%、60%、40%的奖励金予以兑现。

（四）先进个人奖：对照《公务员法》的有关规定，对在项目建设、招商引资及有效投资工作中做出突出贡献的个人，给予重奖，奖金到人，分别给予5000元至10000元奖励，并通报表彰。

（五）对考核成绩排名倒数第一的乡镇和排名靠后的三家县级单位给予通报批评，在全县年度目标责任考核综合得分的基础上扣1分，责任单位主要领导向县委、县政府书面说明情况。同时，按照“三项机制”要求，对责任单位主要领导、分管领导进行约谈问责，年终不得评为优秀格次。

（六）对在项目建设过程中发生重大质量、重大安全事故或重大群体性事件的，在当年考核中不得评为先进，县委、县政府对考核对象进行约谈问责和限期整改；对受约谈后仍未完成整改的，由县委督查室、县政府督查室挂牌督办，并适时派驻工作组对督办单位进行督查。

各考核对象根据实际，可参照本办法制定扩大有效投资考核奖惩实施细则；县经贸局监管企业的扩大有效投资考核奖惩，可参照本办法制定细则并具体组织实施。

本办法自印发之日起执行。同时，《关于印发宜君县国投资金争取及项目建设工作考核奖惩办法的通知》（君办发〔2016〕23号）废止。

附件：1. 宜君县扩大有效投资考核评分标准（乡镇）

2. 宜君县扩大有效投资考核评分标准（县级单位）

宜君县扩大有效投资考核评分标准（乡镇）

序号	内容（分值）	指　标	权重分值	指标计算方法	评分细则
1	投资完成情况（20分）	全社会固定资产投资	20	全社会固定资产投资实际完成率	该项完成率在60%以下者不得分。在60%（含60%）以上者，该项得分=权重分值×完成率。其中：完成率=（实际完成固定资产投资/年初下达固定资产投资）×100%，每超出10个百分点加1分。
2	投资结构优化情况（15分）	民间、工业、生产性服务业及战略性新兴产业投资	15	民间、工业、生产性服务业及战略性新兴产业投资合计额占本单位实际完成固定资产投资比率	该项得分=权重分值×所占比率。其中：所占比率=（合计完成额/实际完成固定资产投资）×100%。
3	投融资体制改革情况（25分）	投资环境优化情况	10	主要以营商环境工作开展情况为主，包括服务保障及市场环境、法制环境、融资环境等方面的评价	结合全县营商环境满意度调查，将调查结果进行得分。
4		应用投资项目在线审批监管平台办理投资项目审批事项情况	10	应用宜君便民服务业务系统、陕西省投资项目在线审批监管平台及国家重大项目建设库办理项目申报、储备、调度等事项办结率	以本单位应用宜君便民服务业务系统、陕西省投资项目在线审批监管平台及国家重大项目建设库办理项目申报、储备、调度等事项办结率得分。该项得分=权重分值×办结率。
5		推进和实施PPP项目情况	5	按国家有关规定规范纳入全省PPP项目库的PPP项目推进和建设情况	年内完成1个PPP项目实施方案编制、签订项目合同等前期工作者得满分；完成1个PPP项目开工者加5分。

续表

序号	内容（分值）	指　标	权重分值	指标计算方法	评分细则
6	项目建设情况（40分）	项目库建设情况	5	实际入库项目数量及项目类型所占比例等情况	参照县政府《关于加快重点项目推进工作的意见》具体要求进行考核，项目数量和类别比例各占2.5分。
7		项目策划任务完成情况	5	本年项目策划实际完成情况	该项得分＝权重分值×完成率。其中：完成率＝（完成数量/策划包装任务）×100%，策划包装任务为各次下达任务累计数量的总和。
8			10	本年策划项目转化率	该项得分＝权重分值×完成率。其中：完成率＝（完成数量/策划包装任务）×100%，策划包装任务为各次下达任务累计数量的总和。
9		县级重点项目推进情况	5	纳入市、县重点项目个数	纳入1个市级重点项目得2分，纳入1个县级重点项目得1分，最高加得5分。
10			5	按重点项目管理要求，日常投资、进度等信息报送、重点项目管理及配合完成相关活动情况	全年投资报送、进度报送、重点项目管理各占1分；配合完成活动情况占2分。
11			5	市、县重点项目年度计划投资完成率	该项得分＝权重分值×完成比率。其中：完成率＝（实际完成/年初计划）×100%，每超出10个百分点加1分。
12		政府投资项目开工率	5	年度争取政府投资项目开工率	该项得分＝权重分值×完成比率。其中：完成比率＝（实际开工数/实际争取数）×100%。

宜君县扩大有效投资考核评分标准（县级单位）

序号	内容（分值）	指　标	权重分值	指标计算方法	评分细则
1	投资完成情况（20分）	全社会固定资产投资	20	全社会固定资产投资实际完成率	该项完成率在60%以下者不得分。在60%（含60%）以上者，该项得分＝权重分值×完成率。其中：完成率＝（实际完成固定资产投资/年初下达固定资产投资）×100%，每超出10个百分点加1分。
2	投资结构优化情况（15分）	民间、工业、生产性服务业及战略性新兴产业投资	15	民间、工业、生产性服务业及战略性新兴产业投资合计额占本单位实际完成固定资产投资比率	该项得分＝权重分值×所占比率。其中：所占比率＝（合计完成额/实际完成固定资产投资）×100%。

续表

序号	内容（分值）	指　标	权重分值	指标计算方法	评分细则
3	投融资体制改革情况（25分）	投资环境优化情况	5	主要以营商环境工作开展情况为主，包括服务保障及市场环境、法制环境、融资环境等方面的评价	结合全县营商环境满意度调查，将调查结果进行得分。
4		应用投资项目在线审批监管平台办理投资项目审批事项情况	5	应用宜君便民服务业务系统、陕西省投资项目在线审批监管平台及国家重大项目建设库办理项目申报、储备、调度及受理事项办结率	以本单位应用宜君便民服务业务系统、陕西省投资项目在线审批监管平台及国家重大项目建设库办理项目申报、储备、调度及受理事项办结率得分。该项得分＝权重分值×办结率。
5		推进和实施PPP项目情况	5	按国家有关规定规范纳入全省PPP项目库的PPP项目推进和建设情况	年内完成1个PPP项目实施方案编制、签订项目合同等前期工作者得满分；完成1个PPP项目开工者加5分。
6		本年到位国投资金情况	10	实际到位国投资金完成比率	该项得分＝权重分值×完成率。其中：完成率＝（实际到位资金/年初下达任务）×100%，每超出10个百分点加1分。
7	项目建设情况（40分）	项目库建设情况	5	实际入库项目数量及项目类型所占比例等情况	参照县政府《关于加快重点项目推进工作的意见》具体要求进行考核，项目数量和类别比例各占2.5分。
8		项目策划任务完成情况	5	本年项目策划实际完成情况	该项得分＝权重分值×完成率。其中：完成率＝（完成数量/策划包装任务）×100%，策划包装任务为各次下达任务累计数量的总和。
9			10	本年策划项目转化率	该项得分＝权重分值×完成率。其中：完成率＝（完成数量/策划包装任务）×100%，策划包装任务为各次下达任务累计数量的总和。
10		县级重点项目推进情况	5	纳入市、县重点项目个数	纳入1个市级重点项目得2分，纳入1个县级重点项目得1分，最高加得5分。
11			5	按重点项目管理要求，日常投资、进度等信息报送、重点项目管理及配合完成相关活动情况。	全年投资报送、进度报送、重点项目管理各占1分；配合完成活动情况占2分。
12			5	市、县重点项目年度计划投资完成率	该项得分＝权重分值×完成比率。其中：完成率＝（实际完成/年初计划）×100%，每超出10个百分点加1分。
13		政府投资项目开工率	5	年度争取政府投资项目开工率	该项得分＝权重分值×完成比率。其中：完成比率＝（实际开工数/实际争取数）×100%。

注：1. 有效投资是指产出效益较多的投资，相对于无效和低效投资而言。

2. 战略性新兴产业包括：节能环保产业、新一代信息技术产业、生物产业、高端装备制造业、新能源产业、新材料产业、新能源汽车产业。

3. 生产性服务业的分类范围包括，为生产活动提供的研发设计与其他技术服务、货物运输仓储和邮政快递服务、信息服务、金融服务、节能与环保服务、生产性租赁服务、商务服务、人力资源管理与培训服务、批发经纪代理服务、产性支持服务。

4. PPP模式是指政府为增强公共产品和服务供给能力，提高供给效率，通过特许经营、购买服务、股权合作等方式，与社会资本建立的利益共享、风险分担及长期合作关系。主要包括BOT、BOOT、BOO等模式。

中共宜君县委办公室
宜君县人民政府办公室
印发《关于加强文化领域行业组织建设的实施意见》的通知

君办发〔2018〕6号

（2018年1月24日）

各乡镇、街道党委，乡镇政府、街道办事处，综合服务中心，县委及县级国家机关各工作部门、直属机构，各人民团体，中省驻宜君单位，县科技工业园区管委会：

《关于加强文化领域行业组织建设的实施意见》已经县委、县政府同意，现印发给你们，请结合实际认真贯彻落实。

关于加强文化领域行业组织建设的实施意见

为认真贯彻落实《中共铜川市委办公室铜川市人民政府办公室印发〈关于加强文化领域行业组织建设的实施意见〉的通知》（铜办发〔2017〕29号）精神，推动全县文化领域行业组织健康有序发展，结合我县实际，制定如下实施意见。

一、总体要求

全面贯彻党的十九大精神，以习近平新时代中国特色社会主义思想为指导，认真落实省、市委关于文化改革发展的系列政策措施，坚持一手抓引导发展、一手抓依法管理，深化文化体制改革，完善文化管理体制，引导行业组织更好地服务文化单位、服务文化工作者、服务文化行业发展，建立党委统一领导、政府有效监管、分级负责、协调配合的行业组织管理新机制，形成结构合理、富有活力、服务高效、治理完备的行业组织发展新格局。

二、明确职能定位

（一）充分发挥桥梁纽带作用。全县文化领域各行业组织要认真贯彻落实县委、县政府关于深化文化体制改革和完善社会治理体制的有关部署要求，及时向党委、政府反映行业组织的重大事项、行业发展情况和行业诉求；参与制定行业政策法规、行业规划、行业标准和技术规范等，根据规定和授权开展资质认证、人才评价等工作。搭建综合服务平台，回应会员关切问题，维护会员合法权益。

（二）积极履行社会责任和文化担当。坚持以人民为中心的发展思想和工作导向，积极组织开展公益性和文化志愿服务活动，规范会员单位和从业人员行为。加强文化领域重大理论和实践研究，组织开展培训、交流、研讨、咨询等活动。根据市场和行业发展需要，举办、承办并参与对外文化交流和文化活动，不断提升我县文化传播力和影响力。同时，把党建工作要求和诚信自律建设内容纳入行业组织章程，健全行业道德规范和职业道德准则，制定诚信守则，建立失信惩戒机制。

三、培育发展动能

（三）进一步优化结构布局。积极发展公共文化、创意设计、文化旅游、传统工艺、艺术品经营等方面的行业组织。推动社会服务机构成立行业组织，组建县级文化产业协会。要根据行业特点，积极发展社会服务机构会员、新媒体会员、特色文化单位等。

（四）全面提升服务能力。结合政府职能转变和行政审批改革，厘清行政机关和行业组织的职能边界，适合由行业组织提供的事务性管理工作及公共服务，可通过竞争性方式交由行业组织承担。对适宜委托行业组织承担的服务事项，要扩大政府向行业组织购买服务的范围和规模。

（五）不断完善各项扶持政策。支持行业组织参与社会服务、助力脱贫攻坚。对符合条件的行业组织给予优惠，鼓励金融机构、社会力量支持和资助行业组织发展。重视行业组织人才建设，加强行业组织负责人培训，鼓励各类人才到行业组织创业就业。

四、加强自身建设

（六）推动党的组织和党的工作全覆盖。各业务主管部门要督促指导所属行业组织加强党的建设，按照应建尽建的原则，凡有三名（含）以上正式党员的行业组织，都要成立党组织。不足三名的，可本着行业相近和地域相近的原则联合建立党组织。暂不具备组建条件的，由其业务主管单位通过选派党建工作指导员、联络员或建立工会、共青团组织等途径开展党的工作，条件成熟时及时建立党组织。建立健全行业组织党组织参与重大问题决策等制度机制，把党的意志主张转化为行业组织的决策行动。

（七）加强内部管理制度建设。要设立结构合理、规模适中的理事会及常务理事会，建立健全会员（代表）大会、理事会、监事（会）制度。科学设置行业组织内设部门和分支（代表）机构，不得在分支（代表）机构下再设分支（代表）机构，不得设立地域性分支机构。建立健全财务、审计和资产管理制度。行业组织不得强制入会、摊派会费、派捐索捐、强拉赞助，不得从事行政性中介活动，不得擅自编印发行内部报刊。加强对自办网站和“两微一端”等网上平台的管理。

五、强化规范管理

（八）规范成立条件和程序。严格规范全县性行业组织的成立，加强规划指导，压缩总量、控制数量、提高质量，认真加以审核，由县文联、县网信办、县文广新局、县旅发委等业务主管单位提出意见，征求县委宣传部意见，按国家有关规定报批。对于跨行业、业务宽泛、不易界定的行业组织，要按照明确、清晰、聚焦主业的原则，加强名称审核、业务范围审定，并听取利益相关方和管理部门意见，严格控制。

（九）建立健全综合管理体系。对行业组织统一登记、依法监管、做好服务。对于承担特殊职能、涉及意识形态安全和文化安全，确需实行业务主管单位和登记管理机关双重管理的行业组织，业务主管单位要全面负起管理责任，做好成立登记、变更登记、注销登记前的审查等工作。

（十）依法处理违法违规行为。要建立文化领域行业组织退出机制，对行业组织违反社会组织管理相关规定的行为及时进行整治，定期开展联合执法，依法取缔未经登记、擅自以行业组织名义活动的非法组织和非法编印的内部报刊。加强与有关部门的协调联动监管。网信办要指导督促加强域名注册服务管理工作。

（十一）严禁党政领导干部在行业组织兼职。从严规范党政领导干部兼任行业组织负责人，确因工作需要兼职的，按照干部管理权限从严审批，所兼任的行业组织业务必须与本职业务工作相关。党政领导干部退（离）休后，本人无其他兼职，确因工作需要到行业组织兼职的，要根据相关规定按干部管理权限审批或备案。兼职不得领取薪酬和获取其他额外利益，确属需要的工作经费，要从严控制，不得超过规定标准和实际支出。党政领导干部未经批准不得发起成立行业组织。

六、抓好组织实施

（十二）加强组织领导。各有关部门要高度重视文化领域行业组织建设工作，充分发挥县文化体制改革领导小组作用，加强统筹、规划、协调和指导，对文化领域行业组织建设的重大问题进行研究部署，明确时间进展，采取有效措施，推动任务落实。

（十三）明确责任分工。建立健全由宣传部门、民政部门牵头抓总、相关部门分工负责的工作体系。民政部门负责文化类社会组织登记审查、监督检查、执法查处等工作，宣传、网信、文化广电、文物等部门要加强政策和业务指导并履行相关行业监管责任，发展改革、财政、税务、外事、公安等部门要按职能分工做好监管和服务工作，审计部门依法进行审计监督。组织部门、党建工作机构要加强对行业组织党建工作的管理和指导，与行政机关脱钩的行业组织党建工作按照有关工作部署归口管理，未脱钩的行业组织党建工作由业务主管单位加强领导。

（十四）开展专项治理。县文联、县网信办、县文广新局、县文旅局等单位要对全县文化领域行业组织进行摸底自查，对不具有行业代表性的以及长期不开展活动的“僵尸”组织进行整合、调整，该更名的更名，该注销的注销，2018 年 3 月底前全面完成整改。其他县委和县级国家机关、群团组织要对其主办、主管、联系、挂靠的文化类行业组织进行自查自纠，对长期疏于管理的予以整顿，并将合规的行业组织信息进行公布公示。

（十五）强化督查落实。各有关部门要根据本实施意见，切实抓好本区域、本系统行业组织的摸底排查、规范建设工作。认真执行国家有关政策法规和行业管理规定，重大问题及时请示报告，重大改革举措严格按照有关要求和程序报批。县委宣传部要会同有关部门就贯彻落实本实施意见情况进行督查，确保各项任务落到实处。

中共宜君县委办公室
宜君县人民政府办公室
关于印发宜君县工业经济和商贸服务业发展支持办法（试行）的通知

君办发〔2018〕46 号

（2018 年 12 月 3 日）

各乡镇、街道党委，乡镇政府、街道办事处，综合服务中心，县委及县级国家机关各工作部门、直属机构，各人民团体，中省驻宜各单位，县科技工业园区管委会：

现将《宜君县工业经济和商贸服务业发展支持办法（试行）》印发给你们，请遵照执行。

宜君县工业经济和商贸服务业发展支持办法（试行）

为了认真贯彻落实中央和省市促投资、稳增长、提质量的决策部署和要求，推动全县工业经济和商贸服务业加快发展，结合实际，制定本办法。

一、县财政每年安排专项资金，重点对企业培育、项目建设、品（名）牌创建、市场营销、外资外贸、电子商务等工作成效显著的企业进行扶持和奖补。

二、支持中小企业挂牌上市。对在陕西省股权交易中心成长板挂牌并实现融资的企业给予 5 万元奖补；对成功挂牌的企业给予 10 万元奖补；新获得高新企业认定的一次性给予 10 万元奖励。

三、对现有骨干财源企业出现运行困难时予以扶持；对当年从金融机构获得200万元以上流动资金贷款的规上企业，协调争取省、市级财政贴息，如省、市级在年底未纳入补贴范围的，县政府当年对利息总额的50%给予贴息，贴息总额不超过100万元；对当年实际完成工业固定资产投资0.5亿元（含0.5亿元）以上的工业项目，给予项目建设单位5万元奖励，超计划进度30%以上的，经过相关部门审定后给予项目建设单位10万元奖励。

四、支持食品、医药等企业做大做强。凡销售收入较上年增长20%以上且净增超过1000万元的规上企业，给予10万元奖励；增长30%以上且净增超过5000万元的企业，给予20万元奖励；增幅超50%的采取一事一议方式给予奖补。

五、对当年建成投产且实现产值3000万元以上的工业项目给予10万元奖补；对规上企业因国家政策要求，需要更换设备设施的给予补助；对当年建成且实现销售收入500万以上的商贸流通企业，给予奖补。

六、凡当年引进投资1亿元以上（含1亿元）且落地开工建设的工业、商贸流通项目，给予项目投资建设单位10万元奖励；投资3亿元以上的，给予项目投资建设单位20万元奖补，年内引进且开工建设投资5000万元以上（含5000万元）的煤炭精洗和转化项目，给予项目建设单位10万元奖励；对省、市、县确定的重点项目（指工业和商贸流通业）采取一事一议方式给予奖补。

七、鼓励商贸流通项目建设。新建农产品交易市场、农产品加工配送中心（含冷链物流）等民生类市场建设项目，建筑面积达到2000平方米以上，建成并投入营运后，按建筑面积给予每平方米80元奖补，总额不超过30万元。新建、改建的大型购物中心，营业面积达到2000平方米以上，投入营运后，按营业面积给予每平方米80元奖补，总额不超过30万元。投资额在500万元以上商贸（美食）特色街区的建设项目，经相关部门认定，按照实际投资额的10%给予奖补，总额不超过300万元。被评定为三星级、四星级和五星级酒店，并获得认证的，评定当年分别给予一次性100万元、300万元和500万元奖补；新建休闲娱乐项目，营业面积达到500平方米以上，投入营运后，按营业面积给予每平方米80元奖补，总额不超过50万元。对当年建成的一线连锁品牌酒店等给予30万元奖补。

八、高度重视名牌产品培育工作，对获得省、市“名牌产品”的企业按照相关文件给予奖励。对改造营业面积达到300平方米以上、操作间50平方米以上，并经相关部门验收通过的地方特色餐饮店，给予奖补；对星级“民宿经济”、农家乐，给予奖补。

九、凡在我县注册并照章纳税，且外贸进出口数据体现在我县的外贸企业（除海关、商检外；含加工贸易企业、跨境电子商务企业），当年办理完相关注册手续并发生进出口业务的，给予10万元的开办奖励；进出口额达到100万元人民币以上的，按照每进出口100万元人民币给予3万元人民币的奖励，最高奖励不超过300万元人民币。第二年奖补以上年基数为准，基数内的每100万元人民币奖补3万元人民币，超基数部分每100万元人民币奖补3.5万元人民币。

十、境外来我县新注册的外资企业，当年实际投入外资达到50万美元以上的，一次性奖励5万元人民币；达到100万美元以上的，一次性奖励10万元人民币；达到300万美元以上的，一次性奖励20万元人民币。以外资企业上年实际投入外资为基数（不低于50万美元），对本年度外资企业增加投资增量部分，按照每增资100万美元给予5万元人民币奖补。

十一、积极发展电子商务。对取得省、市级以上商务部门认定的示范性电子商务企业给予奖补。对通过互联网推介我县地产品的企业，推介成果显著，运营半年以上的，给予奖补。在我县依法注册、具有独立法人资格及相关资质的电子商务企业、通过第三方电商平台销售我县特色农副产品，销售额在 50 万元以上，且在我县电商企业中排名前 10 名的，给予每家 1 万元奖补。

十二、对新增“五上”企业进行奖补。对新增规上工业企业，当年度给予 5 万元奖补；对新增限额以上商贸业企业、规模以上服务业企业、建筑业及房地产业企业、文化产业（服务业）企业当年度给予 3 万元奖补；对由个体户转为企业法人并纳入“五上”企业的当年度给予 10 万元奖补；“五上”企业每增 1 户，给予培育单位补助 2 万元，用于培育前期费用；对现有“五上”企业每年给予 2 万元补贴。

十三、鼓励规上企业自主开展专场促销活动，每场次参加 500 人以上的，给予企业 3 万元补助；对在本省省会城市、省外城市自建专卖店、直销店的企业每户店面给予 10 万元奖补，在省内各市、县自建专卖店、直销店的企业每户店面给予 3 万元奖补；对积极参加行政主管部门组织的推介会、展销会等大型会议，按照国外 3 万元、国内 1.5 万元、省内 0.8 万元的标准给予补助。

十四、按照政府引导、社会参与原则，加快标准化厂房建设。对企业自建的标准化厂房，每平方米补助 300 元。

十五、深入推行“问题清单”制度，对全县“规上”“限上”企业和重点工业、商贸流通项目，建立问题台账，明确责任单位和办结时限，实行“周梳理、月检查、季通报”；建立权责对等、责任到位的“责任清单”制度，按照“谁主管、谁负责、谁落实”的原则，明确责任，逐级包抓落实；对全县“规上”“限上”企业和重点工业、商贸流通项目实行涉企“收费目录清单”制度全覆盖，所有涉企收费按下限执行，清单目录外的收费一律取消；开展“乱收费、乱罚款、乱摊派”专项整治，切实减轻企业负担。

十六、奖补对象经县政府常务会研究决定后，在政府网站或通过一定形式进行公示，接受社会监督，公示无异议后，由相关部门拨付奖补资金。

十七、专项资金奖补由相关职能部门提出，经县政府相关会议研究确定后给予奖补。对违反规定使用、骗取资金的企业，相关部门将收回全部财政资金，并按照有关规定处理。各有关部门要严格按照有关程序进行申报、验收、拨付。县纪委监委、财政、审计等部门要加强监管。主要负责人涉嫌犯罪的，移交司法机关依法追究刑事责任。县委、县政府对推进工业企业和商贸服务业成绩突出的单位，将进行表彰奖励。

该办法自 2018 年 6 月 1 日试行（试行期暂定三年，自 2018 年 6 月 1 日起至 2021 年 5 月 30 日止）。

本办法试行后，原有规定与本办法不一致的，按本办法执行。

本办法试行期间解释权由县经贸局、县财政局负责。

中共宜君县委办公室
关于印发《全县党委系统紧急信息报送及处置办法（试行）》的通知

君办发〔2018〕35 号

（2018 年 8 月 15 日）

各乡镇、街道党委，县委各部门，县级国家机关各工作部门、直属机构党组（党委、工委），县科技工业园区管委会工委，各人民团体：

现将《全县党委系统紧急信息报送及处置办法（试行）》印发给你们，请遵照执行。

全县党委系统紧急信息报送及处置办法（试行）

第一章 总 则

第一条 向中央和上级党委及时准确全面报送紧急信息是各级党委的政治责任。为充分发挥新时代新形势下党委信息系统主渠道作用，进一步规范紧急信息报送及处置工作，根据中央和省市有关文件精神及省委办公厅《全省党委系统紧急信息报送及处置办法（试行）》（陕办发〔2018〕23号）、市委办公室《全市党委系统紧急信息报送及处置办法（试行）》（铜办发〔2018〕20号），结合工作实际，制定本办法。

第二条 本办法规定的紧急信息报送标准参照《中华人民共和国突发事件应对法》、国务院《特别重大、重大突发公共事件分级标准》《陕西省实施〈中华人民共和国突发事件应对法〉办法》等有关法律法规执行。

第三条 紧急信息报送工作实行分级管理和考核。县委办公室负责对各乡镇（街道）、县直部门等紧急信息报送工作进行管理和考核。

第二章 报送内容

第四条 发生下列紧急情况均须及时准确全面向县委报送信息：

（一）重大自然灾害、重大事故灾难、重大公共卫生事件、重大群体性事件、重大治安和刑事案件；

（二）涉及国家安全和社会稳定的重要紧急情况；

（三）涉及国防、外交和港澳台地区的重要紧急动态；

（四）涉及党政领导干部、军人警察、学校师生、民族宗教、社会知名人士、外籍人士等特殊群体人员的敏感事件；

（五）可能引发重大突发事件的内幕性、预警性、行动性信息。

第五条 不在规定范围内，但属于下列情形的，也须向县委报送信息：

（一）发生在特殊时间节点、特殊区城地段的敏感事件；

（二）微信、微博及新闻客户端等互联网上出现和传播涉及本地的热点敏感事件及评论；

（三）领导关注、批示或需要了解的其他紧急信息。

第三章 报送程序

第六条 紧急事件发生后，相关乡镇（街道）、部门、单位须按照程序向县委办公室报送信息，不允许不经审核、越级报送紧急信息。

报送紧急信息时，突出事发时间地点、伤亡人数、财产损失、造成原因、造成影响及应对处置等基本要素，注重反映事故发生现场的详细情况，如交通事故中，伤亡情况、车辆信息事发路段等；生产安全事故中，是否造成环境污染、次生灾害救援工作困难等，伤亡人员中是否包括老人、儿童等。

第七条 县委办公室接到乡镇（街道）、部门、单位等报送的紧急信息必须第一时间进行研判，根据所报内容整理编辑后，经办公室分管信息工作领导同志或带班领导签发后，印送相关领导。

需报市委办公室内的紧急信息，经县委办公室主任同意，报送市委办公室。

第八条 县委领导同志外出调研、参加重要会议、非上班时间、节假日等时段，在印送纸质信息的同时，电话告知联系领导的相关工作人员，确保县委领导同志第一时间知悉情况。

第四章　报送时限

第九条　依据相关规定，较大突发事件，相关乡镇（街道）、部门、单位等须2小时内向县委办公室报送信息；重特大突发事件，相关乡镇（街道）、部门、单位力争20分钟内向县委办公室电话报告、40分钟内书面报告。

县委办公室须向市委办公室上报的，较大突发事件，在3小时内报送信息；重特大突发事件，力争30分钟内电话报告、1小时内书面报告。

第十条　因通讯中断等原因，事件发生后难以在规定时限内报送的，相关乡镇（街道）、部门、单位等应在接到报告后30分钟内报县委办公室，县委办公室应在接到报告后1小时内报市委办公室和县委领导同志，并说明情况。

第五章　报送机制

第十一条　党委办公室要建立健全紧急信息报送机制，统筹整合值班力量，实行紧急信息报送工作24小时值班制度。

第十二条　全县各级党委办公室须与政府应急部门建立信息共享机制，重大紧急情况发生时互通情况、共享信息。

第十三条　各级舆情管理部门须进一步完善网络舆情报送机制，及时向同级党委办公室报送敏感舆情信息。

第六章　处置工作

第十四条　接到紧急信息后，县委办公室在整理编辑的同时，根据内容及事件情况，提出紧急事件处置工作建议意见并送县委领导同志审阅。

第十五条　县委领导同志在信息上批示后，县委办公室根据批示内容立即联系相关单位和负责同志，第一时间将县委领导同志批示要求传达到位。

第十六条　需要县委领导同志现场处置的，立即联系办公室相关科室或县委领导同志所在部门办公室，协调落实领导同志赴现场的处置保障及相关准备工作。

第十七条　县委办公室要密切跟踪事态进展，全面掌握相关情况，认真做好续报工作。紧急事件处置结束后，及时终报。

第七章　责任落实

第十八条　各乡镇（街道）、部门、单位等主要负责同志是紧急信息报送及处置的第一责任人，分管紧急信息工作的领导同志是直接责任人。

第十九条　县委办公室分管信息工作的领导同志是紧急信息报送工作的第一责任人，县委机要局负责人和机要信息值班人员是紧急信息报送的直接责任人。

第二十条　县委办公室紧急信息报送工作实行“首问负责制”，接到首报的工作人员全程负责紧急信息的编辑报送协调处置工作。

第八章　考核奖惩

第二十一条　县委办公室要对各乡镇（街道）、部门、单位的紧急信息报送情况进行通报和检查。

第二十二条　对紧急信息报送和处置工作成绩突出的单位和个人以县委办公室名义给予表扬，并在年度绩效考核、评优评先等方面予以参考。

第二十三条　对迟报、漏报、误报、瞒报重要信息的，县委办公室对相关责任人进行约谈，对相关单位进行通报批评；造成严重后果和重大影响的，依据有关规定对责任人给予组织处理、纪律处分。

第二十四条　在处理紧急信息过程中要严格遵守保密规定，确保敏感内容和相关批示保密安全。

第九章　附　则

第二十五条　企事业单位、驻宜单位、群团

组织等参照本办法执行。

第二十六条　本办法具体解释工作由县委办公室承担。

第二十七条　本办法自印发之日起施行。

中共宜君县委办公室 宜君县人民政府办公室 关于转发《铜川市党政机关国内公务接待管理试行办法》的通知

君办发〔2018〕47号

（2018年11月27日）

各乡镇、街道党委，乡镇政府、街道办事处，综合服务中心，县委及县级国家机关各工作部门、直属机构，各人民团体，中省驻宜各单位，县科技工业园区管委会：

现将《铜川市党政机关国内公务接待管理试行办法的通知》（铜办发〔2014〕15号）转发给你们，请遵照执行。

铜川市党政机关国内公务接待管理试行办法

第一章　总　则

第一条　为规范全市党政机关国内公务接待管理，厉行勤俭节约，反对铺张浪费，加强党风廉政建设，根据《党政机关厉行节约反对浪费条例》和《党政机关国内公务接待管理规定》，结合我市实际，制定本办法。

第二条　本办法适用于全市各级党的机关、人大机关、行政机关、政协机关、审判机关、检察机关，以及工会、共青团、妇联等人民团体和参照公务员法管理事业单位的国内公务接待行为。

本办法所称国内公务，是指出席会议、考察调研、学习交流、检查指导、执行任务、请示汇报工作等公务活动。

第三条　公务接待应当坚持有利公务、务实节俭、严格标准、简化礼仪、高效透明、尊重少数民族风俗习惯和对口接待的原则，切实为公务活动提供便利。

第四条　市委办公室、市政府办公室负责管理、指导全市党政机关国内公务接待工作。

县（区）党政机关公务接待管理部门负责管理本级党政机关国内公务接待工作，指导下级党政机关国内公务接待工作。

第二章　接待范围

第五条　严格国内公务接待范围。公务活动和有公函的来访人员，属于国内公务接待范围。国家工作人员的休假、探亲、旅游等非公务活动和个人接待活动不得纳入国内公务接待范围。

第六条　党和国家领导人来铜，由市委办公室、市政府办公室牵头，市接待办负责接待，相关单位配合，按照中省有关规定和要求执行。

中央、国家机关各部委、各省区市省部级（含副省部级和退休）领导来铜，由市委办公室、市政府办公室牵头，市接待办负责接待，相关单位配合。

上下级党政机关之间、同级党政机关之间、

异地党政机关之间开展公务活动，原则上由对口部门和单位负责接待。没有对口单位的，根据来访单位性质和公务活动内容，由市委办公室、市政府办公室确定接待单位。

第七条　涉外和招商引资活动，需要公务接待的，按对口接待原则，由对口单位负责。涉外接待按照《铜川市市级机关外宾接待经费管理办法》执行。

第三章　接待管理

第八条　实行公务接待审批制度。根据规定的接待范围，按报告、审批、接待的程序，严格接待审批控制，对能够合并的公务接待统筹安排。

接待单位安排公务接待前，应当填写国内公务接待审批单，连同派出单位公函一并报单位主要负责人审批。审批内容包括填报单位、来铜单位、来铜公务和接待项目等。

（一）不属于接待范围内的活动，一律不予公务接待；

（二）无公函的公务活动和来访人员，一律不予公务接待；

（三）未经审批的节庆、论坛、展会、赛会等大型活动，或未纳入活动方案的人员，一律不予公务接待。

应当加强公务外出计划审批管理，科学安排和严格控制外出的时间、内容、路线、频率、人员数量。公务外出须经所在单位相关负责同志批准。

第九条　实行公务接待公函制度。公务外出确需接待的，派出单位应当向接待单位发出公函，告知时间、内容、行程和人员。

第十条　实行公务接待清单制度。公务活动结束后，接待单位应当如实填写接待清单，并由主要负责人审签。接待清单包括接待对象的单位、姓名、职务和公务活动项目、时间、场所、费用等内容。接待清单与派出单位公函要相一致。

第十一条　实行公务接待“一事一结”制度。每批次公务接待活动结束后，应当及时结算。

第十二条　实行公务接待信息公开制度。全市各级党政机关应当建立健全公务接待信息公开制度。国内公务接待信息公开的内容包括：

（一）公务接待费用预算和决算信息；

（二）国内公务接待的批次、人数、经费总额等情况；

（三）公务支出和公款消费的审计结果；

（四）其他需要公开的内容。

第四章　迎送控制

第十三条　公务接待不得在车站、高速公路出入口、机场和辖区边界组织迎送活动，不得跨地区迎送，不得张贴悬挂标语横幅（含电子屏幕），一般不安排合影，不得安排群众迎送，不得铺设迎宾地毯，不摆放花草。

公务接待应严格控制陪同人数，不得层层多人陪同。

（一）党和国家领导人来铜，按照有关规定迎送陪同；

（二）省部级领导正职来铜，市、区县陪同的领导同志不超过 3 人；副省部级领导同志来铜，市、区县陪同的领导同志不超过 2 人；

（三）厅局级（含副厅级）领导同志来铜，由对口单位 1 名领导同志陪同；

（四）市级领导正职到市级部门、区县和乡镇调研，市级有关部门陪同的负责同志不超过 4 人，区县、乡镇陪同的负责同志不超过 3 人；

（五）副市级领导到市级部门、区县和乡镇调研，市级有关部门陪同的负责同志不超过 3 人，区县、乡镇陪同的负责同志不超过 2 人，区县党政主要负责同志可不陪同。调研活动要进一步减少工作人员，市级部门和区县负责同志一般不带随员。

第五章　接待标准

第十四条　全市县级以上财政部门应当根据

当地经济发展水平、市场价格等实际情况，参照当地会议用餐、住宿标准制定本级国内公务接待开支标准，每年度调整一次。接待标准应上报市委办公室、市政府办公室备案。

第十五条　接待住宿应当严格执行差旅、会议管理的有关规定，执行协议价格。接待党中央、国务院领导按中央有关规定执行，接待省部级领导可以安排普通套间，厅局级领导安排单间或标准间，县处级以下干部安排标准间。不得超标准安排接待住房，不得额外配发洗漱用品。

第十六条　国内公务接待不安排宴请。接待对象应当按照规定标准自行用餐。确因工作需要，可以安排工作餐一次，用餐标准按照各酒店协议价格执行。

机关食堂具备接待条件的，一律在机关食堂就餐。不具备条件或没有机关食堂的，可安排到定点饭店就餐。不得使用私人会所、高消费餐饮场所。

工作餐以自助餐为主，供应家常菜，突出铜川特色。不得提供鲍鱼、燕窝、鱼翅等高档菜肴和用野生保护动物制作的菜肴，不得提供香烟和高档酒水。

工作餐原则上不安排陪餐人员。如因工作需要，陪餐人员不得超过规定人数。接待对象在10人以内的，陪餐人数不得超过3人；超过10人的，不得超过接待对象人数的三分之一。

第六章　接待场所

第十七条　严格控制接待设施建设。全市各级党政机关不得以任何名义新建、改建、扩建内部接待场所，不得对机关内部接待场所进行超标准装修或者装饰、超标准配置家具和电器。

第十八条　推进公务接待服务社会化改革。积极引入社会资源，有效利用社会资源为公务接待提供住宿、用餐、用车等服务。

第七章　费用管理

第十九条　全市各级党政机关应当加强对国内公务接待经费的预算管理，实行接待费总额控制制度。公务接待费用全部纳入部门预算管理，并单独列示。

禁止在公务接待费中列支应当由接待对象承担的差旅、会议、培训等费用；禁止以举办会议、培训为名列支、转移、隐匿接待费开支；禁止向下级单位及其他单位、企业、个人转嫁接待费用，禁止在非税收入中坐支公务接待费用；禁止借公务接待名义列支其他支出。

第二十条　公务接待费报销凭证应当包括派出单位公函、公务接待审批单、财务票据和公务接待清单。不得报销任何超范围、超标准以及与公务活动无关的费用。

全市国内公务接待费资金支付应当严格按照国库集中支付制度和公务卡管理的有关规定执行。应当采用公务卡或者银行转账方式结算，不得以现金方式支付。

第八章　工作纪律

第二十一条　严格公务外出活动纪律。外出考察调研的，应当深入基层、深入群众，不得走过场、搞形式主义。禁止异地部门间没有特别需要的一般性学习交流、考察调研，禁止重复性考察，禁止以检查指导、学习培训、研讨交流等各种名义和方式变相旅游，禁止违反规定到风景名胜区举办会议和活动。

第二十二条　严格公务接待行为纪律。不得超规格、超标准接待，不得扩大接待范围、随意增加接待项目，不得以招商引资为名变相安排公务接待，不得组织旅游和与公务活动无关的参观，不得组织到营业性娱乐、健身场所活动，不得安排专场文艺演出，不得以任何名义赠送和收受礼金、有价证券、支付凭证、纪念品和土特产品等。

第二十三条　严格公务出行用车纪律。公务出行应轻车简从，合理使用车型，集中统一乘车，严格控制随行车辆。

应当严格按照有关规定使用警车，不得违反

规定实行交通管控。确因安全需要安排警卫的，应当按照规定的警卫界限、警卫规格执行，合理安排警力，尽可能缩小警戒范围，不得清场闭馆，不得停止、限制正常的生产经营活动。

第九章　监督追责

第二十四条　市委办公室、市政府办公室会同财政部门和审计部门，对全市党政机关各部门和下级党政机关国内公务接待工作进行监督检查。监督检查的主要内容包括：

（一）国内公务接待规章制度制定情况；

（二）国内公务接待标准执行情况；

（三）国内公务接待经费管理使用情况；

（四）国内公务接待信息公开情况；

（五）机关内部接待场所管理使用情况。

财政部门对全市党政机关国内公务接待经费开支和使用情况进行监督检查。审计部门对全市党政机关国内公务接待经费进行审计监督。

全市党政机关各部门应当定期汇总本部门国内公务接待情况，上报市委办公室、市政府办公室备案。

第二十五条　市委办公室、市政府办公室每年应当会同财政部门按年度组织公开全市国内公务接待制度规定、标准、经费支出、接待场所、接待项目等有关情况，自觉接受社会监督。

第二十六条　全市各级党政机关要将国内公务接待工作纳入问责范围，纪检监察机关应当加强对全市国内公务接待违规违纪行为的查处，严肃追究接待单位相关负责人、直接责任人的党纪责任、行政责任并进行通报。

对违反本办法规定和其他与《党政机关国内公务接待管理规定》相违背的行为，按有关规定进行处理处罚，涉嫌犯罪的移送司法机关依法追究刑事责任。

第十章　附　则

第二十七条　市属国有和国有控股企业以及不参照公务员法管理的事业单位参照本办法执行。

第二十八条　本办法由市委办公室、市政府办公室会同市有关部门负责解释。

第二十九条　本办法自发布之日起施行。全市国内公务接待的其他规定与本办法不一致的，按本办法执行。

中共宜君县委办公室
宜君县人民政府办公室
印发《关于进一步深化文化市场综合执法改革的实施方案》的通知

君办发〔2018〕2号

2018年1月16日

各乡镇、街道党委，乡镇政府、街道办事处，综合服务中心，县委及县级国家机关各工作部门、直属机构，各人民团体，中省驻宜各单位，县科技工业园区管委会：

《关于进一步深化文化市场综合执法改革的实施方案》已经县委、县政府同意，现印发给你们，请结合实际，认真贯彻落实。

关于进一步深化文化市场综合执法改革的实施方案

为贯彻落实《中共陕西省委办公厅、陕西省人民政府办公厅印发〈关于进一步深化文化市场综合执法改革的实施意见〉的通知》（陕办发〔2017〕35号）和《铜川市委办公室、铜川市人民政府办公室印发〈关于进一步深化文化市场综合执法改革的实施方案〉的通知》（铜办发〔2017〕32号），结合我县实际，制订如下实施方案。

一、统一思想，明确改革目标

（一）指导思想。全面贯彻党的十九大精神，以邓小平理论、“三个代表”重要思想、科学发展观、习近平新时代中国特色社会主义思想为指导，深入贯彻习近平总书记系列重要讲话特别是来陕来铜视察重要讲话精神，围绕统筹推进“五位一体”总体布局和“四个全面”战略布局，聚焦“追赶超越”目标，贯彻“五个扎实”要求，建立健全符合社会主义核心价值观、适应现代文化市场体系需要的文化市场综合执法管理体制，维护文化市场正常秩序，确保国家文化安全和意识形态安全，扎实加强文化建设，推动社会主义文化大发展大繁荣。

（二）基本原则。坚持党的领导。坚持社会主义先进文化前进方向，维护国家文化安全。坚持依法行政。坚持法定职责必须为、法无授权不可为，严格规范公正文明执法。坚持权责一致。科学设置机构，明确责任，合力监管。

（三）改革目标。按照中央、省、市对文化市场综合执法改革的总体要求，结合我县现有文化广电新闻出版部门行政执法职能，建设文化市场综合执法法律法规支撑体系；形成权责明确、监督有效、保障有力的文化市场综合执法管理体制；建设一支政治坚定、行为规范、业务精通、作风过硬的文化市场综合执法队伍；进一步整合文化市场执法权，加快实现跨部门、跨行业综合执法。

二、规范设置，明确机构职能

（一）机构名称。按照统一规范，“宜君县文化市场综合执法队”更名为“宜君县文化市场综合执法局”。

（二）职能范围。根据国家关于文化（文物）、广播影视、新闻出版等领域行政执法工作的法律、法规及相关要求，改革后的文化市场综合执法机构具体负责对本行政区域文化市场实行综合执法。其职能范围主要包括：依法查处娱乐场所、互联网上网服务营业场所的违法行为，查处演出、艺术品经营及进出口、文物经营等活动中的违法行为；查处文化艺术经营、展览展播活动中的违法行为；查处除制作、播出、传输等机构外的企业、个人和社会组织从事广播、电影、电视活动中的违法行为，查处电影放映单位的违法行为，查处安装和设置卫星电视广播地面接收设施、传送境外卫星电视节目中的违法行为，查处放映未取得《电影片公映许可证》的电影片和走私放映盗版影片等违法活动；查处图书、音像制品、电子出版物等方面的违法出版活动和印刷、复制、出版物发行中的违法经营活动，查处非法出版单位和个人的违法出版活动；查处著作权侵权行为；查处网络文化、网络视听、网络出版等方面的违法经营活动；配合查处生产、销售、使用“伪基站”设备的违法行为；承担“扫黄打非”有关工作任务；依法履行法律法规规章及地方政府赋予的其他职责。

互联网信息内容的执法工作，由县委网信办统筹协调安排。

三、理顺关系，完善执法体系

（一）加强统筹协调。县文广新局负责指导全县文化市场综合执法工作，统筹我县文化市场综合执法队伍建设，依法履行全县行政执法指导监督、跨区域执法协作、重大案件查处等职责，做好行政审批事项的监管。

（二）完善城市执法体制。宜君县文化市场综合执法局隶属宜君县文化广电新闻出版局、正科级建制，内设办公室、法制监督股、文化市场执法股、新闻出版广电（“扫黄打非”）执法股、网络执法股、12318 文化市场信息监管中心 6 个科室。

（三）充实基层执法力量。在现有力量配备的基础上，充实执法力量，加大执法监管力度，切实履行监管责任。县文广新局可根据发展需要，通过法定程序委托乡镇政府行使部分文化市场执法权。

四、严格管理，加强队伍建设

（一）加强人员管理。文化市场执法机构干部任免参照宣传文化单位干部管理规定办理，综合执法人员根据全市统一安排，依法依规纳入参照公务员管理，文化市场综合执法人员的考试、录用、奖惩、任免等，严格执行《行政执法类公务员管理规定（试行）》。

（二）科学配置力量。综合考虑我县地理特质、人口分布、市场总量、执行任务等因素，统筹县级文化市场综合执法局机构设置和人员编制。具体编制设置和人员数量等，由县文广新局商县编办按程序确定。

（三）提高执法能力。严格实行执法人员持证上岗和资格管理制度，健全培训机制，未经执法资格考试合格，不得授予执法资格，不得从事执法活动。落实综合执法标准规范，加强队容风纪管理，严格廉政纪律。严格规范执法，全县使用统一执法标识、执法证件、执法文书和执法服装等。

（四）健全法制监督。建立重大执法决定法制审核制度，积极推进文化市场综合执法工作规范化和法制化。县文化市场综合执法局内设法制监督股，明确监督职能，加强对文化市场综合执法行为进行指导、审核和监督。

五、提供保障，改善执法条件

（一）纳入财政预算。县文化市场综合执法局工作经费和能力建设经费列入县财政预算。根据工作需要和市场规模，经费预算实行动态管理，保障文化市场综合执法工作正常开展。严格执行罚缴分离和罚没收入纳入预算管理规定。

（二）保障执法装备。按照省、市相关规定，逐步解决县文化市场综合执法局的办公用房、执法车辆购置，移动执法装备配置，继续运用好文化市场技术监管平台，保障文化市场综合执法工作正常开展。

六、健全机制，推进依法行政

（1）推进依法行政相关工作。做好文化市场综合执法改

革重大政策的衔接，提高全县文化市场综合执法工作法治水平，为文化市场综合综合执法机构依法履行职责创造条件，县文化市场综合执法局依据法律规定，相对集中行使文化、新闻出版广电（版权）等部门文化市场领域的行政处罚权及相关行政强制权、监督检查权。

（二）建立健全责任追究机制。结合文化市场综合执法工作特点，建立激励、容错、惩戒等工作机制，通过落实党内监督、行政监督、舆论监督等方式，强化文化市场执法监督。

（三）健全综合执法机制。将文化市场综合执法工作纳入法制建设和社会治安综合治理成效评价体系，建立权力清单制度、行政裁量权基准制度、典型案例发布和议案施训制度，探索文化市场行政执法和刑事司法衔接机制，建立文化市场跨部门、跨区域执法协作联动机制。

（四）推进综合执法信息化建设。建立宜君县“12318 文化市场信息监管中心”，进一步发挥文化市场综合执法信息监管平台作用，加强文化市场综合执法远程监管和网上办理，完善网上平台和文化执法数据云，推动大数据在提高文化市场综合执法质量与成效上的应用，推广移动执法、电子案卷等手段，提高综合执法效能。

（五）完善文化市场信用体系。探索实施文化市场信用分类监管，建立文化市场守信激励和失

信惩戒机制。建立健全文化市场警示名单和黑名单制度，落实市场守法经营的主体责任。对依法查处的从事违法违规经营的单位和个人，依法公开其违法违规记录，在宜君县公共信用平台上发布，使失信违规者在市场交易中受到制约和限制。推动行业协会、商会等社会组织开展行业经营自律规范、自律公约和职业道德准则建设，引导行业健康发展。

七、加强领导，积极稳妥推进

（一）加强组织领导。将文化市场综合执法改革工作列入重要工作议事日程，深入研究我县文化市场综合执法改革工作，认真组织实施，确保按时间、按步骤完成文化市场综合执法各项改革工作任务。县编办、县人社局、县财政局根据本实施方案，结合各自职责，商县文化广电新闻出版局做好县文化市场综合执法局编制、参公、经费保障等工作，县委宣传部、县委网信办、县政府法制办等部门，根据本实施方案，结合各自工作职责，做好其他相关工作，统筹推进文化市场综合执法改革工作。

（二）完善管理体制。发挥县文化市场管理工作领导小组作用，领导协调本行政区文化市场管理和综合执法工作。领导小组由县委宣传部部长任组长，县政府主管业务副县长任副组长，文化市场管理工作领导小组成员原则上与市文化市场管理工作领导小组成员保持一致。

（三）精心组织实施。1月16日前，完成综合执法改革工作，接受省市文化体制改革与文化产业发展领导小组检查验收，全面完成文化市场综合执法改革各项工作任务。

中共宜君县委办公室
印发《关于县级党员领导干部与党外代表人士联系交友工作的意见》的通知

君办发〔2018〕12号

（2018年3月20日）

各乡镇、街道党委，乡镇政府、街道办事处，综合服务中心，县委及县级国家机关各工作部门、直属机构，各人民团体，中省驻宜各单位，县科技工业园区管委会：

《关于县级党员领导干部与党外代表人士联系交友工作的意见》已经县委同意，现印发给你们，请结合实际，认真贯彻落实。

县级党员领导干部与党外代表人士联系交友工作的意见

为深入贯彻落实《中国共产党统一战线工作条例（试行）》、省委《实施办法》和《全市党员领导干部与党外代表人士联系交友工作的意见》（铜办发〔2017〕36号）精神，落实党政领导干部“三个带头”要求，密切同党外代表人士的联系，加强与党外代表人士的合作共事，现就县级党员领导干部与党外代表人士联系交友工作提出如下意见。

一、总体要求

坚持“长期共存、互相监督、肝胆相照、荣辱与共”的基本方针，教育引导党外代表人士坚持中国共产党的领导、坚定走中国特色社会主义道路，按照“政治上尊重、工作上关心、生活上关照”的要求，不断丰富党员领导干部与党外代表人士联系交友的内涵、方式和举措，将联系交友与党外代表人士发现、培养、使用、管理结合起来，引导党外代表人士充分发挥作用，为脱贫攻坚、追赶超越凝聚智慧和力量。

二、联系交友对象

我县确定的县级党员领导干部范围是县委领导和人大、政协

主要领导。县级党员领导干部每人联系2名党外代表人士。党外代表人士为部分党外干部、非公经济代表人士、民族宗教界代表人士、党外知识分子、新的社会阶层代表人士。

三、联系交友内容

（一）宣传党的理论路线方针政策和国家法律法规、统一战

线理论。

（二）通报全县经济、政治、文化、社会、生态文明和党的建设等方面重大事项决策、重要工作部署、重要工作进展情况，听取意见建议。

（三）了解和掌握党外代表人士的思想动态，沟通情况，交换意见，增进共识。

（四）关心党外代表人士在工作及生活等方面的情况，帮助解决困难和问题。

四、联系交友方式

（一）谈心谈话。县级党员领导干部可通过主动约请、集体

座谈等方式与党外代表人士谈心谈话，交流思想，交换意见。党外代表人士也可约请县级党员领导干部个别交谈。

（二）走访慰问。县级党员领导干部在元旦、春节、中秋等传统节日，可采取走访、电话联系、函电、书信等形式对党外代表人士进行慰问。

（三）视察调研。县级党员领导干部开展视察、考察、调研等活动，根据工作需要，可邀请党外代表人士参加。

（四）排忧解难。县级党员领导干部应加强与党外代表人士

所属党派、所在单位或企业的联系，支持和帮助其开展工作，按照有关政策规定协调解决困难和问题。

五、联系交友工作责任分工及保障

县委办公室负责牵头协调县级党员领导干部联系交友工作。

县级党员领导干部所在部门单位负责做好联系交友工作具体事宜的落实。县委统战部负责做好党外代表人士的协调服务及党外代表人士主动约谈的沟通协调工作。联系交友工作所需经费，列入县级财政预算。

附件：县级党员领导干部联系党外代表人士名单

县级党员领导干部联系党外代表人士名单

县级党员领导干部	党外代表人士									
	姓名	性别	籍贯	出生年月	党派	学历	职称	职级	工作单位及职务	备注
刘　冲	郑亚莉	女	陕西宜君	1971.11		研究生		正科	县收费管理局局长	市政协委员
	李艳琴	女	陕西吴堡	1979.07		大专		副科	县供销联社副主任	县政协委员
李宏林	徐向阳	男	陕西宜君	1969.08		大专	助理农艺师	正科	县国土资源信息中心主任	县政协委员
	王华山	男	河南新密	1954.12		高中			陕西棋智核桃饮品有限公司董事长	市、县政协委员
曹全虎	张　鹏	男	陕西宜君	1971.08		大专	助理工程师	正科	县移民（脱贫）搬迁办公室主任	县政协委员
	王艳云	女	陕西宜君	1974.12		大专		副科	县脱贫攻坚督察办公室主任、原监察局副局长	市政协委员
王东平	王亚芹	女	陕西大荔	1974.10		大学		正科	县政协文史委主任	县政协常委
	贾勇林	男	山西五寨	1971.09	民建	大专			陕西华远医药集团金瑞医药有限公司经理	县政协委员
王复安	杨清海	男	陕西宜君	1963.04		大专		正科	县见义勇为基金管理中心主任	县政协委员
	张延军	男	陕西宜君	1971.09		大学		副科	县公安局交警大队太安中队中队长	县政协委员
谷　啸	张彩香	女	陕西白水	1972.09		大学	农业经济师	副科	县农村经营管理站站长	县政协常委
	刘　欢	女	陕西铜川	1992.08		大专			杭州玉书网络科技有限公司项目负责人	
郭　怡	张改霞	女	陕西宜君	1972.07		大学	高级教师		宜君县教研室副主任	
	贺天佑	男	陕西宜君	1953.05		中专			县基督教堂会长	县政协委员
李艳利	王晓峰	男	陕西宜君	1977.10		大学		副科	县委依法治县办公室专职副主任	县政协委员
	张　宁	女	陕西宜君	1972.09		大专	林业工程师	副科	陕西太安省级自然保护区管理局副局长	县政协常委
王益利	郭妮妮	女	陕西宜君	1982.05	民建	大学		副科	县政府教育督导室副主任	县政协常委
	焦艳艳	女	陕西宜君	1981.11		大学	助理工程师	副科	哭泉镇副镇长	县政协委员

续表

县级党员领导干部	党外代表人士									
	备注 姓名	性别	籍贯	出生年月	党派	学历	职称	职级	工作单位及职务	联系电话
郭海军	张　丹	女	陕西宜君	1982.03		大学	初级教师		宜君县第一中学教师	市、县美协会员
	杨秀勤	女	陕西宜君	1954.04		小学			民间艺人（其剪纸和农民画作品多次荣获国家、省、市级奖项）	
王　斌	张延鸿	男	陕西宜君	1967.10		大学	建筑工程师	副科	县保障性住房管理中心主任	县政协常委
	茹远江	男	陕西宜君	1977.04		大专			宜君县绿川农业综合开发有限公司总经理、宜君县电子商务协会会长	市人大代表
王海峰	刘　琳	女	陕西宜君	1972.10		大学	中级会计师		县审计局总审计师	县政协委员
	杨艳玲	女	陕西韩城	1983.06		大学		副科	彭镇副镇长	县政协常委
张林海	白　杨	男	陕西宜君	1985.12		中专	初级工程师		陕西华杨建筑工程有限公司董事长	县政协常委
	姚　恬	女	陕西宜君	1987.11		大专			陕西良中电子商务有限公司项目负责人	
韩　铁	高　萍	女	陕西宜君	1983.09		大学	林业工程师		县林业局防火办干部	
	沈守卫	男	陕西宜君	1973.08		大学	副主任医师		宜君县中医医院副院长	

中共宜君县委办公室
宜君县人民政府办公室
关于印发《宜君县脱贫攻坚督查巡查工作实施办法》的通知

君办发〔2016〕28号

（2016年11月30日）

各乡镇、街道党委，乡镇政府、街道办事处，综合服务中心，县委及县级国家机关各工作部门、直属机构，各人民团体，中省驻宜各单位，县科技工业园区管委会：

《宜君县脱贫攻坚督查巡查工作实施办法》已经县委、县政府同意，现印发给你们，请结合各自实际认真贯彻执行。

宜君县脱贫攻坚督查巡查工作实施办法

第一章 总 则

第一条 为了确保脱贫攻坚各项目标任务圆满完成，根据《中共陕西省委办公厅、陕西省人民政府办公厅关于印发陕西省脱贫攻坚督查巡查工作实施办法》（陕办发〔2016〕45号）和《中共宜君县委员会、宜君县人民政府关于打赢脱贫攻坚战的实施意见》（君发〔2016〕7号）有关精神，结合我县实际制定本办法。

第二条 本办法适用于对各乡镇（街道办事处）党委、政府（街道办事处、综合服务中心）和县级各部门及帮扶单位脱贫攻坚工作的督查和巡查。

第三条 脱贫攻坚督查巡查工作贯彻落实精准扶贫、精准脱贫基本方略，坚持围绕目标、聚焦问题、突出重点、群众参与、实事求是的原则，督促乡镇（街道办事处、综合服务中心）和县级各部门及帮扶单位落实工作责任和政策措施，严格遵守纪律和规定，查找解决问题、改进工作方法，完成减贫任务，确保打赢脱贫攻坚战。

第四条 督查工作坚持目标导向，着力推动工作落实，主要采取召开座谈会、查阅资料、实地和问卷调查、个别访谈和听取汇报、受理群众举报等形式进行；巡查工作坚持问题导向，着力解决突出问题。县脱贫攻坚指挥部根据工作需要组织开展乡镇（街道办事处、综合服务中心）之间交叉督查和巡查。

第二章 督查工作

第五条 县脱贫攻坚指挥部负责督查工作的组织领导，制定年度督查计划，批准督查事项，组建督查组，向县委、县政府报告督查情况。县脱贫攻坚指挥部办公室（简称县脱贫办）牵头实施并负责日常工作。

第六条 督查工作实行组长负责制，组长和工作人员从县脱贫攻坚指挥部成员单位抽调，组长由科级领导干部担任。

第七条 督查工作包括综合督查和专项督查。对各乡镇（街道办事处、综合服务中心）和县级各部门及帮扶单位脱贫攻坚工作情况进行综合督查，一般每季度1次。对脱贫攻坚临时性、阶段性重点工作进行专项督查，根据需要适时开展。

第八条 督查的重点内容：

（一）脱贫攻坚目标责任落实情况；

（二）《中共宜君县委员会、宜君县人民政府关于打赢全省脱贫攻坚战的实施意见》（君发〔2016〕7号）和《中共宜君县委办公室、宜君县人民政府办公室关于印发打赢脱贫攻坚战的〈责任清单〉〈任务清单〉和〈措施清单〉的通知》（君办字〔2016〕21号）精神落实情况；

（三）县脱贫攻坚指挥部阶段性工作部署及逐月下发的《任务清单》落实情况；

（四）“七个一批”政策落实情况；

（五）精准识别、精准帮扶、精准退出、减贫任务完成和特困群体脱贫情况；

（六）县委、县政府交办的脱贫攻坚工作方面的事项，全县脱贫攻坚各类会议的决定事项和上级通报、交办的相关事项；

（七）群众有关脱贫攻坚工作方面的来信来访事项。

第九条　督查工作一般按照以下程序进行：

（一）制定方案。督查组根据具体任务，制定督查方案，报县脱贫攻坚指挥部审批后实施。

（二）实地督查。督查组在有关方面配合下开展工作。

（三）报告情况。督查组在实地工作结束后一周内将督查情况、发现问题、整改意见和建议形成书面报告。

（四）反馈整改。由县脱贫办印发督查通报，对存在问题提出整改要求。被通报单位按通报要求及时向县脱贫攻坚指挥部上报整改落实情况。

（五）建立台账。督查组应及时将督查相关材料报县脱贫办。县脱贫办建立督查工作台账，对每次督查工作的材料进行登记、归档，规范管理。

第三章　巡查工作

第十条　县脱贫攻坚指挥部根据掌握情况，报经县委、县政府批准，组建巡查组，不定期开展巡查工作。县脱贫攻坚指挥部办公室负责日常工作。

第十一条　巡查组实行组长负责制，组长由县级领导干部担任，巡查组成员根据需要从有关单位和乡镇（街道办事处、综合服务中心）抽调。

第十二条　巡查的重点问题：

（一）干部在落实脱贫攻坚目标任务方面存在的失职渎职问题；

（二）不作为、慢作为、乱作为、假作为问题；

（三）贪占挪用扶贫资金，违规干预和插手扶贫项目建设问题；

（四）贫困识别、退出严重失实，弄虚作假、搞“数字脱贫”问题；

（五）群众反映强烈的有关问题。

第十三条　巡查工作一般按以下程序进行：

（一）制定方案。巡查组根据巡查任务制定工作方案。

（二）实地巡查。巡查组进驻被巡查对象开展工作。巡查期间，对群众反映强烈、明显违反规定且应当及时解决的问题，向被巡查责任主体或相关部门单位提出处理建议。

（三）报告情况。巡查组形成书面报告，反映巡查情况和问题，并依据事实和有关规定，提出处理意见。

（四）反馈整改。县脱贫攻坚指挥部向被巡视对象反馈巡查情况，提出整改意见。被巡查对象应及时认真整改，并于三周内向县脱贫攻坚指挥部报告整改情况，并对公众关切的问题，应及时以适当方式回应或公开。

（五）建立台账。巡查组应及时将巡查工作中的相关资料整理收集，实地巡查工作结束后，送县脱贫办。县脱贫办应建立巡查工作台账，对工作过程中的相关资料进行登记、整理、归档，规范管理。

第四章　结果运用

第十四条　督查巡查结果由县脱贫办汇总后，向县委、县政府报告，并将结果作为各乡镇（街道办事处、综合服务中心）和县级各单位脱贫攻坚工作考核的重要依据。

第十五条　对督查巡查优秀的乡镇（街道办事处、综合服务中心）和县级单位，由县脱贫攻坚指挥部予以通报表扬；对发现的问题予以督促纠正；对先进典型进行广泛宣传，总结推广经验。

第十六条 对巡查工作中发现的有关问题和情形，将严格按照《宜君县党政主要领导干部脱贫攻坚责任追究暂行办法》进行追责；涉及违纪违法的，按照有关规定移交纪检监察或者检察机关。

第十七条 县脱贫办应建立协同配合机制，充分发挥纪检监察、检察机关和审计部门的监督作用、统计部门民意调查的辅助作用、新闻媒体的教育引导作用及贫困群众的脱贫主体作用，整合各方资源，形成督查巡查工作合力。

第五章 附 则

第十八条 本办法由县脱贫攻坚指挥部办公室负责解释。

第十九条 本办法自印发之日起施行。

中共宜君县委办公室
关于印发中共宜君县委全面深化改革领导小组《工作规则》
《专项小组工作规则》《办公室工作细则》的通知

君发字〔2018〕11号

（2018年5月25日）

各乡镇、街道党委，县委各部门，县级国家机关各工作部门、直属机构党组（党委、工委），县科技工业园区管委会工委，各人民团体：

现将中共宜君县委全面深化改革领导小组《工作规则》《专项小组工作规则》《办公室工作细则》印发给你们，请认真贯彻执行。

中共宜君县委全面深化改革领导小组工作规则

（2018年5月17日十六届县委全面深化改革领导小组第九次会议通过）

根据《中共铜川市委全面深化改革领导小组工作规则》（铜办字〔2018〕12号），结合我县实际，特制定本规则。

一、机构设置

第一条 县委全面深化改革领导小组是县委常设议事机构，统一部署和组织全面深化改革任务，直接受县委常委会领导。

第二条 县委全面深化改革领导小组设组长1人，副组长和成员若干人。

第三条 县委全面深化改革领导小组下设办公室（县委全面深化改革领导小组办公室，简称县委改革办），负责处理县委全面深化改革领导小组日常事务工作。

第四条 县委全面深化改革领导小组下设9个专项小组，即政府机构职能和事业单位改革专项小组、经济体制和生态文明体制改革专项小组、农村改革专项小组、民主法制领域改革专项小组、文化体制改革专项小组、社会民生体制改革专项小组、司法体制改革专项小组、党的建设制度改革专项小组、纪律检查体制改革专项小组。专项小组由县委常委任组长，分管县级领导同志任副组长，承担县委全面深化改革领导小组部署的相关领域改革任务。根据工作需要，专项小组可以及时调整增减。专项小组的主要职责是：负责研究相关领域重要改革问题，协调推动有关专项改革政策措施的制定和实施，承担领导小组交办的专项工作任务。

二、职责任务

第五条　县委全面深化改革领导小组主要负责改革的总体设计、统筹协调、整体推进、督促落实。主要职责是：贯彻落实党中央、省市委对全面深化改革的集中统一领导，指导各专项小组和各部门各单位全面深化改革工作，研究确定全县经济体制、政治体制、文化体制、社会体制、生态文明体制、党的建设制度等方面改革的重大原则、政策措施、总体方案；统一部署全县重要改革和中央、省、市试点改革；统筹协调处理跨部门、跨行业重大改革问题；指导、推动、督促中央、省市委有关重大改革政策措施的组织落实；部署改革督察，总结改革经验，推广改革效应。

第六条　县委全面深化改革领导小组根据工作需要，定期或不定期进行专题调研，专题调研安排由县委改革办根据县委全面深化改革领导小组组长要求提出建议并组织实施。

三、会议制度

第七条　县委全面深化改革领导小组在组长主持下讨论重大问题，根据工作需要召开会议。

第八条　县委全面深化改革领导小组会议议题由县委改革办根据县委全面深化改革领导小组组长要求和各专项小组工作需要研究提出建议，报县委全面深化改革领导小组组长（或其委托副组长）确定。

第九条　县委全面深化改革领导小组会议由组长（或由其委托副组长）主持。会议出席人员为：县委全面深化改革领导小组组长、副组长、成员。根据会议议题可邀请其他县级领导同志及有关部门列席会议。

第十条　县委全面深化改革领导小组会议纪要，经领导小组副组长审阅后由组长签发。会议纪要印发县委全面深化改革领导小组组长、副组长、成员、专项小组组长和副组长，以及与会议决定有关的县委领导同志和相关部门，并报送县委各常委。

四、其他事项

第十一条　县委全面深化改革领导小组有关全县深化改革的决定和重要改革方案，报市委改革办备案。重大改革举措或拟开展的重要改革试点，报市委全面深化改革领导小组审批。

第十二条　各部门有关本部门深化改革的有关决定和重要改革方案，应向县委改革办备案。重大改革举措或拟开展的重要改革试点，应报县委全面深化改革领导小组审批。

第十三条　以县委全面深化改革领导小组名义发文，文件由县委改革办负责起草，或由各专项小组起草并经各专项小组组长、县委改革办审核后，报请领导小组组长审定签发。

第十四条　各部门改革任务完成情况，纳入全县年度目标责任考核范围。

第十五条　本规则自十六届县委全面深化改革领导小组第九次会议通过之日起施行。

中共宜君县委全面深化改革领导小组专项小组工作规则

（2018 年 5 月 17 日十六届县委全面深化改革领导小组第九次会议通过）

根据《中共铜川市委全面深化改革领导小组专项小组工作规则》（铜办字〔2018〕12 号），结合我县实际，特制定本规则。

一、机构设置

第一条　县委全面深化改革领导小组专项小组（以下简称专项小组），是县委全面深化改革领导小组（以下简称领导小组）下设专项小组，承担县委全面深化改革领导小组部署的相关工作领域改革任务。

第二条　专项小组根据工作需要设定和增减，

目前设政府机构职能和事业单位改革专项小组、经济体制和生态文明体制改革专项小组、农村改革专项小组、民主法制领域改革专项小组、文化体制改革专项小组、社会民生体制改革专项小组、司法体制改革专项小组、党的建设制度改革专项小组、纪律检查体制改革专项小组。

第三条　专项小组设组长1人，由县委常委同志担任；副组长若干人，由有关县级领导同志担任；成员由相关单位主要负责同志组成。

第四条　专项小组确定牵头单位，设立协调联络办公室，协调联络员由小组牵头单位主要负责同志担任，具体负责本小组的联络协调和与县委改革办联系工作。

二、职责任务

第五条　专项小组负责相关改革任务在本领域的落实，主要职责是：负责研究相关领域重要改革问题，协调推动专项改革政策措施制定和实施，承担领导小组交办的专项工作任务。

第六条　专项小组向领导小组提交本领域改革工作的实施方案，明确路线图和时间表，定期报告工作进展情况和下步工作设想，根据领导小组决策部署细化相关执行方案，经领导小组批准后，协调督促相关乡镇部门予以落实，每年度向领导小组报送工作总结。

第七条　专项小组根据领导小组安排，就本领域相关改革重要问题研究进行统筹协调，并及时向领导小组报告情况。

三、会议制度

第八条　专项小组根据需要召开全体会议和专题会议。

第九条　专项小组会议由组长或其委托副组长主持。会议出席人员为：专项小组组长、副组长、成员。根据会议议题可邀请有关县级领导同志和其相关乡镇部门主要负责人列席会议。

四、其他事项

第十条　专项小组有关改革进展情况、重要活动等动态信息，应及时报送县委改革办。

第十一条　本规则自十六届县委全面深化改革领导小组第九次会议通过之日起施行。

中共宜君县委全面深化改革领导小组办公室工作细则

（2018年5月17日十六届县委全面深化改革领导小组第九次会议通过）

根据《中共铜川市委全面深化改革领导小组办公室工作细则》（铜办字〔2018〕12号），结合我县实际，特制定本细则。

一、机构设置

第一条　县委全面深化改革领导小组办公室（简称县委改革办）是县委全面深化改革领导小组（以下简称领导小组）常设办事机构，直接受领导小组领导，负责处理领导小组日常事务工作。

二、主要职责

第二条　组织开展全面深化改革重大问题的政策研究，统筹协调有关方面提出改革方案和措施，协调督促有关方面落实领导小组决定事项、工作部署和要求，协调推进跨部门改革任务落实。

第三条　向领导小组提交年度改革进展情况报告，汇总提出年度领导小组工作要点，经领导小组组长批准后，提交领导小组会议讨论决定。

第四条　协调提出改革工作规划及建议，报领导小组审议同意后实施。

第五条　研究处理有关方面向领导小组提出的重要改革事项及相关请示，接受各部门深化改革的相关决定和重要方案向领导小组的备案。

第六条　协调开展重要改革举措落实情况督察，督促有关乡镇部门整改落实督察发现的突出问题，总结宣传改革经验。

第七条　收集汇总有关改革问题的信息资料，为领导小组提供参考。

第八条　承担领导小组会议的相关工作，经

领导小组组长批准，准备会议议程和材料，整理会议文件，负责会议精神的传达落实。

第九条　负责对各专项小组和各乡镇各部门全面深化改革领导工作的统筹、协调、督促、检查、推动。

第十条　配合县考核办对各部门改革任务完成情况进行年度目标责任考核，提出考核评定意见。

第十一条　负责领导小组的会议组织、资料管理等工作。

第十二条　负责与市委改革办联络对接，办理其交办事项。

第十三条　负责完成县委和领导小组交办的其他事项。

三、会议制度

第十四条　定期或不定期召开会议，落实县委和领导小组决策部署，及时沟通各方面改革进展情况和动向，研究有关问题，推动相关部署落实。

第十五条　根据工作需要，召开专项小组联络员会议、专题协调会议、专题研究会议。涉及重要问题的情况报告领导小组组长审批。

第十六条　每半年召开一次由各专项小组改革工作机构参加的全县改革情况通报会，通报各单位改革目标任务完成情况。

第十七条　召开的各项会议议题根据县委领导同志指示或实际工作需要拟定。

中共宜君县委　宜君县人民政府关于印发《“健康宜君 2030”规划纲要》的通知

君发〔2018〕16 号

（2018 年 10 月 16 日）

各乡镇、街道党委，乡镇政府、街道办事处，综合服务中心，县委及县级国家机关各工作部门、直属机构，各人民团体，中省驻宜各单位，县科技工业园区管委会：

现将《“健康宜君 2030”规划纲要》印发给你们，请结合实际，认真贯彻执行。

“健康宜君 2030”规划纲要

为认真贯彻落实《“健康中国 2030”规划纲要》，根据《“健康陕西 2030”规划纲要》《“健康铜川 2030”规划纲要》，结合我县实际，特制定本纲要。

一、指导思想

深入贯彻党的十九大精神，以习近平新时代中国特色社会主义思想为指导，按照健康中国建设总体布局和追赶超越总要求，坚持卫生与健康工作方针，以构建健康促进型社会为主题，以提高人民健康水平为核心，以体制机制改革创新为动力，围绕建设健康环境、普及健康生活、优化健康服务、完善健康保障、发展健康产业等重点，着力解决人民日益增长的健康需要和不平衡不充分的健康服务供给之间的矛盾，统筹实施系列全民健康促进行动，加快转变健康领域发展方式，积极构建大卫生、大健康格局，全方位、全周期维护和保障人民健康，显著提升群众健康水平和生活品质，为实现“两个一百年”奋斗目标和中华民族伟大复兴的中国梦提供健康基础、贡献宜君力量。

二、总体目标

到 2020 年，健康宜君框架形成，覆盖城乡居民的基本医疗卫生制度基本形成，深化医疗卫生体制改革在重要领域和关键环节上取得新突破，重点领域、行业影响健康的危险因素治理路径和模式基本形成，健康环境明显改善。影响健康的突出问题得到有效解决，因病致贫、返贫现象得到有效遏制。人民健康素养水平持续提高，环境更加健康优美，人人享有与经济社会发展水平相适应的基本医疗卫生服务和基本体育健身服务，健康宜君发展评价指标持续改进，居民主要健康指标超过全省平均水平。健康宜君行动阶段目标与全面建成小康社会同步达标。

到2030年，健康宜君基本建成，健康优先的制度设计和政策体系更为完善，健康生活方式更为普及，健康服务更加公平可及，基本建成健康环境、健康人群、健康社会与健康发展和谐统一的健康城市建设格局。

——健康水平明显提升。居民身体素质显著增强，2030年人均预期寿命达到79.1岁；孕产妇死亡率、婴儿死亡率和5岁以下儿童死亡率分别控制在13.8/10万、4‰和4.5‰以下，生存质量显著提高；居民健康素养水平达到30%以上；国民体质测定合格率达到94%以上，身体素质明显增强。

——健康环境基本形成。巩固提升国家卫生县城成果，建成国家健康县城。

——健康服务能力明显加强。整合型医疗卫生服务体系和完善的全民基本公共健身服务体系全面建立，健康保障体系进一步完善，健康服务质量和水平显著提升。

——健康产业规模基本形成。健康产业发展环境进一步改善，体系完整、结构优化的健康服务业体系基本建立，健康产业规模和比重明显提升。

——健康管理制度体系更加完善。有利于健康促进的法律法规政策体系进一步健全，卫生与健康投入明显增加，实现健康领域治理体系和治理能力现代化。

健康宜君建设主要指标

领域	主要指标	2015年	2020年	2030年	负责单位
健康水平	人均期望寿命（岁）	75.7	77	79.1	县卫计局
	婴儿死亡率（‰）	4.98	5.00	4.00	
	5岁以下儿童死亡率（‰）	6.23	6.00	4.50	
	孕产妇死亡率（/10万）	0	14.0	13.8	
	城乡居民达到《国民体质测定标准》合格以上的人数比例（%）	—	92.0	94.0	县教科体局
健康生活	居民健康素养水平（%）	10	16	30	县卫计局
	经常参加体育锻炼人数（万人）	4	4.5	5	县教科体局
	成人吸烟率（%）	28.8	25	19	县卫计局
健康服务与保障	重大慢性病过早死亡率（%）	17.98	比2015年降低10%	比2015年降低30%	县卫计局
	家庭医生签约率（%）	37.2	全覆盖	全覆盖	
	个人卫生支出占卫生总费用的比重（%）	—	30.0	24.0	
	每千常住人口执业（助理）医师数（人）	2.43	3.01	3.51	
健康环境	农村自来水普及率（%）	89	93.6	98%以上	县水务局
	农村卫生厕所普及率（%）	41.2	88.0	全覆盖	县爱卫办
	城市空气质量优良天数比率（%）	—	80.0	持续改善	县环保局
	地表水质量达到或好于Ⅲ类水体比例（%）	—	56.0	持续改善	
	农村生活垃圾收集、转运和处理率（%）	53.2	90.0	95.0	县住建局
	城市生活垃圾无害化处理率（%）	92.5	全覆盖	全覆盖	县住建局
	主要农作物秸秆综合利用率（%）	85.7	87.0	95.0	县农业局

三、建设健康环境

（一）健康城市建设。在巩固提升国家卫生县城成果基础上，大力开展健康城市建设。到2020年，“健康细胞”建设全面开展，建成省级健康县城，国家级卫生乡镇数量达到全县乡镇总数的10%。到2030年，建成国家级健康县城，国家级卫生乡镇数量达到全县乡镇总数的20%。［牵头单位：县创卫办；配合单位：县创建卫生县城工作领导小组相关成员单位，各乡镇（街道）］

（二）“美丽宜君”建设。以建设“美丽宜君”为目标，以改善环境质量为核心，强化环境整治，焦距大气、水、土壤污染三大领域，打好三个硬仗，着力解决突出的环境问题，促进我县生态环境质量总体改善。继续组织实施好《铁腕治霾1+8方案》，巩固蓝天保卫战成果。围绕“减煤、控车、抑尘、治源、禁燃、增绿”等六项重点展开工作，推动低碳、绿色循环发展。重点监管污染减排企业，加大燃煤锅炉的拆改力度，稳步推进清洁取暖，关停非法煤场，淘汰黄标车和老旧车，全面落实秸秆禁烧及畜禽污染治理措施。实行强执法、硬下茬、严督察、零容忍，确保我县空气质量持续改善，力争到2020年，我县环境空气质量优良天数达到288天，重污染天数下降30%以上，细颗粒物（PM2.5）与可吸入颗粒物（PM10）年均浓度均下降20%以上；全县水环境质量达到功能区划目标水质要求。以河长制为抓手，实行最严格的水资源管理制度，加大水污染防治工作力度，防止出现和坚决消除县城黑臭水体，提升生活污水处理能力，力争到2020年县城污水处理率达到95%，污水管网收集率达到90%；积极推进乡镇污水处理设施建设，继续加大清河杜村断面及县城集中式饮用水源地的监管力度，确保水质达标率100%，确保县城居民用水安全、干净、放心。做好乡镇集中式饮用水源地划定工作，加大资金投入，认真落实水源地规范化建设，以乡村振兴战略为契机，加快农村污水处理进程，农村环境连片整治，项目完成率达到100%。到2020年，全县117个行政村实现最美乡村全覆盖。加强水资源节约保护，县城再生水利用率达到20%以上，全县用水总量控制在1772万立方米。全县二氧化硫、氮氧化物排放总量比2015年减少8%；化学需氧量、氨氮排放总量比2015年减少10%；万元生产总值能耗累计降低12%；万元生产总值二氧化碳排放强度累计降低12%。到2020年全县计划新增造林9万亩，森林覆盖率达到52%。坚决打好土壤污染防治战役，摸底数、画红线（生态保护红线，永久基本农田控制红线，城镇开发边界线）治污染、补短板，查明农用地土壤污染面积、分布及对农产品质量的影响程度，控制农业面源污染，实现农药化肥使用“零增长”到“负增长”的目标。到2030年我县空气质量明显改善，县城农村生活垃圾收集、转运和处理率分别达到100%、95%，农村卫生厕所全覆盖，主要农作物秸秆利用率达到95%；全县主要河流水质持续改善，农村自来水普及率达到98%以上；形成科学完善的环境与健康综合监测网络体系，人民幸福生活指数全面提升。［牵头单位：县环保局；配合单位：县水务局、县林业局、县住建局、县农业局、县创卫办、各乡镇（街道）］

健康城市建设和“美丽宜君”建设项目

①健康县城建设项目。巩固提升国家卫生县城。健康县城与健康村镇建设综合试点，卫生县城、卫生村镇创建。“健康细胞”工程建设。

②环境健康危害因素监测项目。公共场所健康危害因素监测、城市空气污染、矿区地下水污染等对人群健康影响监测项目。

③水环境治理和饮水安全项目。开展渭河流域水污染防治综合整治，消除县城黑臭水体。提升生活污水处理能力，加强污水管网建设，提高污水收集率。完成污泥无害化处理工程、中水回用工程、工业园区污水处理工程、清河杜村断面污染治理及综合整治、乡镇污水处理工程、医疗废水治理、饮用水源地保护工程、污水管网建设等项目。

④治污降霾保卫蓝天项目。重点实施“减煤、控车、抑尘、治源、禁燃、增绿”六项工作任务。完成集中供热（县城）、煤烟污染治理、县城气化、机动车尾气污染治理等项目。

⑤节能减排项目。重点实施结构、工程、管理三大减排措施，完成化学需氧量、二氧化硫、氨氮、氮氧化物和挥发性有机物（VOCs）等主要污染物年度削减任务。完成工业企业精细化管理、挥发性有机物治理、规模化畜禽养殖污染减排等项目。

⑥生态环境保护项目。加快实施山水林田湖修复工程。

（三）食品药品安全监管。落实“四个最严”（最严谨的标准、最严格的监管、最严厉的处罚、最严肃的问责）指示精神，健全食品安全监管体系，加强食品生产、流通、消费环节及人群密集区防控监管，全面营造居民放心的食品消费环境；实施药品生产、流通、使用全过程、全品种质量可追溯，监督实施中药材和药品生产及医疗机构制剂等质量管理规范；实施食品药品检验检测能力建设，为食品药品监管提供有力的技术支撑。开展餐饮服务行业“明厨亮灶”工作，不断提升餐饮服务食品安全保障水平，进一步强化餐饮单位食品安全主体意识，实现透明厨房、阳光操作，让广大消费者放心就餐。2018年底，新办和到期换证餐饮服务单位明厨亮灶率达到90%，全部餐饮单位明厨亮灶率达到80%，到2020年底，基本实现持证餐饮服务单位100%达到明厨亮灶。（牵头单位：县食药监局；配合单位：县食安委相关成员单位）

综合监督及食品药品安全项目

①重点监督抽检网络建设项目。监督管理药品、医疗器械质量安全，进一步加强对特殊药品监管，对药品生产经营企业、乡镇以上医疗机构的检查覆盖率达到100%。杜绝重大食品药品安全事故发生。

②加快食品检验检测能力建设，为食品药品监管提供有力的技术支撑，全年食品安全抽检合格率在96%以上。

③依法查处食品、药械违法案件，案件查办率达到100%，结案率达到90%，涉嫌犯罪案件向司法机关移送率100%。

④集中打造福地现代农业综合示范区。推行农产品质量安全追溯体系建设，加强农畜产品生产基地“一对一”监管，全年抽检合格率在96%以上。

（四）公共安全保障。以人民安全为宗旨，以保障人民生命财产安全、社会安定有序和经济社会系统持续运行为核心目标，健全公共安全体系，全面提升公共安全保障能力。基本形成比较完备的突发事件应急预案体系、风险评估体系、应急队伍体系、监测预警能力、物资保障体系、基层应急能力、应急平台体系和科普宣教体系，全县应急管理能力全面提升。安全生产责任体系更加严密，安全监管体制机制基本成熟，全社会安全文明程度明显提升，事故总量显著减少，重特大事故有效遏制，职业病危害防治取得积极进展，安全生产总体水平与全面建成小康社会目标相适应。到2020年和2030年，力争实现道路安全事故万车死亡率分别下降15%和30%；突发公共卫生事件预警信息响应率达到95%以上。（牵头单位：县安监局；配合单位：县安委办相关成员单位）

公共安全保障项目

①监测预警能力建设项目。建立县级气象灾害预测预警预防机制，提升科学监测、评估、预警、预防社会稳定风险能力。完成县级气象应急监测体系与国家突发公共事件预警信息发布平台升级改造，实现与民政、国土、环境、交通、水务、农业、卫生、林业、旅游等部门突发事件预警信息的自动对接，推进县级预警发布工作机构建设，落实专设机构、人员。争取上级资源及技术，建设县级加密气象监测网站及全固态X波段

双偏振多普勒雷达数据业务系统，完善县级气象监测体系。建立预警信息快速发布“绿色通道”，优化升级预警信息发布载体，建成手机、传真、网站、大喇叭、显示屏、广播、电视、微博、微信等预警信息传播立体网络，有效消除预警信息发布“盲区”。建设气象灾害应急管理指挥平台，建设气象数据资料共享系统，实现气象与县应急办、交通、公安、民政、住建、水务、国土、广电等部门业务监测数据、实景监测数据的共享；建设预警信息综合管理系统，归集相关数据，进行分析研判，为应急指挥提供科学依据。到2020年气象预警信息的发布时效提高到10—15分钟内向社会公众发布；全县建设及共享气象预警显示屏、气象预警大喇叭数量达到100套以上，县级广播电视媒体预警信息播出率达到100%，突发公共事件预警信息实现面向各级政府领导、应急联动部门、应急责任人和社会媒体的全覆盖，对社会公众、农村基层人员的信息覆盖率达到82%以上，实现四大类突发事件预警信息发布管理全覆盖。

②应急平台体系建设项目。依托省级、市级平台，完成县级综合应用系统建设。完成县级应急固定平台。

③基层应急能力建设项目。每年创建1—2个市级基层应急管理示范点。建成1个标准化避难场所。

④安全生产能力提升项目。完成消防装备及基础建设提振、安全管理信息系统、安全大数据(安全云)、煤矿安全技术改造、危险化学品企业入园区、职业病预防控制、油气管线监测监控风险防控、城镇社区公共服务综合信息平台、救灾物资储备体系、重大气象灾害防御、地质灾害避灾搬迁等项目建设。建立宜君智慧城声、“12345”便民服务中心。

⑤社会治安综合治理项目。深入开展平安宜君创建活动。推进社会治理方式手段智能化升级，实现综治维稳中心规范化建设、综治信息化建设和网格化管理全覆盖。健全完善立体化社会治安防控体系。深入开展基层平安创建活动。

⑥健全完善公共安全体系项目。健全完善重点人群服务管理机制，建立高水平的精神卫生治疗康复机构，严格落实严重精神障碍患者“以奖代补”政策，坚决防止严重精神障碍患者肇事肇祸案事件发生。健全安全隐患排查整治长效机制，推进煤矿开采、危险化学品、烟花爆竹等行业领域企业的安全标准化工作，不断提升企业安全管理水平。健全完善食品安全各级政府总负责机制，落实食品药品企业主体责任。加强物流寄递新型物态业安全管理，加大安全检验投入，全面实现重点物流企业寄递100%实名登记、100%验视、100%光机安检。

四、普及健康生活方式

（一）开展健康教育与健康促进。构建以健康教育机构为引领、公共卫生机构和基层卫生服务机构为骨干、医疗机构为支撑的健康教育体系，建立以健康促进为核心，（村）社区为基础，家庭为单位，学校、工矿企业和公共场所为重点的健康教育工作模式；广泛开展健康教育“六进”活动，普及健康知识，发展健康文化；全面普及膳食营养知识，推进以“三减三健”为重点的全民健康生活方式行动；全面开展公共场所禁烟，加强和规范戒烟咨询、干预等指导服务；建成县级精神科门诊；搭建多部门参与的社会心理服务体系；加强全县心理健康服务体系和工作网络建设，在学校、社区、机关、企事业单位和流动人口聚集地推广设立心理咨询室，提供心理咨询服务；加强严重精神障碍患者报告登记和救治救助管理，健全县人民医院、县中医医院心理健康咨询科，组建突发事件心理危机干预队伍，推进心理援助热线、心理咨询志愿者队伍和网络平台建设。到2020年，居民健康素养水平达到16%；成人吸烟率下降到25%以下；倡导开展健康食堂和健康餐厅创建活动；加强学校标准化食堂建设；严重精神障碍患者管理率达到90%以上。到2030年，全县居民健康素养水平达到30%；实现室内公共场所全面禁烟；加强限酒健康教育，开展有害使用酒精监测；常见精神障碍防治和心理行为问题识别干预水平显著提高，实现精神障碍社区康复服务全覆盖。（牵头单位：县卫计局；配合单位：县爱卫会相关成员单位）

（二）推进校园健康教育。将健康教育纳入国民序列教育体系。不足600人的学校应配备专（兼）职校医，由县卫计局选派专业卫生技术人员进驻学校进行指导，600人以上的学校配备卫生室和校医，根据不同年龄、不同学习阶段身体发育特点，进行针对性健康教育，学校要开好健康教育课，确保健康教育开课率达到100%，做到有师资、有教材、有教案，学期初有计划，学期末有考核，中小学健康教育教学每学期至少安排7课时。健全学校健康教育评价体系，通过课堂教学主渠道、课外活动、各种健康教育专题活动（每学年至少两次）等形式，培养青少年从小养成健康文明的生活习惯，不断提高青少年、儿童的健康意识；开齐开足体育课程，认真指导学生进行课内外体育锻炼，做好学生体质健康测试工作，加强校园传染病、常见病防控工作。（牵头单位：县教科体局；配合单位：县人社局、县卫计局）

（三）普及全民健身运动。全面落实《宜君县全民健身实施计划（2016—2020）》（君政发〔2016〕32号），加快推进全民健身国家战略实施。到2020年，全县体育锻炼人数大幅增加，经常参加体育锻炼的人数比例达到45%以上；人均体育场地面积达到1.8平方米以上，城市普遍建有“15分钟健身圈”，县级公共体育场和村、镇农民体育健身工程实现全覆盖；县级国民体质监测与科学健身指导站建成使用；国民体质测试人群突破2千人次，达标率达到国家标准；入网注册社会体育指导员人数突破200人，达到每千人拥有2名以上社会体育指导员；全县学校体育场地设施与器材配置基本达标，县青少年体育活动每年不少于1次，学生每周参与体育活动达到中等强度2次以上，国家学生体质健康标准达标优秀率20%以上；以休闲体育为龙头的体育产业发展格局初步形成。到2030年，人均体育场地面积达到2.3平方米以上，公共体育设施开放率达到80%，全县各级体育社团基本健全，体育组织网络面向社区、农村延伸，普遍建有便捷健身活动站点；学校体育场地设施与器材配置达标率达到100%，青少年学生每周参与体育活动达到中等强度3次以上，国家学生体质健康标准达标优秀率25%以上。加强科学指导，促进妇女、老年人积极参与全民健身，推动残疾人康复体育和健身休闲体育广泛开展；体育产业发展动力进一步增强，集体产品销售及健身休闲体育消费为一体的体育产业业态日臻完善。（牵头单位：县教科体局；配合单位：县全民健身联席会议成员单位）

健康教育与健康促进项目

①健康教育项目。开展健康素养促进、健康中国行、健康细胞示范建设项目。

②全民健身设施建设项目。实现一个公共体育场、一个全民健身活动中心、一片室外运动场地。着力打造集体育、休闲、旅游、观光为一体的全民健身设施，稳步推进龙山、花溪谷为主的全民健身长廊、公共体育场及全民健身活动中心建设。加快移民搬迁点、美丽乡村健身器材配送，实施以社区多功能运动场、龙山、花溪谷健身步道为重点的体育惠民工程。

③重大竞赛项目。精心打造全民健身日系列赛事，校园足球、篮球联赛等各具特色的赛事活动。

④重点人群健康项目。实施宜君县第三期学前教育行动、高中阶段教育普及攻坚计划，新建、改扩建一批公办幼儿园，继续实施中小学薄弱学校改造项目建设，不断改善办学条件。不足600人的学校配备专（兼）职校医，由县卫计部门选派专业卫生技术人员进驻学校进行指导，600人以上的学校配备卫生室和校医，实现学校卫生健康教育信息化管理。

五、优化健康服务

（一）优化公共卫生服务体系。全面加强公共卫生工作，健全疾病预防控制、妇幼健康服务、医疗救治和卫生应急、综合监督四大体系，完善专业公共卫生服务网络。到 2020 年，县疾控中心建设基本达到国家标准；县妇计中心实现标准化；推进院前急救体系标准化和卫生应急指挥系统建设；加强食品安全风险和城乡饮用水水质监测网络建设，推进卫计综合监督执法规范化管理。到 2030 年，建成分工明确、信息互通、资源共享、协调联动的公共卫生服务体系。（牵头单位：县卫计局；配合单位：县医改领导小组相关成员单位）

（二）实施重大疾病防控。规范疫苗流通管理，全面落实国家免疫规划项目，建立预防接种异常反应补偿保险机制；完善和推进艾滋病等 10 种重点传染病专病专防策略。到 2020 年，以乡镇为单位适龄儿童免疫规划疫苗接种率保持在 98％以上，法定传染病报告率达到 98.5％以上；因重大慢性病导致的过早死亡率较 2015 年降低 10％。到 2030 年，实现全人群全生命周期慢性病健康管理，重大慢性病过早死亡率较 2015 年降低 30％。（牵头单位：县卫计局；配合单位：县财政局）

（三）提升公共卫生服务质量。全面实施国家基本和重大公共卫生服务项目，规范基层公共卫生服务标准，提高精细化服务水平；落实流动人口基本公共卫生服务，广泛开展流动人口健康促进行动，提高服务均等化、同质化水平；深化流动人口全县“一盘棋”机制建设，关怀关爱留守人群特别是留守儿童，促进社会融合；开展学生健康危害因素监测与评价；建立学生营养与健康监测评估制度；关爱青少年生殖健康，开展青春期保健服务。（牵头单位：县卫计局；配合单位：县人口和计划生育工作领导小组相关成员单位）

公共卫生项目

①扩大国家免疫规划项目。全面落实扩大国家免疫规划，建立预防接种异常反应补偿保险机制。开展麻疹、乙肝等疫苗可预防重点传染病监测项目。

②公共卫生服务设施建设项目。全面完成县级妇幼保健机构与计划生育技术服务机构整合，全面完成乡镇卫生院和计划生育技术服务机构的妇幼保健职能整合；更新充实综合监督机构现场检测、执法取证等设备，达到国家规范化配备标准。

③基本公共卫生服务项目。基本公共卫生补助标准与国家同步提高，逐步扩大项目种类和人群覆盖范围。

（四）关爱母婴健康。按照保健与临床融合发展的功能定位，提升妇幼保健和计划生育服务能力，使妇幼保健工作适应两孩政策放开后的服务需求。到 2020 年，在所有应配置母婴设施的公共场所和用人单位基本建成标准化的母婴设施，实现母婴设施全覆盖；全县孕产妇和 7 岁以下儿童系统管理率均保持在 95％左右，孕前优生健康检查目标人群覆盖率保持在 90％左右，婴儿死亡率、5 岁以下儿童死亡率和孕产妇死亡率分别下降到 5‰、6‰和 14/10 万以下。到 2030 年，力争全县婴儿死亡率、5 岁以下儿童死亡率及孕产妇死亡率下降到 4‰、4.5‰和 13.8/10 万以下。（牵头单位：县卫计局；配合单位：县人口和计划生育工作领导小组相关成员单位）

（五）重视重点人群健康。做好老年人、残疾人等重点人群的健康服务管理，齐抓共管、综合施策，扩充资源，增强服务能力。到 2020 年，养老服务设施覆盖所有乡镇、街办、社区和 70％以上的村；养老床位数达到每千名老年人 89.2 张，护理型床位占养老服务机构总床位的 30％以上；实现老年人相对集中区域和养老机构周边的医疗机构全覆盖，使医疗卫生资源基本满足相应医疗保健需求；支持残疾人事业发展，加强无障碍设施建设，健全扶残助残服务体系，实现残疾人辅助器具适配全覆盖。到 2030 年，建成规模适宜、功能互补、安全便捷的健康养老服务网络。护理型养老床位占机构床位总数的 30％以上，老年人

日间照料中心全覆盖。（牵头单位：县民政局；配合单位：县住建局、县卫计局、县残联）

（六）实施健康扶贫行动。开展医疗保险和医疗救助脱贫，深入推进农村贫困人口大病患者集中救治，各类贫困人口慢病患者实行100%签约服务管理。大力实施贫困地区疾病预防控制八大行动，保障农村贫困人口享有基本医疗卫生服务，控制因病致贫、返贫增量。到2020年，基层医疗服务能力明显改善，贫困人口主要健康指标达到或接近全省平均水平。（牵头单位：县卫计局；配合单位：县疾病预防控制八大行动领导小组相关成员单位）

重点人群健康服务保障项目

①母婴健康项目。全面实施孕产妇系统保健免费基本服务项目。

②健康扶贫项目。贫困地区医疗卫生服务体系建设。因病致贫人口医疗救助。医疗卫生机构对口帮扶。疾病预防控制八大行动。

③流动人口健康服务项目。流动人口基本公共卫计服务均等化和健康促进行动项目。

④残疾人健康服务项目。实现残疾人辅助器具适配全覆盖。

（七）构建医疗服务体系。加大卫生基础设施和医疗卫生设备投入，完成县医院门诊综合楼及废水处理建设项目，积极申报并完成“宜君县中医医院医疗养老综合楼建设项目”；认真落实《陕西省人口与计划生育条例》，年均人口自然增长率稳定在6‰左右；落实生育登记服务制度，建立健全出生人口动态监测和预警机制，全员人口信息准确率达到95%。到2020年，覆盖全县居民的30分钟基本医疗卫生服务圈基本形成，每千常住人口执业（助理）医师达到3.01人、注册护士数达到3.84人、床位数达到6.2张；家庭医生签约服务全覆盖，城乡县域内就诊率提高90%以上；出生人口性别比控制在正常范围以内。到2030年，建成覆盖全市居民15分钟基本医疗卫生服务圈，每千常住人口执业（助理）医师达到3.51人；出生人口性别比实现自然平衡。（牵头单位：县卫计局；配合单位：县医改领导小组相关成员单位）

（八）深化医药卫生体制改革。持续深化公立医院综合改革，实行理事会领导下的院长负责制和任期目标责任制；建立完善县域医疗共同体，推动县镇村一体化发展，构建专业公共卫生机构、综合医院和专科医院、基层医疗卫生机构“三位一体”的预防、治疗、康复、长期护理服务链；建立健全功能完善、分工合理、运转有序的分级诊疗制度，形成基层首诊、双向转诊、上下联动、急慢分治的就医新格局；建设与全市医疗质量管控相匹配的信息化平台，推进医疗机构检查检验结果互认；全面实施标准化、表单化的临床路径管理；持续推进改善医疗服务行动，提高医疗服务同质化程度，增强患者就医获得感；建设脑卒中、心猝死等绿色抢救体系、新发传染病诊疗体系。到2020年，二级及以上医院药占比（不含中药饮片）降到30%左右；个人卫生支出降到卫生总费用的30%以下；二级及以上医院全部建成感染管理质量与控制中心；门诊处方抗菌药物使用率控制在10%以内，院内感染发生率下降到3.2%；30天非计划再次入院率不高于2.4%；基层医疗卫生机构诊疗量占比达到65%以上，二级及以上医院下转人数达到30%左右；县域内就诊率提高到90%左右。到2030年，二级及以上医院药占比（不含中药饮片）降到20%左右；个人卫生支出降到卫生总费用24%以下；门诊处方抗菌药物使用率控制在8%以内，院内感染发生率下降到2%；30天非计划再次入院率不高于2%；基层医疗卫生机构诊疗量占比达到70%以上，二级及以上医院下转人数达到40%左右；县域内就诊率提高到95%左右。（牵头单位：县卫计局；配合单位：县医改领导小组相关成员单位）

医疗卫生服务体系建设项目

①医疗卫生机构建设项目。完成县医院门诊综合楼及废水处理建设项目。建成1所标准化的妇

幼健康服务机构。申报并完成“宜君县中医医院医疗养老综合楼建设项目”。建成一所外科专科医院。

②基层卫计服务能力建设项目。完成乡镇卫生院、村卫生室标准化建设。每个行政村至少设立1所规范化村卫生室。建设全科医生工作室和健康小屋。实施家庭医生、电子健康档案和居民健康卡“三个一”工程。

③救治体系建设项目。建设省、市、区县、乡镇四级脑卒中、心猝死等绿色抢救体系、新发传染病诊疗体系和突发公共卫生事件医疗救治体系。

④临床专科能力建设项目。二级以上医院院前急救、公共卫生科室和医疗质量管控体系建设。

⑤计划生育服务管理项目。实施计划生育家庭创业和特殊困难家庭扶助工程。实施出生人口和流动人口动态监测工程。全面实施免费孕前优生健康检查和免费婚检项目，免费发放计划生育避孕药具。

（九）创新中医药传承。加大与省级三级中医医院战略合作，提升县中医医院运营水平；充分发挥中医药服务在治未病中的主导作用、在重大疾病治疗中的协同作用和在疾病康复中的核心作用；巩固全国基层中医药工作先进单位创建成果；挖掘整理民间中医特色诊疗、传统中药技术，推进成果转化应用；开展社会办中医试点，大力培育一批技术成熟、信誉良好的中医养生保健康复服务集团或连锁机构，探索社会办中医新模式。到2020年，县中医院按照国家二级甲等中医医院要求，全面提升医院现代化管理水平。综合医院或专科医院设立中医科；所有乡镇卫生院、社区卫生服务中心设置标准化中医科、中药房；所有村卫生室能够提供中医药基本服务；实现全县孙思邈中医堂建设全覆盖。（牵头单位：县中医药局；配合单位：各医疗机构）

中医药传承与创新项目

①中医药服务体系项目。完成中医药医养结合建设项目。全县建设2个省级中医重点专科。按照国家二级甲等中医医院要求，县中医医院全面提升现代管理水平。

②中医药服务能力提升项目。实施好中医“治未病”、县级中医重点专科、孙思邈中医堂服务。开展全国基层中医药工作先进单位创建活动。每年开展1期名中医评选工作。

六、完善健康保障

（一）加大健康投入。健全政府健康领域投入政策，调整优化财政支出结构，将卫生与健康投入纳入优先保障领域，全面履行政府保障基本健康服务责任；公共财政向公共医疗卫生服务体系、全民健康促进、重大疾病防控、全民医疗保障、健康环境改善等重点领域和贫困地区、基层社区（村）等薄弱环节投入；建立卫生健康投入专项督查机制，开展健康投资绩效监测和评价；鼓励社会资本参与健康宜君建设，形成多元化卫生与健康筹资格局。（牵头单位：县财政局；配合单位：健康宜君建设工作委员会成员单位）

（二）完善社会保障体系。加快推动城乡居民基本医保整合，完善职工医保政策，改革职工医保个人账户，探索建立职工医保门诊统筹；建立基本医保、大病保险、应急救助、医疗救助和商业保险“一站式”服务；实现跨省异地就医医疗费用联网结算。到2020年，职工基本医保和城乡居民基本医保参保率稳定在95%以上，职工基本医保和城乡居民基本医保政策范围内报销比例分别达到80%和75%左右，逐步缩小实际报销与政策范围内的报销比例。到2030年，全民医保体系成熟定型，职工医保和城乡居民医保政策范围内报销比例稳定在80%和75%以上，实际报销与政策范围内的报销比例差距明显缩小；商业健康保险赔付支出占卫生总费用的比重显著提高。（牵头单位：县人社局；配合单位：县医改领导小组相关成员单位）

（三）完善药品供应保障体系。各级医疗机构全部通过省级平台采购药品和医用耗材；配合市上建立以市为单位的基本药物目录动态调整机制，完善基层医疗卫生机构综合补偿政策、基本药物制度与职工医保、城乡居民医保制度的衔接，建立基本药物制度实施监测评价指标体系和信息管理系统，推进医疗机构使用基本药物品种全覆盖；加强特殊人群基本用药保障，促进基本药物公平可及。到2020年，医疗卫生机构药品耗材采购全面实行“两票制”；药品和医用耗材采购、配送和使用实行全程信息化监督；二级及以上医院全部设立总药剂师。到2030年，建立医疗卫生机构药品耗材采购谈判机制，实现药品和医用耗材阳光采购。（牵头单位：县卫计局）

（四）加强卫生人才培养。加强卫生各类人才队伍建设。引进和培养一批学科带头人；加大急需紧缺专业人才培训力度；加强住院医师、全科医师和专科医师规范化培训；建立适应医疗行业特点的人事薪酬制度；对紧缺人才优先聘用录用、优先晋升职称；加紧培养面向村卫生室的三年制农村医学生，充实村医队伍，建立村医收入稳定增长机制。到2020年，社区每万名居民有2名全科医生，中医类全科医生占社区全科医生配备比达到20%，逐步将精神科医生、康复医师、营养师等专业人员配备到位；护士按与全科医师1：1.5的标准配备。到2030年，社区每万名居民有3名全科医生，中医类全科医生占社区全科医生配比达到25%。（牵头单位：县卫计局；配合单位：县编办、县人社局）

健康人才队伍建设项目

①基层卫计人员能力建设项目。实施为县及以下医疗卫生机构招聘医学类本科毕业生、农村订单定向免费医学生计划和全科医生特设岗位计划试点。

②医疗卫生人员培训项目。全科医生转岗培训20人，规范化培训住院医师20人（其中规范化培训全科医生5人），培训县级医院临床骨干医师15人。

③医学杰出骨干人才推进项目。培养引进重点学科带头人、技术骨干和特色专科人才。

七、发展健康产业

（一）健康旅游产业发展。以创建国家全域旅游示范县和国家中医药健康旅游示范县为契机，发挥中医药健康旅游资源优势，倡导中医药健康旅游新观念，推进旅游与中医药的融合发展，构建中医药健康旅游产业体系，整合医疗机构、中医养生保健机构、养生保健产品生产企业等资源，引入社会力量，构建以中医养生保健服务为核心，融中药材种植、中医医疗服务、中医药健康养老服务为一体的中医药健康旅游新模式，提升旅游和中医药对国民经济和社会发展的贡献率，满足人民群众多层次多样化中医药健康服务需求，把宜君打造成国际知名的“康养之城”。构建“一心一轴两门两翼七区”（一心：以县城为中心；一轴：以210国道宜君段为轴；两门：南、北两大门；两翼：210国道为轴的东西地区；七区：梯田生态文化旅游体验区、战国魏长城文化体验区、秀美山城避暑养生体验区、福寿文化体验区、娑罗圣树唐文化体验区、古军事文化体验区、洛河文化体验区），以避暑、康养、休闲度假等为主题，突出百里生态画廊、自然人文景点建设；以福地湖、云梦山、玄奘手植娑罗树、战国魏长城、宜君旱作梯田为依托，打造避暑养生、旱作梯田、福地休闲、战国长城、洛河风情、唐风梵韵、云梦仙境等旅游体验区；大力发展“旅游+”，积极发展康养游、生态游（湿地、森林、朱鹮观赏游等）等新业态。建成1个4A级景区、3个3A级景区。（牵头单位：县旅发委；配合单位：县旅游产业发展领导小组成员单位）

（二）中医药产业发展。紧紧抓住国家实施中药现代化的历史机遇，以经济增长、农民增收为目标，扩大道地中药材种植面积。加大柴胡、黄芪、丹参、大艾等大宗中药材种植，做好连翘、山桃等野生中药材保护利用，重点发展党参、黄芩等道地中药材，培育具有宜君特色的中药材种植养殖企业和专业合作社。充分利用我县中药资源，建立全县道地中药材苗种繁育基地，加强道地中药材种源保护、繁育、研究和推广，加快宜党等中药材地理标志保护和道地药材申报工作，到2020年达到2～3个道地药材品种，全县中药材种植面积发展到10万亩以上。[牵头单位：县中医药局；配合单位：县农业局、县食药监局、各乡镇（街道）]

加大引进医药健康相关生产企业的力度。开展有针对性的产业招商，瞄准全国医药百强企业，重点支持引进国内外医药健康大企业和战略性大项目，引导国内外知名企业与我县医药企业合作。利用3至5年时间，引进医药健康相关生产企业20户，培育产值过亿企业5家。[牵头单位：县招商局；配合单位：县经贸局、县卫计局、县中医药局、各乡镇（街道）]

支持培育医药企业发展壮大，加大提升中医药生产企业产品研发能力，鼓励企业加强新药研发，引进中药配方颗粒生产，培育自主知名品牌和创新产品。（牵头单位：县食药监局；配合单位：县教科体局、县中医药局）

健康产业发展项目

①中药产业发展项目。建立全县道地中药材苗种繁育基地，加快宜党等中药材地理标志保护和道地药材申报工作，完成方舟制药新厂建设。

②健康旅游项目。打造秀美山城避暑养生体验区、福寿文化体验区，积极发展康养游、生态游（湿地、森林、朱鹮观赏游等）等新业态。建成1个4A级景区、3个3A级景区。

（三）应用医学与医药产业发展。加强医学应用新技术推广，开展心脑血管病防治、急救诊疗、老年病干预防治、社区疾病控制、慢性非传染性疾病防治、传染病防治、免疫规划信息管理与应用、中医适宜技术、中医治未病、中医康复理疗、中西医结合及医养结合等新技术推广和科室建设，选择先进适用医学技术在全县推广。进行宜君党参地理标志认证，扩大中药材种植，完成方舟制药厂新厂建设，发展中医药产业。（牵头单位：县教科体局；配合单位：县发改局、县经贸局、县卫计局、县中医药局）

（四）信息化建设。加强信息化建设，将全县建设成宽带网络无处不在、智慧应用触手可及、政务服务高效透明、社会治理精准精细、信息经济融合创新、网络安全自主可控的新型智慧城市；推进省、市、县三级信息化平台建设，完善电子健康档案、电子病历和全员人口数据库，全面建成统一权威、互联互通的人口健康信息平台。到2020年，配合市卫计局建成以市为单位的全市人口计生及健康信息平台，实现全员人口信息、电子健康档案和电子病历三大数据库的融合与共享；基本实现省、市、县、乡镇、村五级人口健康信息平台互通共享，医疗卫生机构的远程医疗覆盖率达到50%。到2030年，全面实现人口健康信息规范管理和使用，实现全县远程医疗系统全覆盖。（牵头单位：县卫计局）

健康信息化建设项目

①智慧城市建设项目。完成智慧城市建设。

②人口健康信息化基础项目。完成省、市、县三级信息化平台建设，健全五级信息网络。完善电子健康档案、电子病历数据库、全员人口数据库。加强公共卫生、计划生育、医疗服务、医疗保障、药品供应、综合管理6项业务信息系统间协同。开展健康大数据标准规范化研究、分析和应用服务。

③卫生信息化项目。配合完善市级居民健康信息管理平台。推进药品采购平台与医疗健康平台、医保平台、医院HIS系统全面对接，实现数据交换与共享。探索建立“云医院”。

八、保障措施

（一）加强组织领导。成立健康宜君建设工作委员会，县长任主任，分管县长任副主任，办公室设在县卫计局，办公室主任由县卫计局局长兼任，办公室副主任由县创卫办主任兼任。委员会办公室承担规划纲要的组织实施、协调指导、考核评估等职能。各乡镇（街道）、各部门围绕纲要抓紧制定出台各自具体实施方案和配套政策，健全领导体制和工作机制，分阶段、分步骤组织实施，形成党委统领、政府主导、部门协同、全社会参与的工作格局，确保健康宜君建设取得实效。

（二）强化舆论引导。大力宣传党和国家关于维护增进人民健康的重大战略思想、方针政策，宣传健康宜君建设的重大意义、总体战略、目标任务和重大举措，宣传健康宜君建设的长期性、艰巨性，不断增强居民的责任感、使命感。加强正面宣传和典型引导，及时传递健康领域正能量和政府声音，增强社会对健康宜君建设的普遍认知，形成全社会宣传健康、关注健康、支持健康宜君建设的良好氛围。

（三）加强考核评估。实行健康宜君建设专项考核，主要行动指标纳入乡镇（街道）和部门年度考核指标，将考核结果与“三项机制”结合起来，作为综合评价各乡镇（街道）、各部门领导班子和领导干部的重要依据。重在评价健康城市、健康县城创建和将健康融入所有政策的落实情况及促进全民健康的重大项目实施情况。加强监督检查，建立健康宜君建设年度工作情况报告、通报、激励表彰和问责追究制度。建立健全监测评估机制，对各乡镇（街道）、各部门实施进展情况、效果进行年度监测和评估，保障健康宜君建设各项工作顺利实施。

中共宜君县委办公室
宜君县人民政府办公室
关于印发《宜君县加快推进失信被执行人信用监督、警示和惩戒机制建设实施方案》的通知

君办发〔2018〕40号

（2018年8月29日）

各乡镇、街道党委，乡镇政府、街道办事处，综合服务中心，县委及县级国家机关各工作部门、直属机构，各人民团体，中省驻宜各单位，县科技工业园区管委会：

现将《宜君县加快推进失信被执行人信用监督、警示和惩戒机制建设实施方案》印发给你们，请认真贯彻落实。

宜君县加快推进失信被执行人信用监督、警示和惩戒机制建设实施方案

为认真贯彻落实《中共陕西省委办公厅、陕西省人民政府办公厅印发〈关于加快推进失信被执行人信用监督、警示和惩戒机制建设的实施意见〉的通知》（陕办发〔2017〕12号）《中共铜川市委办公室、铜川市人民政府办公室关于印发〈铜川市加快推进失信被执行人信用监督、警示和惩戒机制建设的实施方案〉的通知》（铜办发〔2018〕14号）精神，进一步加大对失信被执行人的跨部门协同监管和联合惩戒力度，推动全县社会信用体系建设，结

合工作实际，制订本实施方案。

一、目标任务

以习近平新时代中国特色社会主义思想为指导，全面贯彻落实党的十九大及十九届二中、三中全会精神，紧紧围绕统筹推进“五位一体”总体布局和协调推进“四个全面”战略布局，紧扣全县追赶超越目标和“五新”战略任务落实，坚持“党的领导、依法实施、政府主导和社会联动、信息共享和联合惩戒”基本原则，培育和践行社会主义核心价值观，加快推进信用体系建设，加大对法院执行工作的支持力度，增强法院网络执行查控和远程执行指挥能力，全面建立对失信被执行人跨区域的协同监管和联合惩戒机制，形成解决执行难问题的工作合力，有效促进被执行人自觉履行法院生效法律文书确定的义务，为维护法律尊严、司法权威和公信力营造良好的社会风尚。

二、落实失信联合惩戒措施

（一）建立失信联合惩戒措施清单。各责任部门要认真落实《失信被执行人联合惩戒措施任务分工》，制定本部门惩戒措施细则，于 2018 年 9 月底前报县信用办备案汇总，形成县级失信被执行人联合惩戒措施清单，依据措施清单对失信被执行人实施惩戒。各责任部门形成的失信被执行人联合惩戒措施清单，除依法依规免于公开的外，原则上应通过信用铜川网站相关专题向社会公开公示。

（二）健全失信被执行人联合惩戒机制。县法院是县级部门对失信被执行人实施联合惩戒的发起单位，每月汇总全县对失信被执行人实施联合惩戒情况，分析联合惩戒机制运行存在的问题，与有关部门合力解决。各责任部门是对失信被执行人实施联合惩戒的协同单位，要根据措施清单，对县法院发起的联合惩戒实施协同惩戒，并及时反馈惩戒结果等相关信息。各相关单位要保持惩戒措施相对稳定，对增加、修改、删除有关细则等，在做出决定时要同步抄送县信用办，共同做好全国信用信息共享平台（陕西铜川）联合惩戒系统中惩戒措施细则的更新工作。

三、加强失信被执行人信息公开和共享

（一）加强失信被执行人信息公开。县法院要认真执行失信被执行人名单制度，根据执行案件的办理权限，依照法定条件和程序决定是否将被执行人纳入失信名单。要及时准确发布、更新失信被执行人名单信息，通过全国法院失信被执行人名单信息公布与查询平台、信用铜川网、移动客户端、户外媒体等多种形式向社会公开，供公众免费查询；对依法不宜公开失信信息的被执行人，通报其所在单位，由其所在单位依纪依法处理。要进一步健全失信被执行人名单信息有关操作规程和审核纠错机制，完善风险提示通知、错误纠正等救济程序，强化案件履行完毕或依法终结执行的名单信息屏蔽、更新和推送，确保失信被执行人信息完整、准确、规范。

（二）加强失信被执行人信息共享。各部门要按照全县政务公开工作要求，将失信被执行人信用监督、警示和惩戒信息列入政务公开事项，依据部门权力清单、责任清单和负面清单，依法开展对失信被执行人信用监督、警示和惩戒。县信用办要加快建立覆盖全体成员的信用档案制度，将失信被执行人信息作为重要信用评价指标纳入社会信用评价体系。

四、健全完善执行工作制度机制

（一）着力提高执行查控能力。县法院要进一步提高网络执行查控能力，与公安、民政、市场监管、银行等连接的网络执行查控系统，实现对涉及土地、房产、存款、金融理财产品、车辆等主要财产形式的网络化、自动化执行查控；拓展执行查控措施，落实被执行人财产报告制度、律师调查被执行人财产制度、公告悬赏制度、审计调查制度等财产查控制度；强化远程执行指挥能力建设，推进应用三级法院统一的网络化执行办案平台、管理平台和公开平台，形成上下一体、内外联动、规范高效、反应快捷的执行指挥体系。

（二）完善支持法院执行工作制度。各部门要进一步加大党政机关支持法院执行工作力度，不断完善执行联动机制，加强协调配合，切实形成解决执行难问题的合力。县委政法委要充分发挥执行联动机制建设牵头单位作用，及时协调解决执行联动机制推进过程中的困难和问题，强化对协助执行工作的考核通报和任务落实不力的追责问责。要认真落实中央办公厅、国务院办公厅《领导干部干预司法活动、插手具体案件处理的记录、通报和责任追究规定》等文件要求，坚决杜绝干预执行、阻扰执行、不配合执行工作的行为。

五、加强组织领导

（一）强化组织保障。各部门要高度重视失信被执行人信用监督、警示和惩戒工作，周密安排部署，认真组织实施，确保各项规定落到实处；在人员、物资、编制等方面给予充分保障，支持法院配齐配强执行队伍，大力推进执行队伍正规化、专业化、职业化，不断提高新时代法院执行工作的水平和能力。

（二）强化协同联动。县社会信用体系建设联席会议要将对被执行人实施执行联动作为失信联合惩戒的重要机制，纳入全县社会信用体系建设工作大局，促进失信被执行人积极履行法院生效裁判，协同解决执行难问题。

（三）强化宣传教育。宣传部门要大力支持法院执行工作，强化对失信被执行人名单公布和信用联合惩戒的宣传报道，坚持正面宣传为主，凝聚全社会理解执行、关注执行、协助执行的共识，进一步推动形成良好的法治环境。

附件：失信被执行人联合惩戒措施任务分工

附件　失信被执行人联合惩戒措施任务分工

序号	限制内容	任务内容	责任部门
一、从事特定行业或项目限制			
1	设立金融类公司限制	限制失信被执行人设立融资担保公司、小额贷款公司、权益类交易中心等金融机构。限制失信被执行人设立保险公司的分支机构、保险专业中介机构等金融机构。限制失信被执行人设立网络借贷信息中介机构等金融机构。	县金融办 县市场监管局
2	股权激励限制	失信被执行人为境内国有控股上市公司的，协助终止其股权激励计划；对失信被执行人为境内国有控股上市公司股权激励对象的，协助终止其行权资格。	县财政局
3	设立社会组织限制	将失信被执行人信息作为发起设立社会组织审批登记的参考，限制失信被执行人发起设立社会组织。	县民政局
4	参与政府投资项目或主要使用财政性资金项目限制	协助法院查询政府采购项目信息；依法限制失信被执行人作为供应商参加政府采购活动；依法限制失信被执行人参与政府投资项目或主要使用财政性资金项目。	县财政局 县发改局
二、政府支持或补贴限制			
1	获取政府补贴限制	限制失信被执行人申请政府补贴资金和社会保障资金支持。	县发改局 县财政局 县人社局 县民政局

续表

序号	限制内容	任务内容	责任部门
2	获得政策支持限制	在审批投资、进出口、科技等政策支持的申请时，查询相关机构及其法定代表人、实际控制人、董事、监事、高级管理人员是否为失信被执行人，作为其享受该政策的审慎性参考。	县发改局 县财政局 县教科体局 县税务局
三、任职资格限制			
1	担任事业单位法定代表人限制	失信被执行人为个人的，限制其登记为事业单位法定代表人。	县事业单位登记管理局
2	担任国企高管限制	失信被执行人为个人的，限制其担任国有独资公司、国有资本控股公司董事、监事、高级管理人员，以及国有资本参股公司国有股权方派出或推荐的董事、监事、高级管理人员；已担任相关职务的，按照有关程序依法免去其职务。	县委组织部 县财政局
3	担任金融机构高管限制	限制失信被执行人担任银行业金融机构、融资担保公司、小额贷款公司的董事、监事、高级管理人员。限制失信被执行人担任保险公司高级管理人员。	县市场监管局 县金融办 县财政局
4	担任社会组织负责人限制	失信被执行人为个人的，限制其登记或备案为社会组织负责人。	县民政局
5	招录（聘）为公务人员限制	失信被执行人为个人的，限制招录（聘）失信被执行人为公务员或事业单位工作人员。在职公务员或事业单位工作人员被确定为失信被执行人的，失信情况作为其评先、评优、晋职晋级的参考。	县委组织部
6	入党或党员的特别限制	将遵守法律、履行生效法律文书确定的义务情况，作为党内评先评优以及党内各类表彰的重要参考；作为申请加入中国共产党、预备党员转为正式党员的重要参考。	县委组织部 各级党（工）委、党支部
7	担任党代表、人大代表和政协委员限制	失信被执行人为个人的，不得作为组织推荐的各级党代会代表、各级人大代表候选人和政协委员提名人选。	县委组织部 县委统战部
8	入伍服役限制	失信被执行人为个人的，将其失信情况作为入伍服役和现役、预备役军官评先、评优、晋职晋级的重要参考。	县人武部
四、准入资格限制			
1	房地产、建筑企业资质限制	将房地产、建筑企业不依法履行生效法律文书确定的义务情况，记入房地产和建筑市场诚信档案，向社会披露有关信息，对其企业资质作出限制。	县住建局

续表

序号	限制内容	任务内容	责任部门
2	从事药品、食品等行业限制	对失信被执行人从事药品、食品安全行业从严审批；限制失信被执行人从事危险化学品（生产、经营）、烟花爆竹（生产、经营）、矿山（生产）、工贸行业（生产、经营）和安全评价、认证、检测、检验等行业。限制失信被执行人担任上述行业单位主要负责人及董事、监事、高级管理人员；已担任相关职务的，应按照相关程序予以变更。	县市场监管局 县食药监局 县安监局
五、荣誉和授信限制			
1	授予文明城市、文明村镇、文明单位、文明家庭、道德模范、慈善类奖项限制	将履行生效法律文书确定的义务情况作为评选文明村镇、文明单位、文明家庭的前置条件，以及文明城市测评的指标内容。有关单位及其法定代表人、实际控制人、董事、监事、高级管理人员为失信被执行人的，不得参加文明单位、慈善类奖项评选，列入失信被执行人后取得的文明单位荣誉称号、慈善类奖项予以撤销。失信被执行人为个人的，不得参加道德模范（身边好人）、慈善类奖项评选，列入失信被执行人后获得的道德模范荣誉称号、慈善类奖项予以撤销。	县委宣传部 县文明办 县民政局
2	律师和律师事务所荣誉限制	协助法院查询失信被执行人的律师身份信息、律师事务所登记信息；失信被执行人为律师、律师事务所的，在一定期限内限制其参与评先、评优。	县司法局
六、特殊市场交易限制			
1	从事不动产交易、国有资产交易限制	协助法院查询不动产登记情况，限制失信被执行人及失信被执行人的法定代表人、主要负责人、实际控制人、影响债务履行的直接责任人员购买或取得房产、土地使用权等不动产；限制失信被执行人从事土地、矿产等不动产资源开发利用，参与企业国有资产、行政事业性国有资产及资源性国有资产交易。	县财政局 县国土局 县住建局
2	使用国有林地限制	限制失信被执行人申报使用国有林地项目；限制其申报重点林业建设项目。	县发改局 县林业局
3	使用草原限制	限制失信被执行人申报草原征占用项目；限制其申报承担国家草原保护建设项目。	县发改局 县农业局
4	其他国有自然资源利用限制	限制失信被执行人申报水流、山岭、荒地、滩涂等国有自然资源利用项目以及重点自然资源保护建设项目。	县发改局 县农业局 县水务局 县国土局 县林业局
七、限制高消费及有关消费			
1	住宿宾馆饭店限制	限制失信被执行人及失信被执行人的法定代表人、主要负责人、实际控制人、影响债务履行的直接责任人员住宿星级以上宾馆饭店、国家一级以上酒店及其他高消费住宿场所；限制其在夜总会等高消费场所消费。	县经贸局 县公安局 县文广新局

续表

序号	限制内容	任务内容	责任部门
2	高消费旅游限制	限制失信被执行人及失信被执行人的法定代表人、主要负责人、实际控制人、影响债务履行的直接责任人员参加旅行社组织的团队出境旅游，以及享受旅行社提供的与出境旅游相关的其他服务；对失信被执行人在获得旅游等级评定的旅游景区内消费实行限额控制。	县旅发委
3	子女就读高收费学校限制	限制失信被执行人及失信被执行人的法定代表人、主要负责人、实际控制人、影响债务履行的直接责任人员以其财产支付子女入学就读高收费私立学校。	县教科体局
4	购买具有现金价值保险限制	限制失信被执行人及失信被执行人的法定代表人、主要负责人、实际控制人、影响债务履行的直接责任人员支付高额保费购买具有现金价值的保险产品。	县金融办
5	新建、扩建、高档装修房屋等限制	限制失信被执行人及失信被执行人的法定代表人、主要负责人、实际控制人、影响债务履行的直接责任人员新建、扩建、高档装修房屋，购买非经营必需车辆等非生活和工作必需的消费行为。	县住建局 县经贸局
八、协助查询、控制及出境限制			
1		协助法院依法查询失信被执行人身份证、护照、港澳地区居民和台湾同胞旅行证件、户籍、驾照、军官证、武警警官证、士兵证、军队学员证、军队文职干部证、军队离退休干部证、军队职工证等其他实名证件信息及车辆信息，协助查封、扣押失信被执行人名下的车辆。	县法院 县公安局 县人武部
2		协助查找、控制下落不明的被执行人，协助查询被执行人宾馆住宿信息，对法院执行案件中决定拘留的被执行人，及时接收收押。	县法院 县公安局
3		限制失信被执行人及失信被执行人的法定代表人、主要负责人、实际控制人、影响债务履行的直接责任人员出境。	县公安局
九、加强日常监管检查			
1		将失信被执行人和失信被执行人担任法定代表人、主要负责人、实际控制人、董事、监事、高级管理人员的单位，作为重点监管对象，加大日常监管力度，提高随机抽查的比例和频次，并可依据相关法律法规对其采取行政监管措施。	各市场监管、行业主管部门
十、加大刑事惩戒力度			
1		对拒不执行生效判决、裁定以及其他妨碍执行构成犯罪的行为，及时依法侦查、提起公诉和审判。	县公安局 县法院 县检察院
2		公安机关对移送、报案所涉嫌拒不执行判决裁定的犯罪案件，决定不予立案侦查的，应当及时出具不予立案通知书。检察机关应当根据控告人申请或者认为必要时对公安机关不出具立案通知书的行为进行监督。	县公安局 县检察院
十一、其他方面限制			
1		鼓励各级党政机关、人民团体、社会组织、企事业单位使用失信被执行人名单信息，结合各自主管领域、业务范围、经营活动，实施对失信被执行人的信用监督、警示和惩戒。	各有关部门

中共宜君县委办公室
宜君县人民政府办公室
关于印发《宜君县招商引资工作考核管理办法（暂行）》《宜君县招商引资项目推进实施管理办法（暂行）》的通知

君办发〔2018〕42号

（2018年9月30日）

各乡镇、街道党委，乡镇政府、街道办事处，综合服务中心，县委及县级国家机关各工作部门、直属机构，各人民团体，中省驻宜各单位，县科技工业园区管委会：

现将《宜君县招商引资工作考核管理办法（暂行）》《宜君县招商引资项目推进实施管理办法（暂行）》印发给你们，请遵照执行。

宜君县招商引资工作考核管理办法（暂行）

为进一步加强全县招商引资工作，完善招商引资考核机制，提升招商引资工作水平，促进我县经济社会又好又快发展，特制定本考核办法。

第一章　考核对象

第一条　列入全县招商引资目标任务的各乡镇人民政府（街道办）、综合服务中心、县级各相关部门、各产业招商局（农业招商局、工业园区招商局、旅游业招商局、服务业招商局），未列入的单位、团体或个人，主动外出招商引资、实现招商引资资金2000万元以上的，由单位或本人提出申请，经现场核实后，纳入全县目标责任考核综合评定。

第二章　统计范围

第二条　统计项目特指县域外企业法人或自然人在县域内的投资项目。

第三条　统计对象特指在宜君县登记注册的县域外企业、个人及其他经济组织以现金、有形（无形）资产等投资的企业。

第四条　统计资金特指计划投资500万元（含）及以上投资项目。

（一）县外的企业、其他经济组织和个人直接投入货币资金（含可兑换外币）的，按引进项目建设投资或实际到位银行进账单计算；

（二）县外的企业、其他经济组织和个人以设备等有形资产投资的，以实际票据或按评估机构的评估价值认定实际引进资金；

（三）县外的企业、其他经济组织及在本县投资企业个人利用所获得利润再投资的，按银行进账单计算实际投入资金；

（四）县外的企业、其他经济组织及个人以工业产权、专利权、专有技术、商标及其他无形资产投资的，按专门机构评估认定的价值计算引进资金；

（五）续建项目到位资金计入原引资单位本年度招商引资目标任务。

第五条　以下情况不认定为招商引资引进资金。

（一）中省政策性投资项目，向上级部门争取的补助、贴息、国债资金、财政担保贷款、无偿援助或捐赠资金及物资投入；

（二）原招商引资企业更换法人或更名后的原实际投入资金。

第三章　日常管理

第六条　签约项目备案。项目签约 7 日内，引进项目单位须到县招商局备案，备案项目须为本年度新签项目，并提供以下资料：

（一）项目合同、立项批文等前期手续；

（二）投资单位出具的招商引资证明；

（三）投资单位营业执照副本复印件及法人代表身份证复印件。

第七条　项目资金核算。

（一）到位资金与形象进度相匹配，到位资金数量可通过相应形象进度体现，即：征地见墙，建厂见房，设备进厂；

（二）到位资金须为当年在建（含续建）项目实际投入资金；往年认定到位资金，本年度不累计；

（三）对认定依据不足项目，到位资金暂缓计入；

（四）项目由多家单位联合引进的，须由项目牵头单位出具联合引资证明，并标明各单位贡献比例，作为联合单位引进资金依据；

（五）引进项目在县内其他地域落户建设的，实际到位资金分配为引资单位占 70%，项目落户区域行政管理单位可占 30%（续建项目及已认定资金不予划分）。

第八条　资金认证举证。

(1) 项目资金到位证明：银行票据、设备订购单、付款凭证等能够证明项目投资情况的票据复印件；

（二）外地投资实物、设备、技术、无形资产的证明；

（三）形成固定资产（土地、厂房、设备等）的数量、规格、价值及所有权证明材料；

（四）项目形象进度的影像或图片资料。

第九条　日常工作登记。各考核对象每月上报 1 次外出招商活动、到位资金、项目形象进度、客商投诉处理等情况，累计记入年度考核分值。

第四章　赋分标准

第十条　各乡镇人民政府（街道办）、综合服务中心赋分标准。

（一）招商引资基础工作（8 分）。有专门招商引资及重大项目协调机制（2 分）；每年新晋升人员有招商一线工作人员（2 分）；招商工作经费不低于上年度，建有完备的项目库、客商信息库，项目信息报送及时（4 分）；

（二）招商活动开展情况（10 分）。全年主要负责同志带队开展招商活动 60 天以上（3 分）；积极参加省市重大招商活动并完成任务（3 分）；主要负责同志亲自对接洽谈重大产业项目（4 分）；

（三）重大项目推进情况（5 分）。引进 1 亿元以上产业类项目开工、竣工、投产，各乡镇人民政府（街道办），综合服务中心不少于 2 个，各产业招商局不少于 3 个（5 分）；

（四）招商引资目标任务完成情况（60 分），任务完成计 60 分，每增（减）5%，加（减）1 分；

（五）投资环境建设情况（以第三方评估为依据）（7 分）；为引荐项目及项目建设做好全程服务（2 分）；无强揽工程、干扰施工建设问题（1 分）；及时帮助企业解决生产经营中的困难和问题（4 分）；

（六）引进知名企业（10 分为上限），当年每引进 1 家世界 500 强或业内 100 强企业落地，加 2 分。

第十一条　县级部门赋分标准。

（一）领导带队外出开展招商活动 12 次以上（5 分）；

（二）开展产业研究，编制本行业招商规划（5 分）；

（三）建立有专业的项目库、客商信息库，并及时报送项目信息、招商活动情况（10 分）；

（四）招商引资目标任务完成情况（60 分），任务完成计 60 分，每增（减）5%，加（减）1 分；

（五）积极参加省、市重大招商活动并完成任务（10 分）；

（六）引进知名企业（10 分为上限），当年每引进 1 家世界 500 强或业内 100 强企业落地，加 2 分。

第五章　考核实施

第十二条　考核工作由县招商引资工作领导小组办公室组织实施，考核时限为当年 1 月 1 日至 12 月 31 日。

第十三条　考核流程。

（一）报送资料（次年 1 月 15 日前）；

（二）汇总核实；

（三）据实赋分；

（四）提交县招商引资工作领导小组审核；

（五）公布考核结果。

第十四条　考核结果运用。考核结果纳入全县年度目标管理责任考核体系。对排名较前单位予以表彰奖励；对招商引资排名靠后单位通报批评，单位主要负责人作出情况说明。

第六章　附　则

第十五条　本办法由县招商引资工作领导小组办公室负责解释。

第十六条　本办法自印发之日起施行。

宜君县招商引资项目推进实施管理办法（暂行）

第一章　总　则

第一条　为进一步健全全县招商引资项目推进实施制度，促进招商引资项目落地，特制定本办法。本办法适用宜君县辖区内各类招商活动中签约的招商项目。

第二章　项目前期

第二条　动态更新项目库。由县招商局及时将招商引资项目入库建档，按区域、行业、投资额分类进行储备，每月更新，动态管理。

第三条　做好项目推介。各乡镇人民政府（街道办）、综合服务中心、县级各相关部门和各产业招商局，要充分利用各类媒体，采取灵活多样的方式，有效推介宣传宜君招商项目。

第三章　项目实施

第四条　建立招商引资项目“五位一体”推进机制。对每个签约项目按照“一个项目、一位领导、一套班子、一个方案、一抓到底”的包联工作机制，制定包抓方案。项目责任单位每月向联系领导书面汇报工作情况，联系领导定期召开协调会议听取项目建设情况，协调解决突出问题，一抓到底。

第五条　制定招商项目推进工作进度图。各乡镇人民政府（街道办）、综合服务中心、各产业招商局及县级各相关部门负责编制招商引资开工项目工程进度图、招商引资合同项目开工（开业）进度图、招商引资协议项目转化工作进度图、招商引资推介项目策划包装进度图。

第六条　明确招商引资项目推进工作时间节点。各乡镇人民政府（街道办）、综合服务中心、各产业招商局及县级各相关部门要逐一明确每个合同项目开工（开业）时间节点、竣工时间节点以及前期工作关键环节时间点。

第七条　落实招商项目推进责任，将招商引资项目推进过程中的任务、时间节点等明确到人，严格按照时序进度挂图作战。

第八条　建立招商引资项目交办制度。县招商局为项目交办牵头单位，各乡镇人民政府（街道办）、综合服务中心及行业主管部门为承办单位。下发《交办通知书》，转交承办单位推进落实。

第九条　项目到位资金。各乡镇人民政府（街道办）、综合服务中心、县级各相关部门和各产业招商局于次月 3 日前，将上月到位资金情况报县招商局，同时报新增项目到位资金证明材料。包括：会计师事务所出具的验资报告、银行进账单、资产评估报告及其他具有法律效力的证明材料复印件（不包含财政性拨款）。

第四章　项目督查

第十条　加强要素保障。县发改局、县国土局、县住建局、县环保局等部门要前移窗口、提前介入、容缺审批。坚持一事一议，及时审批，确保土地指标、环境容量以及水电气、资金、人力、技术等要素，优先保障招商引资项目。

第十一条　加强督促检查。每月召开全县招商引资项目推进协调会，统筹协调项目进度，协调解决重大问题，并对进度滞后的责任单位进行通报。每季度召开全县招商引资项目落地点评会，安排季度排名靠前的责任单位交流经验，排名靠后的责任单位作表态性发言，通过解剖典型事例，推广先进经验，查找滞后原因，提出整改措施。

第十二条　建立公示制度。每旬在宜君县政府门户网站公布签约项目实施进度。

第五章　考核结果运用

第十三条　依据《宜君县招商引资工作考核管理办法》执行。

第六章　附　则

第十四条　本办法由县招商引资工作领导小组办公室负责解释。

第十五条　本办法自印发之日起施行。

文件目录选编

中共宜君县委 2018 年文件目录选编

序号	文件名称	文号	发文日期	备注
1	关于印发《县委常委会贯彻落实中央八项规定实施细则的实施办法》的通知	君发〔2018〕1 号	1.6	
2	关于印发《宜君县 2017 年度脱贫攻坚存在问题整改方案》的通知	君发〔2018〕5 号	5.14	
3	印发《关于加强纪委对同级党委及其班子成员监督工作的暂行办法》的通知	君发〔2018〕6 号	5.16	
4	关于实施乡村振兴战略的实施意见	君发〔2018〕7 号	6.15	
5	关于印发《“信用宜君”建设工作实施方案》的通	君发〔2018〕10 号	8.14	
6	关于加强新形势下党的督促检查工作的实施意见	君发〔2018〕11 号	8.14	

续表

序号	文件名称	文号	发文日期	备注
7	关于立足“三个着力”真抓实干，埋头苦干，坚决打赢全县脱贫攻坚战的实施意见	君发〔2018〕14号	8.19	
8	关于印发脱贫攻坚三年行动方案的通知	君发〔2018〕17号	10.25	
9	关于印发《正风肃行、筑牢底线、推进风清气正政治生态建设的实施方案》的通知	君发〔2018〕22号	11.29	
10	印发《关于新形势下进一步加强全县政法队伍建设的实施意见》的通知	君发〔2018〕21号	12.26	
11	县委、县政府关于印发《宜君县发展枢纽经济、门户经济、流动经济工作方案》的通知	君发〔2018〕22号	12.27	
12	县委、县政府关于印发《宜君县县域经济争先进位实施方案》的通知	君发〔2018〕23号	12.29	
13	宜君县深化监察体制改革试点工作实施方案	君字〔2018〕3号	1.15	
14	关于宜君第十七届人民代表大会第二次会议选举结果的报告	君字〔2018〕9号	2.2	
15	关于印发《宜君县贯彻落实省委环境保护督察反馈意见整改方案》的通知	君字〔2018〕23号	6.20	
16	关于2017年度目标责任考核结果的通报	君字〔2018〕47号	8.9	
17	关于报送《宜君县机构改革方案》的请示	字〔2018〕65号	12.13	
18	关于2018年度落实全面从严治党主体责任情况的报告	君字〔2018〕71号	12.20	

中共宜君县委办公室2018年文件目录选编

序号	文件名称	文号	发文日期	备注
1	印发《关于聘用村级组织工作人员的意见（试行）》的通知	君办发〔2018〕1号	1.15	
2	印发《关于进一步深化文化市场综合执法改革的实施方案》的通知	君办发〔2018〕2号	1.16	
3	印发《宜君县各乡镇党委政府及有关部门环境保护工作职责（试行）》的通知	君办发〔2018〕8号	2.12	
4	印发《宜君县村级党组织领导班子和第十次村民委员会换届选举工作实施方案》的通知	君办发〔2018〕9号	2.12	

续表

序号	文件名称	文号	发文日期	备注
5	印发《关于进一步加强宜君县文化产业发展的若干政策措施》的通知	君办发〔2018〕14号	3.26	
6	印发《宜君县2018年党员干部“周三夜校”学习教育实施方案》的通知	君办发〔2018〕13号	3.27	
7	印发《关于贯彻落实党的十九大精神坚定不移将改革推向深入的实施意见》的通知	君办发〔2018〕21号	6.5	
8	印发宜君县龟山片区棚户区改造项目搬迁房屋征收工作“四包”责任制的通知	君办发〔2018〕22号	6.12	
9	印发《宜君革命老区发展史编纂工作实施方案》的通知	君办发〔2018〕27号	6.20	
10	印发《宜君县扩大有效投资考核奖惩办法（试行）》的通知	君办发〔2018〕31号	7.12	
11	印发《宜君县创建全省农村精神文明建设先进县行动方案》的通知	君办发〔2018〕32号	7.26	
12	印发《宜君县全面推行河长湖长制实施方案》的通知	君办发〔2018〕39号	8.28	
13	印发《关于落实食品安全党政同责的实施意见》的通知	君办发〔2018〕44号	11.6	
14	印发《宜君县农村人民环境整治三年（2018—2020年）行动方案》的通知	君办发〔2018〕45号	11.14	
15	转发《铜川市党政机关国内公务接待管理试行办法》的通知	君办发〔2018〕47号	11.27	

宜君县人民政府2018年文件目录选编

序号	文件名称	文号	发文日期	备注
1	印发《宜君县统筹整合财政涉农资金实施方案》的通知	君政发〔2018〕3号	1.30	
2	印发《宜君县脱贫攻坚工程项目“绿色通道”实施办法》的通知	君政发〔2018〕7号	3.22	
3	印发《宜君县铁腕治霾打赢蓝天保卫战三年行动方（2018—2020年）》的通知	君政发〔2018〕16号	6.14	
4	印发《划定高污染燃料禁燃区和限制区》的通知	君政发〔2018〕22号	9.26	
5	印发《宜君县中医药产业发展奖补办法》的通知	君政发〔2018〕26号	9.29	

续表

序号	文件名称	文号	发文日期	备注
6	印发《宜君县统筹整合财政涉农资金管理办法》的通知	君政发〔2018〕2号	1.30	
7	印发《宜君县“十三五”深化医药卫生体制改革实施方案》的通知	君政发〔2018〕14号	6.12	
8	印发《宜君县2018年落实铜川市创建国家森林城市工作实施方案》的通知	君政发〔2018〕19号	7.9	

宜君县人民政府办公室2018年文件目录选编

序号	文件名称	文号	发文日期	备注
1	关于分解加快全城旅游发展工作任务的通知	君政办发〔2018〕2号	2.1	
2	印发《宜君县煤炭行业化解过剩制产能赚项奖补资金拨付使用监督办法》的通知	君政办发〔2018〕3号	2.13	
3	印发《宜君县2018年造林绿化工作实施方案》的通知	君政办发〔2018〕8号	3.1	
4	印发《宜君县第二次全国污染源普查工作方案》的通知	君政办发〔2018〕9号	3.5	
5	印发《宜君县生产安全事故应急预案》的通知	君政办发〔2018〕12号	3.19	
6	印发《宜君县创建陕西省民间文化艺术之乡（2018—2020年）实施方案》的通知	君政办发〔2018〕18号	4.13	
7	印发《宜君县地方病防治“十三五”规划》的通知	君政办发〔2018〕19号	4.13	
8	印发《宜君县2018年菜单式产业扶贫实施方案（试行》的通知	君政办发〔2018〕24号	5.2	
9	印发《宜君县人民政府政务督查制度》的通知	君政办发〔2018〕31号	5.29	
10	印发《宜君县建立现代医院管理制度实施方案》的通知	君政办发〔2018〕32号	5.30	
11	印发《宜君县地质环境保护与治理规划（2017—2025年）》的通知	君政办发〔2018〕40号	6.7	
12	印发《宜君县重点企业培育实施方案》的通知	君政办发〔2018〕42号	6.14	
13	印发《宜君县2018年度水污染防治工作实施方案》的通知	君政办发〔2018〕45号	7.9	

续表

序号	文件名称	文号	发文日期	备注
14	印发《宜君县核桃地理标志产品保护点建设发展规划》的通知	君政办发〔2018〕55号	8.12	
15	印发《宜君县盐业管理体制改革方案》的通知	君政办发〔2018〕65号	11.6	
16	印发《宜君县特种设备一般事故应急救援预案》的通知	君政办发〔2018〕68号	11.27	
17	印发《宜君县优化提升营业商环境三年行动计划（2018—2020年）》的通知	君政办发〔2018〕70号	12.18	

大事记

2018 年

1 月

8 日　中共宜君县第十六届代表大会第二次会议召开。大会应到代表 218 名，实到代表 195 名。大会以书面印发《县纪委工作报告》、县委常委会班子成员、县纪委副书记《述职报告》《2017 年度党费收缴使用和管理情况的报告》《县十六次党代表提案办理情况的报告》，提请代表审议。

9 日 中共宜君县第十六届代表大会第二次会议召开第二次大会。大会听取乡镇（街道）党委书记及部门党（工）委书记一年来抓基层党建工作情况。大会举手表决通过《县委工作报告决议》《县十六次党代会代表提案办理情况报告的决议》。

11 日　宜君县人民政府《关于陕北至关中 750 千伏第二通道输变电工程（宜君段）使用林地地类变更的函》反映：该项目建设地点北起榆林市定边县，途经宜君县境内涉及彭镇洞子沟、杜村、西村，宜阳街道曹塬村、牛家庄村、下官庄村，棋盘镇棋盘村、太阳沟村、忠义村，云梦乡党洼村、东塔村、许家峁村、杨河村、嵝崄村以及太安林场、阳湾林场、棋盘林场、哭泉林场，拟使用林地 2.6768 公顷。

12 日宜君县人民政府办公室被陕西省人民政府办公厅表彰为“2017 年度全省政务信息政务督查工作先进单位”。

16 日　宜君县基层中医药工作通过国家中医药管理局对创建全国基层中医药工作先进单位验收。

同日　宜君县被陕西省人民政府授予“2017 年度全省县城建设先进县”称号。

19 日宜君县人民政府就山水田湖东沟流域治理项目建设有关事项进行了专题研究。会议确定：宜阳街道办为项目实施主体，严格按照项目招投标、资金管理相关要求，将项目建设与总体旅游发展规划相衔接，确保按期保质完成建设任务。

2 月

2 日　中国人民政治协商会议宜君县第九届委员会第二次会议于 1 月 31 日至 2 月 2 日举行。会议应到委员 123 人，实到 107 人，县委、人大、政府、纪委、人武部主要领导和县委、县政府分管和联系领导以及驻宜市政协委员、县政协历届主席出席了会议。会议听取和审议通过《政协宜君县第九届委员会常务委员会工作报告》和《政协宜君县第九届委员会常务委员会关于九届一次会议以来提案工作情况的报告》；列席了宜君县第十七届人民代表大会第二次会议。

同日　1 月 31 日至 2 月 2 日，宜君县第十七届人民代表大会第二次会议举行。会议应到代表

138 名，实到 132 名。会议听取和审议了县人大常委会、“一府两院”4 个工作报告，审查宜君县 2017 年计划、财政预算执行情况的报告，批准了 2018 年计划和财政预算报告，通过了政府工作报告、计划和财政工作报告、县人大常委会工作报告、县人民法院和检察院工作报告决议。选举产生宜君县首任监察委员会主任，补选县人大常委会委员一名。

28 日 县人民政府就原西安办事处西安办公用房处置有关事项召开专题会议。会议研究决定：由福地文化旅游发展有限责任公司委托第三方，对原西安办事处协议认购办公用房进行市场评估后，予以公开拍卖，拍卖所得收入上缴县财政局。

是月 宜君县被中共铜川市委、铜川市人民政府授予“干杂果管理先进区县”称号。

3 月

9 日 铜川市人民政府决定：命名宜君县淌泥河村为铜川市美丽乡村最美村，奖励 50 万元；命名宜君县走马梁村、郭寨村、雷塬村、刘家河村、忠义村、徐家河村、杨塬村为铜川市美丽乡村示范村，各奖励 30 万元；命名宜君县桐塬村、塔庄村、文兴村、麻庄村、西村、榆树湾村、贺塬村、崾嶮村、皇后村、寺坪村、南塔村、棋盘村、焦坪村、东定龙村、马场村为铜川市美丽乡村精品村，各奖励 10 万元。

19 日 宜君县脱贫攻坚暨乡村振兴工作会议召开，共 450 余人参加会议。会议就全县脱贫攻坚和农业农村工作进行安排部署，要求全县各级干部要提高政治站位，清醒认识脱贫攻坚面临的形势和任务，坚持问题导向，统一思考、凝聚共识，紧扣“十大提升”重点任务，确保 6 月底前所有指标全面达标。

23 日 陕西省人民政府授予宜君县“双高双普”称号。

28 日 宜君县人民政府召开“关于加快推进县城建设有关事项的专题会议”。会议确定：县财政从省级县城建设专项奖补资金中拨付 150 万元用于城北清风园广场工程建设；拨付 100 万元用于休闲广场一期改造工程建设；拨付 50 万元用于县东方污水处理厂围墙维修改造工程；拨付 100 万元用于宜阳南街、宜阳中街道路改造工程。由县财政拨付 180 万元用于花溪谷景区滑道工程建设。

29 日 中共宜君县委、宜君县人民政府表彰 2017 年度项目建设、招商引资及财源建设工作先进单位，项目建设暨招商引资争取到位国投资金 3.12 亿元，招商引资实际到位资金 20.31 亿万。为进一步激发全县上下的工作积极性和创造性，对 2017 年度项目建设、招商引资工作先进单位县经贸局、交通局、住建局、农业局、国土局、水务局、能源局、发改局、招商局、哭泉镇政府；对 2017 年度财源建设工作先进单位陕西集华柴家沟矿业有限公司、陕西方舟制药有限公司、宜君县永兴建筑工程有限责任公司及 2017 年度项目服务保障工作先进单位县统计局、财政局、公安局、云梦乡政府、尧生镇政府、棋盘镇政府 19 个单位予以通报表彰，各颁发奖牌一面。

4 月

13 日 宜君县人民政府印发《宜君县创建陕西省民间文化艺术之乡（2018—2020 年）实施方案》。目标任务：到 2020 年全县每个乡镇打造一项具有当地特色、代表性强的民间艺术活动和艺术产品。县乡两级民间文化艺术阵地设施完备、功能齐全，民间文化艺术产品更加丰富，服务供给数量更加充足，民间文化艺术培训、辅导、创作、研究实现常态化、制度化，人才队伍传承机制更加稳定，投入保证机制更加完善，民间组织、广大群众参与更加广泛，形成政府主导、乡镇负责、部门配合、社会参与、城乡一体、齐抓共管的民间文化艺术之乡创建工作局面。主要是深挖民间文化内涵，提高文化品位；加强文化人才队伍建设，发挥传、帮、带示范引领作用；加大宣传力度，扩大对外影响；加大培训力度，普及民间艺术；开发文化产品，助推文化产业；统筹兼顾，全面推动文化事业发展。

25 日　宜君县人民政府召开“关于全面提升县城环卫管理水平”专题会议。会议确定：由县财政从县城建设奖励资金中拨付 115 万元，用于县城公共环卫设施购置，其中，21 万元用于 2 辆垃圾转运车购置、6 万元用于 200 个垃圾桶购置、40 万元用于 1 辆垃圾清运车购置、24 万元用于 200 个果皮箱购置、9 万元用于 2 辆人行道冲洗车辆购置、10 万元用于 1 辆街道冲洗车购置、5 万元用于商业城公厕运行费用。

5 月

2 日　宜君县人民政府办公室印发《宜君县 2018 年菜单式产业扶贫实施方案（试行）》。扶贫对象：菜单式产业扶贫对象是全县除国办信息系统中兜底保障户外的所有建档立卡贫困户（包括已脱贫户和未脱贫户）。资金来源：支持菜单式产业扶贫资金主要来源是财政扶贫专项资金。补助标准：贫困户自主选择的菜单按实际购买的种苗、种子费用或贫困户进行农业设施建设、集体经济组织产业发展入股给予补助，但每户补助不超过 10000 元（含 10000 元）。对选择两种以上菜单的贫困户只能按其中一种菜单给予补助。贫困户享受政策期限暂定为 2018 年，当年每户贫困户只能享受菜单式扶贫资金补助一次且与 2018 年产业提升方案中奖补不能重复享受。

31 日　宜君县人民政府召开“关于做好县第三（恒大）小学建设保障有关事项”的专项会议。会议确定：将西园小区保障房用地 5002 平方米调拨给宜君县教科体局用于县第三（恒大）小学、幼儿园建设。

6 月

9 日　经陕西省文物局同意，在宜君县战国魏长城遗址区举办了“陕西省 2018 年世界文化和自然遗产日陕西分会场活动”。活动由陕西省文物局、中国长城学会主办，陕西省文物考古工程协会、宜君县人民政府承办。活动时间一天。活动内容有：中国长城保护利用高峰论坛、陕西省长城专业委员会年会暨长城保护利用座谈会。

12 日　宜君县人民政府印发《宜君县铁腕治霾、打赢蓝天保卫战三年行动方案（2018—2020 年）》。主要工作任务为加快调整产业结构和能源结构：优化产业结构、消减煤炭消费总量、推进清洁供暖、推进散煤治理和秸秆等生物质综合利用、加大燃煤锅炉拆改力度、开展燃气锅炉低氧燃烧改造、建设高污染燃料禁燃区；绿化移动资源污染防治：推动高排放机动车污染治理、推广新能源汽车、加强在用机动车管理、开展非道路移动机械污染治理、加强油品管理、建设绿色交通体系；整治县城面源污染：提升施工扬尘管控水平、控制道路扬尘污染、加强物料堆场扬尘监管、提升固定源监管水平、深化工业污染源监管，加强挥发性有机物污染防控、推进“散乱污”企业综合整治。

25 日　宜君县人民政府决定：为贯彻落实乡村振兴战略和中央关于促进农村一二三产业融合发展 的有关精神，开展产业兴村强县示范行动，决定重点支持尧生镇建设示范农业产业强镇，发挥示范带动作用。

28 日　宜君县人民政府向铜川市国土资源局呈报《关于宜君县 2016—2020 年耕地保护责任目标期中检查自查报告》。2016 年末全县耕地保有量为 56.14 万亩，完成了市政府下达的耕地保有量不低于 54 万亩任务。2017 年末全县耕地总面积 56.12 万亩，完成了市政府下达的耕地保有量 54.5 万亩任务。2016 年以来共实施补充耕地项目 51 个，建设规模 9789 亩，完成土地平整 9789 亩，共新增耕地 8865 亩。

29 日　为弘扬先进、树立典型、推动工作，按照《关于培树“红旗标”全面加强基层组织建设的意见》精神，中共宜君县委、宜君县人民政府决定：对 2018 年第二季度“脱贫攻坚红旗村”

“基层党建红旗村”“产业发展红旗村”“环境整治红旗村”“精神风貌红旗村”及“五好新型经营主体”“驻村扶贫工作标兵”“最美扶贫干部”“产业扶贫标兵”“致富带头人”等先进集体和个人予以表彰奖励。

7月

3日　宜君县人民政府召开“关于全面推进农村改厕工作有关事项”的专题会议。会议确定：按照“政府组织、财政补助、多方筹资、群众动手、因地制宜、分类指导”的原则，由财政拨发付100万元用于全县农村无害化厕所改造建设。

6日　宜君县人民政府印发《宜君县2018年落实铜川市创建国家森林城市工作实施方案》。创建目标：构建点、线、带、片结合的城市森林网络；实施森林质量、植物群落、管护抚育为主的城市森林健康目标；发展特色经济林、苗木花卉、林下经济、生态旅游等城市林业经济；彰显生态科普、义务植树和宣传教育为主的城市生态文化；健全以组织领导、保障投入和科技支撑为主的城市森林管理机制，突出抓好构建城市森林网络、增进城市森林健康、做强林业产业、做好文化管理工作。完成造林绿化4.8万亩，义务植树21万株，森林覆盖率力争达到52.4%，争取创建成省级森林城市。

25日　宜君县人民政府印发2018年度全县30个市级美丽乡村建设规划。经研究决定：同意彭镇白塬村、仇塬村、赵塬村、薛塬村、拔头塬村、花石崖村、东湖村，五里镇星星坡村、胡家塬村、孟埔塬村、寨子村、焦安村，哭泉镇马前尧村、杨家寨村、金牛村，尧生镇南寨村、孟皇村、思弥村、九寺村、拴马村、唐家塬村，棋盘镇马泉村、高圪塔村、迷家河村，太安镇南塔村、石管子村，宜阳街道善家河村，云梦乡梁塬村、县口村美丽乡村建设规划。

8月

8日　宜君县人民政府召开“关于省级分村振兴示范村建设有关事项”的专题会议。会议确定：推荐棋盘黄埔寨村、哭泉镇淌泥河村、尧生镇车村审报为省级乡村振兴示范村。

9月

18日　宜君县人民政府召开“关于县城停车场建设管理有关事项”的专题会议。会议确定：由县住建局负责，按照《陕西省城市规划管理技术规定》关于建筑停车位最低控制指标，加快启用现有停车场。10月上旬启用龙山广场地下停车场，年内启用县第二小学第二停车场，正大商场完善地下停车位。

10月

9日　宜君县人民政府召开“关于宜君县中医医院医疗养老康复基地项目有关事宜”的专题会议。会议决定：宜君县中医医院医疗养老康复基地项目由县卫计局申报并组织实施，项目建成后产权交县民政局，并由其负责日常运营。

26宜君县人民政府印发《关于划定污染燃料禁燃区和限制区的通告》。划定禁燃区总面积4.15平方公里，包括：北至210国道与宜阳北街交汇处，东至南山公园东端，西至西园小区（不含210国道以东和公园路以西的范围）。限制区范围为禁燃区以外的县城规划区，以及西延高速、铜黄高速、210国道宜君段直观可视范围内。

29日　宜君县人民政府召开“关于参加梅七线铁路建设民兵养老补贴有关事项”的专题会议。会议根据《陕西省民政厅、陕西省财政厅、陕西省人力资源和社会保障厅关于向我省六七十年代参加其他铁路建设民兵发放养老补贴的通知》精神确定：县财政拨付县人社局73.13万元，为参加梅七线铁路建设民兵补发2013—2018年养老补贴，并从2019年起将参加梅七线铁路建设民兵养老补贴资金列入财政预算。

11月

1日　宜君县人民政府办公室印发《宜君县高

排放老旧机动车淘汰更新行动方案》（2018 年—2020 年）。淘汰范围及目标：加快推进淘汰更新国三及以下排放标准营运柴油货车、采用稀薄燃烧技术和“油改气”的老旧燃气车辆。到 2020 年底，全县淘汰高排放国三及以下排放标准运营柴油货车 782 辆，采用稀薄燃烧技术和“油改气”的老旧燃气车 25 辆。

20 日　铜川市脱贫攻坚领导小组《关于宜君县 2018 年度贫困村脱贫退出的批复》反映：按照《陕西省贫困退出工作实施细则》规定，经市脱贫攻坚领导小组抽查认定，同意宜君县宜阳街道十五里铺村、曹塬村、水塔村，哭泉镇麻庄村、哭泉村，棋盘镇棋盘村、迷家河村、水沟门村、马泉村、王洼村，太安镇榆树湾村、焦坪村、艾蒿洼村、景丰村，尧生镇唐家塬村、拴马村、蔡道河村、南寨村、桃村村，五里镇张家河村、星星坡村、西村村、焦安村，彭镇西洼村、偏桥村、东湖村、湫沟村、薛塬村、拔头塬村，云梦乡嵎崄村、山长河村、县口村、南斗村、南堡子村 35 个贫困村脱贫退出。

21 日　宜君县人民政府向机械工业第六设计研究有限公司函告《关于新建宜君通用机场建设场址意见》。结合 4 月 3 日宜君县通用机场建设场址评审会及县委常委会、县政府常务会有关精神，同意宜君县通用机场位于东村场址，并建议将机场命名为“宜君县通用机场”。

26 日　铜川市人民政府批复了“宜君县乡级行政区域界线变更勘定情况”。宜君县自 1996 年乡镇界线勘定后，经 2002 年、2011 年、2014 年三次较大规模的撤乡并镇行政区划调整，原有的勘界资料已经无法适应当前行政区域界线管理。2017 年开始对辖区的 6 镇 1 乡 1 个街道乡级行政区域界线进行确认、签字、盖章，形成相邻乡镇、街道之间行政区域界线协议书 14 份、三角点之间行政区域协议书 7 份、乡级行政区域界线协议书附图 9 张。

28 日　宜君县人民政府按照“产业兴旺、生态宜居、乡风文明、治理有效、生活富裕”的总体要求，命名云梦乡梁塬村、县口村、刘家埝村，棋盘镇马泉村、高圪塔村、迷家河村，太安镇马坊村、南塔村、石管子村，哭泉镇马前尧村、杨家寨村、金牛村，宜阳街道善家河村、城关村、教场村，彭镇白塬村、仇塬村、赵塬村、薛塬村、拔头塬村、花石崖村、东湖村，五里镇星星坡村、孟埔塬村、胡家塬村、寨子村、焦安村，尧生镇南塞村、孟皇村、思弥村、拴马村、九寺村、唐家塬村共 33 个村为“2018 年美丽乡村县级达标村。”

12 月

2 日　宜君县人民政府被陕甘子午岭护林联防委员会评为第六十届陕甘子午岭护林联防先进区县。

12 日　宜君县被 省营业厅授予“省级森林城市”称号。

31 日　宜君县“大棚房”问题专项清理整治行动结束。全县设施农业包括日光温室、塑料大棚和种养户共 527 个 4070.06 亩。经拉网式排查，共排查塑料大棚、日光温室种养户 527 个 4070.06 亩，包括日光温室 151 座 587 亩，塑料大棚 299 棚 316.28 亩、设施种养户 77 户 3166.78 亩。共发现问题 3 类 45 处 107.82 亩，其中涉及 I 类问题在农业园区农用地内建设辅助设施 2 处 3.12 亩，在耕地上建设辅助设施 11 处 8.51 亩；III 类问题农业大棚耳房面积超标 2 处 0.03 亩；其他设施养殖、种植用地备案手续不完善 30 处 96.16 亩。45 处问题中，已拆除 15 处 11.66 亩，恢复了耕地。完善手续 30 处 96.16 亩，全部完善。

是月至月底，全县 8 个乡镇（街道）全部召开了各乡镇（街道）党代会年会，形成完整的资料汇编，县乡党代会年会常态化、规范化迈入新阶段。各级党代会年会共收集各级党代表提案提议 79 件。其中县级党代表共提出提案提议 13 件，立案3件，转意见建议10件；乡镇党代表共提出提案提议66件，立案32件转意见建议29件。

是年中共宜君县委举办全县科级领导干部十九大学习轮训班3期，对全县568名科级领导干部进行集中轮训。举办各类培训500余场次，参训人员26000余人次。

是年 宜君县被中共铜川市委、铜川市人民政府授予“全市美丽乡村建设先进区县”。

是年全县地区生产总值30.56亿元，增长5.9%；地方财政收入2.1亿元，增长13.56%；固定资产投资增长18.8%；农林牧渔业增加值6.34亿元，增长3.3%；规上工业增加值增长3.3%；服务业增加值11.52亿元，增长9.9%；社会消费品零售总额8.82亿元，增长10.9%；城镇居民人均可支配收入32611元，增长8.5%；农村居民人均可支配收入9096元，增长9.2%。

附　录

公报·告示

宜君县2018年国民经济和社会发展统计公报

2018年全县上下以习近平新时代中国特色社会主义思想为指导，紧紧围绕县委、县政府决策部署，坚持稳中求进工作总基调，紧扣追赶超越和“五个扎实”要求，扎实推进稳增长、促改革、调结构、惠民生、防风险各项工作，全县经济运行总体平稳，经济运行呈现稳中趋缓、稳中向好的发展态势，结构调整步伐加快，发展质量不断提高，民生水平持续改善，经济社会持续健康发展。

一、综合

初步核算，2018年全县生产总值比上年增长5.9%。其中，第一产业增加值增长3.0%；第二产业增加值增长4.2%；第三产业增加值增长9.9%。

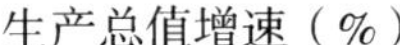

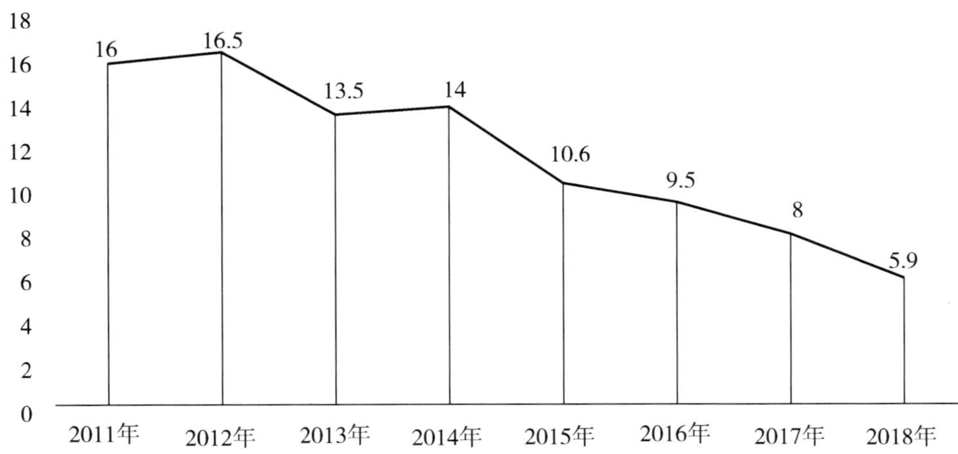

三次产业结构比例为19.5：42.8：37.7，比上年的17：56.6：26.4，增减幅度分别为2.5：13.8：11.3。全年非公有制经济增加值占生产总值的比重为47.0%。

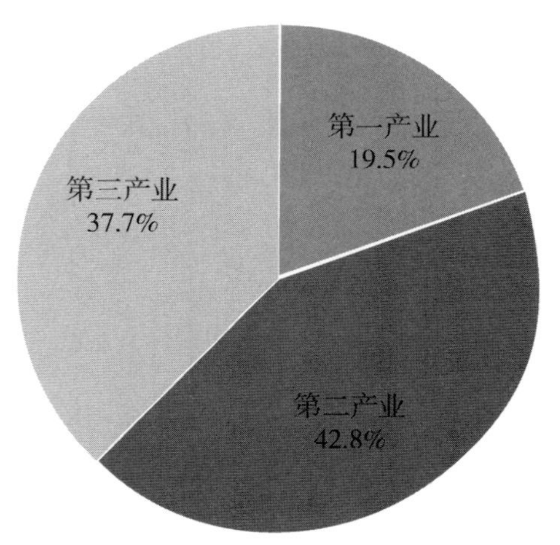

2018 年三次产业占比

二、农业

2018 年全县完成农林牧渔业增加值增长 3.3%。其中：农业、林业、牧业、渔业增加值增速分别为 3.2%、4.2%、1.3%、4.5%。

2018 年主要农产品产量

单位：吨

产品名称	2018 年产量（吨）	比上年+－%
粮食	159268	3. 2
其中：夏粮	981	－0.3
小麦	981	－0.3
秋粮	158287	3.2
玉米	157180	3.3
油料	119	1.7
其中：油菜籽	110	－6.0
核桃	15200	5.64
水果	110647	1.18
其中：苹果	1110397	1.15
蔬菜	10363	4.3
中药材	3073	—

年末常用耕地面积 344807 亩。全年粮食种植面积 392928 亩，比上年减少 1182 亩，其中小麦播种面积为 5298 亩，比上年减少 16 亩；玉米播种面积为 385106 亩，比上年减少 863 亩。油料种植面积 1194 亩，比上年增加 209 亩；蔬菜种植面积 4848 亩，比上年增加 246 亩；中药材种植面积 15200 亩。

2018 年全县畜牧业产品产量

产品名称	单位	2018 年	比上年增长（%）
肉类总产量	吨	1055	16.57
#猪肉产量	吨	504	0.8
#牛肉产量	吨	100	0
#羊肉产量	吨	100	0
#禽肉产量	吨	212	6
禽蛋产量	吨	1213	0.08
生猪存栏	头	3315	－0.9
生猪出栏	头	6038	0.63
牛存栏	头	2189	－0.5
羊存栏	只	9055	－0.49
家禽存栏	万只	14.8	0.27

三、工业和建筑业

全年实现工业增加值比上年同期增长 3.2%（按不变价计算）。其中规模以上工业增加值比上年增长 3.3%（按不变价计算）；规模以下工业增加值比上年增长 2.7%（按不变价计算）。

全县规模以上工业企业实现产品销售收入 177315 万元，实现利税 21072 万元，其中利润 17063.5 万元。

2018 年全县规模以上业工业企业主要产品产量

工业主要产品产量	计量单位	2018 年
白酒	千升	1645.00
医药	吨	589.83
原煤	万吨	176.88

建筑业平稳增长。全年完成建筑业增加值比上年增长 7.7%。2018 年全县资质等级以上建筑业企业 1 家。

四、固定资产投资

2018 年全社会固定资产投资比上年同期增长 18.8%。

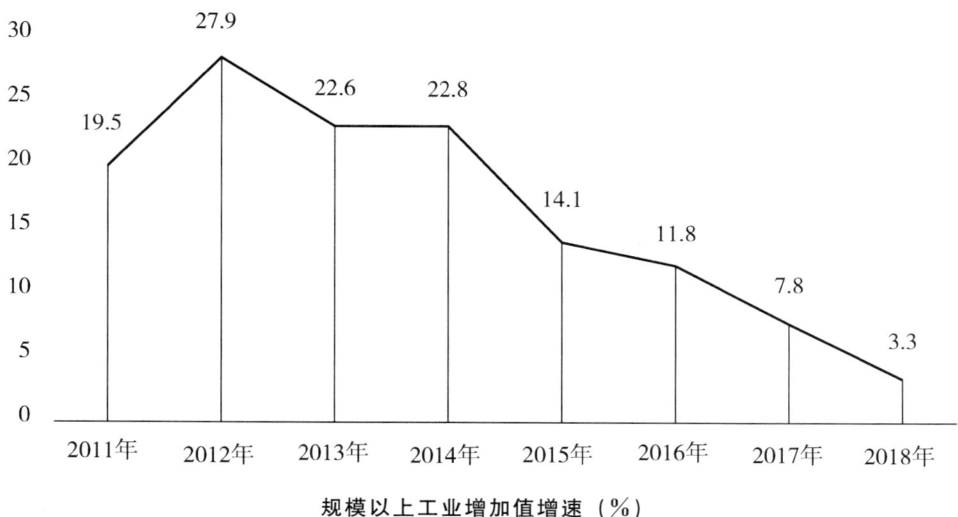

规模以上工业增加值增速（%）

全社会固定资产投资增速（%）

2018 年固定资产投资增速分行业情况（不含跨地区）

指标名称	比上年增长（%）
全社会固定资产投资	18.8
固定资产投资总额（含房地产）	15.9
＃项目投资	18.7
房地产开发投资	－34.0
国有及国有控股	－0.9
民间投资	38.1
按产业分	
第一产业	245.3
第二产业	9.8
第三产业	7.0

续表

指标名称	比上年增长（%）
按行业分	
农、林、牧、渔业	66.8
制造业	1.1
交通运输、仓储和邮政业	7.0
水利、环境和公共设施管理业	49.0
教育设施	－25.6

注：固定资产投资＝全社会固定资产投资－跨地区投资－农户投资

固定资产投资＝项目投资＋房地产开发投资

全年房地产开发投资（县境内注册企业）完成 9622 万元，比上年下降 33.96%。其中，住宅投资1200万元，同比下降100%。

五、贸易和旅游业

全年社会消费品零售总额88156.5万元，比上年增长10.9%。其中，限额以上企业（单位）实现消费品零售额27361.3万元。按销售单位所在地分，城镇零售额28637.3万元；乡村零售额59519.2万元。按消费形态分，餐饮收入13017.6万元；商品零售75138.9万元。

旅游业健康发展。2018年共接待游客189.7万人次，实现旅游综合收入11.99亿元。

六、交通和邮电通信

交通运输、仓储和邮政业增长稳定。全年实现增加值比上年增长4.8%。

2018年底，全县公路通车里程1267.88公里。全年各种运输方式完成货运量81.2万吨。年末全县民用汽车保有量10062辆。

2018年末全县各类电话用户总量80888户，比上年增长11.4%。其中，固定电话5934户，比上年增长0.06%；移动电话74954户，比上年增长12.4%；宽带上网用户35128户，比上年增长205.1%。

七、财政、金融和保险

2018年全县完成地方财政收入21013万元，同口径增长13.56%。全年公共财政支出153094万元，比去年增长7.05%。在总支出中，农林水事务支出34303万元；科学技术支出1080万元；医疗卫生与计划生育支出13452万元；教育支出31549万元；文化体育与传媒支出4989万元；社会保障和就业支出11569万元；公共安全支出4359万元；节能环保支出9430万元；住房保障支出10255万元。

2018年末，全县金融机构存款余额333288万元，比上年同期增长12.6%。城乡居民储蓄存款余额198788.17万元，同比增长10.4%。2018年末金融机构贷款余额140041.96万元，比上年同期增长6.7%，其中，涉农贷款87898.5万元，同比增长0.5%。

2018年各类保费收入4218万元，增长43.3%；全年各类赔付款支出860万元，下降20.7%。

八、文化教育卫生

2018年末，全县县级文化馆、公共图书馆各1个。公共图书馆图书总藏量52千册。

全县教育事业持续发展。全县高级中学1所，普通初中6所，小学13所，幼儿园14个。小学在校生数4382人，中学在校生数2290人。共有教职工1034人，专任教师988人。普惠性幼儿园占比100%。

卫生计生事业持续提升。至年末，全县卫生机构214所，医疗卫生机构床位数370床，医疗卫生机构卫生技术人员800人，其中，执业（助理）医师155人。

九、人口与人民生活

据公安部门人口统计年报资料显示，到2018年末，全县户籍总人口90129人，其中农业人口56975人，非农业人口33154人。当年出生人口984人，当年死亡人口715人。据人口变动抽样调查推算，我县2018年常住人口9.01万人，出生率9.32‰，死亡率6.88‰，自然增长率2.44‰。

2018年全县全体居民人均可支配收入15293元，比上年增长9.5%；城镇常住居民人均可支配收入32611元，增长8.5%；农村常住居民人均可支配收入9096元，增长9.2%。

城镇基本医疗保险参保13201人。城镇职工基本养老保险参保8796人，城乡居民基本养老保险参保人数51160人；失业保险参保4210人。新型农村合作医疗参保人数74000人。

十、资源、环境和安全生产

全县森林面积79104公顷，自然保护区面积26355公顷。

万元生产总值能耗降低率（上年度）6.15%；单位GDP建设用地下降率（上年度）7%；空气质量综合指数3.67%；城区空气质量优良以上天数295天，占比80.8%；污水处理厂集中处理率

90.84%；生活垃圾无害化处理率95.9%；农村无害化卫生厕所普及率60.8%；绿化覆盖

率41.81%。全年无生产安全事故死亡人数。

2018年宜君县各乡镇户籍人口分布表

单位：户、人

乡镇	年末总户数（户）	户籍总人口（人）	户籍非农业人口（人）	户籍农业人口（人）
宜君县	31376	90129	33154	56975
宜阳街道办	7351	17554	14105	3449
五里镇	4732	14496	4324	10172
彭镇	4710	13571	1774	11797
棋盘镇	2287	7038	2593	4445
太安镇	3265	9970	3875	5895
尧生镇	3761	11337	2541	8796
云梦乡	2948	9300	2265	7035
哭泉镇	2322	7063	1677	5386

注：1. 本公报部分指标为初步统计数。

2. 生产总值、各产业增加值绝对数按现价计算，增长速度按不变价格计算。全国经济普查、农业普查后，对历史数据进行修订。

3. 全社会固定资产投资统计范围包括固定资产投资、跨地区投资和农户投资。固定资产投资统计范围包括房地产开发投资和500万元以上项目投资。

4. 常住人口数、出生率、死亡率、自然增长率为人口变动抽样调查数据。

5. ①规模以上工业企业是指年主营业务收入2000万元及以上的工业企业；②限额以上企业（单位）是指年主营业务收入2000万元及以上的批发业企业（单位）、500万元及以上的零售业企业（单位）、200万元及以上的住宿和餐饮业企业（单位）。③规模以上服务业是指年营业收入1000万元及以上，或年末从业人员50人及以上服务业法人单位，包括：交通运输、仓储和邮政业，信息传输、软件和信息技术服务业，租赁和商务服务业，科学研究和技术服务业，水利、环境和公共设施管理业，教育，卫生和社会工作，以及物业管理、房地产中介服务等行业；年营业收入500万元及以上，或年末从业人员50人及以上服务业法人单位，包括：居民服务、修理和其他服务业，文化、体育和娱乐业。④有资质的建筑业是指有总承包、专业承包和劳务分包资质的建筑业法人单位。⑤房地产开发经营业是指全部房地产开发经营业法人单位。

资料来源：本公报中，居民人均可支配收入数据来自国家统计局宜君调查队；学校、教职工、学生数均来自教科体局；卫生机构数据来自卫健局；财政数据来自财政局；金融数据来自邮政储蓄银行、农业银行和农村信用合作社；保险数据来自太平洋人寿保险、中国人寿保险、农银人寿保险和中国人民财产保险公司；劳动就业相关数据来自人力资源和社会保障局；民政事业数据来自民政局；计生数据来自卫健局；公路里程数据来自交通局；民用汽车保有量来自交警支队；土地资源数据来自国土局；文化体育数据来自文旅局、教科体局；旅游数据来自文旅局；森林面积、自然保护区来自林业局；环境监测数据来自环保局；生产安全事故死亡人数来自安监局；其他数据均来自统计局。

荣 誉 榜

表一　2018年荣获市级以上表彰奖励单位

获奖单位	奖项名称	授予单位	时间
县工商联	先进单位	省商联	2018.12
	先进基层单位	全国工商联办公厅	2018.11
	先进单位	省工商联办公室	2018.12
彭镇政府	卫生先进单位	省爱卫会	2018.1
云梦乡政府	省级充分就业乡镇	省人社厅	2018.12
马庄村	美丽宜居示范村	省住建厅	2018
棋盘镇	脱贫攻坚先进集体	市委、市政府	2018
县老龄办	先进集体	省老龄办	2018.1
县统计局	农业普查先进集体	省统计局	2018.8
县卫计局	对口帮扶三等奖	省卫计委	2018.9
阳湾林场	先进单位	子午岭联防委	2018.12
林海绿韵公司	后稷特别奖	第二十五届农高会	2018.11
太安林场	协会副会长单位	中国林场协会	2018.11
益丰源	国家级核桃示范基地	国家林业和草原局	2018.4
	国家核桃良种基地优秀等次	省林业厅	2018.5
	优质农产品基地	农业科技报社等	2018.10
县人大办	《民声报》发行一等奖	省人大办公厅	
	《法制与社会》发行二等奖		
县科协	“科技之春”先进单位	省科协	2018.4
县人民法院	优秀组织单位	省科学等8单位	2018.11
	先进集体	省高院	2018.12
	集体二等功		
县征兵办	先进单位	省征兵办	2018.6
县人武部机关党支部	先进基层党组织	省军区党委	2018.7
县政法委	维稳先进集体	省委、省政府办公厅	2018.1
县司法局	先进集体	省司法厅	2018.6
县委党校	优秀县级党校	省委组织部、党校	2018.1
	巾帼建功先进集体	省妇联	2018.12
县烟草局党支部	先进党支部	省烟草局党组	2018.6

表二 2018年荣获市级以上表彰奖励个人

姓名	性别	工作单位	职务	荣誉称号	授予单位	时间
王忠炎	男	县工商联		先进工作着	省工商联	
郭玉侠	女	县老龄办		先进个人	省老龄办	2018.1
张 红		县老龄办		最美敬老志愿者	省老龄办	2018.12
杨春锦	女	县委党校		理论调研优秀奖	省委党校	2018.9
田 鹏	男	县委党校		征文优秀奖	省委党校	2018.11
张云锋	男			优质服务标兵	省卫计委	2018.2
马 丽	女	县人大		信访先进个人	省人大办公厅	2018
李宏林	男	县人大	主任	优秀调研二等奖	市人大	2018
马小平	女	县人大	副主任	优秀调研三等奖	市人大	2018
马亚军	男	县发改局	科员	追赶超越先进个人	省发改委	2018.1
刘晓峰	男	县政法委		维稳先进个人	省委、省政府办公厅	2018.1
姜延锋	男	县能源局		先进个人	省政府办公厅	2018.12
吕雪娇	女	县检察院		优秀政法干警	市委政法委	2018.2
赵继涛		县烟草局		优秀党务工作者	省烟草局党组	2018.6